THE
DELUSIONS
OF CROWDS

군중의 망상

THE DELUSIONS OF CROWDS

군중의 망상

윌리엄 번스타인 지음 | 노윤기 옮김

포레스트북스

집단의 비이성적 과열을 파헤친 역작

강남규_「중앙일보」 국제경제 선임기자, 삼프로TV 〈글로벌 머니토크〉 진행자

주식이나 주택 등 자산 가격이 조금이라도 높으면, 전문가들은 '비이성적 과열irrational exuberance'이라는 표현을 써서 상황을 묘사한다. 이 말은 1990년대 미국 월스트리트에서 '마에스트로'라는 찬사를 받던 앨런 그린스펀 당시 연방준비제도Fed 의장이 처음 사용한 것으로 알려졌다.

때는 1996년, 일본 가미카제 거품의 붕괴에 따른 후유증이 심각해지고 있었다. 이른바 '잃어버린 10년'으로 불리는 경기 침체와 디플레이션 조짐이 확연했고, 미국에서는 그린스펀이 1994년에 기습적으로 기준금리를 올리는 바람에 캘리포니아 부자 마을인 오렌지 카운티가 파산하는 소동을 치른 뒤였다. 그해 12월 그린스펀이 미국기업연구소The American Enterprise Institute for Public Policy Research에서 한 연설에서 '비이성적 과열'을 언급했고, 이후 이 표현은 그린스펀이 만든 말로 굳어졌다.

유명한 인물의 말은 쉽게 유행어가 되는 것일까. 이후 월스트리트의 명망가들은 자산 가격이 조금 높다 싶으면 어김없이 비이성적 과열을 입에 올렸다. 급기야 노벨 경제학상 수상자인 로버트 실러 예일대 교수가 2000년에 책을 써내면서 『비이성적 과열』을 제목으로 가져다 쓰기까지 했다.

그런데 자산시장에서 비이성적 과열이 존재할 수 있음을 처음 주장한 사람은 따로 있다. 바로 스코틀랜드 출신 저널리스트인 찰스 맥케이다. 그는 스물일곱 살이던 1841년에 『대중의 미망과 광기』란 책을 펴냈다. 그는 당시로부터 100여 년 전인 1720년대에 영국을 강타한 남해회사 버블을 분석하는 것으로 스토리를 풀어나갔다. 이후 자산 버블 와중에 대중이 보이는 이상한 행태를 분석하고자 하는 사람은 누구나 맥케이의 책을 직간접적으로 인용했다.

맥케이의 존재와 저서가 내 눈에 들어온 것은 닷컴 거품이 한창이던 2000년이었다. 당시 나는 '초짜' 경제기자였는데, 잘 알지도 못하면서 기사를 쓸 수는 없다는 생각에 한 권의 원서를 들고 씨름했다. 에드워드 챈슬러가 쓴 『Devil takes the hindmost』로, 나중에 『금융투기의 역사』로 국내에 번역·출판됐다. 이 책 전체를 꿰는 핵심 주제가 맥케이와 『대중의 미망과 광기』다.

한술 더 떠 맥케이의 책은 '시장은 합리적이고 이성적이다'라는 신자유주의 투자 교리를 비판하는 출발점이기도 했다. 하지만 어딘가 궁색했다. 고개를 갸웃거리게 하는 복잡한 수식과 화려한 계량 경제학 그래프로 무장한 신자유주의 투자 이론을 180여 년 전 이론을 바탕으로 비판해서다.

이런 사정이 딱했는지 미국의 투자 구루인 윌리엄 번스타인이 2021년 『군중의 망상The Delusions of Crowds』을 출간했다. 바로 이 책이다. 그해 7월 삼프로TV 〈글로벌 머니토크〉에서 그와 인터뷰를 했는데, "『군중의 망상』은 『대중의 미망과 광기』의 21세기 버전"이라며 "20세기 이후 이뤄진 인간 심리학과 사회학 연구 성과를 최대한 반영하려고 했다"라고 설명했다. 번스타인은 주식시장에 입문하기 전에 신경과 전문의였다. 그래서인지 『군중의 망상』엔 맥케이의 시대인 19세기 중반에는 꿈도 꾸지 못했던 뇌신경 이론이 곧잘 등장한다. 신자유주의 투자 이론이 선언적으로 전제하는 '합리적이고 이성적인 존재로서 시장 참여자'가 허구임을 현대 과학으로 보여주는 셈이다.

번스타인의 글은 참 르네상스적이다. 고대 그리스의 서적부터 이런저런 문학 작품에 담긴 에피소드를 인용하는데, 국내 경제 및 투자서에서는 쉽게 찾아볼 수 없는 대목이다. 삼프로TV에서 인터뷰를 하기 위해 원서를 읽으며 순간순간 지적 충만을 느꼈고, 용기를 내서 포레스트북스에 번역·출판을 추천했다. 다행히 그 제안을 포레스트북스에서 흔쾌히 받아들였고, 드디어 잘 만들어진 번역본이 나오게 됐다는 데 뿌듯함을 느낀다.

요즘 국내 시장 참여자 중에는 현명한 투자자로서의 인식을 갖춘 이들이 상당하다. 이런 분들에게 단순 재테크 책은 성에 차지 않을 것이다. 그렇다면 시장의 집단 심리를 보여주는 『군중의 망상』은 어떨까.

사람들은 왜 군중 속에서 바보가 되는가

홍춘욱_이코노미스트, 『50대 사건으로 보는 돈의 역사』 저자

1993년 12월부터 이코노미스트 일을 해왔으니, 이제 만 29년을 넘긴 셈이다. 몸담았던 곳도 다양해서 국책연구소부터 증권사, 연기금까지 10여 군데에 달한다. 그런데 강산이 세 번이나 변할 만큼의 이코노미스트 경력에서 가장 적중률이 높았던 시기는 언제일까?

놀랍게도 2019년에 증권사 리서치 팀장 자리를 그만둔 이후다. 이듬해인 2020년 초 코로나 팬데믹으로 주식 및 부동산 가격이 폭락했을 때, 「월간중앙」과의 인터뷰에서 "부동산 투자가 매력적"이라고 선언한 일이 있다. 알다시피 이후 시장은 상승으로 전환했고 전고점까지 돌파했다. 블룸버그나 각종 유료 보고서를 이용할 수 없는 상황이었는데, 어떻게 전망의 승률이 올라갔을까? 물론 운이 좋았다는 점도 무시할 수 없겠지만, 그보다 더 중요한 요소가 있다. 바로, '집단 심리'의 압박에서 벗어나 있었다는 점이다.

이 책에서도 그런 사례를 보여준다. 1950년대 스와스모어 칼리

지의 솔로몬 애시 박사가 한 실험으로, 평소 같으면 백발백중으로 정답을 맞혔겠지만 집단의 압박이 강해지자 피험자들은 자신의 판단에 의구심을 품고 남들에게 맞춰 틀린 답을 내놓는다. 선의 길이가 1.3~1.9센티미터나 차이 나는데도 확신하지 못한 것이다.

간단한 문제에서도 이러한데, 증권시장에서는 오죽하겠는가. 왜 그럴까? 주식 가격이 오르면 모두가 행복하니 비관적인 전망을 하기가 쉽지 않기 때문이다. 이럴 때 비관적 전망을 하는 사람은 집단에서 배제되고 온갖 비난을 받게 된다. 이 책에서는 대표적인 사례로 1990년대 후반 UBS 워버그의 분석가 게일 두댁이 겪은 일을 소개한다. 1999년에 그녀는 시장이 버블에 이르렀다고 공개적으로 밝힌 후 멸시와 조롱의 대상이 됐다. 하지만 당시를 거쳐 온 우리 모두가 알다시피 1999년은 실로 버블의 정점이었다. 따라서 진정한 승자는 주가 상승의 단꿈에 취해 있던 대부분 사람이 아니라 집단에서 벗어나 자신의 기준으로 상황을 판단한 게일 두댁이라고 할 것이다.

『군중의 망상』은 종교와 금융이라는 큰 줄기에서 매우 위험한 수준으로 치닫고 있는 집단적 망상과 대중의 광기를 다룬다. 인류에 충격을 안긴 종교적 망상으로 인한 사건들과 여전히 시끄러운 중동의 IS 문제 그리고 수많은 가정을 파산에 이르게 한 버블에 이르기까지, 집단에 속했을 때 어리석어지는 인간의 면면을 확인할 수 있다. 이런 망상과 광기가 어떻게 확산되고 결국 어떤 종말을 맞는지 이해한다면 투자만이 아니라 모든 일에서 더욱 현명한 선택을 하게 될 것이다.

인류사의 광기와 버블에 대한 놀라운 이야기

송길영_마인드 마이너, 『그냥 하지 말라』 저자

"친구가 부자가 되는 것을 지켜보는 것만큼 사람의 행복과 판단력을 저해하는 것은 없다."

책 속 경제사학자 찰스 킨들버거의 문장이 가슴을 뜨끔하게 합니다. 세상을 바꿀 것으로 기대되는 새로운 기술이 장밋빛 미래로 우리에게 다가오면, 발 빠른 주변의 성공 소식으로 나의 조바심은 증폭하기 마련입니다. 인류사에 걸쳐 끊임없이 반복되는 기대와 실망의 흔적들을 통해 저자는 "사람들이 세상사를 판별하는 데 냉철한 지성보다는 감정적 요소들과 주관적 인식을 우선시한다"라는 이야기를 담담히 들려줍니다. 에너지가 많이 들어가는 시스템 2의 활성화를 통해, 우리 뇌를 합리화가 아닌 합리적인 판단을 위해 쓰고자 하는 모든 분들에게 일독을 권합니다.

이 책을 통해 전하고자 한 가장 중요한 주제는 크게 두 가지다.

첫째는 인간이 모방하는 존재라는 점이다. 사람들은 누구나 자신이 고유한 생각을 가지고 산다고 믿지만, 기실 대부분의 경우 주변에 떠도는 이야기들을 주고받을 뿐이다. 예를 들어 다수의 미국인은 반대 증거가 넘쳐나는데도 도널드 트럼프가 2020년 선거의 진정한 승자라고 생각하고, 그의 극우파 지지단체 큐어넌QAnon의 바보 같은 이야기를 신뢰한다. 이것은 새로운 현상이 아니다. 지난 수세기 동안 사람들은 특정 날짜에 세상이 끝날 것으로 믿었고, 주식과 튤립에 투자하면 쉽게 부자가 될 수 있다고 생각했다(이 책이 조금 일찍 집필되는 바람에 안타깝게도 암호화폐 열풍을 자세히 언급하지 못했지만, 여기서 다룬 다양한 사례를 통해 똑같은 일이 반복됐다는 걸 알 수 있으리라 믿는다).

둘째는 인간이 이야기를 창조하는 유인원이라는 점이다. 인간은 사실과 자료보다는 이야기를 통해 세상을 이해하도록 만들어졌다. 매혹적인 서사는 언제나 견고한 사실과 자료들을 외면하게 한다. 그중에서도 가장 매혹적인 서사는 세상의 종말에 관한 이야기이거나, 힘들이지 않고 빠르게 부자가 되는 방법에 관한 소문들이다. 그 풍부한 사례를 앞으로 만나보게 될 것이다.

내가 이 책을 쓴 주된 이유 중 하나는 전 세계의 평범한 대중에게 아브라함계의 세 종교(유대교, 기독교, 이슬람교를 가리킴-옮긴이)가 가진 종말론 세계관을 설명하고 싶었기 때문이다. 특히 근본주의 기독교의 전천년 세대주의는 전 세계적으로 가장 빠르게 성장하고 있는 종교 운동이다. 적어도 미국에서는, 어쩌면 세계 여러 나라에서도, 이런 세계관은 양극단으로 치닫는 사회적·정치적 변화 양상들에, 그리고 서로를 이해하지 못하는 물질적·종교적 버블 현상에 일정한 책임이 있다. 이 책이 그 간극을 좁히는 데 이바지하기를 바란다.

차례

프롤로그

19세기, 당차게도 하느님을 탐욕의 신 맘몬Mammon에 빗대어 시대를 풍자했던 스코틀랜드 출신 청년이 있었다. 영국 신문사 편집장으로 미국 남북전쟁 당시 특파원으로 활동했으며, 시와 발라드 작곡에 능했던 이 사람의 이름은 찰스 맥케이Charles Mackay다. 특히 스물일곱 살의 젊은 나이에 쓴 책『대중의 미망과 광기Memoirs of Extraordinary Popular Delusions』(1841)로 일약 명사의 반열에 올랐는데, 대중이 돈이나 종교 등에 비이성적으로 열광했던 사례들을 연구하여 집필한 이 책은[1] 오늘날까지 애독되고 있다. *

맥케이는 이 책에서 11세기 유럽을 휩쓸었던 광란의 십자군 운동과 중세 종말론 사건들을 연대순으로 정리하여 주목받았다. 그

---

* 이 책의 제목은 이후『대중의 심각한 망상과 군중의 광기에 대한 기록들(Memoirs of Extraordinary Popular Delusions and the Madness of Crowds)』로 바뀌었다가『대중의 심각한 망상(Extraordinary Popular Delusions)』으로 다시 변경됐다.

런데 가장 관심이 집중됐던 내용은 1630년대 네덜란드의 튤립 광풍tulipmania과 1719~1720년 유럽(파리와 런던) 주식시장의 쌍둥이 버블을 논한 처음 3개 장이었고, 책이 꾸준한 인기를 얻은 가장 큰 요인이 됐다. 책이 출간된 뒤 200년이 지났는데도 금융시장의 광기는 본문 내용에 준하는 주기와 강도로 반복되고 있으니, 많은 금융 전문가가 이 책을 그들 분야의 고전으로 꼽는 것도 놀랄 일은 아니다.[2]

인간의 비이성적 본성이 집단 속에서 매우 빠르게 확산된다는 사실을 간파한 사람이 맥케이가 처음은 아니었다. 이를테면 헤로도토스Herodotus의 다음과 같은 구절을 살펴보자.

> 페르시아를 다스리던 다리우스Darius 왕이 자신의 궁전에 머물던 그리스인들을 불러, 부모의 시신을 먹는다면 무슨 소원이든 들어주겠노라고 했다. 그러자 그들은 목숨이 붙어 있는 한 아무리 많은 돈을 준다고 해도 그런 일은 하지 않겠다고 했다. 얼마 후 왕은 부모의 시신을 먹는 풍습을 가진 칼라티아이Callatiae 인디언들과 그들의 말을 통역해줄 그리스인을 부른 뒤, 부모의 시신을 화장한다면 무슨 부탁이든 들어주겠노라고 했다. 그러자 그들은 치를 떨며 그런 불경한 행위는 할 수 없다고 단언했다. 이를 통해 우리는 관습이란 무엇인가를 생각하게 됐으며, 개인적으로 "관습은 모든 것의 왕"이라고 말한 핀다로스Pindar(고대 그리스의 서정시인-옮긴이)가 옳았다고 본다.[3]

그리스인들은 고대 사회의 지식인들임이 분명했으나 다리우스 왕은 그들의 현학적인 수사가 탐탁지 않았을 것이다. 그가 실제로 하고 싶었던 말은 이러했을지 모른다. "모두가 유식하다고 칭송하는 너희 그리스인들이라지만 다른 나라 사람들과 하나도 다를 바가 없다. 너희만 옳은 것이 아니라는 증거가 차고 넘치는데도 너희만 옳은 이유를 잘도 찾아내는구나."

고대 그리스인들이나 맥케이가 인간의 비이성적 본성과 그로 인한 군중심리를 잘 알았다고 해도, 생물학적이고 진화론적인 과학 원리나 심리학적 인과관계를 정확히 이해하고 있었던 건 아닐 것이다. 이를테면 맥케이 자신도, 사람들이 왜 군중심리에 매몰되어 어리석은 투자를 실행하는지를 수시로 고민했을 것이다.

오늘날 우리는 그런 일이 발생하는 원인에 대해 훨씬 많은 정보를 가지고 있다. 특히 금융경제학자들은 인간이 본능적으로 높은 수익을 추구하지만, 현실적으로 그것을 손에 쥐는 사람은 매우 드물다는 사실을 오랜 시간에 걸쳐 증명해왔다. 그것은 마치 복권이 엄청난 액수의 당첨금으로 사람들을 유혹하지만 실상 이득을 취한 사람은 극히 적은 것과 마찬가지다. 이와 관련하여 우리는 신경과학자들이 지난 수십 년간 연구해온 해부학 지식이나 정신의학적인 메커니즘을 주목할 필요가 있다. 학자들은 인간의 탐욕과 공포를 관장하는 이 메커니즘의 핵심으로 두뇌 중앙의 수직 공간 양쪽에 대칭적으로 존재하는 변연계limbic system를 주목한다. 변연계의 주요 구성 요소 가운데 하나인 측좌핵nuclei accumbens은 안구 뒤편에 한 쌍으로 자리 잡고 있으며, 또 다른 주요 부위인 편도체amygdala는 양쪽 관자놀이 아래에 역시 한 쌍으로 자리 잡고 있다.

학자들이 의료장비의 일종인 기능적 자기공명영상Functional magnetic resonance imaging, fMRI을 사용하여 밝혀낸 사실은 일반적으로 알려진 것과 달리 측좌핵이 보상에 대해서만 활성화되는 것이 아니고 오히려 음식이나 성적 자극, 사회적 만족, 금전적 성취 등에 더욱 강렬하게 반응한다는 점이었다. 반면에 편도체는 공포와 혐오, 분노 등으로 크게 활성화됐다. 예를 들어 당신이 만일 이모의 라자냐lasagna(이탈리아 파스타의 일종-옮긴이)에 흠뻑 빠져 있다면, 이모 집에 들어서는 순간 당신의 측좌핵과 주변 연결 부위들이 재빨리 활성화될 것이며, 음식이 접시에 담겨 나오는 순간 흥분도는 정점에 달할 것이다. 하지만 음식을 한 입 베어 무는 순간 활성화의 강도는 잦아들 것이다. 그리고 혹시라도 접시를 들고 온 이모가 음식을 보여주며 너무 익혀서 홀랑 타버렸다고 말한다면 그 순간 신경물질의 자극은 깨끗이 사라질 것이다.[4]

능동적으로 활성화되는 이 예측 회로가 주는 시사점은 명확하다. 대자연의 섭리는 무언가를 생각하고 이를 달성하기 위해 분투하는 피조물에 관심을 가지고 호응할 뿐, 이미 가진 것에 만족하고 안주하는 피조물에는 진화의 영광을 허락하지 않는다는 사실이다. 단순하게 생각해도, 주변의 어떤 친구가 별다른 노력 없이 부자가 되는 모습을 지켜보는 것만큼 우리의 측좌핵을 자극하는 게 또 있을까. 경제사학자 찰스 킨들버거Charles Kindleberger는 이런 상황을 두고 다음과 같이 말했다. "친구가 부자가 되는 것을 지켜보는 것만큼 사람의 행복과 판단력을 저해하는 것은 없다."[5]

　소설가나 역사학자들이 수 세기 전부터 간파하고 있었던 것은 사람들이 세상사를 판별하는 데 냉철한 지성보다는 감정적 요소들과 주관적 인식을 우선시한다는 점이다. 미국의 언론인 데이비드 할버스탐David Halberstam은 무게감 있는 저서 『최고의 인재들The Best and the Brightest』에서, 누구보다 명석한 두뇌를 가졌다는 미국의 정책 결정자들이 베트남전쟁 병력 운용에서 왜 그토록 이해할 수 없는 판단을 연달아 내렸는지에 대해 설득력 있는 분석을 보여줬다. 요컨대, 최근 미국의 국제정치라는 학습곡선learning curve이 우상향하며 발전하지는 못했던 것이다.[6]

　인간이 합리성rationality보다 합리화rationalization에 더욱 치중해왔다는 사실은 심리학자들이 지난 수십 년 동안 축적한 실험과 통계를 통해서도 드러난다. 심지어 인간은 자신의 믿음과 배치되면 자료와 수치를 제시해도 믿으려 하지 않고 기존의 신념을 버리려 하지도 않는다. 대개는 제시된 자료와 수치를 외면하고, 그것이 여의찮을 때도 자신의 신념을 더욱 강화하는 쪽으로 나아가며, 심지어 대상을 자의적으로 왜곡하기까지 한다. 맥케이가 묘사하듯, 인간의 '합리성'이라는 것은 인간의 잔꾀와 망상이 들끓는 가마솥 거품 위에 위태롭게 얹힌 깨지기 쉬운 뚜껑과도 같다.

　맥케이의 개인사를 통해서도 우리는 가장 이성적이고 누구보다 합리적인 당대 지식인이 어떻게 금융 투자 열풍에 휩쓸리는지를 알 수 있다. 1841년 『대중의 미망과 광기』가 출간되던 당시 영국에는

1719~1720년 파리와 런던의 쌍둥이 버블을 능가하는 투자 열풍이 한창이었다. 그리고 그 중심에는 첨단 산업으로 주목받던 거대한 철도 산업군이 자리하고 있었다. 예정된 철도 부설 총거리가 1843년 2,000킬로미터에서 1848년 5,000킬로미터로 늘어나고, 이후에 수천 킬로미터가 더 연장돼 발표되자 투자자들은 환호성을 지르며 경쟁적으로 주식을 매수했다. 하지만 머지않아 주가는 폭락했고 건설 계획은 취소됐다. 만일 누군가가 이 폭락 사태를 예견해야 했다면 그것은 맥케이였을 것이다.

하지만 맥케이는 시장을 예측하지 못했다. 그 광풍의 시간 동안 그는 「글래스고 아거스Glasgow Argus」라는 지역 신문사의 편집자로 일하며 철도 건설 상황을 낙관 일변도로 보도했다. 1852년『대중의 미망과 광기』재판본이 출간됐을 때, 그는 책에 각주 하나만을 덧붙였을 뿐이다.

투자 광풍은 등장인물들의 극명히 대비되는 역할과 익숙한 서사 구조, 상투적인 대사 등을 고려할 때 차라리『햄릿』이나『맥베스』의 비극과도 유사하다. 비극의 서사는 주로 네 종류의 주연급 캐릭터들이 이끌어간다. 첫째는 음모를 설계하고 주도하는 유능한 악당이고, 둘째는 거기에 매수되는 아둔한 대중이다. 셋째는 긴장을 극도로 고조시키는 언론이며, 마지막은 부패의 정념으로 가득 찬 두 눈을 숨긴 채 돈다발을 향해 촉수를 뻗치는 노회한 정치인이다.

주인공은 셰익스피어 극의 전통을 계승이라도 하듯, 비극으로 치닫는 통로의 입구를 서성대며 가장 매력적인 캐릭터를 구현한다.

처음에는 그도 명석한 두뇌를 가진 근면 성실한 인물이었으며, 사회를 뒤바꿀 기술을 남들보다 먼저 손에 넣어 커다란 부를 얻고자 했다. 꿈을 실현하는 과정에서 부자가 되고 권력을 갖게 되지만, 점차 재산으로 사람을 평가하는 자본주의적 가치를 받아들이고 나아가 권력의 개로 활약하게 된다. 그러다가 순조롭게 진행되던 사업에 문제가 발생하고, 주인공은 파산하며 명예가 실추된다. 항상 그런 것은 아니지만 간혹 감옥에 갇혔다가 탈출하기도 한다.

영웅적인 카리스마를 뽐내는 주인공의 감언이설에 대중은 쉽게 마음을 내준다. 유능한 투자라는 것은 기본적으로 금융 지식은 물론 투자 기법이나 경제사 전반에 대한 지식을 바탕으로 이루어지기 마련이다. 아, 그러나 사람들은 사실이나 객관적 수치보다는 잘 짜인 이야기에 더 마음을 빼앗기기 마련이며, 복잡하고 어려운 현실 문제를 마주하면 보기 좋게 꾸며진 서사장치로 도피하곤 한다. 적은 노력으로 부를 손에 쥐는 가장 좋은 방법은 미래의 신기술에 투자하는 것이라는 식의 주장에 사람들은 언제나 환호한다.

대중이 그러한 것처럼, 언론 또한 주인공의 마수에 휘둘린다. 여러 고품격 잡지의 표지 모델로 등장하며 대중의 영웅으로 등극하지만 얼마 후 무도한 범죄자로 판명되는, 유망한 사업가의 혁명적 과업들을 선전하는 일만큼 언론의 신뢰도를 훼손하는 일은 많지 않다.

결국 투자 광풍은 비록 그것이 한시적이라고 할지라도 경제의 활성화를 통해 평판과 지지도를 올리려는 눈치 빠른 정치인들에 의해 더욱 확산된다. 그들이 화려한 치적 사업의 뒤편에서 몰래 거액을 편취하는지 어떤지는 누구도 주목하지 않는다.

지금까지 있었던 투자 광풍들은 그 얼개가 대부분 비슷하다. 주요 사례들을 살펴보면 두 가지 요소가 결합되는 경우가 많다. 모두에게 부를 안겨줄 것으로 회자되며 사람들을 열광시키는 신기술이 첫째이고, 이에 대한 사람들의 맹신이 둘째다. 오늘날 미국의 실물시장에서 지폐와 동전의 형태로 유통되는 화폐는 전체 공급량의 10%에 불과하다. 나머지는 은행 시스템 내에서 일정 한도로 생성되는 신용의 형태로 존재한다. 그리고 그 신용의 총량은 은행이나 금융기관 등 대출을 다루는 기관들이 시장을 얼마나 낙관적으로 전망하는가에 따라 달라진다. 투자 광풍은 사람들의 직관과 매우 다르게 진행되어 모두에게 놀라움을 안기지만, 다음과 같은 공통적인 과정을 거치기도 한다. 우선 은행들이 돈을 발행한다. 시장의 전망은 대중의 습성과 마찬가지로 낙관과 비관을 급격하게 오간다. 버블이 피어오르며 시장에 대한 도취감^euphoria이 확산될 무렵 은행들은 '신용 창출'을 가속하며 유동성의 불꽃에 부채질을 한다. 이런 현상을 우리는 2007~2009년 금융 위기 때 극명하게 목도했다.

주연 캐릭터들의 역할이 무르익으면 플롯이 뒤섞이며 버블이 생겨나기 시작한다. 이때가 되면, 사람들이 만나 나누는 이야기는 일상의 기본적인 요소들을 제외하면 대부분 경제 상황에 대한 전망과 예측이다. 언제 어디서 누구를 만나든 날씨나 가족, 스포츠 대신 주식과 부동산 이야기에 열을 올린다. 이때쯤 눈치 빠른 전문직 종사자들은 투자에 전념하기 위해 높은 연봉의 안정적인 직장을 그만

두곤 한다. 드물긴 하지만 비관론자가 등장하기도 한다. 나이가 많고 오랜 경험을 가진 그가 버블의 진행과 예상되는 결말을 비관 조로 말하지만, 그 경고는 무시될 뿐 아니라 극심한 비난의 대상이 된다. 지난 수십 년 동안 이들의 의견은 다음의 한 문장으로 폄훼됐다. "당신은 세상 물정을 몰라." 마지막 단계에 이르면, 그동안 보수적 전망을 내놓던 전문가들마저 낙관적인 경기 전망으로 돌아선다. 자산 가격의 변동은 연간 기준 10%나 20%, 30% 정도가 아닌 2배, 3배 또는 0이 하나 더 붙는 수준으로 폭발하기에 이른다.

『대중의 미망과 광기』의 앞 세 단락에서 투자 광풍을 다뤘다면 이후 세 단락에서는 종교적 광기를 자세히 조명한다. 성서의 예언, 십자군전쟁 그리고 마녀사냥이 각각의 주제다. 얼핏 투자 광풍과 종교적 광기 사이에 특별한 교차점이 없어 보이나, 사람의 마음을 추동하는 원리라는 관점에서 둘은 일맥상통한다. 더 나은 삶을 열망한다는 점이 핵심이며, 그 삶을 누리는 곳이 현생이냐 다음 생이냐에 차이가 있을 뿐이다. 이런 광기는 대중이 추종하는 돈이나 종교의 영향력을 증폭하는데, 그 영향력의 수단이 되는 것이 인간의 본능이다. 인간은 누구나 자기보다 우월한 대상을 모방하려 하고, 누군가의 그럴듯한 이야기에 매료되어 빠져들며, 남들보다 높은 지위를 얻고자 발버둥 친다.

종교적 광기는 인간 역사에서 끊임없이 나타났던 현상으로, 최근의 예로는 태양의 사원Solar Temple에서 있었던 비극적인 사건을 들 수 있다. 1994년 10월 4일 저녁, 스위스의 치어리 마을 주민들은 언덕

위의 한 농가에서 화염이 피어오르는 것을 보고 크게 놀랐다. 출동한 소방관들은 그곳에서 참혹하고 기이한 광경을 목격했는데, 붉은색과 검은색과 흰색의 모자를 쓴 22구의 시신이 널브러져 있었다. 시신들은 둥글게 원을 그린 듯 머리를 바깥으로 향한 채 누워 있었으며, 여성들 가운데 일부는 황금색 복장을 하고 있었다. 희생자 중 3명을 제외하고는 모두 총상으로 숨졌고, 10명은 머리에 비닐봉지를 뒤집어쓰고 있었다. 그리고 바닥에는 수많은 탄피와 빈 샴페인 병들이 나뒹굴고 있었다.

이것은 시작에 불과했다. 이후 2년 반 동안 스위스와 캐나다에서 수십 구의 자살자 또는 피살자의 시신이 발견돼 희생자가 총 74명으로 늘었다. 모두 같은 종파의 신도들이거나 그들의 자녀들이었다. 치어리 이외에서 발견된 시신들은 모두 춘분이나 추분 또는 동지나 하지 며칠 내외에 사망한 것으로 추정됐다.

종파 조직을 이끈 사람은 2명이었다. 한 사람은 신비스러운 마력으로 사람들을 매료시키던 마흔여섯 살의 벨기에 의사 뤼크 주레^{Luc Jouret}로, 1993년에 범죄 공모와 무기 밀매 혐의로 캐나다에서 도피한 인물이었다. 다른 한 사람은 조지프 디 맘브로^{Joseph Di Mambro}로, 일흔 살의 프랑스계 캐나다인이었다. 희생자 가운데는 1960년 프랑스 올림픽 스키 종목 금메달리스트로 훗날 국제적인 선글라스 제조사에 자신의 이름을 특허로 판매한 저명인사 장 뷔아르네^{Jean Vuarnet}의 아내와 막내아들도 포함되어 있었다. 그 아들은 죽기 얼마 전 기자들에게 이렇게 말한 적이 있다. "삶에서 죽음으로 가는 길이라는 주제가 계속해서 떠올랐습니다. 뤼크 주레는 두려워할 것이 아무것도 없다고 했지만, 실은 그 반대죠. 나는 희생제물에 가깝다는 생각이 들기 시작했습니다."[7]

태양의 사원 사건의 마지막 희생자는 1997년 3월 27일에 발견됐다. 이틀 후, 샌디에이고 인근 란초 싼타페 경찰은 또 다른 종말론 종교 집단 천국의 문Heaven's Gate 신도 39명의 시신을 발견했다. 이들 역시 특정 절기 전후에 사망했는데, 죽으면 헤일-밥Hale-Bopp 혜성의 꼬리에 숨겨진 우주선을 타고 행성 밖으로 탈출하게 된다고 믿었던 것으로 알려졌다.[8]

이 두 광신 집단은 세상에 드러난 수많은 밀교적 근대 종말론 집단 중 극히 일부일 뿐이다. 1978년 남아메리카 가이아나에서 발생한 짐 존스Jim Jones의 인민사원교Peoples Temple 집단 자살(또는 살해) 사건에서는 918명의 희생자가 발생했다. 1993년 텍사스주 웨이코에서는 연방 당국의 세심하지 못한 대응으로 대치 중이던 다윗교Branch Davidians(줄여서 'Davidians'라고 불림-옮긴이) 신도 86명이 숨지는 사건이 벌어졌다. 1995년 일본의 악명 높던 종말론 종교 집단 옴진리교Aum Shinrikyo는 도쿄 지하철에서 신경가스를 살포했다. 이 모든 사건에서 드러난 사실 하나는 집단의 조직원 상당수가 자기 삶에서 큰 성취를 이룬 지식인이었다는 점이다.

종말론과 관련된 대중적 광기가 현대 세계에만 있었던 것은 아니다. 알려지지 않았을 뿐 중세 유럽만 해도 당대 사회를 뒤흔든 사건이 무수히 많았다. 지극히 정상적이고 지적이며 조화롭게 사회생활을 영위하던 사람들이 왜 특정 날짜에 특정 단계를 거쳐 세상이 멸망하리라고 믿게 되는지에 대한 연구는 오늘날 신경심리학 분야의 과학자들이 일부 성과를 거두고 있다. 이들에 따르면 인간은 서사 또는 이야기를 통해 세상을 이해한다. 제아무리 합리적 사고의 중요성을 교육받는다고 해도 인간은 그럴듯한 서사장치에 감정이 동요되고 마음을 빼앗기곤 한다. 설사 그것이 논리적 허점을 보인다고 해도, 심지어 객관적 사실과 수치들이 반대편 의견에 더 부합한다고 해도 상관없다.

심리학자들은 최근까지 정교하게 다듬어진 서사가 인간의 분석능력을 얼마나 저하시키는지에 관해 연구해왔다. 추정컨대 모든 서사 가운데 가장 매혹적인 것은 종말론일 것이며, 누구든 자신의 인생을 여기에 대입한다면 그 서사의 결말 부분을 궁금해할 수밖에 없을 것이다. 종말론 서사는 세계의 수많은 종교에서 나타나며, 아브라함계Abrahamic로 분류되는 세 종교도 마찬가지다. 또한 우리 삶 곳곳에도 스며 있어서, 쉽게 눈에 띄지는 않지만 주변에서 접하는 각종 글귀나 트윗 문구에도 나타나곤 한다. 더구나 매우 오랜 전통을 가지고 있기에 그 시발점을 따진다면 문명이 개화하던 시기 또는 그 이전으로까지 거슬러 올라간다.

종말론 서사는 인간의 의식 깊숙이 새겨진 '그래서 어떻게 됐는가?'라는 궁금증을 자극할 뿐 아니라 그 이야기에 빠져들 수밖에 없는 치명적인 유혹을 던져준다. 그것은 토머스 홉스Thomas Hobbes가 "고독하고, 가엾고, 추악하고, 잔인하고 또한 짧다"라고 한탄한 인간 존재에 대한 연민, 또는 의를 저버린 채 부와 권력을 탐하는 부패한 무리로부터 차별화됐다고 믿는 이들에게 내려지는 구원의 손길이다. 어그러진 세상의 모든 것을 뒤엎어 정의를 세우고 마침내 구원을 완성할 이가 도래한다는 서사보다 사람들에게 위안을 주는 이야기는 흔치 않다. 새로운 시작을 열망하는 인간의 욕망은 성서에 그 깊은 원천이 있다고 볼 수 있으며, 그 가운데서도 「에스겔서」와 「다니엘서」, 「요한계시록」은 피비린내 나는 여러 종말론 운동에 일종의 청사진을 제공해온 측면이 있다.

⤙⤙⤙⤙⤙

진화심리학의 초기 연구에서는 대중적 광기가 확산되는 원리를 규명하고자 한 시도들이 많았다. 마지막 빙하기가 끝날 무렵 첫 번째 부족이 시베리아를 떠나 북아메리카로 이주한 이후 약 1만 년이 지난 시점에, 인간은 아북극에서 대평원을 지나 열대 아마존 유역에 이르기까지 영역을 확장했다. 하지만 생물학적 진화는 그토록 다양한 환경에서 생존하는 데 필요한 구체적인 수단들을 그토록 단시일 내에 마련할 수 없었다. 예를 들어 아북극 해안에서 카약을 만들거나, 대평원에서 버펄로를 사냥하거나, 아마존에서 독침을 만드는 등의 능력을 갖추기까지는 적지 않은 시간이 필요했다. 인간이 진화를 통해 신체를 환경에 적응시킨 사례들 가운데 최단기간 변이를 이룬 예를 들자면 북유럽인들에게 형성된 유당분해 효소와 티베트인들이 갖게 된 고지대 내성인데, 이마저도 최소 3,000년에서 1만 년 이상이 걸린 것으로 밝혀졌다.[9]

인간의 진화는 카약을 만들고, 버펄로를 사냥하고, 독침을 만드는 능력을 그대로 유전자에 심는 대신 모방을 통해 하나의 기술을 다방면으로 활용하는 방식으로 이루어졌다. 예컨대 인구가 많고 시행착오가 충분히 반복된다면 누군가가 결국 카약 만드는 법을 알아낼 것이고, 다른 이들은 그 과정을 모방하려 할 것이다.[10]

인간은 다른 동물을 모방하지만 그 모방에 만족하지 않는다. 누군가가 유용한 어떤 것을 고안해내면 다른 사람이 재빨리 그것을 활용하는데, 이때 모방에서 벗어나고자 하는 강렬한 부적응 행동 maladaptive behavior 또한 함께 추동된다. 그리고 그 부적응 행동의 토대는 자신의 판단에 대한 지나친 신뢰다. 우리가 인정해야만 하는 사실은 오늘날 후기 산업사회에서 타인의 기술을 활용하는 일은 생산력 향상에 큰 도움이 되지만, 아북극이나 대평원 또는 아마존 유역의 전근대 원주민들이 타인의 기술을 모방하여 생사를 결정한 행위에 비한다면 그 영향력은 미미한 수준이라는 점이다. 아울러 사회화를 이루는 적응 행동 adaptive behavior에 대한 부적응 행동의 값어치 또한 미미해졌다. 다시 말해, 지금의 인간은 진화를 위해 점점 더 비싼 기회비용을 치러야만 하는 후기 홍적세(지질 시대의 하나로 신생대 제4기 전반부-옮긴이)의 모방 만능주의 세상을 살아가고 있다. 따라서 인류가 곧 종말을 맞이하리라는 믿음이 확산되는 일이야말로 세상에서 가장 비싼 기회비용을 요구하는 위험한 일이 된다.

사람들은 사실과 수치보다 서사에 더 크게 반응할 뿐 아니라, 한 예비 연구에 따르면 서사에 설득력이 더해질수록 비판적 사고 능력이 감퇴한다.[11] 게다가 이 연구에 따르면 서사를 만들어내는 자와 이를 소비하는 대중 사이에는 이해관계의 심각한 괴리가 나타난다. 서사의 생산자는 가장 그럴듯한 이야기 구조를 마련하고자 할 것이며, 서사의 소비자는 (합리적인 소비자일 경우) 근거가 빈약한 서사 대신 사실과 수치와 분석 자료들에 기반을 둔 서사를 선택할 것이다.

설득력 있는 서사를 선호하는 인간의 본성은 자기기만self-deception의 경향에서 비롯된 측면이 있다. 인간은 타인의 거짓말을 어느 정도 감지하는 능력이 있기 때문에 그 능력을 무력화할 거짓말을 하기 위해서는 더욱 능숙한 이야기꾼이 되어야 했다.[12] 역사를 살펴봐도, 광신도 집단의 지도자들은 주류 사회에 반감을 품은 이들보다는 자신의 망상 때문에 자기기만에 빠진 인물들이 대부분이었다.

약 150년 전부터 개신 기독교는 '세대주의적 전천년설dispensational premillennialism'로 알려진 교리를 발전시켰는데(줄여서 세대주의dispensationalism라고도 한다), 옹호론자들은 이를 세상에서 가장 설득력 있는 종말론이라고 주장했다. 정확한 내용은 신학적 해석에 따라 다소 차이가 있지만, 가설의 기본적인 서사는 유대인들이 이스라엘로 돌아와 예루살렘 성전을 재건하고 희생제의를 재개한다는 내용이다. 이후 로마제국은 10인 연합의 동맹체로 재건되는데, 이 조직을 이끄는 카리스마 넘치고 명석하고 외모가 준수한 지도자는 악마가 지상에 현현한 적그리스도^{Antichrist}로 밝혀진다. 그리고 그는 유대인들과 7년의 동맹을 맺는다. 하지만 적그리스도는 3년 반 만에 유대인들을 배신하고 이스라엘을 침략하는 러시아와 중국군을 독려하는데, 히말라야산맥을 넘어 진격하는 중국군이 2억 명에 달한다. 세상의 대격변을 초래하는 핵전쟁도 발발한다. 아마겟돈^{Armageddon}이라고도 하며, 환란으로 통칭되는 끔찍한 상황이 다발적으로 벌어진다. 7년의 기간이 끝나면 적그리스도를 물리치기 위해 그리스도가 재림하여 천년왕국^{the millennium}을 건설한다. 그 과정에서 수십억 명이 목숨을 잃게 된다. 예수를 믿는 이들은 환란이 시작되기 직전에 아마겟돈의 혼란으로부터 들어 올려져 천국으로 인도된다. 이를 휴거^{Rapture}라고 한다. 유대인들은 약간의 곤경에 처하게 되는데, 그들 중 3분의 1은 개신 기독교로 개종하여 환란에서 살아남지만 나머지 3분의 2에게는 아무런 희망이 없다.

오늘날 미국 사회를 이해하기 위해서는 보편적인 교육을 받은 세속주의 성향의 일반 시민들을 당혹스럽게 하는 세대주의적 서사를 이해해야 한다. 대다수의 미국인에게 세대주의의 종말론 신앙은 마치 영화 〈로미오와 줄리엣〉이나 〈대부〉처럼 친숙하며, 제리 폴웰^{Jerry Falwell}이나 짐 배커^{Jim Bakker}, 지미 스와가트^{Jimmy Swaggart} 등 대중적 영향력이 지대한 전도사들은 세대주의적 종말론을 공공연히 표방한다.

종말론 서사의 확산이 우려스러운 데에는 몇 가지 이유가 있다. 이스라엘 중심주의, 특히 이스라엘에 성전이 재건되어야 한다는 당위적인 신념 체계는 미국의 대核중동 정책에 지대한 영향을 미친다. 미국이 서안지구에서 이스라엘의 팽창 정책을 지지하며 '두 국가 정책two-state solution'을 폐기한 것은 시온주의자Zionist로 불리는 기독교 복음주의자들의 영향력 때문이었다. 기독교 복음주의는 일반적으로 유대교 시온주의보다 영향력이 큰 것으로 알려졌다. 실제로 2018년 5월 예루살렘에서 개최된 미국 대사관 헌납 행사에서 개회와 폐회 축도를 맡은 성직자들 모두 기독교 세대주의 종파의 목회자들이었다. 그 가운데 로버트 제프리스Robert Jeffress 목사는 과거 아돌프 히틀러Adolf Hitler가 유대인들의 이스라엘 회귀를 도왔다고 주장했으며, 또 다른 목사 존 해기John Hagee는 2005년 발생한 허리케인 카트리나가 죄악 가득한 뉴올리언스 지역에 신이 내린 징벌이라고 발언했다.[13]

핵을 가진 인류에게 아마겟돈 전쟁은 불가피하다고 주장하는 약한 정도의 숙명론도 위험하기는 마찬가지다. 2010년 퓨 리서치 센터Pew Research Center가 실시한 여론조사에 따르면 미국인의 3분의 1 이상이 자신이 살아 있는 동안 예수가 재림할 것이라고 답했고, 응답자 대부분은 휴거가 일어나리라고 믿는 것으로 나타났다.[14] 그런 미국인 가운데는 로널드 레이건Ronald Reagan도 있는데, 그는 제리 폴웰처럼 종말론적 세대주의 신학에 해박한 지식을 가지고 있었다. 또한 복음주의자 대부분은 종말론적 세대주의자들로, 미군 전체 병력의 4분의 1을 차지한다. 이들의 영향력은 미국이 가진 핵무기 대부분을 운용하는 공군사관학교에 특히 집중되어 있다.[15] 1964년, 미국의 정책 연구기관 RAND에 근무하던 대니얼 엘즈버그Daniel Ellsberg와 그의 상관은 영화 〈닥터 스트레인지러브〉의 이야기가 현실이 될 뻔했다고 주장했는데, 이들이 미군의 핵무기 지휘 계통을 감사한 직후의 발언이어서 더욱 주목받았다.[16] 이 영화는 식수에 불소를 첨가하는 사업의 배경에 사악한 음모가 있다고 믿는(심지어 오늘날에도 불소화 사업에 대한 음모론을 믿는 세대주의 신도들이 있다) 미국 전략공군사령부SAC 소속 한 장교가 제3차 세계대전을 촉발한다는 내용이다.

역사 전체를 통해 기독교인들은 유대인들을 적그리스도로 낙인찍었고, 이런 개념 규정은 이후 세계에 매우 중대한 변화를 가져왔다. 심지어 오늘날에도 일부 극단주의 복음주의자들은 이 꼬리표를 특정인이나 특정 단체에 붙이고 그들에 대한 폭력과 살인을 정당화한다.

마지막 이유는 세대주의가 존재 자체만으로도 신도들의 집단적인 죽음을 초래할 위험이 있다는 점이다. 1993년 텍사스 웨이코에서 「요한계시록」에 경도된 지도자 데이비드 코레시David Koresh가 이끄는 다윗교 신도들과 연방 경찰이 대치했을 때, 이들의 신앙을 전혀 이해하지 못한 공무원들이 집단적인 죽음을 촉발한 사건이 대표적인 예다. 그리고 이런 사태는 언제든지 다시 벌어질 수 있다.

묵시론적 신앙apocalypticism의 기원이 신약과 구약성서 모두에서 발견되고, 어쩌면 그보다 이르게 메소포타미아 비옥한 초승달 지대의 다신교에서 유래했을 수도 있다는 점을 고려할 때, 이스라엘과 이슬람의 극단주의자들이 가진 종말론 교리가 서로 유사한 것도 이상한 일은 아니다. 다른 점이 있다면 누가 영웅이고 누가 악당이냐 하는 역할뿐이다. 오늘날 이슬람 묵시론자들은 한결같이 유대인들을 적그리스도로 간주하며, 이런 자들이 전 세계의 수많은 병사를 시리아와 이라크의 전쟁터로 집결시키고 있다. 그리고 그 배경에 마호메트^Mahomet^(아랍어로는 무함마드^Muhammad^_옮긴이)의 언행록인 「하디스^Hadith^」에 나타난 종말론 서사가 있다는 사실도 부정하기 어렵다.

꿰꿰꿰

만일 금융 버블이나 폭력적인 종말론 또는 종말론적 광기와 같은 사회적 현상들이 어떻게 만들어지고 전파되는지 이해한다면, 그것이 발생하지 않는 조건들도 알 수 있을 것이다. 군중도 때에 따라서는 매우 현명한 판단을 내릴 수 있다는 사실을 찰스 다윈^Charles Darwin^의 사촌이자 시대를 앞서간 박학다식했던 학자 프랜시스 골턴^Francis Galton^의 연구에서 찾을 수 있다. 1906년 가을, 그는 잉글랜드 서부 지방 플리머스에서 연례행사로 열린 '식육용 가축 및 가금류 박람회'에 참석했다. 그리고 그곳에서 사람들이 집단적으로 놀라울 만큼 합리적인 판단을 내리는 광경을 목격했다. 도축을 앞둔 황소를 살펴보고 머리와 내장을 제외한 무게를 예측하여 근사치를 맞춘 이에게 상품이 수여되는 이 행사에는 6펜스의 입장료를 낸 800여 명이 운집해 있었다. 참가자들 추정치의 중간값은 1,207파운드였는데 놀랍게도 이는 실제 무게 1,198파운드와 겨우 1% 차이밖에 나지 않는다. 더 놀라운 사실은 평균값이 1,197파운드라는 점이었는데, 골턴은 「네이처Nature」에 기고한 첫 논문에서 의미 있게 거론하지 않았다. 모든 수치의 평균값보다 추정치의 정확히 중간인 중간값이 이론적으로 더 가치 있다고 판단했기 때문이다.[17]

집단 지성의 정확성을 보여준 골턴의 연구 결과는 이후 다른 연구에서도 여러 차례 확인됐다.[18] 좀더 최근의 연구를 살펴보면 「뉴요커New Yorker」 기고 작가인 제임스 서로위키James Surowiecki는 자신의 베스트셀러 저서인 『대중의 지혜』에서 유사한 내용을 기술했는데, 특히 집단 지성이 이루어지기 위한 세 가지 조건을 제시했다. 개인의 독립적인 분석력, 개인의 경험 및 전문성의 다양화, 개인이 지식을 축적하는 효과적인 방법이 그것이다.[19]

그런데 한 가지, 많은 이들이 궁금해할 문제는 '군중'이 되는 데에도 일정한 자격이 필요한가 하는 점이다. 프랜시스 골턴이나 제임스 서로위키 같은 현자들만이 군중의 구성원이 되어야 하며 뤼크 주레나 조지프 디 맘브로, 데이비드 코레시 같은 이들은 배제되어야 하는 것인가?

어리석은 군중과 현명한 군중을 구분하는 기준으로 생각해볼 수 있는 것 하나는 구성원 간 상호작용의 정도다. 골턴의 사례에서 800여 명의 참가자 대부분은 하나의 단일한 집단으로 결집한 것이 아니었다. 흔히 간과되는 중요한 문제는 당시 사람들이 예측해야 했던 것이 도축된 후에 측정되는 소의 무게였다는 점이다. 참가자들은 당첨자 통지를 받을 수 있도록 참가 카드에 주소를 기입한 후, 소가 도살되어 결과가 나올 때까지 기다려야 했다. 측정 결과는 소가 도살될 때까지 누구도 알 수 없었고, 참가자들은 카드를 기입하면서 서로 상의할 필요조차 없었다.

몇 해 전, 전설적인 투자자로 유명한 조엘 그린블라트[Joel Greenblatt]가 할렘 지역 학생들을 대상으로 골턴 실험을 약간 변형하여 수행한 적이 있다. 그는 학생들에게 젤리 사탕 1,776개가 들어 있는 항아리를 보여주고 내용물의 개수를 맞추게 했다. 숫자가 기입된 카드를 개별적으로 제출받아 계산한 평균값은 1,771개로 놀라울 만큼 정확했다. 그다음 실험에서 그린블라트는 카드를 제출받는 대신 학생들 앞에서 구두로 추정 수치를 발표하게 했다. '공개적으로' 발표된 추정치의 평균은 850개로, 집단적 판단의 정확도는 크게 낮아졌다.[20]

군중을 이루는 개인들의 상호작용이 활발할수록 이른바 우중의 습성이 발현되고 판단력의 정확성은 떨어지게 되며, 그 상호작용이 지나치게 강렬할 때는 종종 광기가 발현된다. 프리드리히 니체[Friedrich Nietzsche]가 간단히 정의했듯, "광기는 개인에게는 드물지만 군중과 정파와 국가와 세대에서는 차라리 규칙이 된다."[21] 맥케이도 이런 사실을 알고 있었던바, 『대중의 미망과 광기』에서 가장 유명한 글귀로 회자되는 다음의 말을 남겼다. "사람들은 무리를 지어 생각한다. 그들은 단체로 망상에 빠져들지만 거기에서 회복되는 건 매우 느리고 점진적이다."[22]

결과적으로 군중이 내리는 집단적 판단의 정확성 수준은 타인에게 휩쓸리지 않고 행위를 하는 개개인에게 달려 있다. 이것은 서로

위키가 지적한 것처럼 집단의 다양성과도 관련이 깊다. 어느 집단이 개인의 다양한 관점을 더 많이 수렴할수록 더 정확한 판단을 내릴 가능성이 커진다.

의견의 다양성은 개인에게도 득이 되는데, 스콧 피츠제럴드Scott Fitzgerald는 이를 다음과 같이 표현했다. "최고의 지적 능력이라는 것은 상반된 두 가지 생각을 품으면서도 여전히 성취를 이룩하는 능력이다."[23] 저명한 심리학자 필립 테틀록Philip Tetlock은 지난 수십 년 동안 명망 있는 전문가들이 내놓은 각종 예측치의 정확도를 조사했다. 그에 따르면 다양한 관점을 가지고 있어 다소 모순된 입장을 보였던 사람들이 한 가지 관점으로 세상을 바라본 이들보다 더 나은 성과를 보였다.[24] 요컨대 정치와 종교, 금융 등 어느 분야에서나 지나치게 확신에 찬 사람과 그 추종자들을 조심해야 한다.

서로위키의 책이 집단적 의사결정이 성공한 이유를 설명했다면, 이 책의 저자인 나는 집단적 의사결정이 실패하는 이유와 그 과정에서 발생하는 여러 상황을 들여다보고자 한다. 20세기에는 군중의 범위를 넘어서 나라 전체가 광기에 휩싸인 사례도 수없이 많았기 때문이다.

맥케이의 전망이 모두 옳았던 것도 아니고, 그의 주장들이 온전히 그 자신만의 생각이었던 것도 아니다. 그의 책이 출간되기 4년 전,

리처드 대븐포트Richard Davenport라는 역사학자가 『사기와 기만과 현혹을 말하다Sketches of Imposture, Deception, and Credulity』라는 책을 펴냈다. 맥케이의 책처럼 상세하지는 않지만 상당 부분 같은 관심사를 다루고 있는 만큼, 맥케이가 이 책에서 영감을 얻고 집필을 이어갔을 가능성은 충분하다.[25] 그는 튤립 광풍의 어리석은 단면을 설명하여 이 용어가 현대 사전에 등재되는 데 크게 기여했지만, 이후의 학자들은 튤립 광풍을 현대 사회 전반에 나타나는 유의미한 연구 소재로 여기지 않았기에 별로 대수롭지 않게 생각했다.[26]

더욱이 맥케이 책의 장 구성이나 주제, 연대기 등은 다소 혼란스럽다. 금융 버블이나 십자군 운동과 같은 군중 행동을 연구한 장이, 풍속 관련 장(머리카락과 수염의 길이, 결투하던 풍습 등을 다룸)이나 건강 및 과학의 종말을 논한 장(자화magnetization나 연금술을 다룸) 사이에 맥락 없이 삽입되어 있다.[27] 다시 말해 맥케이가 보여준 맥락과 일관성의 미비 그리고 다른 학자의 연구 주제를 모방했을 가능성 등을 생각할 때, 제아무리 시대를 앞서간 지식인이라고 할지라도 당대 사회를 지배하는 풍속에서 벗어나기란 매우 힘들다는 사실을 알게 된다.

내가 『대중의 미망과 광기』를 처음 읽은 것은 20여 년 전이었다. 앞의 세 장에 서술된 금융 광풍 이야기는 매우 흥미로웠지만, 원활히 작동하던 1990년대 이후 자본주의 시장경제에서는 그토록 비이성적인 현상이 또다시 발생하지는 않을 것으로 생각했다. 하지만 그 생각은 옳지 않았다. 이후 수년간 닷컴 버블이 지속돼 맥케이가 이야기한 금융 광풍이 또다시 내 눈앞에 펼쳐졌으며 나는 혼돈에 휩싸였다.

이후 20년이 지난 오늘날, 이슬람 국가[IS]와 그 전임자들은 전 세계 사람들을 개종하는 데 여전한 능력을 보여주며, 풍요롭고 안전한 서방 국가들로부터 시리아와 이라크의 전장으로 수천 명의 젊은 이를 불러 모으고 있다. 그들은 다수의 기독교인이 믿고 있는 것과 매우 유사한 종말론 서사를 만들고 이에 동조해왔는데, 맥케이는 이 문제 또한 자세히 언급했다.

『대중의 미망과 광기』에 깊이 공감한 사람으로서 나는 IS가 부상하는 현실을 주의 깊게 살필 필요가 있다고 생각한다. 만일 근래 역사에서 종교적 광기의 양상을 보여주는 예가 있다면 바로 이 지점일 것이다. 요컨대 우리는 인류의 집단적 광기를 이해해야 하고, 중세부터 현대까지 이어져 온 광기의 역사를 알아야 한다. 최근 눈부신 성과를 거두고 있는 신경과학의 진보가 우리의 이해를 도울 것이다.

맥케이가 자세히 다룬 여러 주제 가운데 패션이나 건강 열풍 등의 분야는 생략하고자 한다. 일부 독자는 오늘날 매우 저열하고 극단적인 당파성을 보이는 정치 환경을 다루지 않는 데 의아해할 수도 있을 것이다. 그것은 이 책의 제목이 지나치게 길어지는 것을 막기 위해서이기도 하지만, 종교적 광기와 투자 열풍에 대한 개인적인 관심이 지대하여 이 두 주제에 집중하기 위해서이기도 하다. 하지만 본문에 등장하는 다양한 소주제를 통해 여러 사회적 현상과 그 바탕을 이루는 심리학 이론은 물론, 다양한 영역에서 발현되는 갖가지 광기를 이해할 수 있을 것이다. 특히 지난 세기에 확산됐던 전체주의부터 지금의 바이러스 음모 이론에 이르는 다양한 내용이 하나의 주제로 수렴되는 큰 과정을 무리 없이 소화할 수 있으리라고 믿는다.

이번 세기에서 가장 중요한 지정학적 사건을 꼽는다면 단연 뉴욕의 쌍둥이 빌딩과 펜타곤에 가해졌던 9·11 테러일 것이다. 이 사건은 서구 사회가 지배해온 정치적·문화적 환경에 소련이 아프가니스탄을 침공한 1979년의 사건이 더해지고, 여기에 정교하게 다듬어진 이슬람 종말론이 기폭 작용을 하여 탄생한 하나의 비극이었다고 볼 수 있다. 지난 세기 미국의 문화와 정치 환경에서 일어난 가장 중요한 변화 역시 복음주의 기독교의 폭발적인 확산이라고 단언할 수 있는데, 중동 지역에 대한 미국의 외교 정책이나 전략무기를 운용하는 지휘통제 시스템이 국제질서에 적지 않은 위험 요소가 될 수 있기 때문이다. 이슬람 근본주의와 기독교 복음주의가 확산되는 현상은 앞에서 이야기한 종교적 광기와 관련하여 쉽게 이해할 수 있을 것이다.

간단히 말해서 이 책은 인류가 왜 온갖 유형의 광기에 수시로 매몰돼왔는지를 이해하는 데 하나의 심리학적인 틀을 제공할 것이다. 인간은 분명 타인을 모방하고, 서사를 말하고, 높은 지위를 갈망하고, 도덕을 만들어 타인을 단죄하고, 지나간 옛 시절을 그리워하는 유인원이다. 그리고 이 모든 행위는 종교적 광기나 투자 열풍 등 갖

가지 종류의 광기를 형성하며 인간의 미래를 만드는 데 토대가 돼
왔다.

❧❧❧❧❧

집단의 광기에 대해 글을 쓰는 사람이라면 누구나 한 가지 불편한
진실과 마주하게 된다. 다리우스 왕 앞에 불려온 그리스인과 칼라
티아이 인디언들처럼 우리 모두는 사회적 규범의 산물이며, 한 사
회의 모범이 때로는 다른 사회의 신성모독이 되기도 한다. 예를 들
면, 전부는 아닐지라도 세계의 많은 종교가 심지어 자신과 밀접한
관계였던 같은 종교의 분파를 이단으로 몰아가곤 했다. 프로이트는
그런 행태를 "작은 차이에 의한 자아도취narcissism of small differences(자기가
태어난 나라라는 이유로 애국심을 갖는 행위 등을 말함-옮긴이)"라고 표현했
다. 오랜 격언이 이르듯이, 수백 명이 공유하는 광기를 '광신cult'이라
고 하고, 수백만 명이 공유하는 광기는 '종교religion'라고 한다.

　상당수의 미국인은 이 세계에 곧 환란이 찾아오고 종말의 대격변
이 일어나리라고 경고하는 「요한계시록」의 모든 구절을 글자 그대
로 믿는다. 비기독교인이나 종말론 지향성이 덜한 기독교인들은 종
말론 서사를 일종의 망상이라고 비난하지만, 그럼에도 제도권 내에
안착한 다수의 종교 종파는 내부의 신도들이나 외부의 시민들에게
큰 해를 끼치지는 않고 세력을 유지하고 있다. 그런데 따지고 보면
오히려 성공적으로 영위되는 선진국 사회야말로 일정한 정도의 공

유된 망상에 의존하고 있다. 미국 사회가 가진 결점이 무엇인가에 대해서는 논란의 여지가 있지만 가장 큰 장점을 꼽는다면 단연 법치주의일 것이며, 모든 국민은 법 아래 만인이 평등하다는 보편화된 믿음을 가지고 있다. 마찬가지로 자본주의라는 경제체제는 모든 사람이 종이로 만든 지폐나 이해 불가의 전자거래가 실제 자산의 가치와 통화를 대리한다고 믿기 때문에 합리적으로 작동한다. 그런데 그 믿음이 설사 인류에게 유익한 공통 신념이라고 할지라도, 엄밀히 말하자면 합법의 이름으로 제도화된 사기극과 다를 바 없다. 마치 '팅커벨의 원리Tinker Bell Principle'처럼 모두가 믿는 한 그것은 진실이 된다. 그래서 나는 이 책에서 악화되어만 가는 오늘날 대중적 광기의 문제점들을 집중적으로 논하고자 한다. 요컨대, 이 책이 다루는 주된 내용은 '매우 위험한 수준으로 치닫고 있는 집단적 망상과 대중의 광기'다.

책 내용은 대체로 시대순으로 기술했다. 첫 번째 주제는 맥케이가 다루지 않은 중세 시대 광기의 양상이며, 마지막 주제는 당신이 가장 흥미로워할 동시대 사례인 중동 지역 IS의 문제다. 그 사이의 목차에는 지난 수백 년 동안 존재했던 종교적 광기와 투자 광풍 등의 사건들이 신경과학의 발전 과정에 따라 차례차례 나타난다.

이 책을 통해 떠나는 우리의 지식 여행은 가장 먼저 인간의 집단 광기가 처음 시작된 중세 유럽의 음습한 중심부로 향한다. 그곳에서는 무명의 한 시토회Cistercian(가톨릭 베네딕도회의 일파─옮긴이) 수도사가 성경의 종말론 복음서에서 영감을 얻은 뒤, 훗날 개신교의 끔찍한 종말론들을 촉발하는 전혀 새로운 분야의 신학을 연구하기 시작한다.

1.
요아킴과 그의 후예들

호랑이가 먹이를 낚아채고,

새들이 날갯짓을 할 때

인간은 잠잠히 생각한다, '왜, 왜지, 왜 그런 거야?'

호랑이가 잠에 빠져들고,

새들이 둥지로 내려앉을 때

인간은 자신에게 묻는다, 그게 무슨 뜻이었는지.

- 커트 보니것Kurt Vonnegut1

유럽의 왕과 왕후들이 칼라브리아 고지대의 한 수도원을 애써 순
례하던 때가 있었다. 멀고 고된 여정을 마다치 않고 이 시토회 수도
원을 방문한 이유는 속세를 떠난 수도원장 피오레의 요아킴Joachim of
Fiore을 만나 내밀한 지혜를 전수받기 위해서였다. 12세기 말의 풍속
이었으니, 1190년부터 1191년까지 제3차 십자군전쟁을 이끌었던
사자왕 리처드Richard the Lionheart 역시 그렇게 자신의 내외 입지를 강화
했다.[2]

과묵한 학자였던 요아킴은 역사를 이론적으로 유추하여 숫자와
함께 설명하는 것을 좋아했다. 인류의 역사는 세 단계로 진행 중이
며 머지않아 마지막 단계인 황금시대가 도래할 것이라는 등의 언명
에 유럽의 통치자들이 매료되지 않을 도리가 없었다. 그런데 안타
깝게도 그의 신념은 보편의 범주를 벗어나기 시작했다. 그의 예언
적 수사들은 소외되고 억압받던 이들의 마음을 휘어잡았고, 나아가

혁명의 불길을 피워 올리기에 이르렀다. 마음의 평안을 주장하던 그의 초기 가르침은 이후 한 세기가 지나기 전에 과격한 종말론 신학으로 변질되어 유럽 전체에 들불처럼 번졌다.

　이런 상황을 이해하고자 할 때 성경의 영향력을 주목할 필요가 있는데, 특히 강렬한 종말론적 서사가 담긴 구약의 「에스겔서」와 「다니엘서」, 신약의 「요한계시록」이 그러하다. 평범한 독자들이 난해하게 느끼는 이 예언서의 메시지들은 오늘날 미국 사회에서 오히려 이념 양극화의 촉진제 역할을 한 측면이 있다. 특히 기독교 복음주의와 나머지 사회 구성원 간의 갈등은 최근 있었던 몇 차례의 선거에서도 두드러지게 나타났다. 기독교 복음주의 서사의 발전 양상이 독립혁명이나 남북전쟁을 거쳐온 미국의 역사와 유사하다고 믿는 복음주의자들은 나머지 사회 구성원들을 개척해야 할 미지의 영토로 여겼다. 그들은 때때로 자신들의 이념이 태동한 근동 지역이나 유대인들의 두 왕국인 이스라엘과 유다는 물론 이집트와 팔레스타인, 아시리아, 바빌로니아, 페르시아와의 복잡다단했던 관계를 망각하곤 한다.

　「에스겔서」나 「다니엘서」, 「요한계시록」과 같은 성경의 예언서들은 일종의 집단적 망상을 표출하는 종말론적 종교에 이론적 근거를 제공하기도 했다. 앞서 언급한 치어리의 비극이 발발한 배경도 크게 다르지 않다. 그러나 그런 광기의 상태는 역설적이게도 아브라함계 종교의 태생적 본질과 정면으로 배치된다. 오히려 종교개혁의 열망이 타오르던 16세기 독일의 뮌스터나 재림 예수를 맞이하기 위해 준비해야 한다고 주장하는 밀러 운동Millerite phenomenon이 한창이던 19세기 미국과 유사하다. 현대 이스라엘이 건국된 이후 세상의 종말이 임박했다는 예언들이 각지에서 들끓고 있는 최근의 상황도 마찬가지다.

⊰⊰⊰⊰⊰

종교적 광기는 암울한 시대에 만개하기 마련이어서, 현재의 고통을 외면한 채 좋았던 옛 시절을 그리워하는 향수를 바탕으로 전개된다. 모든 것이 조화로웠고 평화와 번영이 강물처럼 흐르던 신화 속 세상을 소망하는 것이다. 기원전 700년경의 작품으로, 현존하는 가장 오래된 그리스 시 중 하나인 헤시오도스Hesiod의 '노동과 일상Works and Days'에는 이런 상념이 잘 드러나 있다. 당시 그리스인들은 매우 궁핍한 생활을 하고 있었으며, 작가 역시 아테네 북쪽 보이오티아 지방에서의 삶을 다음과 같이 기술했다. "겨울은 혹독하고 여름은 후텁지근하며, 지내기 좋은 계절이란 없다."[3] 이에 반해 헤시오도스의 상상 속 과거는 모든 것이 좋았다. 우선 올림퍼스의 신들이 만들었다는 황금 종족의 삶을 살펴보자.

> 그들은 마음의 슬픔과 고통과 수고로움을 모르는 신들처럼 살았다. 나이 듦의 애처로움을 느끼기는커녕 소진되지 않는 사지의 힘으로 악의 손길이 닿지 않는 곳을 활보하며 축복의 성찬을 들었다. 죽음에 이르러

서도 마치 잠에 빠져든 듯 평온해 보였으니, 살아생전 온갖 좋은 것을 누렸기 때문이리라. 비옥한 땅은 그들에게 풍요로운 열매들을 아낌없이 바쳤으리라. 그들은 자신들의 고향에서 행복한 신들의 호위를 받으면서 넘쳐나는 갖가지 좋은 것을 누리며 여유롭고 평화롭게 살았던 것이다.[4]

이들의 다음 세대는 "은으로 만들어진 종족으로 고귀함의 품격이 다소 떨어졌다." 여전히 축복받은 세대이기는 하지만, 죄를 지었고 신들에게 제물을 바치지 않았다. 뒤를 이은 세 번째 세대는 청동 갑옷과 청동 건축물과 청동 도구를 사용했다. 네 번째 종족에게 신들은 여러 가지 이유로 절반의 특혜만을 줬는데, 그 때문에 이들의 절반은 전쟁터에서 죽고, 절반은 반신demigods으로 살았다. 헤시오도스 시대를 포함하는 다섯 번째 세대는 "철의 종족이 살던 시기로, 이들은 낮 동안 고된 노동과 삶의 비애를 견뎌야 했으며 밤에는 죽음의 공포를 이겨내야 했다. 그리고 신들은 이들에게 끝없는 고통을 안겨줬다." 헤시오도스는 자신의 후손들이야말로 더욱 비참한 삶의 나락으로 떨어질 것이며, 무엇보다 부모를 봉양하지 않는 타락한 시대를 살게 될 것이라고 예견했다.[5] 토머스 홉스가 『리바이어던』에서 "인생이여, 참으로 고독하고 빈곤하며, 얄궂고도 잔인하며, 또한 짧은 것이로구나"라고 탄식했는데, 2,000년 전에 헤시오도스 역시 인생의 비밀을 간파하고 있었던 것 같다.

헤시오도스 시대의 암담했던 생활은 상당 부분 그 지역의 땅과 문화의 빈곤에서 비롯된 것이었다. 토양이 척박했고, 그 때문에 삶이 빈곤했고, 이웃 도시국가들의 침략이 잦았다. 같은 종교와 문화를 가진 그리스의 도시국가들은 서로를 적대시했고, 전쟁에서 패배한 이웃을 노예로 삼기도 했다. 물론 펠로폰네소스전쟁 이전에는 그토록 극단적이지 않았다.

비슷한 시기에 수백 킬로미터 떨어진 곳에 거주하던 히브리인들은 보다 실존적인 고민에 빠져 있었는데, 이들의 고뇌는 오늘날 가장 보편적으로 인정받는 종말론 서사의 시발점이 됐다. 이들의 종말론은 믿음을 지키며 고난의 삶을 견뎌낸 이들에게 다음 세상에서의 행복한 삶을 약속했다.

역사가들은 모세^{Moses}라는 인물과 이집트 탈출 사건 자체에 많은 의문을 제기하고 있으며, 유대인들이 어떻게 지금의 성지에 정착하게 됐는지도 정확히 밝혀진 바 없다. 분명한 것은 이스라엘 민족이 훗날 조우하게 되는 '바다 민족$^{Sea\ Peoples}$'보다 문화적으로 더 진보했으면서 덜 공격적이었던 팔레스타인 원주민들을 쉽게 정복했다는 사실이다. 바다 민족은 아직까지도 알려진 것이 별로 없는 부족 연합으로, 이집트를 침략했고 미케네 문명^{Mycenaean}을 포함한 서부 지중해의 여러 문명을 패망시킨 주역으로 알려져 있다. 엑소더스^{Exodus}로 알려진 이집트 대탈출 사건 이후 오래 지나지 않아 바다 민족의 한 지파인 필리스테인^{Philistines}(공동번역 성경의 블레셋-옮긴이) 사람들은 오늘날의 가자지구와 텔아비브 사이에 교두보를 세우고 내륙 진출을 모색했다.

몸집도 작고 관습도 이질적인 이스라엘 부족은 필리스테인 사람들의 위협과 견제 속에서도 민족의 통합을 강화해갔으며, 그런 가운데 필리스테인의 용병이었던 사울Saul을 지도자로 옹립했다. 그는 과거 자신을 고용했던 이들을 물리치고 히브리인 대통합의 시발점을 마련했다. 기원전 1000년이 조금 지난 뒤 사울이 사망하자, 그의 부관이자 필리스테인에서 복무한 경력이 있는 다윗David이 왕위를 계승했다. 다윗은 군사를 지휘하는 능력이 탁월한 지도자로 남유다와 북이스라엘을 모두 지배했다. 또한 가나안 사람들이 중무장한 채 지키고 있던 성읍 예루살렘을 탈취하는 쾌거를 이뤘다.

다윗 치하에서 유대인들의 점령지는 최대로 확장되어 북쪽 다마스쿠스까지 이르렀다. 오늘날 '다윗 왕국'이라고 부르는 영토는 하나의 통일된 국가였다기보다는 3개의 분리된 지역이 공존하던 연합체였다. 다윗이 각각 지배했던 유다와 이스라엘, 그리고 왕 개인의 재산이었던 예루살렘 등 세 지역이 이에 해당한다.

다윗의 아들 솔로몬Solomon은 이 연맹체를 하나의 국가로 완성했다. 건축에 관심이 많았던 그는 수많은 성과 요새와 성전을 지었는데 그중에서도 예루살렘에 제1성전First Temple을 완성했다. 또한 결혼을 통한 외교에도 공을 들여서, 성서 「열왕기상I Kings」의 기록에 따르면 파라오의 딸과 약혼했음은 물론 700명의 아내와 300명의 후궁을 두었다. 그가 건설한 요새 도시 가운데 하나인 므깃도Megiddo는 훗날 그리스식 명칭인 아마겟돈으로 더 널리 알려졌다.

솔로몬이 건설한 대단지 건축물들에는 필연적으로 대규모 노동

페니키아
시돈
다마스쿠스
두로
아람
악고
지중해
갈릴리 바다
므깃도
이스라엘
사마리아
세겜
서아시리아
욥바
벧엘
랍바스-암몬
에리코
아스돗
예루살렘
암몬
아스칼론
라기스
가자
디본
사해
헤브론
모압
브엘세바
필리티아
유다
소알
다말
에돔
가데스 바네아

| 0 | 10 | 20 | 30 | 40 | 50 마일 |
| 0 | 25 | 50 | 75 | 킬로미터 |

력이 징발됐으며, 이 때문에 백성들의 원성이 매우 높았다. 기원전 931년 그가 사망한 뒤 아들 르호보암Rehoboam은 대관식을 위해 북이스라엘의 수도 세겜을 방문해야 했지만 그럴 수 없었고, 결국 이스라엘은 연방을 떠났다.[6]

아시리아가 월등한 군사력을 바탕으로 지역의 패권을 장악할 무렵 유대인들은 오히려 남북으로 분열되어 독립국 유지를 위한 최소한의 힘마저 잃어가고 있었다. 북이스라엘은 기원전 9세기까지 아시리아에 조공을 바쳤고, 기원전 745년 디글랏 빌레셀 3세^{Tiglath-Pileser} III의 군대에 쫓겨 서쪽으로 내몰리며 국가의 존립을 위협받았다. 뒤를 이은 아시리아의 왕 샬만에세르 5세^{Shalmaneser V}와 샤르곤 2세^{Sargon} II는 기원전 721년까지 정복전쟁을 마무리 지었다. 샤르곤의 연대기에 따르면 "그 성읍에 거주하는 남자 2만 7,290명과 그중에서 택한 나의 군사들을 위한 전차 50대를 취했다. […] 나는 도시를 재건하여 이전보다 더욱 웅장하게 만들었으며, 내 손으로 정복한 그 땅의 사람들을 그곳에 그대로 거주하게 했다."[7]

샤르곤은 북이스라엘에 거주하던 유대인 상류층을 티그리스강과 유프라테스강 인근으로 추방했다. 그들은 10개의 '사라진 부족'으로 역사에 기록됐으며, 메소포타미아의 한 지방에서 동화됐을 것으로 추정된다. 아시리아인들은 남부 유다로도 눈을 돌려 기원전 701년에 정복전쟁을 벌였지만 성공하지 못했다. 이후 한 세기 동안 이 지역은 이집트와 아시리아의 완충지대로 방치됐다. 그 덕에 유다와 유대 민족은 북이스라엘이 겪은 패망의 아픔에서 벗어날 수 있었다.

기원전 605년경 아시리아가 바빌론에 함락됐을 때, 유대인들은 바빌론의 네부카드네자르^{Nebuchadnezzar}(구약성서의 느부갓네살-옮긴이)라는 더욱 무서운 정복군주를 상대해야 했다. 그리고 기원전 597년 예루살렘은 정복됐다. 「열왕기하[II Kings]」에는 이 사건이 다음과 같이 기록돼 있다.

[…] 유다의 왕 여호야긴[Jehoiachin]이 그의 어머니와 신하들과 왕자들과 관료들과 함께 바빌론의 왕에게 나아갔다. 재임 8년째 되던 바빌론의 왕은 이들을 사로잡았다.

그는 왕궁과 여호와의 성전에 있던 보물을 꺼내었고, 이스라엘의 왕 솔로몬이 여호와의 성전을 위해 만든 모든 금 그릇들을 파괴했다. 이것은 여호와가 말씀하셨던 바였다.

그는 또한 모든 에루살렘 백성들과 왕자들과 용맹하고 힘센 남자 1만 명과 모든 장인들과 대장장이들을 잡아갔으니, 그 땅에는 가장 비루한 이들 빼고는 남아 있는 자가 없었다.[8]

설상가상으로, 기원전 587년경에는 바빌론 왕이 세운 꼭두각시 시드기야[Zedekiah] 왕이 모반을 꾀했다. 바빌론의 군사들이 성벽을 넘어 에루살렘으로 쏟아져 들어왔고, 도망치던 왕은 예리코 근처에서 붙잡혔다. 그곳에서 그는 아들이 죽임을 당하는 것을 현장에서 지켜봐야 했고 그 자신도 두 눈이 뽑힌 채 놋쇠 줄로 결박당하여 바빌론으로 끌려갔다.[9]

유대인들은 역사 속으로 사라져간 북이스라엘의 사례를 떠올리며, 네부카드네자르가 자신들의 민족과 문화를 말살시킬 것이라는 위기감을 느꼈다. 그래서 가까운 시대를 살았던 그리스인 헤시오도스로서는 자신의 문화에 대한 멸절의 위협을 느끼지 않아 시도할 필요가 없었던, 매우 과감한 해결책을 마련했다. 이로써 유대인들의 역사에 영원히 기록될 거대한 역사가 시작됐다.

기원전 597년, 여호야긴과 함께 유프라테스 강둑으로 끌려간 유배자들 가운데 성전에서 충실히 교육받은 에스겔Ezekiel이라는 사제가 있었다. 그 또는 다른 사람이 그의 이름으로 집필했다고도 하는 성서의 「에스겔서」는 당시보다 5년 늦은 기원전 592년의 사건들을 미리 서술했다. 그는 하늘이 열리는 환상을 체험하며 인간과 사자, 소, 독수리, 그리고 4개의 얼굴을 가진 날개 달린 낯선 동물 네 마리가 이끄는 수레에 몸을 실은 신을 목격한다.

저자가 누구든 이 역사적인 최초의 묵시록을 쓴 사람은 자신들의 거룩한 땅이 폐허로 변하는 수십 년 동안에도 줄곧 집필을 이어갔다. 「열왕기하」에 묘사된 것처럼, 바빌론 사람들은 유다의 하층계급 사람들만 남겨두고 왕족과 제사장들과 부유층을 모두 포로로 데려갔다. 이 부유층은 처음에는 머지않은 미래에 고향으로 돌아갈 수 있으리라고 낙관했지만, 기원전 587년 예루살렘과 제1성전이 파괴되는 현실을 목도한 후에 이들의 종교적 성향은 묵시론적 종말론으로 변해갔다.

「에스겔서」의 저자는 경건함을 잃고 타국에 정복당한 유다의 역사 이야기에서 눈을 돌려 주님의 재림과 유대인 국가의 재건을 간절히 주창하기 시작했다. 그리하여 그는 수천 년이 지나도 사람들의 마음을 움직일 장엄한 서사를 만들어냈다. 인간이 타락하고 신이 분노하여 심판의 날이 이 땅에 온다는 기본 서사 골격은 나중에 신의 아들이 그의 왕국을 건설하고 불경한 자들을 영원한 저주에 이르게 한다는 이야기로 발전했다.

「에스겔서」의 서사는 세 단계를 거쳐 진행된다. 첫째, 에스겔이 하느님의 메시지를 전하는 선지자로 선택된다. 둘째, 다윗의 왕국이 재건되고 대적하는 이들은 모두 제거되는데 신화 속 마곡[Magog] 땅을 지배하는 악명 높은 곡[Gog] 왕 또한 처단된다. 셋째, 새 성전이 세워지고 유대 국가는 크게 확장되며 영광의 나날을 맞이한다(마곡과 곡은 장소와 사람 모두로 해석되는 단어이기에 그곳이 어디인지 또는 누구인지에 대해 훗날 성서 연구자들은 혼동을 일으킨다).

에스겔은 또한 이스라엘 사람들이 옛 다윗 왕국이 재건된 이후에도 수수께끼 같은 한 대적자의 침략으로 고통받을 것이라고 했는데, 이것은 훗날 근대 개신교 신약성서의 묵시록에 등장하는 적그리스도가 처음으로 언급된 유의미한 사례라고 볼 수 있다.[10] 예언은 대체로 놀랍고도 두려운 환상으로부터 시작되며, 악한 세력이 세상을 집어삼키지만 이후 영광스러운 새 세상이 열리는 세 단계로 진행된다. 이런 서사 구조는 이후 등장하는 수많은 종말론 서사들의 전형이 됐다.

℮℮℮℮

「다니엘서」도 「에스겔서」에 버금가는 구약의 주요 묵시록이며 에스겔과 동시대를 배경으로 한다. 서두에는 예루살렘이 정복당하여 이스라엘 사람들이 바빌론으로 유배되고, 네부카드네자르 왕이 다니엘Daniel과 사드락Shadrach, 메삭Meshach, 아벳느고Abednego를 후원한 이야기가 나온다. 이 네 사람은 매우 총명한 히브리인으로 "왕이 묻는 말에 지혜와 총명함으로 답하니 자기 나라의 모든 술객과 점성술사보다 10배는 나았다"[11]라고 기록되어 있다.

네부카드네자르 왕이 어느 날 꿈을 꿨는데, 구체적인 내용은 기억나지 않았지만 어떤 사건의 전조라고 직감했다. 왕은 궁중의 점쟁이들에게 꿈을 복원하여 들려달라고 명했으나 그들은 제삼자가 타인의 꿈을 처음부터 복원하는 일은 불가능하다고 했다. 그러자 왕은 점쟁이들은 물론 히브리의 현자 네 사람도 함께 처형하라고 명했다.

다행히도 다니엘의 하느님은 왕이 꾼 꿈의 내용을 알려줬다. 요약하면 다음과 같다. 왕이 한 형상을 봤는데 머리는 금이고, 가슴과 두 팔은 은이고, 배와 허벅지는 청동이고, 종아리는 쇠였으며, 두 발은 쇠와 진흙이 섞여 있었다(오늘날에는 '진흙 발'이라고 표현한다). 돌 하나가 짐승의 발을 깨부수고, 그 돌이 점점 커져서 처음에는 산이 되고 다음에는 온 땅을 채운다.[12]

금에서 은, 청동, 쇠 등으로 이어지는 「다니엘서」의 형상들은 헤시오도스의 시대 구분과 일치한다. 이는 우연의 일치일 수 없는데, 같은 시기의 페르시아 문서들에도 역사의 단계를 네 시기로 나누어 네 물질로 상징화한 기록들이 나타나기 때문이다.[13]

다니엘은 하느님에게서 들은 꿈의 해석을 왕에게 전했다. 짐승의 머리는 왕 자신이고, 금에서 은으로 은에서 다시 청동으로 격하되는 것은 왕국의 쇠락하는 미래를 의미하며, 철과 진흙이 섞인 발은 서로 융합되지 않는 성질 탓에 왕국이 곧 붕괴할 것을 뜻하며, 최종적으로 하느님이 통치하는 나라가 도래한다는 것이었다. "여러 왕의 시대에 하늘의 하느님이 한 나라를 세울 것이니, 그 나라는 영원히 망하지 않을 것이며, 국권을 다른 나라 사람에게 빼앗기지도 않을 것이며, 오히려 모든 나라들을 물리치고 영원히 강성할 것이다."[14]

「다니엘서」가 기록된 것은 바빌론 정복 시기가 아니라 기원전 2세기경이었으며, 네부카드네자르 시대부터 이 책이 집필되기까지 300년이 넘는 시간 동안 많은 사건이 있었다. 무엇보다 키루스Cyrus(페르시아의 왕. 성경은 '고레스'로 표기-옮긴이) 왕이 바빌론을 정복하며 유대인들의 팔레스타인 귀환을 허용했고 유대인들은 제2성전을 건립했지만, 기원전 332년에 알렉산더Alexander에게 다시 정복당했다. 그리스 통치 시기를 살았던 누군가가 글을 읽을 줄 알았다면 아마도 역사의 이런 흐름을 예언서의 서사에 대입했을 것이다. 네부카드네자르의 짐승이 갖고 있던 쇠와 진흙이 섞인 발은 그리스 프톨레마이오스Ptolemaic 왕조(알렉산더가 이집트에 세운 국가-옮긴이)와 셀레우코스Seleucid 왕조(알렉산더가 페르시아에 세운 국가)로 해석됐을 수 있으며, 이 둘은 결국 패망했다. 「다니엘서」의 저자들과 편집자들은 예언의 신뢰성을 높이기 위해 실제 기록된 시기보다 300년 이전에 집필된 것처럼 보이게 했을 가능성이 크다.

그리스는 유대인들에게 또 다른 실존적 위협이 됐다. 기원전 167년, 레반트 지역을 장악한 그리스 셀레우코스제국의 통치자였던 안티오코스 4세 에피파네스Antiochus IV Epiphanes는 모세 율법과 희생제의를 폐지하면서, 종교적 관습의 급진적 개혁을 추진할 적임자로 유대교 대제사장 메넬라오스Menelaus를 임명했다. 그는 제2성전을 세속적인 공간으로 개조하고 제우스 상을 세움으로써 유대인들에게 모욕감을 안겼다.

개혁적인 제사장들과 전통을 고수하는 유대인들 그리고 안티오코스 사이의 갈등이 악화일로로 치닫던 기원전 167년에서 164년 사이의 시기에 안티오코스의 군대는 성전을 약탈하고 경전 두루마리를 파괴했으며, 안식일과 할례와 희생제물 관습을 폐기했다. 특히 예루살렘을 침공하여 수천 명의 주민을 살해하고 노예로 만들거나 유배 보냈으며, 도시의 성벽을 허물고 성내에 그리스 군대를 주둔시켰다.

이것이 전부가 아니었다. 유대인들은 성전 터에서 우상을 숭배해야 했고 돼지를 잡아 제물로 바쳐야 했다. 결국 들끓던 민심이 폭발했다. 기원전 164년 전통주의자 마카비Maccabee 형제가 반란을 일으켜 정복자들의 치욕적인 정책들을 일거에 폐기했고, 기원전 63년 로마의 침략이 있기 전까지 일시적으로 독립적인 유대 국가를 유지했다.

「다니엘서」의 전반부는 다니엘이 하느님을 경배한 대가로 사자굴에 던져졌으나 기적적으로 생환하는 이야기이고 후반부는 다니엘 스스로가 매우 기이한 꿈을 꾸고 이를 해석하는 내용인데, 그의 꿈은 사실상 네부카드네자르의 꿈이 조금 바뀐 형태다. 앞선 짐승보다 더욱 경외감을 불러일으키는 네 마리의 신비로운 짐승이 바다에서 솟아오른다. 네 마리는 각각 날개가 떨어져 나간 사자, 이빨 사이로 갈비뼈가 보이는 곰, 머리와 날개가 각각 4개씩 달린 표범이며, 마지막 짐승은 생김새를 도무지 알 수 없으나 매우 "무섭고 끔찍했다." 쇠로 된 이빨과 뿔이 있었는데 지켜보는 중에 개수가 늘어났고, 그들 중 일부에는 눈과 입이 달려 '엄청난 일들great things'을 말했다. 왕좌에서 불꽃이 뿜어져 나오는 가운데 하느님이 나타나고, 네부카드네자르의 꿈에서처럼 셀레우코스제국을 상징하는 이 네 번째 짐승을 하느님이 물리치신다. 키루스 왕과 그 후계자들인 다리오Darius와 벨사살Belshazzar의 통치 기간에 다니엘은 또 다른 꿈을 꾸는데, 알렉산더가 페르시아를 정복한 뒤 몰락하는 이야기가 비유적인 형태로 서술된다. 마지막 장에서는 거룩한 심판의 날이 도래할 것인데, 그때가 되면 죽은 사람이 부활하고 어떤 이는 '영생'을 선사 받지만, 다른 이들은 하느님의 영원한 통치 아래 '끝없는 치욕과 멸시'로 단죄받는다.[15]

성서의 주요 묵시록 가운데 세 번째로 꼽을 수 있는 것이 「요한계시록」이다. 서기 95년 전후에 집필됐으며, 집필자는 본문 내용에도 기술되어 있듯 하느님으로부터 계시를 받은 '요한John'이라는 인물이다. 당시 아흔 살이었을 사도 요한John the Apostle과는 다른 인물로, 소아시아의 파트모스섬에서 죄수 생활을 한 이력이 있는 것으로 알려진 평범한 예언자다. 하지만 그의 저서는 마침내 대다수의 기독교 종파가 사용하는 성서의 마지막 책으로 낙점됐다.

현대를 살아가는 정직한 독자라면, 설사 깊은 종교적 배경지식을 함양하고 있는 사람이라고 할지라도 「요한계시록」을 이해하기는 매우 어렵다. 지나치게 함축적이어서 정확히 해석하기가 불가능할 것으로 보이기 때문이다. 이 책을 연구한 저명한 역사가인 로버트 H. 찰스Robert H. Charles는 이렇게 밝히기도 했다.

묵시록「요한계시록」은 초대교회 시절부터 성경 전체에서 가장 어려운 책으로 공인돼왔다. […] 단순히 호기심으로 읽는 사람들뿐 아니라 진지하게 성서를 공부하는 이들도 묵시록이 말하고자 하는 것이 정확히 무엇인지 알 수 없어 매우 혼란스러워한다.[16]

「요한계시록」은 여러 환상이 어지럽게 뒤섞여 있어 다니엘의 꿈보다 더 난해하지만, 자의적이거나 다른 텍스트를 모방한 것으로 볼 수 없어 주목할 필요가 있다. 또한 이 책을 충분히 이해하기 위해서는 동로마제국이나 마카비 시대Macabbean period(마카비 형제가 반란을 일으켜 유대인 독립국을 유지하던 시기-옮긴이)에 대한 역사적 사실들을 전문가의 견해를 통해 알아둘 필요가 있다. 찰스의 문학적 관점에서 분석한 바에 따르면 파트모스의 요한은 계시록을 완성하지 못하고 죽었을 가능성이 있으며, 책의 내용이 매우 혼란스러운 것은 그의 미완성 원본 초안이 매끄럽게 편집되지 못했기 때문이다. 저명한 학자들마저도 책의 서사 구조에 대해 의견의 일치를 보지 못하고 있으며 지난 수 세기 동안 혼란과 오해가 더욱 가중돼왔다.[17]

「요한계시록」은 22장으로 구성되어 있다. 첫 세 장은 요한이 로마제국 동부 지역의 일곱 교회에 보낸 편지 형식의 도입부로 이루어져 있다. 다음 두 장에서는 24명의 장로와 엎드린 네 짐승에 둘러싸인 하느님의 보좌가 묘사되며, 아울러 7개의 봉인이 달린 두루마리의 형상이 기술되는데 이것을 펼쳐볼 수 있는 이는 오직 유대인의 왕 다윗의 후손뿐이다. 성서학자들에 따르면 예수를 상징하는 일곱 뿔과 일곱 눈을 가진 희생제물 어린양이 두루마리를 취하여 봉인을 하나씩 해제한다.

6장에서 8장까지는 이후에 일어날 일들을 예언한다. 처음 4개의 봉인에서는 각각 흰 말과 붉은 말, 검은 말, 빛깔이 희미한 말이 등장하는데 이는 전쟁, 전 세계적인 다툼, 기근, 전염병을 상징한다. 다섯 번째 봉인이 풀리면 제단 아래로 하느님을 위해 순교한 영혼들이 나타나는데 이것은 유대인들에 대한 박해를 의미하고, 여섯 번째 봉인이 풀리자 지진이 발생한다. 그리고 일곱 번째 봉인이 풀리기 전에 유대인 14만 4,000명이 '인seal'을 받는다(12지파에서 각각 1만 2,000씩 뽑힌 이들로, 이마에는 하느님의 이름이 표시되어 있다). 일곱 번째이자 마지막 봉인은 여덟 천사가 해제하며, 일곱 천사가 나팔을 불면 마지막 여덟 번째 천사가 세상에 재앙을 내린다.

다음 세 장도 마찬가지로 당혹스러운 장면을 보여준다. 일곱 천사의 나팔 소리가 들리고 이를 통해 닥치는 재앙은 7개의 봉인에서 비롯된다. 여섯 번째와 일곱 번째 봉인 사이에서 요한은 천사가 가져온 작은 책을 먹게 되고, 새 예루살렘과 새 성전을 설계하라는 명령을 받는다.

책의 후반부에는 7개의 머리와 7개의 왕관과 10개의 뿔이 있는, 결국 사탄으로 판명되는 거대한 붉은 용이 등장하여 마리아를 상징하는 어떤 형상이 출산하는 갓난아기 또는 하느님의 아들을 집어삼키려 하지만 실패하고 만다.*

한층 난해한 이야기가 계속된다. 7개의 머리와 10개의 왕관과 10개의 뿔을 가진 또 다른 짐승이 나타나 비슷한 소동을 일으킨다. 뿔이 2개뿐인 또 다른 짐승이 나타나 같은 일을 벌인다. 14만 4,000명의 유대인 무리를 통치하던 '어린양(예수)'이 재림하여 일곱 대접(또는 판본에 따라 일곱 물병)을 쏟는다. 그러자 트럼펫 소리에 봉인이 풀릴 때와 유사한 재앙이 다시 시작된다. 마지막으로, 학자들이 로마 제국이나 배교한 예루살렘으로 해석하곤 하는 바빌론의 큰 음녀Great Whore of Babylon가 등장한다.

19장과 20장에서 천사는 용(또는 사탄)을 붙잡아 불구덩이에 던져

---

* 다른 해석에 따르면, 이 어머니는 유대인을 상징하며 아기는 기독교 공동체를 상징한다.

1,000년 동안 가두고, 순교자들은 부활한다. 1,000년이 지난 후에 사탄이 돌아오고, '그 수가 바다의 모래알 같은' 대규모 군대를 모집한다. 마곡의 곡(하느님의 백성에게 대적하는 이들을 상징함-옮긴이)도 최후의 결전을 위해 합류한다. 이 전쟁에서 사탄은 영원히 꺼지지 않는 불구덩이에 던져진다. 최후의 심판에서 의인과 악인이 분리되는데, 악인들은 사탄과 함께 불구덩이 속에 봉인되고 아울러 '사망과 음부death and hell'에 던져진다. 마지막 두 장은 '길이와 너비와 높이가 각각 1만 2,000펄롱furlong(옛 길이 측정 단위로 1펄롱은 약 200미터-옮긴이)인 거대한 크기'의 새 예루살렘의 영광을 묘사한다. 마지막으로 예수가 곧 다시 오실 것임을 약속한다. [18]

　「요한계시록」의 기본 서사는 예수가 이 땅에 재림하여 악인과 사탄을 영원히 꺼지지 않는 불구덩이에 던져 넣으며, 의인을 들어 천국으로 올리고 악인을 벌하며 세상을 멸망시키는 구조로 이루어져 있다. 물론 세부적인 내용은 해석에 따라 달라질 수 있지만, 구약의 종말론을 공유한다는 점에서 「다니엘서」 등과 서사적 기원이 같다고 볼 수 있다. 실제로 「다니엘서」와 「요한계시록」의 이야기 구조와 내용은 기독교나 유대교에만 등장하는 고유한 것이 아니다. 철학자이자 신학 역사가인 미르체아 엘리아데Mircea Eliade는 전 세계 많은 종교가 시대를 막론하고 공통된 주제의식을 가졌다는 점을 밝혀내려 했다. 그 가운데 가장 지속적으로 나타나는 주제는 이 세상이 불로 멸망하며 그 가운데서도 의인은 구원받는다는 내용이다. 그는 이런 서사의 기원을 페르시아(또는 조로아스터교)로 지목했다. [19]

「요한계시록」은 극히 모호하여 해석의 가능성이 무궁무진하다. 특히 '1,000년'이 인류 역사에서 어느 시기에 해당하는지 그리고 종말의 시간이 정확히 언제인지 알 수 없다. 신학에서는 이런 질문에 대한 연구를 '종말신학'이라고 부른다. 즉 종말의 때에 인류가 취할 입장에 관한 연구라고 할 수 있다.

「요한계시록」의 난해함과 모호함은 이 세상이 언제 어떻게 끝나는가에 대한 다양한 은유와 해석 방법을 보여주기 때문에 영향력이 증폭된 측면이 있다. 이에 대해 종교 역사학자 로버트 라이트Robert Wright는 이렇게 이야기한다.

> 종교인들이 내면에 정립하는 종교적 가치관에 영향을 주는 요소는 다양하다. 이를테면 텍스트의 모호성, 독자의 선택적 기억, 오해의 소지로 인한 의역 등의 요소들이 상호작용하면서 변주되기 때문이다. 하지만 의미론적인 영향력이 제아무리 정교하다고 해도, 시의적절하게 배치되는 은유metaphor와 우화allegory의 힘을 따라올 수 없다. 이런 장치에 의해 하나의 문장이 순식간에 전혀 다른 의미로 전환될 수도 있다.[20]

2010년 세계 여러 나라를 대상으로 시행된 국제 설문조사에 따르면, 현대 미국인 35%가 성경을 문자 그대로 하느님의 말씀이라고 믿으며, 비슷한 비율의 사람들이 죽기 전에 예수가 재림할 것으로 믿는 것으로 나타났다.[21] 과거로 시간을 거슬러 올라갈수록 대중의 이런 믿음이 더욱 보편적이었을 것으로 상정하는 것은 매우 합리적이다.

기독교 초기부터 신학자들은 예수의 재림에 관한 세 종류의 연대기적 가설을 제기해왔다. 첫째는 교회가 이미 천년왕국을 건설했으며 이 왕국의 마지막 때에 예수의 재림이 이루어진다는 것이다. 이런 시간 배열을 신학 용어로 '후천년설postmillennialism'이라고 하는데, 이에 따르면 현재를 포함한 새로운 '천년'이 지난 후 최후의 심판과 예수 재림이 찾아온다. 둘째는 '전천년설premillennialism'로 예수의 재림이 천년왕국 이전에 이루어지고 그 뒤에 최후의 심판이 있으리라는 의견이다. 이런 입장에서는 예수의 재림과 천년왕국, 최후의 심판 모두가 미래에 도래한다. 마지막은 '천년'이라는 시간은 단지 비유일 뿐이며 실제로 존재할 수 없다는 이른바 '무천년설amillennialism'이다.[22] 세 가지 가설 가운데 전천년설이 가장 설득력 있는 서사로 받아들여지는데, 곧 계시록이 이루어질 것이라는 기대감과 전형적인 종말론에 대한 인간의 호기심, 특유의 모호성 같은 특성들이 결합하여 전천년설류의 종말론이 더욱 확산되는 결과를 낳았다.

후기 로마제국의 저명한 기독교 신학자 성 아우구스티누스Saint Augustine of Hippo는 종말의 때를 계산하여 처신하는 행위를 절대로 하지 않을 것이며, 그런 유혹을 철저히 물리치리라 맹세하기도 했다. "그러므로 우리가 진실의 입으로부터 그날에 대한 지식은 우리의 것이 아니라는 말을 듣고 있으니, 세상의 남은 나날을 계산하고 준비하는 것은 헛된 일입니다." 그리고 구체적으로 이렇게 말한다. "손가락의 긴장을 풀고 휴식을 취하십시오."[23] 아우구스티누스의 진중한 태도는 종말에 열광하는 요아킴 일파가 등장할 때까지 교회의 주류를 형성했다.

✿✿✿✿

인간은 대체로 서사를 통해 세상을 이해한다. 종말론 서사는 그 가운데서도 가장 설득력 있는 축에 속하겠지만, 정확도를 따지자면 하늘의 별을 보고 미래를 예측하는 일보다 못할 것이다. 예측에 관한 학문적 연구를 살펴보면 우리 인간이 미래를 내다보는 일에 얼마나 무능한지를 알게 된다. 또한 무엇인가를 예측하는 데 과거의 사례들에 대한 '평균치'를 추종하는 것만으로도 자의적 서사에 기반한 추론보다 정확도가 높다는 사실도 알게 된다. 분명한 것은 종말론에 대한 수많은 예측의 정확도가 현재까지 0%라는 사실이다.

　종말론의 예측 정확도가 0이라는 사실 앞에서도 우리는 왜 잘 짜인 서사에 그렇게 마음을 빼앗길까? 더 근본적인 질문을 던져보자면, 서사에 기반한 추론은 왜 그렇게 오류가 많은 걸까? 심리학자들의 연구에 따르면, 인간은 태생적으로 '인지적 구두쇠cognitive miser'다. 그래서 엄격한 분석보다는 휴리스틱heuristics을 택하기 쉬운데, 설득력 있는 서사야말로 가장 강력한 휴리스틱이 된다. *

　20세기 이후 신경과학자들은 인간의 사고가 두 가지 유형으로

---

* 정확히 말하면 휴리스틱은 우리가 자신에게 말하는 인지적 지름길로, 엄격한 분석을 회피하게 한다. 반면 타인이 나에게 말하는 행위는 나의 휴리스틱을 바꾸는 것을 목표로 한다.

이루어진다는 사실을 알게 됐다. 첫째는 진화론적으로 고대 변연계 또는 '파충류 뇌reptilian brain'라고도 불리는 뇌의 깊은 곳에서 작용하는 신속한 감정 반응이다. 그리고 둘째는 진화론적으로 새롭게 발달한 피질인 변연계 바깥쪽에서 작용하는, 훨씬 느린 의식 추론이다. 심리학자 키스 스타노비치Keith Stanovich와 리처드 웨스트Richard West가 이 두 기관에 각각 시스템 1과 시스템 2라는 이름을 붙였는데, 이후의 학자들도 이 분류법을 따르고 있다.[24]

진화론적 관점에서 보면 시스템 1이 시스템 2보다 우월하다고 판단하는 것이 합리적이다. 수억 년 동안 인류는 인간적이고도 독창적인 시스템 2를 진화시키기 훨씬 이전부터 신속한 감정적 반응 기관을 통해 뱀이 내는 '쉬익' 소리나 포식자의 희미한 발소리에 동물 특유의 민첩함으로 반응했다. 따라서 10만 년도 채 되지 않은 인간의 시스템 2가 훨씬 오래된 시스템 1의 속박하에 작동한다는 사실은 놀라운 일이 아니다. 쉽게 말해 감정을 관장하는 기관이 먼저 반응하고, 그 이유를 설명하는 기관은 천천히 뒤를 따른다. 자연 세계에서는 위험을 알리는 감각 정보가 의식에 도달하기 전에 먼저 반응하는 시스템 1 우위 체제가 많은 도움이 되지만, 위험 요소가 훨씬 긴 시간에 걸쳐 판명되는 비교적 안전한 후기 산업사회에서는 시스템 1 우위 체제가 오히려 해가 될 수 있다.

서사는 우리 뇌에서 신속하고도 감정적으로 반응하는 시스템 1에 강렬하게 호소하기 때문에 분석적 사고의 작동을 억제한다. 많은 경우 우리는 특정 목적을 달성하기 위해 서사장치를 유용하게 사용한다. 이를테면 건강식을 장려하거나 금연을 권장할 때, 나쁜 음식의 문제점을 이야기하고 흡연이 가져올 끔찍한 결과를 이야기한다. 누군가는 사회 기능이 원활히 유지되게 하기 위해 정직의 가치나 노동의 중요성을 강조하는 설교나 우화를 활용하기도 한다. 하지만 서사장치는 시스템 2를 억압하면서 논리적 사고를 억제하기에 우리를 종종 분석 곤란의 상황으로 몰아가기도 한다.

당연하게도, 서사에 지나치게 의지하고 사실과 근거를 멀리할수록 현실에서 멀어진다. 어떤 소설에 빠져들어 현실감을 잃어버리고 주변 세상으로부터 동떨어졌다는 느낌을 경험한 적이 있는가? 라디오 방송의 마지막 내용을 마저 듣기 위해 10분 동안 집 앞 도로에 차를 세우고 최면에 걸린 듯 가만히 앉아 있었던 적이 있는가? 심리학에서는 이런 현상을 '도취transportation'라고 한다. 심리학자 리처드 게릭Richard Gerrig에 따르면, 서사는 청취자나 독자들의 의식을 현실과 단절되어 잠시 도취된 상태로 이끈다. 서사가 끝나면 다시 현실로 회귀하지만 "그 여정은 우리를 조금 바꿔놓는다."[25]

다른 말로 표현하자면 소설이나 논픽션, 영화, 연극, 미술 작품을 통해 독자나 시청자나 청취자들은 현실 세계에서 멀어졌다가 조금 다른 사람이 되어 현실로 돌아온다. 이를 에밀리 디킨슨Emily Dickinson은 다음과 같이 표현했다.

배와 유사한 것 가운데 책만 한 것이 없네
우리를 태워 이 땅을 벗어나게 하나니

발랄한 시 한 편보다

더 훌륭한 준마는 없네

이 발걸음은 가장 가난한 자의 것

통행료를 낼 필요가 없네

인간의 영혼을 실은 이 수레는

그 얼마나 검소한가[26]

심리학자들은 지난 수십 년 동안 사람들이 하나의 사실을 이해하는 데에서도 얼마나 많은 거짓 정보에 미혹되는지, 심지어 그 거짓이 매우 명백한 경우에도 왜 그것을 떨쳐버릴 수 없는지를 연구해왔다. 펜실베이니아대학교에서 폴 로진[Paul Rozin]과 그의 동료들이 수행한 고전적 방식의 실험 하나를 들여다보자. 피험자들은 설탕이 들어 있는 개봉한 적 없는 유리병 2개를 지급받는다. 동일한 모양의 유리병에는 '설탕'과 '청산가리'라는 이름표가 각각 붙어 있지만, '두 병 모두에 설탕이 들어 있다고' 명확히 안내받는다.

그런 다음 물이 담긴 2개의 컵에 병에 든 설탕을 꺼내 각각 섞게 했다. 그리고 두 컵 중에서 어떤 물을 마실 것인지 결정한 뒤 한 차례씩 마시게 했다. 그러자 50명의 피험자 가운데 41명이 '설탕'이라는 이름표가 붙은 병에서 꺼낸 설탕을 섞은 물을 마셨다. 유리병의 이름표를 피험자 스스로 붙이게 한 실험에서도 결과는 마찬가지였다.[27]

이 실험을 포함한 여러 연구를 통해 알 수 있는 사실은 인간이 허구와 사실을 명확하게 구분하지 않는다는 점이다. 다시 말해, 우리는 문학과 현실 사이를 스위치 조작하듯 명확하게 옮겨 다닐 수 없다. 영화 〈죠스〉가 개봉됐던 1975년의 상황을 돌아보자. 「타임」은 그해 여름의 풍경을 이렇게 전했다.

> 전에는 거침없이 물살을 가르며 수영을 즐기던 이들이 지금은 해안에서 몇 미터 떨어진 곳에 무리 지어 모여 있을 뿐이고, 햇볕을 즐기며 물놀이를 하던 이들은 바닷가를 배회하는 상어의 등지느러미 움직임을 주시하며 초조하게 해변을 서성이고 있다. "상어한테 물리고 싶어?" 한 어린이가 친구를 향해 이렇게 소리치고 있는 이곳은 파도가 밀려드는 캘리포니아 샌타모니카 해변이다. 바다의 애완견으로 불리는 돔발상어일 뿐인데도 상어인 것은 마찬가지이니 사람들은 물속을 떠다니는 녀석들을 살인미수 범죄 혐의자를 보듯 한다. "죽여, 죽어버려." 롱아일랜드의 낚시꾼은 이빨도 거의 없는 60센티미터 길이의 물고기를 낚싯대로 끌어 올리는 친구에게 이렇게 외쳤다. "더 자라서 우리를 모조리 잡아먹기 전에 말이야."[28]

이런 파급효과는 모두 의도된 것이었다. 영화 제작진은 개봉 날짜를 조정하여 여름휴가 기간과 겹치게 했다. 그들은 직접 이런 말을 했다. "영화를 보거나 스토리를 전해 들은 사람은 바다에 발을 담글 때 백상아리를 생각할 수밖에 없겠죠."[29]

1970년대에 심리학자 클레이턴 루이스[Clayton Lewis]와 존 앤더슨[John

Anderson이 거짓말의 영향력에 대해 일련의 연구를 수행했다. 거짓말에는 비교적 명확한 사실이 포함돼 있었고 검증도 가능한 내용이었다. 가장 간단한 실험은 다음과 같다. 피험자들은 조지 워싱턴George Washington이 미국의 초대 대통령이고, 델라웨어강을 건넜으며, 가발을 사용했다는 등 역사적으로 명확한 사실들이 적힌 문장을 읽게 했다. 그리고 사실인 문장들 사이에 조지 워싱턴이 『톰 소여의 모험』을 집필했다거나 지금도 살아 있다는 등의 거짓 진술을 섞은 뒤 참과 거짓을 식별하게 했다. 그러자 참인 문장을 식별하는 데 더 오랜 시간이 걸렸으며, 거짓 문장이 많아질수록 더 많은 오류를 범했다.[30]

리처드 게릭은 더욱 세분화되고 난해한 실험을 통해 서사적 허구가 역사적 사실과 결합될 때 독자들이 허구와 사실을 구분하는 데 한층 어려움을 겪는다는 사실을 밝혔다. 그는 역사적 사실과 지리적 요소들을 정확히 고증하여 소설에 반영한 『셜록 홈스』를 예로 들었다. 그에 따르면 독자들이 처음에는 작품의 배경으로서 런던과 실제 존재했던 19세기 런던을 명확하게 구분할 수 있었지만, 코난 도일Conan Doyle의 극 중 묘사가 너무나 현실적이었던 나머지 시간이 갈수록 실제에 덧붙여진 허구의 이야기까지 사실로 인식하기에 이르렀다.[31]

이를 다른 말로 하면, 문학과 영화와 예술은 사실과 허구의 구별을 모호하게 한다. 게릭은 이런 현상을 다음과 같이 표현했다. "서사에 지나치게 몰입하면 현실 세계의 사실들에서 멀어진다."[32]

또 다른 학자들에 따르면, 설득력 있는 허구적 서사는 분석 과정 자체를 무력화한다. 오하이오주립대학교의 두 심리학자 멜라니 그린Melanie Green과 티머시 브록Timothy Brock은 게릭의 논지를 더욱 확장했다. 그들은 서사와 이야기가 세련된 논거들보다 훨씬 더 대중의 관심을 받는 현상에 집중했다.

> 사람을 매혹하는 것은 광고나 설교, 논설, 게시판 공고문보다는 소설이나 영화, 드라마, 노래 가사, 신문의 사연, 잡지 기사, TV와 라디오 같은 것들이다. 믿음을 뒤흔드는 서사의 힘은 언제나 옳았고 경외감을 불러일으켰다.[33]

그린과 브록은 다음과 같은 요소들을 적용하여 '도취'의 정도를 수량으로 환산하는 작업을 했다. 서사의 장면을 시각화하고 그 속에 자신을 대입하는 행위, 정신적이거나 정서적으로 공감하는 행위, 서사를 자신의 것으로 인식하는 행위, 결말을 알고 싶어 하는 행위, '서사의 어느 사건이 나의 삶을 바꿨다'라고 믿는 행위 등은 도취의 가중 요인이다. 반대로 무언가에 몰입하는 순간에 주변에서 일어나는 다른 일들을 인지하고, 주의가 흩어지고, 시간이 지난 후 서사를 쉽게 잊는다면 그것은 '도취의 정도'를 저해하는 요소가 된다.

두 학자는 피험자들에게 '쇼핑몰 살인 사건'이라는 실화에 바탕을 둔 이야기를 들려주는 실험을 했다. 케이티라는 작은 소녀가 한 조현병 환자의 흉기에 목숨을 잃는 이야기가 두 가지 방식으로 피험자들에게 제공됐다. 첫 번째 방식은 '사실 보도' 형식이었고 2단짜리 작은 인쇄체로 편집되어 신문 기사처럼 보이게 만들어졌다. 두 번째 방식은 연재소설과 유사한 '허구' 형식이었지만 다음과 같은 안내문이 굵은 글꼴로 제시됐다.

> 쇼핑몰 살인 사건은 1993년 12월 오하이오의 픽션 잡지인 「아크론 베스트 픽션Akron Best Fiction」에 실린 단편소설 『픽션 피처Fiction Feature』를 바탕으로 구성됐으며, 등장인물과 장소는 모두 허구임을 밝힙니다.

그린과 브록은 도취의 정도를 수치화하여 피험자들을 점수가 높은 집단과 낮은 집단으로 구분했다. 그리고 이야기에 몰입한 정도를 알아봤다. 그 결과 몰입도가 높았던 집단은 그렇지 않았던 집단에 비해 케이티의 사연에 훨씬 강렬하게 감정이입을 했고, 공공장소에서 그런 사건이 일어나는 현실에 분개했으며, 조현병 환자에게 허용되는 행동의 자유가 제한되어야 한다고 믿는 것으로 나타났다. 그런데 놀라운 것은 허구라는 점이 명시된 이야기에서도 신뢰도가 저하되지 않았고, 몰입의 정도는 사실과 허구의 경우가 동일한 것으로 나타났다는 점이다.

다음 실험에서는 피험자들에게 읽기 쉬운 책인 『피노키오』와 초등 4학년 교과서인 『탐구생활』을 읽게 하고, 내용에 대한 기초적인 이해도를 측정했다. 피험자들은 제시된 내용이 거짓이거나 4학년이 이해할 수 없는 내용 또는 단어를 골라내라는 요청을 받았다. 이 실험 결과도 매우 뜻밖이었는데, 두 경우 모두 몰입도가 높은 집단이 낮은 집단에 비해 절반 이하의 정답률을 보여줬다. 이런 결과는 '몰입도가 높은 사람은 대상을 의심하거나 불신하는 경향이 약하며, 상대방을 진심으로 대하는 경향이 있다'라는 연구자들의 가설을 입증해줬다.[34] 결론적으로, 서사에 높은 정도로 몰입하는 사람은 대상에 대한 비판 능력이 감퇴한다.

그린과 브록은 서사가 사실인지 허구인지는 독자들의 몰입에 영향을 미치지 않았다고 결론 내렸다.

> 독자들이 일단 설득력 있는 서사에 빠져들면 그것의 출처가 가지는 영향력은 현저히 줄어든다. 이런 이유로 서사가 가지는 값어치는 그것이 현실성이 있느냐 아니냐와 관계없이 평가되는 경우가 많다. 그래서 서사장치는 신뢰도가 부족한 자료나 설득력 있는 논거가 적은 사람들에게 매우 유용한 도구로 사용된다.[35]

즉 독자나 청취자가 어떤 이야기에 더 깊이 빠져들수록 의심의 벽이 허물어지기 때문에 그것이 사실인지 거짓인지에 주의를 기울이지 않게 된다. 물론 분석력이 낮은 사람들이 더 쉽게 몰입하는 반대의 인과관계도 성립할 수 있지만, 대체로 도취 상태가 분석 능력을 감퇴시키고 설득력 있는 서사가 대중을 매혹한다는 분석은 매우 합리적으로 보인다.

다시 말해, 훌륭한 서사는 정확한 사실보다 영향력이 크다. 2015

년 9월 16일에 열린 미국 공화당 예비 토론회가 극명한 예다. 저명한 신경외과 의사 벤 카슨Ben Carson은 백신의 안전성을 묻는 말에 백신과 자폐증 간에는 상관관계가 없다는 점을 명확한 수치를 통해 설명했다. 반면 도널드 트럼프Donald Trump는 "자폐증이 전염병처럼 퍼져가고 있다"라며, 백신 접종 후 자폐증이 생긴 어느 노동자의 '그 예쁜 아이' 사례를 전했다. 대다수 시청자는 트럼프에게 호의적인 입장을 보였는데, 이에 대해 한 언론인은 다음과 같이 이야기했다. "트럼프는 자신이 무엇을 해야 할지 알고 있다. 객관적인 사실을 나열하는 것보다 어린 소녀의 이야기로 호소하는 편이 월등히 효과적이라는 점을 그는 알고 있었다."[36] 당신이 만일 누군가를 설득하고자 한다면 사실과 수치가 필요한 시스템 2가 아닌, 서사로 호소할 수 있는 시스템 1에 집중해야 할 것이다.

음악은 서사장치보다 더욱 강렬하게 시스템 1을 자극한다. 청각 정보는 내이의 유모세포hair cells를 통해 청각 신경으로 전달된 다음, 중계장치relays를 통해 하부 뇌간에서 상부 뇌간으로 전달된 후 시상thalamus에 도달한다. 이곳에서 청각 정보는 시스템 1과 시스템 2로 배분된다.

시상 한 쌍은 뇌간 상단에 놓여 있으면서 전달되는 감각 정보를 뇌로 이송하는 매개자의 역할을 하는데, 결정적으로 시스템 1, 특히 측좌핵과 편도체에 직접 연결되어 있어서 각각 쾌락과 혐오감을 자극한다.[37] 시상은 또한 청각 정보를 시스템 2의 청각 담당 부위로 보내는데, 시스템 2는 헤슬 이랑Heschl's gyrus으로 알려진 측두엽 일부와

〈그림 1-1〉 시스템 1과 2로 전달되는 청각 정보

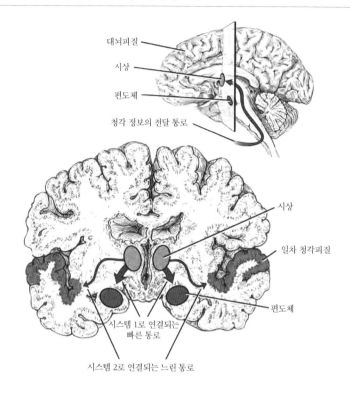

대뇌피질
시상
편도체
청각 정보의 전달 통로
시상
일차 청각피질
편도체
시스템 1로 연결되는
빠른 통로
시스템 2로 연결되는 느린 통로

그 위의 연합피질 영역cortical association areas으로 이루어져 있다. 이 부위
들이 활성화되면 우리는 소리를 해석하고 의식으로 인지하게 된다.
이때 중요한 것은 시스템 2가 시스템 1에 비해 간접적이고 느린 속
도로 작용한다는 점이다.

시상이 시스템 1과 직결되어 있다는 것은 어떤 공포스러운 음악
이 귓가에 들려올 때 그 소리가 우리의 의식에 도달하기 전에 측좌
핵이 먼저 활성화되어 척추에 오한을 불러일으킨다는 것을 의미한

다. 또한 영화에서 악당이 등장하거나 주인공이 최후를 맞이하는 장면에 들리기 마련인 어두운 분위기의 단조 음악에 우리의 편도체는 거의 동시적으로 활성화된다.

따라서 진화론에 따르면 음악은 우리의 감정과 연결되는 고대의 직통 도로라고 할 수 있다. 음악은 시스템 2를 거치지 않는 효과적인 방식으로 작동되기 때문에 그 유용성은 고대부터 알려져 있었다. 이를테면 멜로디는 구문론적으로 인간의 복잡한 언어보다 훨씬 일찍부터 발달해왔다. 어머니들은 누가 시키지 않아도 자발적으로 아기에게 노래를 불러주며, 전 세계 대부분 종교와 애국 행사에는 음악이 동원된다.

조지 오웰George Orwell은『동물농장』에서 음악이 사람들을 어떻게 충동하는지를 매우 적절하게 묘사했다. 돼지 메이저(카를 마르크스Karl Marx 또는 블라디미르 레닌Vladimir Lenin을 풍자함)는 추종자들에게 반란을 일으키고 농장주 존스를 끌어내리라고 호소하며 어린 시절부터 듣던 '잉글랜드의 야수들Beasts of England'이라는 노래를 들려준다.

이 노래를 부르자 동물들은 거친 흥분 상태가 됐다. 메이저의 노래가 끝나기도 전에 그들은 알아서 노래를 부르기 시작했다. 가장 어리석은 이들도 선율과 가사를 따라 흥얼거리기 시작했고, 개나 돼지같이 영리한 이들은 몇 분 안에 노래 전체를 암송했다. 노래가 몇 회순 돌자 농장 전체가 대동단결하여 '잉글랜드의 야수들'로 하나가 됐다. 소들은 음매음매, 개들은 깨갱깨갱, 양은 매매, 말은 힝힝, 오리는 꽥꽥대었다. 노래

부르는 것이 너무도 기쁜 나머지 다섯 번을 연거푸 불렀는데, 제지하는 이가 없었더라면 밤새도록 쉬지 않고 불렀을 것이다.[38]

음악이 군중을 설득하는 도구로 사용된 가장 잘 알려진 사례는 아마도 1934년 뉘른베르크에서 열린 나치 전당대회 모습을 담은 레니 리펜슈탈Leni Riefenstahl의 다큐멘터리 〈의지의 승리Triumph of the Will〉일 것이다. 저 유명한 리하르트 바그너Richard Wagner와 나치 작곡가 헤르베르트 빈트Herbert Windt의 음악이 절묘하게 삽입된 이 영화는 히틀러와 나치 지도부의 연설 일부를 제외하고는 구두 내레이션이 거의 없다. 〈의지의 승리〉는 할리우드 영화 제작자들에게도 깊은 인상을 주었는데, 미국이 세계대전에 참전했을 때 영화감독 프랭크 캐프라Frank Capra가 〈우리는 왜 싸우는가Why We Fight〉라는 영화 시리즈를 제작하는 데 모범으로 삼을 정도였다.

음악이 정치의 도구로 활용된 사례는 한동안 나타나지 않다가, 1980년대 중반 미국에서 정치 홍보용으로 활용되면서 효용성이 다시 부각됐다. 홍보 담당자들은 지지하는 후보가 등장하면 밝고 경쾌한 장조의 곡들이 울려 퍼지게 했고, 상대방 후보에는 음울한 분위기의 단조 음악이나 드물긴 했지만 서커스 광대의 곡조를 연결했다.

이 분야의 최고 성공작이라면 단연 2004년도 미국 대통령 선거 당시 조지 W. 부시George W. Bush 공화당 후보의 선거 캠프에서 제작한 〈늑대들Wolves〉이라는 32초짜리 클립을 꼽을 수 있다. 영상은 테러리스트를 상징하는 늑대들이 초원에 웅크리고 있는 장면으로 시작되는데, 어둡고 공포감 가득한 음악을 배경으로 내레이터는 지금처럼 위험한 시대에 민주당이 대테러 작전에 투입되는 예산을 삭감했다고 조용히 읊었다. * 이를 두고 음악 학자이자 커뮤니케이션 학자인 폴 크리스티안센Paul Christiansen은 이렇게 말했다.

> 시각과 청각이 광고 효과에 영향을 주기는 하지만, 감정적 효과를 극대화하는 음악에 비하면 아무것도 아니다. 게다가 이것은 단순한 음악이 아니고 공포영화에서나 볼 수 있는 효과음이다. 알 수 없는 저음을 배경으로 덜컥거리는 울림이 반복되고, 태곳적 북소리에, 날카로운 불협화음과 기괴한 음성이 이어지는 영상이라니.[39]

사람들이 종말론 서사에 매혹되는 데에는 다른 이유도 있다. 인간은 언제나 비극에 목이 마르다. 도로 갓길에 그저 차 한 대가 서 있다면 다들 무심히 지나가지만, 부서진 차량과 구급차 몇 대가 주차해 있다면 차량 정체가 극심해진다. '폭발 사고로 광부 수십 명 사망'이라는 헤드라인이 붙은 신문은 불티나게 팔리지만 '상황이 점차 수습되고 있어' 같은 제목을 단 신문은 그렇지 않다. 소설『안나 카레니나』서두에서 톨스토이가 적시한 유명한 문구처럼 "행복한 가정은 비슷한 모습으로 행복하지만 불행한 가정은 각자 다른 이유로

---

* 이 영상은 다음 사이트에서 볼 수 있다. https://www.youtube.com/watch?v=_s71-Q2XBZg.

불행하다."[40] 대중의 사랑을 받은 소설들을 살펴보면 성공적인 결혼 생활에 대인관계도 원만한 인물이 주인공인 예는 드물다.

사람은 누구나 좋은 소식보다 나쁜 소식에 더 주의를 기울인다. 이것은 분명 인간의 숨길 수 없는 본능이다. 심리학자들이 비관적인 선입견과 실제 불운 사이의 관계를 검증하는 실험을 한 적이 있다. 연구자들은 피험자들에게 한 축구 경기의 승패를 예측한 뒤 일주일 후에 다시 모여 함께 그 경기를 분석하며 토론하자고 요청했다. 일주일 후, 패배를 예측했던 집단이 승리를 예측했던 집단에 비해 훨씬 많은 시간 동안 토론에 임했다.[41] 나쁜 소식을 선호하는 인간의 편향성에 대해서는 이미 널리 알려져 있으며 '나쁜 것이 좋은 것보다 힘이 세다'라는 속담은 실험심리학의 기본 개념으로 굳어져 있다. 이에 대해 진화론적인 관점에서는 인간이 부정적인 결과에 더 집중하여 위험 요인을 제거함으로써 유전적으로 유리한 고지를 점하도록 발전해왔다고 설명한다.[42]

진화론적인 필요에서 다양한 심리적 기제가 발달한 것처럼, 나쁜 뉴스가 가진 매혹적인 본성도 디지털 시대에 부응하면서 더 큰 부작용을 낳고 있다. 예를 들어, 한 연구에 따르면 음란하고 선정적인 가짜 뉴스는 실제 기사보다 리트윗될 확률이 70% 높았다. 연구자들은 거짓 뉴스를 확산시킨 것은 문명의 첨단 도구들이 아니고 키보드와 휴대전화를 사용하는 '인간'이라고 강조한다. 유튜브에서 화제가 된 '알렉스 존스의 3단계' 현상은 미디어 학자들 사이에서 암울한 농담이 됐다. 우리는 마우스를 세 번만 클릭하면, 잔디깎이 점화 플러그 교체 영상에서 샌디훅 초등학교의 총기 난사 사건이 '사기'였다고 열변을 토하는 존스의 영상으로 넘어갈 수 있다[니컬러스 A. 크리스타키스Nicholas A. Christakis와 제임스 H. 파울러James H. Fowler의 소셜 미디어 연구 '영향의 3단계Three degrees of influence(1단계는 친구, 2단계는 친구의 친구, 3단계는 친구의 친구의 친구)'에서 차용한 것으로 보임. 총기 난사 사건이 사기라고 주장하는 존스의 영상에서 잔디깎이의 엔진 소음을 입으로 흉내 내는데 그 소리가 점차 '혹스'로 바뀜. 한때 음모론자들 사이에서 밈으로 떠돌았기에 알고리즘이 이 영상으로 쉽게 연결했음-옮긴이].[43]

부정적인 뉴스에 경도되는 인간의 특성을 생각하면 「요한계시록」이 인류사에서 그토록 오래 읽히는 것도 놀라운 일은 아니다.

종말론의 개념을 확립한 최초의 기독교 신학자 중 한 사람이 피오레의 요아킴이었다. 1135년 이탈리아 칼라브리아에서 태어난 그는 아버지처럼 일찌감치 직업 훈련을 받은 뒤 공증인으로 일하다가 20대 후반에 성지순례를 떠났다. 그리고 그곳에서 영적인 감화를 받았다. 이후 시실리로 돌아와 에트나 화산 아래에서 은둔 생활을 하다가 다시 메시나해협을 건너가 칼라브리아 지역을 방랑하며 설교자로 살았다. 그러던 중 경전에 빠져들어 연구에 매진했으며 코라소의 베네딕도 수도원에서 사제 서품을 받았다. 그는 정치적인 영역에서도 유능한 면모를 보였는데, 교황 루치오 3세Lucius III의 지지와 후원을 받았고, 대수도원장이 되어 시토회로 변신을 꾀했다.[44] 이후 두 교황과의 협의를 통해 이념적인 승인도 얻어냈다.

그는 숫자에 경도되기도 했는데 특히 7과 12를 좋아했다. 신의 천지창조가 7일 동안 이루어졌으며, 「요한계시록」에는 일곱 봉인과 일곱 대접이 등장한다. 그리고 예수의 제자는 12명이었고, 이스라엘은 12지파로 구성되어 있었다. 12라는 숫자는 또한 7과 5로 나뉘는데, 7은 7개의 소아시아 교회를, 5는 인간의 오감을 상징한다고 의미를 부여했다. 그는 이와 같은 수비학numerology(숫자를 통해 삼라만상을 해석하는 연구 분야-옮긴이)이야말로 역사와 도덕과 미래를 제시하는 성경 해석에 적용되어야 한다고 진심으로 믿었다.

요아킴은 숫자 3도 좋아했다. 성 삼위일체가 그 핵심인데, 역사의 단계가 세 시대로 구분된다고 믿었기 때문이다. 첫째는 성부의 시대로 아브라함부터 예수 탄생까지의 시기이고, 둘째는 성자의 시대로 예수 탄생부터 요아킴에 이르는 시기이고, 마지막은 검을 든 천사가 인간을 돌보는 성령의 시기로 현재와 미래에 해당한다.

수학에 빠져든 요아킴은 성경을 기하학적 도식으로 형상화하여, 역사를 여러 모양 가운데서도 내부적으로 결속된 연결고리 형태 또는 역사적인 '곁가지' 사건들이 주렁주렁 매달린 하나의 나무 형태라고 주장했다. 이런 주장은 그가 펴낸 『형상의 책Book of Figures』에 잘 묘사되어 있다.[45]

오늘날의 독자들은 이런 주장의 토대가 되는 수비학(수학자 에릭 템플 벨Eric Temple Bell은 이것을 '숫자 신비주의number mysticism'라고 칭했다)을 우숩게 생각할 수 있지만, 중세의 신학자들에게는 이를 신봉할 만한 타당한 이유가 있었다. 그리스 수학자 피타고라스^{Pythagoras}가 순수수학에서 도출한 여러 가지 자연법칙은 이미 수천 년의 세월 동안 지식계를 지배하고 있었다. 프랜시스 베이컨$^{Francis\ Bacon}$이 관찰에 토대를 둔 과학적 방법론을 주창하기 전까지 "모든 것은 숫자다"라고 주장한 그의 수비학은 자연철학의 주요 방법론으로는 물론이고, 하나의 과학이자 일종의 신학으로 받아들여졌다.[46]

인간은 심리학이라는 언어를 통해 패턴을 추구하는 영장류다. 이것은 새로 만들어진 개념이 전혀 아닌데, 1620년경 베이컨은 인간이 "본래적으로 세상에서 발견되는 것보다 더 많은 질서와 규칙성이 존재한다고 믿는 경향이 있다"라고 주장했다.[47] 그래서 우리는 존재하지 않는 관계를 있는 것으로 가정하는 경향이 매우 강한데, 과학 작가인 마이클 셔머$^{Michael\ Shermer}$가 여기에 '패턴성^{patternicity}'이라는 이름을 붙였다. 요아킴의 설득력 있는 수비학 도식 역시 그 예로 볼 수 있다.[48]

진화론의 자연선택설 또한 어떤 현상에서 패턴을 찾아내려는 인간의 준비된 답변일 수 있다. 먼 옛날 인간은 낯선 '쉿' 소리나 노랗고 검은 줄무늬가 번쩍이는 등의 심각한 위협 요소들을 알아채지 못했을 때는 치명적인 대가를 치러야만 했다. 뱀의 소리에 주의를 기울이거나 호랑이의 접근을 알아채기 위해서는 과도하게 긴장해야 하지만, 이런 수고는 뱀에게 물리거나 호랑이에게 잡아먹히는 것에 비하면 감수할 만한 기회비용이다. 따라서 진화라는 것은 인

간에게뿐 아니라 신경계가 기능하는 모든 유기체에게서 현상을 과도하게 해석하는 쪽으로 발전돼왔다.[49]

성경은 78만 3,000개가 넘는 단어가 담긴, 표준 판본으로 2,000페이지가 넘는 방대한 분량의 책이다. 여기에 등장하는 수많은 인물과 사건들은 패턴과 상호 관련성을 발견하고자 하는 연구자들에게 풍부한 소재를 제공해왔다. 특히 수학에 경도됐던 요아킴의 역사적 도식은 기쁨과 자유와 풍요가 넘치는 제3의 시대에 맞추어져 있었는데, 이 시기가 되면 하느님의 진리가 교회의 중재 없이 모든 신도에게 도달하며 최후의 심판이 있기 전까지 행복한 삶이 지속된다고 봤다.[50]

요아킴은 하느님의 메시지로 대중을 감화한 혁명적이고 카리스마적인 예언자라기보다 성경을 적잖이 임의로 해석하는 연구자였다. 그는 스스로 주장했던 제3의 시대에 대해 명확한 설명을 하지 않았고, 인간의 태생적인 악과 탐욕을 극복할 방안으로 제시했던 선한 본성과 이상주의적 공동체에 대해서도 구체적인 설명을 하지 않았다. 카를 마르크스의 사상을 미리 보여주기라도 하듯 그는 이렇게 말했다. "각자는 이웃이 가진 만큼이 아니라 스스로 가진 것에 만족하는 만큼 가지게 될 것이다. 그들은 자신의 재물을 기뻐하기보다 자신을 거처 남에게 제공된 재물에 기뻐하게 될 것이다."[51] 「요한계시록」의 무서운 환상들이 전면에 부각되지 않아 겉으로는 현세의 순리에 따르는 듯 온건해 보이는 그의 교리를 세 교황이 차례로 승인해줬다. 요아킴은 앞으로 도래할 제3의 시대가 현세인 제2의 시대가 가진 모든 결점을 치유할 것으로 생각했지만, 억압적인 봉건 영지에서 고통받던 대중은 그 정도로 인내심이 많지 않았다.

요아킴은 성경의 섭리들이 숫자들을 통해 암시되어 있음을 보여주고자 했고, 이는 필연적으로 대중적인 호소력을 가졌다. 내용은 다소 다를지라도, 오늘날까지 다양한 해석 방식이 전해 내려오고 있다. 예를 들면, 요아킴의 후계자 가운데 가장 두드러진 이들은 성공주의에 몰두하던 주류파로부터 배척당한 프란치스코회의 영적 분파였다. 이들에게 수학은 간단한 것이었다. 「마태복음」1장 17절은 아브라함부터 다윗까지 14대, 다윗부터 바빌론 유수기까지 14대, 바빌론 유수기부터 예수의 탄생까지 14대를 기록하고 있다. 이를 모두 합한 제1의 시대는 42대에 걸쳐 지속됐는데, 각 세대의 길이는 30년으로 총 1,260년이 된다. 당대인 제2의 시대는 앞선 세대와 같은 길이를 적용할 경우 천년기 제3의 시대가 시작되는 서기 1260년에 마감된다.

중세 시대가 열리면서 봉건주의가 쇠퇴하자 화폐경제와 이를 바탕으로 한 무역이 융성했고 본격적인 경제 성장이 시작됐다. 그러자 빈부격차와 소득 불평등이 심화됐으며, 그런 가운데 나타난 것이 반유대주의에 기반한 종말론 서사다. 그중 하나가 독일어로 쓰인 『100개의 장으로 이뤄진 책The Book of a Hundred Chapters』이며 마르틴 루터Martin Luther의 등장과 거의 같은 시기에 출간됐다.

이 책은 대천사 미카엘Michael이 익명의 저자에게 신의 메시지를 전달하는 내용으로 시작된다. 인류가 전능자 하느님을 노엽게 하여 끔찍한 파국을 맞아야 하지만, 최후의 심판을 잠시 유예받게 된다. 하느님은 저자가 '슈바르츠발트Schwarzwald(영어로는 Black Forest, 흑림)에서 왕림할 황제'를 기다리는 신실한 사람들을 불러 모으기를 원한다. 그 황제는 「요한계시록」에 묘사된 것과 유사한 종말의 때가 되면 음식과 포도주를 넘쳐나도록 가져올 것이다.

고난의 삶을 살던 가난한 신도들은 귀족과 성직자들을 살해한다는 광범위한 계획에 기꺼이 참여할 준비가 되어 있었다. 이 책의 메시아는 4년 반 동안 하루에 2,300명의 성직자를 죽이도록 주저 없이 명령했다.[52]

교회가 저지른 명백한 부패에 대한 시민들의 혐오는 새로운 것이 아니었다. 마르틴 루터 이전에 그리고 요아킴 이전에 교황과 같은 성직자들의 방탕과 육욕은 종종 교계를 놀라게 했다. 루터는 그 시기, 그 지역에 존재했기 때문에 옳은 사람이 된 것인지도 모른다. 루터보다 70년 전에 발명된 구텐베르크Gutenberg 인쇄기는 책자나 인쇄물의 복제 비용을 최대 30분의 1로 줄였으며, 루터의 비텐베르크Wittenberg 인쇄기는 라틴 알파벳뿐 아니라 당시 첨단 기술의 매개체인 그리스어와 히브리어 활자로도 인쇄할 수 있었다.

루터가 종교개혁을 완수하는 데에는 귀족들의 지지가 필수적이었기 때문에 저항의 대상을 신학적인 사항들로 제한했고 정치적인 요소들은 배제했다. 이 위대한 개혁가는 성서의 「로마서」와 「베드로전서」에 나오는 카이사르법Caesar's laws을 준수해야 한다고 주장했다. 그는 이렇게 말했다. "주님을 위하여 인간의 모든 규례에 복종하십시오."[53]

　루터는 사회개혁을 부르짖는 이들은 물론 자신처럼 개혁을 추구하는 이들과도 어울리지 않았다. 그가 추구한 바는 성서를 해석하는 교회의 독점권을 무너뜨리는 것이었으며, 그 인쇄술이 가진 힘을 만인에게 증명해 보여주는 것이었다. 사람들이 그에게 왜 그토록 설교를 하지 않느냐고 묻자 이렇게 답했다고 한다. "우리는 책으로 설교합니다."[54]

　16세기 초, 종교적 열정이 투철했던 루터교도들은 대흉년을 맞이하여 어려움을 겪는 농민들을 착취하는 귀족들에게 분노했다. 그리고 세력을 규합하여 피비린내 나는 반란을 일으켰다. 사건이 벌어진 날은 마르틴 루터가 비텐베르크성 교회 출입문에 95개조 논제를 내건 뒤 6년이 지난 시점인 1523년 6월 23일이었다. 오늘날 중부 스위스의 북쪽 슈바벤에 있는 루펜-슈틸링겐의 한 백작부인이 건초를 수확하려는 1,200명의 농노에게 의복의 장신구로 사용할 달팽이 껍데기를 다량으로 모으라고 명령했다. 달팽이 껍데기에 대한 무리한 요구는 누적된 농민들의 분노를 폭발시켰고, 이후 2년 동안 독일어권을 중심으로 유럽 전역에 봉기가 확산됐다.[55]

　1524년에서 1525년 사이에 농민군은 지역 귀족들이 고용한 용병 란츠크네히트Landsknechts에 맞서 독일 농민전쟁으로 알려진 일련의 전투를 벌였다(흔히 '달팽이 전쟁War of Snails'이라고 한다). 이 전투에서 훈련도 제대로 받지 못한 채 투입된 농민 무장 반군 10만여 명이 대량 학살의 희생자가 되고 말았다.

지배 귀족들이 슈바벤 동맹으로 알려진 농민 반군을 강경하게 진압한 것은 종교 문제가 아니라 사회적 안정을 도모하기 위해서였다. 하지만 피비린내 나는 최후 전투가 끝났을 때 희생자들은 대부분 토마스 뮌처Thomas Müntzer라는 천년주의 종교 사제가 이끈 신도들이었다.

1525년 3월, 반군은 슈바벤의 메밍겐 마을에서 만나 12개의 요구 사항이 담긴 12개 조항 선언문Twelve Articles을 공식화하고 이 문서를 최초 2만 5,000매 이상 인쇄했다. 이때만 해도 요구 사항 가운데 첫 번째 항목만이 신앙과 관련된 내용이었다. 즉, 각 도시는 '단순한 전도 행위'를 수행할 설교자를 선출할 수 있다는 내용이다. 이 종교 행위에는 가톨릭 미사도 포함되어 있지 않았다. 그다음 열 가지 요구 사항은 종교적인 조항이라기보다는 경제적인 이권과 관련된 것이었다. 설교자의 급여 지급 방법, 농노제 폐지, 임대료 인하, 사냥 및 어업의 권리, 최근 사유화된 공유토지 반환 등이다. 마지막 조항은 앞의 열한 가지 요구 사항이 추후 하나라도 성경에 어긋나면 무효가 된다는 매우 순박한 내용이었다.[56]

반란군의 지도자로 활약한 혁명가 토마스 뮌처는 뜻밖에도 요아킴의 신봉자로, 그의 책을 읽었고 책 한 권을 번역하기도 했다. 뮌처의 생애에 대해서는 많이 알려져 있지 않다. 유력한 견해에 따르면 그는 오늘날 벨기에와 독일과 네덜란드가 국경을 접하고 있는 아헨 외곽 스톨베르크의 장인 가문에서 태어났다. 그가 어떤 교육을 받았는지에 대해서도 알려진 바가 거의 없는데, 학문적 업적을 거의 남기지 않았기 때문이다. 전하는 말에 따르면 그의 아버지가 부패한 귀족의 모략으로 교수대에서 처형당했으며, 이 때문에 뮌처가 권위주의적이고 묵시적인 종교 성향을 지니게 됐다고도 한다. 유일하게 알려진 것은 그가 1514년경에 대학 교육을 받지 않고 사제로 임명됐다는 사실이다. 그럼에도 그의 필력은 고등교육을 받은 것 이상으로 뛰어났다.

3년 후 루터가 비텐베르크에서 95개 조항을 높이 내걸었을 때 뮌처도 혁명의 열기에 동참하고자 그곳으로 갔다. 그곳에서 루터를 만났고, 특히 그가 주도한 모임에서 설교를 했을 것으로 추정된다. 또한 루터의 용감한 동료였던 필리프 멜란히톤Philip Melanchthon을 만난 것도 이때였던 것으로 보인다. 처음에 뮌처는 비텐베르크 분파에 합세하여 교황 권력에 맞서 싸웠으나, 1520년에는 루터의 추천으로 에라스뮈스Erasmus 등의 인문주의자들과 함께 유학을 떠난 츠비카우의 설교자 요하네스 실비우스 에그라누스Johannes Sylvius Egranus의 빈자리를 물려받았다.

츠비카우에서 뮌처는 신학적으로 공인받을 수 없었던 자신의 이론을 천년주의 이론과 함께 활짝 꽃피웠다. 루터가 잠시 그랬던 것처럼 그도 가톨릭 사제와 수도승들을 '괴물'이나 '몸을 찢는 악마' 등으로 표현했으며, 구원salvation이라는 것은 성경과 상관없이 하느님과 직접 소통할 때 얻을 수 있다고 주장하기 시작했다.[57] 이것은 루터나 에그라누스조차 받아들일 수 없는 이론이어서, 에그라누스는 즉시 츠비카우로 돌아가 뮌처를 문책하고는 그를 그 도시의 작은 교회로 보내버렸다. 그곳에서 뮌처는 꿈을 강조하고 구원과 성서가 무관하다고 주장하는 평신도 집단인 츠비카우 예언자들^{Zwickau} prophets(당시 활동했던 급진 종교개혁가 3인을 말함-옮긴이)로부터 많은 영향을 받은 것으로 추정된다.

선동적인 설교와 책자로 물의를 일으키던 그는 츠비카우에서 추방된 이후에도 프라하를 비롯한 여러 지역에서 배척당했다. 그리고 마침내 알슈테트의 색슨인 마을에 정착했다. 이곳에서 그는 자신의 신비주의적인 종말론 신학을 발전시켰다. 1524년에는 네부카드네자르의 꿈을 해석하는 「다니엘서」 이야기를 주제로 작센의 요한 공작^{Duke Johann of Saxony}이 참석한 자리에서 설교를 했다. 그는 공작이 설교의 논점에 동의하지 않는 기색을 보이자, 지금 이 상황은 다니엘이 없는 셀레우코스제국을 로마의 교회와 그 하수인들이 점령한 것과 같다고 직설적으로 말했다. 뮌처는 천년왕국설의 추종자라는 본색을 드러내면서, 정식 종교 교육을 받지 않은 평신도 선지자들의 꿈이 성경 해석보다 중요하며 우리는 모두 마지막의 때를 살아가고 있다고도 했다. 무엇보다 뮌처는 자신을 새 시대의 다니엘이라고 선언하며, 이 절박한 묵시론을 듣고 있는 '선택받은' 이 자리의 신도들은 이를 구경만 하지 말고 적극적으로 구현해야 한다고 주장했다.

뮌처의 설교가 끝나자 공작은 화난 표정으로 조용히 자리를 떴다. 뮌처는 알슈테트의 열악한 환경에서도 교리를 선전하는 책자들을 더욱 많이 발행했다. 결국 공작은 뮌처의 인쇄기를 폐쇄하라고

명했을 뿐 아니라 그를 바이마르에 있는 자신의 성으로 소환하여 심문하려 했다. 목숨에 위협을 느낀 뮌처는 알슈테트를 떠났고, 몇 차례 극심한 고난을 겪은 후에는 농민전쟁의 전장인 프랑켄하우젠의 비극적인 전투에서 반군을 지휘했다.

이때까지도 뮌처는 하느님이 묵시록을 실현하기 위해 자신과 추종자들을 불러 모았으며, 하느님의 권위를 세우기 위해 꿈으로 계시를 하고 여러 성경 구절을 보여줬다고 확신했다. 그는 특히 「마태복음」 24장에서 예수가 마지막 때에 예루살렘 성전이 파괴되고 기근과 전염병과 전쟁과 지진이 확산되는 등 전 세계적인 재앙이 몰아칠 것이라고 예언한 데 깊은 인상을 받았던 것 같다. 하느님은 기드온의 검Sword of Gideon으로 뮌처를 무장시켰고, 이 검이 있기에 그와 그의 군대가 압도적으로 우세한 귀족의 군대를 물리칠 수 있다는 소문이 돌았다. 함께했던 어느 신도는 훗날, 그가 "적의 모든 총알을 자신의 외투 소매로 막아냈다"라고 주장했다.[58]

정신적 무장이 끝났음을 느낀 반군은 1525년 5월 14일, 교황의 권위를 수호하는 란츠크네히트 병사들을 향해 돌진했다. 결과는 끔찍했는데 부상자 6명에 사망자는 6,000여 명에 달하며 반군의 90%가 몰살당했다.[59] 뮌처는 재빨리 전장을 빠져나가려 했지만 사로잡히고 말았다. 그리고 귀족들 앞으로 끌려가 오랫동안 심문을 당한 끝에 참수형으로 생을 마감했다.[60]

뮌처와 추종자들의 비극적인 죽음이 초래한 분노의 함성은 번영하던 발트해 해상 무역로를 따라 확산됐다. 그리고 이후 10년 동안 북서부 유럽을 휩쓸 피비린내 나는 묵시론 비극의 신호탄이 됐다.

2.
속는 자와 속이는 자

매우 이상했고 낯선 일이었다. 광기에 사로잡힌 듯한 사람들의 모습은 시 같은 데서 묘사하곤 하는 도취의 상태 이상의 것이었다. 어떤 이는 머리를 풀어 헤쳤고, 어떤 이는 옷매무새가 흐트러진 채로 다녔고, 어떤 여성은 머리 장식을 풀어 허공에 휘젓는 등 장터를 오가는 사람들이 전혀 부끄러움을 느끼지 못하는 듯했다.

- 헤르만 폰 케르센브로크Hermann von Kerssenbrock

1534년 2월 베스트팔렌주 뮌스터의 주민들은 매우 들뜨고 어수선한 날을 보내고 있었다. 하늘에서 3개의 태양을 봤다는 이야기가 떠돌았는데, 어떤 이는 이것을 옥타비아누스^{Octavian}와 안토니우스^{Mark Anthony}와 레피두스^{Lepidus}의 제2차 삼두정치를 예언한 율리우스 카이사르^{Julius Caesar}가 죽은 뒤에 나타났던 것과 같은 징조라고 주장했다.

이 사건은 특히 가톨릭의 관습인 유아세례를 거부하고 성인이 된 신도에게 재세례를 받도록 한 재세례파^{Anabaptist} 개신교 집단과 밀접한 관련이 있었다. 가톨릭 신자이자 어린 시절에 1534년의 사건을 경험한 헤르만 폰 케르센브로크는 훗날 이런 기록을 남겼다.

하늘이 크게 입을 벌리고 있는 것 같았고, 길게 벌어진 틈새로 무시무시한 불길이 뿜어져 나오는 것 같았다. […]농민들의 도시가 불타는 것을 보고 이곳저곳을 뛰어다니며 원인을 찾았지만, 그 불꽃이 더는 번지

지 않았고 한순간에 사라졌다.[1]

젊은 폰 케르센브로크는 당시 거리를 뒤덮었던 광기를 눈여겨보다가 특히 재세례파 신도들에 대해 다음과 같이 서술했다.

매우 이상했고 낯선 일이었다. 광기에 사로잡힌 듯한 사람들의 모습은 시 같은 데서 묘사하곤 하는 도취의 상태 이상의 것이었다. 어떤 이는 머리를 풀어 헤쳤고, 어떤 이는 옷매무새가 흐트러진 채로 다녔고, 어떤 여성은 머리 장식을 풀어 허공에 휘젓는 등 장터를 오가는 사람들이 전혀 부끄러움을 느끼지 못하는 듯했다. 잔뜩 흥분한 채로 미친 듯이 춤을 추며 하늘 위로 솟구쳐 오르려는 이들도 있었다. 어떤 사람은 땅에 엎드린 채 팔을 움직이며 십자가 모양을 만들었다. […] 어떤 이들은 부드러운 진흙에 누워서 몸을 뒹굴었다. 무릎을 꿇고 고함을 지르는 이, 눈물을 글썽이며 울부짖는 이, 입에 거품을 문 이, 머리를 흔들고 이를 갈며 지나가는 사람을 위협하는 이, 가슴을 치며 애통하게 탄식하는 이, 울부짖는 이, 웃음을 터뜨리는 이 등 가지각색이었다. 하지만 우리는 그 광기를 비웃기보다는 슬픔에 차 있었다.[2]

토마스 뮌처의 끔찍하고도 무능했던 잠시의 반란이 있고 나서 10년도 채 지나지 않아, 요아킴의 또 다른 추종자들은 뮌스터에서 보다 훨씬 강성한 모습으로 합세하여 종말론 환상을 다시 피워내기 시작했다. 1533~1535년 당시에 이미 도시를 가득 덮고 있던 재세례파의 광기 어린 신앙은 군인들이 성문을 밀고 들어오기 전부터 지역 사회를 뒤덮고 있었다.

비극적인 독일 농민전쟁 이후에도 꾸준히 확산되던 군중의 광기는 오늘날의 서부 독일과 북부 네덜란드로 옮겨 갔다. 이 지역은 수십 년 동안 발트해와 북해를 따라 형성된, 지금의 에스토니아에서 플랑드르에 이르는 느슨한 무역국 연합인 한자동맹^{Hanseatic League}으로 번성하던 곳이었다. 농민전쟁이 주로 사회적 불만에서 비롯됐다면, 독일과 네덜란드에서 재세례파가 확산된 것은 새로운 종교가 제시한 교리 때문이었다.

8세기 후반 샤를마뉴^{Charlemagne} 대제는 지금의 네덜란드 동쪽과 엠덴 남쪽의 뮌스터를 정복하고 루드거^{Ludger}라는 선교사를 파견하여 주민들을 기독교로 강제 개종시켰다. 루드거는 아^{Aa}강 유역에 수도원(라틴어로 모나스테리움^{monasterium})을 세웠는데 도시의 이름도 이 수도원 이름에서 유래했다. 뮌스터가 한자동맹의 경제권 내에서 번영을 이어가는 동안 호화로운 대성당과 웅장한 교회들이 연이어 세워져 도시의 위용이 더해갔다.

하지만 뮌스터의 교회들이 화려함을 더해갈수록 신도들은 대가를 치러야 했다. 성직자들은 세금조차 내지 않았지만 신도들은 교회 운영에 필요한 십일조 헌금을 내느라 시달렸다. 수도사들이 제공하는 노동이나 수녀들의 노동으로 생산한 옷감은 지역 농부들이나 옷감과 경쟁하며 시장에서 헐값에 팔렸다. 교회의 탐욕은 그 지역에만 국한된 것이 아니었으며, 그런 모습들은 종교 내부의 갈등

을 불러일으켰고 대중의 분노를 부채질했다.[3]

재세례파는 10년 전 취리히에서 개최된 일련의 밀교적인 신학 토론회에서 시작됐으며, 울리히 츠빙글리Ulrich Zwingli라는 사제가 1519년 이 지역에 처음 개혁교회를 설립한 것이 사건의 발단이 됐다. 츠빙글리는 시의회가 후원한 여러 교리 분쟁에 참여하여 정통성을 인정받기도 했는데, 그중 의회에서 심각하게 논의된 문제 한 가지는 세례를 받는 시기에 관한 것이었다(재세례^{Anabaptism}라는 단어는 라틴어 'anabaptismus'나 'rebaptisim' 또는 '두 번째 세례^{second baptism}'라는 말에서 유래했다). 상식적으로 생각해볼 때, 신약성서의 복음서에도 기술된 것처럼 자신의 자유의지에 따라 행위를 하는 성인만이 예수에 대한 의미 있는 순종을 할 수 있다. 그럼에도 유아세례는 3세기 때부터 확립돼 행해져 왔고, 루터와 츠빙글리 시대에는 의심할 여지 없이 보편적으로 행해지는 교회의 관례였다. 의회 분쟁에서 츠빙글리의 반대자 중 한 사람이었던 콘라드 그레벨^{Conrad Grebel}이라는 상인이 후대 신앙 논쟁에서 오류를 지적받을 것이 틀림없다며 유아세례, 즉 아동 정화의식에 반대했다. 논쟁 이후 그레벨은 유아세례를 받았던 친구 게오르게 블라우록^{George Blaurock}에게 다시 세례를 줬고, 두 사람은 다른 성인 유아세례자들에게도 세례를 주기 시작했다.

당시 이런 일은 흔치 않았다. 츠빙글리 자신도 "유아기나 성인기 중 언제 세례를 받아야 하는지 또는 기독교인이 행정관직을 수행해도 되는지 등의 사소한 문제들"을 제외하면 그레벨과 자기 사이에 신학적 갈등은 없다고 밝힌 적도 있다.[4]

그런데 재세례파 신도의 확산세는 오래지 않아 걷잡을 수 없을 정도가 됐다. 마치 두 방향의 서로 다른 도화선에 불을 붙인 형국이었다. 하나는 발트해 연안과 인근 저지대(지금의 네덜란드와 벨기에, 라인강, 엠스강, 스헬데강, 뫼즈강 하구)를 지나는 구역이었고, 다른 하나는 뮌스터를 통과하는 구역이었다. 양쪽 모두 1534년까지 교세가 확산 됐고, 그해 뮌스터에서 한데 결집하면서 역사상 가장 과격한 집단 광기의 모습을 보였다.

한자동맹 도시들을 가로지르는 훌륭한 경로를 개척했던 독일의 멜키오르 호프만Melchior Hoffman은 발트해와 인근 저지대에서 활약하 던 모피 무역상이었다. 루터보다 열 살 어렸던 그는 1523년경 비텐 베르크의 스승들로부터 성직자 서품을 받았고, 지역을 떠돌면서 개 혁주의의 기치를 내건 자신의 이설을 확산시켰다. 몇 년 후 호프만 은 루터의 가르침에서 벗어나 「요한계시록」만을 마음에 새긴 채, 선 의 세력과 악의 세력 간 종말론적 전투가 임박했다는 주장을 내놓 기 시작했다.

묵시론자들이 언제나 그래왔듯 그도 두문불출 집에 머물며 종말 론에 대입할 수학을 연구하는 데 열을 올렸다. 호프만은 예수가 서 기 33년에 죽었으며 사도의 시대는 서기 133년까지 100년 동안 지 속됐다고 주장했다. 그에 따르면 유대인들의 죄로 인해 인류는 3년 반의 형벌을 받게 됐는데, 바빌론 시대에 20배, 예수에게서 교회를 타락시킨 대가로 또 20배가 가중되어 1,400년이 됐다. 따라서 종말 이 일어나는 해는 1533년(133+1,400)이 된다. 또한 뤼베크와 스톡홀 름 및 일부 덴마크 항구를 포함한 발트해의 무역도시 여러 곳에서 폭동과 소요가 벌어질 것이며, 이런 혼돈의 소용돌이 속에서 그 자 신은 모든 곳에서 배척받게 되리라고 주장했다.[5]

재세례파가 내세우는 이론들은 어느 정도 설득력이 있었지만 하나의 통일된 구심점이 없었고, 신도들도 세례에 대한 입장 외에 단일한 신앙 체계를 갖고 있지 못했다. 하지만 재세례파 공동체는 서유럽 전역, 특히 한자동맹의 무역로를 따라 급속히 확산됐다. 호프만의 묵시론적인 재세례파가 가장 큰 성공을 거둔 곳은 저지대 국가들, 특히 지금의 네덜란드 국경 바로 동쪽의 독일 해안 지역인 이스트 프리지아의 최대 도시 엠덴이었다.

15세기 후반에 합스부르크The Habsburgs 왕가가 부르고뉴Burgundian 왕조로부터 이 저지대를 물려받았다. 이들이 지배한 도시는 당대 유럽에서 가장 번영한 도시 중 하나가 됐다. 루터가 성경 해석에 대한 교회의 독점권을 거부하고 구텐베르크의 인쇄기로 활자들을 찍어내자, 사람들은 비밀집회 성격의 비공식 모임을 중심으로 집결했다. 이윽고 이곳은 다양한 종파가 모여드는 집합소가 됐다.

1530년경 호프만은 당시 종교개혁 활동의 중심지였던 스트라스부르에 머물고 있었다. 이 도시는 그가 주장하던 여러 교리 중에서도 묵시론적 신념을 본격화한 스위스식 온건주의 재세례파의 본거지였다. 1531년에 그는 「요한계시록」의 해석에 따라 14만 4,000명의 거룩한 주의 전사들이 모여 악한 세력의 포위 공격을 막아낼 곳이 바로 스트라스부르라고 주장했다. 그러면서 자신의 교회를 세우기 위해 스트라스부르 시의회에 청원을 했지만 오히려 추방당하고 말았다. 이후 그는 저지대 국가들로 돌아가 엠덴 최대 교회에서 준비된 300명의 성인에게 재세례를 줬다.[6]

1531년 12월, 저지대 국가들을 통치하던 신성로마제국 당국은 암스테르담에서 신도 50명에게 재세례를 준 호프만의 제자들 중 1명인 얀 볼케르트^{Jan Volkerts}를 체포했다. 탈출의 기회가 있었음에도 그는 순교를 택했고 9명의 추종자와 함께 참수당했다. 이 사건을 계기로 호프만은 성인세례를 금지했으며 종파의 성향을 다소 순화했다.[7] 1533년에 호프만은 부주의하게도 스트라스부르로 돌아갔는데, 그곳 교단은 비교적 경미한 이단 혐의로 그에게 유죄 판결을 내려 끔찍한 감옥 여러 곳에서 수감 생활을 하게 했다. 그는 낯선 환경을 담담하게 받아들였다. 세상의 종말이 임박했기 때문에 그곳에 오래 머물지 않을 것으로 생각한 것이다. 그는 감옥에서 10년의 세월을 보냈다. 그동안 감옥 아래쪽 거리의 시민들은 그가 조용히 시편을 읊는 소리나 "안타깝도다, 스트라스부르의 신을 모르는 서기관들이여"라고 되뇌는 소리를 자주 들었다고 한다.[8]

호프만이 투옥되자 그의 추종자인 얀 마티스^{Jan Matthys}라는 제빵사가 암스테르담에 나타나 자신을 예언자 에녹^{Enoch}이라고 주장하며 환호하는 추종자들에게 성인세례를 재개했다. 에녹은 죽지 않고 하느님의 부름을 받아 하늘나라로 간 구약성서의 두 인물 가운데 하나이며, 다른 한 사람은 호프만이 자칭했던 엘리야^{Elijah}다. 더 나아가 재세례파 일부 신도는 「요한계시록」 11장 3~12절에서 승천한 의문의 두 증인이 재림한 에녹과 엘리야 두 사람이라고 주장했다. 하지만 1533년이 아무 일 없이 지나고 1534년이 되자, 저지대 국가 신도들은 묵시록이 성취되는 시일을 1535년으로 연기할 수밖에 없었고, 최후의 거룩한 도시도 스트라스부르에서 종교적으로 관대한 북쪽 도시 뮌스터로 옮겨졌다고 주장했다.

1534년 3월이 되자 3,000명 이상의 암스테르담 재세례파 신도들이 네덜란드 북부의 만^灣 지역인 자위더르해를 가로질러 뮌스터로 진입하려 했다. 이들은 합스부르크 군대에 막혀 패퇴했는데, 잡힌 자들은 당시로서는 비교적 온건한 방식의 처벌을 받았다. 약 100명이 반란죄로 처형됐지만, 나머지는 무고하고 순박한 추종자들이라고 여겨져 석방됐다. 다음 날 석방된 이들 중 일부 '사도'가 칼을 휘두르며 암스테르담 거리를 행진하면서 부활절 직전에 심판의 날이 있으리라고 경고했다. 이들은 모두 잡혀서 처형됐다. 그해 말까지 헤이그의 합스부르크 당국은 재세례파 신도들을 검거하기 위해 특별 기동대를 배치했고, 붙잡힌 이들은 고문을 당한 후 처형당하거나 개종해야 했다.[9]

1535년 2월의 추운 밤에도 재세례파 신도 일당이 알몸으로 암스테르담 시내를 질주하며 "신을 모르는 자에게 화가 있도다!"라고 외쳤다. 당시 공공장소에서 벌거벗은 모습을 보이는 것은 하느님 앞에 진실하다는 일종의 자기 증명으로, 뮌스터에서도 간혹 볼 수 있었다. 하지만 이날 시위에 나선 남자들은 모두 처형됐고 옷 입기를 거부한 여자들은 물속에 던져졌다(이 사건으로 네덜란드어에는 검을 든 사람들zwaardlopers과 벌거벗은 사람들naaklopers이라는 단어가 새로 추가됐다).

재세례파의 반란은 네덜란드의 다른 도시들에서도 발생했고 더욱 많은 신도가 처형당했다. 1535년 중반까지 암스테르담 인구의 20% 정도가 성인세례를 받은 것으로 알려졌다. 세례를 받은 이들은 전부는 아니더라도 상당수가 외부에서 유입된 사람들이었으며, 수많은 대규모 전투와 극심한 핍박을 겪고도 이겨낸 전사들이었다. 5월 11일, 이들이 도시에서 가장 큰 시장을 점거했다가 전원 체포되는 일이 발생했다. 끌려가기 전까지 그들은 "누구든 하느님을 사랑한다면 우리와 함께하십시오!"라고 외쳤다. 사흘 후 시 당국은 반란 주모자 11명의 심장을 꺼내서 찢었다. 몇 달 후에는 재세례파 지도자가 처형됐는데, 입으로 설교했다는 이유로 혀를 잘라냈고, 세례를 베풀었다는 이유로 오른손을 잘랐으며, 마지막으로 머리를 절단하여 죽였다. [10]

그 시대까지도 재세례파에 대한 탄압은 야만적이었고, 루터와 츠빙글리의 추종자들에게 가해진 것보다 더 잔인했다. 재세례파 이전의 집단들이 성경 해석에 대한 교회의 독점권을 부정하여 지배층의 반발을 산 적은 있지만, 적어도 사유재산을 부정하거나 세속 정부의 권위를 배척하지는 않았다. 하지만 재세례파는 이 모든 것을 부정했다. 대부분의 경우 개인에게 집중된 부를 몰수했고, 교회에 의해 이루어지는 부의 재분배를 지지했다. 그리고 기존 정부의 정당성을 인정하지 않았다. 이들은 세상의 종말이 임박했음을 굳게 믿었으며, 이를 재촉하고자 과격한 행동을 의도적으로 자행했다.

네덜란드 재세례파의 교세가 크게 확장되자 합스부르크 왕가도 네덜란드에서의 정치적 성공을 위해서 이들을 함부로 다룰 수 없는 상황에 이르렀다. 이에 왕가는 자신들의 정치적 영향권 밖에 있으면서도 우회적으로 진출하여 막강한 권력을 행사할 수 있는 지역적 돌파구를 찾았다. 그리고 뮌스터에서 그 대상을 발견했다. 이제 뮌스터에서는 재세례파 신도들의 두 번째 광기가 폭발할 차례였다.

단치히나 뤼베크 같은 한자동맹 도시들은 흔히 '자유도시'로 불렸는데, 거리상으로 너무 멀고 정치적으로도 쇠락한 신성로마제국에서 사실상 벗어난 상태로 명목상의 충성만을 서약하고 있었다.

사실상 독립적인 자치단체 대부분은 지역 귀족이 관리했는데, 뮌스터는 지역 대성당이 결정하고 교황청이 승인한 뮌스터 주교가 많은 권력을 행사했으며 때로는 시민적 권리와 성직의 권위를 대변하는 교회 성직자보다 더 많은 것을 결정했다.

1525년, 뮌스터 주교 프레더릭 폰 비에데Frederick von Wiede는 농민전쟁을 두려워한 나머지 2명의 공동 시장과 24명의 의원으로 구성된 평의회에 권력을 이양했다. 합스부르크의 영향력이 미치지 않게 된 뮌스터 평의회는 이후 10년도 되기 전에 저지대 지역 정부와 달리 폭력적이고 광적인 소요를 일으키는 재세례파의 온상이 됐다.[11]

대부분의 역사가는 뮌스터 재세례파의 가장 중요한 인물로 베르나르트 로트만Bernard Rothmann을 꼽는다. 1495년 전후에 태어난 그는 일가가 대대로 주술을 부린 것으로 알려졌다. 어린 시절의 로트만은 '변덕스럽고 광대 같은 기질을 가졌다'라는 기록도 전해온다. 학교도 다닐 수 없을 정도로 가난했던 그는 뮌스터 세인트모리스 성당St. Maurice's Church의 교구장인 삼촌의 후견으로 합창단원이 됐고, 결과적으로 노래를 부르는 것으로 생계를 이어갔다. 사춘기 무렵 성악 경력을 이어갈 형편이 안 됐지만, 마인츠에서 돈을 벌어 그곳에

서 석사 학위까지 마칠 수 있었다. 1529년 그는 세인트모리스로 돌아왔다.[12]

1530년경 유망한 설교자가 된 로트만은 부유한 옷감 상인 출신의 길드 지도자이자 시의원인 베르나르트 크니퍼돌링Bernhard Knipperdolling의 재정적 후원을 받았다. 크니퍼돌링은 루터교 신도였다가 로트만을 만나 비밀 재세례파가 된 인물이다. 그가 로트만의 책자를 인쇄했으며, 이는 뮌스터뿐 아니라 저지대 국가들에서도 재세례파가 확산되는 데 크게 기여했다.

오늘날 우리가 재세례파의 광기에 대해 알 수 있는 것은 앞에서 언급한 헤르만 폰 케르센브로크와 하인리히 그레스벡Heinrich Gresbeck 이라는 두 증인 덕분이다. 그레스벡은 목수에서 재세례파로 개종한 인물로, 당대의 사건 전반을 기록했으며 후반부에 가서도 소소하지만 매우 중요한 역할을 했다. 이 두 사람은 다소 편중된 종교관을 가졌다는 사실을 고려하더라도 비교적 신뢰할 수 있는 상세한 기록을 남겼다.[13]

폰 케르센브로크는 처음에 가톨릭 교리를 충실하게 설교하던 로트만이 어떻게 변해갔는지에 대해서 다음과 같이 기록했다.

점차 그는 가톨릭 교리에 적대적으로 보이는 자신의 이론을 설교에 가미하기 시작했다. 그렇게 성직자들에 대한 분노를 표출하며 시민들을 선동하자 새로운 세상을 갈망하는 이들은 그의 언사에 매료됐다.[14]

세인트모리스의 교단 지도자들은 급진적으로 변해가는 로트만의 이론에 시민들이 지나치게 영향받을 것을 우려하여 금화 20플로린florin(십진법 도입 이전 영국의 동전으로, 1플로린은 2실링-옮긴이)을 빌려주며 쾰른에서 신학을 더 공부하고 돌아오라고 권했다. 하지만 그는 쾰른에 가지 않았고 받은 돈을 돌려주지도 않았다. 대신 루터와 멜란히톤의 고향인 비텐베르크로 곧장 달려갔다.

이 젊은 사제가 세인트모리스로 돌아온 것은 1531년이었고, 이제 그는 선동에 익숙해져서 성벽 밖 작은 교회들로 사람들을 불러 모으는 데 특별한 재능을 발휘하는 사람이 되어 있었다. 이 상황을 폰 케르센브로크는 다음과 같이 기록했다.

다수의 사람, 특히 빚 때문에 고통받던 사람들은 그를 신처럼 존경하고 그의 언행에 의지했으며 그의 모든 행위가 하느님의 영감으로 이루어진다고 확신했다. 설교 금지 명령에도 불구하고 도시의 사람들은 그를 따라다니며 그의 이야기를 들었고, 마치 그만이 유일한 성직자인 양 나머지 모든 성직자를 배척하고 비난하고 심지어 저주하기까지 했다.[15]

충실한 가톨릭 신자인 폰 케르센브로크는 로트만의 설교에 대해 이렇게 적었다.

그는 명확한 근거에 의한 논증보다는 다소 모호한 주장을 펼치는 경우가 많았다. 하지만 웅변과 허풍을 구별할 수 없었던 무지한 평민들은

그가 멋진 주장을 펼친다고 생각했다.[16]

이 시기에 로트만은 세인트모리스의 사제에서 해촉됐는데, 이 소식을 들은 그는 군중을 이끌고 교회로 난입하여 성상과 성배를 부수고 제단을 망가뜨렸으며, 동정녀 성화를 불태웠다. 당국에 의해 다시 추방당한 그는 비텐베르크로 돌아갔고, 루터와 멜란히톤 모두에게 깊은 인상을 남겼다. 특히 멜란히톤은 예언이라도 하듯 이렇게 말했다고 한다. "로트만은 매우 훌륭한 인물이 되거나 매우 나쁜 인물이 될 듯하네."[17]

1532년 로트만은 다시 뮌스터로 돌아와서 재세례파의 교리를 노골적으로 설파하기 시작했다. 이런 행위는 반발과 찬사를 동시에 부르는 양날의 검이 됐다. 그리고 성인세례는 그의 지지자들뿐 아니라 교회의 승인이 필요한 사항이었다. 재세례파를 연구한 현대 학자 크리스토퍼 맥케이Christopher Mackay의 말을 빌리자면, 당시 교회는 재세례파 교도를 화형에 처하거나 목에 돌을 달아 물속에 던져 넣는 등의 일을 '어느 정도 신적인 재량'으로 여기며 가책을 느끼지 않았다.[18]

그때까지도 여전히 도시의 실질적 지배자였던 주교 폰 비에데는 교회의 설교자들에게 신성모독을 하는 행위를 중단하라고 촉구했다. 로트만은 얼마간 언행에 신중을 기했지만 오래 지나지 않아 근신을 철회하고 폰 비에데에게 직접 서신을 보내 이렇게 말했다. "저의 양심이 깨끗하니 주님의 긍휼에 의지할 수 있음을 의심하지 않습니다. 주님이 저를 보호할 것이며 위험에서 구원해주실 것입니다."[19]

1532년 2월 로트만은 도시의 주요 교회 중 하나인 세인트램버츠 St. Lamberts 마당에서 설교를 했는데, 운집한 청중에게 큰 감동을 준 나머지 신도들의 요청을 받아들여 그곳의 목사로 봉직하게 됐다. 특히 당국으로부터 추방당하지 않도록 의회의 전폭적인 지지도 끌어냈다. 뮌스터의 종교적 열정은 재세례파에게만 우호적이었던 것은 아니다. 도시의 모든 교회는 로트만을 제외하고 설교자 전원을 다른 도시 출신의 급진적 루터교도들로 세웠다.

로트만은 결국 뮌스터를 재세례파의 도시로 만들었고 이것은 호프만과 얀 마티스가 저지대 국가들에서 행한 일들과 정확히 닮았다. 로트만이 세인트램버츠에서 설교한 직후 폰 비에데는 좌절감에 휩싸여 사임했고, 즉시 임명된 후임자는 취임하기도 전에 사망했다. 6월에는 성직 경험이 거의 없는 백작의 아들인 프란시스 폰 발데크Francis von Waldeck가 주교로 즉위했다. 그해 말에 그가 도시를 봉쇄했지만 도시는 반감이 가득한 재세례파가 완전히 장악하고 있었고, 오히려 성벽 바로 바깥에 있는 폰 발데크의 본부를 급습하여 장악했다. 1533년 2월에는 양측의 협상이 이루어졌다. 이에 따라 대성당은 가톨릭으로 남아 있었지만 시 본당은 루터교의 교리를 실천해야 했다.[20]

이런 타협에도 불구하고 뮌스터의 가톨릭과 루터교에는 불리한 시간이 계속됐다. 로트만이 인쇄한 책자들은 부유한 크니퍼돌링의 후원으로 저지대 국가들에 퍼져나갔다. 책자가 담고 있는 내용에 따르면 사유재산은 악의 원천이었다. 내용의 일부는 다음과 같았다. "하느님은 모든 것을 공유하게 하셨다. 오늘날 우리는 공기와 불, 비, 태양을 공유하고 있으며 어떤 도둑도 이런 것들을 자신만을 위해서 소유할 수 없다." 로트만은 뮌스터를 타지의 신자들을 두 팔 벌려 환영하는 풍요로운 도시로 선전했다. 이에 힘겨운 삶을 살아가던 수백 명의 저지대 사람들이 남쪽 재세례파의 예루살렘으로 순례를 떠났다.

1533년 초, 뮌스터에는 가톨릭교도와 전통적 루터교도, 재세례파 신도들이 불안하게 뒤섞여 살고 있었으며 재세례파 신도들은 주교와의 타협에 전혀 관심이 없었다. 그런 가운데 3월 예정된 특별 평의회 선거에 영향력을 행사하기 위해 저지대 국가에서 많은 수의 재세례파 신도가 유입됐다. 선거 결과 급진적인 루터교가 다수를, 실질적인 재세례파가 소수 종파를 이뤘으며 가톨릭 신도는 전무했다.[21] 시의회는 대성당에서 아기에게 세례를 준 가족들에게 벌금을 부과하는 것으로 새 통치의 시작을 알렸다.

한편, 저지대 국가의 얀 마티스는 네덜란드 레이던 출신의 남자 얀 보켈슨Jan Bockelson에게 첫 번째 재세례를 행했다. 마티스가 호프만처럼 충동적이고 불같은 열정을 지닌 설교자였던 데 비해, 보켈슨은 특유의 쇼맨십에 능한 처세와 계산적인 성격을 기반으로 강력한 정치 세력을 형성했다. 시장인 아버지와 농노 여성 사이에서 절망과 비통함을 안고 태어난 사생아로, 부모에게서 기본적인 양육을 받고 재봉 수습 과정을 거쳤지만 쉽게 적응하지 못했다. 그럼에도 하느님은 그에게 뮌스터에서 다른 역할을 수행할 재능을 준비하신 듯했다. 금발의 준수한 외모와 우아한 자태, 영리함, 웅변 재능 그리고 실행력이 그것이다. 천년지복설을 연구한 학자 노먼 콘[Norman Cohn]에 따르면, 그는 타고난 재능을 활용하여 "자신을 영웅으로 만들었을 뿐 아니라 자기 삶을 유럽 전역의 관객을 위한 연극으로 만들었다."[22]

1533년 말 마티스가 사절 몇 명을 뮌스터로 보냈고, 이들은 다음 해 1월에 도착했다. 사절단의 일원이었던 보켈슨은 전년도에 이미 뮌스터를 방문한 일이 있었다. 그들은 로트만과 추종자들이 1년 만에 성인 인구의 5분의 1에게 재세례를 줬고, 전체 인구의 3분의 1이 종말이 임박했다고 믿고 있는 뮌스터의 상황을 목격했다. 마티스가 직접 뮌스터에 온 것은 1534년 2월 9일이었다.[23] 마티스와 보켈슨이 만나면서 두 재세례파 선구자의 병합이 이뤄졌다. 뮌스터 내부의 재세례파를 이끄는 감화력 있는 로트만과 저지대 국가들의 최면적이고 망상적인 종말론의 거두 호프만도 곧 회합하여 하나의 집단을 이끌게 될 터였다. 물론 호프만은 당시 스트라스부르 감옥에 수감되어 있었다. 양대 집단이 뮌스터에서 만난 사건의 의미는 명확했다. 이에 대해 랄프 클뢰처[Ralf Klötzer]는 다음과 같이 설명했다.

사람들은 선지자가 보내심을 받아 세례를 내린다는 것을 하느님께서 세상의 종말을 준비하시는 징조로 받아들였다. 이런 가운데 제국에 종교개혁의 물결이 번져가고 더불어 전쟁과 역병과 경제 위기가 발생하니, 이는 곧 말세의 전조나 다름없었다.[24]

이때를 기점으로 사건들은 빠르게 진행됐다. 재세례교도들은 1534년 부활절까지 하느님이 악인들을 벌하시기 위해 다시 오실 것이며, 소수의 신도만이 살아남으리라는 소식을 전하며 이웃 도시들에도 선지자를 파송했다. 선지자들은 환란으로부터 보호받고 구원을 얻을 수 있는 곳은 오직 새 예루살렘 뮌스터이며, 세상의 종말이 임박했다고 주장했다.

이보다 약간 이른 시점인 1534년 2월 6일, 로트만은 어크로스 더리버 수녀원Convent Across-the-River의 수녀들앞에서 오페라 부프opéra bouffe(프랑스풍 희가극-옮긴이) 공연과도 같은 일장 연설을 했다. 당시 일을 헤르만 폰 케르센브로크는 이렇게 적었다.

그는 결혼을 찬양하는 설교를 했다. 그의 연설이 가진 엄청난 힘은 처녀성처럼 고이 간직하고 있던 그녀들의 마음의 장벽을 허물게 했다. 그는 처녀성을 인간의 존엄성에 빗대어 말하며 그것을 인간의 존엄에서 벗어난 것으로 취급해서는 안 된다고 주장했다. 그러고는 단순히 과거의 관습에서 벗어난 것에 만족하지 말고 각자의 목표를 세우고 함께 성취해나가자고 주장했다. 그리하여 수녀원의 첨탑은 물론 주변의 모든 건물과 그 안에 담긴 것을 다음 날 자정까지 모조리 파괴할 준비를 마치게 했다. 신의 뜻은 그녀들에게 기쁨보다는 고통을 줬던 것이다. 삶

에 대한 욕망을 간직했던 그녀들의 진심은 수녀원 생활을 거부하고 있었다.[25]

더는 갈 곳이 없어진 젊은 여성들은 로트만을 신의 사람으로 여기고, 가진 것을 모두 들고 그의 거처로 모였다. 도시 전역의 시민들은 세상의 종말을 기다리며 잠을 이루지 못했다.

하지만 종말은 오지 않았다. 설교자들은 면을 세우기 위해 아시리아의 수도 니네베의 멸망을 잘못 예언했던 「요나서Jonah」의 넝쿨 이야기를 들며, 전능하신 하느님이 인간에게 자비를 베풀어주셨다고 주장했다. 이틀 후 아침, 로트만의 재세례파 신도들은 예측이 잘못되어 민심 이반이 생길 것을 염려한 나머지 우스꽝스럽게도 거리를 뛰어다니며 의심에 찬 시민들에게 "공포 가득한 외침을 미친 듯 내지르며" 회개하라고 촉구했다. 오후가 되자 보켈슨과 크니퍼돌링이 이들의 대열에 합류하여 "회개하라! 회개하라! 회개하라! 회개하라!" 하고 외쳤다. 이 모습을 본 신도들도 가세하여 몸 가는 대로 펄쩍펄쩍 뛰거나 머리를 흔들어대고, 진흙탕에서 발을 굴렀다. 어떤 신도는 말을 타고 거리를 질주하면서 자신이 본 수만 명의 천사를 그대들도 보게 될 것이라며 이미 종말이 왔다고 외쳤다.[26]

도시를 장악한 광기는 결국 500여 명에 달하는 신도가 도시를 휘젓고 다니게 했고, 마침내 주류인 루터교도들이 이들을 만류하기에 이르렀다. 하지만 루터교가 목소리를 높이는 상황도 오래가지 않았다. 재세례파는 2월 23일 선거에서 마침내 시의회를 완전히 장악했다. 그달 말에는 무장한 재세례파 과격파가 재세례파 아닌 신도들에게 최후통첩을 했다. 그들은 재세례를 받지 않으면 다음과 같은 말을 들으며 추방당해야 했다. "하느님을 모르는 자들이여 이곳에서 나가라! 하느님이 당신을 벌하실 것이다!"27

재세례파는 여러 날 동안 교회 제단을 파괴하고 대성당의 금과 은을 약탈하고 동상을 불태웠다. 시민들은 'DWWF^{Das Wort Wird Fleisch}(말씀이 육신이 되다)'라는 글자가 새겨진 구리 동전을 사용하기 시작했는데, 방어가 강화된 도시의 성문을 통과할 때 이것을 증표로 삼았다. 그달 말에는 주교의 군대가 도시를 포위했다. 보켈슨은 신도들에게, 그리스도인이 종말을 맞이한다면 다른 쪽 뺨을 내줄 것이 아니라 중무장한 채 싸워야 한다며 그것이 성경의 가르침이라고 주장했다.

쫓겨나는 가톨릭 신도들은 도시에 부족했던 식량을 제외하고는 자신의 소유물을 가져갈 수 있었다. 하지만 뒤늦게 출발한 신도들은 이미 압수당한 단추와 황금 장신구 등은 물론이고 모든 것을 버려둔 채 옷가지만 챙겨서 나가야 했다.28 재세례파 신도들은 자신들이 거사를 벌였을 때 탄압했던 루터교도들에게 반감이 남아 있었기에 그들에게도 분노를 쏟아냈다. 루터파와 가톨릭교 남성들은 주교가 도시를 탈환할 것으로 봤기에 여성들을 남겨두어 집과 재산을 지키게 했다. 그 결과 성 안에는 여성의 수가 너무 많아졌고, 이내 끔찍한 일들이 벌어졌다.29

1월이 되자, 재세례파 신도들은 부활절에 세상이 끝난다고 믿고 각자가 가진 모든 소유물을 아무런 거리낌 없이 헌납했다. 3월에 시의회는 사유재산을 금지했으며, 심지어 로트만과 보켈슨은 누구든 금과 은과 현금을 가졌다면 남김없이 기부해야 한다고 주장했다. 특히 보켈슨은 기부를 장려하기 위해 신도에는 세 부류가 있다고 설교했다. 즉 자신을 완전히 헌신하는 선량한 신도들, 재산의 일부를 숨기기 때문에 처벌의 하느님에게 더 많이 기도를 드려야 하는 신도들, 오직 자신의 이익을 위해 세례를 받기에 종말의 때에 불구덩이에 떨어질 수밖에 없는 신도들이다.

마티스와 보켈슨은 시민들을 대성당 앞 광장에 모이게 한 뒤, 하느님이 진노하고 계시며 자비의 문이 닫혔다고 소리쳤다. 그 뒤, 세례를 받은 이들을 한쪽으로 모은 뒤 남은 300명의 무장을 해제했다. 그리고 강제로 엎드리게 하여 한 시간 동안 죽음의 공포 속에서 자비를 구하게 했다. 다시 이들을 대성당 앞으로 끌고 가서 세 시간 동안 손을 모은 채 무릎을 꿇고 하느님께 용서를 빌게 했다. 마지막에는 밖에 남아 있던 보켈슨이 문을 열고 들어오는 극적인 장면을 연출하며 이렇게 말했다. "친애하는 형제들이여, 여러분은 이제 하느님의 자비를 허락받았습니다. 우리 모두 힘을 합하여 이 도시의 거룩한 백성이 됩시다." 다음 날 그는 도시의 세례받지 않은 2,000명의 여자도 소집하여 이 과정을 반복했다.[30]

3월이 끝나갈 무렵, 도시는 일종의 종교적 정화 작업을 끝마쳤다. 약 2,000명의 가톨릭 신자와 세례받지 않은 루터교도들이 추방됐지만, 거의 같은 수의 재세례파 이민자들이 네덜란드와 이스트

프리시에서 이주해 와 9,000명가량의 인구에는 큰 변동이 없었다. 도시의 종교적 구성비가 달라지자 사람들의 심리적 양상에도 변화가 찾아왔다. 비교적 안정적인 신앙의 모습을 보였던 가톨릭 신도들이 다소 감정적인 재세례파 신도들로 대체되자, 그렇지 않아도 좌충우돌하던 대중이 더욱 안정감을 잃는 모습이었다. 게다가 신을 모른다며 비난받던 이들이 추방당하고 종말을 믿는 이들이 더 이주해 오자, 세상의 종말이 임박했다는 당대의 예언자들(로트만, 마티스, 보켈슨)의 종말론에 대한 확신이 더욱 강화됐다.

재세례파는 신도들의 미래를 탈취했을 뿐 아니라 자신들의 과거도 말살하기 시작했는데, 시의 모든 기록, 특히 부채장부 같은 문서들을 파기하라고 명령했다. 광신도들은 도서관의 책도 불태웠으며 루터나 토마스 아퀴나스Thomas Aquinas의 저서들도 예외가 아니었다. 많은 교회와 가정에는 오로지 성경책만 남겨졌다. 심지어 보켈슨은 당시 사용하던 도시의 성문과 거리의 이름도 바꿨는데, 예를 들면 성 루드거 문St. Ludger's Gate을 남문South Gate으로 변경하는 식이었다. 신생아의 이름도 알파벳 순서에 따라 짓게 했다.[31]

이 자칭 예언자들은 반대파를 잔인하게 처벌했다. 2월 선거에서 의원직을 상실한 후베르트 뤼셔Hubert Rüscher라는 인물이 보켈슨의 재판에 불려왔다. 그는 무엇보다 시의 기록이 파쇄된 것에 큰 불만을 품고 있었다. 보켈슨은 그가 극적으로 용서를 받아 감금에서 벗어날 것처럼 꾸며 자비에 감사하는 마음을 크게 외치게 한 뒤 등 뒤에서 미늘창으로 찔렀다. 힘이 세고 근육이 많았던 그는 상처를 입고

도 죽지 않아 보켈슨이 권총으로 등을 쏘았다. 그가 죽는 데는 8일이나 걸렸다.[32]

부활절 직전에 마티스는 친구의 결혼식에 참석했는데, 그곳에서 그레스벡은 마티스가 자신의 죽음을 예언하듯 이야기한 것을 듣고 다음과 같이 기록했다.

> 그는 한 시간 동안 앉아서 두 손을 맞대고 고개를 위아래로 끄덕이며 금방 죽을 사람처럼 한숨을 내쉬었다. […] 그러다가 마치 잠에서 깨어난 듯 다시 한숨을 내쉬며 이렇게 말했다. "오, 사랑하는 아버지, 제 뜻대로 하지 마시고 아버지의 뜻대로 하십시오." 그는 일어서서 모든 사람의 머리에 차례차례 손을 얹고 입술에 입을 맞췄다. 그는 "하느님의 평강이 당신들 모두에게 있기를 기원합니다"라고 말하고는 아내와 함께 길을 나섰다(당시만 해도 재세례파 신도들은 아내를 많이 두지 않았다).[33]

1534년 4월 5일 부활절이 됐지만 예수는 재림하지 않았고 세상이 끝나지도 않았다. 그날 마티스와 그의 측근 10여 명은 실망감을 안은 채 도시의 성문을 떠났고, 주교의 호위병 란츠크네히트 앞으로 나아가 항복했다. 이들은 모두 죽음을 맞이했다. 그레스벡의 기록에 따르면 도시를 포위한 군인들은 마티스의 시신을 찢어 피투성이가 된 신체 조각들을 들고 서로를 때리며 장난을 쳤다. 주민들도 그의 머리를 창에 꿰어 흔들면서 원래 시장을 복귀시키라고 소리쳤다고 한다.[34] 자신의 이론에만 집착했던 마티스는 예수 재림을 촉구하고 싶어 했고, 그것이 불가능하다면 「요한계시록」 11장 내용처럼 한 가지 대안으로 에녹(그 자신)과 엘리야(여전히 스트라스부르의 감옥에 갇혀 있는 호프만)의 죽음을 예수 재림의 증거로 주장하고자 했을 것이다.

보켈슨은 이전 여름에 뮌스터를 방문하는 등 여러 해 동안 시골 지역을 중심으로 포교활동을 하면서 지식과 기술을 연마했다. 가까이에 있는 셰핑엔에서는 아픈 소녀에게 세례를 주어 병을 고쳤다고도 한다. 1534년 초 뮌스터에 다시 도착했을 때 그는 큰 꿈을 품고 있었다. 그가 원하는 시간도 다가오고 있는 듯 보였다. 그때까지 그는 뮌스터에서 잘 알려진 인물이 아니었다. 하지만 마티스가 죽임을 당하자 그는 흰 가운을 입고 흰 천과 촛불로 장식된 교회의 꼭대기 창문으로 나아가 광장에 모인 군중 앞에 모습을 드러냈다. 그의 오른쪽에는 크니퍼돌링이 있었고 왼쪽에는 역사에 세례명으로만 알려진, 마티스의 아름답고 신비로운 아내 디버Diewer가 서 있었다.

보켈슨은 마티스의 공명심 때문에 많은 이들이 희생됐다며 그는 죽어 마땅했다고 발언했다. 군중에겐 놀라운 얘기였다. 그는 크니퍼돌링에게 손짓을 하고는 군중을 향해 다시 소리쳤다. 마티스의 휘하에 있을 때 신의 계시를 받았는데 마티스가 칼로 난도질을 당해 피투성이가 된 채 쓰러져 있었고, 그를 가해한 란츠크네히트는 자신에게 두려워하지 말라고 말했다고 했다. 또한 마티스는 하느님의 심판을 받을 것이며, 보켈슨 자신은 미망인 디버와 결혼해야 한다고 주장했다. 이에 대한 증거로 크니퍼돌링을 가리키며 그가 란츠크네히트의 발언을 목격하고 진실을 확인했다고 주장했다. 사람들은 하느님의 계시를 받았다는 말에 흥분하여 옷을 벗어 환호하거나 춤을 췄다. 보켈슨이 마티스의 자리를 승계했다는 사실을 누구도 의심하지 않게 됐다.[35]

그는 마티스와 로트만에게서 해결해야 할 중요한 문제도 물려받았는데, 충직한 신도들에게 예수 재림이 일어나지 않는 이유를 설명해주는 것이었다. 그는 다음과 같이 주장했다. "우리의 새 예루살렘에서 불결한 요소들이 모두 사라지기 전에는 그리스도가 결코 재림하지 않으실 것이다."

보켈슨은 뛰어난 선동가일 뿐 아니라 유능한 지휘관이기도 했다. 그는 이미 이중 방어선으로 되어 있는 도시의 성벽을 더욱 보강했고 해자와 바위 성문도 강화했다. 9,000명에 불과한 모든 시민이 비슷한 수의 용병 란츠크네히트를 상대해야 했기 때문에 가용 인력을 총동원할 수밖에 없었다. 전투가 시작되자 여성들은 화약 공장에서 일하며 남성들을 도왔을 뿐 아니라, 아마로 덤불을 만들어 역청이 끓는 가마솥에 담갔다가 성벽을 타고 오르는 용병들에게 던지는 일도 맡았다. 보켈슨의 부하들은 한밤중에 적들의 텐트로 숨어들어가 목을 베고 재세례파에 합류하라고 촉구하는 메모를 남겼다.

5월 25일, 보켈슨의 군대는 주교 측 군대의 공격을 쉽게 막아냈으며 퇴각한 병사들은 모두 도시로 도망쳤다(그중 6명은 술에 취한 상태에서 즉시 처형됐다).[36] 이 승리로 재세례파 신도들은 크게 고무됐으며, 신은 확실히 자신들의 편이라고 믿었다. 주교의 군대가 패퇴하자 재세례파는 도시를 마음껏 통제했다.

7월에 보켈슨은 이전의 모든 결혼을 무효로 선언하고 신도들에게 재혼을 명령했다. 여성의 수가 남성보다 3배나 많았고, 루터교 좌파와 가톨릭 신도들의 경우는 상황이 더 심각했다. 그래서 재세례파는 일부다처제도 장려했다. 그러자 남성 신도들이 젊은 여성이나 처녀를 찾아 도시를 샅샅이 뒤지는 광란의 쟁탈전이 벌어졌다. "아내가 많을수록 더 훌륭한 신도다"라는 그레스벡의 말이 이를 더욱 부채질했다. 지도부는 남성들의 본능을 아무런 제한 없이 풀어두어 도시가 혼돈에 빠졌다는 사실을 즉시 깨달았다. 그래서 첫째 부인에게 여러 권한을 부여하는가 하면, 부부들의 이혼을 자유롭게 허용했다. 그럼에도 첫 아내들은 새로 늘어나는 부인들에 불만을 품었고, 새로 들어온 부인을 학대하는 일도 종종 벌어졌다. 그러자 정권에 대한 불만을 무마하고자 지도부는 가장 소문이 안 좋았던 아내 몇 명을 투옥했고 그중 일부를 참수했다.[37]

이 혼인법은 반란을 촉발했다. 어느 날, 남자 120명가량이 보켈슨과 크니퍼돌링을 사로잡았다. 크니퍼돌링은 그때까지 사형 집행관으로도 일하며 일에 큰 보람을 느끼고 있었는데 상황이 바뀐 것이다. 하지만 반란군은 곧 진압됐다. 살아남은 이들은 자비를 구했지만, 보켈슨은 47명을 총살하거나 참수했으며 일부는 온몸을 난도질했다. 강제 결혼에 저항했다는 이유로 처형한 여성들은 그보다 숫자가 많았다.

8월에는 주교의 공격이 재개되어 병사들이 내벽을 거의 뚫을 뻔했지만 결국은 패배하여 달아났다. 성벽을 오르던 병사들은 끓는 역청을 뒤집어쓰거나 나무 기둥에 맞아 사다리에서 떨어져 부상을 당했으며, 부서진 외벽을 통해 운 좋게 탈출하던 병사들은 매복조에 희생됐다. 이 사건 이후 주교의 군대는 거의 해산되기에 이르렀다.[38]

승리를 거둔 보켈슨의 사기는 하늘을 찌를 듯 고무되어 이제 자신은 다윗 왕의 환생이며 세상의 유일한 합법적 통치자라고 주장했다. 그는 이런 주장이 다른 사람을 통해 간접적으로 공표되는 것이 더 효과적이라고 생각했다. 그해 초여름, 인근 도시 출신의 얀 두센트슈어Jan Dusentschuer라는 다리를 저는 금 세공사가 예언자를 자칭하며 활동하기 시작했다. 그는 주교의 두 번째 공격이 실패한 후 하느님께서 보켈슨 왕에게 눈을 돌려 그에게 기름을 부으셨다고 주장했다.[39]

이제 군주가 된 보켈슨은 뮌스터의 구헌법이 새 시대의 신성한 질서에 부적합하다고 선언하고 시의회는 물론 시장급의 두 직위를 폐지하고 왕실이 직접 통치하기 시작했다. 자신이 통치하는 새 예루살렘은 '하느님의 백성People of God'으로 개명됐다.

주교의 공격이 있었던 여름 이후에는 이웃 도시들도 봉쇄를 강화하고, 전투를 대비하여 새로운 사령관을 임명했다. 그러자 도시 내부로 식량과 보급품을 들여올 수가 없게 됐다. 상황이 급변해서 이제는 군주의 신하들도 헌 옷을 걸쳐야 했고 식량이 부족하여 굶주리게 됐다. 이런 상황은 보켈슨에게도 달가운 일은 아니었다. 하지만 연극을 좋아하는 그가 의상에 바치는 관심은 오히려 높아져 갔다. 이에 대해 그레스벡은 다음과 같이 기술했다.

> 그는 벨벳 코트를 입고 화려한 양말에 비단 윗도리를 입었으며, 화려한 황금 모자와 벨벳 보닛의 왕관을 썼다. 몸에는 금으로 만든 칼집에 담긴 검과 역시 금으로 장식한 칼집에 담긴 갑옷용 단검을 착용했다. 그리고 금 사슬을 목에 걸었다. [⋯] 이 금 사슬에는 황금색 띠로 장식된 문장 모양의 구슬이 달려 있었다. 가문의 장식처럼 푸른 반점이 새겨진 구슬이었다.[40]

그의 화려함에 대한 갈구는 기병대 복장에까지 미쳤다. 화려한 비단옷을 입은 그의 기병들은 "상반신으로만 만들어진 갑옷을 입었는데, 한쪽 팔은 보호장구조차 없었고 가슴 부위는 외피가 없어서 매우 독특한 모양새였다." 궁내 하인들에게는 계급에 따라 크기가 다른 회색과 금색 고리가 달린 붉은 옷을 입혔다.[41]

10월에 두센트슈어는 보켈슨의 지배 영토가 세상 전역으로 확장됐으며, 이 약속의 땅을 차지하기 위한 여정을 알리고자 하느님께서 나팔을 세 번 불 것이라고 주장했다. 1534년 10월 31일 해 뜨기 직전에 금 세공사는 다리를 절며 세인트램버츠 교회의 탑에 올라가 소뿔로 만든 나팔을 불었다. 그리고 거리로 내려와 관악기를 연주하는 다른 동료들과 함께 행진을 이어갔다. 그러자 무기를 든 남자들이 대열에 합류했고 곧이어 자신의 가장 소중한 물건들을 든 여자와 아이들도 합세하여 대성당을 향해 행진했다. 대열에 합류하는 사람들이 점점 늘어나 수천 명에 달했다. 나팔 소리가 다시 울리자 보켈슨이 20명의 경호원에 둘러싸여 예복을 입은 채 흰색 종마를 타고 등장했다. 왕비 디버와 그녀를 수발하는 시녀들도 뒤를 따랐고, 나머지 아내 15명도 대열을 이었다.

보켈슨은 이런 식으로 과거에 사라진 듯했던 묵시록을 높은 수준의 연극 예술로 끌어올렸다. 그는 존경받는 귀족이었던 게를라흐 폰 울렌Gerlach von Wullen에게 포위군을 향해 자살 돌격을 하라고 명령하기도 했다. 그러고는 폰 울렌에게 충성심을 시험하기 위한 훈련일 뿐이었다며 시험을 통과한 것을 보니 매우 기쁘다고 말했다. 보켈슨은 주홍색 의복과 왕관을 벗고 지팡이도 내려놓았다. 그리고 휘하의 장로들과 함께 대중에게 잔치를 베풀었다. 음식을 베푸는 것 말고도 보켈슨과 장로들은 남자들에게 거느린 아내의 수를 물으며 가벼운 농담을 주고받았다. 그레스벡은 이렇게 기록했다.

아내가 하나뿐인 그 남자는 수치스러운 표정으로 앉아 있었다. 그 사람은 불신자나 다름이 없었고 진정한 교인이 아닌 것처럼 여겨졌다. […]
다른 이들은 한껏 들떠서 먹고 마시고 있었다. 대성당 광장의 누구도 죽음 따위는 개의치 않는 것 같았다. 모두가 아내들 옆에 앉아 있었고 저녁이 되자 마음에 드는 아내를 골라 밤을 보냈다.[42]

사람들의 식욕이 어느 정도 충족되자, 보켈슨은 자리에서 일어나 눈물을 흘리며 백성을 실망시켰으니 자신은 퇴위하겠다고 선언했다. 그의 말이 끝나자마자 두센트슈어가 하느님으로부터 전해진 또 다른 소식을 전했다. 그는 손에 문서 한 장을 쥐고 흔들며 거기에 이름이 적힌 자신을 포함한 27명의 사도는 이웃 도시 네 곳으로 가서 종말론의 복음을 전하라고 명했다.

그러고 나서 두센트슈어는 보켈슨이 왕의 직무를 재개해야 하는데, 많은 이유 가운데 가장 중요한 것은 뮌스터의 불경함을 벌해야 하는 사람이 보켈슨이기 때문이라고 주장했다. 말을 마친 뒤 그는 보켈슨의 머리에 다시 왕관을 씌우고 붉은 예복을 입힌 뒤 지팡이도 쥐어줬다.

이 극적인 연출은 아마도 보켈슨의 가장 훌륭한 유산일 것이다. 그는 단숨에 자신의 권위를 높였고 27명의 측근과 그들의 부인들 134명 등 잠재적 경쟁자로 여겼던 인물은 모두 제거했다. 왕은 자신의 부인들과 궁정의 요인들을 모아 매우 호화로운 식사를 했는데, 식사 시간마다 하인을 시켜 나팔을 불게 했다. 만찬이 끝나면 보켈슨은 잠시 말없이 앉아 있다가 배석한 사람들에게 자신이 신의 계시를 받았다고 하면서 자신의 칼과 생포한 란츠크네히트 1명을 데려오라고 명령했다. 불려 나온 포로에게 앉으라고 명령했는데, 그가 듣지 않자 목을 베는 대신 몸통을 베겠다고 위협했다. 그러자 포로가 명령에 따랐다. 보켈슨은 칼을 들어 하느님의 엄숙한 뜻을 실행한 뒤 식사를 마저 했다.[43]

왕의 사도들이 이웃 도시로 떠났다. 하지만 27명 모두가 란츠크네히트에 붙잡혀 대부분 처형됐는데, 하인리히 그레스[Heinrich Graess]라는 사람만이 라틴어를 구사할 수 있다는 이유로 주교의 관심을 받았다. 이 특사는 전향을 약속함으로써 살아남았다.[44]

그레스는 뮌스터로 돌아와 불경한 자들의 손아귀에서 극적으로 탈출한 이야기를 쏟아냈지만, 얼마 뒤 원했던 정보를 얻자 도시를 떠나 주교에게로 돌아갔다. 재세례파 진영에는 식량과 무기가 바닥나고 있었고 사람들은 두 분파로 나뉘어 서로 다퉜다. 한 파는 한때 충성을 다했지만 이제는 굶주린 나머지 사기가 꺾인 자들이었고, 다른 파는 자신들의 특권에 탐닉하는 재세례파 엘리트들이었다.

그레스는 도시를 떠나면서 매우 저주스러운 편지를 남겼다. 내용은 이러했다.

지금 뮌스터에서 벌어지고 있는 모든 일은 거짓이다. 당신들이 이제는 두 눈을 똑바로 뜨기를 간절히 기도한다. 이제 정말 때가 됐다! 당신들의 일은 하느님과 그분의 말씀에 명백히 위배되는 것임을 알기 바란다.[45]

사도들이 비참한 죽임을 당했음에도 보켈슨은 그들의 죽음이 하느님의 뜻이었다며 신도들을 격려했고, 새로운 재세례파 신도들을 모집하여 더 많은 특사를 저지대 국가들에 파송하는 것으로 난관을 돌파하려 했다. 또한 주교의 군대가 다시 공격해 올 것을 대비해 도시에 대한 봉쇄를 뚫어버릴 강력한 마차를 제조하라고 명령했다.

두 번째 특사 파견도 실패로 끝났고 지원군 파견 계획은 구체화되지 않았다. 시행착오가 계속됐지만, 주교는 이웃 도시들에서 란츠크네히트를 지원받아 병력을 강화했다. 군사적 충돌이 본격화된다면 보켈슨의 군대는 매우 불리한 상황에 처하게 될 터였다. 로트만은 외부 세계에 의존해서는 승리할 수 없고 오직 하느님만이 승리를 가져다주실 것이라며 시민들을 격려했다. 식량과 물품이 더욱 부족해지자 보켈슨은 군대를 축소하고 그 대신 신께 모든 것을 맡기자는 주장을 펼쳤다.

1535년 새해 첫날, 보켈슨은 무엇보다 "하느님의 말씀에 따라 자신을 지키는 자만이 살아남을 수 있을 것"이며 "모든 법적인 결정은 왕과 의회와 판관의 특권"이 됐다고 선언했다. 또한 "오직 기독교적 처분만을 따르는 정부는 특정 세례에 대해서는 인정하지 않을 수 있다"[46]라고 공표했다.

열 살짜리 어린아이가 음식을 훔쳤다거나 심지어 반역을 꾀했다는 혐의로 처형되기도 했다. 얼마 전 자취를 감춘 덴마크의 귀족 터번 빌Turban Bill이 간첩이었다는 사실이 밝혀지자 그의 활동을 방관했던 여성 3명이 대성당 광장에서 참수됐다. 그중 1명은 크니퍼돌링의 정부였는데, 매춘부였기 때문에 정식 부인은 될 수 없었다. 그녀는 참수대로 끌려가며 크니퍼돌링이 자신과의 약속을 저버렸다며 강력하게 비난했다. 그러자 분노한 크니퍼돌링이 직접 칼을 들고 그녀의 목을 내리쳤다.[47]

부활절까지 저지대 국가들의 병력은 정비되지 않았고, 보켈슨은 부하들에게 군사적인 의미에서가 아닌, 영적인 의미에서의 '승리'를 강조했다. 그러는 가운데 시민들은 길고양이와 개를 잡아 굶주린 배를 채우는 지경에 이르렀다. 이를 견딜 수 없는 자들은 성을 떠나도 좋다는 허락을 받았다.

보켈슨은 성을 떠날 수 있는 시한으로 3~4일을 줬다. 떠나는 이들은 자기 옷을 벗고 누더기를 걸쳐야 했으며, 승인된 시간 외에 뮌스터를 벗어나려 하는 자들은 모두 붙잡혀 교수형에 처해질 것이라고 공언했다. 이 제안을 받아들여 성을 떠난 소수의 사람은 란츠크네히트들에게 학살당했고 그들의 머리는 말뚝에 매달렸다. 그레스벡은 이 홉슨의 선택Hobson's choice(선택의 여지가 없는 상황을 말함-옮긴이)에 대해 이렇게 설명했다. "성에서 그토록 굶주렸으나 떠나는 것도 해결책은 아니었다. 하지만 그들은 굶주림으로 고통받는 것보다 스스로 죽음 속으로 걸어 들어가는 쪽을 택했다."[48]

몇 주가 더 지나자 보켈슨은 식량을 절약하기 위해 남자들에게 첫째 아내를 제외한 아내들과 자녀들을 떠나보내게 했고 그 자신도 아내들과 자녀들을 떠나보냈다. 그레스벡은 이렇게 기록했다.

재세례파는 누군가가 빵을 준다고 하면 그 대가로 아내들을 내다 팔았을 것이다. 빵이 없는 곳에서는 법정도 엉망이었다.[49]

당시 란츠크네히트는 매일같이 남성 50명 이상을 참수했다. 그리고 성벽 밖에는 너비 수백 미터에, 둘레가 6킬로미터에 달하는 지역을 일종의 비무장지대로 만들어 여성과 아이들이 기거하게 했다. 이곳에서 여성들은 생계 수단이나 제대로 된 거처 공간이 없이 아이들과 지내며 한 달 이상이나 고통스러운 나날을 보냈다. 포위군이 여성과 아이들을 자신들의 진영 안으로 들여보내 주기도 했지만 대부분은 도시가 함락될 때까지 그곳에 머물러 있었다.[50]

5월 30일경, 목수 그레스벡과 몇몇 사람이 도시를 떠났다. 탈출한 대부분 사람처럼 이들도 포로가 됐지만 운 좋게도 죽음은 면했다. 그레스벡은 젊었고 매우 쾌활한 성격이었으며, 그를 붙잡은 란츠크네히트도 성품이 모질지 못했기 때문에 처형 대신 투옥되는 행운을 누릴 수 있었다.[51] 그가 성공적으로 탈출했다는 소식에 뮌스터의 다른 사람들도 대거 성을 빠져나갔지만 이들 대부분은 잔인하게 학살당했다.

그레스벡은 란츠크네히트가 뮌스터에 진입할 수 있도록 흙바닥에 지도를 그려 보여줬다. 6월 22일 밤, 그레스벡은 이전에 포위군이었다가 뮌스터로 망명한 후 자신과 함께 탈출한 인물인 '롱스트리트의 작은 한스Little Hans of Longstreet'와 함께 작전을 실행했다. 이들은 작은 배다리를 사용해 35명의 란츠크네히트와 함께 해자 건너편으로 이동한 뒤 잠든 보초를 죽이고 한스가 만든 열쇠로 문을 열었다. 수비군이 이 문을 다시 닫을 때까지 최소한 300명 이상의 란츠크네히트가 배다리를 통해 성으로 진입했다(포위군은 그레스벡보다 한스를 더 신뢰했는데, 그가 본래부터 가지고 있던 충성심 때문이었다. 한스는 그레스벡이 다리에 있는 동안 공격을 주도했다). 보켈슨의 군대는 성벽 안에 갇힌 침략자들을 전멸 직전까지 몰아세웠다. 하지만 침략자의 노련한 사령관 빌헬름 스테딩Wilhelm Steding이 거짓 협상으로 시간을 지체하면서 주교의 군대 본진을 도시로 급파하여 백병전도 감수하고 남아 있는 재세례파를 소탕하게 했다.[52]

란츠크네히트는 성의 거주자 600여 명을 학살했다. 그들은 1년여의 끔찍한 전쟁으로 얻은 전리품이 50길더guilder(오늘날의 가치로 약 1,600달러)에 불과하다는 사실을 깨닫고는 그동안 느꼈던 죄책감을 모두 떨쳐버렸다. 재세례파 측의 방어 책임자 크리스티안 케르커링크Christian Kerckerinck와 여왕 디버는 즉시 처형당했지만, 보켈슨과 크니퍼돌링을 비롯한 주요 참모들은 시간을 두고 천천히 심문을 받았으며 결국은 신성모독과 살인, 절도 등의 혐의로 사형 처분을 받았다. 보켈슨이 포로가 된 지 며칠 후 주교가 그를 찾아가 가소로운 듯이 이렇게 물었다고 한다. "네가 왕이란 말이냐?" 그러자 보켈슨은 거만하게 이렇게 응수했다. "그대가 주교라는 사람인가?"[53] 반란의 지도자들 가운데 탈출에 성공한 자는 로트만이 유일했으나 이후 누구도 그의 소식을 듣지 못했다.

1536년 1월 22일, 2명의 담당관이 보켈슨의 사형을 집행했다. 제국의 새 형법에 따라 기둥에 부착된 쇠 목걸이에 그를 매달아 움직이지 못하게 한 뒤 뜨거운 집게로 살을 찢었다. 폰 케르센브로크에 따르면, "집게가 그의 살을 파고들자 불꽃이 강렬히 타올랐고 피어오르는 냄새 또한 강렬해서 구경꾼들이 모두 코를 찡그렸다."[54]

이 광경을 목격한 크니퍼돌링이 자신이 옷깃에 얼굴을 묻었다. 그러자 집행관이 묵묵히 고문을 견디는 보켈슨을 그대로 둔 채 그에게 다가와 입에 물렸던 밧줄을 풀어 머리를 기둥에 단단히 고정한 후 보켈슨에게 돌아갔다. 다른 두 사람의 머리도 마찬가지로 단단히 고정했다. 집행관들은 집게로 세 사람의 목을 찢고 마지막으로 심장을 찔렀다. 작업이 마무리되자 집행인들은 이들의 몸을 직립 자세로 철창에 넣었다. 그리고 모든 사람이 볼 수 있도록 세인트 램버츠 탑에 매달았다.[55] 이들의 뼈는 50년 동안 그곳에 매달려 있었고, 3개의 철창은 지금도 그 자리에 남아 있다. *

뮌스터의 재세례파 후손들은 이상과 같은 역사를 통해 많은 것을 배웠다. 재세례의 전통 중 일부는 비교적 조용하고 평화로운 삶을 지향하는 분파인 아미시파[Amish]와 메노파[Mennonites] 신도들에게 오늘날까지 계승되고 있다.

⸎⸎⸎

세 번째 중세 종말론 사건은 17세기 영국을 뒤덮은 혼돈 속에서 벌어졌다. 1600년대 초 의회는 왕권신수설을 주장하는 스튜어트[Stuart] 왕조와 갈등을 빚었다. 불만 대부분은 찰스 1세[Charles I]가 고교회파[High Anglicanism]를 지지한 사실과 관련이 있었는데, 반대파는 고교회파

---

* 이 첨탑은 1944년 폭격으로 파손된 이후 재건됐는데 녹슨 철창도 튼튼한 것으로 교체됐다.

를 가톨릭과 다름이 없다고 여겼다.

직접적인 충돌은 경제적인 문제 때문에 불거졌다. 군사 작전에 필요한 자금을 조달할 수 없었던 찰스 1세는 의회가 가진 '선박세' 등의 과세권을 무력화하는 일련의 불법적 조치를 강행했다. 선박세는 고대부터 해안 도시들에 한하여 전시에만 부과하던 왕실 고유의 권한이었다. 왕은 이것을 평시에도 자신의 권한으로 지정하고 과세 지역도 내륙 지방으로 확대했다. 그 결과 1649년 그가 참수된 잉글랜드 내전, 올리버 크롬웰Oliver Cromwell의 공화정 수립, 호국경 정치Protectorate(크롬웰이 왕을 대신한 섭정-옮긴이) 등 세 가지 사건이 연이어 벌어졌다. 크롬웰의 통치도 그러했지만, 무능하고 정치력도 부족했던 아들 리처드Richard가 크롬웰을 승계한 것은 결과적으로 1660년 찰스 2세Charles II 치하에서 군주제가 되살아나는 불행한 결과를 초래했다.

이런 혼란은 두 세력이 성장하는 바탕이 됐다. 한쪽은 수평파Levellers였는데, 이들은 법치주의와 민주적 개혁 그리고 종교적 관용을 기치로 내걸었다. 다른 한쪽은 제5왕정파Fifth Monarchists로, 정의의 사도임을 자칭하는 이른바 '성인saints'들에 의한 통치를 추구하는 종말론 집단이었다. 이들은 뮌스터 재세례파와 마찬가지로 민주적이거나 관용적이지도 않았고, 심지어 온건파도 아니었다. 제5왕정파는 영국을 자신들의 영향력 아래 둔 이후 유럽 대륙으로 끊임없이 세력을 넓히려 했다. 두 집단 모두 세력을 유지하며 살아남았지만, 특히 제5왕정파는 1653년에 크롬웰이 구성한 단명했던 의회 '베어

본스 의회Barebones Parliament'를 통해 사실상 정국의 주도권을 거머쥐었다.[56]

요아킴 이후로 그래왔듯, 혼돈의 시대에는 숫자 신비주의와 종말론적 산술이 부상하곤 한다. 1655년 영국의 외교관 존 펠John Pell은 다음과 같이 기록했다.

이교도들은 395년에 모두 종말을 맞이했다거나 로마제국에서는 단 하나의 이교도 신전도 존재하지 않았다는 이야기를 믿는 사람들은 저 유명한 숫자 1260(「다니엘서」에 나오는 숫자—옮긴이)도 곧 역사적인 사실이 되리라고 쉽게 믿었다. 그리고 현재 서기 연도인 1655도 곧 묵시적인 의미를 부여받아야 했다. 어떤 이들은 「창세기」 5장에 나오는 족장들의 생애를 분석하여 창조로부터 대홍수까지의 기간이 1656년이었다고 계산하고, 이를 바탕으로 그리스도의 재림이 바로 내년인 1656년이 될 것이라며 성서의 노아Noah 이야기가 재현되지 않도록 주의해야 한다고 주장했다. 또 어떤 이들은 성서의 1260년을 테오도시우스Theodosius의 죽음과 그로 인한 로마제국의 분할을 기점으로 계산해야 한다며 3~4년 후를 지목했다. 말할 필요도 없이, 숫자 666에 주목하여 앞으로 11년 후인 1666년에는 세상에 극적인 변화가 일어날 것이라고 확신하는 사람도 있었다.[57]

제5왕정파의 어리스 에번스Arise Evans라는 인물은 매우 어리석은 가설들을 쉽게 발설하곤 했다. 이들이 주장한 종말론에서 가장 논란이 됐던 것 중 하나는 안티오코스 에피파네스^{Antiochus Epiphanes}를 상징하는 것으로 알려진 다니엘의 '작은 뿔'이 당대에 어떤 의미로 해석되어야 하는가의 문제였다. 제5왕정파의 다수는 그 뿔이 찰스 1세라고 주장했는데, 선왕 제임스 1세^{James I}와 그의 대주교 윌리엄 라우드^{William Laud}의 열정적 지지자였던 에번스는 이 가설에 반대했다. 에번스에게는 윌리엄 라우드의 이름이야말로 숨겨진 암호가 분명했다. 그는 윌리엄 라우드, 즉 VVILLIaM LaVD라는 글자에 나타나는 숫자들이 1667이 된다고 주장했다(로마 숫자에서 V는 5, I는 1, L은 50, M은 1,000, D는 500을 의미하므로 대주교의 이름을 숫자로 바꿔 모두 더하면 1,667이 됨-옮긴이). *

당대 지식계의 한편에서는 아이작 뉴턴^{Isaac Newton}이 활약하고 있었는데, 그는 그리스도 재림의 날짜를 예측하는 등의 행동은 자제했지만 종말론 문서들을 해석하고 그와 관련한 다수의 글을 남겼다(그가 사망한 후 「다니엘서」, 「요한계시록」과 관련된 내용이 한 권의 책으로 발간됐다).[58]

가장 설득력 있는 해석은 헨리 아처^{Henry Archer}라는 설교자가 설파했다. 그는 1642년 발간한 58페이지짜리 논문 「세상에 오신 예수의 인격적 통치^{The Personall Reign of Christ Vpon Earth}」에서, 다니엘의 꿈에 나타난 부서진 짐승을 네 군주국으로 해석했다. 아시리아/바빌로니아, 메

---

* 로마자 숫자에 해당하는 숫자가 없는 대주교 이름의 소문자 a는 아마도 0으로 해석됐을 것이다. 당시는 왕실의 특권으로 결핵도 치료할 수 있다고 믿었다. 스튜어트 왕조가 복원된 이후 찰스 2세는 에번스의 충성심을 칭송하며 그의 아픈 코를 만져주는 것으로 보상을 내렸다.

디아^{Mede}/페르시아, 그리스, 로마가 여기에 해당한다. 앞으로 다가 올 다섯 번째 왕국은 그리스도의 왕국이며, 제5왕정파의 이름도 여기서 유래했다. 아처의 계산에 따르면 그리스도의 재림은 1666년이 나 1700년이 될 것이었다. 이런 작업이 공인된 기독교 신학의 영역 안에서 이루어졌기 때문에 루터도 네 번째 군주와 교황에 대한 짐 승의 은유는 받아들인 것으로 알려졌다.[59]

제5왕정파의 상당수가 잉글랜드 내전과 크롬웰 의회 그리고 호국경 정치의 극렬 참가자였다. 그들은 그리스도의 재림과 심판이 임박했기 때문에 믿고 기다리기만 하면 구원을 얻을 수 있으리라고 생각했다. 잉글랜드 내전에서 가장 대단한 활약을 펼쳐 소장의 지위에 오른 토머스 해리슨$^{Thomas\ Harrison}$ 같은 이는 매우 큰 용기와 능력을 보여줬다. 그는 자신이 추구하는 개혁을 위해 의회에 진출하여 의원을 역임하기도 했다.

제5왕정파 대부분은 해리슨과 같이 합법적인 수단을 통해 개혁을 추구했지만 정계에서 이들은 소수였다. 특히 크리스토퍼 피케 $^{Christopher\ Feake}$라는 한 구성원은 자신들이 신성한 엘리트 계층이며 자신과 같은 '성인'들이 통치하는 신권정치가 이루어져야 한다며, 이를 위해 폭력 혁명도 불사해야 한다는 과격한 종말론을 주장했다.[60]

대체로 일은 순조롭게 진행되어 제5왕정파는 해리슨처럼 공을 세워 신형군$^{New\ Model\ Army}$(잉글랜드 내전 때 조직된 의회파 군대-옮긴이)의 고위직을 차지했고, 의회파 크롬웰은 1648년 잔여 의회^{Rump} ^{Parliament}(찌꺼기 의회라는 경멸의 뜻이 담긴 이름-옮긴이)를 해산해버렸다.

그런데 시간이 지날수록 크롬웰이 이들의 정치적·종교적 요구를 받아들이지 않거나 거부했고, 양측의 동맹도 허물어지기 시작했다. 제5왕정파는 1653년 쇠락해가던 베어본스 의회를 장악하여 권력을 장악하려 했지만, 의회가 와해되고 크롬웰의 독선적인 호국경 정치가 시작되면서 제5왕정파와 크롬웰의 관계는 악화되어갔다. 크롬웰은 해리슨을 포함하여 제5왕정파 사람들을 구금하는 일이 간혹 있었는데, 대체로 옛 동지를 대하듯 조심스럽게 대했고 그들의 종말론 신앙을 구실로 신도를 처형하지는 않았다. 예를 들어, 1654년에 8개의 서로 다른 선거구에서 호국경 의회 의원으로 선출될 뻔했던 해리슨은 시민의 '완전한 자유'가 회복되어야 한다는 탄원서를 제출했다. 크롬웰은 이를 비난하며 해리슨을 구금했지만 며칠 뒤 가벼운 경고와 함께 석방했다.[61]

역사학자 P. G. 로저스P. G. Rogers에 따르면 크롬웰은 제5왕정파를 "가르침을 듣지 않고 자란 못된 장난꾸러기 아이로 여기고, 필요 이상으로 하루도 더 함께하고 싶어 하지 않았다."[62]

1660년 4월, 찰스 2세의 복위와 함께 제5왕정파 세력은 파국을 맞이했다. 새로 등극한 왕은 증오와 복수심 가득한 눈으로 이들을 바라봤는데, 특히 투옥됐던 아버지 찰스 1세에게 우호적인 줄 알았으나 결국 사형을 언도한 사법 절차에서 중요한 역할을 했던 해리슨을 예의주시했다. 6개월 후 찰스 2세가 해리슨과 동료들을 국왕 살해에 가담한 혐의로 재판에 넘겼는데 그들 중 일부는 제5왕정파였다. 이들 대부분은 유죄 선고를 받았으며 해리슨은 집행 대열의 선두에 서게 됐다. 그리고 자신의 운명에 대해 이런 말을 들었다고 한다.

> 너는 처형장으로 가는 길 위에서 끌려다닐 것이며, 형장에서는 목이 매달리고 산 채로 토막 내어지며, 내장이 몸에서 새어 나오게 될 것이며, 그래도 살아 있다면 눈을 뜬 상태로 불에 타 죽을 것이다. 그리고 나서 머리가 잘리고 왕의 눈요기를 위한 처분으로 몸이 네 조각으로 잘릴 것이다.[63]

찰스 2세가 주도한 처형 장면을 목격한 당대 일기 작가 새뮤얼 피프스Samuel Pepys도 10월 13일의 사건을 일기에 이렇게 기록했다.

> 나는 해리슨 장군이 교수형에 처해지고, 내장이 꺼내지고, 네 토막으로 잘리는 것을 보기 위해 채링 크로스로 갔다. 형이 집행되고 있었는데 장군은 그 상황에 처한 사람들이 흔히 보이는 담담한 태도를 보였다. 그는 이내 처형되어 머리와 심장이 사람들 앞에 들어 올려졌다. 그러자 거센 함성이 울려 퍼졌다.[64]

이날 왕은 해리슨의 머리와 사지가 도시 곳곳에 전시된 것을 보고 매우 기뻐했다. 피프스는 이틀 후, 국왕 암살에 가담했던 제5왕정파 소속의 또 다른 저명인사 존 커루John Carew의 처형식에도 참석했는데, 그 역시 채링 크로스에서 교수형을 당하고 몸이 난도질됐

다. 하지만 왕의 호의 덕에 시신이 높이 내걸리지는 않았다. *[65]

제5왕정파의 잔여 분파는 수년 동안 통 제조업자인 토머스 베너 Thomas Venner의 통솔하에 있었는데, 그는 자신을 지지하는 시민들이 매우 많기 때문에 무장 투쟁을 통해서 예수 재림을 앞당길 수 있으리라는 망상에 사로잡혀 있었다. 베너는 해리슨처럼 냉정한 제5왕정파로부터 다소 경솔하다는 평가를 들었는데, 그 평판에 걸맞게 1657년 4월 자신이 모의한 봉기를 실행도 하기 전에 발각됐다.

올리버 크롬웰은 관용을 베풀어 베너와 그의 동료들을 런던탑에 가두기만 했을 뿐 크게 처벌하지는 않았다. 크롬웰이 죽자 그의 아들 리처드 크롬웰Richard Cromwell은 투옥된 지 2년도 되지 않은 위험한 모반자들을 석방했다. 찰스 2세가 복위되고 암살에 연루된 해리슨과 제5왕정파 인사들이 죽임을 당한 뒤, 자유의 몸이 된 베너 일당은 필사적으로 살아남으려 했고 실력을 과시하고 싶어 했다. 1660년 12월, 베너의 동료가 술에 취한 채 할Hall이라는 사람에게 자신이 '영광스러운 작전'에 참여한다고 자랑했다(앞에서 언급한 것처럼 재림을 앞당기는 일을 말한다). 할이 그 작전이 무엇이냐고 묻자, 그가 대답했다. "우리는 찰스를 왕좌에서 끌어내릴 거야. […] 우리 성도들이 나라를 통치해야 하니까." 할은 이 소식을 즉시 당국에 보고했고 이는

---

* 17세기 이전 잉글랜드에서 가장 가혹한 형벌은 산 채로 내장을 적출하고 거세하는 일이었는데, 국왕을 시해한 자에게 적용되는 경우도 있었고 그 외 경우도 있었다. 살아 있는 사람의 내장을 적출하는 형벌은 1814년까지 공식적으로 폐지되지는 않았지만, 18세기 중반에는 사형 집행인들이 죄인을 교수형에 처한 뒤 숨이 끊어지면 내장을 적출했다. 사지 절단도 1870년까지 명시적으로 금하지 않았지만 사실상 실행되지는 않았다.

왕의 귀에까지 들어갔다. 왕은 제5왕정파의 불만 세력들을 체포하라고 명령했다.

다행히 베너와 50명의 결사대원은 체포되지 않았고, 1661년 1월 6일 밤에 자신들의 작전을 자유롭게 실행할 수 있었다. 시간은 주현절(예수의 현현을 기념하는 날-옮긴이)의 흥청대는 술자리로 경비병들이 술에 취해 있을 때를 계산한 것이었다. 그들은 세인트폴 대성당 St. Paul's cathedral에 침입하여 보초를 배치했는데, 그중 하나가 행인을 사살하는 일이 벌어졌다. 당신은 누구에게 충성하느냐는 질문에 왕이라고 답한 불행한 행인이 피해자였다. 이 부대는 이내 쫓기게 됐다. 터무니없이 소규모였던 베너의 결사대는 도시 민병대라고 불리던 '훈련대'는 물론 왕이 파견한 증원 부대에도 쫓겼다. 베너의 부하들은 압도적인 열세에서도 이후 사흘 동안 필사적으로 시가전을 벌이며 저항을 이어갔다.

새뮤얼 피프스는 1월 10일의 일기에서 이들의 맹렬했던 모습을 다음과 같이 기술하기도 했다.

이 광신도들은 마주치는 훈련대를 패퇴시켰고, 왕의 호위병을 달아나게 했으며, 20여 명의 남자를 사살했다. 도시의 성문을 두 번 돌파하기도 했다. 이 모든 일이 온 도시가 무장한 낮 동안에 이루어졌다. 전체 인원은 31명을 넘지 않아 보였다. 하지만 우리는 그들이 적어도 500명쯤은 되는 줄 알았다(왜냐하면 그들은 도시의 대부분 장소에서 나타났다 사라졌는데 하이게이트에도 2~3일 머물렀고 다른 여러 지역도 거쳐 갔기 때문이다). 그들이 한 일들은 일찍이 들어본 적이 없었고, 그들이 하는 말도 감히 흉내 내기 어려운 것들이었다. 이를테면 "우리의 왕 예수 그리고 성문에 내걸린 머리들이여" 같은 말이 그러했다. 그들 중에서 신체 절단형 처벌을 받은 사람은 거의 없지만, 무력으로 얻은 것들을 오래 간수한 이들도 거의 없었다. 예수께서 이곳에 오셔서 지금의 이 세상을 다스리시기를 고대할 뿐이었다.[66]

결국 베너의 추종자 절반 정도가 후속 전투에서 죽었고 나머지도 대부분 교수형에 처해졌다. 물론 해리슨과 존 커루에게 적용됐던 산 채로 내장을 적출하는 형벌은 베너와 그의 최고 사령관에게만 행해졌다.[67]

❦❦❦❦

16~17세기 무렵 북유럽인들은 현실의 고통에서 벗어나 강렬한 종말론 서사가 제공하는 환희의 세상으로 도피하여 위안받고자 했다. 슈바벤 농민전쟁의 경우, 토마스 뮌처의 묵시론 신학이 초기에는 세속적인 포퓰리즘 봉기에 불과했지만 결국 재앙으로 마감됐다. 이에 반해 재세례파의 광기와 제5왕정파의 반란은 처음부터 최후의 순간에 이르기까지 종말론 신앙이 압도했다.

18세기가 시작되자 유럽의 나라들은 하느님이 아닌 재물의 신 맘몬에게서 구원을 찾기 시작했다. 표면적으로는 기존의 종교 문제와 이후의 경제 사건들이 서로 다른 영역에서 벌어진 일들처럼 보이지만, 사실상 동일한 사회·심리적 기제에서 비롯된다. 그리고 그 기제를 추동하는 세 가지 공통적인 양상이 나타난다. 첫째는 누구도 저항할 수 없는 서사장치다. 인간은 존재하지 않는 패턴을 유추하여 서사를 만들어내고자 하는 성향이 있기 때문이다. 둘째는 핵심 인물을 추종하는 자들에게서 나타나는 맹신이다. 마지막이자 무엇보다 중요한 셋째 요인은 타인을 모방하려는 인간의 맹목적이고도 자기 파괴적인 성향이다.

3.
쉽게 부자가 된 사람들

땅의 너비나 생김새와 상관없이 그 위에서 살아가는 인간은 언제나 같은 문제에 몰두해왔다. 정당 정치도 언제나 이 문제에 휘둘렸다. 휘그당과 토리당도 논쟁을 멈췄고, 자코바이트Jacobites(명예혁명의 반혁명 세력-옮긴이)는 음모를 멈췄다. 어느 곳을 가든, 여관이든 길거리든, 나라 어느 곳이든 주고받는 이야기는 똑같았다. 에버리스트위스나 버윅에서도, 브리스톨과 세인트데이비즈에서도, 하위치와 포츠머스에서도, 체스터와 요크에서도, 엑서터와 대지의 끝에 있는 트루로에서도 사람들이 나누는 이야기는 오직 남해회사South Sea Company 주식뿐이었다. 다른 것은 아무것도 없고 오직 남해회사 주식뿐이었다!

-윌리엄 해리슨 에인스워스William Harrison Ainsworth(1868)[1]

1990년대 인터넷 버블 붕괴로 위기를 겪었던 사람들에게 매우 친숙한 경제 위기가 18세기 초 유럽에서 벌어진 적이 있다. 당시 글로벌 금융계를 주름잡던 스코틀랜드 출신의 금융가 존 로^{John Law}가 그 주범이다. 인터넷 관련 회사들의 주식은 수백만 투자자에게 피해를 줄 뿐이었지만, 존 로는 은행들에 대한 프랑스 정부의 신뢰를 손상시켰으며 결과적으로 정부에도 심각한 타격을 가했다.

스코틀랜드인 존 로는 조상들이 에든버러에서 수 세기 동안 운영해온 가업인 금 세공업을 아버지와 세 삼촌으로부터 젊은 나이에 물려받았다. 그가 태어난 1671년 무렵에 '금 세공사'라는 직업은 기존의 전통 수공업이 전혀 다른 직업으로 진화할 수도 있음을 보여주는 상징적인 업종이 되어 있었다. 그들은 사실상 금융업에 종사했다.

로의 가까운 조상들은 자유무역국 영국과 전혀 동떨어진 섬에 살았다(당시는 스코틀랜드가 잉글랜드에서 독립해 있었다). 17세기 초까지만 해도 지금 대영제국에 해당하는 영국 전체 영토의 인구는 프랑스의 3분의 1에 불과했으며, 이는 1348~1349년 흑사병이 창궐하기 전보다 적은 숫자였다. 로가 살았던 시대의 영국은 힘이 없고, 개발이 이루어지지 않았고, 가까운 과거에 발생한 반란으로 내홍을 겪었으며, 인근 영해에서는 상선 못지않게 해적선과 밀수선이 들끓었다. 대규모 국제 교역은 1600년경에 대규모 무역 조직이 설립되면서 활성화됐는데, 그중에서 가장 유명한 것이 동인도회사East India Company였다.

초기 향신료 무역에서 얻은 금과 은을 가득 실은 동인도회사의 배들이 런던으로 몰리자 상인들의 업무 시스템은 마비되기에 이르렀다. 영국에는 은행 시스템이 정착되어 있지 않아 그들이 실어 온 귀금속을 보관할 믿을 만한 장소가 없었기 때문이다. 이때 귀중품을 안전하게 보관해주는 일을 도맡아 하겠다고 나선 이들이 금 세공업자들이다. 상인들은 자신들의 귀중품을 맡긴 증표로 인증서를 발급받았다. 그리고 매우 중요하게도 이 인증서는 상품이나 서비스와 교환이 가능했다. 다시 말해 인증서를 화폐처럼 사용할 수 있었다. 얼마 안 가 금 세공사들은 자신들이 가지고 있는 금과 은의 총량을 초과하여 인증서를 발급할 수도 있다는 사실을 알게 됐다. 다시 말해, 금 세공사들은 사실상 돈을 찍어내고 있었다.

처음에는 가장 눈치 빠르거나 돈이 급한 금 세공사들만이 간이 인증서를 만들어 사용했다. 하지만 이내 이 보잘것없는 종이 증서가 높은 이자를 지급받는 수단으로 널리 활용되기 시작했다. 전쟁 중이던 영국에서 최고 신용등급 대출자들에 대한 10년 만기 은행 이자는 연간 10%를 웃돌았다. 따라서 그보다 이자가 싼 귀금속 인증서를 빌려 사용하는 편이 훨씬 이득이었고, 특별한 규제가 없었기에 금 세공사들은 인증서를 자유롭게 발급했다.

흡사 꽃놀이패와도 같은 이 거래 방식은 인증서 보유자 다수가 귀금속을 돌려받기 위해 한꺼번에 몰려들지만 않는다면 아무 문제가 없었다. 어느 금 세공사의 금고에 1만 파운드 상당의 귀금속이 보관되어 있는데 인증서 발행액이 3만 파운드여도 상관없었다. 그런데 만일 인증서 보유자들이 일시에 몰려와 귀금속을 요구하면 (그들이 대출자든 물주든 상관없이) 금 세공사는 지급 불능 상태에 빠진다. 설상가상으로 인증서 소지자들이 이런 상황을 알고 물건을 회수하기 위해 앞다투어 달려오기라도 한다면, 금 세공사는 파산을 면할 길이 없다. 방금 언급한 예에서 인증서:실물의 비율은 3:1인데, 이 비율이 높을수록 파산 가능성은 커진다. 아무리 신중한 금 세공사나 은행가라고 할지라도 이를 피할 수는 없다. 그렇지만 1674년부터 1688년까지 '금 세공사가 파산한 사례'는 네 건에 불과했다. 또한 1677년부터 영국중앙은행Bank of England이 설립된 1694년까지 금 세공사와 은행가는 44명에서 10여 명으로 감소했다.

금 세공사와 은행가들은 경험을 통해 2:1 비율(즉, 실물 1파운드당 인증서 2파운드 상당액을 발행)이 합리적이고 안전하다는 사실을 알게 됐다. 이런 관례는 매우 중요했는데, 왜냐하면 이 관례가 점차 시스템화되어 대출을 받는 채무자의 욕망과 대출 규모를 조정하려는 채권자의 우려가 만나 대출 금액이 결정되는 탄력적인 통화 공급의 시작점이기 때문이다. 이후부터는 채무자와 채권자 모두가 경제 상황을 낙관할 때 화폐 공급이 확대됐고, 비관할 때는 축소됐다. 이처럼 서류상으로 통화가 팽창하는 양을 오늘날 금융 용어로 '레버리지leverage'라고 한다. 즉, 레버리지는 실물 자산 대비 서류 자산의 팽창 비율이다.[2]

오늘날 은행이 공급하는 레버리지는 시장경제의 팽창을 가속화하는 연료가 되고 있다. 또한 17세기 유럽에서 생겨난 이후 경기가 확장과 수축을 급격히 오가게 하는 롤러코스터 장세의 주범으로 지목되고 있다. 이후 400년 동안 금융 기법은 발전을 거듭했고, 투자 방식의 다변화는 놀라운 수준에 도달했다. 투자 방식은 조금씩 달라졌지만 레버리지를 일으키는 원리는 대동소이하며, 그 원리의 핵심은 투자 과잉을 폭발시키는 촉매의 존재다.

영국식 은행업을 정착시킨 금 세공사의 후손인 존 로는 종이로 만든 인증서가 화폐로서의 기능을 수행하게 하는 데 결정적인 역할을 했다. 오늘날에도 지폐가 담보하는 실질적인 가치를 인정하지 않는 이들이 많은데, 18세기에는 인증서의 가치를 믿지 않는 이들이 훨씬 더 많았다.

1694년, 중세 후기의 쇠락하고 빈곤했던 에든버러를 떠난 젊은 로는 런던으로 향했다. 그곳에서 그는 보 로Beau Law라는 이름을 사용하며 도박장 주변을 배회하는 방탕한 생활을 했다. 그러다가 어느 젊은 숙녀를 두고 다툼을 벌이던 중 보 윌슨^{Beau Wilson}이라는 남자를 죽음에 이르게 했다. 그는 재판에서 교수형을 언도받았으나 형이 유예됐고, 다시 집행 명령을 기다리던 중 탈옥했다. 1695년 「런던 가제트^{London Gazette}」는 이 상황을 이렇게 보도했다.

> 최근 왕좌 재판소에 구금됐던 우두머리 26세 존 로는 스코틀랜드 출신으로, 키가 크고 호리호리하면서도 건장한 편이다. 최근 탈옥한 그는 180센티미터의 키에 얼굴에는 마맛자국이 있으며, 콧대가 높고, 저음의 상스러운 말투가 특징이다. 누구든 그의 도주에 협조하는 자는 수감될 수 있으며 재판소 보안관에게 벌금 50파운드를 즉시 납부해야 한다.[3]

17세기 후반의 죄수들은 오늘날에 비해 '탈옥'이 쉬웠다. 로는 친구들의 도움으로 탈옥에 성공했는데, 아마도 윌리엄 3세^{William III} 당국이 묵인했을 것이다.[4] 앞에서 열거된 로의 신체 묘사는 의도적으로 잘못 보도한 것이었다. 그의 코는 평범했으며 피부도 좋았던 것으로 알려져 있다.

처음에 그는 프랑스를 유랑했는데 가는 곳마다 수학 실력으로 사람들을 놀라게 했다. 심지어 도박장에서도 사람들의 경외감을 불러일으킬 정도였다. 그를 도박꾼으로 칭하는 것은 그의 능력을 폄훼하는 매우 부당한 처사가 된다. 오늘날에도 포커나 블랙잭을 즐기는 이들은 현금 동원력과 함께 감정을 통제하는 집중력을 중시한다

(블랙잭 딜러가 패를 섞지 않는 한). 그런데 300년 전, 지금과 같은 효율성을 담보하지 못했던 카지노들은 철저한 계산으로 무장한 사람들에게 속수무책으로 당하는 경우가 더러 있었다. 유럽에서 가장 똑똑한 일부 수학자가 이런 기회를 놓칠세라 게임에 몸을 던지곤 했는데, 아브라함 드무아브르Abraham de Moivre라는 수학자가 사용한 확률 이론은 오늘날 통계학 기초의 일부를 형성하기도 했다.[5] 로의 기법을 아는 어느 지인은 다음과 같은 글을 남겼다.

> 로의 소식을 알려달라고? 그는 아침부터 밤까지 다른 사람들이 게임을 하는 걸 지켜만 본다네. 그가 도박을 할 때는 매우 행복해 보이는데, 즐기는 게임의 종류는 날마다 다르지. 한번은 그가 누구든 6이 내리 여섯 번 나오는 사람한테 금화 1만 시퀸sequin을 주겠다고 내기를 걸었는데 누구도 성공하지 못했고, 그가 도전자들에게서 금화를 받아 갔지.[6]

6이 연속으로 여섯 번 나올 확률은 4만 6,656분의 1($1/6^6$)이기 때문에 로의 베팅은 언제나 성공적이었다. 게다가 어떤 카드 게임을 하든 그는 '뱅커banker'를 맡았는데, 그렇게 하면 고객이 아닌 카지노의 역할을 하게 돼 게임의 일부 규칙에 따라 약간의 통계적 이점을 부여받았기 때문이다.[7]

경제사학자 앙투안 머피Antoin Murphy의 계산에 따르면, 그가 프랑스로 떠날 때 카지노 상금으로 번 돈의 총합이 수십만 파운드에 달했는데 당시로서는 막대한 액수였다.[8] 그는 네덜란드에 머물면서 암스테르담 은행과 새로 생긴 증권거래소의 선진 운영 시스템을 관찰했고, 제노바와 베니스도 방문하여 여러 세기 동안 정착된 은행 시스템을 공부했다.

당시 프랑스인들은 국가의 통치 기구들을 신뢰하지 않았기 때문에 국가의 은행 시스템도 거의 존재하지 않았다. 당시 통화로 사용되던 리브르livre는 은행이 아닌 각 가정의 매트리스나 양말 속에 숨겨져 있어서 경제 성장에 필요한 자본의 확장이 이루어질 수 없었다.[9] 로는 이탈리아와 네덜란드의 선진 금융 시스템에 경탄했고 그것을 프랑스로 가져오고자 노력했다. 대륙에서 10년 정도 거주하는 동안 자수성가하여 전문 도박꾼에서 이코노미스트로 변신한 셈이다. 물론 당시는 이코노미스트라는 말은 아직 만들어지지 않았다.

로는 유럽의 경제가 희귀 금속인 금과 은을 기반으로 하여 화폐를 공급하기 때문에 침체를 면할 수 없으며, 이를 유연한 방향으로 개선한다면 경제가 크게 확장될 수 있으리라고 직관적으로 생각했다. 개인이 발행하는 통화라는 개념에 이미 익숙했던 그는 네덜란드 은행의 선진 시스템에서 더욱 영감을 얻어 중앙은행이 화폐를 직접 발행하는 방안을 구상했고, 이를 통해 당시 통화 공급의 불균형을 바로잡을 수 있을 것으로 믿었다.

풍부한 화폐 발행이 경제 활성화에 도움이 된다는 로의 생각은 300년 후 워싱턴D.C.의 보육협동조합 사례를 통해서도(적어도 경제학자들 사이에서는) 확인할 수 있다. 이 협동조합에서는 보육 서비스가 거래 형식으로 이루어졌는데, 특히 30분의 효력을 가지는 '스크립^{scrip}'이라는 쿠폰 형식의 화폐를 활용한 사업이 인기가 많았다. 이를테면 세 시간 동안 아기를 맡기고 영화를 보고자 하는 부부는 쿠폰 6장을 준비해야 했다.

이런 사업이 성공하기 위해서는 유통되는 쿠폰 양이 수요와 정확히 들어맞아야 한다. 그런데 1970년대 초 워싱턴D.C.의 협동조합에서는 쿠폰을 매우 적게 발행했고, 부모들은 앞다투어 그것을 선점하려 했다. 부모들은 쿠폰을 얻기 위해 기꺼이 다른 아기를 돌볼 의향이 있었지만 쿠폰을 쓰고 싶어 하는 부모는 매우 적었고, 쿠폰 유통이 줄어들면서 부모들이 아기를 맡기고 외출하고 싶어도 필요한 쿠폰을 얻을 수 없게 됐다.

워싱턴D.C.의 해당 지역 부모들은 상당수가 변호사였고 자신들의 능력에 걸맞게 이내 대책을 만들었다. 부모마다 일정 수 이상 쿠폰을 의무적으로 지출하도록 방침을 마련하여 시행한 것이다. 경제 분야의 입법이 흔히 그러하듯 쿠폰 사용 의무화 정책도 효과를 가져오진 못했다. 그러던 중 어느 경제학자 부부가 쿠폰을 더 많이 발행하여 나눠주도록 협동조합을 설득했다. 쿠폰을 필요한 만큼 확보한 부모들은 이를 자유롭게 소비했고, 더 많은 시간을 필요한 일에 쓸 수 있게 됐다.[10]

같은 맥락에서 로는 금 세공사로 일하면서 얻은 경험을 통해 유럽의 경기 침체가 무엇보다 종이 화폐와 일대일 연동이 되는 금이 부족한 데서 비롯됐다고 생각했다. 이런 생각을 한 사람이 그가 처음은 아니다. 17세기 초, 종이 문서를 통해 통화를 창출한 경험이 있는 금 세공사들 가운데 일부는 종이 화폐가 널리 유통된다면 경기가 더욱 활성화되리라고 공언하기도 했다. 존 메이너드 케인스 John Maynard Keynes가 금 기반 통화 시스템을 '구시대의 유물'로 명명하기 3세기 전에, 왕실 관리였던 윌리엄 포터William Potter는 1650년 당시 유통되던 귀금속의 양이 제한적이었기 때문에 다음과 같은 일이 벌어진다고 주장했다.

> *세상의 모든 창고에* 필요한 *물품이* 언제나 가득 쌓여 있는 것은 아니다. *상인들이* 필요한 수량 이상의 물품을 미리 공급받지 않기 때문이다. 게다가 극도의 빈곤을 겪고 있는 사람들이 필요한 물건마저 구입하지 않는다면 *상거래 자체가* 극도로 위축되고 *부의 효과도* 이루어질 수 *없다.* [⋯] 반대로, 사람들 사이에 *돈*(또는 돈을 창출하는 것들)이 증가한다고 가정하자. 그들은 돈을 쌓아두기보다 즉시 상품을 구매할 것이다. 수중에 돈이 많아질수록 *상품의* 판매가 증가할 것이고, *판매량이* 많아질수록 거래가 증가하게 된다. 거래가 증가하면 *부의 총량도 증가한다.* [⋯] 그러므로 *돈이* 증가하는 것 또는 돈이 금고에 쌓여 있지 않고 활발히 유통되는 것이 *부의 핵심이다.* [11] (이탤릭체 표기는 추가했음.)

프랑스와 그의 고향 스코틀랜드의 은행 시스템은 네덜란드나 이탈리아에서 경험한 것에 비하면 매우 뒤처져 있었기 때문에 결과적으로 프랑스와 스코틀랜드 경제가 제대로 작동되지 않았다. 특히 로는 론 밸리 지역 방직 산업의 열악한 상황에 큰 충격을 받았고, 지폐를 발행하여 자금을 조달한 후 공장·보육시설·빵집 등을 건설할 계획을 세웠다. 1703년 말, 친분이 있던 토리노의 프랑스 대사가 그의 제안을 프랑스 총독 샤미야르Chamillart 후작에게 전달했지만 정중히 거절당했다.

새해쯤에 로는 상황이 더 좋아 보였던 스코틀랜드로 돌아갔다. 그 이전인 1695년에 스코틀랜드 의회가 대리엔 컴퍼니Darien Company 로 많이 알려진, 아프리카와 인도를 상대로 무역을 하는 스코틀랜드 회사에 국가의 장거리 상거래에 대한 독점권을 부여한 상태였다. 이 계획은 유럽에서 아시아로 가는 항로를 단축하기 위해 대리엔의 파나마 지협에 무역 전초기지를 세우는 사업의 일부이기도 했다. 회사는 지협에 두 차례 원정대를 보냈으나, 앞선 원정대는 부실한 계획과 공급 차질로 실패했고 두 번째 원정대는 스페인 군대에 궤멸됐다.

1699년 전초기지가 스페인에 함락되자 스코틀랜드 은행은 운영을 중단해야 했다. 은행이 겪는 어려움을 지켜본 로는 더욱 치밀한 경제적 전략을 준비했다. 그 과정에서『토지 은행에 대한 소고Essay on a Land Bank』와『화폐와 무역을 논하다Money and Trade Considered』라는 두 권의 저서를 발간했다. 앞의 책에서는 토지를 담보로 지폐를 발행할 것을 제안했고, 뒤의 책은 70년 후 애덤 스미스Adam Smith의『국부론』에 나오는 여러 개념을 앞서 기술한 정교하고도 예리한 책이었다.

로는 돈의 본질에 대해 놀랍도록 현대적인 방식으로 깊이 고민했다. 그는 화폐가 제대로 통용되기 위해서는 일곱 가지 필수 요건이 선행되어야 한다고 생각했다. 즉 가치의 안정성, 동질성(일정한 단위로 거래될 수 있는 것), 소지의 편리성, 장소를 불문하는 등가성, 가치의 손실 없는 담보력, 여러 단위로 나뉠 수 있는 성질, 보유 가치에 대한 보증이다.[12]

로는 토지가 앞의 조건들을 충족한다고 봤으며, 토지에 연동된 지폐가 은에 고정된 기존의 통화보다 우월하다고 생각했다. 오늘날 토지 단위로 표시되는 화폐의 개념은 매우 낯설지만, 18세기 초에는 합리적인 이유가 충분했다. 은을 예로 들면 1550년경부터 페루와 멕시코의 대규모 광산에서 채굴되어 유럽으로 유통됐고 그 과정에서 가격이 하락했다. 이에 반해 일정한 단위로 계산되는 토지 증명서는 장차 생산할 곡물이나 과일 또는 사육 중인 동물 등의 가치를 합하여 평가될 수 있었다. 은은 화폐나 보석, 장신구, 산업용 등으로 용도가 제한되지만 토지는 지폐의 가치를 보증하는 동시에 광대한 범위의 농업에 이용될 수도 있었다.[13] 로의 표현을 빌리자면 "토지는 모든 것을 생산하지만 은은 생산물 중 하나일 뿐이다. 토지는 양이 증가하거나 감소하지 않지만 은이나 다른 생산물들은 가치가 가변적이다. 그러므로 토지는 은이나 다른 어떤 실물자산보다 확실한 가치를 담보하고 있다."[14]

로는 화폐의 개념을 점진적으로 확장해 토지는 물론 당대 우량회사들의 주식도 포함하고자 했다. 특히 그가 볼 때 영국과 네덜란드의 동인도회사나 영국중앙은행의 이익은 은보다 훨씬 안정적이었다. 이것은 매우 합리적인 가정이었다. 로가 예측하지 못한 것은 이들 회사의 사업적 특성이 회사의 가치에 치명적인 불안정을 가져올 수도 있다는 점이었다.

카를 마르크스의 등장을 예고라도 하듯 그는 사회의 발전을 세 단계로 설명하고자 했다.

첫 번째 단계에서는 화폐가 없이 물물교환으로 거래가 이루어졌다. 크기가 큰 물건들은 막대한 양의 통화 행위가 이루어져야 했기 때문에 사실상 거래가 불가능했다. 그의 말을 빌리면, "물물교환 방식으로는 무역이 이루어질 수 없었고 예술가도 거의 활동할 수 없었다."(로는 '거래'라는 단어를 소비된 상품과 서비스의 총량인 지금의 GDP 개념으로 사용했다. 오늘날 화폐 이전 시대의 물물교환 개념이 잘못 인식되고 있는데, 원주민 사회에서 교환은 호의를 베풀거나 상징을 취득하기 위해 이루어지는 경우가 많았기 때문에 물물교환에 비해 경제적으로 비효율적이었다.[15])

두 번째 단계에서는 금속 화폐가 사용됐지만 유통량이 너무 적었다. 화폐가 부족하면 노동자들이 적은 화폐를 받고 일하면 된다고 생각할 수 있지만, 그러면 상품의 생산과 제조가 극히 위축된다.

나라가 잘 운영되고 있다고 가정하자. 돈이 귀해서 노동자들이 저렴한 임금을 받고 일한다면, 왜 양모와 같은 여러 원자재를 자국에서 직접 만들지 않는지 궁금한 사람이 있을 것이다. 정답은 돈이 없는 곳에는 노동도 없다는 것이다. 돈이 부족한 곳에서 국가는 다양한 필요를 충족할 수 없고, 한 곳의 필요를 충족한다고 해도 동시에 다른 곳의 필요를 충족할 수 없다.[16]

세 번째 단계에서는 돈과 신용이 풍부해지고 나라도 번영한다. 지폐를 발행하는 영국중앙은행을 설립한 영국이 그 예다. 은행은 정기적으로 어음을 공급하기도 하고 화폐 공급량을 확대하기도 했는데, 로가 조사한 바에 따르면 "영국의 화폐가 증가하면 |국민소득의| 연간 가치가 증가했고 화폐가 감소하면 연간 가치도 감소했다."[17]

로가 주장한 이론의 핵심은 자신의 책『화폐와 무역을 논하다』에서 처음으로, 여러 페이지를 할애하여 논한 '순환 흐름circular flow' 모델로 알려진 경제 이론이다. 같은 중심을 갖는 2개의 원으로 경제를 설명하는 이 이론에서 돈은 한 소유자로부터 다른 소유자로 시계 방향으로 이전되며, 상품과 서비스는 시계 반대 방향으로 이전된다.

로는 어느 외딴섬에서 이루어지는 경제 현실을 상상했다. 영주가 소유한 땅에서 1,000명의 농부가 땅을 임대하여 농사를 짓는데, 섬에서 필요한 농작물과 가축은 100% 기르지만 공산품은 생산하지 않기 때문에 재배한 곡식과 교환하여 소비한다. 게다가 이 섬에는 영주와 농부들의 도움을 받아 생계를 이어가는 실직자 300명도 살고 있다. 이 안타까운 상황을 해결하기 위해서 영주는 300명의 실직자를 노동자로 고용할 공장을 설립할 수 있으며, 이를 위해 화폐를 발행할 수 있다. 화폐를 임금으로 받은 노동자들은 무기력한 상태에서 벗어나 농장에 가서 더 많은 음식을 구매할 수 있다. 영주는 수입이 늘어난 농장주들로부터 더 높은 임대료를 받을 수 있다. 추가적인 자금이 생긴 영주는 공장 노동자들에게 더 높은 임금을 지급할 수 있다.

로는 이 이야기를 현대 경제학자 케인스에 빙의라도 한 듯 다음과 같이 설명했다.

> 무역[오늘날의 GDP]과 화폐는 상호의존적이다. 무역이 줄어들면 화폐가 감소하고, 화폐가 감소하면 무역이 줄어든다. 권력과 부는 해당 지역의 인구와 국내외 상품의 유통에서 비롯된다. 이것은 무역과 화폐를 통해서 가능해진다. 즉 무역과 화폐는 직접적인 상호작용을 한다. 어느 한쪽이 해로우면 다른 쪽도 마찬가지이며, 결국은 한쪽의 위태로움으로 인해 권력과 부 모두가 위태로워진다.[18]

로는 스코틀랜드 은행을 통한 종이 화폐의 발행을 제안했으나, 1705년 의회의 표결에서 부결됐다. 2년 후 스코틀랜드는 통합법Act of Union을 가결하여 주권을 잉글랜드에 넘겼고, 로는 목숨이 위태로워졌다. 런던에서 그는 여전히 체포하고 처형해야 할 수배자 명단에 올라 있었기 때문이다. 그는 앤 여왕Queen Anne에게 사면을 요청했지만 받아들여지지 않았고, 다시 대륙으로 건너가야 했다. 그리고 1715년 파리에 정착하기 전 10년 동안 네덜란드와 이탈리아, 프랑스를 떠돌았다.[19]

이 기간에 그는 프랑스 샤미야르 총독에게 제안한 사업을 다시 한번 거절당했고, 토리노에 은행을 설립하려는 계획이 이탈리아 사보이^{Savoy} 공작에 의해 무산되는 일도 겪었다. 그러자 그는 대범하게 도 루이 14세$^{Louis XIV}$에게 지지를 요청했다. 루이 14세는 그해인 1715 년 여름까지 72년 동안 권좌에 있었는데, 이는 지금까지 유럽의 군 주 가운데 가장 오랫동안 통치한 기록이다. 루이 14세는 괴저壞疽가 발병했을 때 로의 제안을 듣고 승인하려고 하면서, 섭정을 하던 저 유명한 오를레앙 공작$^{Duke of Orléans}$에게 이렇게 말했다. "나의 조카어, 그대를 왕국의 섭정으로 삼겠소. 당신은 무덤에 누워 있는 왕과 요 람에 누워 있는 왕을 보게 될 것이오. 전자의 기억과 후자의 이익을 도모해야 함을 잊지 마시오."[20] 사람을 끌어들이는 매력이 있는 부 유한 로는 섭정과 좋은 관계를 유지했고, 마침내 그를 설득하여 거 대한 재정적 실험을 감행하게 됐다.

1715년 루이 14세가 죽음을 맞이했을 때 프랑스는 오랫동안 진 행된 스페인 왕위 계승 전쟁으로 파산 지경에 이르렀다. 로는 대규 모 국영은행을 설립하고자 했지만, 1716년 초 섭정이 방크 제네랄 프리베$^{Banque Générale Privée}$를 설립하도록 제한했다. 이름에서 알 수 있 듯 개인 회사였으며, 새로 프랑스 시민이 된 존 로의 집에 본부를 두 었다.

당시에는 스웨덴과 제노바, 베니스, 네덜란드, 잉글랜드 등 5개 국가만이 종이 화폐를 발행했는데 이조차 일상적인 소규모 거래에 서는 기능하지 못했다. 따라서 프랑스인들은 새로 발행된 지폐에 의구심을 가질 수밖에 없었다.[21] 그러자 로는 법률을 발효시켜 은행 설립 당시 유통되던 금(또는 은)을 새로 발행된 지폐와 일대일로 교환해주게 했다. 프랑스는 만성적인 재정 적자국이어서 정기적으로 자국 화폐의 가치를 떨어뜨렸기 때문에 새로 발행된 지폐는 당시 유통되던 동전보다 높은 가치로 거래됐다. 부유한 고객을 유치하여 화폐의 신용도를 높이기 위해 준비금 비율을 낮게 유지했으며, 일반 정부 어음권보다 낮은(매우 할인된) 가격이 아닌 액면가로 무료 환전 및 상환 등의 '특판' 서비스를 제공했다.[22]

로의 은행권과 이자는 액면 그대로를 담보했기 때문에 구매자들의 시선을 끌 수밖에 없었다. 또한 로가 예측한 것처럼 화폐의 공급이 증가하자 국가 경제에 활기가 돌기 시작했다.

로가 다음으로 시선을 돌린 곳은 미시시피회사Mississippi Company였다. 1684년에 처음 설립된 이 회사는 이후 아메리카 대륙 내 프랑스 영토French America에 설립된 다른 회사들과 합병함으로써 이 지역의 무역 독점권을 획득했다. 하지만 그 독점권을 제대로 활용하지 못해 사업에 실패했고, 총책임자였던 앙투안 크로잣Antoine Crozat이 1717년에 사업권을 왕실에 넘겼다. 그러자 방크 제네랄 프리베의 성공으로 명성을 얻은 로는 미시시피회사가 왕실의 막대한 부채를 사들이게 하여 국가의 재정적 어려움을 타개한다는 계획을 세웠다. 이를 실행하면서 로는 이 회사 주식에 대한 투자를 독려하여 개인 자산도 엄청나게 불렸다.

미시시피회사를 성장시키기 위해 그는 중국은 물론 동인도와 적도 이남의 모든 '남태평양' 지역과의 무역을 왕실이 독점하게 했다. 이 지역 무역로 대부분이 영국이나 스페인, 포르투갈의 통제하에 있었음에도 이를 추진했다.[23] 신세계를 대상으로 하는 무역에서 '독점'이 큰 의미가 없다는 의견이 많았지만, 로는 자본 확대의 기조를 멈추지 않았다.

왕실의 막대한 부채는 미시시피회사가 수익률 4%의 채권[billets d'état]으로 보유하게 됐다. 그런데 왕실의 부실한 재정 상황이 알려지면서 채권이 액면가보다 크게 할인된 가격으로 거래됐다. 로는 가격을 정상 수준으로 끌어올리겠다고 약속했고, 이를 위해 왕실에 거부할 수 없는 제안을 했다. 1718년 12월, 로는 그동안 거둔 성공을 바탕으로 방크 제네랄 프리베를 국립 은행인 왕립은행[Banque Royale]으로 전환함으로써 화폐를 총괄하는 본진을 완성했다. 새로 설립된 은행이 지폐를 발행하여 미시시피회사의 주식을 매수하고, 미시시피회사가 정부의 채권을 매수하는 방식으로 왕실의 전쟁 부채를 메우고자 했다. 매우 복잡한 이야기지만, 미시시피회사의 주식은 정부 채권으로 직접 구매할 수도 있었다. 정부 채권은 부채였기 때문에 이것이 주식과 교환돼 소각되는 것은 왕실 부채가 사라지는 것을 의미했다.[24]

막강한 권력을 손에 쥔 로는 국가 경제의 걸림돌이라고 생각한 은화의 청산 작업에도 들어갔다. 요컨대 동전은 퇴출시키고 지폐에 권위를 부여했다. 정부는 당시까지 사설 은행의 수표로 세금을 납부할 수 있게 해왔는데, 1719년 초에 프랑스 주요 대도시들에 왕립은행의 지점을 설립했다. 그리고 600리브르 이상의 은 거래는 은행수표나 금으로 대체하게 했으며, 은 지급은 전면 금지했다. 1719년 말까지 왕립은행은 국채 대부분을 매수했으며, 국가부채가 소멸되자 국가적인 탐욕은 한층 거세졌다.

미시시피회사의 주가가 상승하자 은행은 주식에 대한 수요에 발맞춰 더욱 많은 지폐를 인쇄했고, 주가는 더욱 치솟았다. 주가 상승과 함께 더 많은 지폐를 찍어냈음은 물론이다. 국가의 정책적 지원에 힘입은 주식시장은 이내 버블의 양상을 보이기 시작했다. 이처럼 과도한 통화의 팽창은 인플레이션의 파급효과를 충분히 이해하고 있던 로의 의도였다고 생각할 수는 없으며, 오히려 예상되는 위험을 충분히 이해하지 못한 채 정책의 성공에만 흡족해했던 섭정의 책임도 적지 않다.

근대의 기업들은 '고정자본permanent capital'이라는 장치를 기반으로 운영됐다. 예를 들면 어떤 사업을 진행할 때 10억 달러가 필요할 경우 주식을 발행하여 이를 조달하고, 주식 판매 금액으로 비용을 충당한 뒤 사업을 종료하는 방식이다. 그런데 미시시피회사의 주식은 그렇지 않았다. 대부분 정가가 아닌 청약을 통해 매매됐고, 심지어 10% 할증 프리미엄이 붙은 금액에 현금으로 판매됐다. 이 주식의 구매자는 프리미엄 10%와 20개월 할부금의 1회분인 5%(이 매수 청구금을 '콜call'이라고 불렀다)를 합하여 총 15%만 지급하면 됐다. 콜 매수 청구 제도는 오늘날 금융 레버리지의 초기 형태로, 자본의 이익과 손실 모두를 크게 증폭시키는 역할을 했다. 주가가 15% 상승하면 투자자의 최초 계약금 가치는 2배가 된다. 하지만 주가가 15% 하락하면 투자금은 청산되어 사라진다. 콜 시스템은 1929년 대공황이나

이후의 금융 위기를 촉발한 신용 증거금의 조상 격이라고 볼 수 있다.[25]

넘쳐나는 수요에 발맞추어 로는 회사의 주식을 지속적으로 발행했다. 찰스 맥케이는 당시 상황을 이렇게 전했다.

새로 발행된 주식 5만 주에 대해 30만 건 이상의 응모가 이루어졌으며, 루 드 켕컹프와에 있는 로의 집에는 아침부터 밤까지 응모자들로 시끌 벅적할 정도였다. 모두를 만족시킬 수는 없었고 운 좋은 이들만 새 주주가 될 수 있었다. 명단이 발표되기까지는 몇 주가 소요됐는데, 그 기간에 사람들은 극심한 초조함을 드러내며 시간을 보냈다. 공작과 후작과 백작들은 물론이고 남편을 대동하지 않은 공작부인, 후작부인, 백작부인들도 결과를 먼저 알기 위해 날마다 로의 문 앞 거리에서 몇 시간씩 서성이곤 했다. 일반 서민들마저 도로를 가득 메운 채 대열에 합류하자 귀족들은 가까운 곳에 아파트를 마련해 한데 모여 부의 여신 플루토스Plutus의 호명에 응답할 준비를 했다.[26]

사람들은 주식 이외의 대화는 거의 나누지 않았고, 운 좋게 주식을 소유한 대부분의 귀족은 이를 사고파느라 바빴다. 루 드 켕컹프와의 집 임대료는 15배가 급등했다.

몰려드는 군중에 지친 로는 더 넓은 공간이 확보되는 방돔광장 안에 거처를 마련했다. 하지만 광장에도 인파가 몰리자 같은 광장에 자리한 관저에서 집무를 보는 총리가 분노를 표했고, 그는 마침

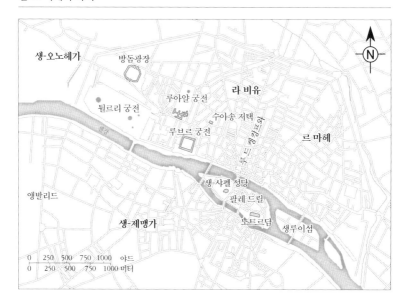

내 수백 개의 천막을 설치할 만큼 넓은 정원이 있는 수아송 저택으로 이사했다. 주식을 보유하여 마음이 흡족해진 왕자가 이 저택을 월세 500리브르에 임대해줬다.

맥케이의 말에 따르면 "섭정을 만나는 데는 30분 기다리는 것에도 화를 내던 당대 귀족들이 로 님Monsieur Law을 만나기 위해서라면 여섯 시간도 마다하지 않았다."[27] 한 여성은 마부에게 부탁하여 로가 지켜보는 앞에서 마차가 넘어지게 하는 대범한 수법을 썼다. 예상대로 로가 마차에 다가가 그녀를 살폈는데, 그녀가 일부러 그랬다고 실토해 로를 놀라게 했다. 물론 그녀는 주식을 매수할 수 있었다.

점잖은 맥케이로서는 그답지 않게 묘한 일화도 언급했는데 성격이 매우 태연한지 아닌지에 따라 웃어넘길 수도, 얼굴을 붉힐 수도 있는 이야기다. 그는 자세한 설명은 생략한 채 오를레앙 공작부인이 쓴 편지에 대해서만 언급했다.

로는 그 일 이후 업무가 폭증하여 밤낮으로 쉬지 못하고 계시다. 어느 공작부인이 사람들 앞에서 그의 손에 키스를 했는데, 만일 수많은 공작부인이 그의 손에 키스를 한다면 질투심 많은 다른 공작부인들은 그의 몸 어느 곳인들 키스하지 않을 수 있을까?[228]

맥케이의 야릇한 묘사는 여러 사람이 확인한 바였다. 1719년 9월, 영국 대사관 직원이 런던에 보고한 사항들 가운데는 이런 내용도 포함되어 있었다.

그들에게 루 드 캥컹프와는 런던의 증권가인 익스체인지 앨리Exchange Alley와도 같습니다. 이른 아침부터 늦은 밤까지 왕자와 공주, 공작과 공작부인에 귀족들까지 문전성시를 이룹니다. 한마디로 프랑스에서 가장 중요한 곳이라고 할 수 있습니다. 사람들은 부동산을 팔거나 보석을 전당포에 저당 잡혀 마련한 돈으로 미시시피회사 주식을 삽니다.

그 직원은 일주일 후 이런 기록도 남겼다.

이 도시 사람들이 주고받는 소식은 주식 투자와 관련한 것들뿐입니다. 프랑스인들의 머릿속에는 다른 어떤 것도 들어 있지 않은 것 같습니다.[29]

파리는 호황을 누리는 도시가 됐다. 이 버블 기간에 인구가 급증했고, 음식과 서비스와 부동산 가격이 급등하는 부작용을 피할 수 없었다. 이처럼 들뜬 분위기 속에 운이 좋은 주주들을 일컫는 말로 '백만장자'라는 단어가 등장하여 널리 사용됐다.[30] 또 다른 영국 대사도 다음과 같은 보고를 올렸다. "어제 어떤 가게에서 장식용 옷감과 리넨을 3주 만에 80만 리브르어치 팔았다고 들었습니다. 이전에 그런 장식 옷을 입어본 적도 없는 사람들한테 말입니다. 다른 나라들에서는 있을 수도 없는 일들이 여기서는 평범한 일이 되어버렸습니다."[31]

일반적으로 버블의 붕괴는 겉보기에 매우 사소한 사건으로 시작되어 급격히 진행된다. 당시의 버블 경제에 균열이 발생한 것은 1720년 초, 콩티 공Prince de Conti이 회사 주식을 원하는 만큼 할당받지 못한 것에 분노하면서부터였다. 그는 왕립은행에 마차 석 대를 보내 새로 발행받은 지폐 다발을 돌려주면서 그 금액에 상당하는 금화와 은화를 실어달라고 요청했다. 당시 프랑스의 재정을 총괄하던 (사실상의 총리였다) 존 로는 이 재난과도 같은 상황을 두고 볼 수 없어 문제 해결에 나섰다. 섭정을 만나서, 고집을 부리는 콩티 공이 은행에 한 요구를 철회하도록 압력을 넣어달라고 부탁했다. 사태의 심각성을 인지한 투자자들도 섭정을 만나 콩티 공의 요구를 거절하는 일이 왜 중요한지를 설명했는데, 이유는 간단했다. 은행의 미지급 금액이 금과 은의 보유고를 크게 초과한 상태였던 것이다. 이 사실이 알려지자 사람들은 저마다 은행으로 몰려가 맡겨둔 금과 은을 찾아가려 했다.

로는 이제 매우 심각한 선택의 기로에 서게 됐다. 지폐 인쇄를 멈추면 돈의 가치를 보존할 수 있지만 주가가 추락할 것이고, 더 많은 지폐를 인쇄하여 주식을 매수하면 주가를 보존할 수 있지만 이미 만연한 인플레이션을 더욱 악화시킬 터였다. 전자를 선택하면 프랑스라는 나라를 보호할 수 있을 것이며, 후자를 택하면 주식을 많이 보유한 귀족 투자자들의 이익을 보존할 수 있을 것이었다.

로는 처음에 통화를 보호하고 이를 통해 국가를 안정시키기로 마음먹었고, 그렇게 되리라고 믿었다. 1720년 말 그와 섭정은 고육지책으로 국채 거래를 금지하고 개인이 소유할 수 있는 동전을 500리브르로 제한했다. 은 장신구와 보석을 사재기하는 것도 금지했고, 정보원과 수행 요원을 고용하여 이 시행령이 지켜지는지 감시했다. 하인이 주인을 밀고하고 아버지가 아들을 고발하는 일이 벌어지면서 사회의 기본적인 신뢰 구조가 무너지기 시작했다.

사회적 혼란이 극심해지고 주가가 폭락하는 사태를 지켜볼 수만은 없었던 로는 주주들의 이익 보호에 나서기로 마음을 고쳐먹고 주당 9,000리브르에 주식을 매수하기 시작했다. 물론 이를 위해서는 더 많은 지폐를 인쇄해야만 했다. 그러자 인플레이션이 가속화

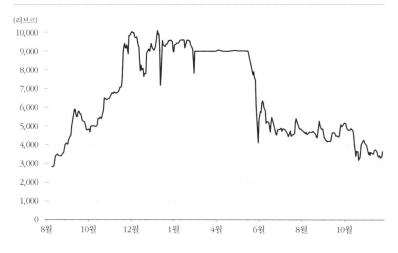

됐고 이는 리브르의 가치 하락으로 이어졌다. 5월이 되자 로는 두 단계에 걸쳐 리브르를 50% 평가절하해야만 했다. 1720년대 후반에는 인플레이션에 대응하기 위해 가치를 인정받을 수도 없는 고액권 지폐를 발행했으며, 이로 인해 국가 재정은 더 큰 타격을 입었다. 경제사가 앙투안 머피는 미시시피회사의 주식과 은행권이 만들어낸 인플레이션 하락 조정의 가치가 87%에 달했다고 추정했다.

미시시피회사의 주식과 은행권을 활용한 로의 경제 계획에 대한 결정적인 타격은 그해 가을에 찾아왔다. 페스트가 창궐해 마르세유를 황폐화하고 파리를 위협하는 단계에 이르자 경기 회복에 대한 신뢰 수준마저 최악으로 추락하고 말았다.[32]

이 시점에 로는 은행의 자본뿐 아니라 국가의 정치 자금마저 소진하고 있었다. 더욱 난처한 상황에 몰리는 것을 우려한 섭정은 로가 자진해서 파리를 떠날 수 있게 했는데, 처음에는 도시 외곽으로, 이후에는 해외로 망명할 것을 요청했다. 로는 보 월슨을 살해한 죄에 대해서는 왕실의 사면을 받았지만, 말년에 잉글랜드와 유럽 대륙을 떠돌며 채권자들의 압박에 시달려야 했다. 채권자들 가운데 가장 유명했던 사람은 런던데리 경Lord Londonderry으로, 1719년에 그는 미시시피회사가 영국 동인도회사에 타격을 입힐 정도로 성장한다는 데 베팅했다. 이에 로는 런던베리에게 영국 동인도회사 주가 전망을 '숏short'으로 정하고, 주가가 하락하면 대량으로 매수해주겠노라고 약속했다('숏'은 주가 하락에 베팅하는 것이다). 하지만 런던 판 미시시피회사라고 할 수 있는 남해회사의 버블이 진행되면서 영국 동인도회사의 주가도 급등했을 뿐 아니라, 로가 처분함에 따라 프랑스의 화폐 가치마저 급락하여 런던베리는 재앙과도 같은 상황을 2배로 감당해야 했다.[33]

섭정 오를레앙 공작은 로에게 정치적 책임을 안기기는 했지만 그의 탁월한 실력만큼은 높이 평가했다. 만약 그가 1723년에 죽지 않았다면 로를 파리 정계로 다시 불러왔을지도 모른다. 로는 결국 1729년 자신이 사랑했던 도시 베니스에서 빈한한 말년을 보내다가 숨을 거뒀다. 그가 남긴 것은 상당량의 예술 작품과 그 밖의 소소한 물품들이었다. 대체로 그는 운이 좋은 편이었다고 할 수 있는데, 이후 등장한 버블의 주인공들 가운데는 훨씬 비극적인 삶을 산 이들이 많기 때문이다.[34]

회사는 훗날 루이지애나주가 되는 지역의 영토를 소유하고 있었지만, 18세기 초만 해도 인구가 적었고 말라리아가 창궐했다. 회사가 신대륙 사업을 위한 정착민을 모집할 때, 로는 그곳을 지상 낙원이라고 설명하는 사기성 농후한 안내 책자들을 제작했다. 그는 사업 광고가 실패하자 수천 명의 백인 남녀 포로와 아프리카 노예를 징집했다.

군기 빠진 군인들과 명망 있는 가문의 못난 자식들, 빈민들, 매춘부들, 파리를 배회하던 순진한 농민들이 강제로 붙잡혀 멕시코만 연안으로 이송됐다. 자발적으로 이주한 사람들에게는 신대륙으로 가는 무료 교통편을 제공했고 토지와 식량도 무상으로 나눠주었다.[35]

현대 지명인 미시시피주의 빌록시와 앨라배마주의 모빌이 번갈아 역할을 했던 루이지애나의 '수도'는 당시 수백 명의 정착민이 거주하던 열악하고 악취 나는 야영지였으며, 거주민 대부분은 1721년 회사가 파산한 이후 뉴올리언스의 새 수도로 다시 이주했다.[36]

2세기 동안 역사는 존 로를 악당으로 묘사해왔다. 특히 『로빈슨 크루소』의 저자 대니얼 디포Daniel Defoe(미스터 미스트Mr. Mist라는 필명을 사용했다) 같은 이는 큰 부를 얻고자 하는 사람에게 다음과 같이 충고했다.

미스터 미스트가 말하길, 당신이 만일 어떤 일을 해야 하는데 다른 무엇도 도움이 되지 않고 그래도 실행해야만 하는 상황이라면, 자신이 무엇을 해야 하는지 의문을 품을 필요가 있을까요? 답은 간단합니다. 칼을 들고, 남자 한둘을 죽이고, 뉴게이트 감옥에 수감되고, 교수형을 선고받지만, 탈출하면 됩니다. 할 수만 있다면(그런데 이런 방법이 있다는 것을 잊지 마십시오), 용기가 있다면, 이상한 나라로 이주하고, 주식쟁이가 되고, 특히 미시시피 주식을 사고, 국가에 버블을 일으키면, 당신은 위대한 사람이 될 수 있습니다. 오래된 격언처럼 당신에게 행운이 따른다면 말이죠.

한 번쯤 역사에 기록되는 악당이 되어라.
그러면 당신은 빨리 신이 되고 싶어질 것이다.[37]

경제사학자들은 그에게 다소 우호적인 평가를 했다. 로의 시대에는 금이나 은에 일대일로 연동되지 않는 화폐로 경제를 운영한다는 생각이 너무나 혁명적이었고, 심지어 터무니없는 발상으로 여겨졌다. 하지만 오늘날 대부분의 경제학자는 토지나 사람들의 보석함에서 나오는 귀금속의 양에 기초하여 통화 공급을 결정하는 것이 훨씬 더 어리석은 일이라고 생각한다. 예를 들어, 금본위제 연구의 권위자인 경제사학자 배리 아이컨그린Barry Eichengreen은 여러 국가 가운데 금화나 은화 같은 금속 주화를 포기한 순서대로 대공황에서 벗어났다는 사실을 강조했다.[38] 본질적으로 우리는 팅커벨Tinker Bell 경제 속에 살고 있다. 사람들 모두가 종이 화폐에 대한 환상을 굳건히 품고 있기 때문에 현실 경제가 원활히 작동한다. 마치 헤라클레스의 기둥 너머 지중해에서 항해의 끝을 맞이한 고대 선원들처럼

로의 계획은 (대중의 미망이 합세하고) 경험의 부족이라는 약점을 드러
내며 비극으로 끝을 맺었다. 물론 이 항로가 미래로 나아가는 길을
밝힌 것은 분명한 사실이다.

⟨⟨⟨⟨

미시시피회사의 버블은 대륙 전체에 영향을 미쳤다. 주식 열풍이
몰아치는 동안 보수적인 베네치아인들조차 오래전부터 거부해왔던
주식회사의 설립을 허용했다. 이들은 한동안 주식 열기에 들떠 있
었으나, 곧이어 들려온 파리의 재앙과도 같은 소식에 열풍은 금세
사그라졌다. 프랑스에 뒤지지 않는 열기를 보였던 네덜란드에서는
주식회사 44개가 상장했으며, 그중 30개 회사의 주가가 상장 즉시
2배로 뛰었다. 유럽의 덜 발달한 지역에서 생겨난 무역회사들은 야
생화처럼 싹을 틔웠다가 금세 사라져버렸다. 18세기 유럽 주식의
40%가 1720년에 발행됐다.[39]

프랑스의 버블은 매우 적절한 시기에 런던에서 태어난 존 블런트
경^{Sir John Blunt}에게 매우 큰 영향을 미쳤다. 그는 1688년 명예혁명 이
후 권리장전이 합의된 1689년에 스물다섯의 나이로 독립했다. 네덜
란드 총독이었던 윌리엄 3세는 개신교 세력의 요청으로 영국을 점
령하여 왕위에 오르며 스튜어트 군주제를 종식했다.

이때까지 영국에는 '국가부채'가 존재하지 않았고 단지 왕과 왕실
을 부양할 재정적 의무만이 있었다. 1685년 찰스 2세가 죽었을 때,

그 자신과 형제들과 조카는 런던 은행가들에게 약 100만 파운드의 빚을 지고 있었지만, 이자와 원금을 한 푼도 갚을 필요가 없었다.[40] 왕실의 대출은 미지급 위험이 상시 존재했기 때문에 은행가들은 계산상 높은 이율을 부과할 수밖에 없었고, 이것이 영국 경제를 억눌렀다. 명예혁명과 뒤이은 권리장전을 거치면서 왕실은 신성한 권력을 포기하는 합의를 하며 과세 정책을 존중하게 됐고, 이 때문에 정부부채도 상환 가능성이 커졌다. 그러자 은행은 금리를 대폭 낮출 수 있었다. 높은 금리의 혜택을 더는 볼 수 없게 된 예금주들은 위험한 사업을 추진하는 회사들에서 기회를 찾으려 했고, 이런 변화는 이후 10년 동안 주식회사의 폭발적인 성장을 이끈 도화선이 됐다.

제화공이자 침례교 개신교회주의자의 아들인 블런트는 다양한 직종에서 수습 과정을 거쳤으며, 공증·법률·재정 자문은 물론 부동산과 금융 관련 중책을 맡기도 했다. 이렇게 초기 경력을 충실히 쌓은 그는 리넨 사업과 런던 식수 사업을 작은 공급망의 핵심 분야로 키웠다. 그런 다음에는 매우 공격적으로 사세를 키우던 소드 블레이드Sword Blade사에 합류했다.

이 회사는 초창기에 프랑스 스타일의 고급 레이피어rapier(가늘고 긴 도검류-옮긴이)를 생산했으나, 이내 사업 영역을 다변화하여 토지 투자는 물론 정부 채권 거래도 시작했다(비즈니스 모델을 급격히 바꾼다는 것은 흔히 버블과 관련하여 바람직하지 못한 사업을 추진한다는 의미가 된다. 예를 들면 3세기 후 등장한 회사 엔론Enron은 발전소와 수송관 설비가 주력인 회사였지만 파산 직전에는 선물거래의 큰손이 되어 있었다).

1710년 당시 재무부 장관 로버트 할리^{Robert Harley}는 블런트의 사업 능력에 매료되어 그를 만나 막대한 국가부채를 해결할 재정 사업을 논의했다. 이 국가부채는 프랑스와 마찬가지로 스페인 왕위 계승 전쟁에서 비롯된 것이었다. 블런트는 한두 가지의 방안을 가지고 있었다. 특히 부채에 대한 해결책은 그의 투자 성향을 단적으로 드러내는 투기 심리 극대화를 특징으로 했다. 정부는 20파운드에서 최대 1,200파운드에 이르는 사실상 복권과도 같은 6% 금리의 채권을 발행하여 큰 성공을 거뒀다. 여기에 고무되어 투자자들의 욕구를 더욱 충족시킬 '200만의 모험^{The Adventure of the Two Millions'} 사업을 이어 갔다.

100파운드 전표로 복잡하게 설계한 복권 사업이 그것이었는데, 전표에는 5개의 연속적인 그림과 포상 금액이 적혀 있다. 금액은 1,000파운드에서 3,000파운드, 4,000파운드, 5,000파운드 그리고 마지막 2만 파운드로 연속적으로 증가하며 금액이 커질수록 등급이 올라 최고 상금도 늘어난다. 각 그림을 통해 더 큰 보상을 받을 가능성을 남겨놓아서 운이 없는 사람도 포기하지 않도록 유인했다.

블런트가 손대는 사업마다 성공을 거두자 할리는 정부부채를 모두 인수할 목적으로 남해회사를 설립하고 더욱 대담한 사업을 모색했다. 할리 자신이 총독으로 취임하고 이사진은 소드 블레이드 출신들로 채웠으며 당연히 블런트도 함께였다.[41] 남해회사는 정부부채를 인수하는 대가로 남아메리카와의 무역 독점권을 얻었다. 파리의 미시시피회사와 같은 방식이었다. 문제는 스페인과 포르투갈이 아메리카 대륙을 실질적으로 지배하고 있었고, 회사 이사진 가운데 누구도 스페인령 아메리카와의 무역을 경험해보지 못했다는 것이다. 회사는 독점을 유지하는 대가로 1,000만 파운드의 정부부채를 인수했다.

아이러니하게도 영국의 남해회사 버블은 존 로가 벌인 프랑스의 사업에 대한 두려움과 부러움이 뒤섞인 채 만들어졌으며, 프랑스와 런던의 각 사업은 거의 같은 시기에 진행됐다. 1717년 미시시피회사의 프랑스 국가부채 추정치는 알고 보면 이전에 영국이 추정한 국가부채 방식을 모방한 것이었다. 남해회사는 1711년에 설립됐으며, 8년 동안 신대륙 무역 '독점'에 대한 대가로 정부로부터 사들인 부채 교환액은 비교적 소규모였다. 하지만 1720년까지 상승일로에 있던 프랑스 미시시피회사의 주가를 지켜보고, 주식을 사기 위해 사람들이 날마다 루 드 켕컹프와 거리를 가득 메운다는 소식을 들은 영국인들은 마음이 움직이기 시작했다. 프랑스에서 버블이 정점에 달할 무렵 파리의 거리를 지났던 대니얼 디포는 다음과 같이 기록했다.

당신, 영국의 미스터 미스트여. 당신은 런던의 둔하고 굼뜬 사람들과 하나도 다를 것이 없소. 우리가 파리에서 부르고뉴나 스파클링 샴페인을 마시는 동안 당신은 표정조차 어둡군요. 이곳은 맑은 공기도 허공의 도깨비불처럼 하늘로 급등하곤 하지요. 200에서 2,000으로 말이오. 그것들은 지금 4%의 배당금도 만들고 있소.[42]

영국은 프랑스의 부르봉 왕가가 자신들을 압도할 영구적인 재정 확장 기계를 만든 것을 두려워했다. 남해회사와 의회는 그들과 유사한 사업을 계획하여 국가부채의 더 많은 부분(약 3,100만 파운드)을 매수했으며, 필요한 자본은 연금 수령권을 통해 조달했다. 그리고 이 부채의 소유자가 되는 연금 수령자들은 정부 채권이 남해회사의 주식으로, 자발적 형식을 통해 전환되는 것에 동의했다.

연금 수급권은 주로 소득이 있는 영국 시민들이 가지고 있었다. 그들은 수급권이라는 확정적 혜택을 포기하는 데 따르는 보다 높은 수익 모델을 필요로 했고, 이 요구를 충족시키는 가장 쉬운 방법은 두뇌의 변연계가 크게 자극받을 만큼 회사의 주가가 급등하리라는 확신을 갖게 하는 것이었다.

남해회사는 여러 가지 복잡한 방식으로 주식을 판매했는데, 예를 들면 100파운드 주식 1주로 연금 수령권 100파운드를 매수하는 식이었다. 주가가 오르면 더 많은 연금 수령권을 매수할 수 있었기 때문에 회사에 이익이었다. 만약 주가가 200파운드로 올랐다면, 회사는 100파운드의 가격으로 매수할 주식 수의 절반만 교환하고 나머지 절반은 보유했다. 가격이 1,000파운드로 10배가 오르면, 회사는 주식의 90%를 보유분으로 유지할 수 있었다. 게다가 주가가 상승할수록, 버블 장세에서의 매매가 흔히 그러하듯, 낙관적인 환류가 더욱 거세게 회오리친다.

거의 3세기가 지난 지금은 블런트와 할리의 심리 기제를 분명히 알 수 있다. 그들은 우연히도 인간이 오랫동안 간직해온 특성을 악용하는 매우 효과적인 방법을 발견했다. 인간이라는 종은 모든 보상의 평균이 음수이고 실현 가능성이 낮을지라도, 막대한 보상이 내걸린다면 '긍정적으로 왜곡된 결과'를 선호하는 경향이 있다. 예를 들어, 이성적인 사람이라면 3달러나 꽝이 나올 50% 당첨 확률의 복권을 2달러에 구입하지 않을 것이다. 3달러와 0달러의 평균인 1.5달러가 기댓값이므로 구입 가격 2달러를 기준으로 하면 손실률이 25%가 되기 때문이다. 하지만 많은 사람이 200만분의 1의 확률로 300만 달러를 받게 될 2달러짜리 복권을 구매한다. 이 또한 평균 손실률 25%를 적용하면 적정 지급금은 1.5달러인데 말이다(300만 달러÷200만).[43]

요컨대, 할리와 블런트는 인간의 탐욕으로 직진하는 고속도로를 찾아냈다. 그 고속도로는 바로 변연계의 강력한 보상 기대 회로 reward-anticipation circuitry다. 선사 시대 수렵채집인에게 효용을 안겨줬던 변연계의 본능은 재무상태표의 숫자로 가로막을 수 없을 만큼 치명적인 것이다.

이제는 많은 사람이 알고 있듯이 당시 남해회사의 무역 독점은 거의 실현 불가능한 일이었지만, 회사는 낙관 일변도의 소문이 퍼져나가는 것을 수수방관했다. 맥케이는 다음과 같이 기록했다.

영국과 스페인 사이에 조약이 언급됐는데, 이에 따르면 스페인은 모든 식민지 영토에서 자유무역을 허용하고자 한다. 은이 철만큼 넘쳐날 때까지 포토시 라파즈 광산의 풍부한 광물을 영국으로 가져올 예정이다.

[…] 남해회사와 거래하는 상인들의 회사는 세계에서 가장 번창하는 회사가 될 것이고, 그 회사에 투자된 각각의 100파운드는 주주들에게 연간 수백 파운드가 되어 돌아갈 것이다.[44]

이 사업을 통과시켜준 의회의 기대에 보답하기 위해 남해회사는 가치가 상승한 주식들을 의원들에게 선물했다. 주식이 처음 현금으로 거래된 시점은 1720년 4월 14일이었고, 연금 수령권과 주식을 교환할 수 있게 한 시점은 그로부터 2주 뒤였다. 당시 이미 주가는 연초 120파운드에서 300파운드로 급등해 있었다. 6월에는 1,000파운드를 돌파하며 정점을 찍었다. 블런트가 설계하고 권모술수로 디자인을 완성한 이 사업은 '200만의 모험' 사업을 한 단계 끌어올렸다. 회사는 대중의 관심을 묶어두기 위해 주식을 종류별로 설명한, 특별히 고안된 청약서를 배포하기도 했다. 앞서 언급한 것처럼 시간이 지나고 주가가 상승할수록 회사가 연금 수령권 보유자들에게 제공해야 하는 주식 수가 줄어들었고, 블런트와 그의 동료들은 더 많은 주식을 보유할 수 있게 됐다.[45]

✺ ℰℰℰℰ

영국의 버블이 프랑스의 버블과 구별되는 점은 네 가지로 요약할 수 있다. 첫째는 프랑스의 버블은 거의 온전히 한 회사의 주식이 중심이 되어 형성됐지만, 영국은 당시 광범위하게 퍼져 있던 낙관론에 힘입어 다양한 사업이 무리하게 추진되면서 형성됐다는 점이다. 맥케이는 이른바 버블 기업 86개 이상을 나열했는데, 이후의 역사가들은 그 2배 이상의 회사들을 명시하기도 했다. 이들 회사 대부분이 도로나 주택 건설, 무역 등의 견고한 수익 모델을 가지고 있었지만 일부 회사는 그렇지 못했다. '모발 거래'나 '영원히 움직이는 바퀴', '열풍 맥아 건조' 등도 추진됐으며 심지어 '수은을 활용 가능한 금속으로 변환하는 사업'도 인기를 끌었다. 당대 자료에는 수많은 종류의 사업이 나열되어 있었다. 그중 상당수가 매우 미심쩍은 사업을 홍보했는데, 이를테면 뇌에 공기를 주입한다거나 '유대인들을 뒤쫓던 이집트 병사들이 홍해에 빠뜨린 보물을 찾는 바닷물 배수 사업'을 추진한다는 식이었다. 심지어 '어떤 일인지 정해지지 않았지만 매우 큰 수익을 보장'하는 사업을 홍보하는 이들도 있었다.[46]

영국 남해회사 버블의 두 번째 특징은 극도로 높은 레버리지를 활용했다는 점이다. 미시시피회사가 주식 취득에 15%의 계약금만을 요구한 것처럼, 남해회사 주식도 10~20%의 계약금만으로 매수할 수 있었으며 나머지는 이후 거래에서 상계하면 됐다. 버블이 심한 회사들은 남해회사보다 레버리지 비율이 높았다. 즉, 초기 매수 자금이 매우 적게 필요했다. 어떤 경우에는 1,000파운드 가치가 있는 주식 1주당 1실링(구매 가격의 0.005%)만이 필요했다(1파운드는 20실링-옮긴이). 버블 회사들은 자금을 충분히 공급받을 수 없었고, 그마저도 빠르게 소진됐다. 물론 그중에는 충분한 자금을 확보하여 사업을 계속 추진하는 회사들도 있었는데, 런던 어슈어런스^{London}

Assurance와 왕립거래소^{Royal Exchange}가 그러했다.

주주들은 주가의 아찔한 상승세를 즐기고 있었는데 일반 대중에게 이것은 엄청난 유혹이었다. 맥케이는 이렇게 기록했다.

대중의 마음은 매우 들뜬 발효 상태에 있었다. 사람들은 이익이 확실해도 사업 확장에 소극적이거나 성장이 더딘 산업에 만족하지 못했다. 내일 찾아올 무한한 부에 대한 희망이 그들의 오늘을 사치스럽고 부주의하게 만들었다. [47]

18세기 초 런던은 2개로 분리된 도시였다고 생각할 수 있다. 서쪽으로는 정부청사와 웨스트민스터, 의회, 세인트제임스 궁전이 있었으며 버킹엄 공작^{Duke of Buckingham}을 위해 새로 지은 버킹엄 궁전 등이 있었다. 동쪽으로는 상업 중심지인 '시티^{City}'가 있었다. 시티 내에서 가장 중요한 장소는 왕립거래소로, 이곳에서는 수도의 무역 엘리트들이 양모·목재·곡물 등 모든 종류의 국내외 상업을 진두지휘했다.

주식 투자자들은 상류 상인 계층에게 무시당하기 일쑤였다. 거래소 홀에서 환영받지 못하자 이들은 밖으로 내몰려 인근 커피하우스를 전전했다. 특히 롬바드가와 콘힐 사이의 예각에 형성된 작은 거리에 커피하우스들이 밀집해 있었고, 이곳에는 '익스체인지 앨리'라는 이름이 붙여졌다. 커피하우스들에는 언제나 사람들이 장사진을 이뤘는데, 부유한 자본가들이 조기 청약으로 취득한 주식을 이

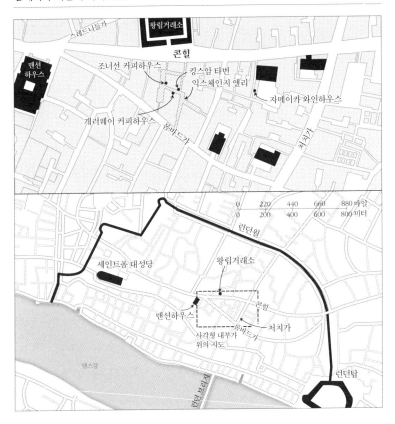

곳에 내다 팔았기에 이를 매수하려는 사람들이 몰려든 것이다.

　주식을 매수한 사람들은 익스체인지 앨리로 급히 내려가 중개상들이 차려놓은 멋진 사무실을 방문하여 자기보다 더한 바보들에게 주식을 팔았다. 1720년 늦은 봄과 여름 동안 그곳에서 펼쳐진 장면은 루 드 켕컹프와처럼 매우 들뜬 분위기였다. 영업용 마차는 운행 대수가 많지 않았지만, 거리가 좁았기에 여러 대가 몰리면 정체되곤 했다. 당시 유명했던 조너선, 개러웨이, 샘 등의 커피하우스에는 커피를 연거푸 들이켜는 거래인들로 가득했고 이들을 노리는 소매치기도 적지 않았다. 중요한 사람을 모시거나 회의를 하는 모습은 왕궁 접견실 못지않았다. 어느 네덜란드 투자자의 변호사는 이곳의 열광적인 분위기를 보고 "수용소의 미치광이들이 한꺼번에 탈출한다고 해도 이보다는 차분할 것"이라고 묘사하기도 했다.[48]

파리에서 그랬던 것처럼 투기는 대체로 가격 인플레이션을 키운다. 조지 1세George I는 역대 최고로 호화로운 생일 파티를 열었고, 회사 중역들은 더 큰 집을 짓기 위해 자신들의 맨션을 철거했다. 현대 금융의 일반적인 역사를 살펴보면 부동산 가격은 연간 임대료의 5~20배 수준에서 형성돼왔다. 그런데 1720년 런던의 부동산은 연간 임대료의 45배에 거래됐으며, 이 비율은 먼 훗날인 2000년대 초반 부동산 버블이 생겼을 때와 비슷한 수치다.[49]

남해회사에 대한 열광은 버블의 또 다른 특징을 보여줬다. 주식 투자가 일종의 사교적 언어로서 역할을 한 것이다. 버블이 절정에 달했을 무렵 런던의 사교계는 세인트제임스 궁전과 웨스트민스터에서 도시의 동쪽으로 이동했다. 귀족 여성들은 익스체인지 앨리 바로 옆에 있는 사무실을 빌려 에이전트들이 해외에 있어 한가한 시간이 되면 도자기 내기 게임을 했다.[50] 이런 도취감이 귀족들에게만 국한된 것은 아니었다.

드루리 레인 거리의 젊은 매춘부들도

마차를 타고 익스체인지 앨리로 향하네

모아둔 금으로 주식을 산다네

단정치 못한 행실로 번 돈이라네[51]

이런 사회적 분위기 속에 합리적인 의사결정은 수익에 도움이 되지 않았다. 투자 광풍은 특히 귀족들 사이에서 거세게 불었다. 6월에 주가가 정점에 달했을 무렵, 시장의 과열을 우려한 재무부 장관 존 아이슬래비John Aislabie가 조지 왕에게 주식을 현금으로 바꾸라고 조언했다. 그가 보유한 주식은 8만 8,000파운드어치에 달했다. 과격할 만큼 무례했던 왕은 처음에는 장관을 겁쟁이라고 무안을 줬으나, 뜻을 굽히지 않는 장관의 조언을 어느 정도 수긍하여 보유량의 40%를 안전자산으로 바꿨다.[52]

남해회사 버블의 세 번째 특징은 정책 결정권자들의 오만함이었다. 존 로는 미시시피 버블 사건에서 시종일관 자신의 품위를 유지했지만, 남해회사 버블에서는 그런 모습을 찾아볼 수 없었다. 남해회사의 블런트와 아이슬래비 모두 경솔하거나 거짓말쟁이였다고 생각하기 쉽지만, 이 두 수식어는 단지 시작점일 뿐이다. 상업의 역사는 그 태동기 때부터 부를 지성과 정직의 산물로 봤다. 큰 부를 일군 사람들은 자신들의 뛰어난 능력은 물론 도덕적 엄정함에 대해 칭송받는 것을 자랑으로 여겼다. 경제적으로 성공한 사람들은 자신이 거둔 부는 물론 자신에 대한 세간의 찬사에 도취하여 과도한 자부심을 갖게 되고, 마침내 자신을 객관적으로 돌아보는 반성 능력을 상실한다. 더욱 안 좋은 것은 막대한 부가 종종 그 사람의 능력이나 사업 자체보다는 부도덕함을 관철한 결과라는 사실이다. 일종의 과대망상증 CEO(최고경영자)로 진화한 블런트가 실제로 그러했듯, 한 사람에게 집중된 찬사는 그 사람의 영혼에 악성 종양을 유발하기도 한다. 그가 몰락한 직후에 쓰인 익명의 인쇄물에는 남해회사가 붕괴하기 직전에 그가 턴브리지 웰스의 한창 주목받던 휴양지로 여행한 방법이 설명되어 있다. "블런트가 얼마나 멋진 장비를 가지고 웰스에 갔는지, 그곳에서 얼마나 존경을 받았는지, 그곳에서 얼마나 거만하게 행동했는지, 그와 그의 가족이 그 사건에 대해 이야기할 때 그것을 어떻게 우리의 계획이라고 불렀는지"[53]가 기록되어 있었다.

인쇄물 제작자는 다음과 같은 고전적인 묘사를 이어갔다.

그가 회사를 총괄하던 첫째 달, 회사의 업무와 관련하여 누구도 의견을 제시하지 못하게 했다. 적은 분량이라도 의사록에는 아무것도 기재되지 못했으며 오직 그의 지시만이 존재했다. 그는 간절한 호소와 격한 열정으로 지시를 내리면서 자신의 선구자적인 경력을 성공적으로 쌓아갔다. 그는 언제나 명령하는 자세를 취했으며, 자신의 지시에 조금이라도 거스르는 자들을 꾸짖고 가르치려 했다. 그런 그의 모습은 마치 충동적으로 이런저런 말을 함부로 내뱉는 것과 다를 바 없었다. "*어러분, 실망하지 마시오. 단호하고도 결단력 있게, 용기 있게 행동해야 하오. 진심으로 이야기하니 여러분 앞에 있는 일은 흔한 것이 아니고*

세상에서 가장 위대한 일인 것이오. 유럽의 모든 돈이 당신들에게 흘러들 것이오. 이 땅의 모든 민족이 여러분에게 조공을 바칠 것이란 말입니다."[54]

역사학자 에드워드 챈슬러Edward Chancellor가 지적했듯, 남해회사는 물론 현대의 인터넷 버블에 이르기까지 일단 버블이 형성되고 나면 CEO들은 종종 과대망상에 빠진다.

위대한 자본가의 재력은 투자 열풍을 불러일으키는 역할을 할 수 있지만 그 자신은 열풍에서 소외되는 경우가 많다. 그의 야망에는 끝이 없지만, 성공과 찬사라는 외형 이면에 놓인 사적 업무 관리의 어려움은 극심해져 간다. 이 혼란은 종종 자기기만과 사기로까지 이어진다.[55]

블런트는 주식 추가 매수를 위한 대출 건을 포함하여 남해회사 주가 조작을 지휘했다. 그는 주가가 고점이라고 판단했음에도 자신이 매도하기 직전에 추가 매수를 통한 가격 급등을 만들어 불법적인 이득을 취했다. 심지어 자신을 포함하여 친구와 의회 의원들에게 비밀리에 주식을 발행해줬는데 상당수는 불법이었다.

언제나 그러하듯, 사태의 종말은 예기치 못한 곳에서 시작됐다. 1720년 6월 상당수의 버블 수혜 회사들이 남해회사 주식을 매도하는 상황을 지켜보는 가운데, 미시시피회사의 주가가 폭락하는 상황을 예의주시하던 블런트는 남해회사의 주가가 정점에 머물러 있을 무렵 의회를 통해 버블방지법^{Bubble Act}을 통과시키도록 독려했다. 이 법은 새로운 기업을 설립하기 위해서는 의회의 승인을 받아야 하며 출자자를 5명까지만 두게 했다. 블런트는 또한 버블 회사들 가운데 세 곳을 규정 위반을 이유로 법원에 고발했다.

파리에서 일어난 일과 마찬가지로, 블런트의 과대망상이 불러온 참사는 점차 확산됐다. 맥케이는 이렇게 말했다. "하늘을 찌를 듯한 자부심으로 무장한 어느 무식한 부자 관리자는 자기 집에서는 말도 금을 먹여 키운다고 자랑했다더라."[56] 이런 생각은 일반 대중에게도 널리 퍼졌다. "도박에 성공하여 갑자기 부자가 된 무식한 사람들의 거만하고 무례한 태도는 진정으로 겸손과 예의를 갖춘 사람들을 부끄럽게 했다. 금은 오히려 사회의 무가치한 사람들을 교화하는 힘을 가졌어야 했다."[57] 경쟁 관계에 있던 거품 회사들에 대한 블런트의 조치들은 그 회사들에 타격을 가했을 뿐만 아니라 남해회사로도 부메랑처럼 돌아왔다. 10월 말까지, 주가는 고점이었던 1,000파운드에서 210파운드로 추락했고 1721년 말에는 150파운드 아래로 폭락했다.[58]

남해회사 버블과 미시시피회사 버블의 마지막 네 번째 차이점은 비전과 그 범위다. 존 로는 금욕주의자는 아니었지만 자신의 이익에 집중한 사람도 아니었다. 그는 신용 확장을 위한 혁명적인 기법을 마련하여 진정으로 프랑스 경제를 재건하고 발전시키기를 원했다. 반면 블런트의 사업은 회사를 통해 사재를 불리면서 매우 좁은 범위의 신용 확장을 만들어냈다. 그러다가 신용 확장이 적정 범

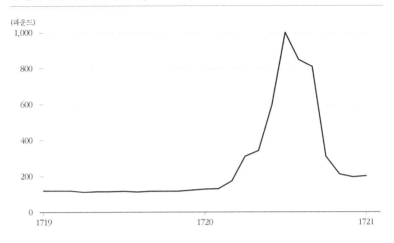

<그림 3-2> 남해회사 주가 추이(1719~1721)

(파운드)

위를 넘어 투기사업으로 번져갈 때, 이를 축소하려 한 정책이 너무 과도하여 목표를 초과 달성했을 뿐 아니라 남해회사에도 큰 피해를 줬다.

국가적 관점에서 보자면 블런트의 사업 범위는 협소해서 금융 부문에 대한 파급효과가 비교적 경미했다. 이 부분은 은행이 파국을 맞이하고 전국적인 인플레이션이 발생했으며 그 후 은행 혐오 감정이 오래 지속됐던 프랑스와 달리, 영국을 구원해준 하나의 은총이었다고 볼 수 있다.[59]

또한 남해회사가 미시시피회사와 달랐던 점은 거대한 버블이 사라졌을 때 정말로 버블만 사라졌다는 점이다. 당시는 18세기 초였지만 자산이나 사업의 가치를 합리적으로 평가할 수는 있던 시대였다. 초창기 회사는 주주들이 내놓은 연금 수령권을 보유하고 있었고 그것을 주식으로 교환했다. 이때 책정된 주식 가격이 100파운드였는데, 버블 붕괴 이후에 원래 가격으로 돌아갔다.

남해회사의 또 다른 특징은 1707년 앤 여왕에게 귀속된 스페인 식민지에서의 노예무역 독점권(아시엔토^asiento)을 이양받았다는 점이다. '연간 선적량'을 500톤으로 제한하기는 했지만, 신세계 무역 사업을 독점하고 있던 스페인과 협약을 체결하면서 주식을 추가로 발행했다. 하지만 회사가 추진한 신대륙 무역은 국제 상거래보다는 금융 부문에 중점을 두었기 때문에 파급효과가 크지 않았다. 심지어 중역 한 사람이 500톤에 달하는 대손충당용 재고 가운데 60톤을 자신의 몫으로 떼어놓았다가 적발되기도 했다. 거품이 붕괴하기 6년 전인 1714년까지 회사의 무역 사업은 실질적인 수입이 없었고 결국은 신대륙에서 철수하고 말았다. 40년 후, 회사는 노예무역 독점권을 단 10만 파운드에 매각했다.[60] 애초부터 신대륙 사업의 가치를 평가하는 건 의미 없는 일이었다. 투자자들은 노예를 통해 설탕을 재배하여 무역하고 이를 통해 이윤을 얻는다는 회사의 본질적인 업무에는 관심이 없고, 연일 급등하는 주식을 사고파는 데만 열을 올렸다.

근대적 방식으로 주가를 가장 정교하게 계산한 사람은 변호사이자 의회 의원이었던 아치볼드 허치슨^Archibald Hutcheson이다. 그는 남해회사 주식에 대한 장문의 보고서를 잇따라 발표했는데, 운 좋게도 그중 하나는 버블이 최고조에 도달하기 직전인 1720년 6월에 작성됐다. 이에 따르면 회사가 매수한 연금자산 가치를 최초 책정 가격의 2배인 200파운드로 제시했다. 당시 주가는 740파운드를 넘나들고 있었는데, 그는 "지금 굳건해 보이는 저 광기 어린 가격은 오래가지 않을 것"이라고 예측했다. 그 광기가 조금 더 이어져 7월에는 주가가 1,000파운드를 돌파했다. 이때 허치슨은 회사 자산의 총가치가 영국 전체 토지 가격의 2배에 달한다고 계산했다.[61] 이 상황은 일본 황궁 부지의 예상 가치가 캘리포니아 전체 토지의 가치를 초과했던 1980년대 도쿄 부동산 버블을 떠올리게 한다.[62]

다음 해, 주주들의 불만이 폭발했다. 사기를 당했다고 느낀 의회 의원들 역시 위원회를 개최하여 주가 폭락 사태를 조사했고, 블런트와 그의 동료들은 물론 정부 관계자들까지 재산상의 사적 이득을 취했는지에 대해 감사에 착수했다. 그 결과 재무부 장관 존 아이슬래비를 희생양으로 삼아 그를 사임시킨 뒤 감옥으로 보냈으며, 사태와 관련된 의원 6명을 추방했다. 남해회사는 1850년까지 무역회사가 아니라 단순히 국채를 보유한 기관으로서만 기능했다. 왕은 대중의 비난을 받기는 했지만 특별히 책임을 지지는 않았다. *

회자되던 이야기에 따르면 일부 회사 중역이 투옥됐고 그중에는 교수형에 처해진 사람도 있었는데, 교수형을 피한 이들은 얼마 뒤 대부분 석방됐다고 한다. 의회가 극형 대신 재산을 몰수하는 방법을 택했기 때문이다. 블런트는 자산 18만 7,000파운드 가운데 5,000

---

* 조지 1세는 우연히 왕이 된 측면이 있다. 그의 사촌 앤 여왕이 1714년에 사망했을 때 그의 왕위 계승 서열은 50위 밖이었다. 하지만 1701년 반포된 왕위 계승법(Act of Settlement)에 따라 가톨릭 군주가 금지됐기 때문에 앞선 서열의 모든 인물이 왕위 계승 자격을 잃었다. 그가 왕위에 오른 후 국가의 지도자는 사실상 총리였다.

파운드는 빼앗기지 않고 지킬 수 있었다. 그는 남몰래 은퇴하여 런던 외곽의 배스에서 거주했으며 후손들도 대대로 이 지역에서 주교나 빅토리아 여왕 치하의 목사 등을 배출하며 가문의 명성을 이어갔다.[63]

　버블방지법이 제정된 것은 버블이 정점을 형성했을 무렵이다. 이 법은 주식을 통한 투기 활동에 제동을 걸었을 뿐 아니라, 의도치 않게 남해회사를 파산시키는 데 결정적인 역할을 했다. 이 사실은 한 세기 이상 수많은 역사책에 기록됐다. 하지만 불행하게도, 대중의 광기와 그로 인한 파국에 대한 기억은 이내 사라질 것이다. 그럴듯한 신기술과 손쉬워진 신용 완화에 힘입은 시장의 동물적 욕망은 언제든 다시 끓어오르려 할 것이기 때문이다. 그리고 실제로도 18세기 초의 광기를 왜소하게 느낄 만큼 엄청난 광란의 물결이 다시 몰려왔다.

4.
조지 허드슨, 자본주의의 영웅

언론은 희망에 찬 기사를 쏟아냈고, 정부는 모든 사업을 승인했으며,

사람들은 이를 위해 기꺼이 돈을 지급했다. 철도는 유행이자 열광의

대상이었으며, 영국은 장기 철도 개발 계획을 수립했다.

- 존 프랜시스John Francis

1950년대 초, 스와스모어 칼리지의 사회심리학자 솔로몬 애시^{Solomon}^{Asch}는 종말론에 매몰됐던 중세의 집단 망상과 18세기 투자 광풍이 가진 전염성을 여실히 보여주는 일련의 획기적 실험을 했다.

　애시는 6명의 남성 참가자 그룹을 직사각형 테이블에 둘러앉게 한 뒤 시각 정보 인식 테스트를 할 것이라고 말했다. 방의 모든 사람에게 길이가 3.75인치의 동일한 선이 그어진 카드를 보여줬다. 그런 다음 3개의 선이 그어진 두 번째 카드를 보여줬다. 그중 하나는 앞서 보여준 것과 길이가 같은 3.75인치였고, 다른 2개는 길이가 약간씩 달라서 하나는 3인치, 다른 하나는 4.25인치였다. 애시는 참가자들에게 첫 번째 카드와 길이가 일치하는 선을 선택하라고 요청했다. 약간의 집중력이 필요하긴 했지만, 일반 참가자가 각 카드에서 정답을 고르지 못할 확률은 1%였고, 12개의 카드를 보여줬을 때 모두 정답을 고를 확률은 95%일 정도로 쉬웠다.

심리학 실험에서는 전부는 아닐지라도 대체로 의도한 바를 관찰하기 위해 일정한 작위적 설정이 가미된다. 이 실험에서도 참가자에게 통보한 주제인 '시각 정보 인식'은 사실이 아니었고, 각 그룹에서 피험자는 1명에 불과했다. 나머지 5명은 애시 박사의 조교들이었다. 카드의 선들을 잘 식별할 수 있도록 피험자를 테이블의 중앙에 앉게 했다. 그리고 피험자가 맨 마지막 또는 마지막에서 두 번째에 답변을 하도록 설정해서, 실험자로 앉아 있는 조교들의 답변을 미리 들을 수밖에 없게 했다.

실험 결과 조교들이 올바른 답을 골라 답변한 경우, 피험자는 혼자 테스트를 받을 때와 유사하게 95%의 확률로 12개 카드의 정답을 모두 맞혔다. 하지만 조교들이 고의로 틀린 답을 골라 답변한 경우, 피험자들의 정답률 또한 급격히 하락했다. 그중 25%만이 12개의 정답을 모두 맞혔고, 놀랍게도 5%는 12개의 정답 중 하나도 맞히지 못했다.[1]

더욱이 피험자들은 반복된 실험에서 일관된 정답률을 보여줬는데, 앞의 6개 카드에 대한 정답을 고를 때 조교들의 영향을 크게 받은 피험자들은 이후 6개 카드의 정답을 고를 때도 비슷한 영향을 받았다. 요컨대 일부 피험자는 다른 피험자들에 비해 타인에 의존하는 경향이 강한 것으로 추정됐다.

애시는 실험 후 피험자들을 인터뷰하여 그들의 반응을 공개했다. 주변의 영향을 받았던 사람들은 자신의 시력을 의심했고 마음이 불편했다고 고백했다. 어떤 이는 "다수의 판단이 틀릴 수는 없다

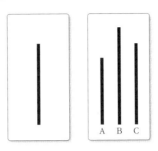

고 생각했다"라고 말했다.[2] 심지어 타인 의존 성향이 강하지 않은 사람들도 자기 이외의 다수가 다른 선택을 하자 혼란을 느끼며 그들의 선택이 옳을 수도 있다는 생각을 했다고 말했다. 자신의 선택을 완전히 확신한 사람은 거의 없었다.

　　매우 의미 있는 사회적 실험을 통해 우리는 결코 가볍게 넘길 수 없는 인간의 태생적 성향을 발견하기도 하는데, 애시의 실험도 마찬가지였다. 그의 연구 이후 수십 년이 지난 지금까지도, 평범한 사람들은 대체로 대중 순응적이라는 애시의 실험 결과는 언론과 교과서는 물론 학술 문헌에도 지속적으로 등장한다.[3]

　　그런데 실험 결과에는 또 다른 뜻밖의 의미가 있었다. 피험자를 혼란스럽게 하는 조교들이 함께 있을 때도 선택의 절반 이상이 정답인 피험자들이 있었다. 이들은 비순응 집단이다. 특히 정답을 고른 조교가 5명 중에 1명이라도 있을 경우 피험자의 오류율은 크게 감소했다. 애시의 실험을 좀더 정확히 설명하자면, 어떤 사람들은 다른 이들보다 주변의 영향에 더 취약했다. 하지만 약 25%에 해당하는 이들은 주변의 영향을 전혀 받지 않았다. 어쩌면 애시가 종말론 종교나 투자 광풍에 매우 취약한 사람들을 식별해내는 연구를 한 것일지도 모르겠다.

애시의 실험 결과는 매우 놀라웠는데, 선의 길이를 구분하는 것보다 감정을 소모할 필요가 없는 일은 거의 없기 때문이다. 하품도 마찬가지다. 하품은 감정에 좌우되지 않는 신체의 작용에 불과하지만, 우리 모두가 알고 있고 실험으로도 입증된 것처럼, 전염성이 있다. 그 전염성은 다른 사람의 하품뿐만 아니라 하품하는 사람의 동영상만으로도, 심지어 입이 가려진 사람이 하품하는 모습도 지극히 신체 건강한 사람이나 의식이 생생히 깨어 있는 사람에게도 전염된다. 신기하게도, 입만 나오는 영상은 하품을 유도하지 못한다.[4]

⁓⁓⁓

감정이 흔들린 상황에서는 순응의 정도가 높아진다. 프롤로그에서 소개한, 다른 사람이 부자가 되는 것을 지켜보는 정신적 고통의 폐해를 지적한 찰스 킨들버거의 교훈은 어떤 피험자가 다른 피험자보다 감정적으로 더욱 취약하다는 연구 결과에도 적용될 수 있다. 하지만 실험실에서 집단의 다수가 주는 무언의 압력에 성공적으로 저항했던 사람도 감정적으로 과열된 집단적 망상에는 저항하지 못할 수 있다.

모방은 단순히 타인을 맹목적으로 따라 하는 것으로만 취급할 수 없고, 인간의 생존에 필수적인 행위로 봐야 한다. 진화 과정에서 인간은 다양한 환경에 적응해야 했다. 이 적응은 두 가지 방식으로 진행됐는데, 첫째는 물리적인 적응이다. 명백한 예를 들면, 아프리카인은 북유럽인들보다 피부색이 검다. 검은 피부는 열대 햇빛으로부터 피부 조직을 보호하고, 반대로 흰 피부는 햇빛이 덜 드는 북반구 지방에서 비타민 D를 더 효율적으로 생성하게 한다.

둘째는 문화적이고 심리적인 적응이다. 진화심리학의 선구자인 로버트 보이드Robert Boyd와 피터 리처슨Peter Richerson이 지적한 것처럼, 아마존 열대 우림에서 생존하는 데 필요한 생존법은 북극에 사는 사람들에게 필요한 생존법과 매우 다르다.

> 북극인들은 카약과 따뜻한 옷, 작살, 기름 램프, 눈과 가죽으로 지은 움막, 눈을 보호해주는 고글, 개 썰매, 이런 도구를 만드는 도구 등 수십 가지 필수 도구를 제작할 줄 알아야 한다. […] 우리는 영리한 동물에 속하지만, 충분히 영리해지지 못한다면 이런 것들을 만들 수 없다. 카약은 고유한 특징을 가진 매우 복잡한 물건이다. 좋은 것을 만들어낸다는 것은 매우 드문 조합을 구성하여 보트 같은 유용한 물건을 생산하는 일을 말한다.[5]

다시 말해, 한 번도 본 적이 없다면 거주지 인근에서 구할 수 있는 재료로 카약을 만드는 것은 불가능에 가깝다. 아마존 원주민이 필요로 하는 기술들도 마찬가지다. 인간이 베링해협에서 아마존으로 이주하는 데 1만 년도 채 걸리지 않았다. 이는 인간이 모방 본능을 통해 자신의 습성을 진화시켜왔음을 의미한다. 보이드와 리처슨에 따르면, 이처럼 다른 환경에서 생존할 수 있었다는 것은 인간이 그렇게 해야만 했음을 의미한다.

> 그들은 지역의 기후 환경에 적응해야 했다(북극에서는 카약을 만들고 아마존에서는 입으로 불어 발사하는 바람총을 만들면서). 그러려면 홍적세 Pleistocene 시기의 불규칙적으로 급변하는 환경에 대한 뛰어난 적응 능력이 필요했는데, 이런 능력을 발휘하는 심리적 메커니즘에는 필연적으로 하나의 조건이 요구된다. 빠른 사회적 학습 능력을 발휘하기 위해서 기만에 가까울 정도로 강력한 믿음을 가져야 한다는 것이다. [···] 그 덕에 인간은 저렴한 기회비용으로 카약이나 바람총과 같은 놀라운 물건을 만들어냈다. 문제는 누구나 쉽게 적응할 수 있는 전통이 기득권적인 탐욕으로 바뀌면, 그 집단은 영속적인 부적응의 굴레에서 벗어날 수 없다는 것이다.[6]

지난 5만 년 정도의 시간 동안 인류는 고향인 아프리카에서 말 그대로 지구 곳곳으로, 북극 해안에서 광활한 태평양 중앙의 외딴 섬으로까지 번성해 나아갔다. 후기 홍적세를 살던 인간이 북극지방에서 마젤란해협으로 이동하는 동안 다양한 환경에 적응할 수 있게 해준 것은 다름 아닌 모방할 줄 아는 능력이었다. 그러나 안타깝게도, 석기 시대를 지나면서 인류가 적응하여 취득한 많은 부분이 오늘날 부적합한 것으로 판명되고 있다. 예를 들면, 우리가 섭취하는 영양소인 지방과 설탕은 인체의 에너지가 되고 생명 유지에 필수적인 성분일 뿐 아니라 구하기도 몹시 힘들었다. 하지만 오늘날에는 값싼 정크푸드의 주요 성분이며, 지나치게 섭취하면 건강을 잃을 수도 있다. 마찬가지로 모방을 최우선으로 하던 고대인의 성향은 이제 과할 경우 부적응자로 낙인찍히는 취향일 수 있으며, 더 나아가 맥케이의 유명한 말처럼 "대중의 거대한 환각이자 광기"를 불러일으키기도 한다.

ᘓᘓᘓᘓ

대중의 광기가 확산되면 또 다른 고대인의 심리적 충동, 이를테면 자신의 상식과 배치되는 현실을 회피하는 기제가 강화된다. 1946년, 심리학자 프리츠 하이더^{Fritz Heider}는 인간이 매일의 일상에서 마주하는 복잡하고 종종 모순되는 정보를 처리하는 방법을 설명하기 위해 '균형 상태^{balanced state}' 가설을 제창했다. 예를 들면, 당신이 밥^{Bob}이라는 사람을 알고 있고, 당신과 그 사람 각자는 안드로이드폰이 좋은지 아이폰이 우수한지 등에 대해 일정한 의견을 가지고 있다고 하자.

당신이 만일 밥을 좋아하고 둘 다 아이폰이 우수하다고 생각한다면, 두 사람은 편안한 관계가 된다. 이것이 하이더가 말한 균형 상태다. 또 당신은 아이폰이 낫다고 생각하지만 밥은 안드로이드폰을 좋아해서 당신이 밥을 무식한 사람이라고 생각한다면, 이것 또한 균형 상태다. 왜냐하면 당신은 밥에 대해 부정적인 인식을 가지고 있어서 당신과 다른 그의 의견을 무시할 수 있기 때문이다.[7] 하지만 당신이 밥을 좋아하지만 그의 휴대전화 취향에 동의하지 않는다면, 당신에게 불편한 '불균형 상태unbalanced state'가 만들어진다.

당신이 밥을 존중하거나 휴대전화 취향에 대해 그다지 신경 쓰지 않는다면 그 불편한 상태를 감내하는 것은 어렵지 않다. 하지만 당신의 가장 친한 친구가 밥이고 이 때문에 그와 정치적 취향이 다르다는 사실을 받아들이기 힘들다면(마치 트럼프 전 대통령을 인간적으로 좋아하지만 그의 정치적 취향을 싫어하는 누군가처럼), 당신은 밥에 대한 애정과 정치적 불일치 사이의 불균형을 해소하기 위해 어떤 일을 해야만 한다. 신경과학자들은 최근, 이런 불균형 상태가 이마 상단 바로 위쪽의 양쪽 반구 부근에 있는 배내측전전두피질dorsomedial prefrontal cortex, dmPFC의 활동을 증가시킨다는 사실을 발견했다. 특히 이 부위가 활성화되면 밥이나 트럼프에 대한 의견에 변화가 생길 가능성이 크다. 다시 말해, 배내측전전두피질이 당신을 괴롭히는 것을 멈추게 하려면 당신의 의견 두 가지 중 하나를 바꿔야 한다.[8] 반대로 피험자가 어느 믿을 만한 전문가로부터 자신의 의견에 동의한다는 이야기를 들으면, 즉 평형 상태가 됐다는 사실을 알게 되면, 뇌의 양쪽 반구 깊숙한 곳에 있는 쌍 구조의 복측선조체ventral striatum 부위가 격렬하게 반응하는 것으로 나타났다.[9] 이 영역은 쾌락을 제공하는 신경 전달물질인 도파민에 반응하는 뉴런으로부터 가장 강렬한 신호를 전달받는다.

✿✿✿✿

1841년,『대중의 미망과 광기』원본에서 맥케이는 남해회사의 버블에 대해 다음과 같이 기록했다.

> 그 회사는 이카로스Icarus처럼 너무 높이 솟구쳐 올라 날개의 밀랍이 녹아버렸다. 이카로스처럼 그들은 바다에 빠졌고, 파도에 휩쓸리면서 자신이 있어야 할 곳은 굳은 땅 위라는 것을 알게 됐다. 이후로는 결코 하늘 높이 날아오르지 않았다.[10]

하지만 이로부터 몇 년 지나지 않아 금융시장은 맥케이가 그 날개를 과소평가했음을 입증했다. 투기의 이카로스가 1719~1720년 남해회사 버블을 보잘것없는 소동으로 여기게 할 만큼의 거대한 버블을 다시금 키워냈기 때문이다. 이번에는 최초로 발명된 증기기관차가 거대한 흥분과 혼란을 불러왔다. 산업혁명 이전의 인간 세상을 역사가 스티븐 앰브로즈Stephen Ambrose보다 훌륭히 묘사한 작가는 없을 것이다.

> 1801년의 세상에서 중요한 사실은 말의 속도보다 빠른 것은 없다는 것이었다. 인간은 물론 제조되는 어떤 물품도, 밀 1부셸bushel(곡물의 중량

단위로, 1부셸은 약 27킬로그램-옮긴이)도, 쇠고기 한 조각도, 우편물도, 어떤 정보도, 아이디어도, 명령이나 지시도 빠르게 움직이지 않았다. 제퍼슨 시대의 누구라도 이렇게 말했을 것이다. 어떤 것도 빠르게 이동하지 않았으며, 앞으로도 그럴 것이라고.[11]

1851년, 영국의 역사가 존 프랜시스는 국가 철도망 건설 추진을 앞두고 있던 당시의 상황을 잘 보여주는 글을 남겼다. 철도 이전의 전근대적인 운송 방식은 다음과 같이 매우 열악했다.

생산물을 운송하는 데 사용되는 기계는 구조가 조악하고 투박하며 그만큼 무거웠다. 도로도 열악하여 겨우 이동이 가능한 정도였지만, 심할 경우 늪에 빠지거나 제방에서 미끄러졌다. 너무 깊은 수렁에 빠졌을 때는 해가 떠서 날씨가 따뜻해질 때까지 탈출이 불가능하기까지 했다. 시장은 접근 불가능한 상태였고, 땅에서 수확한 열매는 한곳에서 썩었고, 공급지에서 먼 지역은 수요도 부족했다. […] 심지어 영국 북부에서 남부로 농산물을 운반하는 것보다 수출을 하는 것이 비용 면에서 더 저렴하다는 사실도 밝혀졌다. 실제로 노리치에서 런던으로 상품을 운반하는 것보다 런던에서 포르투갈로 상품을 보내는 것이 더 쉬웠다.[12]

사람이나 가축 또는 물레방아의 영역이었던 육체노동을 증기 동력으로 대체한다는 생각을 처음 한 사람은 2,000년 전 그리스의 프톨레마이오스Ptolemaios다. 그는 이런 동력을 알렉산드리아에 있는 사원의 문을 여닫는 데 사용했다고 한다. 영국의 발명가인 토머스 뉴커먼Thomas Newcomen은 작동하는 증기기관을 1712년경에 처음으로 만들어냈다. 이 기계장치는 너무 거대하고 비효율적이어서 연료가 즉시 공급되는 탄광에서 갱도의 물을 빼내는 정도로만 사용할 수 있었다. 흔히 알고 있는 것처럼 제임스 와트James Watt가 1776년에 증기기관을 갑자기 만들어낸 것이 아니라, 기존에 만들어져 있던 장치를 더 정교하고 효과적으로 발전시킨 것이라고 봐야 할 것이다. 와트는 뉴커먼의 설계에 외부 축전기를 추가하여 탄광에서 멀리 떨어진 곳에서도 사용할 수 있을 만큼 연료 효율을 높였다. 이런 혁신을 함께한 와트의 동료 매슈 볼턴Matthew Boulton은 이렇게 이야기했다. "제가 판매하는 것은 전 세계가 갖고 싶어 하는 것, 바로 파워Power입니다."13

증기기관은 이후 25년 동안 발전을 거듭했다. 와트는 커다란 엔진으로 해상에서 배의 노를 움직였고, 리처드 트레비식Richard Trevithick은 1801년 부피를 줄여 마침내 육상의 열차에 장착했다. 트레비식은 1808년에 런던 유스턴 광장 인근에 5실링을 지급하면 탈 수 있는 놀이기구를 설치하여 운영했다. 초기에는 강도가 부족한 연철로 장치를 만들었기 때문에 쉽게 망가졌으며, 장치를 만드는 기술자의 아내들은 새벽 4시부터 일어나 엔진을 예열해야 했다. 물론 그들의 연약한 어깨로 예열 시동을 거는 일은 쉽지 않은 작업이었다.14

19세기에 접어든 이후 또 다른 변화가 일어났다. 영국 북동부 노섬벌랜드에서 일하던 증기기관 관리자의 아들 조지 스티븐슨George

Stephenson(공학자이자 증기기관차 발명가—옮긴이)이 아버지의 직업을 이어 받았는데, 문맹이었던 아버지와 달리 야간학교에서 읽기와 쓰기, 수학 등을 배웠다. 이후 그는 초기 증기장치의 출력을 점진적으로 개선하는 데 천재적인 재능을 발휘했다. 나폴레옹전쟁으로 값비 싼 비용을 치른 영국은 건초 가격이 폭등하여 말이 끄는 마차를 운 용하는 데 어려움을 겪자, 탄광 마차를 대체할 수단으로 증기기관 을 주목하기도 했다. 그리고 1818년, 스티븐슨은 뉴캐슬 근처의 달 링턴에 있는 광산 소유주에게서 약 40킬로미터 떨어진 스톡턴온티 스의 부두까지 연결되는 철도 노선 건설권을 따냈다. 1825년 9월에 개통된 그리 길지 않은 구간이었지만 경제적으로 성공한 최초의 증 기 철도 노선이었다는 데 큰 의미가 있었다.[15]

새로운 철도 기술은 세계를 뒤흔들었다. 그리고 영국은 1825년 에서 1845년 사이에 세 번 이상의 철도 버블을 경험하게 된다. 첫 번째 사건은 잉글랜드 북부의 스톡턴과 달링턴을 연결하는 노선이 만들어진 이후에 벌어졌다. 스티븐슨의 초기 엔진은 원활히 작동되 지 않는 경우가 많아 이 노선의 석탄 화물이나 승객을 실은 열차는 적잖이 말의 도움을 받아 운행되곤 했다. 하지만 엔진이 빠르게 개 선되면서, 최대 59개의 철도 노선이 추가로 계획됐다.[16]

사업 추진을 담당할 회사를 설립하기 위해 여러 방안을 모색했으 나, 남해회사 버블 때 만들어진 버블방지법이 걸림돌이 됐다. 이 문 제는 의회의 논제로까지 상정됐고, 이 법이 100년 전 만들어진 과 거의 유물이라고 생각한 의원들은 조금의 저항도 없이 회사 설립에 필요한 모든 사항을 승인해줬다.

철도 운송이 확산되면서 자신들의 이익이 침해될 것을 우려한 운하와 유료 도로 사업자들은 사업을 극렬히 반대했다. 이들은 관련 직종 종사자들과 세력을 규합하여 증기기관의 연기가 새들을 모두 죽일 것이라고 주장했고, 엔진의 무게 때문에 차체가 망가지고, 불이 붙어 상품들이 모두 불타버릴 것이라고도 했다. 노인들이 철로에서 넘어질 것이며, 겁에 질린 말들이 마차 승객들을 다치게 할 것이며, 쓸모없어진 말이 멸종되어 귀리와 건초를 재배하는 농부들이 모두 파산할 것이며, 야산의 여우들도 사라질 것이며, 소음을 견디다 못한 소들도 우유를 생산할 수 없게 될 것이라고 주장했다.[17]

1825년 의회가 버블방지법을 폐지했지만, 엔진 제작의 기술적인 문제와 함께 자금조달에도 문제가 생겨 추가적인 사업이 지연됐다. 리버풀과 맨체스터를 연결하는 스티븐슨의 철도는 1825년에서 1826년 사이에 의회 승인이 난 후 공사가 재개됐고, 1830년 9월 15일 공식적으로 개통될 때까지 총 4년이 걸렸다. 약 56킬로미터 길이의 철도는 총 64개의 다리를 건설하고 약 230만 세제곱미터의 땅을 굴토한, 당시로서는 첨단 공학의 집약체였다.

인간 삶의 놀라운 변화를 약속한 이 신기술 사업은 건전한 토대에서 생계를 이어가고자 하는 평범한 이들의 마음속에도 탐욕을 불러일으켰다. 그리고 그 열풍은 1836년부터 1837년 사이에 정점에 달했다. 한 언론인은 이런 글을 남겼다.

우리의 언어가 철도의 영향을 받기 시작했습니다. 남자들은 힘내라는 말을 '연기 좀 뿜어봐'라고 하고, 빠른 것을 '기차 속도'라고 말합니다. 심지어 거리를 시간이나 분 단위로 계산합니다.[18]

한 언론 보도에 따르면 어느 상인이 맨체스터에서 면화 150톤을 구입해 리버풀로 가져와서 판매했는데, 이런 일을 하루에도 여러 차례 반복하여 큰 이익을 남겼다고 한다. "미친 사람은 우리 같은 철도 지지자들이 아닌 철도 반대론자들이다. 만일 그것이 광기라고 한다면 차라리 우리가 숨을 쉬는 공기가 광기일 것이다."[19] 존 프랜시스의 말이다. "1836년부터 1837년까지의 시기는 사업을 하던 사람들에게 오래 기억될 것이다. 수많은 회사가 자금을 모으고 자본을 확장하며 기지개를 켜고 일어나던 때였다."[20]

🌿

버블이 형성될 때면 언제나 그러하듯, 유혹적인 신기술에 투자하려는 사람들의 욕망은 금리의 하락과 함께 정점으로 치달았다. 금리의 하락은 투자 자본의 증폭을 불러오기 때문이다. 25년 전의 나폴레옹전쟁으로 자금의 수요가 많아졌고, 이는 필연적으로 금리 인상으로 이어졌다. 1815년 당시 영국의 부자들은 금 국채를 6% 수익률로 구입할 수 있었다. 하지만 이후 30년 동안 수익률은 3.25%로 하락했다.[21] 그 때문에 투자자들은 안전자산인 국채의 저금리에 불만을 가졌고, 매력적인 잠재 수익률을 보여주는 위험자산으로 점차 눈을 돌렸다. 영국의 철도 버블이 가라앉은 후, 위대한 언론인이자 「이코노미스트^{The Economist}」 편집자였던 월터 배젓^{Walter Bagehot}은 그 시대를 회고하며 이렇게 말했다. "존 불^{John Bull}(잉글랜드를 의인화한 이름-옮긴이)은 많은 것을 참을 수 있지만, 수익률 2%는 참을 수 없다."[22] 요컨대, 저금리는 버블이 싹트는 비옥한 토양이다.

시대의 선구자인 스티븐슨이 리버풀과 맨체스터 간의 연결선을 성공적으로 정착시키는 동안 저금리의 시대가 열리면서 철도 투자 열풍이 불기 시작했다.

> 언론은 희망에 찬 기사를 쏟아냈고, 정부는 모든 사업을 승인했으며, 사람들은 이를 위해 기꺼이 돈을 지급했다. 철도는 유행이자 열광의 대상이었으며, 영국은 장기 철도 개발 계획을 수립했다.[23]

모든 버블은 그 자체에 파괴의 씨앗을 품고 있다. 이번 버블에서는 넘쳐나는 자본이 비효율적으로 중복 투자되면서 소모적인 경쟁을 유발했다. 리버풀과 맨체스터의 주주들은 그나마 괜찮은 편이었으나, 대부분은 재미를 보지 못했다. 1836년에 「에든버러 리뷰^{Edinburgh Review}」는 이렇게 기록했다. "두 대도시가 아무리 멀리 떨어져 있다고 해도 회사가 독점하지 않는 이상 수익이 나는 노선은 거의 없었다. 그런데 2~3개, 심지어 4개의 경쟁사가 같은 시간에 기차를 출발시키는 일도 흔히 벌어졌다." 존 프랜시스는 이런 기록도 남졌다. "대도시 자치구의 한 지역에는 16개의 개발 계획이 제시됐고 1,200채 이상의 주택이 철거될 예정이었다."[24]

이것도 가장 신뢰할 만한 계획들만을 고려한 것이다. 더럼 지역의 한 기업가는 한 구간에 3개의 노선을 추진했다. 첫 번째 노선은 성공했으나 나머지 둘은 당연히도 그렇지 못했다. 다른 개발자들은 바람이나 로켓으로 추진되는 엔진을 공언했는데, 특히 로켓 추진 엔진은 나무로 만든 레일 위를 시속 수백 킬로미터로 질주할 수 있다고 주장했다. 프랜시스에 따르면 이 사업은 환자 이송용으로 추진됐다고 했다.[25]

돈벌이에 혈안이 된 개발자들에게 언제 어디서나 쉽게 융통되는 자금의 물주인 투자자들은 너무도 손쉬운 먹잇감이 됐다. 당시 상황을 이렇게 서술한 이도 있었다.

돈이 필요한 사업가는 A 도시에서 B 도시로 철도를 연결할 구상을 합니다. 그 사업은 대규모 공익사업이며 주민들에게도 큰 혜택을 제공할 것이라고 주장합니다. 그는 곧 육지 측량도 1부를 마련하고 브룩스 Brooke's 같은 지명분포사전과 관련 지침서를 구비합니다. 우선 지도상의 두 도시를 연결하는 선을 긋는데, 그럴듯하게 보이기 위해 언덕 사이에는 멋진 곡선이 두드러지게 합니다. 그는 이것을 연구 조사라고 말하지만, 그는 물론 누구도 해당 지역을 방문한 적은 없습니다. 지명분포사전 같은 자료와 지침서 한 권, 하인이나 마부에게 내주는 맥주 한 통이 소요되는 예산의 전부이지만, 그는 적어도 연간 사업비의 15에서 20%

또는 30%를 개인 수익으로 가져갈 것입니다. 너무도 겸손한 그는 총수익에 대해 절대로 말하지 않을 테죠.[26]

세계적인 대부호 에드먼드 드 로스차일드Edmond de Rothschild는 이런 말을 한 적이 있다. "돈을 잃는 세 가지 방법이 있습니다. 첫째는 술, 둘째는 여자, 셋째는 사업가와 가까이하는 것이죠. 앞의 두 가지는 즐거움이라도 주지만, 세 번째는 그저 확실히 망할 뿐입니다."[27] 일단 건설이 시작되면 유능한 기술자와 노동자들은 찾아볼 수 없고, 일정은 연기되며, 비용이 초과되기 시작한다. 기술적인 문제들도 임시변통으로 무마하다가 결국은 파산 절차를 밟는다.

남해회사 버블 사례에서 봤듯, 영국의 주식회사들이 사업자금을 조달할 때 초기에는 비교적 적은 비용으로 시작한다. 투자자들 역시 처음에는 액면가 자체가 작은 금액을 투자하지만, 철도 건설이 계속되고 필요한 자본이 증가하면서 추가적인 투자의 필요성을 절감한다. 이때 필연적으로 '레버리지'라는 투자 수단이 등장하여 부싯돌에 불꽃을 피워낸다.

운명의 시간은 가까워졌다. 돈은 씨가 말랐고 사람들은 비로소 눈을 떠 자신의 어리석음을 들여다본다. 모든 경제 지표가 바닥으로 꼬꾸라진다. 수상한 소문이 사람들 사이를 떠돌고 슬픔이 각 가정의 안방을 차지해버릴 때, 혐오가 파다하게 번져간다. 재물이 만들어준 자존심으로 고개를 꼿꼿이 들고 있던 남자들은 자신의 무모함을 애도하고, 아무것

도 막을 수 없었던 여인들은 눈물을 흘릴 뿐이다.[28]

1830년대의 버블이 잦아들 무렵 의회는 약 3,680킬로미터의 철로 건설을 승인했다. 하지만 1838년까지 실제로 개통된 곳은 25%도 되지 않았다. 수익성이 없는 일부 노선은 이후 몇 해가 더 소요됐으며, 건설이 진행될수록 투자자로부터 자금을 추가로 수혈받아야 했다. 하지만 그럼에도 주가는 1836~1837년의 폭락 이후에 다시 회복했고, 철도 관련 주식을 보유했던 투자자들도 손실을 보지는 않았다. 1836년 이전에 안정적이었던 주가는 그해 80%가량 급등했다가 하락으로 돌아섰지만 버블 이전보다는 높은 가격을 유지했다.[29] 1841년이 되자 런던에서 뉴캐슬까지 철도를 이용할 경우 약 480킬로미터의 거리를 17시간 만에 이동할 수 있었다. 「레일웨이 타임스 Railway Times」는 다음과 같이 자부심을 드러냈다. "이성적인 사람이라면 이 이상 무엇을 바랄 수 있을까요?"[30]

✿✿✿✿

실제로 1844년에 이르는 10년 동안에는 철도회사의 주식을 매수한 투자자 대부분이 높은 수익을 맛봤다. 이런 투자 환경이 지속되자 1840년대 후반에 활약했던 또 다른 투자자로, 차라리 역대급 큰손이라고 할 만한 조지 허드슨 George Hudson이라는 인물의 입지를 탄탄히 다져주는 또 다른 버블이 만들어지기 시작했다. 1800년에 요크셔에서 작은 토지를 소유한 농부의 아들로 태어난 허드슨은 정규 교육을 거의 받지 못했는데, 부모의 농사를 거드느라 여력이 없었을 것으로 추정된다. 아홉 살 때 아버지를 여의고 요크의 어느 포목상에서 직물을 다루는 수습공이 됐다. 그리고 이것이 인생의 경로를 바꾸는 계기가 됐다. 열정적이고 매력적인 데다 지적으로 보였던 그는 논밭의 쟁기를 가지고는 찾을 수 없었을 자신의 길을 이곳에서 발견했다. 우여곡절 끝에 고용주의 딸과 결혼했고 결국에는 장인의 사업을 물려받았다. 행운은 늘 그의 편이어서, 종조부從祖父의 사업에 잠시 참여했다는 사실 덕에 청산 절차를 밟던 그의 사업 자산인 3만 파운드를 상속받았다(이상하게도 종조부는 마지막 순간에 마음을 바꿔 많은 재산을 그에게 넘겼다).[31]

그는 새로 취득한 자산을 활용하여 은행업을 시작했고 정계에도 발을 들였다. 이를 기반으로 1833년에는 주식 발행으로 자금을 조달하여 지역에 신규 노선을 설립하고자 했던 요크철도위원회York Railway Committee의 재무책임자로 지명됐다. 허드슨은 존 레니 경Sir John Rennie(영국 전역에 운하와 부두, 항구, 다리 등을 건설한 스코틀랜드 출신의 토목기사—옮긴이)을 고용하여 지형을 조사했는데, 그가 말을 사용한 운송 방식을 추진하겠다고 하여 위원회를 실망시켰다. 운 좋은 허드슨은 종조부가 남긴 재산을 확인하기 위해 머물던 곳에서 조지 스티븐슨을 만났다. 미래에 대한 비전과 카리스마가 넘치는 허드슨의 매력에 반한 전설적인 발명가 스티븐슨은 요크 앤드 노스미들랜드 철도회사York and North Midland Railway를 건설하는 데 동의했다. 이 회사의 첫 번째 연결 구간은 1839년에 완성된 약 23킬로미터 길이의 노선이었으며, 자금은 주식 발행으로 충당했다.

이후 10년 동안, 허드슨은 이름보다 '철도왕Railway King'이라는 별명으로 명성을 떨치며 12개 이상의 철도회사를 합병해 하나의 철도제국을 만들었다. 특히 보유 회사 가운데 4개가 국가 전체 도급 순위의 1위에서 4위까지 포진해 있었다. 그는 수많은 회사의 이사회를 진두지휘했는데, 새로운 노선을 개척하여 설계하는 것은 물론 성과가 저조한 회사의 주주총회에 참석하여 경영진에게 불호령을 내리기도 했다. 그리고 가는 곳마다 자금을 끌어모았다. 그의 삶은 두 장소를 구심점으로 하여 토대를 다져갔다. 한 곳은 그가 여러 차례 재임하며 너그럽고 신망 두터운 시장으로 인정받았던 요크였고, 다른 한 곳은 웨스트민스터의 정가政街였다.

허드슨은 사막에 거주하는 베두인족Bedouin에게 모래도 팔 수 있는 사람이었다. 정가에서 어떤 독불장군을 만나도 자신의 의견을 관철하기로 유명했는데, 그가 거둔 가장 호쾌한 승리는 윌리엄 유어트 글래드스턴William Ewart Gladstone을 제압한 일이었다. 아마도 19세기의 가장 유능한 정치가로 꼽기에 손색이 없을 글래드스턴은 1832년에 스물둘의 나이로 의회에 입성했다. 특히 1843년에는 철도 부설에 필요한 입법을 추진하는 데 관문 역할을 한 무역위원회의 위원장이었으며, 1868년에서 1894년 사이에 재무부 장관 네 차례와 총리 네 차례를 역임했다.

두 사람은 이보다 더 다를 수 없을 만큼 성향이 천양지차였다. 허드슨이 요크서의 농촌에서 태어나 정식 교육을 받지 못한 직설적 성격의 인물인 데 비해, 글래드스턴은 노예를 부리던 부유한 가문에 이튼과 옥스퍼드로 이어지는 명문 교육의 수혜자였다. 그들은 당대의 주요한 사회 의제들에 대해서도 의견을 달리했다. 허드슨은 보호주의자들이 추진한 옥수수법corn laws을 거부하는 등 보수 토리당에 반대하는 입장이었고, 글래드스턴은 처음에 토리당원이었지만 점차 자유무역 옹호자로 변해갔다.

허드슨은 지금의 관점에서도 자유주의자로 불릴 만한 행보를 이어갔는데, 자신이 애정을 쏟던 철도의 상업화를 규제하려는 정부의 정책에 극렬히 반대했다. 반면 글래드스턴은 기술의 발전으로 확대되는 경제 규모에 걸맞게 정부의 규제도 확장되어야 한다는 입장을 일찍부터 고수했다. 존 D. 록펠러John D. Rockefeller가 운임을 할인하는 방식으로 독점의 지위를 공고히 하기 수십 년 전에, 글래드스턴은 가장 우량한 철도회사가 공격적인 요금 인하로 경쟁자들을 파산시키고 독점 체제를 만들 것이며, 이 때문에 시민들은 독점 회사들의 횡포에 무방비로 노출되리라는 사실을 예견했다. 그 일이 글래드스턴 앞에 도달한 현실이 됐으니, 허드슨이 바로 그 현실을 상징하는 인물이었다.

1844년 3월, 의회 무역위원회에 출석한 허드슨은 글래드스턴과 합의 사항을 능숙하게 논의했다. 추가 노선에 대한 승인을 의무화하는 조치는 공익에 이바지할 것이라며(사익만을 추구할 행각은 없다며) 한발 물러섰다. 하지만 위원회는 허드슨이 책정한 요금을 검토하며 적정성을 추궁했다. 위원회는 의회가 요금을 주기적으로 감찰하는 일을 회사가 왜 반대하는지 알고 싶어 했다. 허드슨은 늘 준비된 사람이었고 이에 대한 의견을 제시했다. 그는 정부가 요금에 관여하는 것에 반대하진 않지만, 그에 대한 대가로 노선들의 영업권에 대해서 의회 차원의 보호가 필요하다고 주장했다.

허드슨의 답변에 일리가 있다고 생각한 위원회는 1.6킬로미터당 1페니의 '의회 권고' 요금을 의무화하는 비교적 온화한 철도 법안을 제안했다.[32] 이 법안에는 10% 이상 배당금을 지급할 만큼 수익성이 좋은 회사는 의회가 요금에 관여할 수 있게 한다는 내용도 담겨 있었다. 정부는 법안에 따라 20년 이상 운영된 철도의 운영권을 사들였다.

이런 조치는 실제로 자금과 인력을 투입하는 회사 입장에서는 큰 부담이 됐다. 보다 못한 허드슨이 글래드스턴에게 공개서한을 보내 요금 인하와 정부의 운영권 매수 등의 법안에 대한 입장을 정중하면서도 간곡한 부탁 조로 설명했다. 그는 철도 운영자 대표단을 결성해 다우닝가 10번지(영국의 총리 관저를 가리킴-옮긴이)로 파견했다. 이들 일행에게 깊은 인상을 받은 로버트 필Robert Peel 총리는 하원에 출석하여 철도회사들에 우호적인 발언을 했다.

글래드스턴도 마음을 바꿔 허드슨과 개인적으로 만났고, 허드슨은 콧대 높은 글래드스턴을 극진히 대접했다. 무역위원회를 지휘하던 글래드스턴이 이후 주요 인사들에게 다음과 같이 말했다고 한다. "허드슨을 투기꾼으로만 보는 것은 큰 잘못입니다. 그는 분별력이 있는 사람이고, 엄청난 도전정신으로 거대 기업을 이끌고 있죠. 대담하고 현명한 투자자라고 할 수 있습니다." 허드슨에게 깊은 감명을 받은 글래드스턴은 결국 법안을 폐기했다. 남은 규정이라고는 3등실 고정 운임뿐이었다.[33]

의회의 막강한 감독 권한을 경험한 허드슨은 정계에 적극적으로 참여할 필요가 있다고 판단했다. 오늘날 기업가들 역시 이윤을 극대화하기 위해 로비스트 집단을 운용하기도 하지만, 기업윤리에 대한 인식이 희박했던 19세기 영국에서는 더 직접적인 경로를 활용할 수도 있었다. 허드슨은 말 그대로 하원의 의석 하나를 차지해야겠다고 마음먹었고, 1845년 중반에 기회가 찾아왔다. 파산한 지역 철도회사와 부두 운영권을 인수하는 대가로 소도시 선덜랜드(잉글랜드 북동부 해안 도시-옮긴이)의 원로들은 그를 토리당 후보로 지명했고, 같은 해 8월 14일 정당하게 선출돼 의원이 됐다. 그와 가장 유사한 현대의 인물을 들자면 미국 상원의원을 역임한 골드만삭스Goldman Sachs 회장일 것이다.

그날 저녁, 특별 열차는 그의 당선 소식을 선덜랜드에서 런던으로 실어 날랐고, 다음 날 다른 열차편이 당선 소식을 게재한 신문들을 선덜랜드로 돌려줬다. 당선을 축하하는 열광적인 행사에서 허드슨은 런던에서 온 신문들을 공중에 흩뿌리며 이렇게 자축했다고 한다. "보십시오. 세상 물정 좀 아는 사람이 여기 있습니다!"[34] 두 달 뒤, 선덜랜드에서 열린 연회에서 그는 자신의 부두회사 주식을 홍보하며 주민들을 흥분시켰다. "저는 도무지 모르겠습니다. 왜 상트

페테르부르크에서 수입한 면화를 구입하지 않나요? 여러분이 협조해주시면 선덜랜드 항구를 증설하여 중국 같은 세계 여러 나라의 물건들을 우리 항구로 들여올 수 있는데 말입니다. [⋯] 선덜랜드도 리버풀이나 맨체스터 같은 세계적인 항구도시가 될 수 있습니다.[35]

그는 거의 잠을 자지 않는 것 같았다. 1846년 5월 2~3일을 예로 들면 그는 잠깐 졸았을 뿐 하원에서 새벽 2시 30분까지 일했고, 이른 아침에 더비행 열차를 탔다. 더비는 그가 소유한 회사 중 한 곳인 요크 앤드 노스미들랜드 철도의 본사가 있는 런던과 요크 중간쯤에 자리한 도시다.

그곳에서 그는 자신이 추진 중이던 26개 법안의 주요 내용을 설명하여 주주들을 놀라게 했는데, 주로 철도와 운하의 시스템을 통합하고 새로운 설비를 구축하거나 확장하는 계획을 지원한다는 내용이었다. 이 계획에는 투자금 300만 파운드가 필요했다. 그는 신규 노선 수가 단기간에 증가하면 상당수가 경영난을 겪을 것이라는 회의론자들의 의견에도 일부 동의했으나, 여러 시설을 집적하여 건설한다면 난공불락의 지역 철도 시스템을 구축할 수 있다고 주장했다. 의원의 신분을 활용하여 우호적인 세력들을 규합할 수 있었던 허드슨은 여러 반대 의견을 쉽게 물리치고 자신의 법안 26건을 모두 통과시켰다.[36]

동시대 인물 가운데 다음과 같은 기록을 남긴 이도 있었다.

그의 마음을 지치게 하는 것은 아무것도 없어 보였다. 어떤 것도 그의 열정을 막을 수 없었다. 그는 위원회에서 매일같이 전쟁을 벌였다. 진지하게 논쟁하고 간청하고 뛰어다녔으며, 목표로 한 것을 포기하는 일이 없었다. 어느 날은 마을에서 위원회를 소집하고, 다음 날은 대주교를 설득했다. 아침이 되면 낯선 사무실에서 경쟁사와의 분쟁을 조정하고, 오후가 되면 거침없이 주식을 매매하여 거래소 사람들을 놀라게 했다.[37]

그의 집중력과 분석력은 사람들을 매료시켰다. 그는 고개를 뒤로 젖히고 눈을 감은 모습이 흔히 목격되곤 했는데 때로는 계산이 끝나지도 않은 배당금을 정확히 계산해내는가 하면, 두 가지 다른 대화에 열정적으로 참여하기도 했다. 함께 일하던 직원들은 회의 중에 자신이 내놓은 분석의 허점을 발견하고 이내 사과했는데, 그는 크게 나무라지 않았다고 한다. 직원은 물론 누구를 만나도 관대함을 잃지 않는 그의 모습은 세간에 큰 화제였다. 그런데 숫자와 협상이 핵심인 그의 사업장에는 불행히도 한 가지 단점이 있었다. 구두 지시에 지나치게 의존하는 관행이 그것이었는데, 허드슨이 사업장부나 대규모 거래 기록을 활용하는 대신 추진하는 사업이 무리 없이 진행될 것을 믿는 습성을 가지고 있었기 때문이다.[38]

1843년 영국에 부설된 철도의 총거리는 약 3,200킬로미터에 불과했으나 1848년에는 약 8,000킬로미터까지 늘었다. 허드슨은 이 철로 가운데 약 2,300킬로미터 구간을 총괄하며, 북동부 지역을 사실상 독점 관리했다.[39] 이후 훨씬 많은 철로 부설 계획이 추진됐으며 의회는 1844년에 약 1,300킬로미터, 1845년에 약 4,300킬로미터, 1846년에 약 7,200킬로미터를 추가로 승인했다. 허드슨을 포함한 대부분 투자자는 소액의 주식을 새로 발행하고 이를 판매하여 착수금을 마련한 뒤, 나중에 대량으로 다시 사들이는 사업 방식을 썼다. 새로 발행한 주식을 광고하면서는 건설이 시작되지도 않았는데 연간 10%에 달하는 배당금을 약속했다. 높은 수익률에 매료된 대부분 투자자는 수익이 없는 상태에서 배당을 한다는 것은 그 배당금이 신규 주식을 판매한 자금에서 나온다는 사실을 알지 못했다. 오늘날 이런 모금 방법은 폰지 사기^{Ponzi scheme}로 불리는 위법 행위인데, 존재하지 않는 자본으로 배당을 약속하기 때문이다. 허드슨은 자신의 프로젝트에 대한 의회 논의 사항을 누설하여 투자자들을 열광하게 했다. 버블은 마지막 단계에서 더욱 화려하게 빛나기 마련이듯, 허드슨이 독차지한 북동부 지역의 촘촘한 철도 노선들은 경쟁사들의 돈줄마저 말라버리게 했다.

1840년대 이 버블 극장의 네 주인공은 공교롭게도 이름이 알파벳 P로 시작된다. 사업가^{Promoters}(블런트나 허드슨 같은)와 대중^{Public}, 정치인^{Politicians} 그리고 마지막으로 언론^{Press}이다. 당시 이 마지막 주인공은 대략 두 부류로 나누어 생각할 수 있다. 첫째는 「런던 타임스^{The Times of London}」로 대표되는 올드 미디어이고, 둘째는 「레일웨이 타임스」처럼 철도 산업을 전문으로 보도하던 뉴 미디어다. 전자는 지극히 정통적인 입장에서 산업의 과도한 팽창에 회의적인 논조를 보였고, 후자는 추측성 기사로 투자 열기에 기름을 부었다. 버블이 정점에 달했을 무렵 대중은 적어도 20개 이상의 철도 간행물을 받아볼 수 있었고, 철도회사의 경영자들은 광고비로 주당 1만 2,000파운드에서 1만 4,000파운드나 되는 거금을 지출했다. 이 자금은 건설 현장에서 더 합리적으로 사용될 수도 있었을 것이다. 새로운 사업에 대한 구상들도 넘쳐났다. 당시 사람들이 흔히 나누던 이야기를 다음과 같이 기록한 사람도 있었다. "그 위원회는 지역 유지들을 격하게 환대하더군요. 즉, 하원 통과가 확실하단 말입니다. 담당 엔지니어도 조지의 아들인 로버트 스티븐슨이던데요. 심지어 총책임자가 허드슨이지요. 은행은 글린 씨 소유 아니겠소. 이익률은 약간 상향 조정됐는데 15%를 넘지는 않습니다."[40] 기찻거리를 몰고 다니는 철도는 지구를 도는 신세계의 요물 자체가 됐다.

리버풀은 철도가 잉태된 곳으로만 만족할 수 없다. [...] 그들은 전 세계를 벨트로 연결하고 있다. 머나먼 땅 인도는 바다 너머로 그들을 유혹하고, 중국은 그들이 부리는 마술에 매료되어 있다. 고대 그리스의 파괴된 언덕과 부서진 제단은 곧 기관차의 휘파람 소리로 가득 차 상업의 신전으로 다시 태어날 것이다. 이 모든 것은 강을 정비하고, 대지를 연결하고, 상업을 번창시키고, 동맹을 이어주는 위대한 개발자들의 능력에 힘입은 것이니. 마침내 난공불락의 벽에 금이 가고, 인간은 비로소

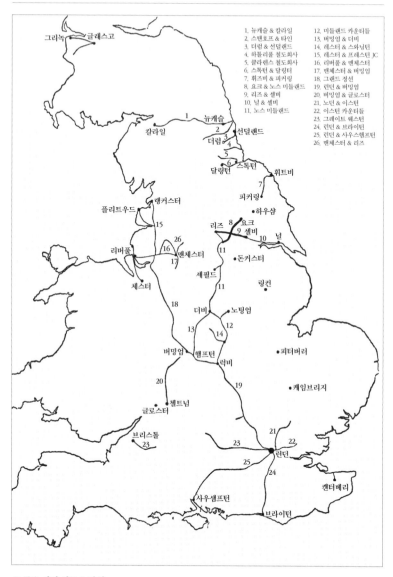

1. 뉴캐슬 & 칼라일
2. 스탠호프 & 타인
3. 더럼 & 선덜랜드
4. 하틀리풀 철도회사
5. 클라랜스 철도회사
6. 스톡턴 & 달링턴
7. 휘트비 & 피커링
8. 요크 & 노스 미들랜드
9. 리즈 & 셀비
10. 닐 & 셀비
11. 노스 미들랜드
12. 미들랜드 카운티들
13. 버밍엄 & 더비
14. 레스터 & 스와닝턴
15. 레스터 & 프레스턴 JC
16. 리버풀 & 맨체스터
17. 맨체스터 & 버밍엄
18. 그랜드 정션
19. 런던 & 버밍엄
20. 버밍엄 & 글로스터
21. 노던 & 이스턴
22. 이스턴 카운티들
23. 그레이트 웨스턴
24. 런던 & 브라이턴
25. 런던 & 사우스햄프턴
26. 맨체스터 & 리즈

※ 굵은 선이 허드슨 라인

출처: *The Railway King*, by Richard S. Lambert, London, George Allen & Unwin Ltd., ⓒ 1964, p. 57. Copyright
ⓒ 1934 HarperCollins Publishers. All right reserved.

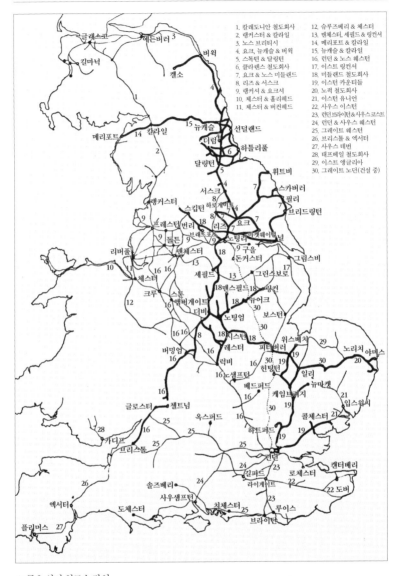

1. 칼레도니안 철도회사
2. 랭커스터 & 칼라일
3. 노스 브리티시
4. 요크, 뉴캐슬 & 버윅
5. 스톡턴 & 달링턴
6. 클라렌스 철도회사
7. 요크 & 노스 미들랜드
8. 리즈 & 서스크
9. 랭커셔 & 요크셔
10. 체스터 & 홀리헤드
11. 체스터 & 버컨헤드
12. 슈루즈베리 & 체스터
13. 맨체스터, 셰필드 & 링컨셔
14. 메리포트 & 칼라일
15. 뉴캐슬 & 칼라일
16. 런던 & 노스 웨스턴
17. 이스트 링컨셔
18. 미들랜드 철도회사
19. 이스턴 카운티들
20. 노럭 철도회사
21. 이스턴 유니언
22. 사우스 이스턴
23. 런던브라이턴&사우스코스트
24. 런던 & 사우스 웨스턴
25. 그레이트 웨스턴
26. 브리스톨 & 엑서터
27. 사우스 데번
28. 테프베일 철도회사
29. 이스트 앵글리아
30. 그레이트 노던(건설 중)

※ 굵은 선이 허드슨 라인

출처: The Railway King, by Richard S. Lambert, London, George Allen & Unwin Ltd., ⓒ 1964, p. 238. Copyright
ⓒ 1934 HarperCollins Publishers. All right reserved.

시간과 공간을 통제하는 능력에 다가서고 있다.[41]

  1843년까지만 해도 영국 경제는 1836~1837년(주가가 일시적으로 급락했던 시기-옮긴이)의 소화불량에서 회복 중인 상태였다. 하지만 1844년 가을, 은행들은 2.5%의 금리로 대출을 실행하고 있었다. 더욱 불길한 것은 철도 주식을 '부동산처럼 안전한' 자산으로 인정해 주면서 대출 담보물로 기꺼이 책정해줬다는 점이다. 그들의 고객 명부는 2000년대 초반 과도한 레버리지를 사용했던 미국 모기지 mortgage(주택담보대출-옮긴이) 회사 중개인들마저 당혹스럽게 할 정도였다. 휴직급half-pay으로 연간 54파운드를 버는 은퇴 장교에게 4만 1,500파운드의 대출이 중복으로 실행된 경우가 있는가 하면, 다락방에 사는 파출부의 두 아들 명의로 하나는 그나마 적은 1만 2,500파운드, 다른 하나는 2만 5,000파운드가 대출되기도 했다(이들은 연락조차 되지 않았다). 주소가 불명확한 주주들의 차입 규모는 수백만 파운드에 달했다.[42]
  익명의 기록자는 다음과 같은 글을 남겼다.

  영국 사람들은 세상이 온통 철도 광풍에 휩싸인 모습을 봤다. 누구를 만나든 철도에 대한 찬사를 들을 수 있었으니 거의 대중의 우상과도 같았다. 거래소를 이야기했고, 상원과 입법을 이야기했으며, 연극 무대의 풍자 소재로도 등장했다. 사회 계층을 불문하고 모두가 마찬가지였다. 철도는 모든 평범한 가정에 침투하여 모두를 굴복시켰다. 교회를 제집

드나들듯 했던 사람들, 이를테면 화목한 가정에서 좋은 말만 하던 이들이 투자에 나서면서 자본시장의 격랑에 휩싸이게 됐다.[43]

사업가이자 의회 의원이었던 제임스 모리슨James Morrison도 다음과 같은 글을 남겼다.

은밀한 탐욕의 독이 사회의 모든 계층으로 번졌다. 고관대작의 화려한 집무실에 앉아 있는 남자부터 보잘것없는 오두막에서 칩거하는 빈민에 이르기까지 모두가 감염자였다. 공작부인은 증권 잉크로 손이 얼룩졌고 늙은 하녀는 떨리는 마음으로 주가를 확인했다. 결혼을 앞둔 젊은 숙녀들은 초청자 목록이나 함께 기뻐할 친족 목록을 나누기보다 황소와 곰(주가의 등락을 뜻함-옮긴이)의 근황을 궁금해했다. 의상 전문가들은 클럽에 모이기보다 주식 중개인들과 더 자주 어울렸다. 무역을 하던 사업가들은 주식에 전념하기 위해 사업을 멀리했으나, 결국은 사업과 주식 모두에서 멀어지게 됐다.[44]

1845년, 의회의 무역위원회는 11월 30일까지 연간 마감 시한을 정하여 노선 증설 계획을 수렴하기로 했다. 마감일 저녁이 되자 800개에 달하는 사업계획서를 접수하려는 사업가들과 관계자들이 모여들며 의회 청사 주변이 아수라장이 됐다. 그들이 전부가 아니었다. 계획서를 접수하려는 사업가들이 탄 특별 열차 한 대가 런던을 향하여 시속 약 130킬로미터로 질주하고 있었는데, 운송이 마비될

지경에 이르자 철도회사가 이 열차의 선로를 차단해버렸다. 이에 한 사업가는 실제처럼 장식된 영구차를 열차에 싣고 통과를 호소하여 런던에 무사히 도착할 수 있었다.[45]

존 프랜시스의 기록에 따르면, 남해회사 버블 때와 마찬가지로 익스체인지 앨리는 사람들로 가득했고 교통이 마비되어 '통행 불가' 상황이 재현됐다. 주변 구역 전체가 "마치 박람회가 열린 것 같았다." 그는 글을 이어갔다.

> 소심한 상인과 주의 깊던 제조업자도 들뜬 투자 열기를 두고 볼 수만은 없었다. 그 열기는 순박한 투자자와 탐욕스러운 투자자를 가리지 않고 나병처럼 번졌다. 그리고 평범한 가정을 망쳐놓았고, 귀족의 거처를 송두리째 뒤흔들었다. 사람들은 빨리 부자가 되려고 서두르다가 곤경에 빠졌다. 거금을 투입했고 무모하게 매수했다. 회사 주식을 매수하느라 자신의 안식처인 집을 담보 잡혔다. 성공한 이들은 더 큰 성공을 향해 질주했고, 실패한 이들은 좌절에 빠져 이미 망가질 대로 망가진 가정을 벼랑 끝까지 몰고 갔다.[46]

사람들은 다우닝가에 있는 총리 사무실이 아니라 웨스트민스터의 그레이트 조지 스트리트에 있는 스티븐슨의 사무실로 몰려들었다. 철 가격은 2배로 뛰었고, 예전에도 종종 사유지를 침범하던 국토측량부 소속 측량사들은 이제 파산한 이들의 사유지를 대놓고 침범하여 몰수했다. 의회 보고서에 따르면 주식 보유 총액이 2,000파운드가 넘는 의원이 157명에 달했다. 하지만 1845년 여름 무렵, "모든 산업에 활력이 떨어지기 시작했는데 이는 전에 없던 일이었다. 몇 개월이 지나도록 상가에 사람이 없었고 사업가들도 자신의 사무실은 물론 사방의 인근 사무실들에서도 일하는 사람을 찾아보기 힘들었다. 당신이 만일 사업자들에게 전화를 한다면 틀림없이 '망해서 모두 떠났어요'라는 답변을 들었을 것이다." 심지어 브론테 자매들도 이 격랑에 휘말렸는데, 에밀리 브론테[Emily Brontë]와 앤 브론테[Anne Brontë]가 요크 앤드 노스미들랜드 철도회사 주식을 보유하고 있었기 때문이다. 형편이 좋았던 샬럿 브론테[Charlotte Brontë]는 오히려 더 큰 손실을 봤다.[47]

독단적으로 업무를 추진하고 불투명한 기업 지배구조를 유지하던 허드슨의 업무처리 방식은 오늘날이라면 위법이겠지만 당시에는 전혀 그렇지 않았다. 특히 존재하지 않는 미래의 자본으로 배당금을 지급하는 방식은 80년 이후에나 등장하는 찰스 폰지[Charles Ponzi(다단계 금융 사기의 대표 격인 인물-옮긴이)]의 전매특허이고, 1840년대 초에는 법적인 규제를 받지 않았다(물론 이후에는 법의 규제를 받는다). 그들의 비극적인 종말은 사기나 기만을 목적으로 했다기보다는 설비 과잉과 규제 문제들에서 초래됐다.

이전 세기의 쌍둥이 버블과 달리, 철도회사들의 파산은 매우 느린 속도로 진행됐다. 1840년대 후반, 런던에서 거의 에든버러(잉글랜드 북부 끝단에 있는 도시-옮긴이)까지 뻗어 있던 허드슨의 노선은 동쪽과 서쪽 모두에서 경쟁 노선들이 등장해 극심한 경영난에 시달렸

<그림 4-1> 영국 철도 주가 변동 추이(1830~1850)

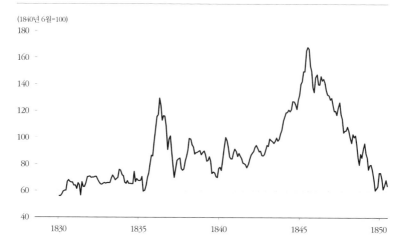

(1840년 6월=100)

다. 그럼에도 노선을 증설하여 경쟁 우위를 점하기 위해 개인 투자자들로부터 막대한 자금을 조달받고자 했다. 회사의 야심이 무색하게도, 의회는 1847년 새로운 규제 정책을 수립하여 마침내 미래에 취득할 자본에서 배당금을 지급하는 폰지 방식의 자본 확충을 불법화했다.[48]

영국중앙은행은 1847년 시장에 일격을 가하는 조치를 단행했다. 즉, 3.5%의 금리를 5%로 인상한 것이다. 이것은 주식 청약에 필요한 자금이 융통되는 데 큰 장애 요소가 됐다(금리가 급격히 인상되면 주가 하락이 예상됨-옮긴이). 1846년 감자 대기근과 1848년 유럽 대륙 전역에 나타난 혁명의 혼란(프랑스와 영국, 독일, 이탈리아 등지에서 혁명 또는 그에 준하는 상황이 연이어 발생했음-옮긴이) 등으로 경제 전망은 더욱 어두워졌고, 허드슨을 포함한 철도 사업자들은 배당금을 삭감해야 했다. 패닉에 빠진 투자자들이 자산을 매각하기 시작하면서 1848년 10월까지 주가는 1845년 최고가 대비 60%나 하락했다.[49]

주가 하락의 절대적 수치만 놓고 보면 남해회사 버블이나 심지어 20세기 폭락장만큼 크진 않다. 그렇지만 당시에는 극도의 레버리지를 사용한 투자자들이 많았기 때문에 이내 매우 광범위한 피해가 나타났다.

> 온 가족이 상처를 입었다. 영국의 특정 도시를 거론할 것도 없이 곳곳에서 비참한 자살이 이어졌다. 곱게 자란 딸들이 빵을 구하러 다녔고, 아들은 학교에 불러 다녔으며, 가족들은 뿔뿔이 흩어질 지경에 이르렀다. 법이 강경해지자 가정이 망가졌고, 사회적인 유대감은 붕괴했다. […] 안락하고 독립적인 생활을 영위하던 사람들이 갑자기 지급 불능 상태에 빠져 그간의 죗값을 치러야 했다. 가진 것 모두를 포기하고 새 출발을 한 이가 있는가 하면, 채권자들을 따돌리고 몰래 대륙으로 도망친 사람도 있었다. 한 남자는 집행 영장을 400회나 받기도 했다. 비슷한 압박에 시달리던 한 지인은 1만 5,000파운드에 모든 채무를 탕감받자 요트를 타고 지중해로 나아가 아름다운 풍경을 바라보며 비로소 마음을 가라앉혔다고도 했다.[50]

그 시점에, 위대한 허드슨이라면 충분히 쉽게 용서받을 수도 있었을 작은 실책이 부메랑처럼 되돌아왔다. 증권거래소의 두 열혈 조사관이 감사를 실시한 결과, 허드슨의 회사 중 한 곳이 역시 허드슨 소유의 다른 회사 주식을 시장 가격보다 높은 가격에 구매했다는 사실이 드러났다. 다시 말해, 허드슨이 주주들의 돈으로 배임 행위를 한 것이다. 더 심각한 편법 행위도 속속 밝혀졌는데, 즉시 형사 처벌의 대상으로 입건될 정도는 아니었지만 민사 재판의 결과에 따라 처벌받을 가능성이 큰 일들이었다.

허드슨은 옷소매에 최후의 필승 카드를 하나 숨기고 있었다. 의원 면책특권이 그것이었는데, 선덜랜드의 유권자들을 살뜰히 보살핀 대가로 이후 10년의 임기를 보장받은 상태였고 하원에서 회기를 선언하면 채무 관계로 인한 법적 책임은 면제가 된다. 이후 그는 오페라 부프 같은 쇼를 선보이며 대륙을 오갔다. 의회의 회기 동안은 안전하게 집에 머물며 재산을 빼돌렸고, 회기가 끝나면 프랑스 파리로 건너가 몸을 낮추고 지냈다. 그가 1859년 선거에서 마침내 패배하자 본격적인 비극이 시작됐다. 동료와 지인들은 그를 지켜주는 대신 채권자들의 편에 섰고, 남아 있던 그의 재산은 기어이 몰수됐다. 말년에 그는 보필하던 몇몇 추종자가 마련해준 연금으로 근근이 살았다.[51]

1863년 어느 날, 영국의 작가 찰스 디킨스Charles Dickens는 배를 타고 영국으로 돌아가던 중 친구 찰스 맨비Charles Manby(철도 사업을 주도하던 당시 최고의 엔지니어-옮긴이)를 만났다. 디킨스는 다음과 같은 감상을 남겼다.

맨비와 헤어질 당시를 기억하자면, 그는 그동안의 행적을 헤아리기 힘들 정도로 초라한 사람이 되어 있었다. 우리 일행이 항구 밖으로 나왔을 때 그는 부두 끝단에 서서 어두운 표정으로 모자를 흔들고 있었다.[52]

철도회사들 가운데 셋 중 둘은 투자자들에게 큰 손실을 안겼고, 그럼에도 산업의 필수 기반시설을 담당했던 사업장들은 수익성과 관계없이 운영을 계속해야 했다. 1838년에서 1848년 사이에 선로의 총길이는 10배나 증가했으며, 당시 부설한 영국의 철도들은 지금 운행되는 노선의 대략적인 근간을 이뤘다. 그해의 선로 총길이가 2배로 늘기까지는 100년이나 지나야 했다.

불운했던 철도회사 투자자들 덕에 영국은 세계 최초의 대규모 고속 운송 시스템이라는 소중한 공공재를 가질 수 있게 됐다. 19세기 초 이전에 영국의 1인당 GDP는 거의 증가하지 않았지만, 이후에는 영국을 비롯한 서구의 여러 선진국이 매년 약 2%씩 성장했다(한 세대에 2배 정도). 이런 급성장의 동력은 당연히 증기로 구동되어 효율이 극대화된 육상과 해상 운송 시스템이었다.[53] 하지만 투자자들의 손실을 발판으로 경제 성장의 동력이 될 기반시설을 확충하는 것은 지속 가능한 일이 아니었다.

찰스 맥케이가 『대중의 미망과 광기』 초판본을 출간한 것은 철도 투자 열풍이 정점에 도달하기 직전인 1841년이었다. 영국에서 경제의 흥망을 직시하는 사람이 있어야 한다면 다른 누구도 아닌 그다. 언론인이자 저명한 작가였던 그야말로 위기를 알아채고 경고할 최적의 자리에 있었기 때문이다. 하지만 그는 1852년 출간된 두 번째

판본의 두 문장 각주에서 이런 사실을 넌지시 이야기했을 뿐 다른 언급은 하지 않았다.[54]

1830년대의 젊은 시절 맥케이는 런던의 두 신문사 「선Sun」과 「모닝 크로니클Morning Chronicle」에서 기사를 쓰고 편집을 했으며, 1844년 철도 버블이 붕괴하기 직전에는 「글래스고 아거스」 편집장을 맡아 3년 동안 경제의 흥망을 보도했다. 특히 「아거스」의 기사 가운데 주요 인사들의 동향을 다룬 '리더들leaders'이라는 섹션은 다른 언론사들이 즐겨 인용할 정도로 평판이 좋았는데, 맥케이는 철도 개발을 열렬히 지지하는 논조로 섹션의 기사를 채워갔다. 이는 당시를 지배하던 경제 원칙인 자유방임주의와 궤를 같이한 것으로, 보호주의적인 옥수수법을 폐지하고 곡물 가격을 높게 유지하여 지주 귀족에게 혜택을 준 반면 도시 빈민을 굶주리게 한 당시의 자유주의 풍조에 편승한 태도이기도 했다. 즉, 맥케이에게 철도 자체는 부차적인 관심사일 뿐이었다.[55]

「아거스」는 맥케이가 편집권을 쥐고 있을 때도 「더 타임스」의 기사를 인용하여 버블을 경고하는 기사를 내기도 했지만, 철도회사들에 대해 호의적인 논조로 일관했던 타 신문사의 기사도 게재했다. 하지만 오늘날 많은 사람에게 '광기'라는 단어와 함께 자동으로 떠오르는 인물인 맥케이는 자신이 살아가던 시대의 최대 사건에 대해서는 시의적절한 대응을 전혀 하지 못했다. 1845년 10월에 그는 여러 기사를 내보내면서 철도회사 주식 열풍은 남해회사 버블과 공통점이 거의 없다는 의견을 진심으로 피력했다. 그의 생각에는 철도

회사 주식 열풍에는 다음과 같은 안전장치가 있었다.

> 철도 주식은 광범위한 고객의 안전한 기반 위에서 거래가 이루어지고 있다. [⋯] 조용한 철학자와 열정적인 사업가 모두 인정할 수밖에 없는 것은 철도 사업보다 더 영국의 자본 확충과 고용 창출에 도움이 되는 고귀한 사업은 존재하지 않는다는 사실이다.[56]

맥케이가 철도회사들에 투자하여 돈을 잃었다는 증거는 발견되지 않았지만, 부를 추구하는 인간의 비합리성에 매몰된 당대 최고 언론인의 안일한 현실 인식은 투자 자산의 버블이 가진 유혹적인 힘을 그대로 보여준다. 그런데 19세기까지도 이것은 식상한 뉴스에 불과했다. 1세기 전 사람이었던 아이작 뉴턴은 뛰어난 지식과 지성을 겸비했음에도 버블이라는 사이렌siren의 노래를 쉽게 떨쳐낼 수 없었다. 뉴턴은 금융 분야에서도 초보자가 아니었다. 남해회사 버블 당시 그는 조폐국 감사로 25년째 재직 중이었다. 1712년에 매수한 남해회사 주식으로 적지 않은 수익을 얻었고 1720년 초에는 이익에 만족하고 매각했다. 그런데 안타깝게도, 같은 해 후반에 치솟는 주가에 인내심을 잃고 훨씬 높은 가격에 다시 매수했다. 주가 폭락으로 그가 잃은 금액은 2만 파운드에 달했는데, 이때 세간에 회자되는 '천체의 움직임은 계산할 수 있지만 인간의 광기는 계산할 수 없었다'라는 유명한 말을 남긴 것으로 전해진다.[57]

영국의 철도 버블은 우리의 일상에 혁명을 일으키겠다는 포부가 반영된 투자 열풍이었다. 그리고 거의 같은 시기에 머나먼 대륙에서는 종말론이라는 사뭇 다른 종류의 혁명과 포부가 광기가 되어 피어오를 준비를 마치고 있었다.

5.

밀러의 폭주

우리가 믿는 바에 따르면 올해는 사탄이 이 땅을 통치하는 마지막 해
입니다. […] 통치하시기 합당하신 그분이 왕국을 되찾고 영원무궁토
록 다스리실 것입니다.

- **윌리엄 밀러**William Miller

1950년대 중반에 레온 페스팅거$^{Leon\ Festinger}$라는 운 좋은 심리학자가 있었다. 정치 급진론자이며 무신론자인 러시아 자수공의 아들로 태어난 페스팅거는 탁월한 지성을 바탕으로 사회심리학의 초기 연구자로 오랫동안 명성을 떨쳤다. 그는 자신이 가르쳤던 곳과 가까운 어퍼 미드웨스트(미국 중서부의 북부 지방으로 아이오와, 미시간, 미네소타, 위스콘신 지역을 일컬음―옮긴이)에서 비행접시 추종자들을 만나면서 연구의 중요한 전기를 마련하게 됐다. 그가 만난 집단은 영혼의 접속을 통해 대규모 지진과 홍수 등을 경고받는다고 주장한 도로시 마틴$^{Dorothy\ Martin}$이라는 여성이 이끌고 있었다. 그녀는 1954년 12월 21일에 북아메리카를 휩쓸 대격변이 일어난다는 메시지를 들었다고 주장했다.[1]

앞서 소개한 솔로몬 애시의 선 길이 식별 실험에서도 언급했듯이, 사회심리학자들은 사회적 압력이 개인 간의 의견 차이를 무력화하여 하나의 집단이나 사회가 자신의 고유한 가치를 필요 이상으로 고수하게 된다는 점을 오래전부터 알고 있었다. 특히 이런 가치 지향성이 종종 폭발적으로 확산되어 번져나가는 양상이 전염병과 유사하다는 사실도 알고 있었다.

1920년대부터 전염병을 연구한 학자들은 질병의 확산이 크게 두 가지 매개변수에 의해 진행된다는 사실을 수학적으로 계산해내기도 했다. 병원체의 전파 속도나 전염성이 하나의 변수이고, 완치나 사망에 의한 증상의 종결이 또 다른 변수다. 사회심리학자들도 같은 방식으로 이념이나 신념이 확산될 수 있다는 것을 알게 됐다. 페스팅거는 마틴과 그녀의 지지자들을 실시간으로 관찰하면서 이런 가설을 설명해보고자 했다. 무엇보다 그는 종말론 예언이 잘못된 것으로 밝혀진 뒤 그녀의 집단이 어떤 반응을 보이는지를 직접 살펴볼 수 있었다.

페스팅거는 오늘날이라면 어떤 기관도 승인하지 않을 이 연구를 계획했다. 즉 그의 연구원이 자신의 정체를 숨긴 채 '해당 집단 구성원들 몰래' 마틴의 종교 집단에 합류했다.[2] 또한 페스팅거의 프로젝트는 현장 연구원이 피험자의 의사결정에 간섭해서는 안 된다는 실험 강령과 윤리적 명령도 위반했다. 마틴과 그녀의 추종자들이 이런 사실을 모르는 채 암약하던 연구원들에게 의견과 조언을 구했고, 연구원들은 불가피하게 불간섭 규정을 위반할 수밖에 없었기 때문이다.

단체를 이끌던 도로시 마틴은 초기 사이언톨로지^{Scientology} 신봉자로 조직의 '검증' 과정을 통과한 뒤 조직의 일원이 됐으며, 외계와의 채널링^{Channelling}이 가능해진 이후 자신의 임신과 출생 및 초기 환생 등을 들여다볼 수 있게 됐다고 했다. 그녀의 최측근이었던 찰스 러헤드^{Charles Laughead} 박사는 종말론 신념에서 매우 전통적인 과정을 통해 조직에 합류했다. 미시간대학교의 학생 건강 담당 의사였던 그는 주류 개신교 단체에서 해외 의료 선교활동을 했다. 그의 아내가 신경 무력증으로 고통받기 시작할 무렵 UFO 추종자들을 만나게 됐고, 이를 계기로 도로시 마틴과 조우했다.

지금은 모두가 아는 종말론 예언이 있기 1년쯤 전에 마틴은 예언자로 거듭났다. 그녀는 어느 날 오른팔이 저린 증상과 함께 잠에서 깼다. "누군가가 내 관심을 끌려 한다는 느낌을 받았습니다."[3] 그녀는 연필을 집어 들었고 이내 알 수 없는 힘에 이끌려 무의식적으로 글을 쓰고 있는 자신을 발견했다. 처음에 그녀는 성경의 예언자들과 달리 하느님의 메시지를 전해 받은 것이 아니고 집 근처에 있는 누군가의 메시지를 전해 들은 느낌이었다고 했다. 그녀가 자신의 팔을 조종하고 있는 미지의 대상에게 정체를 밝히라고 요구하자 돌아가신 그녀의 아버지라는 답변을 들었다고 했다.

그녀는 채널링에 금방 익숙해졌고 따끔거리는 오른팔과 연필이 어떤 고귀한 존재들의 메시지를 전달하기 시작했다. 그녀에게 죽은 아버지의 영적인 현현이 필요하다고 조언한 '높은 분'이 느껴졌고, 연이어 시러스^{Cerus} 행성과 클라리온^{Clarion} 행성의 존재가 연상됐다. 그리고 무엇보다 이 시대에 나타난 예수의 육체적 현현인 사난다^{Sananda}를 느낄 수 있었다고 했다.

오늘날의 메시아라고 할 수 있는 사난다는 미국 전역에서 고도의 정찰 임무를 수행하고 있었으며, 이미 마틴을 비롯한 몇몇 인물과 접촉한 상태였다. 훗날 드와이트 아이젠하워^{Dwight Eisenhower}가 미국의 군산복합체라고 부른 일당은 사난다와 같은 수호자들을 분노하게 했다. 따라서 보복의 재앙이 미국을 덮쳐 대륙을 갈기갈기 찢을 것이며 곧 다가올 종말의 날에는 거대한 홍수가 일어 육지가 물에 잠길 터였다. 수호자들은 마틴에게 1954년 8월 1일 밤에 비행접시를 맞이하라고 지시했다. 하지만 그녀와 추종자 11명 앞에는 아무것도 나타나지 않았다(이들 중에 페스팅거의 연구원은 없었다). 대신 그들이 만난 것은 평범한 한 남자였다. 그녀가 그 남자에게 과일주스와 샌드위치를 내줬으나 그는 정중히 거절하고 자리를 떴다.

비행접시가 나타나지 않자 집단 내부에서 반발이 일었고 회원 중 7명은 즉시 그녀를 떠났다. 하지만 마틴과 그녀에 대한 믿음을 지킨 나머지 4명은 머지않아 원하던 답을 얻었다. 이틀 후 사난다가 마틴을 찾아와, 세상의 종말을 막은 이가 그 자신이며 약속된 시간에 나타나 다과를 거절하고 돌아선 남자가 그였다고 했다. 종말을 허락하지 않은 이유는 마틴과 지지자들이 보여준 모범적인 태도에 감동을 받았기 때문이며, 비행접시가 착륙했다면 선택받아 구원에 이르

렀을 것이라고도 했다.[4]

　대부분의 여타 종말론자나 묵시론자들처럼, 마틴도 사악했다기
보다 어리석은 생각을 떨쳐버리지 못했다. 그녀는 추종자들을 보살
피기 위해 자신의 시간과 재산을 바쳤지만 그 신념 때문에 크나큰
대가를 치러야 했다. 시카고 외곽 오크파크의 아이들이 부모들에게
서 세상의 종말이 임박했다는 이야기를 듣고 악몽을 꾸는 등 이상
반응을 보이자 경찰은 마틴을 '폭동 선동' 혐의로 체포하고 정신과
치료를 명령했다. 그러자 그녀는 시카고의 집을 떠났다. 러헤드 역
시 이 사건에 연루되어 직장을 잃었다.[5]

　구원의 비행접시는 물론 다음번 종말도 찾아오지 않을 것이 확
실시되자, 이를 지켜보던 많은 사람은 마틴의 지지자들이 보인 충
심 어린 믿음도 곧 붕괴하리라고 예측했다. 페스팅거는 이 극적인
상황에 주목하여 마틴과 지지자들의 생각과 행동을 예의주시했다.
요컨대 사실이나 사건이 자신의 신념과 일치하지 않을 때 사람들은
어떻게 행동하는지를 관찰하고자 했다. 그리고 이 상황을 분석한
결과물인 『예언이 실패했을 때When Prophecy Fails』라는 책은 심리학자는
물론 사회학자와 경제학자, 정치학자들 사이에서 널리 읽히는 고전
이 됐다.* 페스팅거는 이처럼 믿음과 사실 사이의, 또는 좀더 진전
된 관점에서 서사와 객관적 진실 사이의 감정적 불편함을 설명하기

＊ 이 책에서 페스팅거는 피험자들에게 가명을 부여하여 익명성을 유지하고자 했다. 예컨대 찰스 러
헤드 박사를 토머스 암스트롱(Thomas Armstrong) 박사로, 도로시 마틴을 메리언 키치(Marian
Keech)로 불렀다. 오늘날 디지털 세대 독자들은 이런 함정에는 빠지지 않을 것이다.

위해 오늘날 많은 이들에게 익숙한 '인지부조화cognitive dissonance'라는 용어를 만들었다. 사람들은 객관적 사실과 그럴듯한 서사가 충돌할 때 후자를 택하고 전자를 왜곡하는데, 이것은 태곳적부터 인류에게 내려진 저주다.

도로시 마틴의 지지자들 가운데는 사건 이후에도 인지부조화 상태를 벗어나지 못한 이들이 많았다. 그들은 객관적인 사실에 비추어 잘못된 믿음을 수정하기보다는 더욱 강화하는 쪽으로 나아갔으며, 비행접시도 곧 도래할 것이라는 주장을 지속했다. 시카고를 떠난 후 마틴은 남아메리카와 북부 캘리포니아 등지를 떠돌며 여생을 보내다가 마지막으로 애리조나주 세도나에 정착하여 대안적인 삶을 추구하는 이들과 함께 영성에 전념했다. 1954년 묵시록을 설파한 이후 그곳에서 거의 반세기 동안 기거한 후 수녀 테드라Thedra라는 이름으로 생을 마감했다.[6]

도로시 마틴 사건을 새 시대를 열망하는 자들의 어리석은 행태로 치부할 수도 있지만, 알고 보면 인간은 누구나 어느 정도의 인지부조화 행태를 보이곤 한다. 마틴과 추종자들이 보여준 일종의 자기기만도 인간의 역사에서 지속적으로 나타났다. 뮌스터의 재세례파 사람들 역시 보켈슨의 종말론 예언이 실현되지 않는 것을 여러 번 경험한 뒤에도 자신들의 신념을 거두지 않았고, 주변 마을 사람들에 대한 개종 활동을 활발히 이어갔다. 19세기 중반에 확산된 복음주의 개신교의 종말론 서사 역시 같은 궤적을 따랐다.

이처럼 상식에 반하는 행동이 심심찮게 나타나는 이유는 인간이 눈앞의 현실을 왜곡하기 때문이다. 깊이 간직한 신념이 사실과 다르면, 그 사람은 심각한 정신적 고통을 받게 된다. 이럴 때, 새로 입력된 정보를 받아들여 고통받기보다는 그것을 배척하는 편리한 방식을 택한다. 페스팅거가 말했듯, "그 신념 체계가 옳다고 점점 더 많은 사람을 설득할 수 있으려면, 결국 그것은 옳아야만 한다."[7]

⁂

1620년부터 제5왕정파의 세력을 형성하고 있던 청교도들은 최초의 식민지 개척자들을 매사추세츠로 보냈다. 그리고 10년 후, 매사추세츠만 식민지의 새 지도자 존 윈스럽John Winthrop은 신도들에게 '언덕 위의 도시'를 건설하게 될 것이며, 하느님의 은총에 힘입어 그곳에서 잘 생활한다면 전 세계가 주목할 것이라고 설교했다.[8] 국교가 없고 종교와 이념이 자유로운 이 진화한 식민지 국가는 신성한 영감이 역동적으로 발현하는 데 비옥한 토대를 제공했다.

18세기 초와 19세기 초에 각각 미국과 영국에서는 일종의 종교 부흥 운동인 제1차 및 제2차 대각성 운동Great Awakenings이 전국을 휩쓸었다. 두 차례 모두 이전의 종교개혁과 마찬가지로 개인의 영성을 중요시하고 조직화된 종교의 위계를 평가절하하는 다양한 비정통적 신학을 확산시켰다.

연방준비제도Federal Reserve에서 발행한 20달러 지폐 주인공(앤드루 잭슨Andrew Jackson_옮긴이)의 낯익은 얼굴이 제2차 대각성 운동에 직접적으로 기여했다는 사실은 역사적인 모순이 아닐 수 없다. 잭슨은 중앙은행이라는 생각 자체를 경멸했고, 1837년 미합중국 제2은행 Second Bank of the United States의 중앙은행 자격이 만료되는 데 기여한 장본인이기도 하다. 그가 활약하던 당시는 사건, 사고가 끊이지 않는 암울한 시대였다. 엄청난 버블이 지나갔고, 국가 토지 매각과 관련한 분쟁이 곳곳에서 벌어졌으며, 부동산 투기도 극심했다. 면화 가격은 버블을 지나 끝없이 추락하고 있었다. 버블이 터지자 이를 방어하기 위한 최후의 수단들이 발동됐지만 자금을 융통해주려는 어떤 국립은행도 찾아볼 수 없었다. 이는 통화 부족 사태를 빚었으며 이런 상황은 거의 10년 동안 계속됐다. 실업률은 25%에 달했고 국가 경제는 침체일로를 걸었다.

당시의 상황을 보여주는 정확한 수치들은 존재하지 않지만, 적절히 대처하지 못한 잭슨의 무능은 100년 후 대공황 때만큼이나 국가 경제에 막대한 손실을 불러왔다. 1837년 공황 이후 뉴욕을 방문한 영국의 소설가 프레데릭 메리어트Frederick Marryat는 다음과 같은 기록을 남겼다.

의심과 공포와 불행이 도시를 뒤덮고 있었다. 원인을 몰랐다면 나는 이곳에 역병이 창궐하고 있다고 생각했을 테지만, 대니얼 디포가 이미 자세한 설명을 해준 터였다. 지나는 사람들 가운데 누구도 밝은 미소를 띠지 않았다. 다급한 발소리, 근심에 찌든 얼굴, 서둘러 나누는 인사말, 해가 지기 전에 들려올 파산 소식을 걱정하는 목소리들. […] 직장에서 쫓거난 정비공은 굶주린 늑대처럼 거리를 배회한다. 전기 충격과도 같은 극심한 고통이 전국 수백 킬로미터에 걸쳐 이어지고 있다. 운하와 철도는 물론 모든 공공 공사가 중단됐으며, 아일랜드 이민자들은 굶주린 배를 움켜쥔 채 손에 삽을 쥐고 판잣집에 기대어 고향 에메랄드섬으로 돌아갈 궁리를 하고 있다.[9]

당시 확산세에 있던 제2차 대각성 운동은 1837년 공황 이후 열악해진 환경에서도 속도를 늦추지 않았다. 그 가운데 모르몬교부터 사기성이 농후한 영성운동파에 이르기까지 다양한 종파가 우후죽순처럼 생겨났는데, 죽은 사람과 소통할 수 있다고 주장하는 폭스 자매Fox sisters 같은 사기꾼들도 위대한 작가이자 정치인이었던 호러스 그릴리Horace Greeley 못지않은 인기를 끌었다.[10]

그중 가장 충격적이었던 일은 수십만 명의 미국인이 1844년 10월 22일에 세상이 멸망할 것이라고 주장하는 어느 신앙 종파에 빠져든 사건이다. 세상에서 가장 가능성이 희박한, 세상의 종말을 외친 한 지도자의 믿기 힘든 사기행각이었다. 그 주인공은 윌리엄 밀러라는 겸손하고도 사려 깊은 신앙인이다.

※※※※※

윌리엄 밀러는 1782년 미국 북동부 끝단에 자리한 뉴욕주 로햄프턴의 몹시 가난한 집안에서 16명의 자녀 중 첫째로 태어나, 독실한 침례교 환경에서 성장했다. 그의 어머니는 그에게 읽기는 가르쳤으나 집안 사정상 정규 교육을 착실히 받게 하지는 못했다. 당시의 많은 농장 아이들처럼 그도 아홉 살부터 열네 살까지는 씨를 뿌리고 작물을 수확하느라 1년에 3개월 정도만 학교에 다녔다. 책 읽기를 좋아했지만 집에서는 성경책이나 찬송가, 시편 등만 접할 수 있었고, 간혹 너그러운 이웃들에게서 『로빈슨 크루소』같은 인기 작품의 사본을 빌려 보기도 했다. 하지만 문학에 대한 그의 관심을 아버지는 달가워하지 않았다. 바쁜 농사일에 도움이 되지 않는다는 이유에서였다. 소년 윌리엄은 늦은 밤, 몰래 벽난로 옆으로 가서 소나무 옹이가 피우는 희미한 불빛을 보며 책을 읽었다.[11]

그는 스물한 살에 결혼했고, 폴트니 근교에 있는 아내 집에서 농사를 짓기 위해 버몬트주 경계를 가로질러 동쪽으로 몇 킬로미터 떨어진 곳으로 거처를 옮겼다. 그에게 운명이었는지, 이 도시는 이신론의 온상과도 같은 곳이었다. 이신론이란 절대자인 신이 시계공처럼 세상의 원리와 구조를 창조한 뒤 더는 피조물들에 관여하지 않으며, 성경은 하느님의 영감으로 쓰인 책이 아닌 단순한 책에 불과한 것이어서 고대 역사를 보여주는 것 이상이 될 수 없다고 주장하는 일종의 신학 이론이다.

이 도시의 도서관에 비치된 방대한 도서는 당시의 자유로운 지적 풍토를 보여준다. 많은 사상가 가운데서도 볼테르Voltaire와 흄Hume, 페인Paine 등의 사유법은 밀러가 이신론자가 되는 데 큰 자양분이 됐다. 그는 폴트니에서도 여러 인사와 친분을 나누었는데, 그중에서도 국회의원이자 독립전쟁 참전용사이며 미국 독립의 영웅인 이선 앨런$^{Ethan\ Allen}$의 동지이자 악명 높은 불가지론자(사물의 본질을 사람의 경험으로는 인식할 수 없다는 이론-옮긴이)였던 매슈 라이언$^{Matthew\ Lyon}$에게서 큰 영향을 받았다.[12]

계몽주의 철학에 심취한 밀러는 성경을 보며 분노를 금할 수 없었다. 하느님은 왜 온전히 이해할 수 없는 책을 내려주셨으며, 그것을 제대로 해석할 수 없게 하여 가엾은 영혼들이 죽음과 고문과 쫓겨남과 굶주림으로 고통받게 하시는가? 밀러의 생각에는 그것이 인류가 타락한 이유였다.

> 읽으면 읽을수록 인간의 성품이 끔찍히도 타락했다고 생각했다. 지나간 역사를 들여다보면 광명의 시기라고는 찾아볼 수가 없다. 시대의 정복자들과 역사의 영웅들은 분명 인간의 모습을 한 악마에 불과했다. 세상의 모든 슬픔과 고통과 불행은 타인의 것을 빼앗은 양에 비례하여 배가되는 것 같다. 나는 모든 인간을 불신하는 마음을 가지기 시작했다.[13]

폴트니에서 전개된 인습 타파 운동은 청년들의 구미에도 맞는 일이었다. 부모가 지켜온 숨 막히는 종교 전통에서 벗어난 그는 구세대 할아버지 설교자들의 교훈에 반발했고 그들의 진지한 표정을 조롱했다.[14]

밀러는 자신의 가정에서 매우 긍정적인 면을 발견했다. 독립전쟁에 참전한 경력이 있는 아버지를 통해 애국심과 군 복무의 숭고

한 가치를 배웠고 이를 통해서도 인간은 타락에서 벗어날 수 있다고 생각했다. 1810년, 영국과의 무력 충돌 가능성이 커지자 버몬트 민병대는 그에게 장교의 계급과 임무를 부여했다. 1812년 국가가 선전포고로 전쟁이 시작됐음을 알리자 민병대는 그를 대위로 진급시켰고 이듬해에 그는 미국 정규군 중위로 참전했다. 두 계급에서의 복무가 경력으로 인정되어 1814년 초에는 대위 계급을 되찾았다. 그해 늦여름에는 샘플레인 호숫가의 플래츠버그에 파견됐는데, 수적으로 열세였던 그의 부대는 치열한 육지전과 해상전에서 영국 침략군을 대파했다.

밀러가 아내에게 보낸 편지에는 당시 미군 함선에 탑승했던 병사와 선원 300명 가운데 25명만 살아남았다고 적혀 있었다. "탑승한 승무원들의 말에 따르면 핏물이 차고 넘쳐서 무릎까지 차올랐다고 하더군요." 다음 날 그는 아내에게 다음과 같은 내용의 편지를 다시 보냈다.

오, 맙소사! 도처에서 학살이 벌어지고 있어요. [⋯] 당신에게 전할 기쁜 소식이란 건 없소. 저물녘에 우리 부대는 '양키 두들Yankee Doodle'이라는 노래를 부르며 경례를 했지요. [⋯] 사방 2~3킬로미터의 땅에서 1만 5,000명에서 2만 명이 뒤엉켜 교전하고 있는데, 지금은 내가 본 어떤 전투에서보다 우세한 상황이라오. 얼마나 웅장하고, 얼마나 고귀하고, 또한 얼마나 끔찍한 일인지!!![15]

이 전투는 영국 침공군을 격파했을 뿐만 아니라 밀러가 믿고 있던 이신론의 신념도 파괴했다. 하느님의 영향력이 우리 미군을 돕지 않고서는 나폴레옹전쟁에서도 고전했던 고작 1,500명의 미군 정규군과 4,000명의 지원병 연합 부대가 15만 명이나 되는 영국군을 물리친 사건을 어떻게 설명할 수 있을까? "그런 역경에도 불구하고 얻어낸 놀라운 결과가 내게는 사람보다 더 강력한 어떤 힘이 작용한 결과로 보였다오."[16]

✿✿✿✿

전쟁이 끝나자 그는 로 햄프턴의 농장으로 돌아갔다. 그곳에서 그는 존경받는 전쟁 영웅이자 소도시의 주요 인사로서 가족이 헌신했던 침례교회에서 더 많은 역할을 하게 될 것으로 기대를 모았다.

전쟁을 경험한 그는 어린 시절 몸담았던 보수주의 종교 환경으로 되돌아가는 것에 대해 심각한 내적 갈등을 겪었다. 독서에 심취함으로써 보수 종교에 대한 거부감과 전쟁터에서 겪은 초자연적인 경외감의 격차를 문학적 자양분으로 메우려 했다. 1816년경부터 그는 성경을 읽으며 단어 하나하나를 자세히 분석하기 시작했다. 예를 들어, 「다니엘서」나 「요한계시록」에서 이교도들의 제국을 의미하는 '짐승beast'이라는 단어를 만나면 성경 전체를 살펴 같은 단어의 용례를 살피는 식이었다.

여러 해 동안 성경을 낱낱이 분석한 그는 보수 종교에 대한 거부감과 전쟁 체험 사이에서 어떤 해결책을 찾았다고 생각했다. 그가 보기에 「다니엘서」에 언급된 네 왕국 가운데 현존하는 것은 가톨릭 교회로 대표되는 로마뿐이었다. 특히 그는 「다니엘서」 8장 14절의 "그가 내게 이르되 이천삼백 주야까지니 그 때에 성소가 정결하게 되리라 하였느니라"라는 부분에 충격을 받았다.

이제는 밀러에게 모든 것이 명백해진 것 같았다. 역사학자들은 페르시아 황제 아르타크세르크세스Artaxerxes(성경에는 '아닥사스다'로 표기-옮긴이)가 유대인들에게 고향으로 돌아가 예배당을 건축하라고 명한 「에스라Ezra」 7장의 사건을 기원전 457년으로 추정했고, 밀러는 여기에 주목했다. 그의 종말론 관점에서 심판의 시계는 이 해부터 똑딱거리며 움직이기 시작했다. 성경 연구가들이 가정한 성경상의 연도와 현세의 연도가 같다고 한다면, 세상의 종말은 2,300년 후인 1843년(2,300-457=1843)이 된다.

밀러는 피오레의 요아킴을 그토록 매혹했던 '숫자 신비주의'라는 오랜 지적 전통을 물려받은 셈이었다. 물론 이는 오늘날에도 사라지지 않고 명맥이 이어지고 있다. 그 가운데 가장 놀라운 사례는 19세기 후반 존 테일러John Taylor와 찰스 피아치 스미스Charles Piazzi Smyth가 피라미드의 구조를 수학적으로 분석하여 유의미한 수치를 내놓은 것이리라. 이들의 계산에 따르면, 피라미드 바닥 길이의 2배와 높이의 비율은 파이$^\pi$ 값에 가까웠고, 바닥 길이와 벽돌 하나 길이의 비율은 365였으며, 지구와 태양의 거리는 피라미드 높이의 거의 정확한 10억 배였다는 것이다. 스미스는 자신의 놀라운 발견을 상세히 정리하여『대피라미드가 선사한 우리의 유산Our Inheritance in the Great Pyramid』이라는 책을 출간했고, 이 책은 베스트셀러가 됐다. [17]

한 세기 후, 에리히 폰 데니켄Erich von Däniken이라는 스위스 사람은 예리한 관찰력으로 지구의 여러 유적이 외계인이 지구를 방문했던 증거라고 주장하며『신들의 전차Chariots of the Gods』라는 책을 출간했는데 이 역시 베스트셀러가 됐다. [18] 거의 1,000년이 넘는 시간 동안 수많은 사람이 등장하여 신학을 연구한 뒤 수학적 우연과 성경의 연대기를 조합하여 세상의 종말을 예측하고자 했다. 최근에도 해럴드 캠핑Harold Camping이라는 한 기독교 라디오 방송인은 2011년 10월 21일에 세상이 멸망할 것이라고 예언했다. 2012년이 되자 그는 자신의 실수를 인정하고 "그 날과 그 때는 아무도 모르나니"라는 「마태복음」 24장 36절의 권고를 겸손하게 받아들였다. [19]

저명한 수학자이자 퍼즐 제작자이며 사회 평론가인 마틴 가드너Martin Gardner는 스미스의 책을 다음과 같이 비꼬았다. "인류의 유산 피라미드는 그 정도의 대접을 받을 자격이 있다. 자신의 이론을 맹신하는 열정적인 지성인이 특정 주제를 드러내기 위해 연구 대상을 덧칠하는 작업을 그토록 아름답게 수행한 책은 거의 없으니까." [20] 역설적이게도 가드너는 윌리엄 밀러의 직속 후배 격인 제7일안식일예수재림교회Seventh-day Adventist Church 집안에서 자랐다. [21] 독설을 아끼지 않는 지식인이었던 크리스토퍼 히친스Christopher Hitchens(작가이자 언론인, 평론가옮긴이)는 언제나 그러했듯, 성경의 날짜와 숫자를 남용하는 이들에 대해서도 신랄한 비판을 가하며 성경이 "바보들을

위한 주행거리계"가 됐다고 힐난했다. [22]

숫자 신비주의로 성경을 해석하는 것은 패턴성에 지나치게 의지하기 때문이다. 성경은 본디 특성상 숫자에 의미를 부여하고, 서사 장치를 삽입하고, 날짜를 예단하는 등의 행위가 쉽게 허용되기 때문에 열심히 공부하는 종말론주의자들은 수많은 경우의 수를 들어 종말의 시간을 예측하는 미망에 빠져들게 된다. 1843년을 종말론이 실현되는 해로 규정하면서 성서의 숫자 신비주의를 활용한 사람이 밀러가 처음은 아니었다. 1946년에 르로이 에드윈 프룸Leroy Edwin Froom이라는 제7일안식일예수재림교회 목사가 『선조들의 예언적 신앙The Prophetic Faith of our Fathers』이라는 네 권짜리 책을 출간했다. 이 책에는 종말의 때를 계산한 사례들이 소개되는데 그 가운데 열두 번째 사례로 1843년을 지목했다. 하지만 어떤 경우에도 윌리엄 밀러와 같이 극단적으로 숫자 신비주의를 맹신하지는 않았다. [23]

숫자 신비주의는 인간이 일단 하나의 가설이나 신념 체계에 집중하면, 그 가설에 부합하는 데이터에만 주의를 기울이고 부합하지 않는 데이터는 회피한다는 또 다른 유명한 심리학 현상인 '확증편향confirmation bias'의 오류에 빠져들게 한다.

이 용어는 피터 웨이슨Peter Wason이라는 심리학자가 만들었다. 1950년대 후반의 고전적인 실험에서 그는 피험자들에게 2-4-6과 같은 3개의 숫자 배열을 제시하고, 배열의 규칙을 찾아내게 했다. 그리고 연속적으로 다른 숫자 배열들도 제시하며 같은 작업을 했다. [24]

위의 배열에서 발견되는 가장 분명한 규칙은 '연속적인 짝수'다.

따라서 피험자들에게 같은 규칙의 배열을 만들도록 요청하면 8-10-12와 같은 배열을 제시하곤 했다. 실험자들도 피험자들이 제시한 배열이 규칙에 부합한다고 설명해줬다. 피험자들이 24-26-28을 제시하면 이것 역시 규칙에 부합한다고 설명했다.

'연속적인 짝수'라는 규칙을 몇 번 확인한 피험자들은 이것이 실험자가 숨기고 있는 규칙이라는 합리적인 결론을 내릴 수 있다. 문제는 이 숫자 배열이 '크기가 증가하는 숫자'라든가 '증가하는 양의 숫자' 등 다른 여러 규칙과도 일치한다는 사실이다. 다시 말해 피험자들은 자신의 가설을 확인하려고만 했는데, 더 효과적인 방법인 가설을 반증하는 배열, 예를 들면 5-7-9를 검증할 필요가 있었다. 실험자가 이 배열도 규칙과 일치한다고 답한다면 '연속적인 짝수' 가설은 폐기되어야 한다. 하지만 '크기가 증가하는 숫자'나 '2씩 증가하는 숫자' 가설은 여전히 유효하다.

피험자 대부분은 자신이 설정한 규칙과 일치하지 않는 배열은 외면하고 그 규칙과 일치하는 배열에만 관심을 기울였다. 그래서 그것을 뒷받침하는 증거를 찾는 데만 몰두해서 웨이슨이 설정한 규칙을 발견하지 못했다. 웨이슨은 과학자로서 과학적 논증의 핵심은 가설을 '반증'하는 데 있지만, 심리학자로서 인간의 태생적인 성향은 자신의 가설을 '확인'하는 데 있다고 봤다.[25]

다른 심리학자들도 다양한 후속 연구를 수행하면서, 신념에 부합하는 증거를 추구하고 거기에 편향성을 보이며 그렇지 않은 증거들은 무시하거나 깎아내리는 것이 인간이라는 종의 일반적인 특성인지를 연구했다. 이런 말도 있지 않은가. "자신의 의지를 거스르는 사람도 사실은 같은 의지를 따르고 있을 뿐이다."*26

1970년대 후반에 행해진 고전적 연구 사례를 살펴보자. 스탠퍼드대학교 연구원들이 151명의 학부생을 대상으로 사형제도와 같은 논쟁의 여지가 있는 주제들에 대한 견해를 묻는 실험을 했다. 사형제도에 대한 찬반 입장을 가진 피험자 48명을 동등하게 선정하여 찬성 24명, 반대 24명으로 균형을 맞췄다. 두 집단에 결과가 다른 연구 논문을 제공했는데, 실제처럼 보이지만 사실은 존재하지 않는 허구의 논문 두 편이었다. 한 편은 사형제도가 있는 주에서 살인율이 낮은 것으로, 다른 한 편은 오히려 높은 것으로 나타난 상반된 결론의 논문들이었다.

사형제도 찬성 집단은 억제 효과를 긍정한 연구가 방법론적으로 타당하며 억제 효과에 대해서도 더욱 확신하게 된 것으로 나타났다. 반면 사형제도 반대 집단은 억제 효과를 부정한 연구가 타당하며 그 타당성을 더욱 신뢰하게 됐다. 무엇보다 주목되는 점은 실험이 끝났을 때 상반된 연구 논문을 읽고 평가한 각 집단이 최초의 찬성/반대 의견을 한층 강화한 것으로 나타났다는 것이다.[27]

---

* 이 인용문은 흔히 벤저민 프랭클린(Benjamin Franklin)의 말로 회자되지만, 정확히 기록된 문장을 인용하자면 다음과 같다. "누군가를 설득하여 의견을 바꾸도록 해보라. 그는 여전히 자신의 의견을 응시하고 있을 것이다." 메리 울스턴크래프트(Mary Wollstonecraft), 『여권의 옹호』(London: Printed for J. Johnson, 1796).

윌리엄 밀러와 그의 추종자들은 만성적인 확증편향을 가졌던 것으로 추정된다. 그는 1843년이라는 구체적인 시점을 도출하여 그 증거를 확인하는 데 몰두했고, 그 증거들을 통해 자신의 예측이 정확하다는 확신을 얻었다. 그가 계산한 1843년은 세상이 종말을 맞이하는 놀라운 해였다. 그리스도가 구름 사이로 재림하실 것이고 이 땅은 불바다가 될 터였다. 의인(믿는 자들)은 하늘나라에 들어가 영원한 삶을 살 것이며, 악인은 파멸을 당하며 영혼마저 영원히 감금될 것이었다.[28]

거의 10년 동안 밀러는 이 충격적인 발견을 외부에 발설하지 않았고, 가까운 지인에게만 알리고 논의했다.[29] 수줍고 소심한 그의 성격은 감리교와 침례교, 장로교 성직자들에게 신뢰를 줬으며 학문적이면서도 교파를 가리지 않는 접근 태도 역시 깊은 인상을 남겼다. 밀러의 종말론에 고무된 지인들은 개신교 모든 종파의 신도들은 구원받을 자격이 있음에도 그가 이 사실을 설교하지 않는 것을 오히려 당혹스러워했다. 그들은 밀러가 태생적으로 과묵하고 겸손하여 파급될 효과를 두려워했을 것이며, 사람들의 비웃음을 사고 웃음거리가 될 수도 있다는 우려 역시 컸을 것으로 추정했다.[30]

1831년 여름, 어느 침례교 신도 부부가 로 햄프턴에서 샘플레인 호수 위쪽으로 약 25킬로미터 떨어진 버몬트주 드레스덴으로 밀러를 초청하여 설교해달라고 요청했다. 그는 부재중인 설교자를 대신하여 원고를 읽은 적은 있지만 자신의 설교를 한 적은 없었다. 이때 그는 나이가 50에 가까웠고 건강이 좋지 않은 상태였다. 그는 플래츠버그 전투 직전에 반점열斑點熱(진드기 매개 질병-옮긴이)로 죽을 고비를 넘긴 적이 있었고 이후에도 다양한 피부병으로 고통을 겪었다.

이때의 설교가 기록으로 남아 있지는 않지만 나중에 복기된 설교 기록과 크게 다르지는 않을 것이다. 그는 그리스도께서 하늘에 나타나시어 죽은 성도들을 부활시키실 것이며 의인들은 "주님의 신부가 되어 공중에서 그를 맞이하기 위해 높이 들리어질 것"이라고 했다. 그리고 그리스도는 죄인들을 심판하신다고 기록했다.

보십시오, 몰려든 구름에 하늘이 어스름에 잠깁니다. 해가 빛을 잃으니, 달도 차갑고 적막하게 공중에 떠 있습니다. 우박마저 내리고, 일곱 나팔의 소리가 힘차게 울려 퍼지니, 번개가 번득이고 유황불이 이글대며 사방으로 솟구칩니다. 그리고 마침내 나라의 큰 도성이 무너져 다시는 일어나지 못합니다.[31]

그의 설교는 드레스덴 침례교인들을 매료시켰고, 그는 다음 일요일까지 그곳에 머물며 교인들에게 영감을 줬다. 이후 8년 동안 뉴잉글랜드와 뉴욕, 캐나다 등지에서 초청 강연을 이어갔다. 그는 너무 먼 곳에서 설교 요청이 오면 전도지를 만들어 발송했으며, 그 과정에서 몇 권의 소책자와 정식 서적이 발간됐다. 이후, 연설 요청이 쇄도했다.

확증편향에 대해 직관적으로 알고 있는 듯했던 동시대의 기록은 감동과 의심이 교차하는 그의 강단 설교에 대해 다음과 같이 서술했다.

개인의 인상을 말하자면 그는 몸집이 크고 단단해 보였으며, 이마가 넓고 눈썹은 높았으며 부드럽고 호소력 있는 눈빛을 가지고 있었다. 목소리와 억양은 진심으로 헌신하는 이의 그것이었다. 그의 상상력은 매우 기발했지만 편중된 전제에서 결론을 끌어내려 했고, 그럼에도 모든 것을 진심으로 믿고 있는 듯했다. 이런 태도를 고수하며 그는 「다니엘서」와 「요한계시록」의 비밀을 드러내는 큰 도표를 보여주며 설교했다. 엄청난 인파가 그의 설교를 듣기 위해 방문했고, 목회자들은 물론 큰 뜻을 품은 평신도들도 그의 주장을 받아들였다. 나라의 동부와 북부 지역이 흥분으로 들썩였다.[32]

밀러가 활용한 성서적 숫자 신비주의가 수 세기 전에 있었던 것처럼, 격정적인 설교 역시 그만이 보여준 독창적인 모습은 아니었다. 1825년경부터, 장로교 목사이자 제2차 대각성 운동의 주창자였던 찰스 그랜디슨 피니Charles Grandison Finney는 청중의 반응에 더욱 고무되어 지금은 많은 이들에게 친숙한 지옥불과 유황의 비유를 들며 복음을 전했다. 그의 설교는 구체적인 성과를 보이며 사람들을 개종시켰다. 당시 상황을 목격한 사람의 말에 따르면, 피니가 마을 집회를 끝냈을 때 "종교적 감동을 마음 깊이 흠향한 사람들은 댄스파티를 열지도 않았고 서커스 공연장도 찾지 않았다."[33] 밀러 자신은 최신 부흥주의 설교자라는 수식어를 좋아하지 않았지만 그의 설교 방식은 피니의 설교 기법과 다를 바 없었으며, 밀러를 설교자로 초청한 사람들이 그를 포교에 효과적인 사람으로 전제했다는 데에는 의문의 여지가 없어 보였다.[34]

많은 초창기 복음주의자와 마찬가지로 피니는 철저한 노예제 폐지론자이자 사회운동가였다. 밀러도 초기에는 이런 사상을 공유했고, 최소한 노예 1명은 보호하고 있었던 것으로 알려졌다. 1840년 그는 노예제도 반대집회Antislavery Society 회의에 참석한 후, 인간 세상에 부패가 만연해 있기 때문에 질병이나 노예제도를 가지고 있으며 이를 해결하기 위해 하느님께 기도해야 한다고 주장했다. "가엾은 노예에게 안식이 주어지는 것은 인간이 해결하기 힘든 일이지만 하느님은 억압받는 자를 풀어주실 수 있고 또 그렇게 하고자 하십니다. 우리는 그분을 통해 변화를 얻을 수 있습니다."[35]

밀러의 화려한 웅변은 평신도 청중을 거의 최면에 빠뜨렸을 뿐 아니라, 다른 개신교 종파에 너그러운 태도와 성경에 대한 정교한 해석 역시 교인들을 매혹했다. 그에게 호의적이지 않았던 어느 교회의 장로는 그를 비판하기 위해 방문했던 일을 다음과 같이 기록했다.

상당히 많은 불만 사항을 적은 목록을 지니고 그의 방에서 그를 만났습니다. 놀랍게도 그에게는 매우 익숙한 문제들인 것처럼 보였죠. 내가 제시하는 질문에 그는 즉시 답을 했습니다. 그런 다음 나를 혼란스럽게 하는 질문을 했고, 때로는 반론을 제기했습니다. 내가 제기한 문제점들에 대해 모두 설명한 것이죠. 나는 할 말이 없어졌고 겸손해졌으며, 그의 질문에 답변할 뿐이었습니다.[36]

밀러는 감동을 불러오는 설교자로 알려지면서 대중적인 지지를 얻었다. 사람들은 그를 배척한 재림파Adventist보다 그의 지옥불과 유황 설교에 더 열광했다. 그를 초대한 이들에겐 청중석의 자리를 채우는 게 더 중요했을지 모르지만, 밀러는 지옥불에 떨어질 영혼을 하나라도 더 구하는 것을 지상 과제로 삼았다. 1830년대 후반까지 그는 자신의 메시지 전파에 더욱 도움이 될 지지자들을 간부로 임명했다. 예를 들면, 1838년에 「보스턴 데일리 타임스Boston's Daily Times」의 편집자는 밀러의 설교 시리즈를 출판했으며, 같은 시기에 조사이아 리치Josiah Litch라는 목사가 승인한 「한밤중의 외침!The Midnight Cry!」이라는 책자를 간행하여 뉴잉글랜드 전역에 배포했다. 윌리엄 로이드 개리슨William Lloyd Garrison이라는 노예제 폐지론자와 함께하는 활동가 중 한 사람인 보스턴의 목사 찰스 피치Charles Fitch는 리치의 책자를 여러 번 탐독했다. 리치와 피치를 비롯한 밀러의 측근들은 이후 수년 동안 밀러의 활동을 지원했으며, 결과적으로 그가 위태로운 종말론을 끝까지 주창하는 데 한몫하게 된다.[37]

이들의 도움이 처음부터 밀러를 고무시켰던 것은 아니다. 1839년까지만 해도 고령에 건강이 좋지 못했으며, 4년 후 세상의 종말이 도래하리라는 확신을 가지지 못했다. 이런 불신에 스스로 낙담하여 자신을 실패자로 여겼다. 설교 초대장은 속속 도착했지만, 그는 곳곳에 흩어져 있는 시골을 다니며 설교하는 것으로는 종말의 때에 많은 수의 신도를 구원의 길로 인도할 수 없으리라는 점을 안타깝게 생각했다.[38]

⚜

추종자들은 그를 예언자로 여겼지만, 엄밀히 말하면 그는 하느님과 소통하고 있다는 일각의 믿음을 단호하게 부인했기 때문에 예언자라고 할 수는 없었다. 오히려 그는 성경을 통해 미래를 예견할 수 있다고 주장했다. 자신을 어떻게 생각했는지와 상관없이, 그는 북동부의 재림교 성직자들을 감동시킨 자신의 영향력을 과소평가하고 있었다. 예를 들면 1838년, 보스턴의 목사이면서 피치와 마찬가지로 개리슨과 함께하는 활동가였던 조슈아 하임스Joshua Himes의 설교 요청도 거부했다.

밀러가 겸손하고 순박한 사람이었다면 하임스는 도시적이고 세련됐으며 보스턴 진보계에서도 활발히 활동하던 인물이었다. 퍼스트크리스천교회First Christian Church가 지나치게 보수적이라고 판단한 하임스는 스스로 세컨드크리스천교회Second Christian Church를 설립했다. 이

교회는 그의 지도력 덕분에 빠르게 성장했고 보스턴의 차든 거리에 500석 규모의 예배당을 새로 건립해야 할 정도였다. 밀러는 망설였지만, 추진력 있고 외향적이며 카리스마 넘치는 인물인 하임스는 일을 미루는 법이 없었다. 1839년 가을, 그는 밀러를 설득하여 자신의 교회에서 설교하게 했다. 하임스는 그의 설교에 큰 감동을 받아 자신의 모든 열정과 조직과 인쇄 매체 등을 총동원하여 밀러의 일을 돕기로 했다.

하임스는 시골의 한적한 교회들뿐 아니라 뉴욕시와 올버니에 있는 대형 교회에 밀러를 파견했다. 그는 밀러의 책과 각종 책자를 다시 출간했고 성공적인 신문사인 「시대의 징조The Signs of the Times」를 설립했다. 그리고 밀러의 종말신학에 감동받은 여러 사람과 만났다. 이 열혈 신자들은 자신들의 신문 「밀러라이트Millerite」를 창간했는데, 이들 가운데 너새니얼 사우사드Nathaniel Southard라는 인물이 매우 유명해진 재림교 계열 잡지인 「한밤중의 외침!」을 간행했다(조사이아 리치의 책자와 이름이 같아서 혼란을 준다).

하임스는 가장 작은 모임부터 매우 큰 강의까지 대상을 가리지 않았고 출판과 설교의 긍정적인 가능성도 직감적으로 파악했다. 재림교의 종말 이야기를 다룬 설득력 있는 책자와 신문, 단행본의 수요가 폭발했고 설교 요청 또한 쇄도했다. 신도들은 책자 묶음을 외항선에 놓아두거나 항구에 정박 중인 운하 바지선에 배포하는가 하면, 기차 내벽에 포스터를 붙이는 등 선교에 전력을 다했다.[39]

1840년 초, 하임스는 밀러의 재림교 선교를 통합적으로 관리하기 시작했으며 연차대회를 계획하여 그 첫 번째 대회를 개최했다. 이 행사는 관습적으로 행해지던 교회 내부 행사에서 벗어나 '전도단 집회' 형식으로 확장됐다.

하임스가 전도단을 만든 것이 이번이 처음은 아니었다. 미국이 건국된 직후에도 행해진 적이 있지만, 1840년에는 하나의 기관 형태로 설립됐다. 회원들 가운데 일부는 부흥집회를 개최했고, 일부는 문화운동의 형식으로 사우스캐롤라이나·테네시·켄터키 등 접경 지역 농부들을 대상으로 사교활동을 펼쳤다.

침례교나 감리교 선교사들은 전통적으로 숲을 개간하여 베어낸 나무로 간단한 벤치와 강단을 만들어 순회교회로 사용했다. 이들과 달리, 성공회와 회중교회주의자들Congregationalist(17세기경 잉글랜드에서 일어난 개신교 일파-옮긴이)은 전도단이나 전도주의를 선호하지 않았다.

밀러의 추종자들은 1842년 6월 말에 전도단 집회를 두 차례 열었다. 한 번은 뉴햄프셔주 이스트 킹스턴에서, 다른 한 번은 퀘벡주 해틀리에서였다. 뉴햄프셔의 집회는 놀라운 성공을 거뒀다. 1만 명에 이르는 침례교와 감리교도들이 참석했고, 교파를 가리지 않는 분위기에 호감을 느끼는 다른 종교 신도들과 비신도들도 많이 모였다. 하임스는 행사의 달인이 된 것 같았다. 한 역사가에 따르면 이런 행사는 철도 운행이 가능한 지역이면서 "식수가 풍부하고, 시원한 그늘을 드리우는 높은 솔송나무가 있고, 기도와 결단을 위한 한적한 숲이 있는 지역"이어야 했다.[40] 대도시와 중소도시들이 임시 천막

숙소를 지원했고, 철도 당국은 임시 역사를 설치하고 요금을 인하했으며 설교자는 무료로 승차시켰다. 특히 현장 감독관은 지옥의 불구덩이를 피하기 위해 모여든 영혼의 수를 집계했다.

이스트 킹스턴의 성공적인 집회로 고무된 하임스와 지도부는 마침내 높이 약 17미터, 지름 약 37미터에 4,000개 좌석이 들어가고 통로에 수천 명을 더 수용할 수 있는 초대형 막사를 구입하기로 했다. 악천후일 때는 실내 시설을 이용할 수 있으며, 추운 날씨에도 회의를 할 수 있도록 스토브까지 마련됐다. 뉴욕주 로체스터와 오하이오주 주민 수천 명이 이 천막으로 모여들었다. 이후 2년 동안 하임스와 지지자들은 125회의 집회를 개최하여 약 50만 명을 불러 모았다.[41]

집회가 끝날 때마다 사역자들은 작별 기도나 노래를 준비했으며, 가장 즐겨 부른 노래는 '다시는 헤어지지 않아요Never Part Again'였다.

우리는 임마누엘Immanuel(그리스도를 뜻함-옮긴이)의 땅을 행진하고 있어요.
우리는 곧 트럼펫 소리를 듣게 될 거예요.
우리는 곧 주님이 통치하는 세상을 살게 될 거예요.
그리고 다시는 다시는 헤어지지 않아요.

정말? 정말로 헤어지지 않나요?
그래요, 다시는 헤어지지 않아요.

왜냐하면 곧 주님이 통치하는 세상을 살게 될 테니까요.

그리고 다시는 다시는 헤어지지 않아요. [42]

노래가 끝나면 목사는 교인들을 한 줄로 이끌고 막사 밖으로 나갔다. 대열이 원을 그리며 이동했다가 선두부터 되돌아오면서 참가자 모두가 악수를 했다. 종말의 때가 임박했다고 믿고 있는 신도들은 다음번 만남이 '하늘나라 집회'가 될 것으로 기대했다. [43]

ᘐᘐᘐᘐ

밀러는 높아진 명성만큼이나 촘촘한 일정을 소화해야 했다. 소박한 한 개인에 불과했던 그가 1841년에는 격정적인 90분 설교를 627회나 소화할 만큼 유명인이 됐다. [44] 당시 지도부의 열정적인 지원에도 불구하고, 그는 누적된 피로와 악화된 피부 상태 탓에 선교활동의 강도를 다소 낮춰야 했다. 한두 차례는 건강이 급격히 악화돼 로 햄프턴에 있는 본가에서 쉬어야 했다. [45]

참가자들의 감정이 동요되는 대규모 종교 행사는 세심하게 관리하지 않으면 통제 불능 사태에 빠져 손쓸 수 없는 지경이 되기도 한다. 하임스는 밀러의 활동을 지원하느라 특별히 바쁜 시기가 되면 자신의 부관이자 차든 예배당을 담당했던 찰스 스타크웨더Charles Starkweather에게 현장을 맡겼고 그는 회중의 열광을 능숙하게 끌어내곤 했다. 그런데 부관의 영향력이 지나치게 커지는 것을 우려한 하임스는 결국 그를 해고하고 말았다. 하지만 신도들이 스타크웨더가 성령 충만한 사람이고 여러 가지 은사를 가지고 있으며, 심지어 증기기관을 멈추거나 물 위를 걸을 수도 있다고 믿었기 때문에 지도부는 캠프에 그가 참석하는 것까지 막을 수는 없었다. 어떤 모임의 참석자는 신도들의 성품과 생각을 읽을 수 있다고 주장하며 뜻을 같이하는 이들과 무리를 형성하고 영원한 지옥의 저주 같은 것은 없다고 주장했다. 사람들이 이에 항의하자 그는 알 수 없는 방언을 내뱉으며 폭력을 행사했다. 만류하는 행사 관계자들에게는 지옥불에 떨어질 것이라며 비난했다.[46]

더욱 심각한 문제는 영향력이 점점 확대된 재림교 언론이 밀러와 하임스의 통제 범위에서 벗어나기 시작했다는 점이다. 신도들은 「왕국의 진실과 복음을 전하는 소리Voice of Truth and Glad Tidings of the Kingdom at Hand」나 「전도자의 재림 연대 기록Advent Chronicle and Tent Reporter」, 「환희의 나팔Jubilee Trumpet」, 「한밤중의 외침 서부 판Western Midnight Cry」과 같은 신문과 잡지를 자체적으로 간행하기 시작했다. 예의 마지막 신문은 노예제 폐지 활동으로 뉴햄프셔에서 수감된 감리교 목사인 조지 스토스George Storrs가 마지막으로 창간한 잡지다. 그 역시 남다른 열정으로 재림교의 사명에 충실했는데, 결과적으로는 재앙과도 같은 사건을 폭발시키는 데 한몫하게 됐다.

1842년 12월 31일 새해를 앞둔 저녁, 천지창조의 마지막 해를 기념하기 위해 전국의 재림교 신도들이 차든 거리를 가득 메웠다. 하임스는 인파로 가득 찬 예배당에서 설교했고, 아직 해고되기 전인

스타크웨더도 참석했다. 하지만 몸이 점점 쇠약해가던 밀러는 설교 대신 신도들에게 다음과 같은 편지를 보냈다.

> 우리가 믿는 바에 따르면 올해는 사탄이 이 땅을 통치하는 마지막 해입니다. 예수 그리스도가 오시면 사탄의 머리를 내리치실 것이며 이 땅의 왕국들은 산산이 부서질 것입니다. [⋯] 그리고 통치하시기 합당하신 그분이 왕국을 되찾고 영원무궁토록 다스리실 것입니다.[47]

밀러는 2월까지 병세를 진정시키고 몸을 회복하여 필라델피아로 향했다. 그의 설교를 위해 거대한 규모의 중국박물관극장Chinese Museum Hall이 임대되어 있었다. 도시는 흥분의 도가니가 됐고 설교장 밖 거리의 군중은 당국의 통제를 따르지 않았다. 큰 소요가 일 것을 우려한 시 당국은 2월 9일 첫 번째 설교의 허가를 취소했다. 하지만 이튿날의 설교는 큰 사고 없이 마무리됐고, 얼마 후에는 시장의 정식 초청을 받아 뉴저지주의 북서부 도시 트렌턴에서 설교했다. 집으로 돌아가는 길에 병세가 악화된 그는 그해 가을까지 로 햄프턴에만 머물렀다. 하임스와 몇몇 신도는 미국을 작전구역 나누듯 구획하여 서쪽으로는 위스콘신주와 미주리주까지, 남쪽으로는 캐롤라이나주까지 진출하여 지역의 교회마다 설교를 하고 집회를 개최했으며 책자를 발송했다.

도시에 있는 포교의 성지라고 할 수 있는 보스턴 차든 거리에는 하임스의 설교를 듣고자 사람들이 몰려들었다. 예배당 좌석이 심각하게 부족해지자 하워드가에 3,000석 규모의 예배당을 새로 건립하는 일도 추진됐다. 시의 건축 조례에 따르면 해당 크기의 신축 건물은 4면을 벽돌로 마감처리해야 했는데, 종말의 때가 가까워져 온다고 생각한 신도들은 3면이 이미 벽체에 둘러싸여 있어 네 번째 측면의 약 3.6미터짜리 벽만 마무리하면 되는 한 부지를 최적의 장소로 꼽았다.

이 무렵, 오랫동안 대중의 회의와 조롱을 피할 수 없었던 종말 운동은 더욱 노골적인 적대감에 직면하게 됐다. 특히 신문들은 매우 위험하고 무모한 종말론 신앙을 대대적으로 경고했고, 일부는 경멸조로 비난했다. 정말로 세상의 종말이 임박했다면 보스턴뿐 아니라 신시내티와 클리블랜드에 건설 중인 대형 집회장은 아무 소용이 없을 것이라고 조롱하기도 했다. 반감이 극심해지는 가운데 신도들은 1843년 5월 4일, 하워드가에서 완성된 성막聖幕 헌납 행사를 열었다.

밀러 운동은 자신들의 폐쇄된 신념 체계를 유지하면서 이를 뒷받침하는 확증편향의 요소들을 편집하기 시작했다. 언제나 그렇듯이 성경은 이런 자료를 원하는 이들에게 보물창고였다.

먼저 이것을 알지니 말세에 조롱하는 자들이 와서 자기의 정욕을 따라 행하며 조롱하여 이르되 주께서 강림하신다는 약속이 어디에 있느냐? 조상들이 잔 후로부터 만물이 처음 창조될 때와 같이 그냥 있다 하니. (「베드로후서」 3장 3~4절)

대중의 조롱이 급증하자 신도들의 낙담을 우려한 잡지 「한밤중의 외침!」에서는 '거짓말쟁이들의 주장The Liars Column'과 '비웃는 사람들Scoffers Corner' 난을 마련하여 정기적으로 논평을 내놨다.[48]

밀러는 종말의 정확한 때를 명시적으로 말하지 않았다. 그는 「다니엘서」 8장 14절에서 페르시아 황제 아르타크세르크세스가 유대인들의 귀향과 성전 재건을 허락한 기원전 457년에 주목했다. 이 해부터 2,300년이 경과한 때를 종말의 시간으로 계산했고, 이 간단한 계산으로 도출된 예수 재림의 해가 1843년이었다. 그런데 이 해가 아무 사건 없이 지나자 밀러는 혼란에 빠졌다. 하지만 성경에 따르면 유대인들은 율법학자들이 쓰는 랍비 달력을 사용하고, 이 달력은 3월 또는 4월에 새해가 시작되기 때문에 아직 기대를 접기에는 이르다고 생각했다. 이 계산에 따르면 유대인의 1843년은 실질적으로는 1844년 3월 21일까지 끝나지 않았다.[49]

1844년 초에 밀러는 분란이 일고 있던 교회로 돌아와 보스턴과 뉴욕 시민들을 상대로 설교에 나섰다. 운명의 날짜가 다가오자 그는 리치, 하임스와 함께 워싱턴D.C.에서 장엄한 대단원을 맞이하고자 했다. 그렇지만 밀러가 '가이사의 집Caesar's Household'이라고 불렀던 이 도시는 종말의 시간보다는 이듬해에 예정된 대통령 선거에 더 몰두해 있는 듯했다.

우리의 통치자들과 정치인들은 아직 권력을 포기할 준비가 되어 있지 않아 보입니다. 그들은 자신들의 보잘것없는 '짧은 권위'가 마치 영원히 지속될 것처럼, 차기 대통령 선거를 위한 정치 다툼에 매몰되어 있습니다. 하지만 하느님의 말씀과 성령의 도우심과 지난날의 역사하심에 힘입어 제가 선언하는바, 머지않은 때에 대통령 선거와 비교조차 불가능한 중대한 혁명적 사건이 이 땅에 이루어질 것입니다. 그리고 그들은 이 장면을 목격하게 될 것입니다.[50]

밀러는 3월 3일까지 워싱턴D.C.에서 19회 설교를 했고 로 햄프턴의 집으로 향하는 길에 몇 차례 더 집회를 가졌다. 그리고 지친 상태로 3월 21일의 종말을 기다리기로 했다.

종말의 날이 다가왔지만, 아무 일도 일어나지 않았다. 밀러는 개인 우편을 통해 하임스에게 희망적인 이야기를 전했고, 재림교파 신문들에 기고하여 신도들에게 근황을 알렸다. "비록 그의 계산은 정확하지 않았지만, 일주일 또는 한두 달의 오차는 발생하기 마련이지 않은가?"라며 하임스는 신도들에게 주님이 반드시 오실 것이라고 다독였다. "그러므로 우리는 종말의 때가 한 시간 뒤에 오리라고 생각하기보다는 항상 깨어서 다가올 심판을 준비하는 것이 옳습니다. 이런 관점에서 우리는 장래의 일을 확정하여 말할 수는 없습니다."[51]

변명을 늘어놓는 사람은 아직도 많았다. 예를 들면, 하임스의 신문사인 「시대의 징조」에서 한 해 전에 작성했지만 활자화되지 않은 기사 하나를 소개했다. 요지는 밀러의 날짜 예측에 계산상의 오류가 있을 수 있다는 지적이었다. 기독교 달력에 0년은 존재하지 않기 때문에(기원전 1년의 다음 해는 0년이 아니고 바로 서기 1년이 되기 때문에-옮긴이) 457년에서 2,300년이 아니라 2,301년이 경과해야만 '랍비 달력'에 합당하며, 이에 따라 종말의 연도는 1843년이 아닌 1844년이 옳다는 내용이었다.

이 기사는 밀러가 랍비 달력을 사용한 것에 대해서도 문제를 제기했다. 유대인들은 전 세계로 흩어진 이후 대속죄일^{Yom Kippur}(욤 키푸르: 유대인의 절기 중 하나-옮긴이)이나 그와 관련된 보리 수확 행사를 열 수 없었다. 이들은 19년 주기에 따라 정확한 수학 계산으로 설계된 연대 측정 시스템인 랍비 달력을 채택했다. 문제는 이 새로운 달력이 서기 4세기까지는 사용되지 않았다는 점이다. 이런 이유로 기사는 유대인들의 보리 수확 시기이자 초승달이 나타나 한 해의 시작을 알리는, 당대에 실제로 사용된 달력 체계인 카이라테^{Kairate}를 기준으로 했어야 한다고 주장했다. 이 방법에 따르면 종말의 날짜는 1844년 4월 29일이 된다. [52]

그렇지만 이날 역시 아무 일 없이 지나갔고, 대중의 조소가 거세졌다. 밀러의 추종자들은 이웃들에게 이런 말을 들어야 했다. "자네 아직 안 떠났는가? 이미 간 줄 알았는데! 부인도 남은 걸 보니 자네 혼자 불벼락 맞는 걸 두고 떠날 수 없었나 보구려?"[53]

세상이 평온한 이유를 설명하기 위해 사람들은 또다시 성경을 뒤적였고, 가장 모호한 구약성서 가운데 하나인 「하박국^{Habakkuk}」 2장 3절에서 다음과 같은 구절을 찾아냈다. "이 묵시는 정한 때가 있나니 그 종말이 속히 이르겠고 결코 거짓되지 아니하리라. 비록 더딜지라도 기다리라. 지체되지 않고 반드시 응하리라." 이 문장에서 '비록 더딜지라도though it tarry'의 'tarry'라는 단어는 성경의 다른 곳에서도 유용하게 쓰였다. 특히 「마태복음」 25장에는 예수를 의미하는 '신랑'을 기다리는 열 처녀의 비유가 나온다. 5절과 6절의 내용은 다음과 같다. "신랑이 더디 오므로While the bridegroom tarried 다 졸며 잘 새 밤중에 소리가 나되 보라 신랑이로다 맞으러 나오라 하매"(리치의 책자나 재림교의 유명한 신문 「한밤중의 외침!」의 이름이 여기서 비롯됐다), 이런 성경 문구들에 신도들은 다시 마음을 다잡았다. 요컨대, 예수의 사역은 큰 틀에서 진행되고 있으며 단지 조금 지체되고 tarrying 있을 뿐이었다.

밀러의 추종자들은 비행접시가 등장하지 않았을 때 도로시 마틴의 지지자들이 보여준 행태와 정확히 일치하는 모습을 보였다. 일부 신도가 이탈했지만 남아 있던 자들의 신념은 배가되어 더욱 열렬한 복음 전파자가 됐다. 전도단 활동은 계속됐고, 봄의 사건을 계기로 신도 수가 줄었다는 상황이 무색할 정도로 극렬 신도들의 목소리는 더욱 크게 울려 퍼졌다.

　열혈 지도자였던 스타크웨더는 차든 거리의 집회에서 쫓겨난 뒤, 자신을 따르는 많은 신도를 데리고 떠나버렸다. 또 다른 광신도인 캘빈 프렌치Calvin French는 예수의 재림을 믿는 이들은 지옥불을 피할 수 있을 뿐 아니라 지은 죄를 모두 용서받고 축복까지 선사 받는 온전한 존재가 될 것이라고 했다. 종말론을 설파하는 지도자들은 종종 추종자들을 '영적 아내'라고 주장하며 그들의 육체에 관심을 갖곤 했는데, 이처럼 마지막 때라는 특권적 상황을 편리하게 이용한 사람 가운데는 스타크웨더도 포함되어 있었다.

1844년 8월 뉴햄프셔주 엑서터에서 열린 전도단 집회에서는 신도들의 실망과 열광이 위태롭게 섞여 있다가 폭발해버리는 일이 발생했다. 밀러의 측근 중 한 사람인 조지프 베이츠Joseph Bates가 지루한 정책 발표를 하던 중 한 여성이 난입했다. 새뮤얼 스노Samuel Snow라는 이름으로, 이전까지는 대중 앞에 서지 않았지만 급하게 전해야 할 소식이 있다고 했다.

그녀는 자신이 구약과 신약을 철저히 검토한바, 놀라운 발견을 했으며 이를 신도들에게 알려야 한다고 말했다. 유대교에서 신성시하는 네 절기와 개신교의 네 절기가 정확히 일치하는데, 개신교는 그 가운데 세 절기만 지냈을 뿐 대속죄일은 아직 지내지 않았다고 했다. 유대인들이 가장 신성시하는 이날은 유대 달력으로 티슈리Tishri라고 불리는 일곱 번째 달의 열 번째 날이라는 것이다.

스노는 1844년의 대속죄일이 9월 23일이라는 의견에 동의하지 않았다. 그녀가 보기에 당대에 사용되던 카이라테 달력으로 계산하는 것이 옳으며, 여기에 따르면 랍비 달력보다 한 달 늦은 날짜가 나온다. 따라서 종말의 날은 10월 22일이 될 터였다(이토록 '면밀히' 조사하고 발표했음에도 또 다른 의혹이 불거졌다. 당시 예루살렘에 절기를 상징하는 초승달이 떴다고 가정해도 아메리카 대륙은 그곳에서 매우 멀리 떨어져 있어서 달이 즉시 관측되지 않을 것이기 때문에 일부 신도는 실제 날짜가 늦어도 10월 24일경이 될 것으로 생각했다).[54]

스노의 메시지는 신도들에게 충격을 줬고 발표 중이던 조지프 베이츠에게도 마찬가지였다. 그는 다음과 같은 기록을 남겼다.

> 그 소식은 우리에게 한 알의 누룩과도 같았습니다. 모임이 끝나자 뉴햄프셔의 화강암 언덕들은 다시금 감격의 외침으로 가득 찼죠. "보라, 신랑이 온다. 나가서 맞이하라!" 이들은 짐마차나 기차에 무대와 각종 짐을 싣고 뉴잉글랜드의 여러 도시는 물론 이웃 주들을 다니며 "보라, 신랑이 온다!"를 외치며 축복의 주님이 일곱 번째 달의 열 번째 날에 오시니 "준비하라! 준비하라!" 소리쳤습니다.[55]

여기서 '신랑'이라는 표현은 물론 「마태복음」 25장의 비유에서 나온 말이다. 스노는 하임스를 모방하여 「한밤중의 진실한 외침The True Midnight Cry」이라는 새로운 신문을 창간했다. 앞서의 계산법을 스노 자신이 알아낸 것은 아니었고, 밀러 역시 이미 '일곱 번째 달 열 번째 날'의 가능성을 고민한 바 있었다. 1844년 여름 동안 인지부조화와 확증편향에 사로잡힌 밀러주의자들은 스노의 이론에 전적으로 매달리는 형국이었는데, 열정적인 목회자 조지 스토스가 이들의 구원자로 등장했다.

스노와 스토스 모두 완고한 개인주의자였다. 스노는 무신론에 기반한 신문사라고 자처하던 「보스턴 인베스티게이터Boston Investigator」에 기고 활동을 하며 '이교도'를 자칭하던 인물이었다. 그러던 중 당시의 많은 무신론자처럼 밀러가 쓴 책을 읽고 재림교로 개종했다. 이에 반해 스토스는 감리교 출신 성직자로, 한번은 초대받은 교회에서 설교하려는 노예제 폐지론자를 가로막았다가 체포되어 무릎이 꿇린 채로 끌려 나간 적도 있었다.

솔로몬 애시의 선 길이 식별 실험에서 다수 타인의 영향력에 무기력했던 피험자들처럼, 재림교의 지도층은 종말의 때를 애초의 일곱 번째 달의 열 번째 날에서 슬그머니 10월 22일로 변경하고 사용하던 달력에도 그렇게 표기했다. 조직을 유능하게 이끌었던 하임스도 신도들이 불안해할 것을 우려하여 밀러에게 이전의 날짜에 대한 해명을 요구했다. 그리고 두 사람 모두 10월 22일이 종말의 날임을 확인했다. 그것이 10월 6일의 일이었고, 진정한 종말의 날은 이제 2주 앞으로 다가왔다.[56]

밀러는 「한밤중의 외침!」에 다음과 같이 기고문을 남겼다.

저는 한 번도 본 적이 없는 일곱 번째 달의 영광을 봅니다. 1년 반 전에 주님께서 일곱 번째 달이 가진 고유한 의미를 보여주셨지만, 저는 그 내용을 이해하지 못했습니다. 신약과 구약의 신성한 절기가 동시에 가리키는 사실을 말입니다. 이제 주님의 이름을 찬미하노니, 오랫동안 기도했으면서도 미처 보지 못했던 성경의 아름다움과 조화로움과 합당함을 이제야 봅니다. 나의 영혼이 주님께 감사드립니다. 스노 형제와 스토스 형제 그리고 여러 성도께서 제 눈을 뜨게 하셨으니 축복받아 마땅합니다. 이제 영원한 고향에 거의 다다랐습니다. 주님께 영광을! 주님께 영광을!! 주님께 영광을!!![57]

믿음이 확고한 자들은 대체로 스노가 계산한 수학의 결과물을 받아들였고, 가장 회의적이었던 조사이아 리치 역시 10월 22일 종말설을 확신하게 됐다. 그는 다음과 같이 기록했다.

저의 고민은 모두 사라졌습니다. 이제 구약의 증표를 보여주시는 주님의 말씀과 그 영광의 빛을 기뻐할 뿐입니다. […] 저는 그의 전능하신 손길 아래 작은 존재임을 느낄 뿐이며, 이제 열흘 안에 만왕의 왕을 직접 뵙게 될 벅찬 감격에 떨며 고개를 듭니다.[58]

하워드가의 예배당에는 인파가 넘쳐났고, 「한밤중의 외침!」과 「어드벤트 헤럴드Advent Herald」의 최첨단 증기 동력 인쇄기는 하느님께서 구원의 창을 닫기 전에 지옥불에서 가능한 한 많은 영혼을 구하려는 처절한 노력을 드러내듯 24시간 쉼 없이 가동됐다.

이 시기가 되자, 신도들은 세상 사람들이 자신들을 미쳤다고 여기는 것을 보며 정말로 두려운 선택 앞에 놓여 있다는 사실에 긴장하기 시작했다. 일상적인 생활과 사업을 지속한다면 속세를 탐하는 위선자가 될 것이고, 사회생활을 중단한다면 광신도로 낙인찍힐 것이기 때문이다. 자신들의 신앙이 대중의 지지를 잃지 않기를 바랐던 지도부는 전자의 방법을 조언했다. 신도들은 어쨌든 종말의 시간까지 정상적인 사회생활을 영위해야 했다.

「한밤중의 외침!」 마지막 판이 간행됐다. 예언된 종말일 이전에 배포된 10월 19일 자 마지막 소식이었으며 진심 어린 믿음의 고백들이 실려 있었다. 가장 인상적인 글은 같은 재림교 이웃 벡스터Baxter 부인과 마지막 인사를 나눈 윌리엄 니컬러스William Nicholas라는 사람의 고백이었다.

> 그녀는 음식을 먹지 않은 지 29일이나 됐는데도 겉으로는 건강해 보이고, 안색도 괜찮아 보인다. 최근 들어 기력도 좋아졌다고 한다. 그녀 자신도 아프지 않고 건강하다고 했다. 어제는 물론 오늘 아침까지도 그녀는 외출을 다녀왔다.[59]

겸손한 사람이었던 밀러는 1844년의 예수 재림을 믿은 신도가 5만 명에 달했다고 추산했고, 어떤 연구가는 그 수가 미국 전체 인구 2,000만 명 가운데 100만 명 정도 됐다고 주장했다. 미국골동품협회American Antiquarian Society의 권위 있는 통계 자료에서는 당시 종말론에 빠져들었던 신도 수를 15만에서 20만 명가량으로 추산했다.[60] 10월 22일, 신도들은 대체로 차분한 가운데 종말을 확신하고 있었고, 지옥불을 피할 수 없을 것으로 보이는 사람들과 작별 인사를

나눈 뒤 가족과 함께 집이나 교회에 조용히 모여 있었다. 하임스도 구세주를 맞이하기 위해 밀러와 함께 보스턴에서 로 햄프턴으로 돌아갔다.

밀러와 하임스는 "내가 돌아올 때까지 장사하라Occupy till I come"(「누가복음」 19장 13절)라는 성경의 명령에 근거하여 추종자들에게 일상적인 생활을 하라고 권고했다. 하지만 이런 조언에도 불구하고 많은 사람이 1844년 봄에 농작물을 심지 않았으며, 심은 사람들도 세속을 향한 욕심으로 오해를 살까 우려하여 작물을 수확하지 못했다. 사업을 중단하고 자녀를 학교에 보내지 않은 채 복음을 전파하러 다닌 이들도 많았다. 일부 상인은 남은 물건이나 빵을 소진하기 위해 모두 진열대에 올렸고, 몇몇은 돈과 세속적인 소유물을 내놓았다.[61]

재림교 신문들이 보도한 바에 따르면, 가진 돈을 기부하려 했으나 적당한 곳을 찾지 못한 많은 신도가 죄를 회개했으며, 나눠주지 못한 돈들이 곳곳에 흩뿌려져 있었다고 한다. 어떤 이들은 수천 달러의 빚을 탕감해줬고, 뉴욕주 의회는 한 비리 의원을 용서하며 그가 세상의 종말을 준비할 수 있게 했다. 로체스터의 한 여성은 여러 해 전에 저지른 살인을 자백하는 바람에 잉글랜드의 관할 사법기관으로부터 소환장을 받게 됐다.[62]

필라델피아에 남아 있는 19세기 역사 기록에는 다음과 같은 내용이 있다.

밀러주의자들의 교회는 우드와 캘로힐 사이의 줄리아나 거리에 있었는데, 신도들은 그곳에서 밤낮으로 만나 태양과 별을 바라봤으며 회개하지 않는 사람들에게 "심판의 날이 다가오고 있다"라고 경고했다. 많은 이들이 땅과 집을 헐값에 매각했고, 어떤 이들은 개인 물품을 처분하고 사업을 접고 집을 정리했다. 체스트넛 위쪽 5번가의 한 상점에는 이렇게 쓰인 플래카드가 걸려 있었다. "이 가게는 10월 20일경 재림하시는 만왕의 왕을 맞이하기 위해 문을 닫습니다. 부디 준비된 자가 되어 만유의 주님이 내리시는 면류관을 받으시기를!"[63]

주류 밀러주의자들은 10월 22일을 침착하게 기다렸으며, 일부 사람들이 종말론을 광신주의로 몰고 가는 행태를 경계했다.

> 미혹에 빠진 일부 신도는 모든 것을 방기한 채 개인 주택에 모여 밤낮으로 함께 지냈으며 때때로 밤을 지새우기도 했다. 세속적인 책무를 감당하려 하지 않는 이들은 어린 자녀들을 방치했고, 심지어 비교적 일상을 잘 꾸려가는 다른 신도들에게 맡기기까지 했다.[64]

종말을 기다리는 사람들의 심리는 지극히 불안정한 상태여서 그 전체적인 파급효과는 가늠하기조차 힘들다. 10월 22일이 다가옴에 따라 신도들은 하늘이 어두워지거나 바람만 세게 불어도 마음이 내려앉았고, 종말을 의심하는 일부 사람들은 주님께 진심으로 귀의해야 하는지, 아니면 다른 어떤 방법이라도 있는지를 고민했다. 뉴욕 이타카의 한 남자는 "불이야!" 하고 외치는 소리에 잠에서 깼다. 재림교회 부근을 살펴본 결과 "불길이 피어오르는 곳은 교회 회의장이었습니다. 이 세상이 불바다가 되지 않아서 천만다행이었어요"라며 안도했다고 한다.[65]

시간이 흐른 뒤인 1920년대 초의 일이다. 뉴잉글랜드의 귀족 가문에서 태어나 개인 가정교사에게서 교육을 받은 클라라 엔디콧 시어스Clara Endicott Sears라는 여성이 밀러의 종말론에 관심을 갖고 신문 광고를 내 당시 사건을 경험한 이들에게서 사례를 제보받았다. 그녀는 그 결과로 얻은 160여 편의 경험담을 『망상의 시절Days of Delusion』에 수록했고, 이 책은 밀러주의자들의 광기를 오늘날의 관점에서 이해하는 데 중요한 자료가 되고 있다. 물론 많은 역사학자가 이 자료들이 80여 년의 시간 동안 부모와 조부, 숙모, 삼촌을 통해 전해지면서 전부는 아닐지라도 상당 부분 왜곡되거나 거짓이 포함되어 있다고 주장하기도 한다.

하지만 그녀가 취득한 일부 자료는 매우 사실적이어서, 신도들이 예수의 재림을 보기 위해 언덕 꼭대기에 오르거나 무덤 앞에서 가족의 부활을 기다리던 모습 등이 담담한 문체로 묘사되어 있다. 또한 인간 삶의 비애를 보여주는 사건들도 포함되어 있다. 1844년에 어린 소녀였던 한 노인의 제보에 따르면, 그녀는 이웃에 사는 친구 집에 놀러 가서 같이 요리를 할 수 있는지 물었다고 한다. 밀러주의자였던 친구의 부모가 자신들 가족은 모두 하늘로 올라가기 위해 준비하고 있다고 그녀에게 귀띔했다. 그러자 그녀가 친구 어머니에게 이렇게 물었다고 한다. "만일 그 일이 일어나지 않으면 다음 주에 와서 친구랑 요리해도 되나요?" 이후의 순간을 그녀는 이렇게 기억했다. "당시 나는 어렸지만 친구 어머니의 표정을 결코 잊을 수 없어요. 그녀의 얼굴에 드리워지던 공포감을, 그리고 크고 파란 두 눈에 눈물이 가득 맺히던 모습을 말이에요."

시어스의 또 다른 일화에는 유니테리언파^{Unitarianism}(개신교의 일파로 삼위일체를 부정함-옮긴이) 목사인 시어도어 파커^{Theodore Parker}와 시인 랠프 월도 에머슨^{Ralph Waldo Emerson}에게 종말론을 설파하던 어느 열정적인 밀러주의자도 등장했다. 이에 대해 파커는 "나는 보스턴에 살고 있고 그런 사람을 알지 못한다"라고 답했고, 에머슨은 "세상의 종말은 나에게 아무런 의미가 없다. 그것 없이도 잘 지낼 수 있다"라고 말했다고 한다.[66]

그 밖에 시어스의 일화 가운데는 흰 '승천 가운'을 입고 하늘나라로 올라갈 때를 기다리던 신도들의 모습이나, 집에서 만든 날개를 가지고 직접 하늘로 오르려다가 목과 팔다리를 다친 사람들의 이야기도 등장한다. 실제로 일어났을 법한 일들이지만 재림주의를 비난하던 자들이 만들어낸 이야기일 가능성도 있다.

비판적인 입장에 있는 사람들은 밀러주의가 창궐하여 정신병원이 미치광이들로 가득 찼었다고 주장했지만, 이 또한 허구일 가능성이 크다. 종교에 지나치게 몰두하던 이들이 종종 조현병 증세를 보이기는 하지만 이것이 심각한 문제가 될 정도였던 적은 없으며, 뉴잉글랜드 정신병원의 환자 기록에도 증상이 밀러주의에서 비롯됐다는 기록은 극소수에 불과하다.[67] 또한 자신의 모든 재산을 헌납한 밀러주의자의 후손들은 당연히 조상들이 종말론에 넋을 빼앗겼다고 과장되게 이야기할 가능성도 충분하다. 1843년에는 J. D. 푸어J. D. Poor라는 이름의 밀러주의자가 신앙을 전파하고 책자를 배포하기 위해 보스턴에서 서부로 여행을 떠나려고 했다. 경비를 마련하기 위해 자신의 소유물을 모두 팔았는데, 그 직후 어느 남자의 집으로 유인됐다. 그 사람은 푸어를 감금한 뒤 정신병원에 입원시키려 했지만 같이 여행을 떠나기로 한 동료 재림교도가 구해줬다고 한다.[68]

　10월 22일은 어수선했지만 끝내 예수 재림은 없었다. 그 실망감은 봄철에 부는 한파보다 차갑게 신도들 사이를 떠돌았다. 이들이 마주한 집단적 절망감은 거대한 것이어서, 밀러 역시 "무저갱의 모든 악마가 우리를 덮친 것 같았다"라고 소회를 밝혔다.[69] 밀러주의 원로 루이 부텔Louis Boutelle은 다음과 같은 기록을 남겼다.

　10월 22일은 지나가 버렸고 신실한 믿음으로 그날을 기다렸던 신도들은 말로 표현할 수 없는 슬픔을 느꼈다. 하지만 믿음이 없는 자들과 악인들은 몹시 기뻐하는 듯했다. 모든 것이 멈췄다. 재림을 외치던 소리도 잠잠해졌다No Advent Herald(잡지 「어드벤트 헤럴드」의 이름을 비꼰 것-옮긴이). 공식적으로는 어떤 모임도 열리지 않았다. 누구도 서로를 마주하고 이야기하고 싶어 하지 않아서 모두가 외로웠다. 싸늘한 냉기에 세상이 멈춰 있는 듯했다. 주님은 오시지 않았고, 구원도 없는 듯했다. 진실했던 재림교도들의 당시 실망감은 어떤 말로도 표현할 수가 없다. 경험하지 못한 사람은 그들의 심정을 절대로 이해할 수 없다. 그것은 매우 굴욕적인 일이기도 했으며 우리 모두 그런 감정을 같이 느꼈다. "우리는 지금 어떤 상황에 있나요?"나 "이제 어떡해야 하나요?"라고 묻는 것 말고는 할 말이 없었다.[70]

구원이 실패로 돌아간 자리에 비웃음이 쌓여갔다. 심지어 노예제 폐지론자이자 재림교도들의 두터운 신망을 얻고 있던 윌리엄 로이드 개리슨마저 "뇌에 통탄할 환상이 주입됐고, 이제 그것이 분명한 사실이 됐다"라고 발언했다. 재림교도들은 그의 발언에 적지 않은 상처를 받았다(개리슨은 밀러주의자들이 집단을 우선시하며 인력과 자원을 허망하게 소비하던 모습을 충분히 지켜봤기 때문에 그들의 논리에 매몰되지 않고 자신의 분명한 입장을 가지고 있었다).[71]

신도들은 "아직 안 올라갔어요?"라고 묻는 동네 소년들의 크고 작은 조롱에 시달리다가, 겉보기에 번드르르한 잡지를 창간하여 대중을 미혹한 하임스를 사기 혐의로 고발했다. 보스턴의 한 신문은 그에게 모습을 드러내지 말라고 충고하기도 했다.

많은 혐의를 받았지만 하임스는 무죄 판결을 받았다. 그는 증거가 드러나는 명백한 사기죄에 대해서는 4배로 상환하겠다고 약속했지만, 결과적으로는 아무 증거도 발견되지 않았다. 그의 위법 행위에 대해 진술했다가 철회한 사람도 나타났다. 이 때문에 하임스는 은행 계좌를 압수당해 조사를 받아야 했다.[72] 이후 그는 예수 재림을 준비하면서 경제적으로 어려움을 겪는 사람들을 위한 구호사업회를 조직했다. 대실망의 날^{Great Disappointment}(이 표현은 예수 재림이 일어나지 않은 1844년 10월 22일을 지칭하는 고유명사가 됐음—옮긴이) 직후 폭력적인 군중은 약탈을 하고 성막을 불태웠으며, 회의 석상에 침입하여 총기 등으로 위협하기도 했다. 장본인인 밀러는 1845년 1월 29일 자로 로 햄프턴 침례교회에서 제명당하면서 최종적으로 명예가 실추되는 아픔을 겪었다.

⟜⟜⟜⟜⟜

도로시 마틴의 지지자들과 마찬가지로, 재림교 신도들은 엄청난 인지부조화 증상을 겪으면서도 다양한 방식으로 대응했다. 스노는 도로시 마틴이나 그녀의 충직한 추종자들처럼 종말이 여전히 임박했다는 믿음을 더욱 부여잡았지만, 스노의 정신적 스승인 조지 스토스는 신념을 전환하여 종말이 임박했다는 믿음을 버렸다. 다른 사람들은 대체로 두 가지의 기만적인 모습을 보였다. 첫 번째는 훗날 매우 중요한 인물이 되는 하이럼 에드슨Hiram Edson이라는 북부 뉴욕의 밀러주의자가 보여준 '영성술사'가 되는 방법이다. 그는 그리스도께서 10월 22일에 행동하셨지만 세상을 멸하신 방식이 아니라 신도들의 조서를 작성하는 방식을 택하셨다고 주장했다. 그는 이 땅에 바로 오시지 않고 '지성소'에 들어가 인간을 선인과 악인으로 분류하는 작업을 하고 계신다고 했다. 그리고 결국은 그 작업을 완료하신 뒤 이 땅에 내려와 최후의 심판을 하게 된다는 것이다.

10월 22일 대실망의 날 이후 사람들이 보인 두 번째 인지부조화는 예수가 재림하지 않았음을 인정하는 '닫힌 문' 이론이다. 주님이 이 땅에 직접 내려오시지는 않았으나, 그날 빛을 보지 못한 대부분 사람에게는 환희의 문을 닫으셨고, 오직 선택받은 이들, 즉 극소수의 그들만을 구원하셨다고 주장했다. 선택됐다고 자처하는 자들이 흔히 그러하듯, 이들도 자신의 행위를 끝없이 정당화하며 '음란한 발 씻기'나 '거룩한 입맞춤'과 같은 영적 아내와 나누는 육욕의 향연을 마음껏 누리곤 했다.[73]

밀러는 이전에 그랬던 것처럼 말을 조금씩 바꿨고, 확실하지 않은 이야기를 했고, 헛기침을 하며 말을 더듬었으며, 역사에 기록된 수치들이 부정확하다고 불평했다. 그러면서 종말은 분명히 올 것이지만 계산상의 불확실성 때문에 몇 년은 더 소요될 수 있다고 주장했다. 지치고 병들고 파산한 그는 죽기 전 5년 동안 고통받았다. 유능하고 활력 넘치던 조슈아 하임스는 신앙운동을 하나로 묶으려 했다. 10월 22일 이전에 그가 관심을 가졌던 것은 신학 이론이 아닌 실질적인 구원의 문제였지만, 이후 그는 관점을 바꿨다. 더 이상 날짜는 계산하지 않았고 영성술이나 닫힌 문 이론 등도 멀리하려 했다. 특히 닫힌 문 이론은 매우 경멸하기까지 했다. 이 때문에 밀러와 하임스 모두를 떠났던 스노 같은 닫힌 문 이론 추종자들은 분노했다.[74]

하임스의 운동은 성공할 수 없었다. 밀러파 회중은 줄어들고 신문 구독도 급감했으며 전도단 활동은 회복 불가의 상태로 망가졌다. 스노의 보수파도 빠르게 해체됐다. 밀러와 하임스로 대표되는 주류는 예측의 오류를 인정했지만, 재림이 임박했다는 점은 줄곧 강조했다. 하임스는 결국 어린 시절 멀어졌던 성공회로 돌아갔다.

16세기 재세례파와 마찬가지로, 영성주의 역시 작은 분파가 살아남아 오늘날의 평화로운 근대식 종파로 진화했다. 예를 들면, 지금의 제7일안식일예수재림교회는 사회적으로 보수적이고, 채식주의를 장려하고, 엄격한 규율을 준수하며, 안식일의 규율을 엄격히 따르는 등 온화한 형태의 교리를 추구하며 근대적으로 발전한 재림파라고 할 수 있다. 이들은 설교를 하면서 재림의 임박을 이야기하지만 정확한 날짜를 지정하여 말하지는 않는다.[75]

하지만 재림파 종말론이 보여준 망상의 불씨가 완전히 꺼진 것은 아니다. 대실망의 날이 있고 150년이 지난 후, 데이비드 코레시가 이끄는 제7일안식일예수재림교의 작은 분파인 다윗교가 미국 종교 역사상 가장 비극적인 사건 중 하나를 촉발했다.

레온 페스팅거가 설명한 것처럼 종말의 날짜를 특정하는 일은 매우 큰 불안과 혼돈을 초래한다. 예언이 구체적일수록 사람들의 큰 관심을 모으기 때문이다. 처음 한두 번 예측이 틀린다고 해도 사람들의 인지부조화는 더욱 강화되어 신도들은 신앙에 더욱 집중하게 된다. 그러면 교파는 한층 강화된 연구 활동으로 예언의 정확성을 높이고, 이를 통해 더 많은 신도를 끌어들인다. 하지만 최종적으로 그들의 예측은 너무 과감하고 정확해서 실패가 명백한 사실로 드러나고, 대부분 추종자가 돌아서게 된다. 그리고 아주 소수의 잔당만이 존재하게 된다. 페스팅거의 연구는 밀러주의자들의 일화를 통해 종교뿐 아니라 정치와 문화 등 사회 전반에서 진정한 신념이라는 것이 무엇인지를 방증한다.

인간의 믿음이라는 것이 때로는 대상과의 불일치를 견디지 못하기도 하지만, 반대의 증거를 찾아내는 행위가 인간의 확신과 열정을 높이는 행위임은 분명한 사실이다.[76]

주류 기독교 종파가 날짜를 특정하여 종말론을 설파하는 일은 다시 일어나지 않을 것이다. 종교역사학자 어니스트 샌딘^{Ernest Sandeen}은 이에 대해 다음과 같이 말했다.

밀러주의 운동은 한 세대 동안 미국에서 전천년주의를 사실상 파괴한 것으로 보인다. [⋯] 1843년에 국한해서 말한다면, 밀러는 자신의 운동을 무너뜨릴 요소를 내부에서 키웠다. [⋯] 1844년 이전의 성공으로 밀러는 1844년 이후의 온갖 어려움을 극복하고 천년왕국의 메시지를 성공적으로 전파할 수 있는 용감한 사람이 됐다. 이후 미국인들은 윌리엄 밀러를 잊는 데 오랜 시간이 걸렸다.[77]

하지만 일부 사람들은 성서의 추상적인 가르침을 정확한 예언으로 바꾸고 싶다는 충동을 이기지 못한다. 20세기 밀러의 신학을 목도한 이들은 종말의 때가 언제인지에 대해 매우 조심스레 접근하게 됐지만, 그중 일부는 자신들이 발견한 방법을 당혹스러울 정도로 과신하곤 한다. 밀러와 그 추종자들이 성경에서 정확한 날짜를 도출하고 싶다는 유혹을 떨쳐내지 못한 것처럼, 오늘날의 대중도 신문의 헤드라인을 선택적으로 모아 만든, 필연적으로 실패할 뿐인 종말론류의 주장들에 쉽사리 미혹되곤 한다. 도로시 마틴의 비행접시 사례처럼 인식과 대상이 불일치를 보일 때, 사람들은 더욱 극단적이고 신기한 서사 속으로 빠져들곤 하기 때문이다.

놀랍게도 이런 원리는 조물주처럼 세상을 쥐고 흔들고자 하는 욕망을 가진 사람들에게 매우 큰 영감을 줬다.

6.
처칠이 일으킨
나비효과

인간은 가장 행복할 때 가장 쉽게 속는다. 많은 돈을 벌었을 때, 주변 사람들이 실제로 돈을 잘 벌고 있을 때, 누구나 돈을 잘 벌고 있다고 생각할 때, 바로 그때 기발한 아이디어로 사기를 치는 이들에게 행복한 기회가 찾아온다. 그때 사람들은 세상 모든 것을 믿고 싶어 한다.

- 월터 배젓[1]

1929년 초가을에 윈스턴 처칠Winston Churchill은 열차 한 량을 빌려 여유롭게 캐나다를 여행하고 있었다. 10월 24일 가을, 뉴욕에 도착한 첫날은 주식시장이 처음으로 재앙적인 폭락을 겪은 이른바 '검은 목요일Black Thursday'이었다. 그는 이렇게 회고했다. "내 창문 아래로 한 신사가 몸을 던져 15층 높이에서 떨어져 온몸이 부서졌어요. 큰 소란이 일었고 소방대도 출동했습니다." 다음 날 그는 초대를 받아 뉴욕증권거래소의 방문자 갤러리를 방문했다. 처칠은 다음과 같이 회고했다.

> 저는 대혼란을 목격할 것으로 생각했습니다. 하지만 제가 본 광경은 놀라울 정도로 조용하고 질서 정연한 광경이었어요. 주식 중개인들이 이유 없이 목소리를 높이거나 소리를 지르는 것은 가장 강력한 규칙으로 제한됐기 때문입니다. 그래서 그들은 혼란에 빠진 개미 떼가 슬로 모션

으로 움직이듯 이리저리 옮겨 다니며, 이전 가격의 3분의 1 또는 현재 가격의 절반에 막대한 양의 주식을 매도하려 애쓰고 있었죠. 하지만 매수에 나서는 세력의 움직임은 전혀 없었습니다.[2]

처칠은 4년 전 자신이 실행한 재정적인 오판과 그날 눈앞에서 일어난 참담한 사건 사이의 연관성을 알지 못한 채 얼마 후 집으로 돌아갔다. 하지만 이 사건을 통해 그도 알게 된 것이 하나 있었으니, 자신의 투기적인 투자 포트폴리오가 망가졌고 그로 인해 부채의 늪에 빠졌다는 사실이다. 그의 개인적인 불행은 후손들에게 소중한 자산을 가져다줬는데, 채권자들에게 진 채무를 탕감하기 위해 그는 가장 믿을 수 있는 재능이었던 글쓰기에 몰두해야 했기 때문이다. 이후 10년 동안 그는 자신의 가장 훌륭한 책과 글을 남겼고, 심지어 시나리오까지 집필했다.

1929년 이전까지 처칠의 정치 경력을 '파란만장'하다고 말하는 것은 절제된 표현일 것이다. 제1차 세계대전이 발발하자 해군을 총괄하는 제1해군경 자리에서 갈리폴리(지중해와 이스탄불을 연결하는 터키의 해협-옮긴이) 점령 작전을 강력하게 추진했다. 하지만 작전은 수천 명의 사상자가 발생한 재앙이 됐고 그는 계급을 강등당했다. 10년 후 영국의 총리 스탠리 볼드윈Stanley Baldwin은 처칠의 재정적인 무지에 대해 알지 못한 채 그를 재무부 장관에 해당하는 국고부 재상으로 임명했다(처칠은 재무 담당자들과의 회의 장면에 대해 "그들이 군인이나 사령관이라면 무슨 이야기를 하는지 제가 잘 알 텐데요, 저 사람들은 마치 페

르시아어로 이야기하는 것 같습니다"라고 언급하기도 했다).[3]

≪≪≪≪≪

하이먼 민스키Hyman Minsky는 학자들이 금융 버블을 논할 때 가장 많이 거론하는 미국 경제학자의 이름이다. 1950년대부터 1980년대에 이르기까지 큰 주목을 받았던 인물로, 자본주의가 태생적으로 불안정하다고 믿었던 장발의 우상파괴주의자였으며 경제학 연구자 카를 마르크스보다 많이 연구됐다(현대적이고 대중적인 21세기의 카를 마르크스로 불릴 만하다). 그는 20세기의 어떤 학자보다 깊이 경제의 버블과 붕괴 이면에 있는 인간의 병리생리학pathophysiology을 연구하고 집필 활동을 했는데, 버블의 붕괴에는 두 가지 요건이 필요하다고 주장했다. 첫째는 금리 인하로 인한 신용의 확대(완화)이고, 둘째는 유망한 신기술의 출현이다.

첫째로 금리를 살펴보면, 제1차 세계대전 이전에 파운드화 지폐는 온스당 4.86파운드에 금화로 자유롭게 환전할 수 있었고, 지폐 소유자는 원하는 만큼의 금이 국고에 충분히 확보되어 있다고 확신했다. 왜냐하면 파운드화의 지위가 견고했기 때문에 매우 소수의 필요한 이들만이 환전을 했기 때문이다. 실제로 노란색 금속 덩어리가 우리의 일상생활에 무슨 소용이 있겠는가. 하지만 전쟁이 시작되자 영국은 전쟁 비용을 집행하기 위해 파운드화를 대량으로 발행했다. 지폐가 급증하자 가치 하락을 피해 금으로 교환하려는 사람들이 급격히 늘어나면서 지폐에 대한 신뢰에 균열이 생겼다.

전쟁이 끝난 후 영국에는 지폐에 상응하는 충분한 금이 없었기 때문에 가치가 떨어진 다량의 지폐가 금 보유량을 고갈시키지 않도록 하기 위해 재정 당국은 태환을 중단해야 했다. 그런데 1925년에 처칠은 파운드화를 기존과 같이 온스당 4.86파운드의 금본위제로 되돌려 태환을 재개하는 악수를 두었다. 대량으로 발행된 파운드화가 고평가되자 영국의 상품 가격은 더욱 치솟았고, 당연하게도 수출이 감소했다. 게다가 파운드화 가치가 치솟자 높아진 금전 가치로 해외 물품을 싸게 사들이면서 수입이 급증했다. 이에 따라 1926년까지 영국은 금 보유량이 8,000만 파운드(총보유량의 10%)나 감소했다.[4]

미국이 세워진 이래 미국과 영국의 고위 관리들은 매우 친밀한 관계를 이어갔는데, 당시 그런 관계는 매우 불행한 일이 되고 말았다. 세계에서 가장 중요한 두 중앙은행 책임자인 벤저민 스트롱Benjamin Strong 미국 연방준비제도(연준) 의장과 몬터규 노먼Montagu Norman 영국중앙은행 총재의 관계가 특히 그러했다. 파운드화의 가치를 회복하고 금 유출을 막는 가장 확실한 방법은 미국이 금리를 낮추는 것이었는데, 달러 가치가 하락하면 파운드화 표시 자산의 가치가 높아질 것이기 때문이다. 벤저민 스트롱이 임시방편으로 이런 조치를 취해서 몬터규 노먼을 도왔는데, 이는 미국에 뜻밖의 결과를 가져왔다. 이미 경제 호황을 누리고 있던 미국이 저금리 정책을 시행하면서, 북미 순방의 막바지 일정으로 처칠이 뉴욕에 도착했을 때는 투자 열풍이 절정의 막바지에 도달해 있었다.

<center>~~~~~</center>

1929년까지 선진국들은 주기적인 금융 격변에 익숙해져 있었다. 이와 같이 버블이 형성되고 붕괴되는 현상을 질병의 발생과 치유 과정에 대입하여 이해한다면, 역사가는 물론이고 일반인이 경제 현상을 이해하는 데에도 큰 도움이 된다. 의사들은 질병을 이해하기 위해 대체로 세 가지 방식으로 관찰한다. 첫째는 질병 기저의 생화학과 생리학을 들여다보는 병리생리학이다. 둘째는 증상을 보이는 신체 부위에 대한 해부학이며, 셋째는 환자가 느끼고 의사가 옆에서 관찰하는 증상과 예후다.

같은 방식으로 우리는 버블의 형성과 붕괴를 이해할 수 있다. 예를 들어 병리생리학은 변덕스러운 인간의 심리와 은행의 불안정한 신용 공급 시스템을 점검하는 일이고, 해부학은 4장에서 언급했듯이 4P로 요약되는 사업가Promoters·대중Public·정치인Politicians·언론Press을 들여다보는 일이다. 그리고 마지막으로 증상과 예후는 적은 노력으로 큰 부를 일구려는 욕망이 보편화되는 현상과 사업가의 오만함이 극심해지고 이들에 대한 대중의 추종이 심화되는 상황을 주시하는 일이다.[5]

버블이 붕괴하는 데 벤저민 스트롱의 1927년 금리 인하와 이로 인한 신용 확대easing of credit(또는 신용 완화-옮긴이)뿐 아니라, 새롭고 유망한 신기술의 등장이 필요했다고 주장한 하이먼 민스키의 말을 상기할 필요가 있다. 철도 산업이 유망했던 19세기의 신기술은 공학이나 과학 분야에서 시작됐다. 17세기나 18세기에는 금융과 주식회사가 그 주인공이었다.[6] 새로 등장한 기술이나 금융상품에 흥분한 투자자들은 주식과 부동산 또는 기타 상품에 돈을 쏟아붓기 시작한다. 자산은 대출을 위한 담보로도 사용될 수 있기 때문에 자산 가격이 상승하면 투자자들은 더 많은 돈을 대출받을 수 있고 그 돈은 다시 자산시장으로 흘러들어 자산 가격을 높인다. 즉 스스로 몸집을 키우는 '선순환'이 이루어진다. 하지만 문제는 오직 가격이 상승할 때만 이런 일이 일어날 수 있다는 점이다. 1600년경에 버블이 형성됐다가 붕괴가 시작된 이후 이것이 서양 사회의 반복적인 경제 패턴이 된 것도, 당시 출현한 탄력적인 종이 화폐와 변위 요인(기술이나 혁신과 같은-옮긴이) 두 가지와 무관하다고 볼 수 없다.

오늘날 기술적인 변위 요인은 다양한 형태를 취할 수 있다. 특히 현기증 나도록 질주하는 과학 발전의 속도는 현대 삶의 특징이 되어버렸다. 불과 20년 전만 해도 평범한 개인의 영상이 인터넷망을 통해 전 세계로 송출되며, 심지어 시간과 공간의 제한도 없이 무료로 제공되리라는 이야기를 들었다면 사람들은 믿을 수 없다는 표정을 지으며 눈을 껌벅거렸을 것이다. 1940년대까지도 콜레라와 장티푸스, 세균성 폐렴, 수막염 같은 흔한 세균성 질병이 사회적 지위 고하나 재산 유무를 막론하고 사람들의 일상을 무차별적으로 습격했다. 하지만 선진국에서는 이제 이런 질환의 발병이 희귀한 일이 됐는데, 페니실린과 같은 항생제가 보급됐기 때문이다.

이와는 대조적으로 1600년 이전에는 인류의 진보라는 개념이 낯설었을 뿐 아니라 대체로 상상 속에서만 가능한 일이었다. 인쇄 기술이 발전하기 전에 문서를 손으로 필사하는 작업은 매우 힘들고 비용도 많이 들었기 때문에 세대를 이어 전수할 사본을 남기기 힘들었고, 기술도 축적될 수 없었다. 게다가 문맹률이 매우 높아서 장인들조차 자신의 기술을 기록할 수 없었다. 기술 보유자가 사망하면 기술도 함께 사장되는 경우도 많았다. 예를 들어 로마제국은 콘크리트 가공 기술을 가지고 있었지만 제국의 패망과 함께 기술도 사라져버렸다. 지금의 시멘트 가공 기술은 1756년 존 스미턴[John Smeaton]이라는 토목기사가 재발견한 포틀랜드[Portland] 공법이다.

구텐베르크가 1450년경 대량 복사가 가능한 이동식 인쇄기를 발명하면서 지식을 전파하는 데 필요한 제약 요소가 상당 부분 해소됐지만, 그럼에도 진보를 이룩하기 위해서는 갈 길이 멀었다. 1인당 GDP를 놓고 보면 서구에서도 1600년 이전까지 거의 성장하지 못했고, 동양에서는 훨씬 늦게까지 그러했다.

1620년에 철학자 프랜시스 베이컨은 『과학의 새로운 도구[Novum Organum Scientiarium]』라는 책을 출간했다(영어로는 『새로운 도구[The New Organon]』

라는 제목이었다). 베이컨이 등장하기 전에는 '자연철학자들natural philosophers'이라고 불리는 과학자들이 아리스토텔레스Aristoteles의 '연역법'을 통해 자신의 연구 방법을 개발했다. 연역법은 모든 추론의 기본이 되는 원칙으로 공리axioms를 가정하는데, 공리는 모든 사유의 기초가 되기 때문에 더는 의문시되지 않는 것이다. 여기서 명확한 사실이란 대부분 사후적으로 검증되는 것을 말한다.

『과학의 새로운 도구』라는 책은 그 자체로 하나의 변위 요인이었는데 그 이유는 다음과 같다. 첫째로 아리스토텔레스의 연역법이 인간의 진보를 억압한다는 점을 보여줬다는 점이다. 둘째로는 실행 가능한 대안으로서의 귀납법을 제시했는데, 이는 정밀한 경험적 데이터를 축적하여 이론을 증명하는 현대 과학의 본질과 합치한다는 점이다. 몇 세대가 지나지 않아서 베이컨의 지적 후예들인 후크Hooke, 보일Boyle, 뉴턴Newton 등은 왕립자연지식진흥협회Royal Society for the Promotion of Natural Knowledge(지금은 간단하게 왕립협회Royal Society로 불린다)를 설립했다. 이들의 활동은 유럽 전역에 비슷한 단체들을 속속 출현시켰고, 이들 모두는 근대 과학이 비약적으로 발전하는 데 지대한 공헌을 했다.[7]

17세기는 과학적 방법뿐만 아니라 제2의 사회적 혁명도 가시화됐다. 곧 탄력적 통화의 출현이다. 미국인들은 대부분 화폐라는 것이 표시 금액에 대해 국가가 공사를 막론하고 지급을 약속한 녹색 종잇조각이라고 생각하며, 과거에는 금이나 은으로 된 둥근 조각에 도장을 새겨 주화를 만들었다고 알고 있다. 하지만 고대에는 무엇이든 화폐가 될 수 있었다. 밀이나 기름 또는 시간이 지난 뒤에는 은을 일정한 척도에 따라 화폐로 사용했다. 7세기 중반에 이르러서야 소아시아의 리디아인들Lydians이 금과 은을 혼합한 호박금electrum 재질의 최초 동전을 찍어냈다.

오늘날 우리는 매우 다른 세상을 살고 있다. 미국에서는 유통되는 화폐의 10%만이 지폐와 동전으로 만들어져 사용되고, 나머지는 정부나 은행 컴퓨터의 키보드 작동에 따라 전산으로 관리된다. 예를 들면 오늘날 은행은 알렉산더 해밀턴Alexander Hamilton(10달러 지폐 속 인물-옮긴이)과 벤저민 프랭클린(100달러 지폐 속 인물-옮긴이) 그리고 고인이 된 여러 대통령의 사진이 인쇄된 녹색 종이 다발을 운동부 가방 같은 곳에 담아 전달하는 식으로 저당권을 발행하지 않는다. 그저 전자신호 한 꾸러미를 전송할 뿐이다. 그렇게 전송되는 전자신호 또는 수표는 금이나 은은 말할 것도 없고 해당 금액에 상응하는 양의 지폐나 동전으로도 가치가 뒷받침되지 않는다.

이 신용 시스템은 오늘날 부분지급준비금제도fractional reserve banking system로 알려져 있으며, 17세기 금 세공사가 만들어 사용한 이후 수세기 동안 더욱 탄력적으로 운용돼왔다. 초기 은행들은 지급준비율이 50%를 밑돌면 예금자들이 돈을 돌려달라고 요구할 위험을 느꼈다. 은행 간의 공조가 강화되고 정부가 운영하는 중앙은행의 역할이 커지면서 오늘날 지급준비율은 10%까지 떨어졌으며, 투자은행은 이를 밑돌기도 한다. 지급준비율은 개인 소비자와 투자자들이 대출을 얼마나 원하는지, 은행들이 대출을 얼마나 어떤 빈도로 실행하고자 하는지, 정부의 규제가 레버리지를 얼마나 허용하는지 등에 따라 변동된다.[8] 이제 지급준비율 하락에 따른 대출 가능 금액의 증가율은 고무줄처럼 늘어나 있으며, 미국 연방준비은행Federal Reserve Bank을 설립한 1913년 법안에는 '통화 정책을 탄력적으로 운용한다'라는 문구가 명시되어 있다.[9]

✤✤✤✤

2000년대 초반 주택시장은 하이먼 민스키 패러다임의 완벽한 예를 보여줬다. 2000년 이전의 주택시장은 상당히 조용하고 안정적이었으며 심지어 답답하기까지 했다. 은행들은 가장 안전한 대출자들에게만 주택담보대출을 연장해줬다. 신용등급이 높고 수입이 안정적이며 부채가 많지 않은 상황에서 담보 가치보다 훨씬 적은 금액을 빌리는 이들이 그들이었다. 대출의 결과를 살펴봐도 그들은 언제나 주택담보대출을 제때 상환했고 연체율이 낮았으며, 따라서 은행은 적정 이익을 얻을 수 있었다.

그러던 중 은행 관리자들은 대출 요건이 느슨한 경쟁 기관이 더 많은 고객을 확보하여 더 큰 수익을 내고 있다는 사실을 알아챘고, 법률의 테두리 안에서 더 많은 고객을 확보할 방법을 경쟁적으로 모색했다. 그리고 그 시기에 중요한 일들이 벌어졌다. 은행들은 주택담보대출을 CDOCollateralized Debt Obligation(부채담보부증권: 대출 채권 등을 묶어 수표처럼 거래하는 신용파생상품-옮긴이)와 같은 점점 더 엉뚱한 패키지를 만들어 월스트리트 금융사들에 판매하기 시작했다. 이런 이른바 자산유동화securitization 기법이 활용되면서 대출자들의 채무가 최초의 대출 실행 은행에서 금융기관과 정부로 이전됐다. 이 과정에서 채무불이행에 대한 리스크도 함께 이전됐으나, 금융기관과 정부는 리스크를 정확히 알기도 어렵고 이를 관리하는 일도 불가능했다.

대출 관리에 대한 감독이 허술해지면서 은행의 영업은 더욱 방만해졌고, 채무불이행 사례가 점차 증가했다. 처음에는 대출의 담보물인 주택의 가격이 상승했기 때문에 은행은 물론 주택담보대출 채권mortgage securities(모기지 증권)을 가진 금융사들은 손실을 보지 않았다. 채무불이행자가 나타나면 담보물을 압류하여 판매했고 이를 통해 충분한 이익을 얻었기 때문이다. 그러다가 2007년경부터 주택의 강제 매각 건수가 급증하면서 주택 가격이 하락했고 은행과 금융사들이 손실을 보기 시작했다. 일부 회사가 파산하고 연방정부의 구제금융을 받으면서 대출 기준이 강화됐다. 은행 대출이 어려워지자 주택 가격은 더욱 하락했고, 주택의 담보 가치가 하락하자 대출 한도는 또다시 줄어들었다.

이런 경제 상황은 미국뿐 아니라 전 세계적으로 진행됐다. 주택 시장에 버블이 형성되던 이전 5년(대략 2002년에서 2007년까지) 동안 주택담보대출은 누구에게나 열려 있는 것 같았다. 하지만 주택 가격이 급락하자 은행들은 대출자들의 자금을 옥죄기 시작했다. 이에 개인 소비자나 투자자, 예비 주택 소유자들은 대출을 새로 일으키기보다 서둘러 기존 대출을 상환했고, 결과적으로 신용 공급과 화폐 공급 모두 급감했다.

1996년에 사망한 민스키는 곧 다가올 일을 예견이라도 하듯, 민간과 정부가 통화 공급을 확장하고 축소하는 탄력적 통화 정책을 유지하는 한 경기의 등락은 영원히 반복될 것이라고 주장했다. 또한 통화의 팽창과 수축은 주택시장에서뿐 아니라 기업 경영, 주식과 채권 등 경제의 대부분 영역에서 발생한다고 봤다.

민스키의 유명한 '불안정성 가설Instability Hypothesis'에 따르면 안전하고 건실한 금융 환경일 때 자금은 필연적으로 안전한 곳에서 위험한 곳으로 이동한다. 버블이 팽창하다가 통제 불가능한 상황까지 치달아 폭발해버리는 상황이 오고 금융기관과 투자자들이 비관적인 전망으로 완전히 돌아서는 시기가 되면, 경기의 새로운 주기가 시작된다. 이 과정은 대략 10년의 기간을 두고 진행되는 것으로 연구됐다. 요컨대 안정은 불안정이 되고, 불안정은 안정이 된다. 금융기관들은 공포와 탐욕의 반복되는 주기를 이용하여 경제 시스템을 순환시킨다.[10] 물론 약간 탐욕스러운 대출자들이 존재하지 않는다면 더욱 탐욕스러운 대출기관은 고객이 부족해져 분명히 어려움을 겪을 것이다.

민스키가 명시적으로 설명하지는 않았지만, 버블이 형성되기 위해서는 변위 요인과 신용 확대 외에도 두 가지 조건이 더 충족되어야 한다는 사실을 그의 독자들이라면 직관적으로 알 수 있다. 첫째는 과거의 호황과 불황에 대한 기억의 상실이고, 둘째는 상식적이고도 신중한 투자 가치 평가법의 외면이다.

기억상실증은 불안정성 가설에서 명백하게 드러난다. 금융 위기의 여파로 고통스러운 손실의 기억이 아직 생생할 때 은행과 투자자들은 위험을 회피한다. 은행은 가장 안전한 대출만 실행할 것이고, 투자자는 주식을 매수하기를 꺼릴 것이다. 시장이 서서히 회복되고 불쾌한 기억이 점차 사라짐에 따라 시장 참가자들은 안전자산에서 위험자산으로 자금을 옮긴다. 그리고 불안정성의 주기가 다시 시작된다. 그럴듯한 서사가 횡행하고 재정 건전성이 무시될 때도 금융 광기가 고개를 치켜드는 시기다. 배당은 고사하고 이익도 내지 못하는 기업의 가치를 계산하는 일처럼 난해하고 복잡한 작업에 직면하면 사람들은 더 간단한 분석법을 택하여 우회하곤 한다. 심리학자들은 그런 심리적 지름길을 1장에서 언급한 '휴리스틱'이라는 용어로 설명한다.

지난 수십 년 동안 심리학자들은 인간이 도전적이거나 해결 불가능한 문제에 직면할 때마다 휴리스틱을 적용한 사례들을 연구해왔는데, 특히 이 개념은 특정 대상에 대한 광기나 열풍을 이해하는 데매우 유용하다. 1940년대 헝가리 태생의 심리학자 조지 카토나George Katona는 미시간대학교에서 경제가 인간의 심리에 미치는 영향을 연구하며 경제와 심리의 상관관계라는 새로운 학문 분야를 개척했다. 여러 업적 중에서도 그는 오늘날 다방면에 널리 활용되는 소비자심리지수Index of Consumer Sentiment를 개발했으며 소속 대학을 심리 통계 분야의 권위 있는 기관으로 만들었다.

미시간대학교에서 개척한 또 다른 분야는 의사결정에 대한 연구로, 이스라엘 출신의 유망한 학자 아모스 트버스키$^{Amos\ Tversky}$가 많은 성과를 거뒀다.[11] (그의 지인들은 트버스키가 만든 지능 테스트에 대해 이렇게 농담을 했다. "트버스키가 자신보다 더 똑똑하다는 것을 빨리 깨달을수록 더 똑똑한 사람이라네."[12])

오늘날 많은 경제학자의 주장처럼, 미시간대학교의 연구자들도 인간이 어떤 사항을 결정하는 데 매우 직관적인 통계적 판단을 내린다고 봤다. 인간이 별다른 노력 없이 언어의 문법이나 구문을 습득하는 것처럼, 통계와 확률을 매우 직관적인 방식으로 활용하여 판단의 근거로 삼는다는 것이다.

트버스키는 처음에 이것을 매우 타당한 것으로 생각했지만, 예루살렘히브리대학교의 동료 학자인 대니얼 카너먼$^{Daniel\ Kahneman}$과의 공동 연구를 통해 전혀 다른 결론을 도출하게 됐다. 그리고 1970년경 두 사람은 의사결정 이론에서 경제학자들은 물론 심리학자들한테도 매우 혁명적인 연구라고 평가받게 되는 일련의 실험에 착수했다. 결론부터 이야기하면 인간은 대체로 매우 보잘것없는 통계적 직관을 가지고 있으며, 통계에 관한 한 전문적인 식견을 가지고 있어야 하는 심리학자들도 예외가 아니라는 사실이 실험으로 입증된 것이다.[13]

고전적인 연구에서 실험자들은 피험자들에게 다음과 같은 문장을 제시했다.

스티브는 수줍음이 많고 내성적인 사람입니다. 남을 기꺼이 도와주지만 타인이나 현실 세계에는 별로 관심이 없습니다. 온순하고 깔끔한 성격이어서 세상에는 질서와 규칙이 필요하다고 생각하며, 매사를 꼼꼼하게 처리하고자 하는 열정을 가지고 있습니다.

카너먼과 트버스키는 피험자들에게 스티브의 직업을 추측해보라고 요청했다. 직업으로는 농부, 판매원, 항공기 조종사, 도서관 사서, 의사 등 다섯 가지를 예시로 제공했다. 응답자 대부분이 도서관 사서를 선택했는데, 제시된 문장이 사서에 대한 고정관념과 가장 가까웠기 때문이다. 하지만 실제 인구 통계에서 농부의 숫자는 사서보다 20배나 많고 그중에는 수줍음을 타는 농부도 많을 것이기 때문에 통계적으로 이 문장 속 스티브는 도서관 사서보다는 농부일 가능성이 훨씬 더 크다.[14]

두 학자는 가장 명석한 사람들도 저지를 수밖에 없는 분석상의 구조화된 오류를 광범위하게 연구했는데, 그 가운데 몇 가지만 열거하자면 다음과 같다. 기성 통념에 대한 맹신, 작은 표본보다 큰 표본을 더 신뢰할 수 있다는 사실을 알지 못함(예를 들면, 도서관 사서보다 농부의 숫자가 훨씬 많다는 사실을 알지 못함), 무작위 데이터를 보고 존재하지도 않는 인과관계를 도출해내냄, 옳거나 그른 작업 수행이 여러 차례 반복되면 정상 범위로 수렴된다는 법칙을 이해하지 못함 등이다. 카너먼과 트버스키는 인간의 합리성 이면에 도사리고 있는 안타까운 무지에 대해 깊은 실망감을 안은 채 연구를 마쳤다.

아마도 가장 놀라운 사실은 평균을 향한 인간의 회귀 본능이나, 표본의 변동성에 영향을 미치는 표본 크기의 중요성 등과 같은 기본적인 통계 규칙을 인간은 자신의 일생을 통해서도 결코 깨닫지 못한다는 점일 것입니다. 사람은 누구나 자기 삶에서 이런 규칙을 목격할 수 있는 상황과 마주하지만 표본의 중요성이나 회귀의 원리를 스스로 발견하는 경우는 매우 드물죠.*15

그들의 연구는 인간이 본래 인지적으로 얼마나 게으른 존재인지를 보여줬다. 앞의 예에서 다수의 사람은 수줍은 스티브가 예시된 다섯 가지 직업 중에서 어떤 직업에 가장 적합할지를 엄격하게 분석하기 위해 고뇌하기보다 본능적인 감으로 후퇴했다. 그 감이란? 스티브는 도서관 사서에 어울린다. 그리고 끝이다.[16]

금융 버블을 이해하는 데 카너먼과 트버스키의 연구가 시사하는 바는 분명하다. 투자자들은 1720년의 남해회사, 1928년의 RCA(미국의 라디오 방송 및 설비 전문 회사로 대공황 직전까지 주가가 폭등했음-옮긴이), 1999년의 펫츠닷컴Pets.com(1990년대 닷컴 버블의 대표적인 회사로 꼽힘-옮긴이), 그리고 오늘날의 테슬라Tesla와 같은 기업에 대해 지나치게 고평가된 미래 수익 가치를 부여하면서 적정 주가를 산출하는

---

* '평균으로의 회귀' 현상의 고전적인 예는 대니얼 카너먼이 경험한 이스라엘 비행 교관과의 일화다. 그 교관은 좋은 성과에 대한 칭찬보다 나쁜 성과에 대한 훈계가 효과적이라고 믿었지만, 사실은 우연에 기인한 결과일 뿐이었다. 따라서 성과가 저조한 조종사에 대한 훈계는 이후 성과와 무관한 것으로 봐야 한다. 저조한 성과는 일시적인 지표이고, 다음 훈련에서 향상된 성과는 단지 '평균으로의 회귀'일 뿐이었다(대니얼 카너먼, 『생각에 관한 생각』 참조).

대신 손쉬운 휴리스틱으로 대응한다. 이렇게 말이다. "남해회사(또는 RCA, 펫츠닷컴, 테슬라)는 세상을 바꾸는 위대한 기업이기 때문에 그 정도의 주가는 인정해야만 해."

카너먼과 트버스키를 비롯한 연구자들이 도출한 인간의 습성 가운데 또 다른 중요한 휴리스틱은 극적인 사건에 지나치게 몰입하는 경향을 말하는 '돌발성에 대한 민감성susceptibility to salience'이다. 극단적인 예로, 지난 반세기 동안 미국에서 일어난 가장 충격적인 사건은 9·11 테러 공격이었으며 이 사건으로 3,000명에 달하는 사망자가 발생했다. 미국에서는 총기 사고와 마약 그리고 자동차 사고로 매년 3만 명 이상이 목숨을 잃지만, 이런 뉴스 보도는 크게 주목받지 못하는 반면 테러 공격이 발생하면 한 사람이 사망하더라도 뉴스의 헤드라인을 장식한다.[17] 미국인이 테러 공격으로 사망할 확률은 벼락을 맞아 사망할 확률보다 낮지만, 당국은 총기나 자동차 또는 마약류로 인한 사고를 예방하는 것보다 테러 방지에 훨씬 더 많은 자원을 투입한다(비슷한 예로, 이스라엘을 여행하려는 사람이 있다면 친구나 지인들에게 걱정 어린 말을 들을 것이다. 하지만 정작 통계 수치를 들여다보면 2005년까지 이스라엘에서 테러 공격으로 인한 사망자보다 교통사고 사망자가 평균 20배 이상 많았다).[18]

카너먼과 트버스키는 이와 같이 돌발성에 대한 민감성에서 비롯되는 오류를 '가용성 휴리스틱availability heuristic'이라고 불렀다. 이때 돌발성이라는 특성은 시간적 특성과도 관련이 깊다. 사람들은 지진이나 홍수가 발생한 직후에야 보험에 가입하기 위해 부지런히 정보를 찾곤 하는데, 이는 '근시간적 휴리스틱recency heuristic'이라고 불렀다.

요컨대 인간은 돌발성 사건에 인질처럼 과도하게 사로잡히는 경향이 있고, 이것은 여러 가지 방식으로 금융 광기에도 적용될 수 있다. 시속 수백 킬로미터의 속도로 지구 주위를 비행하는 기술이나 각종 엔터테인먼트와 글로벌 이벤트를 집에서 실시간으로 즐길 수 있는 기술이 사람들에게 주는 돌발성은 그것이 식상해질 때까지 엄청난 가용성 휴리스틱을 제공한다.

근시간적 휴리스틱 역시 장기적인 안목을 가져야 하는 투자자들의 인식을 왜곡하기 쉽다. 지난 몇 년 동안 주가가 지속적으로 상승해왔다면 앞으로도 계속 상승하리라고 믿게 되기 때문이다. 가격이 오르면 그 주식은 더욱 관심을 모으게 되고, 매수가 늘면 가격도 오른다. 이런 자기 강화 현상이 선순환을 가져오고, 주가는 우주로 날아오르게 된다. 물론 주가가 추세적으로 하락하는 베어마켓bear market에서는 그 반대의 현상이 일어난다.

민스키 역시 다른 경제학자들처럼 심리학에 몰두했던 것은 아니지만, 계량적인 추론보다 서사장치를 선호하는 인간의 지극히 인간적인 습성을 정확히 이해하고 있었다. 인간은 누구나 좋은 이야기에 마음의 문을 연다. 버블이 가득한 현실에서 복잡하고 어려운 분석 작업을 계속하는 가운데, 누군가의 그럴듯한 경제 전망이나 예측 시나리오를 만나면 엄격한 분석의 수고에서 빠져나와 거기에 마음의 문을 열게 된다. 이런 경우, 서사장치를 사회에 버블이라는 질병을 퍼뜨리는 병원체로 여기는 것도 지나친 단순화는 아니다.

버블이 붕괴하는 원리를 이해하기 위해서는 돈이 가진 탄력성을 조금만 이해하면 된다. 지름이 약 3센티미터이고 길이가 수십 미터인 고무줄을 상상해보자. 고무줄 주위에 수백 명이 둘러서 있지만 그저 바라만 보고 있다. 그들 중 몇십 명이 달려들어 고무줄을 늘이기 시작했다고 가정하자. 누군가가 나서서 고무줄을 함께 당기는 사람에게 현금을 지급하겠다고 한다면 더 많은 사람이 일에 뛰어들 것이다. 순진한 사람들은 고무줄이 영원히 늘어나리라고 믿겠지만, 많은 이들은 머지않아 줄이 끊어질 수 있다고 생각할 것이다. 후자의 사람들은 고무줄의 상태가 위태로워 보이면 대열에서 이탈할 준비가 되어 있고, 그때가 언제인지 알 수 있다고 확신한다.

시간이 지나면서 사람들 일부가 대열을 이탈하면 남아 있는 사람들의 부담이 가중된다. 부담이 정점에 달하면 사람들은 서둘러 손을 털고 나간다. 고무줄은 원래의 길이로 수축할 뿐 아니라 접힌 용수철처럼 주름이 생긴다. 눈치 빠른 사람들은 주름진 고무줄을 늘이는 일이 매우 쉽다는 것을 알고 있다. 결국 게임은 다시 시작된다.

1920년대까지 하이먼 민스키의 네 가지 조건은 모두 확립됐다.

제1차 세계대전 이후 다섯 가지 주요 기술의 발전이 사람들의 삶을 뒤흔들었다. 19세기 후반에 발명된 내연기관이 가정 먼저 상용화됐고, 연이어 두 가지 기술이 속속 부각됐다. 공기보다 무거운 물체를 하늘로 띄운 라이트 형제의 비행기가 등장하고, 자동차의 대중적 보급이 이루어지면서 사람들은 장거리 여행을 할 수 있게 됐다. 1925년이 되자 미국 전체 가구의 3분의 2 이상이 자동차를 보유하게 됐다.[19]

네 번째 주인공은 라디오였다. 1895년 굴리엘모 마르코니Guglielmo Marconi는 이탈리아의 한 시골에서 몇 킬로미터 떨어진 장소로 모스부호 'S'를 전송했다. 하지만 이후 20년 동안 이 값비싼 신기술은 사적인 용도로만 쓰여 민감한 정보나 비밀스러운 정보만을 전달했고, 심지어 미국에서도 라디오는 해상 통신 등 일부 제한된 용도로만 쓰였다. 전신기야말로 육지에서는 물론 해저 케이블을 이용한 대륙간 통신에서 훨씬 저렴하고 안정적인 활용성을 보여줬기 때문이다.

1915년에 마르코니 무선전선 회사의 직원이었던 데이비드 사르노프David Sarnoff는 라디오 뮤직박스Radio Music Box를 만들어 사람들이 '무선으로 송출되는 음악을 집에서 감상할 수 있도록' 했다. 수익성 있는 마르코니의 개인 매체를 대중과 공유하게 하는 데에는 약간의 설득 작업이 필요했지만, 1919년 결국 마르코니 무선전선 회사는 제너럴 일렉트릭General Electric, GE과의 합작으로 RCA를 설립했다. 그리고 1920년까지 최초의 라디오 방송국인 KDKA사가 피츠버그에서, WWJ사가 디트로이트에서 운영을 시작했다. 이로써 역사상 처음으로 콘서트와 스포츠 경기, 뉴스 속보 등을 생중계할 수 있게 됐다. 의심의 여지 없이 라디오는 전신이나 인터넷과 함께 우리 삶에 녹아들고 광범위하게 확산되면서 일상의 모습을 크게 바꿔놓았다.

1921년에 조지 번스George Burns 대 그레이시 앨런Gracie Allen, 잭 뎀프시Jack Dempsey 대 조르주 카르팡티에Georges Carpentier의 헤비급 복싱 경기가 미국의 각 가정으로 송출된 사건은 1990년대 초 인터넷이 등장한 것보다 훨씬 놀라운 일이었다. RCA는 투자자들의 열렬한 지지를 받았다. 1920년대에 누군가가 '라디오'라는 단어를 말했다면 그 사람은 특정 매체나 관련 하드웨어 회사의 주식을 언급한 것으로 보면 틀림이 없었다.

다섯 번째 혁신 기술은 국가와 가정의 불빛을 갈수록 밝게 해주고 공장에 전기를 공급하던 전력회사의 급속한 팽창에서 비롯됐다. 존 피어폰트 모건John Pierpont Morgan과 그의 동료들은 한 세대 전에 GE를 통합했지만(모건이 토머스 에디슨을 축출한 뒤 다른 전기회사와 합병하여 지금의 GE를 만들었음-옮긴이), GE와 경쟁자들이 국가 전력망을 완성하는 데에는 수십 년이 걸렸다.

내연기관, 비행기, 자동차, 라디오, 전력의 상용화 등 다섯 가지 변위 요인은 광란의 1920년대Roaring Twenties(제1차 세계대전 이후 파괴된 유럽을 대신하여 전후 특수를 누리던 미국의 호황기를 말함-옮긴이)를 촉진했다. 여기에 헨리 포드Henry Ford의 대량생산 기술이 가세했고, 근로 현장에 스톱워치를 도입하여 생산성을 극대화하는 등 19세기 후반부터 '효율성 운동'을 주도했던 기계 엔지니어 프레더릭 윈즐로 테일러Frederick Winslow Taylor의 영향도 지대했다. 1922년에서 1927년 사이에 미국 근로자의 생산량은 매년 3.5%씩 증가하여 회사 주주들에게 큰 수익을 선사했다. 물론 회사 직원들의 노동 만족도가 높을 수는 없었다.[20] 이런 시대적 상황에서 테일러주의Taylorism라는 단어가 만들어져 영어사전에 수록되기도 했다. 역설적이게도, 당시 빠르게 성장하던 노동조합 운동 내에서 레닌과 스탈린을 추종하는 사람은 많았지만 테일러주의를 신봉하는 사람은 많지 않았다.

1920년대에는 민스키의 두 가지 버블 형성 요건 가운데 나머지 하나인 신용 확대가 일어났다. 민스키는 변위 요인이 기술적인 방식뿐 아니라 재정적인 방식일 수도 있다는 점을 강조했는데, 1920년대에는 레버리지 방식도 발전을 거듭했던 시기여서 자금을 융통하는 데 중개인의 대출은 물론 투자신탁과 지주회사들의 자금 운용이 손쉬워졌다. 이 모든 것이 새롭고도 강력한 제도적 장치가 되어 주식시장에 자금이 넘쳐흐르게 했으며, 점점 더 많은 미국인이 마르지 않는 부가 샘솟는 듯한 투자시장으로 모여들게 했다. 경제학자 존 케네스 갤브레이스John Kenneth Galbraith의 말을 곱씹을 필요가 있어 보인다. "금융계는 늘 새로 발명된 바퀴에 환호를 보낸다. 그 바퀴가 예전만 못하다는 것이 문제다."[21]

20세기 이전에 주식시장에서 통용되던 레버리지는 주식 정가 대비 저렴한 조기 청약금과 주식담보대출이었는데, 탐욕에 휩싸인 투자자들은 증거금 상환 요청을 받을 경우 보유 주식의 일부를 매도

해서 충당했다. 결과적으로 운 좋은 일부 사람들은 그렇게 했지만, 많은 이들은 그것이 불가능했고 결국 파산하고 말았다.

이와 달리 1920년대의 투자자들은 주식을 정가에 매수했지만 매수 자금의 일부는 대출금이었다. 심지어 대출금이 보유한 주식 가격의 90%에 달하기도 했다. 예를 들어 1,000달러짜리 주식 1주를 매수하는 데 자신이 가진 100달러에 신용대출금 900달러를 더하는 식이다. 만일 주가가 10% 올라 1,100달러가 되면 대출금을 상환하고 남은 금액이 200달러가 되므로, 결과적으로 초기 자금 100달러로 2배 수익을 거두게 된다. 안타깝지만, 만일 주가가 10% 하락하여 900달러가 되면 원금은 사라지고 대출금 900달러도 손실 위험에 처하게 된다. 이를 방어하기 위해 채권자는 대출자에게 추가 자금 투입을 요구하는 마진콜margin call을 시행한다. 만일 추가 자금이 투입되지 않으면 채권자는 900달러짜리 주식을 매각하여 원금을 회수한다. 중개인의 대출금은 결코 저렴하지 않았다. 주가가 상승하면 대출 수요도 증가하기 때문에, 1929년의 상황처럼 금리가 연 15%까지 상승할 경우 주식 매수자들에게 큰 부담이 된다.

가장 낙관적인 투자자를 제외한다면, 대부분 사람은 경기 하강의 신호를 어느 정도 인식할 수 있기 때문에 중개인이 운용하는 은행 대출금은 손실 위험이 거의 없어 보였다. 자신들은 연방준비은행으로부터 5% 이율로 자금을 빌리는데 투자자들에게는 그 2배 또는 3배의 이윤을 남기며 빌려줬기 때문이다. 이는 간단하지만 눈부신 수익을 내는 자금운용 기법이었다. 금융자본주의의 대원칙은 자금이 필요한 사람에게 부족한 만큼의 돈을 공급하는 것이다. 하지만 버블은 그 흐름을 왜곡하여 국가 경제를 좀먹게 한다. 1920년대에는 적지 않은 대기업이 사업을 유지하고 성장시키는 데 필요한 자본을 주식시장의 신용거래 대출에서 충당했고, 이런 시장의 왜곡 현상이 확산됐을 때 어떤 일이 벌어지는지를 적나라하게 보여준 역사적인 시기라고 할 수 있다.[22]

중개인들이 실행하는 고금리 대출은 오늘날에도 연준이 시장의 버블을 안전하게 가라앉히는 일이 얼마나 어려운지를 극명하게 보여준다. 이론적으로 1929년의 연준은 중개인들의 대출금리를 억제하고 싶었지만, 은행과 기업들 모두 두 자릿수 금리의 수혜자였기 때문에 연준 역시 그에 상응하는 수준으로 기준금리를 오히려 인상해야 했다. 그렇게 되면 시장에 자금 경색의 불안이 가중될 것이었다. 하지만 정부의 방침으로 중개인의 대출금리 인하를 강제한다고 해도 극렬 투자자들의 투자 열풍을 가라앉힐 수는 없었다. 어제 상승한 주가가 오늘의 주가를 밀어 올리는 강력한 상승장에서 순자산 총액이 현기증이 날 정도로 급증하고 있었기 때문이다. 연준은 이제 스케이트보드 라이더가 되어 통제 불능의 상태로 언덕을 내달리는 상황에 처하게 됐다. 이들에게 남은 선택지는 두 가지뿐이었다. 의도적으로 나무에 충돌하여 질주를 멈추는 것이 첫째이고, 몸을 단단히 웅크린 채 질주를 더 즐기다가 더 빠른 속도로 충돌하는 것이 둘째였다. 연준은 후자를 택했다(실제로 1929년 10월에 있었던 초기 붕괴에서 신용대출의 수요가 위축됐고, 주가는 고점 대비 7%가 하락했다).

1920년대 금융 열풍 당시에는 건실하게 운영되던 투자신탁회사들도 버블을 피할 수 없었다. 18세기 후반, 아브라함 반 케트비흐 Abraham van Ketwich라는 네덜란드 상인이 유럽 전역과 신대륙 식민지에서 공식적으로 운용 가능한 묶음 주식을 만들었다. '엔드라그트 마크트 마그트Eendragt Maakt Magt(모이면 강해진다는 뜻-옮긴이)'라는 이름의 이 상품은 최초의 뮤추얼펀드라고 불릴 만하다.[23] 다음 세기 동안 투자신탁 사업은 유럽 전역으로 확산되어 특히 스코틀랜드에서 인기를 얻었고, 1893년에는 미국 보스턴에 퍼스널 프로퍼티 트러스트Personal Property Trust라는 회사가 설립되면서 전국으로 확산됐다. 펀드도 주식과 마찬가지로 고객의 요청에 따라 매매가 이루어지지만 대체로 보수적으로 운영된다. 제너럴 아메리칸 인베스터스General American Investors나 트리콘티넨털Tri-Continental, 애덤스 익스프레스Adams Express, 센트럴 시큐리티Central Securities와 같이 1920년대에 만들어져 오늘날까지 운용되는 펀드도 있다.

또 다른 신탁회사인 골드만삭스 트레이딩 코퍼레이션Goldman Sachs Trading Corporation의 사업은 전혀 예상하지 못했던 방향으로 흘러갔다. 골드만삭스는 1928년 12월에 되어서야 비로소 투자신탁 자회사인 트레이딩 코퍼레이션Trading Corporation을 설립하고 본격적인 투자신탁 업무에 나섰다. 이들도 처음에는 레버리지 없이 주식과 채권을 매수하는 매우 소심한 거래를 했다. 그리고 모회사인 골드만삭스Goldman, Sachs & Co.는 트레이딩 코퍼레이션 주식의 90%를 소유한 채 10%만 일반인에게 판매했다. 트레이딩 코퍼레이션은 지금으로 말하면, 뱅가드 그룹Vanguard Group이나 피델리티 인베스트먼트Fidelity Investment와 같은 자산운용사가 설립한 뮤추얼펀드로 생각할 수 있으며, 당시에는 자사주 대부분을 소유하고 있었다.

이들의 보수적 자산운용 방침은 오래가지 않았다. 몇 달 후, 트레이딩 코퍼레이션은 골드만삭스의 또 다른 자회사인 파이낸셜 앤드 인더스트리얼 시큐리티 코퍼레이션Financial and Industrial Securities Corporation과 합병했는데, 이미 과열된 시장에서 1929년 2월 합병 이후 첫 거래 가격은 기존 가격의 2배로 올라 있었다. 사실상 1달러 지폐를 대중에게 2달러에 판매하는 것과 다름없었다.

대부분 회사는 이런 수익에 만족했지만 골드만은 트레이딩 코퍼레이션이 자사주를 매수하게 하여 주가를 더욱 밀어 올렸다. 그런 다음 트레이딩 코퍼레이션이 보유한 엄청나게 고평가된 주식을 일반인에게 매각하기 시작했다. 이후에도 같은 작업을 반복했는데, 셰넌도어 코퍼레이션Shenandoah Corporation이라는 신탁 자회사를 만들고, 또다시 블루 리지 코퍼레이션Blue Ridge Corporation이라는 신탁 자회사를 만들며 자사주 매수와 고점 매각 행위를 반복했다. 이에 대해 갤브레이스는 다음과 같이 설명했다.

투자신탁회사의 장점은 발행된 회사 주식이 현존하는 회사의 자산과 거의 완전히 별개라는 것이었다. 주식 가치는 자산 가치의 2배, 3배 또는 그 이상이 될 수도 있다. [24]

골드만삭스는 기발한 운용 기법을 고안하여, 셰넌도어와 블루 리지에서 보통주와 전환우선주 모두를 각각 발행하게 했다. 전환우선주는 사실상 채권과 동일한 것으로, 당시 소유자에게 6%의 이자를 지급할 것을 약속했다. 두 신탁은 대출을 실행할 때 현금 대신 전환우선주를 발행하여 지급했고, 이 때문에 신규 물량 거래가 급증하면서 갤브레이스가 앞에서 설명한 주식 가치의 변동성 현상이 더욱 심화됐다.

일반적인 기준에 따른다고 해도 그들이 일으킨 레버리지는 과하지 않았다. 셰넌도어 주식의 3분의 1, 그리고 블루 리지 주식의 2분의 1 미만이 채권처럼 거래되던 전환우선주였다. 하지만 두 레버리지 장치로 인한 변동성에, 트레이딩 코퍼레이션이 최상단에 자리한 수직 지배구조가 더해지자 작은 파동이 큰 충격으로 확산됐다. 트레이딩 코퍼레이션이 최상단에서 셰넌도어를 지배하고 셰넌도어가 블루 리지를 지배했기 때문에, 블루 리지의 전환우선주가 판매되거나 주식 소유자들에게 6% 이자를 지급하면 비로소 셰넌도어로 자금이 정산됐다. 또 셰넌도어의 전환우선주가 판매되거나 주식 소유자들에게 6% 이자를 지급하면 비로소 트레이딩 코퍼레이션으로 자금 정산이 이루어졌다. 따라서 이 경로에 가격의 변동이 일어나면 피라미드 상단의 변동 폭은 더욱 커졌고, 부채가 발생할 경우 모회사는 자회사의 부채까지 떠안아야 했다. 이런 사태 속에서 셰넌도어는 1929년 12월에 처음이자 마지막으로 보통주 주주들에게 보잘것없는 금액의 배당을 실시했다.

골드만은 잔잔한 바람을 맞으며 유리같이 매끈한 바다 위를 항해하는 투자신탁 함대를 이끌었고, 주가가 상승하는 한 항해는 순조로웠다. 하지만 3개의 신탁사가 만들어진 직후부터 하늘에 먹구름이 드리워져 투자금이 썰물처럼 빠져나갔다. 블루 리지에 위기가 찾아왔고, 다음은 셰넌도어 차례였으며, 당연히 트레이딩 코퍼레이션도 망가질 수밖에 없었다.

레버리지의 파급력은 막강했다. 1929년 연말, 다우존스 산업평균지수Dow Jones Industrial average(다우존스사가 가장 안정된 주식 30개를 표본으로 시장 가격의 평균을 산출하는 지수-옮긴이)는 10월 폭락에서 다소 회복되어 9월 고점 대비 35%가 하락한 수준이었다. 하지만 골드만삭스의 세 투신사는 75%나 하락했다. 1932년 중반 시장이 바닥에 도달했을 때 다우지수는 89%가 하락했는데, 세 투신사의 손실률은 99%였다. 여기에 투자한 이들의 총손실은 3억 달러에 달했다. 1929년 8월과 9월 두 달 동안 미국 기업들은 10억 달러 이상의 주식을 투신사에 판매했는데, 이는 당시로서는 엄청난 액수였으며 1932년에 대부분 손실 처리됐다.[25] 이때가 되자 대공황The Great Depression은 기정사실이 됐고, 경제 회복을 위한 대규모 공공사업 역할을 한 제2차 세계대전까지 상황은 지속됐다.[26]

1929년까지 과거 버블의 망각이라는 버블 형성의 세 번째 요인이 극명하게 드러났다. 이전 세대는 두 번의 하락장을 경험했는데, 첫 번째인 1907년의 공황은 매우 흥미로운 사건이었다. 어느 형제의 잘못된 투기 행위가 폭락의 기폭제가 됐으며, 그리 크지 않은 규모였지만 크나큰 재앙을 불러왔다. 유나이티드 구리 회사United Copper Company의 소유주인 오토 하인츠Otto Heinze와 오거스터스 하인츠Augustus Heinze 형제가 숏 스퀴즈short squeeze라고 알려진 낯선 투기법을 실행했고 이것이 화근이 된 것이다(상당량의 자사주를 보유 중이던 하인츠 형제는 자사 주식을 계속 사들여 보유량을 늘린 다음 공매도자들에게 주식을 상환하라고 요구함. 자신들의 주식을 공매도자들이 높은 가격에 되살 것으로 예상했으나 오히려 다른 곳에서 주식을 공급받아 상환하는 바람에 숏 스퀴즈 전략은 실패했고 주가가 큰 폭으로 하락함-옮긴이). * 오거스터스는 몬태나의 작은 은행인 뷰트 주립 저축은행State Savings Bank of Butte도 소유하고 있었는데, 이때의 숏 스퀴즈 실패로 파산했다.

1837년에 앤드루 잭슨 대통령이 미합중국 제2은행Second Bank of the United States을 파산시킨 것도 결과적으로 민간 대출이 고갈됐을 때 필요한 최종 대부자lender of last resort를 없애버린 일이 됐다. 은행들은 상호 대출로 버텼지만 한 은행이 파산하면 부실이 도미노처럼 확산될 수밖에 없었고, 이런 상황에 대처할 중앙은행이 부재한 상황에서는 가벼운 불황도 본격적인 경기 침체와 공황으로 이어질 수 있었다. 이것이 정확히 1830년대 후반 미국 역사상 최악의 금융 위기 때 발생한 일이다.

---

* 공매도 투자자(short seller)는 주식을 기존 소유자에게 빌려 높은 가격에 매도한 다음 주가가 낮아졌을 때 재매수해 소유자에게 상환한다(주가 하락분만큼이 공매도자의 수익이 됨-옮긴이). 이 점을 노린 세력들이 종목을 집중 매수해 주가가 올라가면, 공매도 투자자는 숏 스퀴즈(공매도 후 주가가 상승할 때 공매도 투자자가 손실을 줄이기 위해 울며 겨자 먹기 식으로 주식을 재매수하는 것-옮긴이)를 할 수밖에 없다.

1907년, 오거스터스 하인츠의 은행이 파산하면서 더 큰 은행들이 연쇄적으로 무너졌고 결국 주가도 40% 가까이 하락했다. 공황이 멈춘 것은 당대 최고의 금융 자본가 J. P. 모건이 사태를 수습하면서 부채 상환 가능성을 기준으로 구제할 은행과 파산시킬 은행을 구분하는 마지노선을 그으면서부터였다. 역사적인 우연인지, 모건은 국가의 마지막 중앙은행이 파산한 1837년에 태어났으며, 1913년에 연방준비은행법Federal Reserve Act이 통과됐을 때 중앙은행을 재건했다. 76년 생애 대부분을 그는 사실상 국가의 중앙은행가로 살았으며, 1893년에는 경기 침체로 미국 재무부의 금 보유량이 바닥났을 때 이를 되찾아오는 역할도 맡았다.

1929년 대공황 이전에 있었던 두 번째 공황은 제1차 세계대전 말기에 벌어졌다. 분쟁 상황은 미국 주식의 가격을 부양했지만 농축산물 가격이 하락하면서 낙관적인 전망은 곧 절망으로 바뀌었다. 1919년 여름, 시장이 정점에 달한 이후 주가는 고점 대비 3분의 1로 하락했지만 그 시기에도 일부 주식은 넉넉한 배당금을 지급했다.[27] 시장이 하락하던 때임을 고려하면 나쁘지 않은 수익이었다.

제1차 세계대전 이전에는 부유한 미국인들만 주식을 소유했기 때문에 1907년의 공황이나 1919년의 시장 하락은 일반 대중에게 큰 인상을 남기지 못했다. 게다가 1929년에 등장한 새로운 투자 대중은 내연기관과 항공기, 자동차, 라디오, 전력의 경이로움에 매료되어 과거의 버블 경제를 고민할 상황이 아니었다.

버블이 형성되는 네 번째 전제 조건은 보수적이고 전통적인 주식 평가 방법의 실종이었다. 미국은 제1차 세계대전 중에 3.5%에서 4.5% 사이의 수익을 내는 수십억 달러의 자유채권Liberty Bonds을 발행해 전비를 지원했으며, 그 과정에서 보통의 미국인들을 주식시장으로 끌어들였다. 자유채권은 국민에게 투자를 위한 보조바퀴 역할을 하면서도 안전하고 적당한 수익을 제공했다.

국채는 투자의 안전지대로 여겨지기 때문에 금융경제학자들은 이를 '무위험 등급'의 안전자산으로 여겼다. 수 세기 동안 투자자들은 주식을 매수한다면 배당금을 기대할 뿐이었고, 주식은 원금 손실 위험이 크다고 생각했다. 매수자를 유치하기 위해서는 안전한 국채가 제공하는 배당 수익률보다 높아야 했다. 4장에서 이야기했던 조지 허드슨 역시 철도 주식의 구매자들에게 영국 국채 3~4% 수익률보다 훨씬 높은 배당금을 약속하지 않았던가. 영국 투자자들과 마찬가지로 미국의 실용적인 투자자들도 주가 상승으로 인한 고수익은 기대하지도 않았고 회사에 요구하지도 않았다. 하지만 그럼에도 안전한 채권이 제공하는 것보다 높은 이윤을 원했고, 고수익은 아니지만 꾸준한 배당금을 지급받기를 원했다. 제1차 세계대전 이전에 미국 주식의 수익률은 평균 5% 정도였다.[28] 하지만 1920년이 되자 주식은 연간 수익률의 약 10배에 달하는 가격에 팔아야 수지가 맞는 것으로 인식하게 됐다.

오늘날의 투자자들은 현명한 사람이든 아니든, 장기적으로 회사의 이익과 주가의 상승을 당연시하고 동시에 매우 낮은 배당금을 용인한다. 하지만 20세기 이전에는 지속적인 주가 상승은 가장 성공적인 기업들에만 나타나는 매우 드문 일이었고, 시장의 분위기가 좋을 때도 주가 상승은 미미한 수준이었다. 예를 들어, 영국의 초창기 주식회사들 가운데 가장 많은 이익을 내는 곳이 영국중앙은행과 동인도회사였다. 가장 우량했던 이 두 회사조차 1709년에서 1823년 사이에 보여준 주가 상승률은 각각 연평균 0.7%와 0.6%에 불과했다.[29]

그렇다면 가장 뛰어난 투자자들은 1929년 대공황 당시까지 배당금을 지급하지 않았고, 결과적으로 1937년까지도 배당을 하지 않았던 RCA를 어떻게 평가했을까?[30] 1920년대 후반까지도 투자자들은 매우 유망한 회사가 있다고 해도 회사의 미래 이익을 고려하여 주가를 예측하고 추정할 적절한 수단이 없었다. 어빙 피셔Irving Fisher나 존 버 윌리엄스John Burr Williams 또는 벤저민 그레이엄Benjamin Graham 같은 금융경제학자들이 등장하여 주식과 채권의 내재가치를 복잡한 수식으로 계산하고, 특히 투기적 자산의 미래가치를 평가하게 되기까지는 이후 10년의 시간이 더 필요했다. 오늘날, 미래의 배당을 추정하고 이를 현재가치로 할인discount(미래가치를 현재가치로 판단함-옮긴이)하는 이른바 배당할인 모델Discounted Dividend Model, DDM은 일정한 정확성을 보여주기 때문에 일반 투자자들은 물론 전문가들도 많이 활용하고 있다.[31]

라디오와 자동차, 비행기가 발전을 거듭하던 1920년대에 사람들은 급변하는 기술 환경에서 더 이상 기존의 정적인 밸류에이션으로 기업 가치를 평가해서는 안 된다고 생각했다. 하지만 20세기의 위대한 투자자 존 템플턴John Templeton은 "'이번에는 다르다This time it's different'는 영어에서 가장 비싼 문장이다"라고 했다. *

당시의 상황에 대해 벤저민 그레이엄은 다음과 같이 말했다.

만일 어떤 공공기업의 주식이 호황 이전 기준인 평균 수익의 10배가 아니라 최대 평가 수익의 35배에 거래가 됐다면, 사람들은 주가가 높다고 생각하기보다 가치의 기준이 높아졌다고 생각한다는 사실이다. […] 모든 상한선이 사라진 것인데, 그것은 주식을 팔 수 있는 가격의 상한선이 사라진 것이 아니고 그 주식을 팔 필요가 있는지를 고민하게 하는 가치의 상한선이 사라진 것이다. […] 이런 원칙에 사람들이 수긍하기 시작했고, 이제는 주식시장에서 돈을 버는 것이 세상에서 가장 쉬운 일이 됐다.[32]

1929년에 이르기까지 카너먼과 트버스키의 휴리스틱들, 이를테면 당대의 놀라운 신기술이라는 돌발성, 여러 해 동안 주가 상승이

---

* 이 문장은 금융 분야에서 가장 많이 인용되고 있어서, 국제경제학의 고전이 된 카르멘 라인하트(Carmen M. Reinhart)와 케네스 로고프(Kenneth S. Rogoff)의 공동 저서 제목도 『이번에는 다르다(This Time Is Different)』가 됐다(Princeton NJ: Princeton University Press, 2009). 템플턴이 사용한 것으로 인정되고 있지만 간혹 벤저민 그레이엄의 공동 저자인 데이비드 도드(David Dodd)의 말로 회자되기도 한다. 이 인용구의 명확한 출처는 찾지 못했다.

지속돼왔다는 근시간성, 신용의 확장에서 비롯된 가용성 등이 주식 가격을 합리적으로 분석하는 이성적인 사고를 압도해버리고 말았다.

경제학자 맥스 윙클러Max Winkler는 이런 상황을 간단명료하게 규정했는데, 1929년 주식시장의 붕괴를 목격한 뒤 당시 횡행하던 배당할인 모델에 대해 미래가치를 할인했을 뿐 아니라 내세의 가치도 할인했다고 비꼬았다.[33]

스코틀랜드의 언론인이면서 작곡가와 시인으로도 활동했던 찰스 맥케이는 『대중의 미망과 광기 』의 저자로 널리 알려져 있다. 이 책은 1841년에 처음 출간된 이후 오늘 날까지 지속적으로 발간되고 있다._위키미디어 공용

작은 도시 시장의 혼외자로 태어난 보켈슨은 카리스마 넘치는 인물이었고 극적인 상황을 연출하는 데도 능했다. 하지만 그러한 지도력은 1534~1535년 뮌스터 종말론 반란 사건에서 재앙을 초래하고 말았다. _뮌스터 도시박물관 제공

왼쪽은 보켈슨과 부하들이 시민을 고문하는 데 사용했던 집게들이다. 그들은 죽어서 오른쪽 사진 속 철창에 담긴 채 교회 첨탑에 매달렸다. 철창은 오늘날에도 그대로 달려 있다. _뮌스터 도시박물관 제공

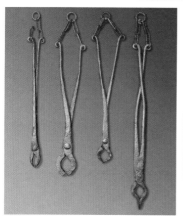 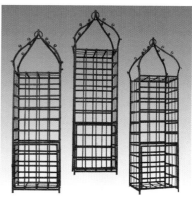

존 로는 수학적 지능이 뛰어난 인물이었다. 이러한 능력을 바탕으로 그는 프랑스 은행에 구조적인 변혁을 일으켰지만, 역사상 처음으로 거대 금융 버블을 초래하기도 했다. 이 때문에 당대인들에게 크나큰 비난을 받았지만, 오늘날에는 종이 화폐 기반의 현대적 금융 시스템을 앞서 실천한 선구자로 인정받기도 한다. _©대영박물관 소장

1720년대 네덜란드 삽화에서 존 로는 돈키호테로 묘사됐다. _하버드대학교 베이커 도서관 제공

파리의 미시시피 버블은 런던의 금융시장에도 비슷한 상황을 만들었다. 런던 남해회사의 중심 인물이었던 존 블런트는 오만하고 탐욕적인 현대 CEO들의 원형이 되었다. _개인 소장, 브리지맨 이미지

〈1720년 남해 버블 당시 익스체인지 앨리의 풍경〉, 1847년 에드워드 매슈 워드Edward Matthew Ward가 그렸다. _© 테이트 갤러리, 런던

1840년대의 정열적인 철도 거
물 조지 허드슨은 수천 명의
투자자에게 막대한 손실을 안
겼지만, 동시에 영국에는 세계
최고의 고속 운송 네트워크를
선물했다._위키미디어 공용

심리학자 피터 웨이슨은 1950년대 실험을 통해 오늘날 널리 사용되는 '확증편향'이라
는 개념을 확립했다._아모러 웨이슨Armorer Wason과 세라 웨이슨Sarah Wason 제공

윌리엄 밀러는 초기의 불가지론 신념을 버리고 임박한 종말을 강조하는 강력한 종말론 세계관을 지향했다._재림파 디지털 도서관 제공

조슈아 하임스의 재산과 인적 네트워크와 조직 운영 능력은 밀러의 신학이 강력한 대중 운동으로 확산되는 데 크게 기여했다._재림파 디지털 도서관 제공

윌리엄 밀러의 종말론 신도들은 1842년에서 1844년 사이에 최대 수천 명이 참석하는 '장막 집회'를 125회나 개최했다. 철도회사들은 임시 역사를 설치하여 참가자들의 이동을 도왔고, 설교자들에게는 운임을 받지 않았다._재림파 디지털 도서관 제공

「한밤중의 외침!」의 첫 페이지다. 1844년 10월 19일, 세상의 종말이 도래할 것으로 믿었던 날짜의 사흘 전 간행본이다._재림파 디지털 도서관 제공

1960년대와 1970년대에 날카로운 경제 분석으로 명성을 떨친 경제학자 하이먼 민스키는 레버리지에 기반을 둔 현대 경제 시스템의 태생적 불안정성을 주장했다._바드 칼리지의 베링거 드래치Beringer-Dratch, 레비 경제연구소Levy Economics Institute 제공

1920년대에 '선샤인' 찰리 미첼은 오늘날 씨티뱅크의 전신인 내셔널 씨티 은행의 선량한 고객들에게 수십억 달러에 달하는 고위험 주식과 채권을 판매했다. _위키미디어 공용

숙련된 검사였던 페르디난드 페코라는 노련한 질문을 던져 찰리 미첼을 궁지로 몰아넣었다. 페코라가 수석 고문으로 있던 미국 상원의 금융통화위원회는 '페코라위원회'로 알려지게 되었다. _위키미디어 공용

영국 특수부대원 오드 윈게이트는 자신의 가문이 지향했던 종말론적 세대주의에 심취한 인물로 모세 다얀을 비롯한 이스라엘군 최고 사령부에서 많은 병사를 지도했다._위키미디어 공용

1948년 이스라엘의 예루살렘 현지 사령관 모세 다얀은 아랍인 복장을 하고 상대 진영 사령관 압둘라 엘텔의 차량에 함께 탑승하여 암만까지 이동한 후 요르단 왕을 만나기도 했다._위키미디어 공용

상징적인 장면을 담은 사진이다. 왼쪽부터 이스라엘의 지방 사령관 우지 나르키스, 국방부 장관 모세 다얀, 참모장 이츠하크 라빈이 1967년 6월 7일 올드 시티를 향해 성큼성큼 걸어가고 있다. _이스라엘 국립사진전시관

1967년 6월 올드 시티를 정복한 직후, 이스라엘 군대의 극우 성향 수석 랍비 슐로모 고렌은 통곡의 벽에서 의례용 숫양의 뿔나팔(쇼파shofar)을 불었다. 얼마 후 그는 우지 나르키스에게 바위의 돔을 폭파시켜야 한다고 주장했지만 받아들여지지 않았다. _위키미디어 공용

3학년 정규 교육과정만을 이수한 제7일 안식일예수재림교 세일즈맨 빅터 후테프는 「요한계시록」의 마지막 때에 대한 해석은 오로지 자신만 할 수 있다고 공언했다._위키미디어 공용

이 종파는 결국 후테프의 측근 중 한 사람의 미망인인 로이스 로덴의 주도하에 만들어졌다._위키미디어 공용

미혼의 14세 소녀를 어머니로 두었던 버넌 하월은 혼란스러운 어린 시절을 보냈다. 로이스 로덴이 사망한 후 그는 데이비드 코레시로 이름을 바꿨고, 1993년 4월 19일 텍사스 웨이코에서 자신의 종파를 파국으로 이끌었다._위키미디어 공용

1993년 4월 19일 갈멜산 다윗교 본부에서 화재가 발생하여 76명이 사망했다. 티머시 맥베이는 이 화재를 직접 목격했으며, 이에 대한 복수로 사건 2주기가 되던 날 오클라호마 시티에서 폭탄 테러를 자행하여 168명의 무고한 생명을 앗아갔다._위키미디어 공용

로널드 레이건은 종말론적 세대주의 신학을 열렬히 신봉했으며, 모럴 머조리티 창시자인 제리 폴웰과 같은 유명 종교 지도자들과 학문적인 토론을 벌이기도 했다._위키미디어 공용(백악관 및 로널드 레이건 대통령 도서관 항목)

1990년대 기술주 버블 시기에 이 이발소의 주인이었던 빌 플린은 머리를 자르러 온 고객들에게 투자 조언을 했고, 케이프 코드라는 소도시에 어울리지 않게도 자신의 가게를 주식 투자의 성지로 만들었다. _「월스트리트 저널」 제공

1984년에서 1993년까지 일리노이 주의 작은 도시 비어즈타운의 여성 투자 클럽은 잘못된 수익률 계산으로 시장 평균을 웃도는 성과를 보고하며 클럽의 중장년 회원들을 일약 스타덤에 오르게 했다. _라이프LIFE 이미지 모음, 게티 이미지

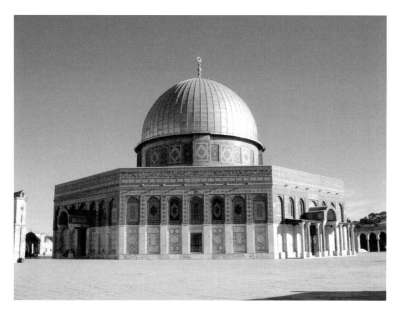

일부 유대인은 이슬람의 가장 신성한 장소 중 한 곳인 템플마운트의 '바위의 돔'을 솔로몬의 제1 성전이 있었던 장소로 믿는다._제인 지글러

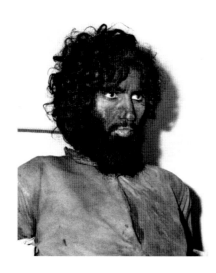

전 사우디 방위군 상등병 주하이만 알우테이비는 세상의 종말과 예언자의 재림을 기대하며 이슬람의 가장 신성한 장소인 메카의 그랜드 모스크에 자살 공격을 가했다. 이 사진은 수십 명의 동지와 함께 그가 처형되기 직전에 촬영되었다._위키미디어 공용

주하이만 알우테이비의 삶과 저술 활동에 깊은 영감을 받은 팔레스타인의 무함마드 알마크디시(오른쪽)는 수많은 이슬람 극단주의자에게, 특히 피에 굶주린 아부 무사브 알자르카위에게 큰 영향을 주었다. 마크디시는 미군의 공습으로 2006년에 사망했다. 그는 종말론에 심취했으며 그가 주장했던 일부 온건주의 사상은 오늘날에도 요르단에서 계승되고 있다._게티 이미지

예멘계 미국인 안와르 알아울라끼의 종말론 인터넷 콘텐츠들은 미국에서 벌어진 수많은 테러 공격에 영향을 주었다. 특히 '속옷 폭탄 테러범' 오마르 파루크 압둘무탈랍과 포트 후드의 저격수이자 육군 정신과 의사 니달 말리크 하산이 그 테러의 주인공들이었다. 그가 2011년 드론 공격으로 사망한 후에도 그의 비디오 영상들은 테러범들에게 지속적인 영향을 미쳤다._위키미디어 공용

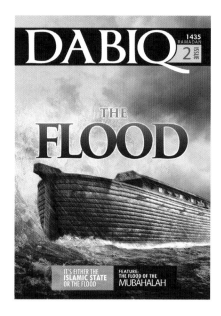

「다비크」2호의 표지다. 이 잡지의 이름은 1516년에 기독교 비잔틴제국에 맞서 싸운 유명한 전투 현장에서 따왔으며, 매우 영향력 있는 IS의 출판물이다. 「다비크」2호는 2014년 6월 29일 칼리프 선언 직후에 간행되었다._이슬람력 1435년 라마단(2014년 6~7월)에 발행

「다비크」2호에 실린 기사. IS가 이단으로 간주했으며 수피 교단의 창시자 이름을 딴 이라크 남부 아마드 알리파이Ahmad Al-Rifa'i 신전의 철거를 축하하는 내용이다._이슬람력 1435년 라마단(2014년 6~7월)에 발행

7.
선샤인 찰리,
그늘을 드리우다

그는 물에 빠진 소금처럼 녹아내리고 있는 자동차회사의 주식을 팔았고, 파산 직전에 있는 남아메리카 빈국의 채권을 팔았다. 심지어 자기 회사의 주식을 팔았는데, 이 주식의 가격은 1929년 10월 이후 3주 동안 572달러에서 220달러로 떨어졌고 최근에는 20달러로 폭락했다.

- 에드먼드 윌슨Edmund Wilson

미시시피회사와 남해회사, 철도 버블의 경우와 마찬가지로 1929년 대공황 역시 앞에서 언급한 해부학적 구성 요건 '4P'를 충족했다. 알다시피 4P는 사업가와 대중, 언론, 정치인이다.

20세기 초, 비즈니스계의 거물 새뮤얼 인설Samuel Insull은 거대한 산업 인프라를 장악하며 존 로와 조지 허드슨이 걸어간 길을 따르고 있었다. 그는 미국의 대표적인 공장들에 전력을 공급하고 수백만 가구에 빛을 비춘 사람이다.

1859년 런던의 가난한 평신도 설교자와 주류를 판매하지 않는 호텔의 관리자 사이에서 태어난 인설은 속기사나 서기 등의 업무를 보며 10대 시절을 보냈다. 그 시대의 야심 찬 젊은이들이 대개 그랬듯이, 토머스 에디슨을 우상처럼 여겼다. 런던의 경매사 사무실에서 일자리를 잃었을 때 그는 에디슨이 설립한 영국 전화회사 중 한 곳의 구인광고를 보고 매우 기뻐했다. 그리고 그곳에서 일자리를 얼었다.

그의 상사는 인설이 속기와 필사, 부기 등의 수준을 훨씬 능가하는 능력을 갖췄다는 사실을 즉시 알아챘다. 몇 년 후 미국에 있는 본사에서 일자리를 제안받았을 때, 인설이 이렇게 답했다고 한다. "에디슨의 비서로 일할 수 있다면 가겠습니다." 그는 스물한 살의 젊은 나이로 보이는 것을 감추기 위해 구레나룻을 길렀고, 1881년 초에 마침내 대서양을 건너 우상 곁에서 일을 시작했다. 그리고 11년을 그곳에 머물며 조금씩 조직의 상단으로 진출했다.

운 좋게도 인설은 점차 에디슨뿐 아니라 에디슨의 후원자였던 J. P. 모건과도 교류하기 시작했다. 당시 모건은 사회적 영향력뿐 아니라 기술을 바라보는 통찰력에서도 정점에 달해 있었는데, 초기 전기 애호가로서 매디슨가 219번지에 자리한 자기 집을 에디슨의 첫 백열전구로 밝히고 있었다. 전력망이 구축되어 있지 않던 당시 상황에서 이것은 결코 쉬운 일이 아니었다. 물론 나중에 맨해튼 최초의 대규모 발전소와 송전선 건설에 자금을 조달하여 이 문제를 해결한 사람도 그였다.

안타깝게도 에디슨 제너럴 일렉트릭^{Edison General Electric}의 저전압 직류 시스템은 장거리 전송에 적합하지 않아서, 1882년에 엘리후 톰슨^{Elihu Thomson}과 에드윈 휴스턴^{Edwin Houston}이 설립한 경쟁사 톰슨휴스턴^{Thomson-Houston}의 교류고압 송전망에 시장 점유율을 빼앗기기 시작했다. 에디슨 제너럴 일렉트릭의 몰락에 박차를 가한 사건은 1883년 영국에서 출원한 변압기 특허였다. 이 특허 기술을 사용하면 교류 송전 전선의 고전압 전류를 저전압으로 변환하여 장거리 송전과 주거용 송전을 겸할 수 있었다. 백만장자 조지 웨스팅하우스George Westinghouse는 자신의 회사를 통해 이 특허를 톰슨휴스턴의 시스템에 적용한 뒤 라이선스를 취득했다.

투자은행업의 대가였던 모건은 1892년에 에디슨 제너럴 일렉트릭을 톰슨-휴스턴과 합병하여 GE를 설립함으로써 에디슨 제너럴 일렉트릭의 몰락을 막았다. 에디슨은 교류 전송의 우수성을 결코 인정하지 않았다. 그는 얼마 안 가 자신의 GE 주식을 매각했는데, 나중에 이렇게 말했다고 한다. "글쎄, 모두 보내버렸지. 하지만 그 주식을 팔면서 무척 행복했다네."[1]

인설은 전기 설비 운영에서 천재적인 재능을 보였으며, 합병이 있기 전 10년 동안 시카고 지역에서 에디슨 회사의 라이벌들을 삼켜버리며 독점적 지위를 다졌다.[2] 1892년에는 합병과 함께 입지가 난처해진 회사의 시카고 조직을 맡아 자신의 재량하에 둘 수 있었다. 이듬해에는 독립 조직이 된 에디슨의 시카고 사업을 정식으로 인수했고, 소규모 설비회사들을 시의적절하게 인수·관리하고 합병하면서 더 큰 조직으로 성장시켰다. 1905년까지 계속해서 시카고를 넘어 중서부까지 사업 영역을 확장했다.

그는 자신의 회사를 유능하게 운영했을 뿐 아니라 당대의 사회적 요구에도 부응했다. 업계의 규모가 커짐에 따라 점차 요금을 낮추고 비수기 공급 가격도 낮췄다. 인설은 점점 생활 인프라가 되어가고 있던 전기 서비스에 대한 법적 규제를 환영했으며, 자신의 회사가 고객에게 적절한 서비스를 제공할 수 없다면 정부가 나서야 한다고 제안하기도 했다.[3]

만약 그가 산업에 전력을 공급하고 도시에 불을 밝히는 것에 만족했다면 더욱 많은 사람에게 기억됐을 것이다. 하지만 안타깝게도 고객에 대한 그의 세심한 배려는 회사 주주들에게까지 미치지 못했다.

인설이 계획했던 일종의 금융 작전은 1912년 미들 웨스트 유틸리티 컴퍼니Middle West Utilities Company의 주가를 띄우는 것이었다. 물론 그 목적은 전기 생산량을 늘리는 것이 아니라 다른 사업을 추진하는 데 필요한 자본을 조달하는 것이었다. 그가 실행한 복잡한 금융 거래의 출발점은 미들 웨스트 유틸리티가 발행한 우선주와 보통주 주식 전량을 360만 달러에 사적으로 매수한 것이었다. 그리고 돌아서서 우선주 전량을 매각하고, 보통주 6분의 1을 360만 달러에 시장에 매각했다. 요컨대 회사의 6분의 5를 돈 한 푼 들이지 않고 인수한 셈이다(우선주는 의결권이 없음-옮긴이).

허드슨과 마찬가지로 인설은 공공심이 있었고 열정적으로 일했다. 또한 허드슨과 마찬가지로 지역 주민들에게 '인설의 왕좌Insull's Throne'로 알려진 시카고 시민 오페라하우스를 건립하는 등 시민 프로젝트와 예술 사업에 지원을 아끼지 않았다. 그는 시카고 북부의 리버티빌에 약 18제곱킬로미터의 부지를 개발했다. 그곳의 주민들은 "인설 부동산 개발 회사를 통해 집을 지었고, 인설 병원에서 태어난 아이들을 인설 학교에 보냈고, 인설 조명을 사용했고, 인설 가스로 요리했고, 인설 도로를 이용해 여행을 떠났다. 인설 은행에 예금하고 인설 골프장에서 골프를 친 것은 물론이다."[4] 이 도시는 그가 만든 광대한 제국의 축소판이었다. 전성기에는 1,000만 고객에게 서비스를 제공하는 발전소의 운영자로 수십 개 회사를 거느리며 7만 2,000명에 달하는 노동자의 생계를 책임지는 고용주이기도 했다. 그는 65개 회사에서 이사나 의장을 맡았고 11개 회사에서는 사장직에 있었다.[5]

1898년에 인설은 이미 국가기관의 관리직이 관급 설비회사의 치열한 생존 현장보다 낫다는 사실을 깨달았다. 업계를 주도하던 그의 리더십의 결과물이었을 수도 있지만, 제1차 세계대전이 발발하면서 설비회사들은 정부와 긴밀한 관계를 유지해야 했고 대체로 정부의 통제를 받는 위치가 됐다.[6] 결과적으로 회사의 이익을 국가로부터 제한당하는 상황에 놓이면서, 인설은 허드슨과 마찬가지로 가장 큰 이익은 상품과 서비스를 제공하는 데서 오지 않고 자금을 다루는 금융시장에서 나온다는 사실을 절감했다.

인설이 소유하고 있던 회사들의 복잡한 지배구조는 대부분 사람이 이해하지 못했는데, 심지어 인설 자신도 그랬을 것이다. 그는 수백 개의 회사를 수직 층으로 쌓아 올렸고, 최하단의 회사가 최상단 회사의 지분을 소유하기도 했다. 역사가이자 저널리스트인 프레더릭 루이스 앨런Frederick Lewis Allen은 루브 골드버그Rube Goldberg(번잡한 기계장치를 그린 풍자만화가—옮긴이)가 풍자한 인설 회사의 소유구조를 다음과 같이 설명했다.

> 메인주의 작은 회사 안드로스코긴 일렉트릭 컴퍼니Androscoggin Electric Company는 안드로스코긴 코퍼레이션Androscoggin Corporation이 지배했다. 이 회사는 센트럴 메인 파워 컴퍼니Central Maine Power Company가 지배했고, 이 회사는 다시 뉴잉글랜드 퍼블릭 서비스 컴퍼니New England Public Service Company가 지배했고, 이 회사는 다시 내셔널 일렉트릭 파워 컴퍼니National Electric Power Company가 지배했고, 이 회사는 다시 미들 웨스트 유틸리티가 지배했다.[7]

당시 주주의 소유권과 의결권을 부여한 미들 웨스트 유틸리티의 보통주는 인설이 자신의 수족처럼 부리던 인설 유틸리티 인베스트먼트Insull Utility Investments, Inc.(7층 지배구조)가 보유하고 있었다. 앞서 설명한 것처럼 회사의 소유구조를 다층으로 쌓아 복잡하게 만들면, 회사의 소유자는 크림 스키밍Cream Skimming(이익을 거두어가는 행위—옮긴이)이 가능해질 뿐 아니라 앨런의 말처럼 '막대한 양의 크림'뿐 아니라 '거대하고 막대한 양의 크림'까지 스키밍할 수 있게 된다.[8] 1928

년 당시 인설이 했던 것처럼 복잡한 지배구조를 통한 회사 운영 방식은 예외가 아니라 보편화된 규칙이었다. 그해에 뉴욕 증권거래소에 상장된 573개 기업 가운데 92개가 순수지주회사(다른 회사의 주식을 소유하기 위해 설립된 회사—옮긴이)였고, 395개는 지주회사이면서 운영회사였으며, 단지 86개만이 순수운영회사(독자적인 사업을 운영하는 회사—옮긴이)였다.[9]

이렇게 적체된 회사의 주식을 부풀려진 가격으로 대중에게 판매하기 위해서는 수익성에 대한 환상이 필요했다. 인설은 블런트나 허드슨에 필적할 금융 기법들을 동원하여 그런 작업에 나섰다. 그중에서 가장 비난받아 마땅한 것은 자신의 계열사들이 서로의 주식을 구매하게 하여 가격 상승을 꾀하고 이익을 취한 행위였다. 이것은 마치 남편이 1,000달러에 산 쉐보레 승용차를 아내에게 1,500달러에 팔고, 아내도 1,000달러에 산 자신의 포드 승용차를 1,500달러에 팔아 각자 500달러의 이익을 취하는 것과 같다.

전 시대의 블런트와 허드슨 그리고 이후에 등장하는 인터넷 거부들의 경우처럼 대중과 언론은 인설에 열광적인 환호를 보였다. 그의 위엄 넘치는 사진은 1920년대에 「타임」의 표지를 두 차례나 장식했으며, 그와 우연히 마주치는 것은 100만 달러의 가치가 있다고 회자되기도 했다.[10]

인설은 자신이 주인공인 연극의 마지막 에피소드를 장식하기 위해 최종 작전에 돌입했다. 1929년 초, 그와 경영진은 지배구조의 최상단에 놓인 인설 유틸리티 인베스트먼트의 주식을 일반 대중에게 판매했는데, 그들이 최초 취득한 가격의 10배로 거래가 시작된 이후 대중의 열광적인 매수가 이어지면서 30배까지 상승했다. 이런 상황은 호황기를 위해 설계된 골드만삭스 신탁회사들의 사례와 같다. 어떤 상황이든 경제에 충격이 오고 그의 전기회사들이 채권과 우선주(수익에 대한 우선권이 있다)에 대한 이자와 배당금을 지급할 수 없게 되면, 그로 인한 파급효과는 배당금과 보통주의 가격에 엄청난 영향을 줄 수밖에 없다. 마진을 통해 거래됐던 보통주 순자산도 큰 타격을 입을 것이다. 당연하게도, 인설의 지주회사 피라미드의 단계를 거슬러 올라갈수록 악화일로에 빠진다. 정확히 이런 일이 1929년 이후 그 자신은 물론 그를 지지하던 60만 주주에게 일어났다.

허드슨처럼 그도 자신의 계획을 끝까지 관철하려 했고, 1929년부터 1932년까지 길고 험난했던 하락장 동안 서서히 무너져 내린 다층 구조의 회사 주가를 부양하기 위해 수백만 달러를 빌리는 무용한 시도를 반복했다. 1932년 4월 주식시장이 바닥을 치기 불과 3개월 전, 채권 은행의 책임자들은 인설을 뉴욕의 사무실로 불러 자금을 더는 지원해줄 수 없다고 통보했다. 인설이 물었다. "법정관리를 말씀하시는 것 같군요?" 답변은 이러했다. "안타깝지만 그렇습니다. 인설 씨."[11]

투자에 참여했던 일반인의 피해는 엄청났다. 1946년에 당시의 회계장부를 분석한 어느 보고서에 따르면 미들 웨스트 시큐리티 Middle West Securities의 파산을 둘러싼 장기간의 법정 공방이 끝났을 때,

피해 금액이 총 6억 3,800만 달러에 달했다.[12] 법정관리가 시작된 해까지 주식시장은 어느 정도 회복했지만, 1932년 폭락 이후 주가가 바닥 부근에서 맴돌 당시의 피해 금액을 추산하면 수십억 달러에 이른다.

인설의 마지막은 자신이 만든 회사 지배구조처럼 복잡하지 않았고 오히려 허드슨의 몰락처럼 명확했다. 파산 몇 개월 후 전력회사 주식 매각과 관련된 사기 혐의로 기소된 그는 프랑스로 도피했다가, 정부가 그를 재판에 회부하려 하자 미국과 범죄인 인도 협약을 체결한 뒤 법률이 아직 발효되지 않은 그리스로 다시 망명했다. 하지만 아테네 당국은 그다지 동정심이 없어서 그를 체포한 뒤 터키를 통해 본국으로 송환했다.[13]

미국에 도착한 그는 다시 한번 「타임」의 표지 모델로 등장했다. 이번에는 모자로 얼굴을 가린 채였다는 점이 이전과 달랐다. 재산 대부분을 몰수당한 상태에서도 그는 강력한 법적 대응을 통해 자신에게 제기된 여러 혐의를 벗겨냈다.

일흔여덟 살이 되던 해에 프랑스로 귀국한 그는 초라하고 가진 것 없던 오래전의 그 자신으로 돌아와 있었다. 1938년 7월 16일, 그는 파리 지하철역에서 역무원에게 승차권을 건네기 위해 손을 뻗다가 그대로 쓰러져 숨을 거뒀다. 그의 주머니에는 돈 몇 프랑이 남아 있을 뿐이었다. 그의 부인은 그가 혹시라도 나쁜 마음을 먹을까 봐 지하철을 타지 말라고 여러 차례 부탁했다고 한다.[14]

인설이 소유했던 지주회사는 훨씬 거대한 부채 파이의 일부분에 불과했다. 1920년대 후반에 나타난 금융 광기는 미시시피회사나 남해회사, 철도 버블의 경우와 마찬가지로 비즈니스 영역은 물론 일반 대중을 상대로 극단적인 낙관론을 퍼뜨려 미래를 담보로 지나치게 큰 대출을 일으켰다.[15] 1922년부터 1929년까지 국가의 총부채는 68% 증가했지만, 총자산은 20% 증가했고 소득은 29% 증가했다.[16] 부채를 활용하면 평균적인 경제 성장보다 높은 이익을 거둘 수 있지만, 그것은 경제 위기가 없는 기간에나 해당하는 이야기다. 이는 개인 부채의 경우에도 다르지 않다. 개인은 기업이나 정부와 달리 세금을 부과하거나 발행할 대상이 없으며, 1920년대에는 개인과 기업의 부채 모두가 심각한 문제가 됐기 때문에 호황의 물결이 모두 빠져나갔을 때 부채 상환 의무는 매우 폭발적인 재앙을 불러왔다. 1920년대에 버블을 촉진한 또 다른 요인은 주식 거래인들이었다.

정교하게 짜인 역할에 따라 서로 주식을 사고팔면서 특정 회사의 주가를 조작할 수 있는 교활한 중개인들과 그런 행위가 가능했던 주식시장의 관행이 큰 문제였다. 이들은 소액 투자자의 관심을 끌기 위해 주식을 중개하는 객장에 시세표와 게시판 등을 설치하여, 누구라도 주식을 손바닥 들여다보듯 하며 손쉽게 돈을 벌 수 있을 것으로 믿게 했다. 이에 소액 주주들은 거침없이 시장으로 뛰어들며 주가를 끌어올렸다.

당시의 주식 거래 관습을 만든 이들은 고객들의 주식 매매를 돕던 증권거래소의 '전문가'들이었다. 이들은 고객이 작성한 주문서를 보관하거나 고객을 대신해 매매하면서 주가 방향을 예측하고 조언하는 일을 했다. 공개매수 주문 목록이 주문대장에 가득 채워지면 투자자들에게 주식을 팔아 수백만 달러의 이익을 챙겼다.

당시 부상하던 RCA로 몰려들던 당대의 가장 악명 높은 내부 거래자들과 이들에게 동조한 사람들 중에는 미국 정계와 재계의 주요 인사들이 가득했다. 듀폰DuPont과 제너럴 모터스General Motors, GM의 재무책임자 존 J. 래스컵John J. Raskob, US스틸U.S. Steel 대표 찰스 슈왑Charles Schwab, 월터 크라이슬러Walter Chrysler, 퍼시 록펠러Percy Rockefeller, 우드로 윌슨Woodrow Wilson의 전 보좌관 조지프 투멀티Joseph Tumulty 등이 그들이다. 지금의 독자들은 이들의 행위를 불법으로 생각하겠지만 1920년대에는 위법 사항이 아니었는데, 심지어 매우 익숙한 인물도 눈에 띈다. 바로, 라디오의 제왕이자 창립자의 부인인 데이비드 사노프 여사Mrs. David Sarnoff다.

하지만 사상 최고의 거물급 내부 거래자를 꼽는다면 조지프 P. 케네디Joseph P. Kennedy를 빼놓을 수 없다. 세간에 회자되는 이야기에 따르면 그의 가문이 번성한 요인은 주류 밀매였다. 하지만 이를 뒷받침하는 믿을 만한 증거는 없고 하버드 경제학과 졸업생에게 불법 주류 제조는 자랑스러운 직업이 아니었을 것이다. 오히려 월스트리트에 훨씬 어울리는 가문 출신이었던 그는 투자에 탁월한 재능을 보였고, 나중에는 할리우드와 부동산을 통해서 재산을 증식했다.

1840년대에 조지 허드슨이 폰지 방식(신규 투자자의 돈으로 이전 투자자의 배당금을 지급하는 방식)으로 자금을 조달한 것이 용인되고 법적으로도 문제가 되지 않았던 것처럼, 1920년대의 내부 거래 행위도 1933년과 1934년에 증권법이 마련될 때까지는 불법이 아니었다.

금융 광기의 세 번째와 네 번째 구성 요소인 정치인과 언론은 모두 존 래스컵에게 깔끔히 매수된 상태였다. 중간급 품질의 시가 제조업을 하던 부친이 1898년에 사망하자 그는 인설의 경우와 유사한 행운을 누려 산업계의 거물인 피에르 S. 듀폰Pierre S. du Pont의 개인 비서가 됐고, 결국에는 거대 화학 기업의 재무 담당이 됐다. 1920년에 듀폰이 곤경에 처한 GM을 구제하자, 래스컵은 이 회사의 재정도 떠맡게 됐다. 1920년대가 끝나갈 무렵, 래스컵은 주식에 한창 열을 올리고 있었으며 매우 성공적인 내부 거래자가 되어 있었다.[17] 1928년에 미국 민주당은 그를 전국위원회 위원장으로 임명했다.

그런데 래스컵이 자신의 이름을 가장 널리 알린 것은 당시 구독자 200만 명이 넘던 월간지 「레이디스 홈 저널Ladies' Home Journal」에 기고한 '모두가 부자가 되어야 합니다'라는 글을 투고했을 때였다. 이 기고문은 1929년 8월호에 게재됐는데, 제목의 취지를 설명하는 구절을 발췌하면 다음과 같다.

한 남자가 스물세 살에 결혼하여 한 달에 15달러를 정기적으로 저축하기 시작했다고 가정해봅시다. 그가 우량한 기업의 보통주에 투자하여 모든 증서와 배당금을 축적한다면, 20년 후에는 적어도 8만 달러와 한 달에 400달러 정도의 투자 수입을 갖게 될 것입니다. 그는 부자가 되는 것이죠. 저는 단언하겠습니다. 누구나 부자가 될 수 있고, 또 부자가 되어야 합니다.[18]

부를 쌓는 것이 매우 쉬운 일인 것처럼 부추기는 이와 같은 인용문은 버블이 만개했을 때 언론을 통해 흔히 흘러나오는 매우 고전적인 찬가일 뿐 아니라, 두 거대 기업의 최고재무책임자가 내건 휴리스틱 미끼의 전형을 정확히 보여준다. 오늘날 회계장부를 볼 줄 알거나 약간의 재무 계산법만 알고 있어도, 20년 동안 매달 15달러를 저축하여 8만 달러를 얻으려면 연평균 25%의 수익을 올려야 한다는 사실을 알 것이다. 1929년에는 이런 계산이 더 어려웠을 것이고 래스컵은 연필과 종이와 복리 이율표 등을 총동원하여 어렵게 계산했을 것이지만, 그럼에도 자신이 언급한 장기투자 수익률(1929년 기준으로도 터무니없이 높은 수익률이었다)의 여러 문제점을 언급하지 않았다는 사실은 그가 자신의 주장에 책임을 질 생각이 전혀 없었다고 짐작해볼 수 있다.

래스컵과 같은 정치인이 버블의 붕괴 시기에 하는 역할은 두 가지다. 첫째, 대부분 사람이 그러하고 1719~1720년에 조지 1세와 오를레앙 공작이 그랬던 것처럼, 또한 철도 버블 시기에 벌어진 일처럼, 많은 사람이 큰 노력 없이 손에 쥐어지는 부에 도취된다. 최근 수십 년 동안 현대 정치와 입법이 보여준 전형적인 행태는 경기의 과열을 억제하여 국가 경제를 근본적으로 건전한 상태로 유지하는 일을 성직자들만의 염원으로 떠넘겨버렸다는 점이다.

국가 지도자들은 경기 상승기에는 투기적 과잉에 대한 언급을 자제하고, 경기가 하강할 때는 공포나 패닉이라는 표현의 사용을 극도로 꺼린다. 1920년대에도 마찬가지였다. 미국 공화당의 허버트 후버Herbert Hoover는 1928년 전당대회 대통령 후보 수락 연설에서 다음과 같이 엄숙하게 이야기했다.

오늘날 우리는 미국 역사상 그 어느 때보다 빈곤에 대한 승리의 순간에 가까이 와 있습니다. 미국에서 가난한 가정이 사라지고 있는 것입니다.[19]

경제가 추락하는 시점에도 후버와 재무부 장관 앤드루 멜런Andrew Mellon은 미국 경제의 '펀더멘털이 건전하다'며 국민을 안심시켰다. 후버는 또한 경제 위기가 찾아왔을 때 오늘날 전 세계 지도자들이 참고할 표준 대응책을 보여줬다. 국가의 정치·금융·산업계 지도자들이 백악관으로 소집되어 회의를 하기도 했는데, 존 케네스 갤브레이스는 이를 '할 일 없는 회의'라고 비판했다. 왜냐하면 "해야 할 일이 있어서가 아니라, 일이 진행되고 있다는 모습을 보여주는 회의"였기 때문이다.[20]

버블을 실시간으로 알아챌 수는 없을까?

현대 금융을 이론적으로 설명하려 한 시도들 가운데 주목받은 예는 시카고대학교의 유진 파마Eugene Fama 교수가 주장한 효율적인 시장 가설Efficient Market Hypothesis, EMH 공식이다. 1960년대에 발표된 그의 이론에 따르면, 금융시장은 시장에 충격을 주는 사건들을 실시간으로 반영한다. 그에 따르면, 놀라운 사건이 발생하리라는 것을 예측하기는 불가능하고 따라서 주가를 예측하는 일도 무의미하다. 또한 EMH는 현재의 주가가 지금까지의 모든 정보를 정확하게 반영하고 있다고 가정하므로 원칙적으로 투자 광풍은 발생하지 않는다. 파마 교수는 격한 어조로 이렇게 말했다. "'버블'이라는 말은 정말로 저를 화나게 합니다."[21]

버블이 발생하는 것에 대한 EMH 추종자들의 진심 어린 반감은 이해할 수 있다. 이들은 현대 금융의 핵심인 시장 참여자들의 행태를 수학적 모델로 가설을 세우고 이를 공식화하여 검증하려 했다. 하지만 우리는 천체의 운행은 계산할 수 있지만 인간의 광기는 계산할 수 없었다는 아이작 뉴턴의 탄식을 한 번쯤 깊이 되새길 필요가 있다. 뉴턴은 인류 역사상 가장 위대한 수학자였고, 그가 수학을 통해 버블을 예측할 수 없었다면 다른 누군가가 그 일을 해내리라고 쉽게 생각할 수는 없을 것이다.

2013년에 유진 파마 교수와 공동으로 노벨 경제학상을 받은 예일대학교 로버트 실러Robert Shiller 교수의 말에 따르면, "가격에서 시작된 열병이 번지면" 물가 상승이 자기강화작용self-sustaining을 일으키면서 버블이 형성된다.[22] 이런 현상은 모든 버블에서 나타나지만 눈앞의 고수익을 두고 볼 수 없는 세상의 모든 투자 대중은 중요한 조짐들을 눈치채지 못한다. 또한 1719~1720년이나 1840년대 또는 1920년대와 같은 거대한 규모의 버블이 자주 일어나는 것도 아니고, 건실한 자산도 자기강화작용을 보이며 가격이 급등할 수 있기 때문에 투자자들은 혼돈을 느낄 수밖에 없다.

미국 연방 대법관이었던 포터 스튜어트Potter Stewart는 자코벨리스 대 오하이오주 사건Jacobellis vs. Ohio(1958년 영화 〈연인들Les amants〉의 음란 여부에 대한 재판-옮긴이)에서, 경제와 무관한 사건이었으나 경제 버블을 판단할 수 있는 한 사례를 보여줬다.

수정헌법 제1조와 제14조에 따라 당해 사건의 형법은 하드코어 포르노그래피에만 적용됩니다. 나는 오늘 내가 이해한 자료들이 속기록에 포함되지 않게 할 것이며, 이를 위해 포르노그래피의 상세한 정의도 내리지 않을 것입니다. 결코 성공하지 못할 것이기 때문입니다. *하지만 내가 보면 포르노그래피인지 아닌지 알 수 있습니다.*[23] (이탤릭체 표기는 추가했음.)

뉴턴은 인간의 광기를 수학 공식으로 계산할 수 없었고, 파마 교수도 '버블'이라는 단어를 과소평가했다. 스튜어트 판사 역시 저 유명한 판결문을 통해 하드코어 포르노그래피가 어떤 것인지 알 수 있지만 그것을 언어적으로 정확히 규정할 수는 없었다는 사실을 고백했다. 자코벨리스 대 오하이오주 사건을 금융을 이해하는 데에도 적용해볼 수 있는데, 버블의 원리를 규명할 수는 없다고 해도 그것이 실질적으로 어떤 모습을 하고 있는지는 관찰해볼 수 있다.

미시시피회사와 남해회사, 영국 철도 버블, 미국의 1920년대 금융시장 등 지금까지 다룬 투자 광풍의 사례들은 네 가지 특징을 보여줬다. 첫째, 루 드 켕컵프와의 군중이나 익스체인지 앨리의 사람들 또는 1920년대 미국 증권사 객장에 모여든 사람들의 모습에서 알 수 있듯이, 투자 광풍은 사람들의 일상과 사교의 모든 대화를 장악해버린다. 프레더릭 루이스 앨런은 1920년대를 다음과 같이 회상했다.

하룻밤 사이에 거부가 됐다는 이야기가 사람들 사이에서 흘러나왔다. 어느 경제 평론가는 병원 환자들이 의사에게 자신의 증상보다 주식 이야기를 더 많이 하고, 이발사가 몽고메리 워드Montgomery Ward의 주식에 대해 열변을 토하다가 수건을 태워 구멍을 냈다는 사례를 이야기했다. 아내가 남편에게 왜 그렇게 정보에 느린지, 왜 그렇게 적극적으로 투자하지 않는지 채근하자 바로 다음 날 남편이 아메리칸 린시드American Linseed 주식 1,000주를 사버렸다는 이야기도 돌았다.[24]

금융 버블의 두 번째 특징은 적지 않은 수의 유능하고 점잖은 사람들이 안정적이고 전망 좋은 직업을 포기하고 전업 투자자의 길로 들어서는 현상이다. 예를 들어 투자 광풍이 없었다면 블런트와 허드슨 모두 약간의 성공을 거둔 리넨 딜러로 남아 있었을 것이다. 앨런은 자기 집을 소규모 증권사 사무실처럼 꾸민 어느 여배우를 예로 들었다. 그녀는 테이블에 각종 차트와 그래프, 재무 보고서들을 쌓아놓고 온종일 전화 통화를 했는데 투자 규모는 물론 투자하는 방식에 거리낌이 없었다. 또 다른 사람은 폴 고갱^{Paul Gauguin}에 열광하던 예술가였는데 내셔널 벨라스 헤스^{National Bellas Hess}(지금은 없어진 통신 판매사)에 투자하면서 붓을 내려놓았다고 했다. [25]

금융 버블의 세 번째 특징이자 가장 공고한 특징은 경기 비관론자들에게 가해지는 거센 비판의 목소리다. 폴 M. 워버그^{Paul M. Warburg}는 1920년대 후반에 임박한 재앙을 포착했을 뿐 아니라, 역사적 사명을 가지고 대중에게 이를 경고했던 인물이다. 중세의 베니스 은행업에 뿌리를 둔 독일계 유대인 가정에서 태어난 그는 유럽 금융 기관들을 두루 거치며 재정 전문가로 성장했고 1911년 귀화 절차를 거쳐 미국 시민이 됐다. 그리고 1914년에 연방준비제도이사회^{Federal Reserve Board, FRB}의 초대 이사가 됐다.

워버그는 유럽에서 이주하기 전에 투자 광기를 경험했고 그것이 어떤 결말을 맞이하는지 알고 있었다. 1929년 3월 국제어음인수은행^{International Acceptance Bank}의 수장으로 재직하면서 그는 주가가 합리적인 평가 범위에서 완전히 벗어났다는 점을 지적하고, 급증한 대출금 때문에 "방만한 투자가 난무하게 됐다"라고 비판했다. 그러면서 이런 환경에서는 투자자들이 탐욕에 빠질 것이며 결과적으로 "전국적인 경기 불황이 찾아올 것"이라고 주장했다.[26]

그의 예측은 놀랍도록 정확했으나 대중의 거센 비난에 맞닥뜨렸다. 온갖 비난의 어구 가운데 가장 약한 표현은 '시대에 뒤떨어진 노인네'였다. 더 분노한 사람들은 워버그가 "미국의 번영을 무시하고 있다"라고 비난했는데, 이는 2세대 후인 인터넷 버블 시기에 비관론자들에게 가해진 비난의 예고편이라고 봐도 좋다.[27]

1929년 9월 5일 뱁슨 칼리지에서 성황리에 개최된 비즈니스 회의에서 연설한 유명한 투자 고문 로저 뱁슨Roger Babson도 비슷한 상황에 처했다. 자신이 10년 전 설립한 경영대학원의 연단에 선 그는 "조만간 경제가 붕괴할 것이고, 그 파급력은 어마어마할 것"이라고 경고했다. 워버그처럼 그도 경제의 극단적인 침체를 예상한 것이다. 이날 주식시장이 급락하기 시작했고 사람들은 이를 '뱁슨발 충격Babson Break'이라고 불렀다. 워버그가 배타주의와 거친 반유대주의로 공격을 받았다는 사실을 알면서도 뱁슨은 대중의 더욱 큰 반발을 감수하며 「우리의 주적은 중력이다Gravity-Our Enemy Number One」라는 선언문을 발표하고 그래비티연구소Gravity Research Institute를 설립했다. 주목적은 사람들의 적개심 어린 비판을 방어하는 것이었다.

평상시라면 뱁슨의 예언이 최악의 상황이었더라도 유머 섞인 비관론 정도로 받아들여졌을 것이다. 하지만 당시는 평온한 시기가 아니었다. 언론은 그를 '웰즐리의 현자The Sage of Wellesley'라고 비꼬며 그의 이전 경기 예측이 수없이 빗나갔던 점을 부각하여 보도했다.

어느 투자회사는 고객들에게 보낸 메시지에 이런 문구를 포함시켰다. "어느 저명한 통계학자가 이유도 없이 시장 전망이 어둡다는 전망을 내놓았지만 우리는 주식을 매도하지 않을 것입니다."[28]

민스키가 언급한 기억상실증의 한 가지 특징은 버블이 발생하는 동안 세대 구분이 명확하게 나타난다는 점이다. 지난 호황과 불황을 기억할 만큼 나이가 많은 이들은 주로 비관론자가 된다. 더 젊고 열정이 가득한 이들은 자신들이 참여하고 있는 새로운 경제 현실을 이해하지 못하는 구세대를 바보 같은 늙은이들이라며 비웃을 가능성이 크다. 버블은 한마디로 기억의 범위가 좁은 젊은이들이 뛰어노는 놀이터와도 같다.

나타나는 양상이 무엇이든, 이처럼 열정에 들뜬 상태는 균형과 불균형 이론을 통해 완벽하게 이해할 수 있다. 종말론 지지자들의 기대를 제외한다면 무한한 부에 대한 약속보다 더 큰 환희는 없을 것이다. 하지만 부의 추종자들도 지나치게 쉬운 위안에는 동의하지 않는다. 신실한 추종자일수록 비난과 불신의 장벽을 넘어선 이후의 균형점을 지향하기 마련이다.

금융 버블의 네 번째이자 마지막 징후는 극단적인 예측의 출현이다. 예를 들면 스페인이 신대륙 무역 독점권을 영국에 기적적으로 양도할 것이라는 남해회사의 예측이나, 100파운드의 투자로 연간 수백 파운드의 배당금을 받을 것이라는 사기, '시간과 공간에 대한 지배권'과 다를 바 없다는 철도회사들의 광고, 연간 25%의 투자 수익을 암시한 존 래스컵의 예측 등이 그것이다.

1929년, 모든 전망을 마무리하는 경기 전망이 예일대학교의 어빙 피셔에게서 나왔다. 그는 당대의 가장 위대한 금융경제학자로 꼽혔으며 오늘날까지도 현대 수리금융학mathematical finance의 토대를 마련한 공로를 인정받고 있다. 아아, 하지만 그는 1929년 10월의 검은 목요일이 오기 9일 전인 10월 15일, 맨해튼에서 열린 구매관리자협회Purchasing Agents Association 회의에서 역사의 오점으로 남을 연설을 하고 말았다.

주가는 항구적인 고점으로 보이는 영역에 안착했습니다Stocks have reached what looks like a permanently high plateau.29

⚘⚘⚘⚘

1929년 월스트리트의 대폭락 이야기에서 '선샤인 찰리Sunshine Charlie'라는 별명으로 불리던 찰리 미첼Charlie Mitchell이라는 인물이 빠질 수 없다. 인설과 허드슨은 적어도 후손들에게 국가 기반시설을 물려줬고 이를 통해 자신의 죄악을 조금은 덜어낼 수 있을지 모른다. 하지만 당대 최고의 금융 기술자이자 시대의 약탈자 찰리는 어떤 것도 남기지 못했고 자신의 죄를 씻어낼 수도 없었다.

인설과 마찬가지로 미첼은 평범한 가정에서 태어나 대기업의 비서로 일했다. 금융 위기가 발발한 1907년에는 뉴욕에 본사를 둔 트러스트 컴퍼니 오브 아메리카Trust Company of America에서 오클리 손

Oakleigh Thorne 회장을 보필하고 있었다. 오클리 손은 폭풍의 진원지에서 채권 판매에 열을 올리며 회사를 성장시켰고, 이때 보좌관이었던 서른 살의 미첼은 업무 시간이 끝나도 퇴근하는 대신 상사의 사무실 바닥에서 숙식을 해결하며 인고의 시간을 보냈다. 1911년에서 1916년 사이에 그는 자신의 증권회사를 운영했고 이후 내셔널 씨티 은행National City Bank(오늘날의 씨티뱅크Citibank)에 고용되어 주식과 채권을 판매하는 부속 회사 내셔널 씨티 컴퍼니National City Company를 운영했다.

상업은행은 모든 자본주의 국가에서 다음과 같은 핵심적이고 심지어 신성하다고까지 할 기능을 수행한다. 첫째는 고객의 돈을 보호하는 일이고, 둘째는 경제활동을 하는 기업에 자금을 대출하는 일이고, 셋째는 통화량을 창출하는 일이다. 이에 비해 투자은행은 훨씬 더 위험하고 도덕적으로도 논란의 여지가 있는 주식과 채권 판매업을 한다. 은행 규제기관들은 이런 개념을 잘 알고 있었고 실제로 상업은행이 투자은행을 소유하는 일을 금지했다. 하지만 상업은행이 투자은행을 소유하지 않는다고 해서 통제가 되는 것은 아니었고, 이런 편법을 통해 미첼과 법률 보좌관들은 간접적인 소유 구조를 설계했다.[30] 간단히 말해 찰리 미첼은 은행이라는 허울을 덮어쓰고 여왕의 권리를 참칭한 해적 두목이었다. 여기에 소요되는 부수 경비를 충당하기 위해 내셔널 씨티 컴퍼니는 투자은행의 길로 들어섰고, 이제 회사의 목표는 주식과 채권을 대중에게 판매하여 자본을 확충하는 일이 됐다. 하지만 안타깝게도 회사가 판매한 상당수의 주식과 채권이 부실한 것이었으며, 그럼에도 이를 내셔널 씨티 은행의 순진한 고객들에게 되팔며 불법 행위를 더해갔다. 나중에 이들 은행과 회사는 외국 정부가 발행한 더 위험한 채권에도 손을 댔다.

1916년 미첼이 이 회사를 인수했을 때 본사 건물에 사무실 하나가 배정됐고, 직원 4명이 함께했다. 버블의 요소인 사업가에게는 고객뿐 아니라 버블 형성기 동안 고객이라는 신병을 양성하는 역할을 하는 언론의 도움이 필수적이다. 1920년대의 전형적인 악역 담당 언론인은 한때 예수를 '1급 세일즈맨'이라고 칭한 바 있는 설교자 윌리엄 바턴William Barton의 아들 브루스 바턴Bruce Barton이라는 광고인이었다. 1923년에 그는 자신의 잡지에서 '저들이 할 수 없는 일이 있을까?'라는 기사를 통해 미첼의 업적을 극찬했다. 인터뷰에서 미첼은 한 젊은 세일즈맨이 슬럼프에 빠졌을 때 그를 어떻게 격려했는지를 바턴에게 이야기했다. 그는 뱅커스클럽Bankers' Club의 꼭대기 층으로 사원을 데려가 거리를 지나다니는 사람들을 내려다보게 하고는 이렇게 말했다고 한다.

저 아래를 보게. 600만 명의 사람들이 수십억 달러를 벌어들이는 곳이네. 저들은 누군가가 와서 자신들이 저축한 돈으로 무엇을 해야 할지 알려주기만을 기다리고 있어. 점심 맛있게 먹고, 내려가서 저들에게 작업을 시작하게나.[31]

미첼의 카리스마와 추진력에, 그의 길을 환하게 밝혀주는 언론, 그리고 1920년의 광기가 어우러져 주식시장은 활황이 이어졌고 회사의 운영은 더욱 탄력을 받았다. 1929년까지 그는 58개 지사를 두고 1,400명의 영업 및 지원 인력을 고용했으며, 약 1만 7,700킬로미터의 영업점 통신선을 뉴욕 본사와 연결했다(오늘날에도 수단과 방법을 가리지 않고 영업에 몰두하는 증권 중개사를 비꼴 때 '와이어하우스 wirehouse'라고 표현한다). 미첼은 다음과 같은 마음가짐으로 자신에게 주어진 임무를 언제나 초과 달성하고자 했다. "우리 영업부서는 신참을 제외하고 모두가 생산 직원producer이라는 생각으로 직무에 임하고 있습니다." 그의 회사는 1920년대에 다른 어떤 투자은행보다 많은 연간 15억 달러 이상의 주식과 채권을 인수하며 투자에 열을 올렸다.[32]

내셔널 씨티 은행은 자회사이자 투자은행인 내셔널 씨티 컴퍼니의 '전문성'을 신뢰하는 고객에게 대대적으로 홍보했다. 그러면서 기존의 저수익이지만 안전한 통장 예금 대신 이자가 두둑이 지급되는 채권과 엄청난 가격 상승이 예상되는 우량주들을 매수해야 한다고 조언했다.

미첼이 중개인 판매 경연대회를 처음 개최한 것은 아니었지만, 자신만의 실력을 길러 우승한 '생산 직원'에게는 최대 2만 5,000달러의 파격적인 상금을 제공한 최초의 경영자였다('생산 직원'은 금융업계에서 아직도 간혹 사용되는 달갑지 않은 용어다). 미첼의 운영법은 너무도 성공적이어서 매각할 채권이 바닥날 정도였다. 일반적인 기업이나 외국 정부는 투자은행에 더 많은 채권을 발행하라고 요구하는 경우가 많지만, 내셔널 씨티 컴퍼니는 더 많은 채권을 발행하도록 기업들을 독려하는 적극적인 전략을 펼쳤다. 심지어 매우 공격적인 방식을 채택하여 미첼의 세일즈맨들은 궁핍한 외국 정부에 값싼 자금을 제공할 수 있다며 발칸반도와 남미 국가들에도 접근했다.

세일즈맨들이 페루나 브라질의 주정부 미나스 제라이스^{Minas Gerais} 등에 대한 투자가 부적합하고, 허위 정보의 가능성이 있으며, 심지어 채무불이행이 거의 확실하다는 보고를 올렸음에도 미첼과 회사는 이 해외 채권을 사들여 은행을 신뢰하는 고객들에게 판매했다.

1921년에 그는 내셔널 씨티 컴퍼니 사장에서 모회사인 내셔널 씨티 은행 사장으로 승진하며 영업에 방해가 되는 모든 장애물을 제거해버렸다. 문학평론가 에드먼드 윌슨은 미첼이 채권 판매 세일즈맨을 각지로 보내 "진공청소기나 풀러 공구 가방을 든 남자들이 시골집 문을 두드리는" 모습을 그대로 재현한 것을 보면 그의 정신세계를 이해할 수 있다고 비판하기도 했다.

1920년대 초·중반에 회사는 주로 채권을 판매했다. 그러다가 10년의 시간이 지나고 주식시장의 상승이 본격화되자 채권 판매에서 주식 판매로 영업 재료를 옮겨 갔다. 하지만 부채 비중이 큰 아나콘다 구리광산 회사^{Anaconda Copper Company}와 같은 기업들이 가진 위험성은 물론이고, 상업은행의 투자은행 지배가 가지는 법적 문제, 은행의 주식 발행 자체의 합법성 논란 같은 문제들은 해소되지 않았

다.[33]

1958년 윌슨은 미첼의 영업 방식을 이렇게 비판했다.

그는 10년 동안 150억 달러가 넘는 주식을 미국 국민에게 판매했다. 그
는 물에 빠진 소금처럼 녹아내리고 있는 자동차회사의 주식을 팔았고,
파산 직전에 있는 남아메리카 빈국의 채권을 팔았다. 심지어 자기 회사
의 주식을 팔았는데, 이 주식의 가격은 1929년 10월 이후 3주 동안 572
달러에서 220달러로 떨어졌고 최근에는 20달러로 폭락했다.[34]

미첼은 자신의 고객들을 10월 폭락장의 희생자로 만들었고, 최
고의 은행가라는 이미지는 10월 검은 목요일의 상징이 됐다. 10월
24일 검은 목요일에 모건이 구성한 조직이 이끄는 컨소시엄이 정
오까지 공황의 발작을 가라앉히는 극적인 구조 작업을 시작했다.
하지만 28일 검은 월요일과 29일 검은 화요일이 되자, 미첼을 비
롯해 모건의 동업자 토머스 라몬트[Thomas Lamont]와 체이스 내셔널[Chase
National]의 앨버트 위긴[Albert Wiggin] 같은 재계 거물들이 자금이 바닥남과
함께 뒤로 물러섰다. 이틀 연속으로 시장은 13.5%와 11.7% 하락
했다.[35]

10월 29일 장 마감까지 시장은 9월 고점 대비 39.6% 하락했다.
이것은 손발이 떨릴 만큼 급락한 수치이지만 1973~1974년 또는
2000~2002년이나 2007~2009년의 폭락만큼 심각하지는 않아 보였
다. 게다가 1930년 4월 중순까지 주가는 손실의 5분의 2 이상을 회

복했다. *

1907년 경제 위기 때는 소수의 미국인만이 주식을 보유했고 1929년까지도 그 비율은 10%를 크게 넘지 않았다. 따라서 1929년 초기에 있었던 하락이 일반 대중에게 극심한 경제적 충격을 준 것은 아니었다.[36] 하지만 이후 수년 동안 금융권의 부패가 업계 전반으로 확산됐고, 은행 시스템과 경제 기반이 허물어졌다. 1932년 중반이 되자 주가는 1929년 최고점 대비 90% 폭락했다. 1931년 12월 11일이나 1932년 중반의 저점으로 추락하기까지 6개월의 시간이 더 남은 시점에 벤저민 로스Benjamin Roth라는 소액 투자자는 자신의 일

---

* 1987년 10월 19일 다우존스 산업평균지수가 22.6% 하락했는데, 8주 전의 고점 대비 36.1%가 하락한 역사적인 사례다.

기에 투자자들의 빈곤한 상황을 다음과 같이 묘사했다.

> 부양할 대가족이 있는 보수적인 집안의 어느 젊은 기혼 남성은 지난 10
> 년 동안 주택담보대출을 상환해왔다고 했다. 몇 주 전에 그는 새로운
> 대출 5,000달러를 실행하여 장기 투자의 일환으로 우량주들을 매수했
> 다. 2~3년 뒤에 그는 상당한 수익을 내리라고 생각한다. 일반적으로 좋
> 은 주식과 채권을 매수하기에 지금이 좋은 시기라고들 이야기한다. *그*
> *런데 문제는 누구도 주식을 살 돈을 가지고 있지 않다는 것이다.*[37] (이
> 탤릭체 표기는 추가했음.)

현금이 없는 대중은 성난 군중이나 다를 바 없다. 1720년이나
1848년처럼 그들은 주식을 매매하고 싶어 안달이었다. 금융 분야
를 풍자한 유머 작가 프레드 슈웨드Fred Schwed는 이런 상황을 다음처
럼 간결하게 표현했다. "투자에 실패한 고객은 자신이 바보의 충고
를 듣고 바보가 된 것이 아니라 강도를 당했다고 믿고 싶어 한다."[38]
1929년까지 은행들은 23만 명의 고객을 확보하고 있었다. 회사에
개설된 중개인 계좌가 정확히 몇 개인지는 알려지지 않았지만 적
어도 수만 개는 족히 됐을 것이다.[39] 일반적인 고객들이 주식과 채
권을 매수하기 위해 객장을 찾았다면, 미첼의 고객들은 안전하게
자산을 보관할 상업은행을 찾다가 운 나쁘게도 매음굴에 빠져든
형국이 됐다.

운명의 여신은 찰리 미첼을 애초에 만날 인연이 아니었던 어느 징벌의 화신과 조우하게 했다. 이탈리아계 미국인 페르디난드 페코라Ferdinand Pecora라는 충직한 법률가는 신발 공장 노동자인 아버지가 산업재해로 장애를 입는 바람에 많은 교육을 받을 수 없었다. 그는 10대 때인 1890년대 후반에 부모와 형제자매를 부양하기 위해 대학을 중퇴했으나 우여곡절 끝에 법학 학위를 받을 수 있었다. 이후 뉴욕시 지방검사 보조로 오랫동안 근무했으며 수많은 금융 사건을 맡아 성공적으로 처리했다.

대공황과 그로 인한 위기가 지속되자 미국 상원의 금융통화위원회에서는 증권 산업에 대한 조사에 나섰다. 그리고 1932년에 청문회를 개최하여 미첼을 비롯한 많은 사람을 참고인으로 소환했다. 처음 두 차례의 위원회 활동은 별다른 효과가 없었고 그대로 해산됐다.

반대심문에 임하는 페코라의 탁월한 능력을 눈여겨본 사람은 우드로 윌슨 정권에서 국무부 장관을 지낸 저명한 변호사인 베인브리지 콜비Bainbridge Colby였다. 그는 퇴임하는 공화당의 위원회 의장인 피터 노벡Peter Norbeck에게 페코라를 추천했고 노벡은 마침 공석이던 보좌관을 구하고 있던 참이었다.[40]

페코라는 1933년 1월 24일 수석 고문으로 업무를 시작했다. 일정이 뒤처져 서둘러야 했지만 동시에 잘 처리해야 했다. 미첼의 비위

행위에 대한 조사가 시작됐을 때 페코라는 업무를 개시한 지 3주밖에 되지 않았기 때문에 많은 사람이 그의 능력과 의지를 의심했다. 그래서 1933년 2월 21일 큰 키에 검게 그을린 당당한 체구의 미첼이 위풍당당하게 위원회 회의장 문을 열고 성큼성큼 들어섰을 때, 새로 구성된 위원회의 조사 결과에 기대를 거는 사람은 많지 않았다. 모두가 인정하듯 거대한 부는 그것을 가진 자에게 범접하지 못할 후광을 비추기 마련이다. 하지만 그 부가 범죄 행위에 연루된 경우에는 후광이 그 사람의 눈을 흐리게 하여 자신의 행위를 인식하지 못하게 한다. 특히 기업 범죄의 경우 부도덕한 조직에 매몰된 개인은 사리 분별이 흐려지고 자신의 행위를 정당화하며, 심지어 그것이 다수를 위한 바람직한 행위였다고 변명하게 된다.

많은 금융회사가 법의 테두리를 넘나드는 위법 행위를 하면서도 고객의 이익을 위해 불가피한 일이었다며 스스로 합리화하곤 한다. 물고기는 머리부터 썩는다는 옛말도 있듯이, 카리스마 넘치는 성공적인 기업인에게서 이런 모습이 흔히 발견된다. 범죄 행위를 판별하는 일종의 감정가인 페코라는 내셔널 씨티 컴퍼니의 운영 방식이 옳았다고 믿는 카리스마 넘치는 성공한 기업인의 전형인 미첼을 기소하는 가장 효과적인 방법은 그저 그가 부하들에게 지시한 내용을 그대로 진술하도록 하는 일이라는 사실을 재빨리 알아챘다. 8일 동안 진행된 조사에서 페코라는 예의 바르고 절제된 방식으로 조사하면서도 오만했던 미첼을 거의 난도질하며 내셔널 씨티의 판매 기법에서 나타난 탈법 행위를 모두 밝혀냈다.

미첼이 고객들에게 주식과 채권을 판매하기 위해 세일즈맨들에게 지원한 금액은 얼마나 됐을까? 미첼은 그리 많지 않고 연간 2만 5,000달러 정도일 뿐이라고 답했지만, 당시 미국 노동자들의 평균 연봉은 800달러에 불과했다. 내셔널 씨티는 경영진에게 급여를 어떻게 지급했을까? 판매된 주식의 계좌 수익률에 따라 지급한 것이 아니고 주식 판매에서 거둔 수익에 따라 지급했다. 이런 방식으로 미첼에게 지급된 금액은 얼마나 될까? 1년 기준으로 100만 달러 이상이 지급됐는데, 이는 당대 최고 경영진조차 놀라 까무러칠 만한 액수다.

게다가 미첼은 내셔널 씨티 주식을 낮은 가격으로 아내에게 팔았다가 다시 사들여 1929년 소득세를 내지 않았다. 자사의 주식에 대한 전형적인 내부 거래가 이루어진 것인데, 고위직 임원들에게도 상환면제가능대출forgivable loans을 아낌없이 실행했다. 그러면서 일반 직원에게는 은행 주식을 의무적으로 구매하게 했으며 시장 가격보다 훨씬 높은 가격에 직원들의 미래 급여와 상계했다. 더 심한 일은 급여에서 주식 값이 다 상계된 직원들은 해고했다는 것이다.[41]

충격적인 급여 내용과 대출 현황, 세금 횡령, 직원 착취 등이 신문의 헤드라인을 장식하면서 처음에는 무죄를 확신했던 미첼은 서서히 자신이 심각한 곤경에 처해 있다는 사실을 인지했다. 페코라는 여기서 그치지 않았다. 내셔널 씨티뿐 아니라 여러 은행이 고객들에게 주식을 팔기 위해 중개인들에게 불법 자금을 지원했으며, 고객들에 대해서도 위험 요인이 큰 주식을 대출을 통해 매수하도록 부추거 결과적으로 미국의 건실한 가정들을 파탄에 이르게 한 사실을 밝히고자 했다. 그는 청문회 4일 차에 이 작업에 돌입하여, 투자 자회사가 모기업 은행의 예금자 명단을 입수하여 자신들의 판매 지침에 따라 '무차별적인' 영업 방식으로 주식과 채권을 위법적으로 판매했다는 사실을 확인했다.[42]

청문회 6일 차인 2월 28일에 페코라의 조사는 또 다른 국면으로 접어들어, 개인 투자자들이 입은 피해를 부각하는 데 주력했다. 청문회가 열리기 전, 위원회는 내셔널 씨티 투자로 손실을 본 투자자들로부터 수백 통의 편지를 받았다. 그들 대다수는 신중하고 검소한 이들로 안정적인 정부 채권을 구입한 것에 만족해했지만, 내셔널 씨티 세일즈맨들이 이들에게 채권은 물론 손실 위험이 큰 주식을 레버리지까지 써가며 계속 매수하게 함으로써 손실을 키웠다.

페코라는 피해자들 가운데 가장 상징적이면서도 대중의 공감을 얻을 만한 인물인 펜실베이니아주 포츠빌의 에드거 D. 브라운Edgar D. Brown을 참고인으로 초청하여 증언하게 했다. 브라운은 건강상의 이유로 운영하던 극장 체인을 팔고 캘리포니아로 이사할 계획이었는데, 전국 잡지에서 다음과 같은 광고를 봤다고 했다.

장거리 여행을 계획하고 있나요? 그렇다면 저희에게 연락하세요. 저희는 귀하를 지역의 연계 은행으로 안내하여 상담을 받을 수 있도록 하며, 투자와 관련된 사항들도 자세히 알려드립니다.[43]

광고 내용에 따르면 주관사가 내셔널 씨티 은행이어야 하지만, 브라운은 내셔널 씨티 컴퍼니의 프레드 럼멜Fred Rummel로부터 연락을 받았다. 그리고 그의 극장 판매에서 발생한 수익 대부분인 10만 달러를 투자하도록 종용받았다. 그는 이미 총액의 4분의 1을 채권, 특히 미국 국채에 투자한 상태였고 주식은 피하고 싶다고 이야기했다. 하지만 럼멜은 브라운의 동의를 구한 뒤 내셔널 씨티를 비롯한 여러 은행에서 추가 대출까지 받아 10만 달러를 훨씬 초과하는 다양한 국내외 채권을 매수했다. 투자된 금액은 총 18만 달러가 넘었다. 브라운의 채권 포트폴리오는 폭락이 오기 전에 이미 망가져 있었다. 그는 당시 상황을 다음과 같이 증언했다.

> 브라운: 럼멜은 제게 이렇게 말했죠. "그러니까, 그건 당신 잘못입니다. 그 종목을 고집하지 말았어야죠. 일부라도 매도하자고 했을 때 왜 제 말을 듣지 않았나요?"라고 말입니다. 하지만 제 생각에는 시장이 계속 상승했으니까, 낚싯대를 드리워 뭐라도 낚아야겠다는 생각에 이렇게 말했던 것 같습니다. "아주 좋아요. 계속 사세요."
>
> 페코라: 럼멜에게 특정 종목을 사라고 이야기했나요?
>
> 브라운: 전혀요.
>
> 페코라: 당신 계좌로 그가 주식을 샀군요?
>
> 브라운: 이런 말씀을 드려도 될지 모르겠습니다만, 그가 산 것이 주식이었다고요?

이 대화에 대해 위원회 서기는 이렇게 기록했다. "큰 웃음이 한동안 이어졌다."[44]

그런 다음 브라운은 엄청난 양의 주식 매매 기록을 위원들에게 제출했다. 페코라는 서기들에게 모두 기록할 필요는 없다고 하면서 안심시켰다. 브라운은 직접 내셔널 씨티 본부를 방문하여 럼멜이 지나치게 공격적으로 매매해서 주가가 전반적으로 상승했음에도 포트폴리오가 엉망이 됐다고 항의했던 일도 이야기했다. 본부 직원들은 알아보고 연락을 주겠다고만 답했다고 했다.

이후 브라운은 럼멜에게서 내셔널 씨티 은행 주식을 포함하여 더 많은 주식을 매수하라는 답변을 들었다고 말했다. 1929년 10월 4일이 되자 그의 포트폴리오는 더욱 부실해져 있었다. 브라운은 내셔널 씨티의 로스앤젤레스 사무실로 직행하여 자신의 모든 포지션을 정리해달라고 요구했는데, 그다음에 일어난 일에 대해 이렇게 말했다. "저는 순식간에 사무실의 모든 직원에게 둘러싸였습니다. 그리고 마치 집에서 어머니를 쫓아내려는 패륜아 같은 사람이 된 채로, 제가 매우 어리석은 요구를 했다고 시인해야 했죠."

회사는 10월 29일 검은 화요일에 마침내 브라운의 주식을 매각했는데, 보증금이 모두 고갈됐고 아무것도 남지 않았다. 심지어 그들은 브라운의 주식을 시장가보다 훨씬 낮은 가격에 매도한 것으로 드러났다.

브라운이 처음 투자했던 자금인 10만 달러는 지금의 가치로 따지면 150만 달러에 달하지만, 거금의 손실을 본 그는 이제 빈민의 처치를 면할 수 없게 됐다. 그런데 놀랍게도 이 시점에 브라운이 가장 원했던 것은 아나콘다 구리광산 주식을 더 매수할 수 있는 2만 5,000달러의 추가 대출이었다. 물론 은행은 거부했다. 그가 파산한 상태인 데다 직업도 없었기 때문이다.[45]

1929년 이전에 성공한 사업가들은 국가에 이로운 일을 도모하는 최고의 관리자로서 거의 숭배에 가까운 지위를 얻었다. 하지만 1933년 이후 한동안 페코라위원회는 월스트리트를 공공의 적으로 만들었다. 이런 분위기는 2007~2009년 글로벌 금융 위기로 환생하기 2세대 전에 '금융 마피아bankster'라는 단어를 미국인들의 신조어로 만들었다.

청문회는 프랭클린 루스벨트Franklin Roosevelt 대통령이 취임하기 이틀 전인 3월 2일에 종료됐다. 현대 경제사가들은 당대의 주요 은행들이 대거 파산한 것은 루스벨트의 선거 공약과 무관하지 않으며, 특히 금 대비 달러 가치를 떨어뜨리겠다고 주장했고 실제로 이를 관철한 정부 정책도 한몫했다고 주장하기도 한다(실제로 루스벨트는 달러 가치를 떨어뜨려 경기를 부양하고자 했음-옮긴이).[46] 대중의 분노는 하늘을 찔렀고, 청문회가 끝나고 2개월이 지난 뒤 미첼은 사기 혐의로 재판을 받게 됐다. 블런트나 허드슨과 마찬가지로, 미첼 역시 당시의 느슨한 사기법과 헐거운 증권거래법 기준에 따라 위법한 행위를 하지 않은 것으로 밝혀지며 무죄를 선고받았다. 세금 체납에 대한 위법 사항도 추후 정부와 합의했다. 이후 20년이 지나기 전에 그는 부와 명예를 되찾기까지 했다. 5번가에 있는 그의 마지막 거주지는 현재 프랑스 영사관으로 사용되고 있다.

<center>~~~~~</center>

200년 전 남해회사 사태와 마찬가지로 법은 뒤늦게 마련됐다. 청문회가 있고 15개월이 지날 무렵, 루스벨트 대통령은 투자은행과 상업은행을 엄격하게 분리하는 글래스-스티걸법Glass-Steagall Act을 비롯하여 페코라위원회에서 필요성이 인정된 증권법 등의 법안에 서명했다. 1933년과 1934년의 증권법은 각각 증권의 발행과 거래를 규제하고 있다. 그리고 1940년의 투자회사법Investment Company Act은 오늘날의 재정 운용가들은 물론 뮤추얼펀드의 창시자 격인 투자신탁회사의 업무에도 적용된다.

금융계의 가장 아이러니한 일 중 하나는 1934년에 구성된 증권거래위원회Securities and Exchange Commission, SEC의 초대 감독관으로 바로 앞에서 언급한 거물급 내부 거래자 조지프 케네디를 임명한 일이었다. 즉, 법률 조항에 따라 시장의 불법을 집행하는 임무를 수행할 사람으로 말이다. 그의 임명이 부적절하다는 점을 지적하자 루스벨트는 이렇게 답했다. "도둑을 잡기 위해서는 도둑이 필요한 법이죠."[47]

오늘날 대공황을 바라보는 여러 입장 가운데 유머 작가 프레드슈웨드의 신랄한 유머에 많은 이들이 공감했다.

1929년에는 평일 아침마다 펜실베이니아역까지 운행하는 호화로운 클럽 차량이 있었다. 열차가 멈추자 카드놀이를 하거나 신문을 읽으며 재산을 비교하던 백만장자들이 객차 앞부분으로 모이기 시작했다. 출입문 앞에는 은그릇이 하나 놓여 있었고 그 안에는 5센트 동전이 가득 담겨 있었다. 시내에서 지하철을 탈 때 거스름돈이 필요한 사람들은 하나씩 가져갔다. 대가를 치를 필요가 없이 무료로 제공되는 동전이었다. 이것은 돈이라고 할 수도 없었고, 그저 나눠주는 이쑤시개처럼 사소한 배려일 뿐이었다. 그저 5센트일 뿐인 것이다.

1929년 10월의 갑작스럽게 찾아온 공황에 대해 많은 이야기가 떠돌았다. 가장 재미있었던 이야기는 분노하신 여호와의 얼굴이 10월의 어느 날 그 은그릇에 나타났었다는 소문이다. 갑작스럽지만 이해할 수 있는 분노를 표하시며 여호와께서는 미국의 경제를 치셨고, 그리하여 공짜 은그릇을 영원히 없애신 것이다.[48]

아인슈타인이 한 말로 알려진 잠언들 가운데, 우주에서 가장 강력한 힘은 상대에 대한 깊은 관심이라는 말이 있다. 하지만 그것은 사실이 아닌 것 같다. 가장 강력한 힘은 기억상실증이다. 페코라의 청문회가 있고 나서 불과 2년 후 프레더릭 루이스 앨런은 다음과 같은 글을 남겼다.

세인트 조지는 악당을 공격한 뒤 박수갈채를 받았다. 하지만 세인트 조지도 죽는 날이 찾아오고야 만다. 관객은 모두 흩어지고, 조지의 후손이 악당을 만나 그의 이야기를 들어보니 모든 것에는 그럴 만한 이유가 있었다. 과거의 악당 처단 사건은 왜 벌어졌던 것인지 궁금해진다. 시대가 변한 것은 아닌지, 그 악당에게 신사다운 규범 이상의 것을 강요할 필요가 있었는지에 대해서도 생각해보게 된다.[49]

페코라위원회가 기억 너머로 사라질 무렵 세인트 조지는 방심했다가 누군가의 급습으로 피를 흘리며 길가에 쓰러져버렸다. 그래서 이후 래스컵이나 인설 또는 미첼에 대한 기억이 거의 없는 20세기 후반의 후손들을 보호해줄 수 없었다.

8.
붉은 암송아지

이스라엘 자손에게 일러서 온전하여 흠이 없고 아직 멍에 메지 아니한 붉은 암송아지를 네게로 끌어오게 하고

- 「민수기」 19장 2절

20세기에는 한동안 알려지지 않았던 개신교의 한 분파가 미국의 종교계와 정치계를 강타했다. 그리고 삽시간에 미국뿐 아니라 전 세계로 확산되며 하나의 사회적 현상을 만들었다. 이 신앙을 종교적 광신으로 부르는 것은 결코 과장이나 폄훼가 아니다. 이미 크고 작은 비극을 수없이 불러일으키고 있으며 심지어 아마겟돈 전쟁의 상징이 되고 있기 때문이다. 요컨대, 이스라엘 축산 업계의 작은 사건이 종말의 공포를 피워 올렸다.

1990년대 중반에 이스라엘 북부 이스르엘 계곡의 한 남자가 홀스타인 젖소 한 마리를 임신시키고자 애쓰고 있었다. 그는 크파르 하시딤 정교회^{Orthodox Kfar Hasidim} 농업학교 소속의 낙농업자로, 스위스에서 황소 정액을 수입하는 수고를 거쳐 1996년 8월 흑백 무늬의 암소를 통해 암컷 송아지 멜로디^{Melody}를 얻었다. 그런데 멜로디는 놀랄 만큼 선명한 붉은색 송아지였다. 세계적으로 확산된 유대교와 기독교의 소수파인 이들에게 선명한 붉은색은 오직 한 가지를 의미했다. 바로, 세상의 종말이다. 요컨대 멜로디는 종말의 소였다.[1]

잔뜩 엉킨 양털만큼이나 복잡한 소의 혈통은 3,000년 묵시론의 역사를 관통한다. 고대 이스라엘 사람들은 시체와 접촉한 사람이나 시체와 같은 지붕 아래 있었던 사람은 불결하기 때문에 예루살렘 성전에 들어갈 수 없다고 믿었다. 당시 이것은 어린아이를 제외하고는 모두에게 해당하는 법규였다. 이 불결함은 앞에 언급한 「민수기」의 문구처럼 흠이 없고 멍에를 메지 않은 순수한 붉은 머리를 가져, 흠잡을 데 없는 암소(출산한 적이 없는 암송아지)를 제물로 바치는 의식을 거쳐야만 씻을 수 있었다. 이 암송아지를 붉은 양털과 백향목과 우슬초 가지와 함께 장작더미 위에서 태우는데, 제사장들은 성전이 내려다보이는 감람산에서 이 예식을 거행했다. 그곳에서 그들은 암소의 재를 실로암 샘Shiloach Spring에서 끌어온 순수한 물과 섞었다. 죽은 자와 가까이한 지 3일째와 7일째 되는 날에 불결해진 신도에게 이 물을 뿌리면 깨끗함을 얻는다고 믿었다.[2]

서기 70년, 로마군이 제2성전을 파괴하면서 이와 같은 복잡한 절차를 시행하기가 불가능해졌다. 1,000년 후 중세 시대의 위대한 유대 지식인 마이모니데스Maimonides는 더 이상 의미가 없는 당시의 신체 정화의식을 이해하기 위해 많은 연구를 했다.

1135년경 이슬람 스페인에서 태어난 마이모니데스는 뛰어난 학자였고, 의학을 베풀었으며, 십자군 침략의 격동기 동안 카이로의 유대인 공동체를 이끌었다. 그가 가장 공을 들인 업적은 윤리학과 유대교 율법의 총론서인『미시네 토라Mishneh Torah』를 완성하는 일이었다. 그런데 신체 정화의식의 근거는 그것을 '신비chok(미스터리mystery)'로 분류한 이 위대한 학자조차 당황스럽게 하는 일이었다. 그는 이런 말을 남겼다. "사람의 이성으로 해결되는 문제가 아니다."[3] 그럼에도 그는 이런 예식의 역사에 관심이 많았다.

> 성스러운 붉은 암소를 처음 바친 사람은 우리의 지도자 모세였고, 두 번째는 에즈라Ezra였습니다. 제2성전이 파괴될 때까지 일곱 사람이 더 재물을 바쳤죠. 그리고 열 번째는 왕 마쉬아흐Mashiach(또는 메시아messiah)가 붉은 암소를 바칠 것입니다. 그가 속히 뜻을 이루시기를. 아멘, 그것이 하느님의 뜻이기를.[4]

따라서 일부 유대교인과 기독교인에게 멜로디의 의미는 놀라울 정도로 분명한 것이었다. 그 암소는 메시아의 재림을 예언한 열 번째 붉은 암소였다. 아주 소수의 신도는 완전히 붉은 암소가 태어났으니 대략 다음의 순서로 신도들이 안전하게 천국으로 들어 올려지는 휴거를 겪게 되리라고 믿었다. 우선 적그리스도와의 거대한 전투가 벌어지고, 다음으로 전 세계적인 혼돈이 확산되면서 지옥불로 상징되는 무시무시한 환란이 일어난다. 이후 예수가 재림하고 그가 통치하는 새천년이 펼쳐진다. 최종적으로 하느님의 심판이 내려지며 시간은 종말을 맞이한다.

멜로디의 소문은 큰 반향을 일으켰는데, 인류의 역사와 그 역사의 종말 이야기가 인간 정서의 가장 격렬하고 위험한 집단적 광기를 촉발할 태세였기 때문이다. 오늘날에도 이와 같은 종말론 이야기는 재앙과도 같았던 재세례파의 대규모 광기에서부터 태양의 사원 사태처럼 비교적 소규모 사건에 이르기까지 수많은 비극을 만들고 있다.

오늘날 대부분의 복음주의 개신교도가 지지하는 새롭고도 독창적인 형태의 종말론인 '세대주의'는 지난 반세기 동안 미국에 만연했을 뿐 아니라, 미국 사회를 서로 다른 세계관을 가진 양대 진영으로 나눈 책임이 있다. 무엇보다 놀라운 것은 이들이 꿈꾸는 미래가 유대교나 기독교, 이슬람교의 일반적인 신자들이 상상하는 방식이 아니라 멜로디의 사례처럼 미래의 어느 날 대격변이 벌어지고 그 가운데 예언적 성취가 이루어지는 과격한 서사라는 점이다.

⁓⁓⁓

멜로디가 태어난 지 얼마 되지 않아 이스라엘 아리엘Yisrael Ariel이라는 근본주의자 랍비가 이 암소의 존재를 알게 됐다. 그가 암소를 예언에 나오는 희생제물이라고 선언한 이후 이스라엘 내 주요 언론은 물론 미국과 유럽의 대형 텔레비전 네트워크 기자들의 취재가 이어졌고, 이내 언론의 핫 이슈로 떠올라 전 세계에 알려졌다.

이스라엘 사람들은 이런 보도에 우려를 보이기 시작했다. 어느 지역 언론사는 멜로디를 "네 발 달린 폭탄이며 이란 아야톨라

Ayatollahs(이슬람 시아파^{Shiites}의 고위 성직자를 가리킴-옮긴이)의 손에 있는 비재래식 무기의 위력으로 지역 전체가 불바다가 될 위험성이 있다"라고 보도하기도 했다.^{5} 다행히도 멜로디의 관리인들은 송아지의 유선^{乳腺} 부위에 흰 털이 나는 것을 봤고, 한 살이 됐을 때 꼬리에도 흰 털이 덮인 사실을 보고했다. 이에 랍비들은 송아지의 희생제물 자격에 대해 부적합 판정을 내렸다(송아지가 희생제물의 자격을 만족하기 위해서는 세 살이 됐을 때 붉은 암소의 모양을 온전히 갖추어야 했다).

멜로디를 통해 들여다본 유대교 지파 이야기와 뮌처의 종말론 신앙, 재세례파의 광기, 제5군주주의$^{Fifth\ Monarchism}$, 밀러주의 등에 나타나는 유사성은 명백하다. 신학적 배경지식을 바탕으로 할 때 이 네 가지 기독교 관련 사건 가운데 세 가지는 '전천년설', 즉 예수의 재림은 앞으로 도래할 천년왕국 이전에 일어나리라고 믿는 가설이다(제5군주주의에는 전천년설과 후천년설의 신도들이 모두 섞여 있었다). 전천년설 재림으로 천년왕국이 시작되려면 필연적으로 극적이고 비극적인 사건이 벌어져야만 한다.

이와는 대조적으로, 현대 가톨릭과 대부분의 주류 개신교파는 성 오거스틴$^{Saint\ Augustine}$의 초기 신학에 나타나는 전통적인 종말론을 주장할 뿐 천년지복설 등의 개념을 중시하지 않는다. 예수가 1,000년 동안 통치하기 위해 극적인 방식으로 재림하지 않는다고 믿기 때문이다. 따라서 전통적인 '무천년설'은 훨씬 안정적인 이론을 제공하지만, 악이 선보다 힘이 세다고 믿는 인간 심리의 특성 때문에 설득력이 덜할 뿐이다.

19세기 후반, 미국에서는 매우 극적이고 설득력 있으며 심지어 폭력적이기까지 한 종말론이 한층 진화하여 일반인의 삶에 더 큰 영향을 미치는 종교적 신념이 됐다. 이들에 따르면 세상은 절망적으로 타락했으며, 인간의 노력으로는 개혁을 할 수 없고 구원을 받을 수도 없다. 오직 신이 개입하여 환란과 휴거, 아마겟돈, 최후의 심판 같은 시나리오를 가동해야 한다.

이 마지막 때에 전개될 일들은 일반적인 가톨릭이나 정통 개신교 교리와 일치하지 않는다. 대서양 양쪽의 대부분 주류 기독교 교단은 '성경의 무오류설Bible's literal truth' 개념을 한 세기 전에 폐기했다. 그리고 그 과정에서 상당수의 신도가 떠나갔다. 갤럽Gallup과 퓨 리서치 센터의 여론조사에 따르면, 오늘날에도 미국인의 4분의 1가량이 여전히 성경을 하느님이 내린 완전한 말씀이라고 믿고 있다. 비슷한 비율의 미국인은 자신들이 죽기 전에 예수 재림이 있으리라고 믿으며, 사탄이 존재한다고 믿는 사람도 61%에 달하는 것으로 나타났다. 이 비율은 20세기 초반에 두드러지게 높았다.[6] 이들은 성경 무오류설이 주는 안락함에서 벗어날 생각이 없으며, 현대의 과학 지식은 물론 유대교와 가톨릭 또는 신께서 금하신 무신론의 이론들을 차용한 주류 교단의 도덕적인 중립을 인정할 가능성도 없어 보인다.

그 결과로 나타난 것이 바로 세대주의다. 이 종파는 옛 마니교

Manichaeism(3세기에 페르시아 왕국의 마니^{Mani}가 창시한 종교-옮긴이)의 개략
적인 체계와 성경 무오류설의 안락함을 특징으로 하는데, 선과 악
의 극명한 대립 속에 신도들은 구세대의 안락한 진영논리를 바탕으
로 입지를 굳건히 구축해왔다. *

이 신앙 체계는 미국 정치계에 너무 깊이 뿌리박혀 있어서 로널
드 레이건 같은 최소 1명 이상의 미국 대통령이 속해 있고, 몇몇을
더 꼽자면 마이크 펜스^{Mike Pence}, 딕 아미^{Dick Armey}, 미셸 바흐만^{Michelle}
^{Bachmann}, 마이크 허커비^{Mike Huckabee} 등도 있다. 이들의 신념은 실질적
으로 국가 담론의 대부분 영역에 반영되는데, 특히 낙태나 동성애
자의 권리 같은 사회적 문제부터 분쟁에 휩싸인 중동에 관여하는
외교 문제 등이 그렇다.

윌리엄 밀러의 종말론이 19세기 중반 미국에서 확산될 무렵, 거
의 동시대인인 아일랜드 성공회의 존 넬슨 다비^{John Nelson Darby}라는 성
경학자가 다음 세기 동안 파괴적인 폭발 대신 서서히 타오를 하나
의 신학적 점화장치에 불을 붙였다.

겸손하고 소심했던 밀러와 달리, 다비는 지적이면서 당당한 성
격이었으며 사회적 소통 능력도 뛰어났다. 1800년에 부유한 상인의
가정에서 태어난 그는 삼촌이 허레이쇼 넬슨^{Horatio Nelson} 제독과 함께
나일강 전투에 참여하여 기사 작위를 받은 인연으로 넬슨^{Nelson}이라
는 미들네임을 얻었다. 더블린의 트리니티 칼리지에서 문학과 라틴

* 마니교는 서기 3세기경에 기독교와 이교도 신앙이 섞이며 확산됐다. 창시자 마니는 우주를 선과 악
 의 투쟁으로 생각했다.

어, 그리스어를 배운 뛰어난 학생이었으며 이후 아일랜드의 법률학교에 입학했다. 법률 공부에 만족할 수 없었던 그는 1826년 영국 성공회 아일랜드 지부에서 사제 서품을 받았다. 법률가의 길을 벗어난 그의 선택에 실망한 아버지는 아들의 상속권을 모두 박탈했다고 한다.

지적 열정이 넘쳐났던 다비는 경직되고 위계적인 성공회에 이내 환멸을 느꼈다. 서품 후 1년이 지날 무렵, 성경의 예언에 관한 콘퍼런스에 참석한 그는 루터가 그랬던 것처럼 진정한 교회는 예수의 십자가 사건부터 재림에 이르기까지 인류를 인도하시는 하느님의 계획을 진심으로 믿는 자들의 모임이어야 한다고 생각했다.

다비가 주장한 믿음 체계의 핵심은 다섯 가지 '신의 섭리' 또는 역사의 시대 구분periods of history이며, 이를 통해 하느님이 인류를 시험하신다는 내용이었다. 신학자들은 이 주장에 '세대주의적 전천년설'이라는 정식 명칭을 부여했다. 다비의 신은 매우 엄격하고도 분명한 기준으로 시대를 나누었는데, 그에 따라 인류는 네 번의 시험을 당하여 모두 실패하고 말았다. 다비는 명석한 사람이었으나 「요한계시록」의 저자처럼 함축적이고 이해하기 어려운 시를 썼으며, 신의 섭리와 역사의 구분은 다른 이들의 몫으로 남겼다. 다비의 후기 추종자들은 오늘날 인용되는 일곱 시기의 표준을 다음과 같이 확정했다.[7]

1. 순수Innocence의 시대: 천지창조부터 에덴동산의 아담Adam과 이

브^{Eve}까지

2. 양심^{Conscience}의 시대: 에덴에서의 추방부터 노아의 시대까지

3. 다스림^{Government}의 시대: 노아의 시대부터 아브라함^{Abraham}의 시대까지

4. 약속^{Promise}의 시대: 아브라함 시대부터 모세의 시대까지

5. 율법^{Law}의 시대: 모세 시대부터 예수의 시대까지

6. 은혜^{Grace}의 시대: 다비의 진실한 교회가 있는 현재의 시기이며, 십자가 사건부터 재림의 때까지

7. 천년왕국^{Millennium}의 시대: 그리스도에 의한 최후의 통치가 이뤄지는 시기

성경에는 상호 모순되는 구절들이 많은데, 다비의 세대주의 이론이 가진 큰 장점은 시대를 구획하여 성경 해석의 혼란을 줄이고 내부의 결속을 다질 수 있다는 점이었다. 난해하면서도 배타적인 성경의 서사를 일관된 체계로 정렬하고 조직화하여 하나의 세계관을 형성한 것에 대해 신학자들은 찬사를 보내곤 했다.

모든 종교는 조직을 구성하게 되기 때문에 자신들의 신념 체계에 더하여 '교회론', 즉 조직적 구조론을 체계화한다. 다비의 교회론은 복음에 대한 신앙을 검증받은 카리스마 있는 리더를 중심으로 소규모로 형성하는 복음 집회를 중요시한다. 다비는 의도적으로 이 집회의 이름을 명명하지 않았지만, 비공식적으로 하나님의 교회^{Church of God}, 더 간단하게는 형제회^{Brethren}로 불렸으며, 그중 가장 유명한 집

회가 다비의 플리머스 형제회Plymouth Brethren였다.

감정적으로 차분해진 미국 근본주의 교회들과 전혀 다르게, 형제회 모임들은 그 형식에서 밀러의 신앙처럼 매우 지적인 과업을 많이 수행했다. 예를 들면 성경에 나오는 '창조creation' 같은 단어들에 대해 그 내용을 분석하는 식이었다. 성경 구절의 모호함은 넘쳐나고 지적인 열정이 충만했던 이들은 이내 소란스러울 정도로 난폭한 신앙운동을 일으켰다. 신도들은 세상에는 유대인과 개신교인, 그리고 이방인으로 분류되는 그 밖의 사람들이 존재한다는 기본 교리를 표방했다. 나아가 그들은 바울Paul이 데살로니카인들Thessalonians에게 보낸 첫 번째 서신의 중요성을 강조했다. 관련된 핵심 구절은 다음과 같다.

> 주께서 호령하시고 천사장의 소리와 하나님의 나팔 소리가 울려 퍼질 때 친히 하늘로부터 강림하시리니 그리스도 안에서 죽은 자들이 먼저 일어나고

> 그 후에 우리 살아남은 자들도 그들과 함께 구름 속으로 끌어 올려 공중에서 주를 영접하게 하시리니 그리하여 우리가 항상 주와 함께 있으리라.[8]

성경의 무오류설을 받아들이는 사람에게 이 두 구절이 전달하는 의미는 분명하다. 마지막 때가 되면 예수께서 땅으로 어느 정도 내

려오셔서 모든 참 그리스도인들을 구름 속으로 모으신다. 즉 천국으로 가기 전에 죽은 자들을 부활시키고, 그다음으로 살아 있는 자들을 하늘로 들어 올리신다. 그것이 휴거다.

이어서 다비의 플리머스 형제들은 계시록의 환상 가득한 서사를 해석했다. 대략적인 순서는 다음과 같다. 말로 표현할 수 없는 공포와 함께 찾아오는 7년 대환란이 발생하며, 이후에 그리스도가 나타나 사탄과 그의 군대를 멸하신다. 1,000년 동안의 평화가 찾아오지만 사탄이 벌이는 소규모 전투도 이어진다. 마지막으로 영생과 멸망을 좌우하는 최후의 심판이 있게 된다. 환란이 발생한 이후에도 선택받지 못하고 지상에 남아 있는 사람들도 혼돈 가운데 회개함을 통하여 구원에 이를 수 있다. 이 종교적 서사는 팀 라헤이[Tim LaHaye]와 제리 젱킨스[Jerry Jenkins]의 『레프트 비하인드[Left Behind]』 시리즈(휴거 이후 지상에 남겨진 자들의 이야기 연작-옮긴이) 같은 기독교 근본주의 소설에서 차용되어 선풍적인 인기를 끌었다.[9]

트리니티 칼리지에 있을 때 다비는 저명한 왕실 신학 교수인 리처드 그레이브스[Richard Graves]의 영향을 받았는데, 신학과 고전에 정통했던 그는 학생들에게 많은 영감을 줬다. 그레이브스에 따르면, 유대인들은 마지막 때에 자신들의 성지로 돌아가 예수님을 영접할 것이며, 나머지 인류 가운데 나중에 개종한 자들을 규합하여 주님께 인도하게 된다. 유대인들의 귀향과 개종은 종말을 앞당길 것이기 때문에 참 그리스도인이라면 유대인들이 귀향할 수 있도록 도울 의무가 있다. 세대주의자들이 당대 이전은 물론 이후에도 그랬듯이,

그레이브스도 당시의 사건, 즉 팔레스타인에 대한 터키의 통치가 약화되고 영국 해군이 부상하는 상황에서 자신의 성경적 예언을 확인하고자 했다.[10] 유대인과 기독교인의 이 동맹은 '기독교 시온주의Christian Zionism'로 알려졌으며, 유대교 시온주의와 함께 다음 150년 동안 더욱 강성해졌다.

재세례파의 광기나 제5군주주의의 반란과 마찬가지로, 20세기 후반에 이르러 세대주의는 두 가지 이유에서 잠재적으로 파괴적이고 배타적인 세력으로 변질됐다. 첫째, 그레이브스와 다비와 형제단의 경우에서 보듯 세대주의 서사는 오늘날 세계의 화약고인 그들의 성지Holy Land를 중심으로 발현했다. 둘째, 지난 수십 년 동안 세대주의자들은 미국의 외교 정책에 영향을 미쳐왔다. 이들은 예수의 도움 없이 또는 「다니엘서」와 「요한계시록」에 나오는 짐승의 도움 없이 일격에 인류 대부분을 불사를 수 있는 군사 무기에 대한 통제력을 행사할 수 있게 됐다.

⁂

세대주의는 세계의 선진국 가운데 특히 미국에서 가장 열광적인 추종자들을 얻었다. 특히 종파의 발원지인 영국은 물론 다른 주요 선진국들보다 그 세력이 월등해졌다.

19세기 초에서 중반에 이르기까지는 서구 과학 발전에서 중요한 변곡점의 시기였다. 찰스 다윈Charles Darwin의 『종의 기원』이 출간됐고,

당대 과학자들은 지구가 성경에서 도출되는 6,000년보다 훨씬 오래 전에 생성됐다는 사실을 알게 됐다. 1779년 프랑스의 생물학자 르 클레르 드 뷔퐁Leclerc de Buffon 백작은 지구를 가열된 구체로 가정하고 냉각되는 정도를 계산하여 지구라는 행성의 나이를 7만 5,000년으로 추정했으며, 1862년에 물리학자 윌리엄 톰슨William Thomson(훗날 켈빈 경Lord Kelvin으로 알려짐)은 그보다 많은 2,000만 년에서 4억 년 사이로 계산했다. 이후 실험실 기술이 발전하면서 20세기 중반까지 추정치는 점차 늘어났으며, 현재는 46억 년이라는 합의에 이르렀다. 더 넓은 외계 우주는 3배 이상 오래됐는데, 이런 사실들은 많은 기독교인을 혼란스럽게 했고, 형제회는 다윈을 거부하면서 지질학적 시간의 개념을 「창세기」에 대한 해석과 일치시키는 데 공을 들였다.[11]

19세기의 과학적 발견이 있기 전에도 많은 정치인과 과학자가 종말론에서 손을 떼곤 했다. 특히 아이작 뉴턴은 「다니엘서」와 「요한계시록」의 의미를 설명하는 총체적인 문서 작업을 진행했으며, 그의 사후에 책으로도 출간됐다.[12]

조지프 프리스틀리Joseph Priestley(영국의 목사, 철학자, 화학자-옮긴이)가 18세기 중반에 받은 교육은 그 시대 다른 인물들과 마찬가지로 신학에 집중되어 있었다. 목사로 사회생활을 시작했지만 곧 자연과학에 관심을 가지게 됐는데, 그중에서도 전기와 가스 그리고 무엇보다 산소를 발견한 획기적인 성과의 초기 연구를 수행했다. 뉴턴과 마찬가지로 그는 유대인의 팔레스타인 귀환에 대한 연구를 비롯해 성서의 예언에 대한 연구에 광범위하게 참여했다.

> 유대인들이 흩어져 있는 지금의 상황은 모세를 필두로 한 모든 예언의
> 출발점입니다. 그리고 이 놀라운 민족이 자기 나라를 회복하여 예언된
> 대로 번영의 민족이 된다면 성령의 예언을 의심하는 사람은 거의 없어
> 질 것입니다.[13]

1804년에 사망한 프리스틀리는 예언과 과학을 결합하려 한 유명 자연철학자 중 마지막 인물이었다. 다윈과 지질학이 세상을 뒤흔든 이후, 물리학이나 생물학에 대한 이론의 토대로 성경을 인용하는 주류 과학자는 동료들의 조롱을 받았다. 또한 이런 새로운 과학적 지식은 많은 기독교 신자와 성직자들에게 문자 그대로의 진리라는 성경 무오류설의 개념을 무너뜨렸다.

독일의 신학자들은 성경의 무오류설을 처음으로 공식 부정했는데, 성경의 이야기를 사실이 아니라 비유로 대하기 시작한 것이다. 이 학파는 '고등 비평higher criticism'으로 널리 알려졌다. 19세기를 지나면서 이 학파의 이론은 영국으로 퍼졌고, 위계적이지만 학식이 깊었던 영국의 성공회 성직자들이 점차 이를 채택했다. 세기말에 이를 때쯤, 성경을 절대적으로 신뢰하던 형제단은 고국에서도 점차 소외되고 있었다. 게다가 다비와 같은 강렬한 세대주의적 지성이 주장하는 외골수의 논리가 성경의 모호한 구절들을 해석할 때마다 영국 형제단 운동은 모호한 탁상공론을 일삼는 수십 개의 분파로

갈라졌고, 이 때문에 조롱의 대상이 됐다.[14]

~ ℰℰℰℰ ~

세대주의는 누구에게나 신학적 자유가 보장되는 미국에서 더 비옥한 토양을 발견했다. 미국에는 영국식의 위계적인 국가교회가 없었을 뿐 아니라, 미국인들의 기질도 유럽과 매우 달랐다. 1800년대는 진정으로 영국의 세기였다. 기술 진보에 대한 믿음이 거의 절대적이었고 브리타니아Britannia(의인화된 영국-옮긴이)가 전 세계 바다를 지배하는, 매우 낙관적인 시대였다. 미국도 처음에는 자신을 모든 인류의 등대인 새 예루살렘으로 여겼지만 남북전쟁이 그 믿음을 산산조각 냈다. 심하게 상처를 입은 이 나라는 전쟁 후 10년 반 동안 북미를 여행한 비관주의자 다비와 형제단을 환영했다. 다비는 교우들과 함께 세대주의 신앙을 전파한 미국의 주요 도시들을 한 달에도 몇 차례씩 방문했다.

　미국 세대주의의 첨병 중 가장 중요한 인물은 드와이트 무디Dwight Moody와 C. I. 스코필드C. I. Scofield 그리고 아노 개블라인Arno Gaebelein이었다. 이전에 영국을 여행하는 동안 형제회와 접촉했던 열렬한 복음주의 설교자 드와이트 무디는 미국에 체류 중이던 아일랜드인들 가운데 다비를 만났다. 처음에는 쾌활한 성격의 무디와 귀족적이고 지적인 성격의 다비가 잘 어울리지 않았지만, 시간이 지나면서 무디의 확고한 태도가 다비의 마음을 사로잡았다.[15] 게다가 무디에게는 다비가 가지고 있지 않은 능력이 있었다. 그는 대중과의 소통에 능해서 대서양 양쪽 나라들에서 집회를 열면 수천 명의 신도가 교회와 경기장과 인근 공터를 가득 채웠다. 다비가 세상을 떠나고 4년 후인 1886년에 그는 시카고복음화협회Chicago Evangelization Society를 설립했으며, 그가 사망한 후 이 단체는 무디성경연구소Moody Bible Institute로 이름을 바꿨다. 이곳에서 이후 수십 년 동안 수많은 미국 세대주의자가 배양됐다.

오늘날에도 50개 이상의 미국 복음주의 대학이 무디의 이념을 따르고 있다. 이 대학들의 중요한 목표는 성경 무오류설에 기초한 예언을 연구하고, 주류 개신교 종파 사이에서 과학을 받아들이고자 하는 고등 비평의 부상에 맞서 싸우는 것이다. 1924년에 오벌린 칼리지를 졸업한 루이스 스페리 체이퍼Lewis Sperry Chafer는 교계에서 매우 유명한 복음신학대학을 설립했다. 12년 후 이 학교는 댈러스신학교로 개명했다. *16 댈러스신학교는 대다수의 일반적인 미국인이 들어본 적이 없는 이름이겠지만 매우 중요한 교육기관이다. 이곳은 세대주의 운동의 지도자들, 특히 복음주의 교단에서 널리 알려진 '댈러스인'을 배출하며 복음주의 안팎에서 지대한 영향을 끼치고 있다.

---

* 개신교에서 '복음주의자(evangelical)'라는 단어는 세 가지 기본 교리를 전제한다. 예수를 영접하여 구원을 얻는 것, 성경의 무오류설을 믿는 것, 개종할 의무가 그것이다. 모든 복음주의자가 세대주의자는 아니지만 세대주의자는 모두 복음주의자다. '복음주의(evangelism)'의 공식적인 정의인 '베빙턴의 사변형(Bebbington's Quadrilateral)'은 다음의 네 가지 신조를 포함한다. 삶의 거듭남, 복음의 생활화, 성경의 무오류에 대한 믿음, 예수의 십자가 사건에 대한 확신이다.

두 번째로 중요한 미국의 초기 세대주의자인 C. I. 스코필드는 남북전쟁 참전용사로 변호사 생활을 하다가 캔자스주 의원과 검사를 역임했으며, 1879년에 갑작스럽게 복음주의자로 개종했다. 그는 1876년부터 1897년 사이에 캐나다의 온타리오 나이아가라온더레이크에서 연례행사로 개최되던 나이아가라성경연구회^{Niagara Bible Conference} 집회에서 제임스 브룩스^{James Brookes}라는 세대주의 지도자를 만나 그의 신앙에 매료됐다. 또한 그는 무디는 물론 미국 초기 세대주의의 핵심 인물인 아노 개블라인과도 교류하게 됐다.

나이아가라성경연구회는 세대주의가 영국보다 미국에서 급격히 성장한 또 다른 이유를 보여준다. 종교에 대한 미국 헌법의 무관심한 태도는 다양한 개신교가 성장할 수 있는 토대가 됐고, 브룩스는 나이아가라온더레이크에 온 모든 사람을 환영했다. 이런 과정에서 세대주의적 종말론 서사를 받아들인 미국 교회의 광범위한 교회일치운동^{ecumenism}(교파를 초월하려는 세계교회주의-옮긴이)이 성공을 거뒀고, 영국에서와 같은 격렬한 내분을 피할 수 있었다.

개블라인은 다비보다 더욱 지적인 인물이었다. 열여덟 살이 되던 해인 1879년에 독일에서 미국으로 이주한 그는 뉴욕의 유대인들을 개종시키겠다는 열망으로 라틴어와 그리스어를 배웠으며, 특히 이디시어^{Yiddish}(유대인들이 사용하는 언어-옮긴이)를 배운 뒤 이디시어 신문을 창간하기까지 했다. 또한 미국 근본주의자들에게 도움이 될 영어 신문도 창간했다. 미국 내의 근본주의자들에는 체이퍼와 스코필드도 포함되는데, 특히 스코필드는 개블라인의 탁월함에 깊은 인상을 받았다. 개블라인과 스코필드는 의기투합하여 두 사람의 주석이 달린『킹 제임스 성경King James Bible』과『스코필드 주석 성경Scofield Reference Bible』을 간행했다. 1909년에 처음 출판된 이 주석 성경은 체이퍼가 댈러스신학교를 설립하는 데 동기가 됐다.

『스코필드 주석 성경』은 매우 중요한 의미를 지닌다. 많은 종교역사가는 이 책이 오늘날까지 현대 기독교 근본주의에 영향을 미치는 가장 영향력 있는 세대주의 출판물로 꼽히는 데 이의를 제기하지 않는다. 1909년 판은 300만 부가 판매됐으며, 대대적으로 개정된 1967년 판은 무려 1,000만 부 이상 팔린 것으로 집계됐다. 지난 세기 동안 이 두 종류의 성경책은 많은 미국인을 세대주의 신앙으로 인도했다.[17]

개블라인과 스코필드, 무디, 브룩스가 나이아가라성경연구회에서 만난 것은 세대주의 교리가 지정학과 얽히기 시작한 지점을 보여주기도 한다. 1878년에 브룩스는 14개조의 교리를 만들었고, 이는 1890년 나이아가라성경연구회에서 공식 채택됐다. 14개조 교리의 마지막에는 다음과 같이 기술되어 있다.

우리는 세상이 현세대가 지나도록 회개하지 않고 심판의 날을 향해 치닫는 모습을 봅니다. 또한 믿음을 고백한 그리스도인들의 마음속에도 무서운 불신앙이 싹트고 있는 모습을 봅니다. 그러므로 주 예수님은 이스라엘이 장차 회복할 땅을 보여주시기 위해 직접 이 땅에 오실 것입니다. […] 그리고 이 개인적이고도 전천년적인 재림은 우리가 끊임없이

구해야 하는 복음이자 우리 앞에 놓인 복된 희망입니다. [18]

~~~~~~~

지금까지 다비와 그의 교우들은 유대인들의 귀환과 회복에 엄격하게 거리를 두는 입장을 유지해왔다. 그들은 기독교인들이 휴거와 천년왕국에 이르는 모든 과정에 관심을 가지고 살펴야 하지만, 휴거와 천년왕국에서 배제된 뒤 겪어야 하는 무서운 환란에서 신도들의 영혼을 구하는 데 집중해야 한다고 생각했다. 어떤 상황에서도 그들은 유대인의 팔레스타인 귀환을 장려하거나 지원하여 일련의 갈등을 유발하려 하지 않았다. 이런 신중한 입장은 4명의 세대주의자인 로버트 앤더슨Robert Anderson과 윌리엄 블랙스톤William Blackstone, 아서 밸푸어Arthur Balfour 그리고 오드 윈게이트Orde Wingate 등 기독교 시온주의자들이 역사의 무대에 등장하면서 방향을 전환하게 된다. 이들은 모두 유대인들이 성지를 회복하는 데 자신들의 막강한 정치적·언어적 능력을 동원했다. 특히 윈게이트는 영국군 장교가 운용할 수 있는 무력을 동원해서 가능한 가장 폭력적인 방식으로 다비의 불간섭 방침을 위반했다.

다비와 마찬가지로 앤더슨도 아일랜드 귀족 출신이다. 그는 더블린의 트리니티 칼리지에서 법학을 공부했고, 영국 내무부에 근무하면서도 뛰어난 실적을 올렸다. 또한 스코틀랜드 야드Scotland Yard(런던 경찰국을 말함-옮긴이)에 배치받아 잭 더 리퍼Jack the Ripper(연쇄 살인범-

옮긴이)를 조사하기도 했다. 어울리지 않게도 그는 세대주의 신앙과 상류 귀족이라는 2개의 서로 다른 영역에 속해 있었다. 하지만 이 때문에 당시 터키의 통치하에 있던 팔레스타인에 대한 영국의 외교 정책에 영향을 미칠 수 있는 독특한 위치를 점하고 있었다. 형제회가 영국에서는 사회적이고 신학적인 이단자였음에도 앤더슨은 다비를 크게 존경했으며, 스코필드와 무디를 개인적으로 알고 지냈다. 게다가 내무부에서 수십 년 동안 일하면서 글래드스톤과 애스퀴스Asquith, 솔즈베리Salisbury는 물론 밸푸어를 포함한 후임 총리들과도 친분을 쌓았다.[19]

앤더슨은 1893년 벤저민 윌스 뉴턴Benjamin Wills Newton이라는 플리머스 형제단의 회원이 출판한 『10개의 왕국을 말하다Prospects of the Ten Kingdoms Considered』라는 난해한 책에 매료됐다. 뉴턴은 「다니엘서」에 나오는 짐승의 10개 발가락에 주목했다. 당대의 기독교인들은 '진흙 발'을 로마제국으로 해석했기 때문에 10개의 발가락은 로마제국이었다. 즉 그는 10개의 발가락이 10개의 민족이나 10개의 왕국을 상징한다고 생각했다. 뉴턴은 유대인의 팔레스타인 귀환에 대한 수백 년 전의 예언을 소개하고, 종말의 두 번째 징조가 그 10개의 고대 왕국이 새로운 로마제국으로 재결합되는 거라고 생각했다.

10개 나라의 분열을 의미하는 10개의 발가락은 거의 종말의 직전에 일어나는 일입니다. 그때가 되면 아마도 그들의 땅에 신앙이 없는 이스라엘이 국가를 건립하게 될 것입니다.[20]

뉴턴의 판단에 따르면, 나폴레옹전쟁과 1815년 빈 회의 이후 유럽 전역에 현대적인 민족국가가 세워지면서 이런 새 로마제국이 탄생했으며 이는 분명히 종말이 임박했음을 알리는 사건이었다.

각국의 정부들이 수립된 것은 사실상 또는 실질적으로 민주적 군주국이 성립된 것이다. 영국이 그러하고 벨기에와 프랑스, 알제리, 포르투갈, 스페인, 이탈리아, 그리스가 그러하다. 또한 콘스탄티노플과 이집트, 튀니스에서 서유럽 국가들의 지배가 관철되는 상황은 철과 섞인 진흙이 상징하듯, 로마제국 전체를 다스릴 통치권자가 나타날 때가 됐음을 보여준다.[21]

적그리스도가 이끄는 10개의 로마제국이 부활한다는 개념은 확증편향을 보여주는 훌륭한 예다. 이 예언은 세대주의자들 사이에 매우 인기가 있어서 10이라는 숫자를 보이는 대부분의 성경 구절이 고대 로마의 재현을 의미하는 것으로 해석된다. 예를 들어 다비는 계시록에 나오는 10개의 뿔 달린 짐승에 대해서도 같은 이야기를 했다.

루이 나폴레옹Louis Napoleon이 적그리스도인지 아닌지에 대한 의문으로 많은 논란이 되고 있지만, 나는 그가 현재 로마 가톨릭의 대리자이며 뿔이 10개 달린 짐승이라는 것을 조금도 의심하지 않습니다. 그리고 그의 출현은 마지막 때가 가까워졌다는 사실을 뚜렷이 보여줍니다. 오,

주님!22

1881년, 앤더슨은 뉴턴에게서 영감을 받아 오늘날까지 널리 읽히는 대담하고도 도발적인 예언서인 『장차 오실 분The Coming Prince』을 출간했다(모든 시대의 세대주의자들은 갑자기 개종하는 경우가 많은데, 뉴턴도 이 시점에 독립적인 침례교도가 됐고 세대주의에 비판적인 입장을 보였다).23 앤더슨의 사회적 영향력은 예언적 신앙이 더욱 난립하는 데 기여했고, 20세기 후반 제리 폴웰이나 할 린지Hal Lindsey의 무시무시한 예언이 확산되게 했다.

앤더슨은 「다니엘서」 9장 24~27절에서 직접 파생된 세대주의에 근거하여 19세기 후반의 시대를 해석했는데, 이는 오늘날 미국 기독교 근본주의의 뿌리를 이해하는 데 필수가 됐다. 「다니엘서」의 이 4개 장은 유대인들이 바빌론 포로 생활에서 돌아온 때부터 메시아가 오실 때까지의 '칠십 이레seventy weeks'라는 성경의 기간을 기술한다. 이 기간은 매우 복잡하게도 세 시기로 나뉘는데, 7주와 62주와 1주가 합해져 70주가 되며, 마지막 1주는 다시 절반씩 두 시기로 나뉜다(앤더슨 책 제목의 『장차 오실 분』은 「다니엘서」 9장 26절에 등장하여 열 나라 연합을 이끄는 적그리스도다).

이런 계산은 「다니엘서」 8장에서 영감을 얻어, 유대인들이 바빌론에서 귀환한 때와 종말의 때 사이를 2,300년으로 가정하고 휴거 날짜를 1843년 또는 1844년으로 계산했던 밀러파의 행태와 매우 유사하다(7장 참조).24 이와 달리 앤더슨은 바빌론으로부터의 귀환과 예수 재림 사이의 기간을 「다니엘서」 9장의 70이레(즉 490일/년)에 초점을 맞췄다. 유대인 귀환과 예수 재림 사이의 기간에 대한 앤더슨과 밀러의 계산은 1,810년의 차이가 나는데, 이는 성경을 예언하는 모호한 시선에 제기되는 날카로운 의문이 될 수밖에 없다. 이처럼 같은 시기를 설명하는 두 결론의 2,000년 시차야말로 성경을 바라보는 인지적 부조화의 거리라고 볼 수 있다.

앤더슨의 추정치에서 누락된 1,810년을 보완하기 위해서는 신앙과 불신앙의 차이를 줄이는 거대한 장치가 필요했다. 앤더슨은 다비와 논의하여 69번째 주의 끝에 있던 십자가 사건으로 종말의 시간이 멈췄고, 메시아와의 연결고리도 '끊어졌다'고 주장했다. 그리고 적그리스도가 출현하면서 그 시간이 다시 시작된다고 봤다. 종말을 향해 나아가는 시간이 70번째 주에 다시 시작되는 것이다.

> 유대인들과 7년의 계약(또는 조약)을 맺을 다른 왕자[적그리스도]가 출현하면서 모두가 알게 될 것입니다. 그리고 그 주의 중간(즉, 3년 반이 지난 후)에 왕자는 조약을 위반하고 신도들의 성전 예배와 종교의식을 억압할 것입니다. 이 모든 일은 너무도 명백하여 어린이라도 분별력만 있다면 다 이해할 수 있을 것입니다.[25] (괄호는 원문 그대로임.)

앤더슨은 인류가 이 진행 과정의 초기에 진입했으며, 앞으로는 다음과 같은 일들이 벌어질 것으로 굳게 믿었다.

앞으로 유럽에 큰 위기가 닥칠 것이고, 국가들의 연합이 생겨날 것이며, 이방인의 패권 장악을 마감할 사건들이 속속 발생하는 가운데 인류의 위대한 지도자이자 무서운 존재가 출현할 토대가 마련될 것입니다.[26]

세대주의자들은 이미 정지되어 앞으로 재개될 종말의 시간을 목격하고 있으며, 유대인들과의 언약을 이루고자 하는 하느님의 의지도 확고하다고 믿었다. 그리고 그 증거로 두 가지를 제시했다. 하나는 유대인들이 자신들의 성지로 귀환하고 있는 현재 상황이고, 다른 하나는 로마제국이 적그리스도가 이끌 유럽 10개국 연맹으로 재편성되고 있는 국제 정세다. 다비는 수십 권의 책을 남겼지만 대체로 쉽게 읽을 수 없는 운문이었고, 이 때문에 그의 독자층은 시를 읽고 신앙을 결단하는 소수의 신도로 국한됐다. 반면 앤더슨은 산문을 잘 썼을 뿐 아니라 자신의 책『장차 오실 분』에서 유대인들이 팔레스타인으로 돌아오리라는 정확한 예측으로 20세기 후반의 독자들을 열광시켰다.

이 책이 예언서처럼 회자된 더 결정적인 계기는 출간 연도(1881)가 제1차 세계 시온주의대회가 열리고 테오도어 헤르츨Theodor Herzl의 『유대인의 국가Der Judenstaat』가 출간되면서 시온주의 운동Zionist movement이 본격화되기 10여 년 전이었다는 점이다. 또한 에드먼드 알렌비 Edmund Allenby(터키군을 물리치고 예루살렘으로 진군한 영국 장군-옮긴이) 장군이 오스만튀르크로부터 예루살렘을 점령하기 30년 전이기도 했다.

이 사건 이전에 팔레스타인에서 유대인 국가가 세워질 가능성을 찾기란 로버트 앤더슨에게도 불가능해 보였다. 그는 이런 기록을 남겼다.

> 이스라엘의 본토 회복 사건에 대한 예언은 지금의 전력 시스템이나 증기기관이 100년 전 조상들에게 나타났을 때 그들이 보였을 반응만큼이나 믿을 수 없는 것이었다.[27]

심지어 오늘날의 시각에서도 팔레스타인 지역에 유대 민족의 국가가 건립되리라는 예언은 놀라운 것일 터였다. 게다가 많은 이들을 당혹스럽게 한, 로마제국이 세워질 것이라는 기독교 근본주의 방식의 예언도 비슷한 양상으로 실현됐다. 예를 들면 리처드 그레이브스가 1815년 이후 유럽 입헌군주제를 새로운 로마제국으로 생각했던 것처럼, 150년 후의 세대주의자들은 유럽연합[EU]에 대해서 같은 생각을 하고 있다. 물론 아직까지 유럽연합이 정복은 고사하고 적그리스도를 배태하거나 이스라엘과 전략적 동맹을 맺는 데 성공한 것 같지는 않지만 말이다. *

---

* 한 가지 일시적인 예외가 있긴 했다. 1956년 영국과 프랑스는 1956년 시나이-수에즈 침공 당시(이집트의 수에즈 운하 국유화 선언에 대해 영국과 프랑스가 무력을 사용한 제2차 중동전쟁-옮긴이) 이스라엘과 협력했으며, 미국의 드와이트 아이젠하워(Dwight Eisenhower) 대통령은 영국 국채를 팔겠다고 위협하는 등 여러 조치를 취했다.

밀러주의자들은 대실망의 날을 계기로 종말의 날짜를 예언하는 근본주의자들을 멀리하게 됐다. 하지만 다비를 필두로 한 세대주의자들은 당시 벌어지던 사건들, 특히 여러 국가를 새 로마로 상정하고 개인을 적그리스도로 만들어버리며, 성경의 예언을 강화하는 방향으로 신앙의 힘을 끌어모으기 시작했다. 문제는 성경적 사건과 현실의 사건 간 유사성이 당시로서는 매우 그럴듯하고 두려운 모습으로 인식됐지만, 수십 년이 경과한 이후의 시각으로 보면 그런 예언(과 선지자들)은 언제나 미망에 불과했다는 사실이 드러난다는 점이다.

이런 모든 모순점으로도 아직 충분하지 않다는 듯, 다비의 풍부한 세대주의적 상상력은 회복된 유대 국가와 새로운 로마제국 사이에 벌어지는 마지막 전투에 또 하나의 주요 구성원을 등장시켰다. 그는 북방의 왕King of the North으로, 「다니엘서」에서 반복하여 언급된 이스라엘의 침략자다. 그리고 여기에 해당하는 나라로 지금의 러시아를 지목했다(다비의 시나리오에는 정확히 정체를 알 수 없는 '동방의 왕'과 '남방의 왕'이 등장하는데 후자는 아마도 이집트일 것이다). 28

다비 정도의 지적 능력을 갖췄다면 누구라도 러시아가 장래에 이스라엘 성지를 침공할 것으로 해석되는 성경 구절을 찾아낼 것이며, 심지어 어린아이조차 그렇게 할 수 있었을 것이다. 「창세기」 10장 2절에는 야벳Japheth의 여섯 아들 가운데 두 아들이 메섹Meshech과

두발Tubal이라고 나와 있다. 만일 다비의 열렬한 상상이 더해진다면 이 두 이름은 각각 모스크바와 우랄산맥 동쪽의 토볼스크를 의미할 수도 있다.[29]

19세기 중반 강력한 힘을 자랑하던 러시아제국이 나약한 오스만 튀르크를 위협했을 때, 다비는 러시아가 터키에서 곡Gog의 땅을 빼앗은 이후 회복된 유대인의 성지를 침공할 것이라고 주장했다. 20세기 중후반에 다비의 추종자들은 러시아의 위협에 대응하여 유대인들이 적그리스도가 이끄는 신 로마제국과 동맹을 맺을 것이라고 주장하며 대서사의 결말까지 누설했다.[30]

✿✿✿✿

오늘날 이와 같은 19세기 신학적 예언이 아무리 복잡하고 기괴하며 무의미한 것처럼 보일지라도, 거의 2세기 동안 진화한 이들의 서사는 최근 미국 정치와 외교를 이해하는 데 필수적이다. 다비와 앤더슨, 무디, 스코필드, 개블라인 등의 인물에서부터 암소 멜로디를 거쳐 지금도 미국에 만연한 세대주의적 신앙에 이르기까지 길고도 험한 여정은 윌리엄 블랙스톤이라는 미국의 사업가에게로 전해진다.

블랙스톤은 유대인의 팔레스타인 귀환을 열렬히 환영하는, 잘 교육받은 세대주의자인 로버트 앤더슨의 미국인 버전이라고 할 수 있다. 서민 집안에서 태어났지만 장인으로부터 많은 유산을 물려받았고, 보험업과 서적 판매 등의 사업과 투자에 성공했으며, 근검절약하는 생활 습관 덕분에 큰 부를 일궜다.* 그리고 앤더슨과 마찬가지로 정부 고위층과도 교류했다.

1841년 북부 뉴욕에서 태어난 블랙스톤은 열한 살 때 종교적 신념을 갖게 됐고, 이후 무디의 측근이 됐다. 1886년에 유대인들의 팔레스타인 회복을 축하하면서도 그들이 기독교로 개종해야 한다고 주장하는 『예수님이 오십니다Jesus Is Coming』를 출간했다. 이 책은 100만 부 이상일 팔렸고 43개 언어로 번역됐다.[31] 그는 세대주의적 종말론에 지나치게 경도되어 1888년경에 자신의 책 수천 권과 히브리어, 이디시어, 아람어Aramaic Language(시리아 지역에서 기원전 12세기경부터 사용된 언어-옮긴이)로 된 여러 예언서를 모아 오늘날의 요르단 남부 페트라 주변에 숨겨두었다. "언젠가 적그리스도로부터 비롯될 유혈 사태 때 겁에 질린 생존자들이 하느님의 계획을 알 기회를 가진다면 매우 기뻐할 것"이라고 생각했기 때문이다.**[32]

블랙스톤은 숫자 신비주의의 조합에도 심취했다[예를 들어, 7년 곱하기 1년의 360(원문 그대로임)일은 2,520일이 되며, 여기에 기원전 606년의 바빌론을 정복한 해(원문 그대로임)를 더하면(2520-606=1,914) 1914년에 재림이 이루어진다는 식이었다]. 역사의 우연으로 제1차 세계대전이 그해에 발발했다. 하지만 그가 페트라 주변에 책을 숨긴 사실에서 알 수 있듯이, 그는 마지막 때가 속히 도래하기를 바랐는지 어떤지는 몰라

---

* 그는 자신의 선조가 전설적인 영국의 법학자 윌리엄 블랙스톤 경(Sir William Blackstone)이라고 주장했지만, 남겨진 기록이 없어 신빙성이 부족하다.
** 페트라의 이국적이고 장엄한 유적은 수 세기 동안 방문객들을 매료했다. 1982년에 개봉된 영화 〈레이더스〉의 배경이 되기도 했다.

도 최소한 싫어하지는 않았을 것으로 보인다.

테오도어 헤르츨은 『예수님이 오십니다』가 출간된 지 3년 후에 바젤에서 시온주의자회의를 조직했으며, 블랙스톤은 이후 수십 년 동안 시카고 히브리 선교회Chicago Hebrew Mission를 통해 시온주의자들과 협력을 강화해갔다. 특히 요르단에 책을 파묻고 머물다가 돌아온 직후 기독교 전천년주의자들과 합동회의를 소집하기도 했다. 회의에서 이룩한 유대인들과 기독교인들 간의 합의를 토대로 그는 역사에 「블랙스톤 메모리얼Blackstone Memorial」로 알려진 탄원서를 작성하여 벤저민 해리슨Benjamin Harrison 대통령에게 제출했다. 탄원서는 에스겔과 이사야의 이야기 대신 학살의 위험 아래 놓인 유대인들의 아픔에 초점을 맞췄다. 그리고 이 환난에 대한 분명한 해결책을 제시했다. "팔레스타인 땅을 유대인들에게 다시 돌려주지 않는 이유는 무엇입니까?"

다소 순박한 낙관론으로 일관한 탄원서는 만일 서방 국가들이 오스만제국의 부채 상당 부분을 떠안는다면, 오스만제국이 역사적으로 의미가 큰 이 지역을 포기할 수 있으리라고 주장했다. 인상적이었던 것은 이 문서에 서명한 이들의 면면이다. 대법원장과 하원 의장, 외교위원회 위원장을 비롯해 수많은 의원과 명망 있는 신학자들, 언론인은 물론 존 록펠러와 J. P. 모건도 포함되어 있었다.

해리슨 대통령은 블랙스톤에게 이 문제를 검토해보겠다고 약속했다. 그리고 윌리엄 블레인William Blaine 국무부 장관을 통해 콘스탄티노플에 있는 미국 대사관에 서신을 전달했다. 미국 외교관들은 당시의 정황상 이런 외교활동을 곤혹스러워했고 유대인 문제에 적극적으로 나서지 않았다. 결국 서신은 성과를 보지 못했다. 블랙스톤이 1903년 시어도어 루스벨트Theodore Roosevelt 대통령에게 재차 탄원서를 보냈지만 또다시 결론이 나지 않았다.

1916년 우드로 윌슨 대통령이 첫 번째 유대계 대법관으로 임명한 루이스 브랜다이스Louis Brandeis가 이 탄원서를 접하게 됐다. 국무부에 해당 사실을 문의했으나 담당 공무원들은 아는 바가 없다고만 답했다. 역사학자 폴 찰스 머클리Paul Charles Merkley는 이 사건을 이렇게 평했다.

> |국무부가 그 문서에 대해 모른다고 공언한 것은| 사실이 아닐 가능성이 크다. 아마도 그들은 미합중국 대통령이 종말론 추종자들에게 소중한 시간을 할애한다는 사실 자체가 못마땅하여 그 사업에 저항하고 있었을 것이다.33

ᶜᶜᶜᶜᶜ

이후 수십 년 동안 미국 국무부는 난민의 보호를 방해하고 온 유럽을 파괴하여 수많은 생명을 앗아간, 홀로코스트 이전부터 있었던 독일의 국가적 반유대주의 사례들을 지속적으로 수집했다. 그러했던 미국의 국무부가, 앞의 인용문을 보면, 자국 엘리트들이 서명한 탄원서를 고의로 기각한 것인데 여기에는 또 다른 이유가 있었다.

이를테면 다음과 같다.

> 잘 교육받은 엘리트들은 교양 없는 사람, 특히 신학적으로 교양 없는 사람을 업신여기는 경향이 있다. 미국 장로교나 성공회, 조합교회, 유니테리언 등 어떤 종파도 이 종말론자들만큼 극심한 경멸을 받은 적이 없었다. [···] '유대인의 운명'을 극렬히 옹호하는 사람들이 근본주의 신도들인 경우, 대통령이 시온주의에 귀한 시간을 내줄 필요가 없었다. 좋은 교육을 받은 기독교 신도들에게 두려움과 혐오의 대상인 근본주의에 비하면, 단순 무식하고 배타심으로 가득 찬 반유대주의는 온건한 편에 속했다.[34]

국무부가 탄원서를 무시한 사건은 브랜다이스를 매우 놀라게 했다. 그는 블랙스톤과 우호적인 서신을 주고받았고 1917년 두 사람은 독실한 기독교 신자인 윌슨 대통령에게 수정된 탄원서를 제출했다. 하지만 이 시점까지 중동의 군사 및 외교적 상황은 두 사람의 노력으로 쉽게 극복할 수 있는 것이 아니었다.

말년에 큰 부를 쌓은 블랙스톤은 후원금을 모아 브랜다이스(그 역시 부유했다)를 지원했는데 그중 상당 부분은 석유 사업가 밀턴 스튜어트Milton Stewart의 자금으로, 결국 많은 후원금이 브랜다이스의 시온주의 활동에 사용됐다. 그는 1935년 아흔넷의 나이로 사망하기 직전에 브랜다이스에게, 페트라에 책을 숨겨둔 것처럼 일정한 자금을 모처에 숨겨두었다고 이야기했다. 그는 "[자신이 죽은 휘] 휴거가 일어나고 거기에 합류하지 못한 사람이 있다면" 그 자금이 훗날 그리스도에게로 개종하는 동료 유대인을 지원하는 데 사용되고, 그들이 나머지 인류를 개종하게 해야 한다고 말했다(그는 나아가 미국의 가장 위대한 법률가 중 한 사람인 브랜다이스에게 "이런 계획을 지원하는 인간의 법은 전혀 존재하지 않아요"라고 강조했다).[35]

브랜다이스의 유대인 시온주의와 블랙스톤의 세대주의적 기독교 시온주의를 뛰어넘은 놀라운 사건은 아서 밸푸어라는 인물에게서 시작됐다. 밸푸어는 어릴 때부터 경건함을 실천하는 부모의 영향을 받았고 구약성경을 즐겨 읽었다. 하지만 한편으로 그는 보수적이고 우월감을 지닌 전형적인 영국 귀족이어서, 전기 작가에 따르면 "영국과 프랑스에서 흔히 볼 수 있는 전형적인 정치인으로, 자신의 지적인 명민함보다는 특별한 성취를 통해 만족을 느끼는 유형"의 사람이었다.[36]

밸푸어의 아버지는 국회의원이었고 어머니는 복음주의 기독교 신자였다. 밸푸어도 다비와 마찬가지로 트리니티 칼리지 졸업생이었던 형제회 소속의 윌리엄 켈리William Kelly의 영향을 크게 받았다. 더 중요한 것은 켈리가 다비의 방대한 『전집Collected Writings』을 간행했으며, 앤더슨과 마찬가지로 영국보수당Conservative Party과 교류가 깊었다는 점이다.

밸푸어의 삼촌인 솔즈베리 경은 총리를 세 차례나 역임했으며 1902년 거의 당연하게도 밸푸어가 그의 뒤를 이었다. 흔히 그러하듯 영국에서 고위 정치인이 가진 지적 탁월함과 정교한 토론 기술

은 통치 능력과 비례하지 않았고, 밸푸어는 무역 문제 때문에 3년 후에 사임했다.[37]

사임과 거의 동시에 그는 테오도어 헤르츨의 보좌관 중 한 사람인 젊은 시온주의자이자 화학과 교수인 차임 바이츠만^{Chaim Weizmann}을 만났다. 그는 최근 영국으로 이주했고 훗날 이스라엘의 초대 총리 자리에 오르게 된다. 유대인의 귀환에 관한 젊은 화학자의 비전을 들은 종교심 깊은 밸푸어는 눈물을 흘린 것으로 알려졌다.[38]

이후 10년 동안 밸푸어와 시온주의자들의 관계는 더욱 돈독해졌고, 1917년 11월 2일 외무부 장관이 된 그는 영국 유대인 공동체의 가장 중요한 구성원인 로스차일드 경에게 편지를 썼다. 이 문서는 일주일 후에 공개됐다.

> 폐하의 정부는 팔레스타인에 유대 민족을 위한 국가를 건설하는 데 호의적이며, 이 목표를 달성하는 데 최선의 노력을 다할 것입니다. 한 가지 분명한 것은 팔레스타인에 있는 기존 비유대인 공동체의 시민적·종교적 권리는 물론 타국에 거주하는 유대인이 향유하는 권리와 정치적 지위를 침해하는 어떤 조치도 취해져서는 안 된다는 점입니다.[39]

이 서신이 그 유명한 「밸푸어 선언」으로 전 세계 시온주의자들을 감동시켰으며, 홀로코스트가 있고 나서 30년 후 이스라엘 국가가 탄생하는 데 적지 않은 역할을 했다. 그런데 밸푸어의 종교적 신념이 선언문은 물론 이후 영국 외교 정책을 주도한 것은 분명한 사

실이지만, 윌리엄 켈리와 같은 세대주의자들과의 교류가 그의 팔레
스타인 정책에 직접적인 영향을 미쳤는지에 대해서는 단언할 수 없
다. 이스라엘의 성지 회복에 관한 이야기에서 더 깊은 논의는 역사
를 관찰하는 데 만족하는 신학자들이 아니라, 자신의 역사를 만들
어가고자 하는 주체들에 의해 이루어져야 할 것이다.

9.
성지 템플마운트

제2차 세계대전에서 최종적으로 승리한 미국과 영국은 팔레스타인이 유대인들을 위한 영토를 제공할 것인지, 유대인들의 이민을 제한하는 규정을 폐지하면서 이슬람인들에게는 그렇지 않을 경우 다른 보상책을 무엇으로 할 것인지를 점검해야 했다.

- 라인홀드 니부어 Reinhold Niebuhr

유대인들이 자신들의 성지 팔레스타인으로 돌아오기 시작한 것은 19세기 말경이었고, 이후에는 동유럽에서의 학살 사건이 있고 난 뒤 시온주의가 확산되면서 다시 회귀했다. 그리고 마침내 홀로코스트의 피해 당사자가 되면서 또다시 대거 이주하기 시작했다.

1948년 이스라엘 국가가 탄생한 이후 수십 년 동안에도 소수의 시민만이 유대교 종말론에 관심을 가졌다. 물론 유대교 종말론도 세대주의 종말론과 마찬가지로 유대인의 성지 귀환과 성전 재건을 주장했지만, 많은 이들의 호응을 얻지 못했다. 그 이유는 템플마운트Temple Mount(예루살렘의 올드 시티Old City에 있는 성지로, 무슬림의 성지이기도 함-옮긴이)가 가지는 극도의 민감성 탓에 이 작은 지역이 순식간에 전 세계적 위기를 촉발할 수 있다는 위기감 때문이다. 물론 이곳은 현재도 분쟁이 진행 중이다.

20세기 후반 세대주의적 열정으로 가득 찬 기독교 시온주의자들이 급증하면서 팔레스타인 성지 안팎에서는 이들이 가진 열정의 위험성을 드러내 보이는 사건들이 지속적으로 벌어졌다.

존 넬슨 다비와 그의 추종자들은 역사의 진행을 지켜보는 데 만족했지만 1930년대의 세대주의 신학은 영국의 군사 역사가 바실 리델 하트^{Basil Liddell Hart}가 '유대인 로런스^{Lawrence of the Jews}'라고 부른, 탁월했던 영국 장교 오드 윈게이트가 현실 정치와 충돌하는 상황을 연출해냈다.[1]

1920년에 국제연맹^{League of Nations}은 1936년부터 1939년까지 윈게이트가 근무한 성지(영국령 팔레스타인 위임통치령)에 대해 영국의 관리권한을 부여했다.* 그곳에서 그의 세대주의적 신념은 자신의 군사 기술과 영국의 자원들을 움직이며 천년왕국을 지향하기 시작했다. 안타깝게도 그는 아랍과 유대인을 동등하게 대우하는 위임 규칙을 크게 위반하면서까지 그렇게 했다.

윈게이트의 외할아버지는 형제단의 지역 지부를 설립하기 위해 자신의 임무를 포기한 영국 군대의 스코틀랜드 대위였으며, 그의 부모도 모두 형제단 소속이었다. 어릴 적부터 아버지의 세대주의 설교를 들으며 자랐으며 어머니의 도덕성은 더욱 엄격했다. 1921년 군에 입대하여 1936년에 운명적으로 팔레스타인에 파병됐는데, 구약성경이 그의 현장 매뉴얼이 됐다. 이스라엘의 위대한 장군인 모세 다얀^{Moshe Dayan}(이스라엘 최고의 현대전 사령관—옮긴이)은 그들의 첫 만

---

* 위임장은 1920년에 부여됐으나, 1923년까지 공식적으로 발효되지 않았다.

남을 이렇게 기술했다.

윈게이트는 강렬하면서도 창백한 얼굴에 중간 키의 마른 남자였습니다. 그는 한 손에는 작은 성경을, 다른 손에는 무거운 리볼버를 들고 걷곤 했죠. 태생적으로 유쾌하고 성실했으나 행동거지가 거칠고 유별났습니다. 말할 때마다 그는 자신의 힘과 신념을 상대방에게 불어넣으려는 듯 두 눈을 똑바로 응시하곤 했습니다. 제가 기억하는 것은 그가 해지기 직전에 도착하던 순간입니다. 신비하고도 낭만적인 노을빛이 그를 비추고 있었어요. [2]

그가 팔레스타인에 도착하자마자 유대인 정착촌 출입을 둘러싸고 충돌이 벌어져 아랍인들이 영국 위임통치 부대 병사들을 공격한 사건이 발생했다. 유대인을 일방적으로 지지하는 윈게이트의 성향은 양측의 균형추를 조심스럽게 맞추어야 하는 외교술과 충돌했고, 아랍인들을 동정하는 성향이 있는 그의 지휘관과도 맞지 않았다.

윈게이트는 심지어 정착촌에 대한 아랍인들의 습격을 방어하는 데 너무 수동적이라고 판단하고 공격을 강화해야 한다고 촉구하며, 적진 뒤에서 공격하는 특별공급대 스타일의 전술을 구사했다. 그는 처음에 정보 장교로 임명됐지만, 나중에는 영국 장교들이 지휘하는 약 200명가량의 병사로 구성된 특수야간부대를 만들었다. 부대원의 4분의 3은 유대인이었다. 이 독특한 부대는 이라크에서 지중해로 이어지는 전략적으로 중요한 송유관을 보호하는 임무를 맡았다.

1938년 여름에도 이 특수야간부대는 아랍군에 대한 일련의 공습을 성공적으로 수행했다.

모세 다얀이 언급한 것처럼 윈게이트를 유별난 사람이라고 말하는 것은 매우 정제된 표현일 것이다. 그는 샤워캡만 쓰거나 알몸인 상태에서, 심지어 몸을 닦으면서도 부대원들에게 훈시를 했다. 익히지 않은 양파를 다량으로 먹기도 했고, 질병 저항력을 높여야 한다면서 자신은 물론 부대원들을 오염된 물과 음식에 반복적으로 노출시켰다.

윈게이트 가족의 세대주의 신학은 팔레스타인에서 복무하는 그의 행동에서 나타났다. 그는 언젠가 장모에게 이렇게 말했다. "유대인들은 팔레스타인에 고국을 건설해야 하는데, 그러면 성서의 예언이 실현되는 겁니다."[3] 윈게이트는 또한 군사적으로 강한 유대 민족이 대영제국의 방파제 역할을 하고 있다고 생각했기 때문에 자신의 성경적 열망과 세속적인 열망을 한꺼번에 충족시키는 계획에 대해 거리낌 없이 이야기했다.

그가 과격한 친시온주의자적 행보를 보이자, 아랍인들은 그의 기습적인 전술을 저주하며 그의 머리에 현상금을 걸었다. '영국군 부대의 구성을 유대인들로 채우는 것'이 못마땅했던 아군 상관들도 불만을 표시했다. 결국 군 고위직은 그를 예루살렘에서 사무직으로 전보했다가 1939년 5월에 영국 대공 부대에 재배치했다.[4] 그는 제2차 세계대전이 시작되기 얼마 전까지 그곳에 머물렀으며, 수단과 에티오피아로 파견되어 이탈리아 점령군을 괴롭히는 게릴라 부대인 '기드온 부대Gideon force'를 이끌었다. 태평양전쟁이 발발하자 그는 버마(미얀마의 전 이름-옮긴이)에 배치받아 가장 유명한 배후 부대인 친디트Chindits(윈게이트의 돌격대로도 알려져 있다)를 조직했다. 이 영국군 특별공급대는 인도 아대륙을 방어하며 일본 침략군에 대항하여 싸웠다. 그러던 중 윈게이트는 1944년 3월 24일 인도에서 비행기 사고로 사망했다.[5]

윈게이트는 영국 위임통치령의 중립성을 훼손했을 뿐 아니라 위험한 행위 전반을 금지하는 세대주의적 교리를 명백하게 위반했음에도, 특수야간부대를 운영하여 부하들의 존경을 받았다. 그는 장차 1948년 독립전쟁과 1967년 6일전쟁에서 활약하게 되는 모세 다얀을 비롯해 이갈 알론Yigal Allon, 이가엘 야딘Yigael Yadin 그리고 이츠하크 라빈Yitzhak Rabin 등 수많은 이스라엘 고위 지휘관의 모범이 됐다. 또한 그는 오늘날 중동 정치에서 '지상의 사실facts on the ground'이라고 불리는 정복된 영토와 정착촌을 만드는 데 기여했다.[6] 모세 다얀은 "윈게이트는 저의 훌륭한 스승이었습니다. 그의 가르침은 저의 일부가 됐고 제 피로 흡수됐죠"라고 말했다.[7] 이스라엘에서는 국가 스포츠팀 훈련센터 등 그의 이름을 딴 거리와 공공장소를 쉽게 만날 수 있다.

그는 전쟁이 끝나면 영국군 소속 위원회를 사임하고 팔레스타인으로 돌아갈 계획이었지만, 국가의 설립자인 다비드 벤구리온David Ben-Gurion은 그를 이스라엘 군대를 움직이는 책임자로 임명하는 것을 '당연한 선택'이라고 생각했다.[8] 이루어지지 못한 그의 생환은 분명히 이스라엘의 중동 지역 투쟁사에서 가장 위대한 희생일 것이다. 만일 윈게이트가 독립전쟁을 이끌었다면 이스라엘 군대는 예루살렘의 올드 시티 지역을 계속 수호했을까? 그의 카리스마 넘치는 지도력으로 이스라엘은 1948년 그 전쟁에서 더 큰 승리를 거두고 요르단강 서안을 차지할 수 있었을까? 아니면 그의 악명 높은 돌출 행동들이 초기 유대 국가 건설에 치명적인 해를 끼쳤을까?

윈게이트의 유령은 현재까지도 중동 인근을 떠돌고 있다. 2000년 9월 아리엘 샤론Ariel Sharon은 야당인 리쿠드당Likud Party의 당수 자격으로 거의 1,000명 가까이 되는 무장 진압 경찰에 둘러싸인 채 독단적으로 템플마운트(동예루살렘에 속해 있지만 이슬람의 성지이기도 하여 이스라엘 군경은 출입을 삼갔음-옮긴이)에 올라 제2차 인티파다Intifada(반이스라엘 투쟁-옮긴이)를 초래하고, 오슬로 협정Oslo Accords에서도 탈퇴하는 파문을 일으켰다. 샤론의 어린 시절 영웅이 바로 윈게이트였다. 나아가 윈게이트는 아브라함 요피Avraham Yoffee라는 젊은 군인을 훈련시키고 지휘하여 나중에 샤론의 멘토로 만들기도 했다.

※※※※

샤론이 방문함으로써 세계적으로 주목받은 템플마운트는 세계에서 가장 논쟁의 여지가 많은 부동산으로, 미로 같은 약 89만 제곱미터의 구시가지에 있는 약 14만 제곱미터의 땅이다. 마지막 시대의 종말론 서사들과 밀접한 관련이 있어 기독교와 유대교, 이슬람교 신도 모두의 종교적 열광이 혼재하는 곳이다. 유대교, 기독교, 이슬람교 각각의 천년주의자들이 나타나 모종의 사건을 유발하면서 제3차 세계대전을 촉발할 가능성이 가장 큰 곳으로 지목되기도 한다.

대략 설명하면 올드 시티는 사각형의 구도심으로, 남동쪽 모서리에 템플마운트가 있다. 템플마운트에서 시계 방향으로 올드 시티의 둘레를 돌면 유대교, 아르메니아교, 기독교, 이슬람교 구역을 차례로 지나 원래의 자리로 돌아오게 된다. 이곳은 기독교와 유대교의 극단주의자들이 각자 자신들의 묵시록을 실현할 제3성전을 세우고자 하는 곳이다.

솔로몬이 지었고 바빌론이 파괴했다는 제1성전이 정확히 어디에 있었는지는 누구도 알 수 없지만, 가장 많이 언급되는 곳이 템플마운트에 있는 바위의 돔^{Dome of the Rock} 성전이다[그리고 이곳은 유대인들이 가나안을 점령하기 전에도 솔로몬의 아버지 다윗이 정복했던 여부스족^{Jebusites}(다윗 점령 이전에 예루살렘에 거주하던 가나안 민족-옮긴이)의 성지였을 것이다]. 제2성전은 기원전 6세기 후반에 바빌로니아 유수에서 풀려난 후 세워졌으며, 마카비 정권하에 복원됐다. 이후 헤롯이 지금의 템플마운트 구역에 대규모로 확장했는데, 서기 70년경에 로마가 파괴했다.

서기 637년에는 아랍인들이 예루살렘을 정복하여 바위의 돔을 만들었다. 692년에는 템플마운트의 두 번째 주요 구조물인 알아크사^{Al-Aqsa} 모스크가 세워졌는데, 처음에는 단순한 판잣집 형태로 시작되어 지진 후 여러 차례 재건됐고, 1035년경에 최종적인 형태를

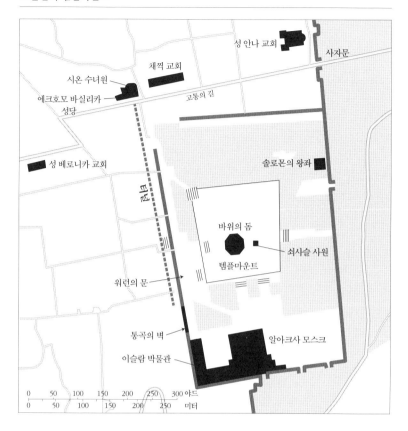

갖췄다. 이슬람교가 템플마운트를 성지로 삼은 것은 621년 예언자 마호메트가 자신의 날개 달린 말인 부라크^Buraq에서 하룻밤 사이에 템플마운트와 천국을 왕래한 꿈에서 비롯됐다(다음 날 메카로 '돌아온' 이 예언자는 믿지 않는 도시 사람들에게 자신의 여행 이야기를 들려줬다).

유대인 종교학자들은 템플마운트의 현재 지위와 규율에 대해 세 가지 의견을 내놓았다. 첫 번째이자 다수인 의견은 유대인들이 템플마운트를 방문하는 것은 허용되지만 그곳에서 기도하는 것은 허용되지 않는다고 주장한다. 두 번째인 소수 의견은 희생제물인 붉은 암송아지가 없을 뿐 아니라 언약궤Ark of the Covenant(지성소holy of holies)의 정확한 위치조차 알 수 없기 때문에 방문조차 금지된 것으로 간주한다. 이 견해에 따르면 언약궤가 템플마운트 내부의 어느 곳에 있든 방문자가 이를 오염시킬 수 있다는 것이다. 마지막 세 번째 의견은 어서 속히 제3성전을 새로 지어야 한다는 소수의 입장이다.[9]

신학적 고려는 논외로 한다면, 유대인의 압도적 다수는 단 한 가지 타당하고 실용적인 이유로 제2성전의 재건을 원하지 않는다. 바위의 돔과 알아크사 모스크를 파괴할 필요가 없으며, 유대인들이 이 구조물을 고의로 철거하는 순간 이 지역을 넘어 전 세계적으로 대격변이 시작되리라는 사실을 아는 데는 그리 대단한 통찰력이 필요하지 않기 때문이다.

형제회는 물론 초기 세대주의자들은 이 논쟁적인 주제에 대해 상대적으로 거의 할 말이 없었고 그럴만한 이유도 있었다. 종종 그러하듯 구약과 신약은 미래의 성전을 위해, 더 정확하게는 그 성전을 세우기 위해 필요한 희생을 이야기하는 데 상충하는 조언을 하고 있다. 한편에서는 구약의 「에스겔서」 40~48장에 따라 미래에 건립될 성전과 이를 위해 불가피하게 수행될 희생에 대해 언급한다. 하지만 다른 한편인 신약의 「히브리서」 10장 1~18절은 메시아의 희생으로 충분하고 동물의 희생과 성전 재건은 불필요하다고 주장한다.[10]

예루살렘의 길고 고된 역사는 도시의 거대하고도 현대적인 위상과 어울리지 않는다. 서기 70년 로마인들은 성전을 파괴하고 자신들을 따르지 않는 유대인 대다수를 쫓아냈으며, 나머지 인구 대부분도 135년 시몬 바르 코크바Simon bar Kokhba(로마 하드리아누스 황제 때 로마에 대항하여 반란을 일으킨 유대인 지도자-옮긴이)의 두 번째 반란이 진압된 후 고향을 떠나야 했다. 그 후 이 도시는 로마, 비잔틴, 사산조 페르시아Sasanian Persians, 우마이야조Umayyad, 아바스Abbasid, 파티마 칼리파국Fatimid Caliphates이 차례로 점령했다. 1099년에 십자군은 파티마 왕조를 쫓아내고 도시의 유대인과 무슬림 주민들을 학살했다. 그 후 1187년에 일시적으로 도시를 살라딘Saladin(이집트 아이유브 왕조Ayyubid dynasty의 창시자-옮긴이)에게 빼앗겼고, 수십 년 동안 기독교와 이슬람 세력 간의 소유권 전쟁이 벌어졌다. 13세기 후반에는 무슬림 맘루크Mamluks(이집트와 인도의 노예 후손들이 만든 왕조-옮긴이)와 몽골이 도시 지배권을 놓고 결투를 벌였지만, 약 1,300년 후 맘루크가 승리하여 6세기가 넘는 기간에 걸쳐 무슬림 통치가 이어졌다. 오스만제국이 1516년 맘루크를 이어받았고, 이들의 오랜 통치가 이어진 후인 1917년 12월에는 에드먼드 알렌비 장군 휘하의 영국군이 이곳에 진군하여 통치했다.

위임통치령이 수립된 지 6년 후인 1929년 무렵, 유대인과 아랍인들은 요인 암살부터 대규모 폭동과 테러 작전에 이르기까지 다양한 학살 사건으로 서로를 공격했다. 특히 아랍인들은 1930년대에 나치의 박해와 홀로코스트 여파를 피해 새로 이주해 온 유대인들을 폭력적으로 대하면서 갈등이 이어졌다. 유엔은 1947년에 영토 분할 계획을 제시했고, 1948년 5월 14일 자정에 유대인들이 이스라엘 건국을 선언했다. 그리고 아랍 이웃 국가들 사이의 전면적인 전쟁이 발발했다.

팔레스타인을 대략 절반으로 나눈 분할 계획은 국제적으로 관리되는 복잡한 지역인 예루살렘을 약 250제곱킬로미터 규모의 분리 개체(아랍과 이스라엘 어느 쪽에도 관할권이 주어지지 않은 독립구역으로, 코르푸스 세파라텀corpus separatum이라고도 함-옮긴이)로 만들었으며, 여기에는 서쪽의 다소 현대적인 구역과 주변 구역을 포함한 올드 시티가 포함됐다.

팔레스타인과 인접 아랍 국가들은 이 분할을 거부했는데, 새로운 유대 국가의 완전한 파괴 외에는 대안을 가지고 있지 않았다. 1948년 5월 14일 독립한 예루살렘은 아랍인들과 유대인들의 상호 공격으로 포연이 자욱했다.

올드 시티의 남쪽 입구인 시온문Zion Gate에서 벌어진 중요한 전투에서 다비드 엘라자르David Elazar라는 스물두 살의 장교가 지휘하던 유대인 병력은 유대인 지구의 민간인과 부상 군인들을 구출할 통로를 확보했다. 하지만 공격이 극심해지자 엘라자르의 병력은 소진되어갔고 추가로 투입된 훈련 덜 된 군인들은 철수할 수밖에 없었다. 이들이 떠난 올드 시티는 요르단인들이 차지했다.[11] 그 시점까지 유대인들은 일시적인 단절은 있었을지언정 3,000년 동안 이곳에 거주했으며, 심지어 이슬람 통치하에서도 템플마운트와 통곡의 벽Western

Wall에 출입할 수 있었다. 하지만 이제는 요르단 군대가 유대인 지구를 점령해버렸다. 유대인들은 올드 시티를 내준 채 퇴각했지만, 국제사회는 물론 유대인들의 우려와 달리 끝내 국가는 지켜냈다.

미국 기독교인들은 이스라엘 건국에 대해 처음에는 뚜렷한 입장을 보이지 않았다. 예를 들면, 미국 가톨릭 신도들조차 바티칸의 입장에 보조를 맞추며 유대인들의 성지 탈환을 부정적으로 봤다.

오늘날 예루살렘의 올드 시티

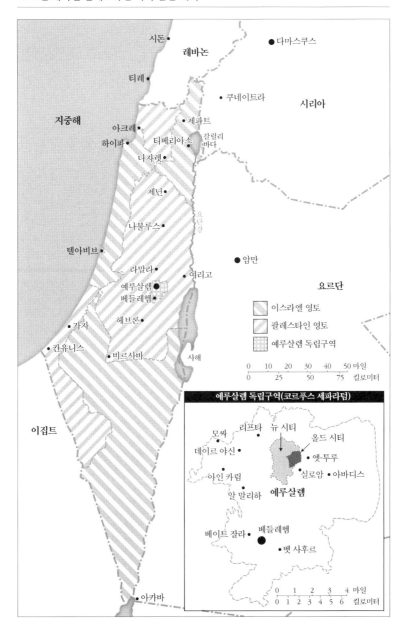

1943년 바티칸의 국무부 장관은 「밸푸어 선언」을 인정하지 않는다고 발표했고, 1948년 이스라엘이 독립을 선언한 날 바티칸의 신문 「로세르바토레L'Osservatore」는 이렇게 논평했다. "지금의 이스라엘은 성경 속 이스라엘을 계승한 국가가 아니다. 저 성지는 오로지 기독교, 즉 진정한 이스라엘에만 귀속될 뿐이다."[12]

주류 개신교도들은 이스라엘 건국에 크게 관심이 없었지만, 새 이스라엘을 대표하는 것은 유대인이 아니라 기독교인이어야 한다는 바티칸의 입장에 대체로 동의했다. 나아가 성공회 교인들과 장로교 신도들이 유대인들보다 차라리 아랍인들이 낫다고 보는 데에는 다른 이유가 있었다. 미국이 이스라엘을 지원하게 되면 이슬람 세계에 대한 교단의 선교활동에 큰 지장이 생길 것이고, 당시까지 아랍 민족주의를 용인하던 베이루트와 카이로의 미국 대학들마저 타격을 입을 수 있기 때문이다. 특히 간과할 수 없는 문제는 성공회와 장로교 교인들이 당시 수익성도 높고 전략적으로도 중요한 중동 사업인 석유 관련 회사들의 주요 경영진으로 활동한 경우가 많았다는 점이다.[13]

20세기 초반만 해도 미국 개신교에서 운영하는 「크리스천 센추리Christian Century」 등의 매체에서는 반시온주의적 논평을 끊임없이 쏟아냈다. 예컨대 1929년의 기사를 인용하면 다음과 같다.

유대인은 산업과 상업, 정치, 문화, 예술 등의 분야에서 능력을 발휘함으로써 거주하는 지역 사회의 존경과 영예를 받아왔다. 그들은 진정 팔레스타인과 같이 자원이 부족하고 좁고 빈곤한 땅으로 이주하기를 원하는 것일까?[14]

가장 안타까운 것은 1933년 히틀러가 집권했을 때 대부분의 주류 개신교도가 이를 외면했다는 사실이다. 나치의 인종 법안이 노골적인 대량 학살로 이어지는 상황에서도 「크리스천 센추리」는 성급하게 정치에 개입해서는 안 된다며 확실한 자료가 확보될 때까지 판단을 유보해야 한다고 주장했다. 10년 후 이 매체는 2,000년 동안 예수를 인정하지 않았던 그들에게 예수를 믿음의 중심으로 올려야 하며, 이를 위한 첫 단계로 예수의 생일을 철저히 준수하는 모습을 보여야 한다고 주장했다.[15]

1942년에 유대인들에게 행해진 추방과 대량 학살, 강제수용소 등에 관한 첫 번째 기사가 미국 언론에 보도된 이후 미국의 시온주의자 랍비인 스티븐 와이즈Stephen Wise가 관련 자료를 대량으로 공개하기 시작했을 때도 「크리스천 센추리」는 그런 폭로가 '좋은 목적'에 서인지 의문을 제기했다. 이 매체는 특히 유대인의 시체가 비누로 가공되고 있다는 와이즈의 주장에 신빙성이 있는지 의심하며 격렬히 비난했다. 물론 그의 주장은 사실로 판명됐다.[16]

❧❧❧❧

미국의 위대한 신학자 라인홀드 니부어의 예에서 보듯, 모든 주류 개신교인이 진리에 그렇게 무지했던 것은 아니다. 그가 수행한 수많은 정치 분석이 그러했듯, 유대인 국가에 대해 오랫동안 이어온 그의 연구는 오늘날 중동 상황의 많은 부분을 설명해준다. 자유주의적인 개신교인이었던 니부어는 성경의 무오류설을 거부하고 시온주의 문제에서 더욱 현실적이고 실용적인 접근 방식을 취했다. 제2차 세계대전 초기에 발표한 분석에서 그는 유대인들은 국가를 세울 자격이 있는데, 천년왕국을 세우기 위해서가 아니라 보다 현실적인 이유 때문이라고 말했다. 첫째로, 모든 민족은 근본적으로 '차별'받지 않음은 물론이고, '선한' 사람들의 지원도 받지 않고 '나쁜' 사람들의 비난도 받지 않을 자신들의 영토를 가질 권한이 있기 때문이다. 둘째는 나치의 압제에서 피신한 난민들을 어느 한 나라가 감당할 수 없으며, 팔레스타인 지역이 이들에 대한 완충지대 역할을 상당 부분 수행할 수 있기 때문이다.[17]

현실을 직시했던 라인홀드 니부어는 윈게이트나 기독교 시온주의자들과 달리 현존하는 이슬람 문화권을 무시하는 것은 어리석은 일이라고 생각했다.

제2차 세계대전에서 최종적으로 승리한 미국과 영국은 팔레스타인이 유대인들을 위한 영토를 제공할 것인지, 유대인들의 이민을 제한하는 규정을 폐지하면서 이슬람인들에게는 그렇지 않을 경우 다른 보상책을 무엇으로 할 것인지를 점검해야 했다. 시온주의자들은 유대인 이민 인구가 대거 유입되면 지역 생활권 활성화에 도움이 되므로 이슬람에 불공정한 일이라고 할 수 없다고 주장하지만, 이는 옳지 않은 것으로 보인다. 인구 유입이 얼마나 많은 이익을 가져다줄 것인지를 논하기보다, 지역에 대한 전통적인 소유권을 가진 주민들의 권리를 제한하는 일을 '정의'로 간주하는 것은 언어도단이라고 할 수 있다.[18]

대부분의 세대주의자와 마찬가지로, 이디시어를 구사하는 매우 명석했던 인물 아노 개블라인은 유대인을 정통파와 세속파로 나눈 뒤 전자를 칭송하고 후자를 비판했다. 극심한 반공주의자였던 그는 모든 반유대 음모론 가운데 가장 악명 높은 것으로 알려진 「시온 장로 의정서Protocols of the Elders of Zion」에 집착했다. 이 의정서는 유대인이 세계 경제를 통제하고 국가의 정부를 장악하며 기독교인들을 학살하려는 유대인의 음모가 담긴 유대인 지도부의 결의문이라는 소문이 퍼졌다(최근에 이 음모론은 극우 민족주의자들이 활개 치는 세태와 더불어 다시 부상하고 있다).

개블라인은 그러면서도 대부분의 주류 개신교와 가톨릭이 시대에 침묵했던 데 비해, 홀로코스트와 관련하여 놀라운 선견지명을 보이기도 했다. 일찍이 1932년에 히틀러의 광적인 반유대주의를 비난하며 "그는 분명히 「에스더서Book of Esther」에 나오는 하만Haman과 같은 운명으로 종말을 향해 가고 있다"라고 예언했다(하만은 페르시아 아하수에로Ahasuero 왕 휘하의 실력자로 권력에 취해 있다가 패망했음—옮긴이). 1942년까지 그는 독일의 유럽 점령지에서 벌어진 대량 학살과 히틀러의 유대인 말살 계획을 가장 먼저 알린 사람 중 하나다. 또한 다음

해까지 독일군이 학살한 유대인이 200만 명에 달할 것이라며 수치를 정확하게 추정하기도 했다.[19]

1948년, 근본주의자들과 이스라엘에 기원을 둔 주류 개신교는 열두 살이 될 때까지 성경 전체를 두 번이나 읽었다는 침례교인 해리 트루먼Harry Truman과 그의 국무부 장관인 성공회 신도 조지 C. 마셜George C. Marshall을 통해 현대사 최고의 성과라고 해도 좋을 협상을 매듭지었다.[20] 팔레스타인에 대한 영국의 위임통치가 종료되기 이틀 전, 트루먼 대통령은 국무부 장관 마셜과 국무차관 로버트 러벗Robert Lovett 그리고 백악관의 젊은 고문인 클라크 클리퍼드Clark Clifford를 만났다.

트루먼은 시오니스트 조직World Zionist Organization의 회장인 차임 바이츠만에게 미국이 이스라엘 건국을 인정할 것을 이미 약속한 상태였으며, 클리퍼드에게 마셜과 러벗을 통해 사업을 추진하라고 명했다. 하지만 트루먼의 말이 끝나기도 전에 마셜이 나섰다. "클리퍼드가 왜 여기에 있는지 저는 이해할 수 없습니다. 그는 국내 파트 전문이고 이 사업은 국제 정책 문제입니다." 이에 트루먼은 이렇게 답했다. "장군님, 그러니까 그는 제가 요청해서 온 것입니다." 예일대학교 해골단Skull and Bones(예일대 학부생 비밀 결사로 알려져 있음-옮긴이) 회원이었으며 아버지가 유니언 퍼시픽 철도Union Pacific Railroad 회장이었던 러벗이 이런 말을 덧붙였다. "선거에서 유대인 표를 겨냥한 것이죠." 트루먼과 마셜의 언쟁이 한동안 이어진 뒤 마셜은 이렇게 선언했다. "각하께서 클리퍼드의 의견만 경청하신다면 이번 선거에서 저는 당신께 투표할 수 없습니다."[21] 결국 마셜은 이스라엘 건국을 반대한 자신의 항명을 비밀에 부칠 것을 약속하고 사임했다.

트루먼은 독실한 침례교 신도였던 부모 아래서 주일학교에 다녔으며 성인이 되어 다시 침례를 받았다. 어디에 있든지 그는 일요일이 되면 언제나 예배에 참석했다. 그는 자신을 소개하는 사적인 문서에 이렇게 기록하기도 했다. "저는 침례교 교인입니다. 침례교를 선택한 이유는 우리 교파야말로 하느님과 가장 친근하고 직접적인 소통을 할 수 있기 때문이라고 생각해서입니다."[22]

백악관을 떠난 직후 트루먼이 한 유대인 신학교를 방문했는데, 그곳에서 만난 친구가 그를 "이스라엘 국가 건설을 도운 사람"이라고 소개했다. 그러자 트루먼은 유대인을 바빌론 포로 생활에서 해방한 페르시아 왕을 언급하며 이렇게 말했다. "국가 건설을 돕다니 그 무슨 말씀이십니까? 저는 키루스(성경에서 이스라엘 민족의 귀향을 허락한 고레스-옮긴이)였습니다. 제가 키루스였단 말입니다."[23]

1949년 휴전협정이 이루어지면서 올드 시티와 서안지구는 요르단의 영토가 됐다. 이스라엘 영토의 가장 좁은 부분으로 '허리'라고 불리는 지점은 요르단 군대와 바다 사이의 거리가 약 6.4킬로미터에 불과했다. 예루살렘의 서쪽 절반은 이스라엘이 지배하고 있었지만, 이 구역과 이스라엘의 나머지 영토를 연결하는 도로에 근접한 도시 라트룬은 요르단인들이 장악하고 있었다. 라트룬은 독립전쟁에서 이스라엘이 패배하여 퇴각한 지역으로, 이후 예루살렘과 나머지 영토를 연결하는 도로를 건설하여 왕래가 가능하도록 해둔 상태였다.

　미국의 세대주의자들은 자신들의 사촌이라고 할 수 있는 주류 기독교인들과 달리 이스라엘의 건국을 맞이하면서 황홀경에 빠진 듯했다. 이들의 대표 격인 스카일러 잉글리시Schuyler English는 필립스 아카데미와 프린스턴대학교를 졸업했고 히브리어와 아람어를 구사했으며 필라델피아 성경학교를 거쳐 1967년부터 10년 동안은 『스코필드 주석 성경』을 집필했다. 1949년에 그는 "메시아의 시대가 임박했다"라고 선언했으며, 더 나아가 유대인과 부활한 로마제국 사이의 세대주의적 협약이 맺어질 것이니 이에 따라 이스라엘과 영국의 동맹이 체결될 것이라고 주장했다. 영국이 지금까지 자국 병사들을 공격했던 시온주의자들과 동맹을 맺으려 하지 않으리란 사실은 염두에 두지 않는 듯했다. 일부 세대주의자는 이스라엘을 지지하는 해리 트루먼을 대통령으로 만들기 위해 하느님께서 아랍인들과 허물없이 지내던 프랭클린 루스벨트 대통령의 수명을 고의로 단축했다고 주장하기까지 했다.[24]

⁂

이스라엘 건국은 현학적인 이론을 좋아하는 세대주의자들의 영혼을 감동시킨 면이 있지만, 스카일러 잉글리시로 대표되는 소수 집단을 넘어서는 보편적인 반향을 불러일으키지는 못했다. 게다가 이스라엘이 건국되면서 유대인들은 성지를 회복했지만 템플마운트를 빼앗기면서 1,000년 만에 처음으로 이곳에 접근하지도 못하는 상황을 맞이했다. 따라서 그들은 제3성전을 재건하고 그곳에서 예배와 희생제의를 올리는 세대주의적 성취 요건을 충족할 수도 없었다.

그런데 19년 후, 상황이 급변했다. 1967년 5월 아랍의 군중이 거리를 가득 메우고 이스라엘인의 추방을 요구하자, 이집트 대통령 가말 압델 나세르$^{Gamal\ Abdel\ Nasser}$가 홍해에 대한 이스라엘의 접근을 차단하고 시나이반도에서 유엔 평화유지군을 추방했다(이에 앞서 1956년에 이스라엘은 프랑스 및 영국과의 짧은 군사동맹 기간에 이들의 지원에 힘입어 시나이반도를 점령했었다. 나세르의 조치는 전쟁 행위로 간주됐지만, 후속 협의가 열린 끝에 시나이반도는 이집트에 반환됐다). 나세르는 5월 말에 이스라엘의 서부 예루살렘을 직접 공격할 수 있는 라트룬에 특별공급대대 2개 대대를 파병하며 유대 국가를 멸망시키겠다고 공언했다.

나세르는 이 도발로 이스라엘이 반격을 하겠지만 우세한 아랍 군대에 곧 패할 것으로 예상했다. 하지만 그의 예측은 빗나갔다. 6월 5일부터 10일까지 6일 동안 이스라엘 군대가 지상에서 이집트 공군을 궤멸했고, 시나이·서안·골란고원은 물론 올드 시티와 템플마운트까지 점령했다.

처음에 이스라엘인들은 올드 시티를 차지할 계획이 없었다. 국가는 위기에 처했으며 이집트의 강력한 군사력은 이스라엘의 전면적인 총력전을 요구했기 때문이다. 그래서 국가 지도부는 영토의 허리 부근에서 이스라엘을 둘로 나눌 수 있는 요르단인들이 전쟁에 개입하지 않도록 필사적으로 막았다. 이스라엘이 예루살렘 지역을 영토로서 고수하는 한, 스코푸스산 지역을 중심으로 배치된 소규모 수비대는 물론이고 버려진 대학과 병원이 있는 요르단 영토에 완전히 둘러싸인 형국이 되고 만다.

이스라엘군은 요르단의 후세인Hussein 왕이 적대 행위를 하지 않는다면 요르단강 양쪽에 있는 그의 군대를 공격하지 않겠다는 메시지를 전달했다. 왕은 "공수부대"라는 답변으로 응수하며 전투기와 포병부대를 통해 공격을 가했다. 후세인의 항공기는 큰 위협이 되지 못했지만, 요르단인들이 예루살렘과 텔아비브 외곽의 국제공항을 포격하자 대응 작전을 펼칠 수밖에 없었다.

당시만 해도 위기에 대응하기 위해 불과 3주 전에 국방부 장관이 된 모셰 다얀은 전투에 신중한 입장이었지만, 내각의 매파, 특히 메나헴 베긴Menachem Begin은 군대를 총동원하여 예루살렘을 점령해야 한다고 주장했다. 전쟁이 시작되고 처음 이틀간은 다얀의 전략이 성공을 거뒀다.[25]

올드 시티의 급변하는 상황에 대처하는 데 모셰 다얀보다 더 나은 인물은 사실상 존재하기 힘들었다. 한쪽 눈을 잃은 이 국방부 장관은 아랍인들과 어울리며 농장에서 자랐고, 아랍어를 구사하며 이들과 두루 우정을 쌓았다. 조용하지만 위엄 있는 부모의 영향도 적지 않았을 것이다. 독립전쟁 동안 이 젊은 지휘관은 예루살렘 지역에서 유대인 군대를 지휘했다. 1948년 분쟁을 종식하기 위한 냉전이 계속되던 긴 휴전회담 중에 그는 요르단 측 지휘관인 압둘라 엘 텔Abdullah el-Tell과 협상을 진행하며 친분을 쌓았고, 후세인의 아버지인 압둘라 왕과 협상했다. 그는 다얀이 함께 아랍 복장을 하고 암만까지 여행할 정도로 신뢰하는 인물이었다. 하지만 몇 년 후 엘텔이 「팔레스타인 포스트Palestine Post」(「예루살렘 포스트Jerusalem Post」의 전신)를 통해 자신을 비판하며 암만에 더 우호적인 자세를 보일 필요가 있다고 주장했고, 다얀은 이를 거부했다.[26]

이집트와 요르단의 위협이 잦아들고 휴전이 임박했을 때, 이스라엘 내각은 마침내 올드 시티 탈취를 위한 최종 명령을 결의했다. 이에 따라 1948년 구시가지 탈환을 위한 전투에서 패배한 지역 사령관 우지 나르키스Uzi Narkiss는 낙하산 공수부대 사령관 모르데하이 구르Mordechai Gur에게 마지막 공격을 명령했다.

처음에는 시나이 지역에 배치될 예정이었던 구르의 예비 부대는 작전이 변경됨에 따라 올드 시티의 북부 및 동부 외곽을 확보하기 위해 요르단 군대와 일련의 유혈전을 벌였는데, 스코푸스산으로 연결되는 교두보를 확보하기 위해서였다. 이스라엘의 전투기들은 올드 시티를 점령하고 있던 수비대의 요청에 따라 서쪽으로 이동하던 지원부대를 궤멸했고, 그 덕에 구르의 낙하산 부대가 수월하게 투입되어 6월 7일에 관문을 통해 목적지에 쉽게 진입할 수 있었다. 다얀은 세계의 이목이 집중된 전투인 점을 고려하여 올드 시티에 대한 공중 폭격을 승인하지 않았고, 템플마운트에 대한 포격도 금지했으며, 알아크사의 첨탑 주변에 있던 저격수를 향해서만 소량의 소형화기를 발사했다.[27] 이것은 매우 다행스러운 일이었는데, 요르단인들은 템플마운트 주변에 엄청난 양의 탄약을 저장해두었고, 만일 근접전이 발생하여 폭발 사건이 발생했다면 매우 중대한 지정학적 사건이 벌어졌을 수도 있었기 때문이다.*

구르는 세계에서 사장 성스러운 장소로 이목이 집중된 지점을 탈환한 후 무전기를 통해 '템플마운트가 수중에 들어왔다Har HaBayit BeYadeinu'라는 현대 히브리어에서 가장 유명한 문장을 우지 나르키스 사령관에게 송부했다. 2명의 장교가 구르를 따라 템플마운트에 올랐다. 한 사람은 나르키스였고 다른 한 사람은 슐로모 고렌Shlomo Goren이라는 육군 수석 군 장교이자 랍비였다. 고렌은 제3성전을 재건해야 한다고 주장하는 소수파 유대인이었으며, 독립 이후 템플마운트에 수시로 올라 성경 구절을 외치고 숫양의 뿔로 만든 양각나팔을 불기도 했다. 그는 나르키스와 나란히 걸으며 이야기를 나누었는데, 나르키스는 수십 년이 지나고 숨을 거두기 직전에 「하아레츠Haaretz」라는 신문과의 인터뷰에서 고렌과 나눈 대화를 언급했다.

고렌: 우지, 이제 다이너마이트 100킬로그램을 오마르 모스크Mosque of Omar(바위의 돔을 말하며 이슬람 유적임-옮긴이)에 넣을 때가 됐습니다.

나르키스: 랍비시여, 그건 안 됩니다.

고렌: 우지, 당신은 역사에 길이 남을 영웅적인 전투를 치르고 이 자리에 서 계십니다. 하지만 당신은 그것이 무엇을 의미하는지를 이

---

* 역사적으로 살펴보면, 아테네의 파르테논 신전이 폐허가 된 것은 1687년 베네치아 포위 공격 당시 오스만제국의 탄약고가 폭발했기 때문이다.

해하지 못하시는 듯합니다. 지금이야말로 이 일을 실행할 기회입니다. 당장 내일이 되면 불가능해집니다.

나르키스: 랍비시여, 여기서 멈추시지 않으면 제가 모시고 내려가 구금할 수밖에 없습니다.[28]

고렌은 조용히 자리를 떴다. 올드 시티를 탈환했다는 소식을 들은 다얀은 템플마운트의 상황을 조율하기 위해 예루살렘으로 달려갔다. 결국 템플마운트는 중동 정치의 시한폭탄에 연결된 점화장치가 되어 아직까지 유지되고 있다.

다얀은 자신의 기록에서 이런 상황을 다음과 같이 표현했다.

아랍인들은 여러 해 동안 유대인들의 가장 신성한 장소인 예루살렘 성전의 통곡의 벽과 헤브론 페트리아크 동굴Cave of the Patriarchs in Hebron에 대한 출입을 금지했다. 이제 이곳을 점령했으니, 우리가 다른 민족에게 요구한 것을 이제는 우리가 실행해야 할 것이다. 신앙을 가진 사람들이 누구라도 자신들의 성지를 방문하고 예배할 수 있는 절대적 자유를 허용하는 일은 우리에게 달려 있다.[29]

다얀은 템플마운트에 도착하자마자 바위의 돔에서 이스라엘 국기를 제거하라고 명령했다. 다음 날 그는 유적지 관리에 관여하는 히브리대학교의 이슬람 역사 전공 교수와 함께 탈환한 성지 와크프Waqf(사적 소유를 철저히 금한 공공의 자산-옮긴이)를 최적으로 관리할 방안을 논의했다. 그 후 얼마 지나지 않아 그를 포함한 관계자들이 템플마운트와 알아크사에 올라 운명적인 모임을 가졌다.

> 모스크 건물을 향해 쉬지 않고 올랐을 때 마치 엄숙한 침묵의 장소에 들어선 것 같았다. 모스크 밖에서 우리를 맞이한 아랍인 관리인들은 성지를 사수하지 못한 슬픔은 물론 우리가 어떤 조치를 취할지 알 수 없다는 데서 오는 두려움에 휩싸인 채 엄숙하게 우리를 바라보고 있었다.[30]

다얀은 병사들에게 무기를 문 앞에 둔 채 신발을 벗고 들어오라고 명했다. 그리고 아랍인 관리인들로부터 와크프의 현황에 대해 보고를 받은 뒤, 앞으로 어떻게 관리할 것인지 입장을 들었다. 그들은 조용히 요청에 응했다. 다얀과 그들은 이내 아랍식으로 바닥에 다리를 꼬고 앉아 여러 가지 이야기를 나누었다. 관리자들이 입을 열었고, 당면한 문제는 전투 때문에 끊긴 물과 전기를 공급하는 것이었다. 다얀은 48시간 이내에 공급이 재개될 것이라고 약속했다.

그제야 다얀은 자신들이 이곳에 온 이유를 설명했다. 병사들은 템플마운트를 떠날 것이고 이곳은 기존의 관리인들이 맡게 될 것이라고도 했다. 예배를 재개할 것을 허락했고, 이스라엘인들은 요르단 사람들처럼 전통적인 금요일 설교를 검열하지 않을 것이란 말도 덧붙였다. 군대는 외부로부터 템플마운트를 보호할 것이며, 불도저들이 방금 인근 아랍인 거주 지역을 철거해버린, 유대인들에게 가장 성스러운 장소인 통곡의 벽 주변은 이스라엘의 손에 넘겨질 것이라고 알렸다.

다얀은 훗날 이렇게 회상했다. "함께 있던 관리인들은 내 마지막 발언을 반기지 않았지만 나의 결정이 돌이킬 수 없는 일이라는 것을 알았다."[31] 엄청난 바람둥이이자 고고학 유물을 빼돌린 경력이 있는 다얀은 천사가 아니었다. 이런 상황을 두루 알고 있는 저널리스트 거숌 고렌버그Gershom Gorenberg는 이렇게 말했다. "만일 하느님이 역사에 개입하고 계신다면 일꾼을 선택하는 데는 영 소질이 없는 것 같습니다."[32] 다얀은 내각의 의견을 거의 듣지 않고 이 모든 조치를 스스로 취했다. 신중하면서도 시간이 소요되는 타협이 대체로 그러하듯, 어느 쪽도 이런 조치에 만족하지 않았다.

어설프게 중재된 상황은 끊임없는 다툼을 불러왔고, 각각의 사건은 재앙의 불씨를 안고 있었다. 사실상 처음부터 랍비 고렌은 골칫거리였다. 그는 자신을 추종하는 사람들을 소규모 단위로 모아 템플마운트에 올라서 기도를 했다. 처음에는 그곳이 와크프의 개념으로 지정되는 것을 받아들이는 듯했지만, 유대인들이 이들 사원을 점령한 것을 기념하는 히브리력 열한 번째 달Av의 아홉 번째 날에 그는 본색을 드러냈다. 1967년 8월 15일, 성미 급한 이 랍비는 50명의 신도와 함께 휴대용 성궤Ark를 들고 산으로 올라 양각나팔을 불며 기도했다.

도시의 이슬람교도들은 동요했고 와크프 관리자들은 정문을 잠그고 유대인들에게 입장료를 부과하기 시작했다. 그러자 고렌은 다음 안식일에 추종자 1,000명과 함께 오겠다고 응수했다. 상황이 여기에 이르자 이스라엘 내각은 고렌의 돌발 행동에 아연실색하여, 유대인들이 템플마운트를 방문할 수는 있지만 기도는 할 수 없다는 방침을 정했고, 거의 같은 시각에 이스라엘의 최고 종교 평의회인 최고 랍비단Chief Rabbinate은 유대인들이 템플마운트를 방문하는 것 자체를 금지했다. 모든 유대인이 랍비의 권위를 인정한 것은 아니지만, 정교회의 대다수가 수긍했다. 그들이 평소 극단적인 이념 성향을 보이던 단체였기 때문에 그 금지 조치가 적어도 한동안은 성지와 관련된 긴장을 해소했다.[33]

소수의 유대인 그룹은 이슬람교도들을 산에서 쫓아내고, 돔과 모스크를 다이너마이트로 날려버리고, 제3성전을 재건해야 한다는 주장을 펼치며 다얀을 배신자이자 배신자보다 악한 인간이라고 비난했다. 이후의 역사는 비록 다얀을 옹호하고 있지만 이후 그의 마지막은 성전 건축에 집착하는 극렬 열심당Zealots(로마의 통치에 폭력 항쟁으로 맞서야 한다고 주장했던 정치·종교 운동─옮긴이)은 물론 와크프의 누구에게도 알려진 바가 없다.

협상을 중시한 다얀의 조치들 때문에 템플마운트를 점령한 후 무전기로 송신했던 감격에 겨운 내레이션은 허울만 남게 됐다. 날마다 이들의 성지는 무슬림 공동체가 관리했으며, 이 통제는 1967년 전쟁 이후 반세기 동안 더욱 공고해졌다. 하느님의 작은 성소인 약 14만 제곱미터를 둘러싼 정치적 변동성은 더욱 커져만 갔다.

템플마운트에서 발생한 또 다른 사건은 조현병에 걸린 호주 기독교인 데니스 마이클 로한^{Denis Michael Rohan}에게서 비롯됐다. 그는 신경증에서 파생된 종교적 광기에 사로잡혀 1967년 8월 21일 알아크사 모스크에 들어가 강단으로 올라가는 계단에 등유를 쏟아붓고 불을 붙였다. 즉시 불길이 번져 내부 구조물이 상당 부분 소실되고 주축 기둥이 약화됐다.

로한은 1930년대 초에 새로운 매체를 활용한 최초의 설교자 중 한 사람인 라디오하느님교회^{Radio Church of God}의 미국 설립자인 근본주의자 허버트 암스트롱^{Herbert Armstrong}의 제자인 것으로 밝혀졌다. 암스트롱은 세대주의자는 아니었고 영국인과 미국인이 유대교의 잃어버린 10지파의 후손이라고 믿었다. 이유가 무엇이든, 로한은 예수의 재림을 위해서는 재건된 성전에서의 예배와 희생제의가 필요하다는 기상천외한 세대주의자들의 믿음에 세뇌되어, 속히 다음 단계로 이행하고자 하는 열망에 범행을 저질렀다고 했다. 요컨대 그의 입장에서 이 장소는 제1성전이 세워졌던 곳이기 때문에 새로운 성전을 건립하기 위해서는 기존의 모스크를 파괴해야만 했던 것이다(권위 있는 연구자 대다수는 제1성전의 위치를 모스크가 아니고 바위의 돔이 있는 자리라고 판단하고 있다).

이틀 후 이스라엘 경찰이 동예루살렘의 게스트하우스에서 로한을 체포했을 때, 그는 하느님께서 성전을 원하시기 때문에 자신이 먼저 모스크를 파괴해야만 했다고 자백했다. 결국 로한은 재판을 통해 유죄 판결과 함께 정신과 시설 수용을 명령받았다. 그리고 1974년에 호주로 추방되어 사망할 때까지 20년 동안 정신병원에 수용됐다.

로한이 유대인과 아무런 연결고리가 없었음에도 아랍 세계는 불만이 폭발했다. 이집트의 나세르와 사우디 왕 파이살Faisal은 모두 이스라엘에 대한 신성한 전쟁을 선포했다. 이 급박한 상황에서도 이스라엘은 운이 좋은 편이었는데, 나세르와 파이살 모두 측근들 가운데 급진 이슬람주의자들을 배제한 상태였기 때문이다.[34]

알아크사 모스크의 화재는 템플마운트를 둘러싼 정치 역학의 가장 폭발적인 두 가지 특성을 보여준다. 첫째, 그 위험성은 어디에나 있으며 또한 예측 불가의 편집증으로 촉발될 수 있다는 점이다. 사건의 발생이 로한의 개인적인 광기 때문이고 시온주의자들과 아무런 인과관계가 없었음에도 아랍 세계의 많은 사람은 여전히 유대인들이 불을 질렀고 이스라엘 소방관이 휘발유를 부었다고 비난했다. 반대로, 이스라엘 내각의 한 장관은 무슬림들이 도발을 하려고 불을 지른 것이라고 주장했다. 둘째, 템플마운트라는 점화장치가 폭발한다면 필시 종교적 광신에서 비롯되리라는 점이다. 그것은 시온주의 극단주의자가 될 수도 있고, 이슬람 극단주의자나 세대주의 기독교인, 그도 아니면 단순히 일반적인 조현병 환자가 될 수도 있다. 이들의 광기는 이후에 있을지도 모르는 아마겟돈의 작은 실마리가 될 것이다.

이런 현상을 세계의 모든 위대한 신앙에 적용하는 것을 지나친 일반화라고 치부할 수만은 없다. 주류 유대교나 기독교, 이슬람교 모두 평화의 종교일 뿐이지만 미혹에 빠진 극히 일부 광신도 또는 정말로 신경정신과적 이상 행동을 보이는 사람의 파괴적인 행동이 나타난다면 이야기가 달라진다. 특히 조현병의 주요 증상인 환청은 흔히 하느님의 음성으로 오인되곤 한다.[35]

기독교인들이 종말론을 독점한 것은 아니다. 유대인들은 500년 이상 앞서서 그런 서사를 만들어냈다. 예언자 자신이 종교의 시발점이 된 이슬람교도 자체의 변종 종말론을 수없이 만들어냈는데, 이런 모습은 실제 전선에서는 물론 서점의 인쇄물로도 나타나고 있다.

종말론 서사가 발아하는 데 절망만큼 비옥한 토양도 없다. 기원전 6세기에 유프라테스강을 따라 노예로 끌려간 고대 유대인들은 진정으로 하나의 돌파구를 소원했다. 「에스겔서」와 「다니엘서」는 유대인을 압제하는 자들이 멸망할 것이라는 소문을 퍼뜨렸지만, 신학자들은 유대인에게서 메시아가 나온다는 「이사야서Book of Isaiah」의 첫 번째 명시적인 언급에 주목했다. 「다니엘서」와 유사하게, 이사야는 기원전 8세기의 인물이지만 「이사야서」가 기록된 것은 몇 세기 이후일 것으로 추정된다. 아마도 바빌론 유수가 끝나고 유다로 돌아간 후에 일련의 작가들이 기록했을 것이다. 「이사야서」는 특히 인간의 시간이 끝나고 예루살렘에 하느님이 다스리는 인류 보편의 왕국이 세워질 것이라는 예언을 담고 있다.

메시아주의는 유대 역사 전체에 걸쳐 나타나는 주도적인 테마로, 때로는 하늘거리는 빨간 리본처럼 아름답지만 때로는 검붉은 물결이 되어 이성을 질식시키고 만다. 서기 70년에 로마에 대한 반란을 거부한 열심당의 산하 단체 시카리Sicarii가 반란을 거부한 유대인을 암살한 것처럼, 그 물결은 전국을 휩쓸기도 했다. 회원 중 일부는 나중에 사해 위쪽에 있는 마사다 지역에서 집단 자살을 하기도 했다. 또는 세파르디Sephardic(스페인이나 북유럽 출신의 유대인-옮긴이)의 랍비가 나타나기도 했다. 명석한 두뇌에도 불구하고 자신의 이념에 사로잡힌 채 신경증적인 이상 증세마저 보이며, 양극성 장애의 조증 휴지기이던 1648년에 자신을 메시아라고 주장한 사바타이 제비Sabbatai Zevi가 한 예다. 그는 소아시아의 대규모 유대인 공동체 스미르나Smyrna의 종교 지도자가 된 후 대중을 이끌고 교화하는 데 앞장섰다. 유럽 대륙에서 유대인에 대한 대학살이 있었던 17세기 중반에는 사바타이 제비의 구원에 대한 메시아적 약속이 수많은 추종자를 끌어모았지만, 그가 오스만제국에서 투옥된 이후 죽음보다는 이슬람교 개종을 선택하면서 종말을 맞이했다.[36]

홀로코스트의 영향으로 투쟁적인 모습을 보이게 된 이스라엘의 독립운동은 이제 시카리처럼 자신들에게 동조하지 않는 유대인을 죽이는 당파와 고대 열심당처럼 동료 유대인을 죽이지 않는 당파로 나뉘며 나름의 모습으로 발전해갔다. 독립 이전의 투쟁사에서 이르군^{Irgun}과 리하이^{Lehi}라는 테러리스트 그룹은 이 두 역할을 대변하여 보여준다. 이들은 아랍인과 영국 관리에 대한 테러 공격을 가했는데, 가장 유명한 사건은 1944년 카이로의 영국 국무부 차관 월터 기니스 모인^{Walter Guinness Moyne}의 암살과 1946년 예루살렘의 킹데이비드 호텔 폭탄 테러로 91명이 사망한 사건이다.

제2차 세계대전이 발발했을 때 이르군은 영국에 대한 공격을 일시적으로 중단하라고 요청했다. 그러자 급진적인 회원들이 분노한 나머지 아브라함 스테른^{Avraham Stern}의 주도로 리하이를 결성하기에 이르렀다(영어권에서는 스테른 갱^{Stern Gang}이라는 이름으로 더 잘 알려져 있다). 이르군과 마찬가지로 리하이는 아랍인과 영국 국민을 표적으로 삼았으며, 모인 암살뿐 아니라 1948년에 아랍인과의 불리한 정전협정을 밀어붙이려던 유엔 대표 폴케 베르나도테^{Folke Bernadotte} 백작의 암살에도 책임이 있었다(전쟁 동안 베르나도테는 독일 강제수용소 수감자 수만 명을 석방했는데 그중 1만 6,000명이 유대인이었다).

이르군과 리하이의 분열에는 제2차 세계대전 당시 영국과의 휴전 방침 외에도 두 가지 문제가 더 있었다. 열심당과 그 파생 분파인 시카리의 관계와 마찬가지로 이르군은 대체로 동료 유대인을 죽이지 않았지만, 리하이는 그런 행위에도 거리낌이 없었다. 고대의 시카리와 현대의 리하이는 유대인 협력자들을 살해했으며, 때로는 단순히 이념적 견해가 다른 동료들을 살해하기도 했다. 중요한 것은 이르군이 보다 세속적인 이념을 가졌던 데 비해 리하이는 시카리와 마찬가지로 열광적인 메시아주의를 표방했다는 점이다.

리하이의 선언문인 「국가 재건 원칙National Revival Principles」에는 '애굽강에서 위대한 유프라테스강에 이르기까지' 엑소더스를 통해 유대인들에게 약속된 악명 높은 열여덟 가지 약속이 담겨 있었고, 더불어 제3성전 건축에 관한 내용도 포함되어 있었다.[37] 이르군과 라이히의 마지막 지도자는 이스라엘 군대와 정보기관에 흡수되기 전 각각 메나헴 베긴과 이츠하크 샤미르Yitzhak Shamir였다. 이 두 사람은 훗날 이스라엘의 총리 자리에 오른다.

메시아주의적 종파들은 이스라엘에서 거의 지지를 받지 못한다. 잘 교육받은 이스라엘인들은 저녁 뉴스 시간에 누군가에게 전화를 거는 것보다 더 무례한 일은 하지 않기 때문이다. 따라서 이스라엘의 정치조직들도 성전을 재건하는 일이 어떤 파급효과를 불러올지 너무나 잘 알고 있다. 이스라엘은 여전히 테러 공격의 표적이 되는 경우가 많고 최근에는 이란과의 관계가 심상치 않지만, 메시아주의를 배태하거나 강화해온 바빌론이나 셀레우코스, 로마, 나치 또는 나세르의 이집트 등과 같은 규모의 실질적인 위협은 더 이상 존재하지 않는다. 심지어 이집트 및 요르단과는 평화조약까지 맺었고, 남아 있는 전통적인 위협인 시리아는 혼란에 빠졌다.

그럼에도 1967년 구시가지 정복은 이스라엘의 천년주의자들, 특히 출애굽 시대로의 영토 팽창을 복음으로 받아들인 구시 에무님Gush Emunim(신도연합) 같은 단체에 큰 영감을 선사했다. 그들은 하느님께서 가자지구는 물론 서안과 골란고원, 심지어 황폐한 시나이까지도 유대인들에게 영원히 선물로 주셨다고 믿었다. 1967년 전쟁 직후 구시 에무님은 서안에 정착촌을 건설하기 시작했고, 1974년에는 새 총리 이츠하크 라빈과 이 건설 프로젝트를 놓고 충돌하기도 했다. 결국 정착촌 거주자들은 총리를 무능한 정치인으로 만들었고 정착촌에 훨씬 호의적인 그의 라이벌 국방부 장관 시몬 페레스Shimon Peres를 부각시켰다. 3년 후 메나헴 베긴이 이스라엘 총리가 됐고, 그는 서안지구로 영토를 팽창하는 정책을 강행했다. 구시 에무님은 시나이를 이집트로 반환한 1978년 캠프 데이비드 협정(미국 지미 카터Jimmy Carter 대통령의 중재로 이집트 안와르 사다트Anwar Sadat 대통령과 이스라엘 메나헴 베긴 총리가 체결한 협정-옮긴이)의 이행을 막지 못했다.

다른 유대인 메시아주의자들은 성전 재건에 골몰하고 있었다. 이 성전주의자들 가운데 한 사람이 암송아지 멜로디에 흥미를 보인 랍비 이스라엘 아리엘이다. 1967년 청년 시절 아리엘은 통곡의 벽을 점령한 낙하산 부대 여단에서 복무했다. 그를 비롯해 소수의 극우 정통파 유대인들은 메시아가 성전이 세워질 때까지 오실 수 없다고 믿기 때문에 1988년에 서둘러 성전연구소Temple Institute를 설립했다. 이를 통해 제3성전 건립을 추진하는 것은 물론이고 예복과 악기, 고대의 의식 등 가장 세세한 부분까지 되살리고자 했다.

이런 세부 사항에 대한 연구는 시간과 예술과 자금의 문제일 뿐이었는데 아리엘과 추종자들은 조달 능력이 충분했다. 다소 난해한 부분이 있다면 메시아 재림에 필요한 의식을 수행할 제사장들을 초청하는 일이었다. 이것은 딜레마의 상황과도 같은 것이었다.

정화의식은 매우 희귀한 소를 도살해야 하며, 게다가 극히 드문 붉은 암송아지의 재로 정화된 사제만이 희생제물을 바칠 수 있었기 때문이다.

성전 건립 운동에 동참했던 또 다른 메시아주의 단체의 랍비 요세프 엘보임Yosef Elboim은 죽은 사람과 한 지붕 아래 있어본 적이 없어 신체가 순결한 사제를 길러내 이 문제를 해결하고자 했다. 이들의 산모 역시 고대 사제단(코하님cohanim)의 후손이기 때문에 땅에서 솟아오른 특별한 장소에서 아이를 낳아야 했는데, 표식이 없는 무덤을 실수로 밟아 또 다른 금기를 위반하는 일이 없도록 하기 위해서였다. 이렇게 태어난 소년들은 구역 내에 거주하게 되며, 부모의 면회가 허용되지만 외출은 허용되지 않는다. 특별히 지대를 높인 안뜰이 이들의 놀이를 위해 마련될 것이었다. 이들은 희생제의 올리는 법을 포함하여 사제 훈련을 받을 것이고, 바르 미츠바bar mitzvahs(유대인 13세 남자의 성인식-옮긴이) 이후 언젠가는 유전적으로 조작된 붉은 암소를 도살하게 될 것이다.[38]

1975년에 몇몇 유대인 메시아주의자가 템플마운트에 들어가 8년 전 고렌과 그의 추종자들이 금지한 문 바로 안쪽에서 기도를 올렸다.* 아랍-이스라엘 합동 경찰 부대가 이 민족주의자들을 체포했지만 이스라엘 법원은 그들의 행동을 지지하는 판결을 내렸다. 이로 인해 폭동이 발생하여 아랍인 여러 명이 죽고 수십 명이 부상당했다. 아랍 국가들은 유엔에 항의했고, 와크프 관리청은 통곡의 벽을 포함한 템플마운트 전체가 이슬람 사원이라고 유권해석을 내렸다. 이스라엘 고등법원은 결국 유대인들이 템플마운트에서의 기도 행위를 허용한 결정을 무효화했지만, 이후 리쿠드당 출신 세 총리(메나헴 베긴, 아리엘 샤론, 베냐민 네타냐후Benjamin Netanyahu) 모두 이런 결정을 받아들일 수 없다고 주장했다. 아직까지는 아무도 이 선동적인 약속을 이행하지 않았다.

1982년에는 2개의 서로 다른 유대인 극단주의자 그룹이 템플마운트에 폭발물을 설치하려고 시도했다. 첫 번째는 랍비 메이르 카하네Meir Kahane가 이끄는 극도로 인종차별적인 반아랍단체 카크Kach movement가 바위의 돔 벽 근처에서 폭탄을 터뜨리려 했고, 두 번째는 리프타 갱Lifta Gang이라는 비밀단체가 바위의 돔과 알아크사 모스크 모두를 폭파하려 했다.** 이런 사건이 연이어 발생하자 하버드대학교의 국제문제연구소Center for International Affairs가 테러 공격으로 템플마운트가 파괴된 경우를 전제로 한 지정학적 시뮬레이션을 수행했는데, 그 결과 제3차 세계대전이 발발한 것으로 나타났다.

그런데 더 심각한 것은 유대인비밀결사Jewish Underground라는 또 다

---

* 템플마운트에는 18개의 문이 있다. 6개는 봉인되어 있고, 1개는 물리적으로 열려 있지만 공개적인 사용이 금지되어 있다. 이슬람교도들도 나머지 11개를 사용할 수 있지만 신도가 아닌 사람들은 통곡의 벽 옆 남서쪽 모서리에 있는 무그라비 문(Mughrabi Gate) 한 곳으로만 출입할 수 있다.
** 8년 후 카하네는 브루클린에서 암살당했다. 암살범은 이집트 출신의 미국인으로 오사마 빈라덴(Osama bin Laden)이 설립한 조직에 의해 파키스탄에서 훈련받은 엘 사이이드 노세어(El Sayyid Nosair)였다.

른 단체가 1980년대 초까지 헤브론에서 아랍 여학생 5명을 살해했고, 요르단강 서안 시장에 대한 암살을 시도했으며, 모스크와 아랍 버스에 대한 폭탄 테러를 하는 등 가장 심각한 테러 행위를 이어갔다는 것이다. 1984년에 당국은 바위의 돔에 대한 광범위한 수색 작업을 벌여 실행 직전의 정교한 폭발물을 발견했다. 나중에 전해진 극단주의자 단체 회원의 말에 따르면 그런 작전을 계획하는 이들이 30명이면 비밀결사겠지만, 300명이면 개혁운동이 되고, 3,000명이면 혁명이 될 것이었다.[39] 다음 해 이스라엘 법원은 템플마운트의 테러 공격에 가담한 비밀결사 단원 27명에게 적게는 몇 년, 많게는 종신형을 선고했다. 하지만 이스라엘 극우단체의 압력으로 1990년에 전원 석방됐다.[40]

랍비 고렌은 1994년 숨을 거둘 때까지 계속해서 문제 행동을 이어갔다. 템플마운트에 처음 방문했을 때 그는 곳곳을 측량하고 또 측량했다. 사망 몇 해 전 그는 마운트 남쪽의 부지가 성전의 신성한 경계선 밖에 있으므로 성전을 짓기에 적합하다고 주장하는 성경 주석서를 출간하면서 자신이 직접 측정한 수치들도 함께 공개했다. 하지만 그의 주장은 해당 부지에 알아크사 모스크가 세워져 있다는 사실을 완전히 무시한 처사였다.

이슬람교도들은 비교적 명료한 역사적이고 고고학적인 증거에도

불구하고 제1성전과 제2성전의 존재를 부인할 뿐 아니라, 마운트 아래 지층의 발굴 작업을 유대인이 제3성전 건립을 정당화하려는 시도로 간주하고 있다.

수백 년의 시간이 지나는 동안 인간의 정착지는 퇴적물을 지속적으로 축적하기 때문에 고고학자가 이를 파고든다면 시간을 거스르는 먼 여행을 할 수 있다. 이에 대한 생생한 사례는 로마나 예루살렘처럼 고대 역사를 가진 도시들에서 흔히 볼 수 있다. 그곳에서는 예수 시대의 유물도 현재 지층의 약 3~6미터 아래에서 발견되곤 한다.

따라서 예루살렘에서라면 고고학자는 처음에 오스만 시대의 유물을 접하게 되고, 다음으로는 이슬람 왕국, 로마 시대, 그리스 시대, 유대인 그리고 운이 좋으면 가나안 통치자의 유물을 만날 수도 있다. 1967년 정복 이후 히브리대학교의 고고학자 베냐민 머자 Benjamin Mazar 교수가 이끄는 유대인 연구원들은 최초로 템플마운트 주변에 접근할 수 있게 됐다. 머자 교수의 가장 중요한 발견은 헤롯의 후기 제2성전 유적으로, 신전은 물론 수많은 주택과 넓은 거리, 마운트 주변의 수로와 계단이 있는 넓은 광장이 발견됐다. 이것은 고고학자가 찾을 수 있는 제2성전의 확실한 증거라고 할 수 있었다.

와크프 관리청은 이 작업에 대해 템플마운트 지반의 안정성을 훼손했다고 유네스코에 보고했다. 유네스코는 독립적인 조사 기구를 발족하여 조사에 나섰고, 고고학적 발견에 증거가 부족하다는 결론을 내리고 조사에 만족감을 드러냈다. 또한 참가 연구원을 향해서

는 발굴 조사가 아랍인 토지 소유자의 허가 없이 수행됐다고 비판
했다.[41]

　훨씬 더 심각한 문제는 템플마운트 서쪽 가장자리를 따라 지하로
연결되는 통곡의 벽 터널에서 발생했다. 이스라엘인들이 1969년에
시작한 발굴 작업으로 맘루크 시대의 여러 구조물이 파괴됐고 와크
프 관리청이 격렬히 항의하는 소동이 벌어지기도 했다. 유엔 총회
에서도 이 문제를 논의하여 규탄 성명을 발표하고 제재 방침을 내
놓았다. 그러자 미국을 비롯한 이스라엘 동맹국들이 유엔 제재에
대한 항의 표시로 유네스코에 대한 재정 지원을 중단했고, 유네스
코는 재정 파탄 상태에 이르게 됐다.

　19세기 영국의 고고학자 찰스 워런Charles Warren은 템플마운트 위쪽
과 아래쪽에 대한 광범위한 발굴 작업을 진행했는데, 그 가운데 하
나는 마운트 하단의 터널로 연결되는 통곡의 벽 아래에 있는 고대
출입문이었다. 이 출입문은 바위의 돔 근처에서 지상으로 향하는
계단으로 연결된다. 워런은 훗날 '오래전의 동인도회사와 유사한'
개념의 유럽 공동체가 유대인과 공동으로 팔레스타인을 식민지화
할 것을 제안하는 책자 『약속의 땅The Land of Promise』을 출간하기도 했
다.[42]

　1981년 랍비 예후다 게츠Yehuda Getz의 지시하에 통곡의 벽 터널에
서 일하던 인부들은 워런의 고대 출입문과 그 위쪽에서 동쪽으로
연결된 터널과 마주쳤다. 게츠의 추정에 따르면 이 길은 지성소는
물론 언약궤로도 연결되는 통로일 가능성이 충분했다. 그의 작업단

은 마운트부터 돔으로 향하는 구역을 굴착하기 시작했다. 분명 이스라엘 종교부 장관의 허락을 받아 진행된 일이었다. 게츠의 발굴이 시작된 지 몇 주 후, 와크프 관리원들은 아래쪽 발굴 현장에서 들리는 소리에 저수 공간을 통해 아래로 내려갔고, 그곳에서 유대인 고고학 발굴단과 크게 다투었다.[43]

실제로 고렌은 통곡의 벽보다 더 신성한 새로운 통로가 발견됐다고 주장했다. 반면에 아랍인들은 템플마운트를 지배하려는 욕망을 드러낸 발표라며 강하게 반발했다. 이들의 적대감에 직면한 이스라엘 사람들은 두꺼운 콘크리트 벽으로 통로를 봉쇄해버렸고, 이후 추가 조사 자체가 불투명해졌다.

1980년대 중반에 통곡의 벽 터널을 완성한 이스라엘 사람들은 관광객들에게 이 장소를 공개했다. 통로가 매우 협소했기 때문에 통곡의 벽 근처의 남쪽 입구로 빠져나가는 방문객들의 대기 행렬은 2배로 길어졌다. 방문객이 인산인해를 이루자 관람이 제한되기에 이르렀다. 이 문제를 해결하기 위해 이스라엘인들이 북쪽 끝부분에 출구를 만들었는데, 아랍인들은 이 출입문이 템플마운트를 훼손하고 무너뜨리려는 시도라고 봤다. 성난 군중이 운집하여 작업이 잠시 중단되기도 했다.

1996년 9월 23일 자정에 이스라엘군은 북쪽 입구의 통로를 확보한 뒤 재빨리 철제 출입문을 설치해버렸다. 이틀 후 팔레스타인 전역에서 폭동이 일어났는데, 이스라엘 군대와 오슬로 협정에 따라 새로 창설된 팔레스타인 국가안보군 사이의 치열한 전투로 이어졌다. 그 결과로 양측에서 수십 명이 사망하고 수백 명이 부상을 당했다.[44] 상황이 악화일로로 치닫자 미국 빌 클린턴 Bill Clinton 대통령이 다자 정상회담을 소집했지만, 뚜렷한 해결책을 도출하지는 못했다. 소요는 점차 가라앉았고 출입문 통행은 재개됐다. 오늘날 터널을 빠져나가는 관광객들은 통곡의 벽으로 자신들을 호위하는 이스라엘 경비병들과 마주쳐 놀라기도 한다.

1967년 이스라엘이 올드 시티와 서안지구를 정복한 사건은 중동 정치의 지형을 변화시켰을 뿐 아니라 미국과 이스라엘의 정치, 종교, 문화 등에서 전방위적 파문을 일으켰다. 사건의 당사자들조차 예측할 수 없었던 연쇄적 반응이었다. 가장 놀라운 것은 이 모든 사건의 주인공 격인 미국의 세대주의자들이 지나치게 망상적이고 현실 세계와 단절된 신념에 사로잡혀 있었으며, 이는 플리머스 형제회의 창시자 존 넬슨 다비마저 부끄러워할 정도였다는 사실이다.

10.
종말론 사업

오랜 시간이 남은 것이 아닙니다. 에스겔은 유황과 불덩이가 하느님 백성의 적들에게 쏟아져 내릴 것이라고 합니다. 저들이 핵무기로 패망할 것이라는 말이 아니겠습니까. 그들이 지금 저렇게 버티고 있지만 과거에는 전혀 그러지 못했죠.

- 로널드 레이건

오늘날 미국의 문화적 양극화를 이해하고자 한다면 니컬러스 케이지Nicolas Cage가 항공 조종사 레이포드 스틸Rayford Steele로 출연한 B급 영화 〈레프트 비하인드〉를 관람하는 것도 도움이 된다. 뉴욕에서 런던으로 가는 스틸의 비행기 승객 수십 명이 알 수 없는 이유로 사라진다. 이어서 조종사가 없는 다른 비행기와 충돌할 위기에 놓이는데, 스틸의 딸이 비행기를 황량한 고속도로에 불시착시킨다. 스틸이 등장하는 기내 장면과 지상의 대혼란을 번갈아 보여주는 이 영화를 본 관객은 정확히 두 그룹으로 나뉜다. 줄거리가 비현실적이라고 비판하는 쪽과 〈오션스 일레븐〉이나 〈카사블랑카〉처럼 친숙하고 재미있는 영화라고 생각하는 쪽이다.

한 나라의 문화가 대립하는 양상 중에 세대주의로 인한 분열보다 두드러지는 것은 없다. 한쪽에서는 끔찍한 환란과 영원한 저주로부터 구원받기 위해서는 진정한 신앙을 가져야 한다는 진지한 교훈을 얻었지만, 다른 편에서는 휴거의 의미를 이해하지도 못한 채 〈레프트 비하인드〉의 엉터리 이야기에 사람들이 휘둘리고 있다고 비판했다.

조지 부시 미국 대통령이 2001년 10월 7일 아프가니스탄에 대한 군사 행동을 발표한 대국민 연설이 이런 분열을 조장한 좋은 예다. 보통 사람들은 대통령의 말을 종교적인 내용이 거의 없는 통상적이고 관용적인 표현으로 이해했으며, 이슬람에 대해서도 20억 신도들에 대한 개방과 수용을 실천하겠다는 주장으로 받아들였다.

반면 복음주의 신도들은 '외로운 길'(「이사야서」)이나 '무고한 백성을 죽이는 자'(「에레미야」, 「에스겔서」, 「역대기」, 「이사야서」) 등의 구절에서 전혀 다른 메시지를 들었다. 그리고 그것은 유대-기독교 하느님의 진노를 암시했다. 종교학자인 브루스 링컨Bruce Lincoln은 이런 상황에 대해 "그런 구절에 주의를 기울인 일부 청중은 분명히 이해했지만, 관련 내용에 대한 배경지식이 없는 이들은 전혀 그럴 수 없었다"라고 설명했다.[1] 주류 개신교 신문인 「크리스천 투데이Christianity Today」는 부시 대통령의 연설이 시끄러운 사냥개 호루라기dog whistle(사냥을 명령하는 신호-옮긴이)였다고 주장했다. 브루스 링컨이 다음의 논평을 내놓은 직후다. "안타깝게도 우리는 더 이상 부시 대통령의 연설을 듣고 비밀리에 고개를 끄덕이고 서로 윙크할 수 없게 된 것이다."[2] (부시 자신은 세대주의적 신앙과 관련해서는 매우 신중한 태도로 일관했다. 공식적으로 그는 감리교 교인이지만 다수의 학자는 그를 주류 개신교 신도로 파악하고 있다.[3])

여타 선진국들과 달리 미국에서 세대주의적 광신이 광범위하게 확산된 상황은 전 세계가 크나큰 재앙의 가능성을 품게 됐음을 의미한다.

✦✦✦✦✦

유대인 메시아주의자들은 이스라엘인 중에서 소수에 불과하지만 이들 대다수는 제3성전의 건립과 관련하여 큰 불안감을 안고 있다. 왜냐하면 무슬림 성지를 파괴함으로써 발생할 재앙에 대해 잘 알고 있기 때문이다. 하지만 미국 복음주의자들은 그렇지 않다. 안타깝게도 다비와 그의 계승자들 때문에 유대인들보다 더 많은 기독교인이 재건된 제3성전에서 희생제의를 올리는 메시아주의자들의 꿈을 열망하고 있다.

그 열망에 대한 신학적 정당성은 크지 않다. 세대주의자들은 매우 중첩되고 모호한 「데살로니카후서」 2장 4절을 이해할 수 없는 이유로 크게 의지하고 있다.

> 그는 대적하는 자라 신이라고 불리는 모든 것과 숭배함을 받는 것에 대항하여 그 위에 자기를 높이고 하나님의 성전에 앉아 자기를 하나님이라고 내세우느니라.

무디성경연구회Moody Bible Institute가 간행하는 잡지인 「무디 먼슬리

「Moody Monthly」는 1967년 전쟁 이후, 올드 시티의 함락 및 템플마운트의 회복과 관련된 예언적 메시지들을 여러 호를 할애하여 보도했다. 토론 형식으로 게재된 한 대담회에서 참가자 한 사람은 중동의 갈등이 매우 중요한 성경적 요소라는 점을 강조하며 다음과 같이 주장했다.

> 성경은 중동 역사의 모든 것을 담고 있는 백과사전이라고 할 수 있습니다. 오늘 이 시간에도 중동 문제가 논의의 중심이 될 것 같습니다. 저는 오늘날의 중동 사태가 구약과 신약에 나타나는 예언에 대한 실질적인 증거라고 확신합니다.[4]

같은 페이지에서 댈러스신학교 존 월보드John Walvoord 총장은 성전에서 제물로 희생된 동물들을 언급하며 "이스라엘의 승리로 성전이 조기에 건립된다는 것이 많은 이들의 예상"이라면서 "이것은 분명히 시대의 종말을 의미한다"라고 주장했다.[5]

책을 출판하여 큰 성공을 거뒀지만 겸손하고 조용한 삶을 살았던 앤더슨과 스코필드, 개블라인과 마찬가지로 월보드도 누구나 알아보는 유명인은 아니었다. 그의 기사 바로 다음 페이지에는 1958년에서 1962년까지 그의 신학대 애제자였던 할 린지의 기사가 실렸다.[6] 린지는 오늘날 현실에 나타나고 있는 묵시록의 징후들을 몇 가지 예로 제시했다. 베트남전쟁을 비롯해 미국 내 인종 폭동, 몇 분만에 행성을 파괴할 수 있는 대륙간탄도미사일, 공산주의 국가인 중국의 부상, 세계 인구 과잉으로 수십억 명이 기아에 처한 상황 등이다.

린지에 따르면 자유주의적인 개신교 역시 멸망을 피할 수 없는데, 성경을 문자 그대로 믿지 않고 하느님의 실재를 부정하는 데 일조하기 때문이라고 했다. 그의 들뜬 상상력 속에서 지정학적 분쟁은 「다니엘서」와 「요한계시록」의 예언과 완벽하게 일치하는데, 특히 로마제국이 유럽연합으로 부활했고, 북방의 왕 러시아가 존재하고 있으며, 남방의 왕은 이집트이고, 동방의 왕은 중국이다. 린지에 따르면 「요한계시록」 9장 13~21절은 거대한 동양의 무리가 발흥한다는 내용이다(부적절하게도 린지는 이를 '황색 위험yellow peril'이라는 다소 인종차별적인 용어로 표현했다). "최근 중공Red China에서 촬영된 텔레비전 다큐멘터리에는 현재 중국인 중에서 무장한 인원만 2억 명에 달한다는 내용이 나옵니다. 이것이 단지 재미있는 우연의 일치일까요?"[7]

「요한계시록」에서 인용한 구절에는 사실 동방의 왕이 언급되지 않는다. 또한 「요한계시록」 9장 16절에 나오는 기병의 수도 2억이 아니라 표기가 모호하지만 20만이 맞는 듯하다(2억 명으로 해석하는 경우도 많음-옮긴이). 1970년대 전성기의 인민해방군은 약 400만 명이었다. 이처럼 사실관계의 오류가 있음에도 린지는 그 시대의 세계적인 혼돈 상황을 전혀 혼란스럽게 느끼지 않았다.

복잡한 상황이 마침내 제자리에 맞는 거대한 퍼즐 조각과도 같이 정리됐다. 우리는 신성한 퍼즐 조각이 갑자기 제자리에 맞춰지는 시대를 살고 있다. 그중에서 가장 중요한 조각은 거의 2,000년 동안 전 세계에 흩어져 살던 이스라엘 사람들이 중동에서 벌어진 여러 사건과 더불어 본토를 회복하고 국가를 재건한 일이다.[8]

린지가 기고한 1967년의 「무디 먼슬리」 기사는 종말의 진행 과정을 수동적으로 관찰하는 것에서 벗어나, 터무니없는 지정학적 이해관계를 앞세운 능동적 참여를 촉구하며 다가올 세대주의적 역사의 격랑을 암시했다. 린지는 '이스라엘 역사가'의 말을 친절하게 인용했다. 그가 성전 재건과 관련하여 바위의 돔이 어떻게 될지에 대한 질문을 받았을 때 이렇게 답했다고 한다. "누가 알겠어요? 어쩌면 지진이 날지도 모르지요."[9] 이 말을 들은 이스라엘 사람들은 아마도 박장대소했을 것이다. 이 문제의 이스라엘 역사가는 나일강과 유프라테스강 사이의 모든 땅에 대해 유대인의 소유권을 주장하고 제3 성전의 즉각적인 건립을 선언한 「국가 재건 원칙」을 만든 우익 단체 리하이의 이론가 이스라엘 엘다드Israel Eldad다.

「무디 먼슬리」는 세대주의 집단들 사이에서 알려져 있었을 뿐 일반 대중 독자층은 거의 없었지만, 린지의 흥미진진한 종말 시나리오는 향후 반세기 동안 수천만 명의 미국인에게 세대주의 메시지를 전달할 뛰어난 재능을 미리 선보인 셈이었다. 그 과정에서 그는 부와 명성을 얻고 미국의 종교 지형에 일대 변혁을 가져왔다. 설상가상으로 그의 전매특허인 일종의 지정학적 환상이 이후의 미국 정치 체제를 감염시키는 믿을 수 없는 일이 벌어졌다.

1929년 휴스턴에서 태어난 린지는 남부의 전통적인 근본주의식 교육을 받았지만 거기에만 만족할 수 없었다. 세 번이나 침례를 받았음에도 교회는 그에게 어울리지 않는 듯 보였다. 우울감을 호소하던 그는 어느 순간 종교를 "던져버렸다"라고 훗날 고백했다.[10] 그는 텍사스대학교에서 경영학을 공부했고, 해안 경비대와 미시시피 예인선 선장으로 근무했고, 결혼 후 얼마 안 가 이혼했다. 이 일은 그를 세상에 대한 비관주의자로 만들었다. 자살 직전에 기드온 성경Gideon's Bible을 집어 든 그는 하느님의 말씀을 진리로 받아들이게 됐고 영적으로 거듭나는 체험을 했다. 종교에 몰입하기는 했지만 여전히 확신이 서지 않았기에 그리스어를 배우며 성경을 분석하기 시작했다. 처음에는 성경이 역사적 오류로 가득 차 있다고 생각했다. 그런데 어느 순간부터 잭 블랙웰Jack Blackwell이라는 젊은 설교자와 교류하며 성경적 예언에 대해 배웠다. 그는 "내 안에 꺼지지 않는 불꽃이 타오르기 시작했다"라고 고백하기도 했다.[11]

그는 새로운 믿음을 가지고 댈러스신학교에 입학하여 신학 석사 학위를 취득했고 재혼을 했다. 졸업 후 신혼부부는 캠퍼스 선교사로 일하면서 격동의 1960년대에 버클리대학교와 샌프란시스코주립대학교에서 세대주의 복음을 전파했다. 신앙에 회의적인 좌파 학생들이 가득한 캠퍼스에서 설교하면서 그의 신학과 언변은 수술대 위의 메스처럼 정교해져 갔다. 당시를 지켜본 이에 따르면, 징병을 앞두고 있어 아마겟돈이 남의 일이 아닐 강의실 젊은이들 앞에서 린지는 수려한 외모와 카리스마 넘치는 언변으로 현대의 사건들을

칠판에 그림까지 그려가며 정확한 지식으로 설명하여 좌중을 사로 잡았다.[12]

그와 아내는 대학 도시들을 옮겨 다니는 것에 지쳐 로스앤젤레스에 정착한 후 캘리포니아대학교 로스앤젤레스 캠퍼스[UCLA] 선교에 집중하기로 했다. 「무디 먼슬리」 기사가 알려지면서 그는 책 집필을 요청받았다. 빌리 그레이엄[Billy Graham](미국의 세계적인 복음 설교자-옮긴이)과 함께 일했던 저명한 종교 작가 캐럴 칼슨[Carole Carlson]의 지도 아래 집필 작업을 시작했다.

저는 글을 쓰면서 냉소적인 무신론자 젊은이가 맞은편에 앉아 있다고 상상하고 그에게 성서의 예언이 사실임을 설득하려고 했습니다. 만일 당신이 젊은 친구들을 설득할 수 있다면 다른 사람도 이해시킬 수 있을 것입니다. 젊은 사람들은 주저 없이 당신에게 질문을 던지죠. 그들 덕에 당신은 종교라는 '테두리' 밖의 사람들과 교류하게 됩니다.[13]

결과적으로 그의 책 『지구의 마지막 때[The Late Great Planet Earth]』는 복음주의 책 가운데 유례 없는 성과를 거뒀다. 자신의 1967년 「무디 먼슬리」 원고 스타일을 충실히 따른 이 책은 당대의 지정학과 기발한 미래주의 및 대중문화를 반영했으며, 이 모두는 세대주의의 가느다란 틀 위에서 솜씨 좋게 직조됐다. 서점들은 그의 책을 한쪽 구석 종교서 섹션에 꽂아두는 대신 주역, 초월 명상, 마사지 요법 등이 함께 있는 뉴에이지[New Age] 섹션에 비치했다.

린지와 칼슨은 문학으로 메시지를 전달하는 데 최고의 능력을 발휘했고 그들의 결과물은 독자들을 사로잡았다. 출간된 지 1년 만에 1,000만 부가 팔렸다. 그리고 현재까지 최소 3,500만 부의 판매량을 기록했다. 심지어 로널드 레이건 대통령과 내각 비서들의 손에 들리기도 했으며, 유사한 내용의 책들도 수백만 부씩 팔려나갔다.

이 책이 가진 영향력은 누구도 과소평가할 수 없을 정도로 지대했다. 미국에서 가장 존경받는 신학자 중 한 사람인 폴 보이어^{Paul} ^{Boyer}는 다음과 같이 평가했다.

> 내 생각에 할 린지가 가지는 의미는 성경 예언에 대한 관심을 기존 신자들의 호응을 넘어 더욱 광범위한 문화적 현상으로 만들었다는 데 있습니다. 이는 교회사에도 기념비적인 사건이 됐지요. 예언에 전혀 관심을 가지지 않던 사람들이 소문을 듣고 이 책을 집어 책장을 넘기기 시작합니다. 그들은 린지가 현대사의 사건들을 짚어낸 것을 읽고, 그 사건들을 예언하는 것으로 보이는 성경 구절을 찾은 뒤 "와, 정말 놀랍습니다. 진짜로 무언가가 있군요"라고 말합니다. [⋯] [린지는] 일반 대중뿐 아니라 일부 최고위 정부 당국자들에게도 적지 않은 영향을 미쳤던 것 같습니다.[14]

1970년에 처음 출판된 이 책은 다비·앤더슨·스코필드·개블라인 등의 작품을 아우르면서도 자유롭고 능수능란하게 이야기를 조합해냈는데, 특히 린지가 보인 독창적인 점은 성경의 무오류성을 설득력 있게 논증했다는 것이다. 그는 수십 년에서 길게는 수 세기가 지난 뒤에 놀라운 정확성으로 현실화되는 예수와 선지자들의 예언을 탁월한 방식으로 보여줬다.

확증편향은 지극히 모호한 것이라도 유리한 증거를 적극적으로 찾아낼 뿐 아니라 의도에 반하는 자료들을 외면하기도 하는데, 그 역시 실현되지 못한 성서 속 수많은 예언은 의미 있게 거론하지 않는다. 몇 가지만 예로 들자면, 이집트가 영구적인 황무지가 되고 나일강이 증발하리라는 예언(「에스겔서」 29장 8~15절, 30~12절)과 이집트인들이 가나안 언어를 채택하리라는 예언(「이사야서」 19장 18절)도 그렇다. 그리고 가장 유명한 예는 유대 왕국이 동쪽 나일강에서 유프라테스강까지 수백 킬로미터 뻗어나가리라는 예언(출애굽기 23장 25~31절)일 것이다.

린지가 설파한 신앙의 영향력은 가장 평범한 신도들은 물론 미국 최고위 정치인들에게까지 닿았다. 로널드 레이건의 어머니 넬리Nellie는 독실한 신앙인으로 어린 아들에게 깊은 종교적 헌신을 보여줬다. 당시 사람들은 레이건이 유레카대학교를 졸업했다는 사실을 알고 있지만, 이 대학이 레이건 가문의 교회인 그리스도의 제자회Disciples of Christ와 종교적 관련성이 있다는 사실은 대부분 알지 못했다. 이 종파는 주류 개신교의 일파이지만 사회·경제적 측면에서 뿌리 깊은 보수주의를 구현하는 단체였다.

레이건은 성장한 이후 복음주의 개신교를 받아들였고, 정치 경력 초기까지 그리스도에 대한 자신의 진심을 열렬히 선포했다. 캘리포니아 주지사 재임 중에는 『지구의 마지막 때』의 애독자가 됐다.[15] 또한 제리 폴웰과 짐 배커, 패트 로버트슨Pat Robertson, 빌리 그레이엄 등 가장 영향력 있는 세대주의자와 복음주의자들을 정기적으로 만났다. 이들 모두는 훗날 당대의 유망한 정치인과 종말의 때에 관하여 열띤 토론을 벌인 일을 회상하곤 했다. 레이건과 그레이엄의 종말론 대화를 목격한 측근은 주지사가 어떻게 '자신의 주장을 전개하는지'를 듣고 경탄했다고 했다.[16]

레이건은 자신이 좋아하던 종말론 이야기를 종교인들과만 나눈 것이 아니었다. 1971년에는 캘리포니아 의회 임시의장 제임스 밀스James Mills에게 이렇게 말했다. 그의 목소리는 점점 거세져 갔다고 한다.

오랜 시간이 남은 것이 아닙니다. 에스겔은 유황과 불덩이가 하느님 백성의 적들에게 쏟아져 내릴 것이라고 합니다. 저들이 핵무기로 패망할 것이라는 말이 아니겠습니까. 그들이 지금 저렇게 버티고 있지만 과거에는 전혀 그러지 못했죠.[17]

레이건은 심지어 이 문제를 놓고 유대인들을 궁지로 몰아넣기도 했다. 1981년에 대통령으로 선출된 그는 미국-이스라엘 공보위원회American-Israel Public Affairs Committee의 토머스 다인Thomas Dine과 마지막 때와 종말론에 대해 토론했다. "내가 당신들의 구약 시대 선지자들과 만나 아마겟돈을 예언하는 이야기를 듣는다면 그들에게 물어보고 싶을 것 같습니다. 나의 세대 안에 그런 일들이 일어날지 말입니다."
그러고는 즉시 앨라배마주의 상원의원 하월 헤플린Howell Heflin에게
이렇게 말했다. "러시아가 곧 침공할지도 모르겠군요."18

레이건은 특히 린지의 세대주의 서사에서 러시아의 역할에 관심
이 많았다. 우연히도 그의 가장 유명한 1983년 전미복음주의협회
National Association of Evangelicals 연설에서 그는 소련을 '악의 제국Evil Empire'이
라고 부르며 "성경과 주 예수께서는 이 악에 대항하라"고 명하셨다
고 주장했다. 이처럼 과격한 표현도 모자라 다음과 같이 말했다.

> [핵] 동결은 소련의 막대한 군사력 증강에 대한 대가가 될 것입니다. 그
> 전체주의라는 어둠 속에서 살고 있는 선량한 이들의 구원을 위해 기도
> 합시다. 그들이 하느님을 아는 기쁨을 누릴 수 있도록 기도하시기 바
> 랍니다. 하지만 그들이 국가 권력을 남용하며 국민을 억압하고, 나아가
> 지구상의 모든 민족과 국가에 대한 궁극적인 지배를 추구하는 한 전 세
> 계 악의 구심점임을 널리 알립시다.19

소련의 지도자들은 구원을 받기 위해서는 핵전쟁과 대학살을 견
뎌야 하는 자신들의 처지에 대해 또는 이를 바라는 레이건의 종교
적 열정에 대해 어떻게 생각해야 할지 의문이 들었을 것이다. 그리
고 미국에 대한 그들의 정보 보고서에는 할 린지를 존경하는 국방
부 장관 캐스퍼 와인버거Caspar Weinberger의 종말론 신념도 기재되어 있
었을 것이다. 유대인 부모가 신앙을 버린 후 와인버거는 성경의 마

지막 책「요한계시록」에 깊은 인상을 받은 신앙심 깊은 성공회 신자가 됐다. "「요한계시록」을 읽었는데요. 맞습니다, 저는 세상이 하느님의 화답으로 종말을 맞이하리라고 믿습니다. 그리고 날마다 그 시간이 다가오고 있다는 게 느껴집니다."[20] (레이건과 와인버거 외에 제임스 와트James Watt 내무부 장관과 에드윈 미즈Edwin Meese 법무부 장관도 린지의 애독자였다.[21])

레이건과 세대주의적 신앙은 서로를 보완했다. 복음주의 지도자들은 레이건의 종말론 신앙을 강화했고, 레이건은 복음주의 지도자들에게 필요한 것들을 지원했다. 1983년에 그는 국가안전보장회의 National Security Council에 폴웰을 초대하여 이해하기 쉽도록 핵무기 현황을 브리핑했고, 폴웰은 그 정보를 더욱 축약하여 모럴 머조리티Moral Majority('도덕적 다수'라는 뜻을 담고 있으며, 1979년 설립된 보수적 종교 조직-옮긴이)의 신문 광고를 준비했다. 광고 내용은 이러했다. "미국의 국방력이 2등이 될 수는 없다! 안타깝지만 지금 우리는 2등이다. 2등은 사라지고 만다."*[22]

다행히도 1983년 이후 레이건의 종말론과 매파적 성향은 모두 사라졌다. 영화배우 출신의 대통령은 군 최고 사령관으로서 대통령의 역할을 잘 알지 못했다. 그의 전기 작가 루 캐논Lou Cannon은 다음과 같이 기록했다.

---

* 물론 모든 복음주의자가 국방 매파는 아니다. 1987년 아이젠하워 이후 대통령들의 영적 조언자였던 빌리 그레이엄은 군비 경쟁을 '광기'라고 규정하고 전략무기제한협정(SALT II)뿐 아니라 모든 수단을 동원해서 이를 제한하고자 했다.

1982년 초, 빌 클라크[Bill Clark]가 레이건의 두 번째 국가안보 보좌관이 됐을 때, 대통령이 지구 곳곳에서 무슨 일이 일어나고 있는지 거의 알지 못한다는 사실을 알게 됐다. 클라크는 대통령이 시각 자료에 민감하게 반응한다는 것을 알았고, 영화를 통해 메시지를 전달하기 위해 영화를 추천해줬다. [23]

대통령은 특히 ABC방송에서 제작한 TV용 영화인 〈그날 이후[The Day After]〉에서 핵미사일이 발사되어 캔자스주 로런스시가 증발해버린다는 스토리에 깊은 인상을 받았다. 훗날 공개된 그의 일기에 이런 내용이 담겨 있었다.

영화가 매우 인상적이었다. 한동안 큰 슬픔에 빠져 있었다. 제작진은 아직까지 [광고를] 받지 않는다는데, 그 이유를 알 것 같았다. […] 나의 다짐: 핵 억지력을 갖추고 핵전쟁이 절대로 일어나지 않도록 할 수 있는 모든 노력을 다할 것이다. [24]

레이건은 일기장에 광고가 없었던 이유를 정확히 언급하진 않았다. 이 영화가 반핵, 반전 활동가들이 반길 내용임을 알아챈 제리 폴웰이 불매 운동을 무기로 후원이 유력한 기업들을 협박했기 때문이다. 존 윌리엄 베시[John William Vessey] 합참의장과의 회담을 자세히 기록한 레이건의 후속 일기에는 핵전쟁 계획이 "가장 소름 끼치는 경험"이라고 묘사되어 있다. [25]

결국 레이건의 텔레비전 시청과 군사 브리핑 사건 모두 핵폭발의 결과를 과소평가했다는 것이 분명해졌다. 특히 무기 전문가들은 열핵폭탄으로 생성된 화염 폭풍이 초기 폭발과 이후 발생하는 방사능 낙진보다 더 많은 희생자를 낸다는 사실을 알고 있었다. 〈그날 이후〉가 방송되고 몇 달 후 과학 전문지 「사이언스Science」의 기획 기사에도 관련 내용이 게재됐다. 핵무기의 열화 폭풍이 초기에 몇 차례만 발생해도 성층권에 수년에 걸쳐 그을음 층이 생기고 이로 인해 지구 온도가 급격히 낮아지는데, 이는 폭발이나 화재, 방사능 낙진 등보다 훨씬 많은 인명 피해를 발생시킬 수 있다.[26]

레이건의 종말론 신앙은 1984년 월터 먼데일Walter Mondale(당시 민주당 경선 후보-옮긴이)과 대결 중이던 선거 캠페인에서 문제가 됐다. 저널리스트 조지 앤 가이어Georgie Anne Geyer와 마빈 캘브Marvin Kalb가 10월 21일 대통령 토론회에서 이 문제를 두고 압박했을 때, 레이건은 많은 신학자가 아마겟돈을 믿지만 그는 어떤 나라도 핵전쟁으로 무사할 수 없다면서 종말론 신앙과 거리를 두는 모습을 보였다(낸시 레이건 여사는 캘브의 질문에 "아, 안 돼"라는 탄식 소리를 냈다고 한다).[27]

핵전쟁의 파괴력이 레이건 대통령을 질색하게 했기 때문에 두 번째 임기가 시작됐을 때 소련 담당 보좌관이었던 잭 매틀록 주니어Jack Matlock, Jr. 외교관은 대통령이 핵 공격을 받아도 반격할 의지가 있는지 의구심마저 들었다고 전했다. "미국이 공격받는 상황을 맞이한다고 해도 그가 [핵무기로] 다른 나라를 공격할 수 있을지 의심이 들었습니다. 대통령이 그런 의사를 표현한 적은 없지만 저는 그렇게 느꼈습니다."[28] 그가 가졌던 소비에트에 대한 마니교적 적개심은 (선악을 대비시키는 마니교의 특성을 빗댄 표현-옮긴이) 시간이 갈수록 사그라져서 1986년 아이슬란드 레이캬비크 정상회담에서는 미하일 고르바초프Mikhail Gorbachev에게 핵무기 사용의 전면 금지를 제안하기까지 했다. 핵 사용 금지 협상이 타결된 것은 아니었지만 미국과 소련의 긴장은 상당 부분 완화됐고, 1년 후 그들은 광범위한 중거리 핵전력 조약에 서명했다.

※※※※

출판 담당자는 물론 신학자들도 린지의 경이적인 성공에 감탄만 했을 뿐, 그가 끊임없이 제시한 사실들이 정확한지 아닌지에는 큰 주의를 기울이지 않았다.[29] 그에 따르면 성경의 한 구절은 1942년 일본의 대규모 침공군이 인도양을 통해 북아프리카를 향하여 진격한다고 쓰여 있다고 했다. "아무도 그들을 막을 수 없었습니다." 운 좋게도 야마모토 제독이 마지막 순간에 함대를 우회하여 미국 서부해안을 침공하기로 결정했는데, 이에 미 해군이 산호해에서 그 함대를 가로막고 일본군을 결정적으로 패배시키면서 전쟁의 흐름을 뒤집는다는 것이었다.[30]

실제 제2차 세계대전에서 일본은 북아프리카 침공을 시도하지 않았고 미국 서해안 공격을 계획하지도 않았다. 산호해 해전은 군이 승패를 묻자면 일본군에게 점수를 몇 포인트 더 줄 수 있겠지만 전세에 큰 영향을 미치지 않은 상대적으로 작은 규모의 전투였고, 인도양에서 미국 서부 해안으로 항해한 일본 함대는 서부 수역에서 약 3,200킬로미터 이내까지 접근하지도 않았다. 또 다른 구절에서 린지는 히틀러가 반란을 계기로 권력을 손에 쥐었는데, '반란Putsch'이라는 단어를 대문자로 썼기 때문에 1923년 뮌헨 폭동(또는 비어홀 반란Beer Hall Putsch)이 실패로 끝났다고 언급했다. 하지만 사실을 들여다보면, 히틀러는 이후 10년 동안 합법적인 의회 선거를 통해 승리하기까지는 권력을 얻지 못했다. 좀더 세속적인 일들에 대한 린지의 환상 중에는 이스라엘이 장차 지열 자원을 획득하여 부강한 나라가 된다는 예측도 있다.

> 저는 로스앤젤레스의 저명한 엔지니어와 대화를 나누었습니다. […] 우리는 값싼 에너지 자원의 필요성에 대해 이야기했는데요. 그는 이스라엘 주변 지구의 수많은 단층에 증기가 형성되어 있고 이는 터빈을 가동하여 전기를 생산하기에 충분한 양으로 보인다고 했습니다. 그는 이 새로운 발전 방식을 지열 발전이라고 불렀습니다. 가까운 미래에 이스라엘은 값싼 에너지를 생산하고 부의 금광을 건설할 것입니다.[31]

'로스앤젤레스의 저명한 엔지니어'가 누구인지 정확히 밝히지 않는 식의 모호한 화법은 린지의 주장이 가지는 신뢰성을 상당 부분 훼손한다(이를테면 이런 방식이다. '어떤 텔레비전 다큐멘터리', '과학자들에 따르면', '한 뉴스 보도의 통계에 따르면', '어느 메이저 방송사' 등이 그러하고 때로는 그저 '내가 입수한 자료'라며 근거를 제시한다). 지열 발전이 새로운 기술인 것도 아니다. 인류는 수 세기 동안 지상으로 분출되는 증기를 활용하여 집과 건물의 난방을 했으며, 본격적인 지열 발전도 1904년경에 발명됐다. 결정적으로, 이스라엘에는 지열이 분출되는 통풍구가 많지 않다. 하지만 이스라엘의 지열 산업은 이 나라가 가진 부의 진정한 원천을 보여주는데, 그것은 천연자원이 아닌 인적 자원이며 린지가 간과한 부분이 이것이다. 이스라엘 회사인 오마트 테크놀로지스Ormat Technologies는 실제로 세계 최대의 지열 발전 업체지만, 이스라엘의 자연환경은 회사의 플랜트를 가동할 지열 자원을 거의 가지고 있지 않다.[32]

좀더 진지한 성경 해석의 문제를 논해본다면, 린지는 기원전 550년경에 기록된 「다니엘서」의 예언을 반복적으로 인용한다. 그는 이 예언에 따라 마카비가 셀레우코스제국에 대한 반란에 성공했다면서(기원전 164), 4세기 이후 성경의 무오류성을 보여주는 여러 사례 가운데 하나로 이 사건을 꼽는다. 하지만 1장에서 기술한 바와 같이, 많은 성서학자는 「다니엘서」의 집필 시기를 반란 사건 이후로 판단하며, 예언의 진실성을 담보하기 위해 초기 유배 기간을 가상으로 설정했으리라고 보고 있다.[33] 다비가 그랬던 것처럼 린지 역시 성경에 나오는 도시 메섹을 모스크바로 판단했지만, 모스크바라는 도시가 형성된 것은 성서가 기록되고도 상당히 많은 시간이 지난 후인 서기 1174년이다.[34]

린지의 논거가 분석적이지 못하고 사실에 충실하지 못하다는 점을 고려할 때 그의 예언이 제대로 실현되지 못한 것은 놀라운 일이 아니다. 책 초반부에 그는 1948년 이스라엘의 건국으로 종말이 임박했다고 주장했다. 그리고 「마태복음」 24장 34절의 예수님 말씀을 인용한다. "내가 진실로 너희에게 말하노니 이 세대가 지나가기 전에 이 일[유대인들의 이스라엘로의 회귀]이 다 일어나리라." 그는 이 구절을 가능한 한 문자 그대로 해석한다.

> 어떤 세대일까요? 문맥상, 분명히 표적을 보게 될 세대입니다. 즉 이스라엘 민족이 우두머리로 거듭나게 될 것입니다. 성경에서의 한 세대는 40년과 같습니다. 이것이 정확한 추론이라면 1948년부터 40년 정도 이내에 이 모든 일이 일어날 수 있습니다. 평생 성경의 예언을 연구한 많은 학자가 이것을 사실로 믿고 있습니다.[35]

밀러주의자들이 경험한 대실망의 날을 생생하게 기억하고 있던 다비와 그의 직계 추종자들이라면 이렇게 정확한 예측을 하지 않았을 것이다. 하지만 그로부터 100여 년 후 린지는 당대의 사건들과 성경 해석을 숙고한 결과 1988년 이전에 종말이 도래한다는, 세대주의적 성찰과 관계없는 자신만의 종말론을 설파했다.

이 책에서 린지는 주류 개신교는 물론 가톨릭의 교회일치운동과 뉴에이지, 점성술, 심령주의, 심지어 마약이 전 세계적으로 크게 확산된다고 예언했다.[36] 또한 지구의 70번째 '이레week'가 시작될 때, 이스라엘은 전능한 유럽연합의 카리스마 있고 강력한 독재자 적그리스도와 동맹을 맺고 유대인들은 제3성전을 재건하여 희생제의를 재개한다고 했다. 이스라엘은 풍부한 지하자원으로 지구상에서 가장 강력하고 번영하는 국가 중 하나가 되지만, 3년 반이 지날 무렵 유럽의 독재자 적그리스도가 이스라엘을 배신하고 기독교인들을 학살하기 시작한다. 이 시점에서 러시아군은 템플마운트에서 벌어진 신성모독 행위에 분노한 아랍국들과 동맹을 맺고 함께 보스포루스해협과 지중해를 통한 상륙 작전과 코카서스와 터키를 통한 육로 원정으로 이스라엘을 침공한다면서 상세한 침공 경로를 지도와 함께 제시했다.

그 후 러시아는 아랍 동맹국들을 배반하고 이집트를 침공한다. 이런 상황에 놀란 유럽의 독재자 적그리스도는 '중공'에 도움을 요청하고, 그러자 앞에서 언급한 것처럼 2억 명의 강력한 동방 군대가 아시아 전역을 가로질러 이스라엘을 공격하기 위해 행진한다. 린지는 대규모 병력 이동을 용이하게 하기 위해 티베트와 파키스탄을 가로지르는 길을 건설하는 1만 2,000명의 중국군에 대해 기술한 인도 보고서^{The India Report}(1958년 작성된 인도 정부의 연구 보고서-옮긴이)를 바탕으로 이렇게 예견했다. 이집트에서 타격을 입은 러시아 군대는 이스라엘로 돌아가지만 그곳에서 궤멸당한다(하느님에 의해서인지 유럽 군대에 의해서인지는 확실하지 않다). 이후 므깃도(현재 이스라엘 영토 내에 있으며 성경에는 '아마겟돈'으로 표기되어 있다)에서 유럽과 중국 사이에 최후의 대격전이 벌어진다. 이 중대한 군사적 충돌은 전 세계에 파멸을 불러온다. 그 이후에 예수님이 지상에 재림하신다. 다행스럽게도 이 대학살의 와중에 한 가지 좋은 소식이 있는데, 유대인의 3분의 1이 기독교로 개종하여 구원받을 자격을 얻게 된다. 아! 그러나 나머지 3분의 2는 지옥불에 떨어진다.[37]

린지의 유려한 문장력과 1960년대 후반 심상치 않았던 사회적·지정학적 분위기는 문예적 상상력에 날개를 달아줬다. 그의 책『지구의 마지막 때』가 선풍적인 인기를 끌자 뉴욕의 보험회사들은 보험 가입자가 휴거되면 남은 가족이 권리를 인수하는 상품을 내놓기까지 했다.[38]

ᥥᥥᥥᥥᥥ

사람들은 곧 질주하는 환란의 눈물 열차에 편승하기 시작했다. 그 첫 번째 인물은 린지의 옛 스승이자 댈러스신학교 학장인 존 월보드였다. 린지가 책을 펴낼 당시 그는 거의 20년 동안 학교에 봉직했지만 대중 출판물을 간행한 적은 없었다. 하지만 린지의 성공에 영감을 받아 이후에는 수많은 인기 저작들을 출간했으며, 그중 가장 유명한 책이『아마겟돈과 석유와 중동의 위기Armageddon, Oil, and the Middle East Crisis』다. 1980년에 처음 출판된 이후 1991년 제1차 걸프전쟁이 발발하면서 약간의 수정·보완 작업을 거쳤다. 아직도 판매되고 있는 이 책은 200만 부 이상 인쇄됐다.[39]

이 책은『지구의 마지막 때』와 동일한 현대 세대주의 서사를 보여준다. 유대인의 이스라엘 귀환과 적그리스도가 이끄는 새로운 로마제국의 등장, 러시아와 중국의 잇따른 침략, 휴거, 아마겟돈, 예수의 재림 그리고 최후의 심판이 이어진다. 린지가 그랬던 것처럼 월보드 역시 자신이 만든 서사에 현대사의 굵직하고 자극적인 장면들을 삽입했다. 4년의 간격을 두고 두 책이 출간됐는데, 당시 욤 키푸르 전쟁(1973)으로 촉발된 아랍의 석유 금수 조치로 세계의 부와 권력이 석유수출국기구^{OPEC}로 넘어가면서 아랍 국가들과 이란이 수혜자로 부상했다. 사건을 특정하기를 꺼리는 세대주의 작가들과 달리 월보드는 종말이 임박했다는 점을 강조하기 위해 당대의 극적인 사건에 주목했고 석유 금수 조치를 그 재료로 삼았다.

월보드는 세대주의적 세계관을 그대로 드러내며, 앞으로 세계 경제와 패권의 균형에 큰 변화가 생기는데 미국이 점차 세계 무대에서 물러나고 사우디아라비아의 수니파^{Sunnis}와 이란의 시아파가 동맹을 이룩하여 거대 세력으로 부상하게 되리라고 주장했다. 지난 14세기 동안 두 종파가 서로를 학살해온 사실에 대해서는 크게 개의치 않는 입장이었다. 적그리스도는 미국보다 석유 금수 조치로 더 위협받을 유럽을 이끌 것이고, 무슬림과 유럽연합은 중동 평화 계획을 발표할 것이며, 이것이 또 다른 대립 쌍인 이스라엘과 아랍인들에게 크게 환영받는다는 것이다.

대략 3년 반의 시간이 지난 후 적그리스도는 협정을 냉정하게 폐기하고 익숙한 세대주의 시나리오를 이어간다. 물론 러시아의 침략과 2억 명의 중공 군대, 아마겟돈, 재림, 최후의 심판 같은 사건들이 연이어 벌어진다. 린지가 그랬던 것처럼 월보드도 '세계교회'가 부상하여 사탄의 도구가 되리라고 예언했는데, 세계교회에는 교회일치운동으로 단일화된 기독교와 심령주의, 뉴에이지는 물론 이슬람교도 포함된다고 주장했다.

학문적인 성향으로 보면 월보드는 린지보다 더 확실한 역사적 사실을 제시했다. 예를 들어 린지와 달리 그는 아마겟돈 계곡이 중공군 2억 명을 수용할 수 없다는 사실을 알았고, 그래서 전장을 수백 킬로미터로 확장했다.[40] 역사와 지리에 더 밝은 그였지만 예언의 정확도를 향상시키거나 종말론적 환상을 제어할 수는 없었다.

도로시 마틴과 그녀의 비행접시 사례처럼, 린지와 월보드도 자신들의 예언이 이루어지지 않자 더욱 강경한 노선을 채택하며 서사의 구조를 조금씩 변경했다. 린지는 『지구의 마지막 때』의 놀라운 성공에 힘입어 이와 유사한 내용의 책을 여러 권 집필했다.[41] 『1980년대: 아마겟돈을 향한 카운트다운The 1980's: Countdown to Armageddon』은 1980년에 처음 출간됐으며, 혁명·전쟁·기근이 만연한 세상이 종말을 맞이하는 대중적인 내용을 담고 있다.

린지식 멜로드라마의 전형적인 장면을 들여다보자. "그 나라에서 가장 훌륭하고 용감한 장군 중 한 사람"인 이스라엘 소식통은 욤키푸르 전쟁의 가장 절망적인 순간이 되자 모세 다얀이 골다 메이어 총리에게 이렇게 말했다고 전했다. "제3성전이 무너져 내리고 있습니다. 최후의 무기를 준비하십시오."[42] 이스라엘은 1967년과 1973년 전쟁 동안 핵무기 사용을 고려했을 수 있고, 그렇다면 다얀은 아마도 앞 인용문의 첫 번째 문장(제3성전이 무너지고 있다는 말-옮긴이)을 말했을 것이다. 하지만 B급 영화에 나올 법한 두 번째 문장(최후의 무기를 준비하라는 말-옮긴이)은 누구도 발설한 적이 없고 회의록에도 기록되지 않았다.

이런 오류는 『1980년대: 아마겟돈을 향한 카운트다운』에서 자주 보이는데, 『지구의 마지막 때』보다 더 흔한 빈도로 나타난다. 어느 문구에서 린지는 이런 정보를 전해준다. "1950년 이래로 지진이 발생하는 빈도가 10년마다 2배로 늘고 있다."[43] 이것이 사실이라면 지진은 이제 1950년 대비 100배는 더 많이 발생해야 할 것이다. 예상 밖의 수치는 아니지만, 전 세계에 대한 권위 있는 연구에 따르면 지난 세기 동안 지진의 빈도는 유의미하게 증가하지 않았다.[44]

하루에 두 번은 맞는다는 멈춘 시계처럼 린지는 『1980년대: 아마겟돈을 향한 카운트다운』에서 이집트의 지도자 안와르 사다트의 암살을 예견하며 많은 사람을 놀라게 했다(사실상 중동 국가의 수장 자리는 언제나 위험을 감수해야 하는 직책이다).[45] 그 후 몇 년 동안 린지의 무시무시한 예측은 거의 실현되지 않았다. 세계적인 대격변은 진행이 정체됐고 사건의 양상만 조금씩 바뀌었다. 1991년 소련이 붕괴하여 하느님을 섬기지 않는 의인화된 공산주의가 패망하자 린지는 새로운 도깨비를 찾아 나서야 했다.

『지구 행성-서기 2000년Planet Earth-2000 A.D.』이라는 책은 세계 종말의 새로운 위협을 그려냈다. 앞에서 언급한 시아파와 수니파의 범이슬람 동맹을 비롯해 무시무시한 자연재해, 특히 멈출 수 없어 보이는 에이즈AIDS 전염병 등이 그것이다(한 챕터의 부제목은 '이제는 누구도 안전하지 않다'였다). 심지어 〈스타트렉〉 같은 텔레비전 드라마도 비난의 대상이 됐는데, 스타쉽 엔터프라이즈호의 사령관인 제임스 T. 커크 James T. Kirk 대위의 캐릭터에 대해서 세속철학을 유포할 뿐 아니라 환생 등의 동양 종교를 미화한다고 매도했다.[46]

오늘날 범무슬림 연맹이 이루어질 가능성은 오늘 당장 엘비스 프레슬리가 살아 돌아올 가능성과 같아 보인다. 9·11테러 이후 이슬람 테러리스트 공격으로 희생된 미국인보다 미국 내 우익집단의 폭력으로 희생된 미국인이 2배나 많은데, 이는 벼락과 질식으로 인한 사망보다 훨씬 적은 수다.[47] 치료와 예방에 관한 의료 기술의 발달로 AIDS 감염 또한 대부분 통제가 가능한 질병이 됐다(질병 통계 자료에 따르면 AIDS의 사망률과 감염률은 그의 책이 출간된 1996년을 전후하여 정점을 찍었고 이후 천천히 감소세를 보였다).[48] 이 글을 집필하는 동안에도 아흔 살이 넘은 린지는 잘 알려지지 않은 케이블 채널의 인터넷 영상에서 인류의 파멸과 세대주의적 전망에 대해 설교를 하고 있다.[49]

❧❧❧❧❧

린지의 정치적 성향과 관련된 이야기는 거의 찾아볼 수 없고 그 자신도 직접적인 언급을 피하고 있다. 아마도 현실의 세계보다 다음 세계에 더 관심이 많아서일 것이다. 이유가 무엇이든 세대주의적 신념을 일상 정치와 연동하는 일은 다른 이들의 몫이었으니, 이 방면에서 세대주의 설교자 제리 폴웰보다 더 큰 성공을 거둔 이는 거의 없었다.

폴웰의 가문은 1669년 버지니아까지 거슬러 올라간다. 그의 아버지는 종교를 가지지 않은 성공한 사업가였다. 여러 사업 중에서 배터리로 작동되는 영사기를 구비한 버스를 운영하는 것도 있었는데, 과음으로 쉰다섯에 사망했다. 폴웰이 보살폈던 독실한 신앙인인 어머니는 매주 일요일이 되면 찰스 풀러Charles Fuller의 〈옛날 라디오 시간Old-Fashioned Radio Hour〉 방송을 집 안 전체에 울려 퍼지게 했다.

20대 초반에 목사 안수를 받은 그는 부모에게서 선과 악의 축소판을 봤고, 1956년 방송 데뷔 이후 폭넓은 추종자들을 모은 자신의 방송 〈옛날 복음 성가 시간Old-Time Gospel Hour〉에서 풀러가 진행한 라디오 방송의 향수를 재현했다. 개인적으로 그는 민권 입법에는 반대했지만, 영혼을 구원하되 정치는 멀리하라는 그 시대의 복음과도 같은 격언을 따랐다.[50]

1973년 1월 22일에 대법원에서 로 대 웨이드 사건Roe vs. Wade(낙태의 권리를 다툰 사건-옮긴이)의 판결이 내려지면서 많은 변화가 찾아왔다.

나는 1973년 1월 23일의 아침을 결코 잊지 못할 것입니다. [⋯] 나는 그 법원의 대법관 7인이 인간의 생명과 존엄성에 대해서 그토록 냉담할 수 있다는 것을 믿을 수가 없었습니다. 그들이 잘못 알고 있는 것일까요? 그들이 잘못 배운 것일까요? 그들은 자신들이 무슨 짓을 하고 있는지도 모른 채 나라를 흑암과 부끄러움의 시대로 몰아넣은 것일까요? [⋯] 나는 뭔가 더 역할을 해야 한다는 사실을 알았고, 그 일을 함께하는

사람들과 힘을 합해 분명한 입장을 취해야겠다는 확신이 점점 더 커짐을 느꼈습니다.[51]

몇 년 후, 폴웰의 정치적 동맹자 중 한 사람인 폴 웨이리치[Paul Weyrich]가 그에게 말했다. "제리, 미국에는 인간의 기본권에 동의하는 도덕적인 다수가 존재합니다. 하지만 그들은 조직화되어 있지 않습니다." 폴웰과 웨이리치가 설립한 단체 이름이 모럴 머조리티인데 이들은 낙태와 동성애를 반대하고, 텔레비전과 영화를 '정화'해야 한다고 결의하는가 하면, 이스라엘에 대한 열광적인 지지를 보내며 전국적인 활동에 나섰다.

모럴 머조리티는 1980년 선거에서 로널드 레이건과 수십 명의 공화당 의원 후보를 선출한 데 대해 공로를 인정받을 자격이 있었고, 특히 폴웰은 1984년 공화당 전당대회 개회사에서 레이건을 "링컨 이후 가장 위대한 미국 대통령"이라고 칭송했다.[52]

이들의 활동은 10년이 지나기 전에 흐지부지되면서 조직도 해산됐다. 우선 레이건 대통령이 국가의 도덕성 향상에 큰 기여를 하지 못한 것 같고, 영화와 텔레비전은 정화되기는커녕 더욱 더럽혀졌으며, 동료 전도사인 지미 스와가트와 짐 배커는 난잡한 성 추문과 횡령 사건에 연루돼 교회의 명예를 실추시켰다. 이들 단체가 해산된 지 몇 년 후, 상원에서 빌 클린턴에 대한 무죄가 선고되자 웨이리치는 그의 지지자들에게 결국 '도덕적 다수'는 존재하지 않을 수 있다는 내용의 편지를 썼다.[53]

폴웰과 그의 세대주의자 동료들이 초래한 가장 위험하고 지속적인 정치운동은 아마도 이스라엘에 대한 미국의 열렬한 지원일 것이다. 예를 들면 미국-이스라엘 공보위원회 같은 강력한 친이스라엘 로비 기구가 다수 만들어졌는데, 중동 정책에 대한 이들의 영향력은 기독교 복음주의자들보다 훨씬 막강하다. 2002년에 UCLA의 정치학자 스티븐 슈피겔Steven Spiegel이 미국 의회 전문지 「콩그레셔널 쿼털리Congressional Quarterly」에서 "미국이 이스라엘 관련 정책을 수립할 때 유대인[의원]과 유대인 단체에만 관심을 두는 것은 나무만 볼 뿐 숲을 보지 못하는 것입니다"라고 분명하게 밝히기도 했다.[54]

「콩그레셔널 쿼털리」의 한 기사에는 미국 하원의 근본주의 기독교 의원들의 주목할 만한 인용문 2개가 포함되어 있었다. 첫 번째는 인디애나주 초선 의원 마이크 펜스의 발언이다.

제가 이스라엘을 지지하는 것은 대체로 개인적인 신앙 때문입니다. 성경에서 하느님은 아브라함에게 "너를 축복하는 자에게는 내가 복을 내리고, 너를 저주하는 자에게는 내가 저주를 내리리라"라고 약속하셨습니다. 그래서 어떤 면에서 저는 미국의 외교 정책을 온전히 이해할 수 없습니다. 저는 미국의 안보가 이스라엘과 함께하려는 의지에 달려 있다고 믿습니다.[55]

제임스 인호프James Inhofe 의원의 생각은 더욱 명료했다. 이스라엘이 가자지구와 요르단강 서안을 점령할 권리가 있느냐는 질문에 그는 이렇게 답했다. "하느님이 명하신 것입니다."[56]

비슷한 이야기로 논의를 종결지은 사람은 폴웰이었는데, 그는 다음과 같이 말했다.

미국에는 약 20만 명의 복음주의 목회자가 있습니다. 우리는 그들에게 이메일과 팩스, 편지, 전화 등 모든 수단을 동원하여 각자의 자리에서 이스라엘과 총리를 지원하는 데 힘을 모아달라고 부탁하고 있습니다.[57]

※※※※※

하지만 누구도 패트 로버트슨처럼 한 개인이 가진 근본주의 이념의 영향력이 잠재적 격변의 진앙으로 옮겨 간 사례를 보여주지 못했다. 외교관이자 저널리스트인 마이클 린드Michael Lind는 그를 두고 "미국 정치 역사상 가장 심각한 음모론을 퍼뜨린 사람"이라고 했다.[58]

그의 아버지 압살롬 윌리스 로버트슨Absalom Willis Robertson은 남부 보수 상류층으로 20년 동안 상원의원을 지냈다. 1966년 상원 예비선거에서 린든 존슨Lyndon Johnson이 그의 경쟁자를 지지하면서 로버트슨은 오랜 정치 경력을 마감했다. 1965년 민권법이 통과된 이후 버지니아를 방문했을 때 그가 린든 존슨의 부인 레이디 버드Lady Bird를 비판한 것이 화근이 됐다고 알려져 있다.

예일대학교 법과대학을 거의 수석으로 졸업한 패트 로버트슨은 뉴욕 변호사 시험에 떨어지자 사업을 시작했다. 맨해튼의 상류층 삶에 무료함을 느끼던 그는 신앙을 얻게 됐고, 곧 버지니아로 돌아와 3만 7,000달러를 빌려 1960년에 기독교방송네트워크^{Christian} Broadcasting Network를 설립했다. 그의 미디어 사업은 주변의 기대를 훨씬 뛰어넘는 큰 규모로 성장했고, 절정기에는 미국에서 세 번째로 큰 케이블 합작회사로 성장했다.[59]

로버트슨은 코미디로 신앙 치유를 돕는 공연부터 국제적인 미디어 및 비즈니스 회사를 운영하는 등 다양한 경력을 쌓았고, 연간 1억 5,000만 달러의 수익에 수억 달러의 순자산을 일궜다.[60] 그는 세대주의적 기독교 시온주의 신앙을 고수하지만 두 가지 중요한 원칙을 두고 있었다. 첫째로 휴거를 믿지 않았고, 둘째로 '은사를 통한 전도'를 실천했다. 은사는 하느님이 주시는 특별한 능력으로, 치유의 능력이나 방언을 말하는 능력 또는 하느님과 대화하거나 최소한 말씀을 들을 수 있는 능력 등을 말한다.

1980년대 중반에 그는 1988년 공화당 대통령 후보로 나서기로 했다. 공화당의 전국구 권력자들은 처음에 그를 변두리 후보로 대수롭지 않게 생각했지만, 곧 그의 텔레비전 사역이 수천 명의 자원봉사자를 만들어내고 20개 주에서 월급을 받는 직원들에게 자금 지원을 할 수도 있다는 사실을 알게 됐다. 그는 1987년에는 공화당 전당대회를 장악하여 부통령이자 지지율 선두 주자였던 조지 부시는 물론 인간적인 매력을 발산하던 자유주의자이자 전 풋볼 스타 잭 켐프^{Jack Kemp}를 제치는 파란을 일으켜 모두를 놀라게 했다. 그해 말까지 아이오와, 사우스캐롤라이나, 플로리다의 당원대회(코커스 caucus-옮긴이) 및 대의원대회에서 인상적인 활약을 펼쳤고, 하와이·알래스카·워싱턴·네바다의 예비선거인 프라이머리에서 승리를 거뒀다.

로버트슨의 캠페인은 세 가지 불안 요소를 품고 있었다. 세대주의 종말론에 전적으로 동의하지 않은 탓에 근본주의 우파를 통합하는 데 성공할 수 없었다. 폴웰과 지미 스와가트의 지지를 얻었지만 짐 배커는 미온적이었고, 또 다른 확고한 세대주의 작가인 팀 라헤이는 잭 켐프의 캠프에 합류해 그를 날카롭게 비판했다.[61]

그의 동료 복음주의자들은 로버트슨을 전적으로 지지하지 않았고 일반 시민단체의 반응도 식어갔다. 크리스토퍼 히친스는 1986년에 로버트슨이 놓인 상황을 다음과 같이 서술했다.

인간의 어리석음 이면에는 끔찍한 것이 놓여 있다. 그중에서도 조직화된 대중의 배후가 그러한데 [···] 특히 로버트슨을 군중에게 소개하는 역할을 하던 하랄트 브레드슨Harald Bredesen은 알려진 바에 따르면 오순절 성령의 힘으로 방언을 말하던 자칭 '복음주의 은사주의자'였다.[62]

그나마 스와가트와 배커의 미온적인 지원마저 이들의 성 스캔들과 재정 비리가 불거지면서 역풍을 불러일으켰다. 특히 스와가트의 사건은 1988년 슈퍼 화요일 예비선거 직전인 최악의 시기에 터져 나왔다(2년 전 동료 목사 짐 배커의 성 스캔들을 공석에서 비판했을 때 그는 자신에게 돌아올 화살을 준비한 셈이었는데, 싸구려 모텔 배턴 루지에서 창녀와 벌인 행각이 또 다른 목사의 망원렌즈 카메라에 촬영돼 유포됐다).

로버트슨은 슈퍼 화요일 이후 두 달 만에 선거운동을 공식 중단했지만, 대선에 출마한 덕에 적어도 주와 지방 차원에서 영향력을 강화하는 데는 성공할 수 있었다. 1990년에는 제시 헬름스Jesse Helms가 상원의원에 재선되도록 도운 공로를 인정받았다. 또한 1993년 아칸소 부지사 선거에서 복음주의 신인 정치인 마이크 허커비에게 큰 도움을 주고 달콤한 승리를 거두면서, 허커비의 상대자 네이트 쿨터Nate Coulter 편에 있던 빌 클린턴에게 좌절감을 안기기도 했다.[63]

로버트슨의 호화로운 삶에서 가장 두드러졌던 것은 중동 정치에 행사한 영향력이다. 그의 텔레비전 네트워크는 1960년대 미국 거실 문화의 한 부분을 차지했고, 〈700클럽the 700 Club〉 같은 뉴스 쇼들은 특히 인기가 있었다. 이런 상황은 당시 부상하던 중동 문제에 미국의 복음주의적 관점을 덧입히는 데 적지 않은 요인을 제공했다. 1977년 이스라엘 총선에서 메나헴 베긴이 총리로 선출되면서 큰 지지 세력을 얻게 된 복음주의자들은 1980년 예루살렘에 국제기독교대사관International Christian Embassy in Jerusalem, ICEJ을 설립했다. 이 단체는 보수 우파 정당 리쿠드 정부의 든든한 지원을 받았다. 예를 들면, 1982년에 열렬한 성서학자인 베긴은 댈러스에 있는 복음주의 교회의 친이스라엘 집회에 연설자로 참석할 예정이었는데 부인의 죽음으로 취소됐다.

국제기독교대사관은 1978년 이스라엘-이집트 평화조약으로 시나이반도가 이집트에 반환되자 가나안 땅은 유대인 영토라는 성서의 언약을 위반한 것이라고 비판했으며, 1982년 이스라엘의 레바논 남부 침공을 열렬히 지원했다.[64]

매년 크리스마스와 새해 무렵이 되면 로버트슨은 성경을 연구하며 기도에 몰두하기 위해 잠시 개인적인 시간을 가졌다.

이때가 되면 저는 주님께서 다가올 새해에도 특별한 통찰력과 메시지를 주시기를 간구합니다. 때때로 그분이 하신 말씀은 놀라울 정도로 정확했고 저에게 놀라운 성취를 이루도록 하셨습니다. 어떨 때는 저의 영적인 지각이 부족하기도 했고, 때로는 다른 이들의 간구와 행위가 저의 생각과 다르기도 했지요.[65]

만일 중동에서 대격변이 일어난다면, 그것은 아마도 하느님께서 다른 사람들에게 다른 말씀을 하셨기 때문일 터였다. 이런 로버트슨의 관점은 매우 위험한데, 자신이 하느님의 뜻을 오해하는 경우가 종종 있다는 사실을 인정한 발언이기 때문이다. 그의 과거 발언들을 살펴보면 1982년에 지구가 종말을 맞이한다든가, 2006년에 태평양 북서부에 쓰나미가 강타할 것이고, 2007년에는 전 세계적인 테러 공격으로 많은 사람이 목숨을 잃을 것이며, 2012년 대통령 선거에서는 밋 롬니$^{Mitt Romney}$가 승리를 거둔다는(실제는 버락 오바마$^{Barack Obama}$가 당선됨-옮긴이) 등의 내용이었다.[66] (그는 간혹 주변의 부적절한 정보를 수용하기도 했다. 1984년에는 〈700클럽〉을 통해 정확하지 않은 소식통을 인용하여 미군이 방금 레바논을 침공했다는 뉴스를 보도했다. 주요 매체에서 이를 부인하자 로버트슨은 미국 국무부나 CIA가 사실을 은폐하고 있다고 험악하게 응수했다. 1988년에는 소련이 쿠바에 SS-5 또는 SS-24 미사일 편대를 배치했다는 허무맹랑한 주장을 펼치기도 했다.[67]

1980년대와 1990년대 그의 영향력이 절정에 달했을 때 이스라엘에서 가졌던 그의 영향력은 미국이라는 국가와 거의 같은 지위를 점했다. 그는 이스라엘의 성전주의자로 템플마운트에서 무슬림과 그들의 성지를 제거하고 제3성전을 재건해야 한다고 주장하는 템플마운트 지지자 모임Temple Mount Faithful의 수장 게르손 살로몬Gershon Salomon과도 긴밀한 관계를 유지했다. 로버트슨은 과거 8인의 이스라엘 총리 중에서 6명을 만났고 특히 강경파 베냐민 네타냐후와는 각별한 사이로 알려져 있다.[68]

로버트슨의 이른바 신앙 외교에 내재된 위험성은 중동 지역에 국한되지 않고 훨씬 광범위한 지역으로 확장됐다. 예를 들면, 은사주의 기독교인인 호세 에프라인 리오스 몬트José Efraín Ríos Montt가 군사 쿠데타로 과테말라의 대통령이 됐을 때 그는 매우 기뻐했다. 심지어 리오스 몬트가 수천 명을 죽이고 수십만 명의 이재민을 발생시킨 이른바 원주민에 대한 인종청소를 자행했다는 사실이 밝혀진 이후에도 로버트슨은 그에 대한 호의를 거두지 않았다. 그는 이렇게 말했다. "저는 리오스 몬트를 잘 압니다. 그의 군대가 남녀노소를 불문하고 4,000명이 넘는 원주민을 죽이고 강간하고 고문했지만, 그것은 그가 지시한 것이 아닙니다. [⋯] 몬트 정권이 물러나고 공산주의 정원이 들어서기를 바라는 사람들이 있는 것 같습니다. 하지만 저는 기독교인이 지도자가 되어야 한다고 생각합니다."[69]

ᏂᏂᏂᏂ

세대주의가 미국에서 유독 독특한 모습으로 광범위하게 자리 잡은 이유에 대해서 다수의 학자는 미국이라는 나라가 다른 나라들에 비해 종교적이기 때문이라고 설명한다. 2012년 내셔널 오피니언 리서치 센터National Opinion Research Center가 전 세계 시민들을 대상으로 한 종교적 신념에 관한 설문조사에서, 미국인의 81%가 "나는 지금 하느님을 믿으며 이 신념에 변함이 없습니다"라는 간단명료한 선택지를 골랐다. 같은 선택을 한 비율이 영국인은 37%, 일본인은 25%, 프랑스인은 29%에 불과했다.[70]

지난 수십 년 동안 미국에서도 종교심이 약해지고 있는 것처럼 보이지만, 다른 나라들처럼 두드러진 것은 아니다. 예를 들어 "당신은 신을 믿습니까?"라는 단순하고 포괄적인 질문에 1967년에는 미국인 98%가 "예"라고 답한 데 비해, 2017년에는 87%가 같은 답을 했다.[71]

개신교의 복음주의 열정도 마찬가지다. 2004년에서 2018년 사이에 자칭 복음주의자의 수를 조사한 퓨 리서치 센터의 통계에 따르면 23%에서 15%로 감소했으며 이들은 대부분 세대주의자였다. 그런데 이들의 숫자는 줄었지만 행사하는 영향력 측면에서는 23%에

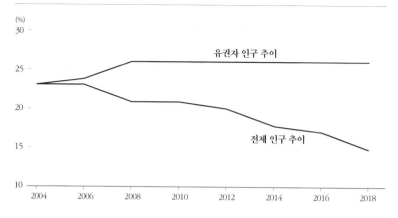

서 26%로 증가했으니, 결론적으로 복음주의자들의 선거 참여가 증
가하면서 신도 수가 감소했음에도 정치권력은 증가했다는 사실을
알 수 있다.

세계 주요 선진국들은 개발도상국들과 달리 국민의 신앙과 참여
도가 하락하는 추세를 보여준다. 사회학자들 역시 국가가 더 부유
해지고 국민이 더 교육받을수록 덜 종교적으로 된다는 사실을 오
래전부터 인지하고 있었다. 이것이 이른바 세속화 가설secularization
hypothesis이다. 가난한 국가들은 부유한 선진국보다 출생률이 높으며,
강한 종교적 신념을 가진 인구는 오히려 증가하고 있다.[72]

사회가 부유해지면서 사람들이 덜 종교적으로 변하는 데는 삶의
실질적인 안정성이 중요한 역할을 했을 것이며, 종교 조직이 담당
했던 사회복지를 국가에서 확충하게 된 것도 요인이 될 것이다. 논
의의 맥락에서 선진국의 세속화가 증대하는 데 가장 중요한 동인은

여러 자연현상에 대하여 종교적 설명의 필요성을 대체하는 과학적 지식의 확장일 것이다.[73]

인간은 자연 세계에 대한 끊임없는 호기심이라는 축복을 부여받았다. 그 호기심은 격렬한 폭풍과 홍수, 가뭄, 전염병, 지진 등의 무서운 자연재해는 물론 지구 생명체의 기원과 같은 신비로움에 대해서도 탐구하게 했다. 오늘날 교육과정을 잘 거친 사람에게는 이런 질문들에 대한 신학적 설명이 그다지 필요하지 않다.

물론 현실적으로 물리적 세계에 대한 사람들의 지식에는 격차가 존재하고 앞으로도 그럴 것이다. 하지만 과학이 이런 격차를 좁혀가고 있음은 부인할 수 없는 사실이며, 이에 따라 자연 세계를 설명하는 데 종교는 과학보다 뒤처질 수밖에 없다.

교육 수준이 높을수록 종교에 심취하는 사람의 비율이 낮다고 해도, 그 효과가 처음에는 그다지 크지 않은 듯했다. 2014년 시행된 퓨 리서치의 또 다른 설문조사에 따르면 대학 교육을 받지 못한 미국인 66%가 절대적으로 신을 믿는 데 비해, 대학 졸업자 중에서는 그 비율이 55%로 다소 낮은 것으로 나타났다.[74]

그런데 고등교육 가운데서도 과학에 대한 지식이 이 비율을 큰 차이로 벌어지게 했는데, 고도의 과학 교육을 받은 집단에서 신에 대한 믿음을 가진 사람의 비율은 극히 미미한 수준인 것으로 나타났다. 1914년에서 1916년 사이에 심리학자 제임스 류바James Leuba가 500명의 미국 과학자를 대상으로 설문을 시행했다. 조사 결과 신에 대한 믿음이 거의 보편적이었던 당대 미국의 주요 생물학자와 화학자, 물리학자들의 종교관은 매우 흥미로웠다.

류바는 설문 대상자인 과학자들에게 연구하는 학문의 종류와 학문적 성취에 대한 자신의 평가를 기입하게 했다. 그중 학문적 성취는 '우수한 편'과 '미흡한 편' 두 가지로 나누어 선택하게 했다.

통계로 도출된 결과는 놀라웠다. 신에 대한 믿음은 가장 뛰어난 과학자들, 특히 엘리트 생물학자들이 가장 낮은 것으로 나타났다. 이들에게 생명의 기원과 다양성에 대한 신학적 설명의 필요성은 아마도 화학자나 물리학자들보다 적었을 것이다. 또한 학문적 성취도를 떠나 신에 대한 과학자들의 평균적인 믿음은 당대의 일반인보다 훨씬 낮았다.

미국 과학자들의 신에 대한 믿음(1914~1916)

(단위: %)

학문적 성취	물리학자	생물학자
미흡한 편	50	39
우수한 편	35	17

출처: James H. Leuba, *The Belief in God and Immortality* (Chicago: The Open Court Publishing Company, 1921), 255.

1998년에는 2명의 미국 역사가가 류바의 '우수한' 과학자에 해당하는 그룹인 권위 있는 미국과학한림원National Academy of Sciences 회원들을 대상으로 이 연구를 반복했다. 류바의 연구 이후 80년이 지난 시점에 다시 실시된 조사에서 신의 존재에 대한 믿음은 생물학자 5.5%, 물리학자 7.5%였으며, 흥미롭게도 수학자는 14.3%로 높았다. 아마도 이들이 진화와 분자생물학에 대해 생물학자들보다 덜 전문적으로 이해하고 있었기 때문일 것이다.[75] 2013년에는 마찬가지로 명망 높은 영국 과학자 그룹인 왕립협회Royal Society 연구원들을 대상으로 생물학 분야와 물리학 분야를 나누어 같은 설문을 진행했는데, 미국에서의 연구와 거의 비슷한 결과를 보여줬다. 생물학자의 76%는 신이 존재하지 않는다는 확신을 가지고 있었고, 3%만이 신이 존재한다는 확신을 가지고 있었다. 물리학자는 전자가 51%, 후자가 7%였다.[76]

그렇다면 미국인들이 린지나 로버트슨과 같은 인물들의 주장을 비교적 잘 수용한 것은 다른 선진국 국민에 비해 사실 확인에 덜 민감하기 때문일까? 또한 세대주의의 교리들을 광범위하게 수용한 것은 신도들이 분별력을 함양할 충분한 교육을 받지 못했기 때문일까?

세대주의 서사를 적극적으로 받아들인 미국인들의 감수성과 그들의 강렬한 종교적 성향을 다른 선진국들과 비교하는 일은 매우 조심스러운 작업이 될 것이다. 각 개인의 종교적 성향에 영향을 미치는 현실 요인들을 모두 고려할 수 없을 뿐 아니라, 그 사람의 가정이나 사회적 관계와 같은 상황 요인들도 쉽게 재단할 수 없기 때문이다. 사회학자들은 특정 신념 체계는 강한 사회적 유대관계를 통해 공유된다는 점을 오랫동안 주목해왔다.[77] 하지만 사회적 관계가 형성된 이후에는 보편적 지식의 축적량이 많을수록 할 린지나 패트 로버트슨의 정확성이 의심되는 세대주의 서사를 받아들일 가능성은 작아진다.

미국은 OECD의 학업성취도 국제비교연구program for international student assessment, PISA에서 오랫동안 최하위권에 머물러 있으며, 다른 선진국 국민과 비교해도 미국인들은 자신의 국가와 국제관계에 대해 놀라울 정도로 무지하다. 2015년에 조사된 결과에 따르면 미국의 학업성취도는 40위였다. 이는 싱가포르·일본·한국·홍콩과 같은 최상위 국가들은 고사하고, 슬로베니아·폴란드·베트남·러시아·포르투갈·이탈리아보다 뒤처진 결과였다.[78]

1994년의 한 연구에 따르면 이 문제는 매우 심각했다. 세상의 기본 상식 다섯 가지에 대한 질문에 모두 오답을 제시한 비율이 독일인은 3%에 불과했지만 미국인은 37%에 달했다(스페인인 32%, 멕시코인 28%, 캐나다인 27%, 프랑스인 23%, 영국인 22%, 이탈리아인 18%). 특히 이탈리아와 독일의 대학 미만 졸업자들은 미국의 대학 졸업자들을 능가했다. *[79]

개인 지성의 정도는 텔레비전 매체에 노출되는 빈도와 반비례한다. 앞의 연구자들이 분석하듯, "미국의 텔레비전 프로그램들은 화면 전환이 빠르고, 광고가 많고, 사건이 맥락 없이 연결되는 특징이 있는데 이로 인해 발생하는 두뇌의 인지적 분주함cognitive busyness은 사람들이 정보를 정확히 흡수하는 것을 방해한다." 연구원들은 "미국

---

* 1990년대 당시 활용된 다섯 가지 질문과 답은 다음과 같다. 러시아의 대통령-옐친. 핵확산 금지조약에서 탈퇴하겠다고 위협하는 나라-북한. 부트로스 부트로스갈리(Boutros Boutros-Ghali)의 직함-유엔 사무총장. 보스니아에서 무슬림들을 공격한 이들-세르비아인들. 이스라엘과 오슬로 협정에 서명한 국가 또는 단체-팔레스타인.

인들은 지나치게 당혹스러워해서 조사원들이 질문을 건네기를 매우 부담스러워했다고 분명하게 지적했다. 질문을 너무 어려워하여 후속 질문을 던지기 전에 인터뷰가 끊기는 일이 많았기 때문"이라고 했다. 이 사례는 역으로 독일인들이 왜 그렇게 시사 상식에 능한지를 설명해준다. 연구 대상이었던 다른 6개국에 비해 독일인들의 신문 열독률이 훨씬 높았다.[80]

2009년에 미국인과 영국인, 덴마크인, 핀란드인을 대상으로 한 광범위한 조사에서도 미국인은 국내외 시사 문제는 물론 대중문화에 대한 상식 측면에서도 수준이 낮다는 사실이 밝혀졌다. 일례로, 교토 협약Kyoto Accords이 기후변화와 관련이 있다는 사실을 알고 있는 미국인은 37%였던 데 비해 영국인은 60%, 덴마크인은 81%, 핀란드인의 84%에 달했다. 오직 국내 대중문화 영역에서만 미국인이 영국과 덴마크, 핀란드인과 비슷한 점수를 얻었는데, 그마저도 평균을 밑도는 수준이었다.[81]

연구자들은 이런 차이를 나라별 미디어 특성의 차이 때문으로 해석했다. 미국에서 미디어의 역할은 교육보다는 주로 엔터테인먼트에 중점을 두는 반면, 스칸디나비아 국가들은 엄격한 뉴스 보도와 정보 프로그램들을 적극적으로 지원한다. 영국은 권위 있고 재정 기반이 튼튼한 공공 뉴스 매체인 BBC와 운영이 자유로운 자본주의 매체가 혼재되어 있어서 미국과 스칸디나비아 국가들의 중간쯤에 자리 잡고 있다.

이 연구가 보여준 또 다른 놀라운 발견은 교육 수준이 높은 미국

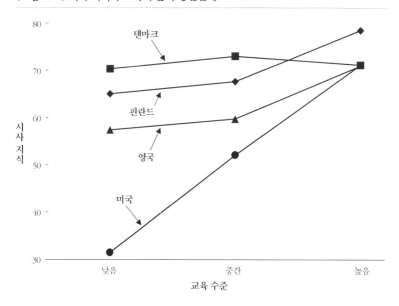

인과 낮은 미국인 사이의 지식 격차가 연구 대상인 다른 3개국보다 훨씬 크다는 사실이었다. 교육 수준이 낮은 영국인과 덴마크인, 핀란드인은 역시 교육 수준이 낮은 미국인보다 주변 세계에 대해 훨씬 많은 지식을 가지고 있었다.[82] 그렇다면 여러 선진국에 살면서 좋은 교육을 받지는 못했지만 일상적인 지식이 충분하여 정교하지 못한 서사에 쉽게 미혹되지 않는 이들에 비해, 좋은 교육을 받지 못한 미국인들은 일상적인 지식이 빈약하여 세대주의 서사 등에 몹시 취약해질 수 있다는 결론을 피하기 어려워진다.

저널리스트 거숌 고렌버그도 이런 문제를 지적했다. 1990년대 후반에 세대주의자들은 Y2K 밀레니엄 버그에 집착했다. 많은 사람이 달력이 2000년으로 넘어가는 시점에 컴퓨터 오류로 인한 종말론적 상황을 맞이할 수 있다고 주장했다. 이때를 놓칠 수 없었던 할린지는 2000년에 찾아올 종말을 대비하는 책『밀레니얼 미드나잇 Millennial Midnight』을 출간했다.[83] 고렌버그는 당시 상황을 이렇게 설명했다.

> 컴퓨터가 정상적으로 작동한다면 미래의 역사가들은 2000년 1월 1일의 사건을 컴퓨터 기술의 문제가 아닌 미국이 가진 문화의 관점에서 연구하게 될 것이다. 요점은 기술의 결함이 아니라, 여러 서구 국가의 덜 종교적인 사회에 비해 종말론 신앙으로 가득 찬 국가의 화려한 수사학이 될 것이다.[84]

세대주의 종말론이 도덕률처럼 확산된 사회는 그에 상응하는 사회적 비용을 지출해야만 한다. 역사학자 리처드 호프스태터Richard Hofstadter가『미국 정치의 편집증적 양상The Paranoid Style in American Politics』을 펴낸 이후로 음모론에 취약한 미국의 경향성이 잘 설명되고 있다. 정치과학을 연구하는 J. 에릭 올리버J. Eric Oliver와 토머스 우드Thomas Wood는 최근 연구를 통해 사람들이 음모론을 쉽게 받아들이게 하는, 서로 밀접한 관련이 있는 두 가지 기본적인 믿음을 제시했다. 첫째는 세상이 종말을 향해 치닫고 있다는 믿음이고, 둘째는 인간을 선과 악 사이에서 투쟁하는 존재로 인식하는 마니교적 복음주의 또는 세대주의적 믿음이다. 우리와 같은 편에 선 사람들은 선과 빛의 존재이며, 우리와 함께하지 않는 이들은 악마와 동맹을 맺은 것이라는 믿음이 그것이다. 올리버와 우드는 오른쪽에 있는 사람들이 주로 사탄과 하느님에 대한 세대주의적 이야기를 지지하는 경향이 있는 반면, 왼쪽에 있는 사람들은 9·11 음모 이론처럼 보이지 않는 세속 권력에 대한 이야기에 매몰되는 경향이 있다고 지적했다.[85]

인간은 사실과 수치보다 서사에 무의식적으로 빠져들 뿐 아니라, 너무도 안타까운 일이지만, 타인을 도덕적으로 정죄하는 유일한 유인원이다. 그래서 자신을 정당화하고 타인을 악마화하기 위해 우스꽝스러울 정도로 복잡한 신학을 만들어 마니교의 야수로 군림하기도 한다. 마니교적 사고는 정치 지형의 극우와 극좌 모두에 배어 있으며, 진영의 한쪽 끝에 머물던 '진정한 신앙인'이 반대편 끝으로 넘어가 '그곳에서도 진정한 신앙인'이 되는 경우는 드문 일이 아니다. 아돌프 히틀러의 말에 따르면 평범한 노동조합원이나 사회민주당원을 나치당으로 끌어들이는 일은 어렵지만 공산주의자를 나치 당원으로 개종시키는 일은 언제나 가능하다. 그는 이렇게 말했다. "내가 그랬다. […] 전에 공산주의자였던 이들을 즉시 입당시키라는 명령을 내렸다."[86] 좀더 최근에는 어빙 크리스톨Irving Kristol, 네이선 글레이저Nathan Glazer, 앨버트 월스테터Albert Wohlstetter 그리고 시드니 후크Sidney Hook와 같은 저명한 신보수주의자들이 마르크스주의자로 새 삶을 시작했다.

진화심리학자들은 마니교적 사고방식은 고대의 초기 수렵채집 사회에서 부족의 결속을 위해 발현됐을 가능성이 있다고 가정했다. 원시 부족은 같은 부족의 구성원끼리 이타적으로 행동해야 할 뿐 아니라 다른 부족을 무자비하게 배척해야만 살아남을 수 있었다. 심리학자들은 이처럼 내집단과 외집단을 구분하는 이분법을 '집단성groupishness'이라고 불렀는데, 내집단은 신의 은총하에 다양한 미덕을 구현하는 데 비해 외집단은 악의 세력(일신교에서의 악마)과 동맹을 맺고 악을 유포하고 있다는 세계관이다.[87]

한 고전적인 심리학 실험에 따르면 학생들은 셔츠나 머리 색깔에 따라 지위의 고하를 규정하는데, 지위가 높은 쪽으로 분류되는 학생들은 그렇지 않은 학생들을 무시하는 경향이 점진적으로 강해졌다.[88] 1954년에 사회학자 무자퍼 샤리프Muzafer Sherif와 그의 동료들은 매우 설득력 있는 실험으로 이런 현상을 설명했다. 그 유명한(적어도 사회학자들 사이에서는) '로버스 동굴Robbers Cave' 공원의 실험이 그것이다.

매우 복잡한 이 실험을 위해 열한 살짜리 남자아이 22명이 오클라호마의 외딴 숲에 있는 로버스 동굴 주립공원 내의 보이스카우트 캠프에 모였다. 샤리프는 심리적으로 취약한 소년들은 사전에 배제했으며, 선택된 이 소년들은 부모가 모두 있는 백인 개신교 가정 출신이었다. 중산층 이상에서 선택된 아이들의 평균 IQ는 또래의 평균을 훨씬 웃돌았다(IQ 112). 소년들은 이전에 서로 만난 적이 없으며 캠프에서 처음 만났다.

실험은 3단계로 진행됐다. 샤리프는 스포츠와 요리, 음악 등의 다양한 분야에서 실력과 취향이 잘 맞는 소년들을 둘씩 짝을 지었다. 이들이 가진 실력과 취향을 균일하게 하기 위해 모든 쌍을 분리하여, 이들을 11명으로 구성된 그룹 2개로 재구성했다.

첫 주에 이들은 수영과 하이킹과 운동 등 평범한 여름 캠프 활동에 참여했고 요리나 텐트 치기, 밧줄로 다리 만들기처럼 자유 토론과 기획력, 협동심이 요구되는 활동들에서 문제 해결 능력을 보이도록 요청받았다. 두 그룹은 상대 그룹과 분리된 채로 일정을 진행했고, 활동이 모두 끝났을 때 자신들 그룹의 이름을 각각 방울뱀과 독수리로 지었다. 샤리프는 소속감을 고취하기 위해 셔츠와 깃발을 제작해 나눠줬다.

두 번째 단계에서, 방울뱀팀과 독수리팀으로 나뉜 소년들은 며칠에 걸쳐 여러 종목의 대항전 경기를 벌였다. '컬러 워color war(일종의 청군·백군 대항전-옮긴이)'라고 불리는 이 게임은 여름 캠프에 참석해본 사람이라면 익숙할 것이다. 일반적인 컬러 워와 달리 승리한 팀은 메달이나 트로피, 멋진 주머니칼 등을 상으로 받았고 수여식은 식사 시간에 진행됐다. 패배한 팀은 아무것도 얻지 못했다.

컬러 워가 시작되자마자 두 팀은 서로를 적대시하기 시작했다. 처음에는 독수리팀이 방울뱀팀의 깃발을 불태우고 여러 물품을 망가뜨렸으며, 방울뱀팀은 이에 대한 보복으로 야간에 상대방 진영을 습격했다. 심지어 돌덩이를 던지려고도 했는데, 실험자들이 개입하여 행위를 중단시켰다. 두 팀 모두 '접근 금지' 표지판을 내걸어 영역을 보호했고 야간 습격이 일상적으로 벌어졌다. 두 진영은 어느쪽이 먼저랄 것도 없이 상투적인 방식으로 서로를 비난했는데, '형편없는 녀석들'이라든지, '잘난척하는 것들', '계집애 같은 놈들'과 같은 비속어를 사용했고 같은 공간에서 식사하는 것도 반대했다.[89] 심지어 컬러 워가 끝났음에도 두 집단은 서로를 분리하려 했고 서로섞이기를 꺼렸다. 독수리팀 소년들은 방울뱀팀 소년에게 순서를 양보하면서도 "계집애 먼저"라고 말했다. 샤리프는 소년들과 소통하며 그들의 의견을 광범위하게 청취했는데, 당연히도 상대 팀 구성원보다 같은 팀 친구들의 능력을 훨씬 더 높이 평가한다는 사실을 발견했다.

대항전이 끝난 직후 시작된 세 번째 단계에서 샤리프는 두 번째단계에서 발생한, 그룹 내외에 대한 상이한 행동 패턴을 줄일 방법을 모색했다. 두 그룹이 식사를 하거나 영화를 보는 등의 수동적인오락을 위해 모인 경우에도 상대를 향한 적대감은 사라지지 않았다. 샤리프는 두 그룹의 급수통 물이 고갈되게 하여 일과 후 식수 공급을 위한 복구 작업에 함께 참여하게 했다. 이와 유사한 몇몇 작업을 수행하자, 상대 팀에 대한 반감이 완전히 사라진 것은 아니었지만 눈에 띄게 줄어들었다. 예를 들어 2단계가 끝났을 때 방울뱀팀소년들이 선택한 친한 친구 중 6%만이 독수리팀 소년이었지만, 3단계가 끝날 무렵에는 36%로 증가했다.[90]

로버스 동굴 공원 실험이나 교실에서 셔츠의 색으로 상대를 평가하는 무의미한 구별 습성이 외집단에 대한 극적인 악마화를 이뤘다는 점을 고려한다면, 마니교적 사고방식이 주류 기독교와 크게 다른 세대주의 신앙에 스며든 것은 놀라운 일이 아니다.

세대주의자들은 처음 몇 세대 동안에는 정치적 개입을 피했지만 「밸푸어 선언」을 전후로 이런 전통은 거의 사라졌다. 1970년대에 이르자, 린지와 폴웰을 비롯하여 세대주의 주창자 중 상당수가 자신보다 좌파 성향을 보이는 이들을 적그리스도로 몰아붙이기 시작했다. 이들은 예수 그리스도를 마니교의 하수인으로 만들었고, 교회를 매파 우익정치와 보수주의의 신전으로 만들어버렸다.

1991년 소련이 해체된 직후 린지는 러시아와 독일이 유럽을 갈라놓을 비밀 협정을 맺었다고 단언했다. 항상 사악한 문화 아이콘을 찾고 있던 그는『지구 행성-서기 2000년』을 통해 해저 탐험가 자크 쿠스토Jacques Cousteau가 따뜻하고 몽롱한 해양 환경주의의 옷을 입고 '단일 세계 사회주의one-world socialism'의 핵심 메시지를 확산시키고 있다고 주장했다(시대적 공포를 조장한 일은 이것이 처음이 아니었다. 20세기 초에 근본주의 기독교인들은 세계인이 공동으로 사용할 목적으로 만들어진 언어인 에스페란토Esperanto를 사탄적 세계주의의 도구로 봤다).[91]

『지구 행성-서기 2000년』은 국가의 사회 안전망과 환경 보호 문제 등 논란이 불필요한 사항에 대해서도 비판을 가했다. 여행비둘기(20세기 초에 멸종됨-옮긴이)와 도도새(모리셔스섬에 서식하다가 18세기에 멸종됨-옮긴이)의 운명은 물론 세계 어류 자원의 심각성을 모르고 있던 린지는 "사적 소유로 관리되는 모든 것은 풍부해진다"라고 단호하게 말했다. 그는 지구의 오존층이 얇아지는 것을 종말을 앞당기는 대격변 중 하나로 열거했다. 그는 인공 염화불화탄소^{CFC}가 오존층을 파괴한다는 사실을 인정하면서도, 지구에서의 CFC 생산을 제한한 「몬트리올 의정서^{Montreal Protocol}」가 개인의 자유를 불필요하게 제한한다면서 정부의 규제를 비난했다. 심지어 주 오염원이 CFC가 아니라 화산 활동이라고 주장하며 이렇게 말했다. "정말로 무서운 것은 우리가 손상된 오존층을 복구하기 위해 인간이 할 수 있는 일이 없다는 점입니다."[92]

화산 폭발이 오존 수치를 낮추지만 그것은 일시적인 현상이다. 화산들은 오존층을 파괴하지 않으면서 수억 년 동안 폭발해왔으며, 오존층이 파괴된 것은 근래의 일일 뿐이다. 최근의 대기 측정 수치를 보면 「몬트리올 의정서」가 피해를 복구하고 있다는 사실이 드러나고 있다.[93]

수년에 걸쳐 린지는 자신이 가진 영향력을 더욱 폭넓게 행사했다. 1980년대 초에 쓰인 그의 책 『1980년대: 아마겟돈을 향한 카운트다운』에서 그는 이스라엘 공군의 초청으로 미국 공군대학원 강단에서 예언에 관한 강의를 한 뒤 '열광적인 박수'를 받았다고 했다. 그에 따르면, 1년 뒤 다시 초대를 받아 방문했는데 "강의실에 수백 명이 들어차 있는 것을 보고 놀랐으며, 건물 밖에서는 인류의 미래를 이야기하는 자신을 만나기 위해 수많은 사람이 몰려들었다.”[94] 강의를 끝마쳤을 때 반응이 폭발적이었다는 말도 잊지 않았다. 나중에 그는 소속을 공개할 수 없는 ‘엄청난 국가 중책을 맡은 엘리트 그룹’을 대상으로 강의했다. 역시나 이 고위층 청중은 그의 예언에 ‘엄청난 감동’을 받았는데, 특히 “강의가 있기 며칠 전, 자신들의 고성능 컴퓨터가 「다니엘서」가 예측한 것과 동일한 사건들이 벌어지리라고 예측했다고 했다. 말할 필요도 없이, 그들은 나의 말보다 다니엘의 예언에 더욱 놀라워했다”라며 당시의 상황을 전했다.[95]

지난 수십 년 동안 복음주의자들은 점점 더 미군의 내부에 스며들었다. 자신을 복음주의자나 오순절주의자라고 밝힌 비율은 전체 인원의 약 22%로 일반인과 비슷한 비율을 보이지만 그들의 영향력은 숫자 이상으로 훨씬 크며, 특히 군목과 공군 최고 사령부에서의 직책들에서 그러하다.[96]

1950년대부터 복음주의자들이 보여준 분명한 반공주의 이념은 군대라는 장소와 직함에 최적화된 것이었다. 이런 군사적 복음주의의 전통은 1960년대와 1970년대에 더욱 강화됐는데, 당시 베트남전쟁에서 복음주의자들이 헌신하는 모습은 주류 개신교 신도들의 반전 이념과 극명히 대비됐다. 역사학자 앤 C. 러브랜드Anne C. Loveland가 말했듯, “기독교인들이 군 복무를 반대하지는 않았어도 매우 회의적인 태도를 가졌던 것에 비해 복음주의자들은 군 복무와 전쟁을 지지했고 전쟁 참가자들을 존경하는 모습을 보이며 군대 내에서 지지와 영향력을 확대해갔다.”[97]

복음주의자들은 군목의 역할을 전쟁의 공포에 노출된 젊은이들에게 영적 위안을 제공하는 데에만 한정하지 않았고 병사들이 예수님을 찾도록 적극적으로 돕는 기회로 생각했다. 미국복음주의협회 National Evangelical Association 잡지에 실린 기사에 따르면, 입대한 군인의 절반은 특별한 종교가 없었고 절반은 개신교나 가톨릭, 유대교 등의 종교를 가지고 있었다. 러브랜드는 이 상황을 이렇게 표현했다. "그곳은 우리 교목들이 일하고 있는, 곡식이 농익은 밭이었다."[98]

국교를 금하고 있는 헌법 조항을 준수하기 위해 군은 군목 지원자들의 각 교단에 인증 절차를 떠맡기고 있다. 1987년 이전에는 군이 교단에 따라 군목을 배정했는데, 만일 입대자 5%가 성공회 신자라면 군목의 5%도 성공회 신자로 배정했다. 하지만 1987년에 규정이 변경되어 모든 개신교를 단일 범주로 통합했을 뿐 아니라, 복음주의와 오순절교회가 승인한 기관이 군목을 지명할 수 있게 했다. 그러자 2009년까지 현역 군목의 80%가 복음주의나 오순절교도들로 채워졌다.[99]

또한 지난 수십 년 동안 미국 군사 문화에서는 메이슨-딕슨 선 Mason-Dixon Line(메릴랜드와 펜실베이니아를 나누는 경계선으로, 북부와 남부를 정치적·사회적으로 구분하는 상징으로 여겨짐-옮긴이)으로 큰 논쟁이 있었다. 남부 백인 장교와 병사들의 인종적 우월성이 받아들여지지 않자, 또 다른 우월성의 상징으로 복음주의 신앙이 흰 피부를 대체하기 시작했다.[100]

육·해·공군을 망라한 미국의 모든 사령부에서 이와 같은 종교 구성원의 변화가 있었으며, 정치적으로나 종교적으로 매우 보수적인 콜로라도 스프링스에 있는 공군사관학교가 이런 현상의 본거지가 됐다. 공군사관학교는 2000년대 초반에 성폭행 스캔들로 논란의 중심이 된 적이 있다. 몇 년 후에는 다른 종류의 명백한 학대가 벌어졌는데, 복음주의 군목들은 명백한 반유대주의 행태는 외면한 채 군인들은 '예수님 편'이 되어 싸워야 한다고 권고했을 뿐이다. 그리고 멜 깁슨Mel Gibson의 선동적인 종교 영화 〈패션 오브 크라이스트〉의 관람을 의무화했다. 〈패션 오브 크라이스트〉는 복음주의 기독교인들로부터는 아낌없는 찬사를 받았지만 일반 대중에게서는 스토리에 내재된 암묵적인 반유대주의 메시지로 비판받았던, 매우 폭력적이고 도덕주의적인 영화다. [101]

1980년대 종말론 신앙을 가졌던 어느 미국 대통령은 그 신념을 버렸지만, 그가 뿌린 씨앗은 휘하 부대의 지휘 체계에 뿌려져 조직의 상단으로까지 줄기를 내뻗고 있다. 데니스 마이클 로한이 정신병을 감추고 있다가 템플마운트에 등유 한 병을 뿌려 방화를 시도한 것처럼, 예를 들어 미국이나 러시아, 이스라엘 또는 파키스탄의 고위 장교가 불현듯 핵무기 발사 버튼을 누른다면 이 세계는 어떻게 될까?

11.

웨이코의 비극

인간의 감각은 예언을 믿고 싶어 하는 말초적 감성과 핵무기 운용 정책을 잇는 중요한 연결고리이지만 그것은 매우 은밀하고 혼탁한 가운데 놓여 있다. 1945년 이후의 예언 추종자들은 의식적으로 가능한 한 빨리 아마겟돈 상황이 도래하기를 바랐다. 심지어 성경이 종말을 예언하고 있고 신도들은 구원받을 것이라는 확신을 가진 채, 핵무기 경쟁과 냉전 대결을 암묵적으로 방치한 경향이 있다.

- 폴 보이어

핵전쟁 전략가이자 훗날 국방부 문서를 무단으로 공개하여 유명인 사가 된 대니얼 엘즈버그는 1964년 어느 날 미국의 정책 연구기관 RAND의 상사인 해리 로웬Harry Rowen과 함께 '직업적 호기심으로' 영화 〈닥터 스트레인지러브〉를 관람하러 갔다. 스탠리 큐브릭Stanley Kubrick 감독의 상징성 가득한 이 영화는 소련의 인류파멸무기doomsday machine가 언급되는가 하면, 극우 성향의 미 공군 사령관 잭 D. 리퍼 Jack D. Ripper 준장이 러시아를 향해 전략 폭격기를 출격시키는 장면도 나온다(인류파멸무기는 '코발트-토륨 G'와 함께 밀봉된 다량의 열핵 폭탄으로 적의 첫 원자폭탄 공격을 받으면 자동으로 폭발하도록 설계되어 있다). 리퍼의 폭격기는 한 대만 빼고 모두 되돌아오는데, 슬림 피컨스Slim Pickens가 뛰어난 역할을 보여준 폭격기 기장은 영화의 마지막 장면에서 폭탄 투하실로 내려갔다가 야생마처럼 생긴 수소폭탄을 카우보이처럼 타고 그대로 뛰어내린다.

그와 동시에 피터 셀러즈^{Peter Sellers}가 연기한 닥터 스트레인지러브가 어느 광산의 비밀기지에서 미국 대통령과 참모들 및 소련 대사 앞에서 종말 이후의 생존 계획을 설명할 때 핵무기가 연속적으로 폭발하면서 버섯구름이 뭉게뭉게 피어오르고, '우린 다시 만날 거예요^{We'll Meet Again}'라는 노래가 배경음악으로 흐른다. 엘즈버그는 다음과 같이 기록했다.

> 영화가 끝나고 오후의 햇살을 받으며 밖으로 나왔을 때, 햇살도 강렬했지만 우리가 본 영화 때문에 몹시 어지러웠다. 그리고 우리가 공통으로 생각한 것은 우리가 본 것이 영화가 아니라 다큐멘터리였다는 점이다.

엘즈버그와 로웬은 이 영화가 당시 일급비밀이던 핵 지휘 절차를 매우 정확히 재현했다는 점에 깊은 인상을 받았다고 했다. 사실 이 영화는 시나리오 작가인 피터 조지^{Peter George}의 소설 『적색 경보^{Red Alert}』를 기반으로 만들어졌는데, 그는 과거 영국왕립공군^{Royal Air Force}에서 근무한 장교였던 사실도 밝혀졌다.

여러 해 전에 그가 미국의 어느 군사기지를 방문했을 때 알게 된 사실은 핵을 운용하는 지휘권이 위험천만하게도 많은 지휘관에게 분산되어 있다는 점이었다. 핵전쟁이 인류의 멸망을 가져올 수 있으며, 심한 경우 일개 소령이 자신의 권한으로 공격에 활용할 수 있다는 사실을 조사를 통해 알게 된 그는 충격을 받았다.[1]

〈닥터 스트레인지러브〉와 『적색 경보』가 재현한 정보의 정확성에 깊은 인상을 받은 핵 관련자가 엘즈버그와 로웬만은 아니었다. 영화가 제작되기 5년 전, 제작진 중 한 사람인 존 루벨^{John Rubel}은 피터 조지의 소설을 펜타곤의 탄도 미사일 과학자문위원회^{Scientific Advisory Committee} 위원들에게 발송하기도 했다.

종교적 영감으로 충만하여 이상 증세를 보이는 지휘관이 없다고 하더라도, 현재 세계의 핵무기 지휘 체계는 놀라울 정도로 불안정하고 사고 발생에도 취약하다.

처음 개발될 무렵부터 인류파멸무기가 현실화된 지금까지, 핵은 세상을 여러 번 태울 만큼 파괴적인 위력으로 발전해왔다. 탐사보도 전문기자 에릭 슐로서^{Eric Schlosser}의 명저『지휘와 통솔^{Command and Control}』에는 핵무기를 탑재한 항공기가 추락하거나 미사일 오발, 잘못된 공습경보 등 핵 운용 부대에서 발생한 사고의 수많은 실제 사례가 기록되어 있다.

1961년 4메가톤급 열핵폭탄 2기가 탑재된 B-52 폭격기가 연료누출로 중량 불균형 상태가 되어 통제 불능 상태로 운항했다. 조종사는 안전장치가 해제되지 않은 핵폭탄 2기를 그대로 투하했다. 그중 하나는 낙하산이 퍼지지 않은 채로 노스캐롤라이나주 파로 인근 습지에 여러 파편으로 추락했다. 폭탄의 격발장치와 '주재료'인 플루토늄 핵은 발견됐지만 폭발력을 증폭시키는 원료인 '보조재료' 우라늄은 찾아내지 못했다. 다른 하나의 폭탄은 정상적으로 낙하산이 퍼지며 땅에 떨어졌고 충격 센서가 작동하며 다층 격발신호가 전송됐다. 하지만 마지막 회로의 고장으로 폭발이 이루어지진 않았다.

두 번째 폭탄이 정상적으로 작동했다면 '지상 폭발'을 일으켰을 것이다. 그랬다면 '공중폭발'을 했던 히로시마와 나가사키 투하탄보다 훨씬 많은 방사능 낙진을 발생시켰을 것이며, 그 생성량은 100배 이상으로 추정됐다. 폭발 당시 남풍이 불고 있었다면, 치명적인 낙진이 미국 북동부 지역 대부분을 뒤덮었을 것이고 노스캐롤라이나 전 지역은 사람이 살 수 없는 죽음의 땅이 됐을 것이다. [2]

더욱 놀라운 것은 1962년 쿠바 미사일 위기 동안 발생한 다른 사건이다. 열정 넘치는 미국 구축함 함장이 소련 군함에 핵 어뢰가 장착되어 있다는 사실을 모른 채 러시아 잠수함 B-59에 훈련용 기뢰를 발사했다. 러시아 잠수함의 함장과 통제요원 모두 핵무기 1기를 발사하고자 했으나, 우연히 함께 탑승한 함대 사령관 바실리 아르키포프Vasili Arkhipov가 거부했다. 수십 년이 지난 후 이 사건이 대중에게 알려졌을 때 사람들은 아르키포프를 '세상을 구한 남자'라고 불렀다. [3] 소련 지도부는 일반적으로 미국에 비해 지휘 체계가 단순했다. 오늘날 핵 통제 체계에 관한 최고의 권위자인 프린스턴대학교 브루스 블레어Bruce Blair 교수는 "러시아의 핵 통제 및 보호 시스템은 미국의 통제 체계보다 훨씬 인상적이다"라고 평했다. [4]

미국이 잘한 일이라면, 로널드 레이건이 1981년 대통령이 됐을 때 국가안보기구의 요직을 매파 장성들로 채웠고 이들이 의지와 열정을 다해 국가안보를 수호하고자 노력했다는 점이다. 물론 이들 역시 소련을 자극하는 행위를 서슴지 않았다. 미국 전략공군사령부는 일주일에 몇 차례씩 북극 상공에 폭격기를 보내거나, 바르샤바 조약이 금하는 지역과 소련 및 아시아 국경지대로 단거리 전폭기를 출격시켜 위협을 가하곤 했다. 국방부 차관이었던 윌리엄 슈나이더 주니어William Schneider Jr.는 당시를 이렇게 회상했다.

조종사들도 자신들의 비행이 무엇을 의미하는지 몰랐습니다. 편대는 소련 영공을 향해 똑바로 비행하다가 그들이 레이더 전파를 발사하고 부대 경보가 울리면 마지막 순간에 아슬아슬하게 지역을 이탈하여 원대 복귀를 하곤 했지요.[5]

또 다른 사건은 레이더 시스템이 오작동을 일으켜 대규모 미사일 공습 상황이 연출된 1980년 6월 3일 오전 2시 30분의 소동이다. 당시는 러시아가 아프가니스탄을 침공하고 미국이 모스크바 올림픽 보이콧을 선언하여 냉전의 긴장이 고조되던 시점이었다. 미국의 국가안보 보좌관 즈비그뉴 브레진스키Zbigniew Brzezinski의 부관이었던 빌 오덤Bill Odom은 미사일 220발이 아군 기지로 날아오고 있다는 보고를 받고 상관을 깨웠다. 브레진스키는 오덤에게서 전략공군사령부의 비상 조종사들이 B-52 폭격기로 달려가 엔진을 점화하고 있다는 사실을 확인했다는 보고를 받고 조종사와 연락을 취했다. 그는 자고 있는 아내가 최악의 경우 잠이 든 채 생을 마감할 수 있도록 깨우지 않기로 했다. 몇 분 후 오덤은 브레진스키에게 전화하여 최초 보고의 10배인 2,200대의 미사일이 날아오고 있다고 전했다. 브레진스키가 몇 분밖에 소요되지 않는 국가 공격 체계를 활성화하면서 지미 카터 대통령에게 사태를 보고하려 했을 때, 오덤은 다른 방어 시스템들은 미사일 공격을 전혀 확인하지 못했다는 사실을 세 번이나 확인했다. 잠시 뒤, 누군가가 실수로 훈련용 테이프를 지휘용 컴퓨터에 삽입하는 심각한 실수를 저질렀다는 사실이 밝혀졌다. 세상이 잿더미가 되기 1분 전에 대응 작전은 취소됐다.[6]

국가가 운용하는 핵무기의 규모가 확대되면서 우발적인 재앙이 발생할 위험도 커졌다. 시민들이 뽑은 정치인들은 핵무기의 우발적인 발사를 방지하는 것보다 무기가 발사되도록 하는 데 더 관심이 많은 군 지휘관들과 힘든 싸움을 벌여야 했다. 우발적인 발사의 방지를 강화할수록 지휘관들의 저항은 거세졌다. 예를 들면 여덟 자리 암호 입력과 입력 횟수 제한 기능을 삽입한 무기활성화승인코드Permissive Action Link, PAL를 도입하면서 한 개인이 무단으로 시스템을 실행하는 것을 방지하고자 했다. 아, 그러나 암호 입력 오류로 시스템을 실행시키지 못할 것을 우려한 전략공군사령부의 사령관들은 모든 암호를 기억하기 쉬운 여덟 자리 숫자인 '00000000'으로 설정하여 시스템 보호 기능을 손쉽게 회피해버렸다. *[7]

그뿐 아니라 자동차의 잠김방지브레이크시스템ABS처럼, 안전 기능을 사용하는 사용자의 안심도가 높아져서 역설적으로 안전을 위협하는 행위가 나타나기도 했다. 복잡계에서의 정상 사고Normal

---

* 게다가 일부 지하기지의 활성화승인코드는 탄두는 제외한 채 미사일에만 적용됐다.

Accidents(불가피하며 특정인의 잘못도 아닌 사고-옮긴이) 연구 분야에서 저명한 이론가인 찰스 페로^{Charles Perrow}가 지적한 바와 같이, 매우 안전해 보이는 장치들은 "운용자들이 시스템을 더 빠르게 또는 더 악조건에서 또는 더욱 과감하게 운용하려는 유혹에 빠져들게 한다."[8]

지휘관이나 지도자가 직면하는 가장 운명적인 결정은 불완전한 데이터를 기반으로 몇 분 이내에 명령을 하달하는 일일 것이다. 이때, 운이 좋아서 핵폭탄이 폭발하기 전에 휴거가 일어나 자신들은 재난을 피할 수 있다는 믿음으로는 올바른 판단을 내릴 수 없을 것이다. 〈닥터 스트레인지러브〉에 등장하는 정신 이상자인 리퍼 장군은 상수도 불소화에 대한 반감으로 소련을 향해 폭격기를 배치했다고 자백하면서 영화에서 가장 유명한 독백을 쏟아낸다. "나는 공산주의가 침투하는 것을 보고만 있을 수 없어. 공산주의가 우리를 세뇌하고, 공산주의가 우리를 무너뜨리고, 공산주의의 음모가 우리 몸의 소중한 물을 빼앗고 더럽히는 것을 보고만 있을 수 없다니까!" 오늘날에도 불소 음모론은 세대주의적 우파, 특히 짐 배커의 과격한 주장으로 유포되고 있다. 그의 웹사이트에는 '건국 이래 사망한 군인의 숫자보다 불소로 인한 사망자가 더 많다'라는 터무니없는 주장이 게재돼 있다.[9]

정신 이상자나 종교적 극단주의자인 군대 사령관보다 더 위험한 것은 설득력 있게 포장되어 더욱 위태로울 뿐 아니라 아마겟돈의 비극을 앞당길 수도 있는 세대주의의 서사일 것이다. 린지나 폴웰 같은 세대주의자들은 군대에 대한 어떤 종류의 규제에도 격렬히 반대하면서, 동시에 우발적인 군사 충돌로도 전멸에 이를 수준의 군사력 확대를 주장했다.

린지의 책『1980년대: 아마겟돈을 향한 카운트다운』에서도 이 주장이 강력하게 제시됐다. 그에 따르면, 전략무기제한협정Strategic Arms Limitation Treaty, SALT은 핵으로 인한 인류 대학살의 위험을 줄이지 못했다. 오히려 미국의 군사적 우위를 무력화해 미국인들을 치명적인 위험에 빠뜨렸으며, 사악한 소련이 유럽을 집어삼키게 했다. 미국 정부는 음모론자들이 말하듯 거대한 세력의 꼭두각시일 뿐이며, 실질적인 힘을 가진 세력은 삼극위원회Trilateral Commission다(삼극위원회는 록펠러 가문과 즈비그뉴 브레진스키로 대표되는 고위급 민간 조직이다). 설상가상으로 미국은 중국의 장제스蔣介石(중국공산당에 대항했던 국민당 정부의 주석-옮긴이)와 이란의 샤Shah(왕), 아파르트헤이트apartheid(법률화된 인종차별·분리 정책-옮긴이)를 추진한 남아프리카공화국 정부를 내팽개치는 어리석은 선택을 했다고 비판했다.[10] 린지는 다음과 같은 장면도 묘사했다.

소련의 총리가 곧 미국 대통령에게 전화를 걸 수도 있다. 그는 이렇게 말할 것이다. "우리는 당신네 미사일과 발사 시설을 전부 파괴할 수 있습니다. 잠수함에서 발사되는 미사일도 레이저빔으로 요격할 수 있지요. 미그-25 전투기와 SS-5 지대공 미사일로 당신네 낡은 폭격기들도 격추할 수 있습니다. 그러니 대통령 각하, 지금 항복하시겠습니까? 아니면 미국이 잿더미가 되는 것을 지켜보셔야겠습니까? 결정할 시간이

20초 남았습니다.[11]

린지는 『지구 행성-서기 2000년』에서도 똑같은 주장을 펼쳤다. 샌프란시스코 프레시디오에 있는 지금은 잊힌 지 오래된 고르바초 프재단Gorbachev Foundation은 '미국에서 가장 신성한 군사기지 중 하나'로, 사탄이 주도하는 세계 질서에 따라 미국의 영향력이 무력화됐다는 증거이며 UFO도 외계에서 날아온 것이 아니고 사탄의 장난질일 뿐이다.[12]

그런데 아마겟돈을 '정해진 순서'로 상정하는 것은 자기 성취적self-fulfilling 예언을 만들어서 실행을 자처하게 될 위험이 있다. 종말론 신학의 권위 있는 학자인 폴 보이어는 이렇게 말했다.

> 인간의 감각은 예언을 믿고 싶어 하는 말초적 감성과 핵무기 운용 정책을 잇는 중요한 연결고리이지만 그것은 매우 은밀하고 혼탁한 가운데 놓여 있다. 1945년 이후의 예언 추종자들은 의식적으로 가능한 한 빨리 아마겟돈 상황이 도래하기를 바랐다. 심지어 성경이 종말을 예언하고 있고 신도들은 구원받을 것이라는 확신을 가진 채, 핵무기 경쟁과 냉전 대결을 암묵적으로 방치한 경향이 있다.[13]

❧❧❧❧

1980년대 초, 소설가 그레이스 모지타바이Grace Mojtabai는 텍사스주 아마릴로라는 신앙심 깊은 마을로 취재를 떠났다. 이 마을은 미국에서 생산되는 핵무기가 조립되고 사후 관리되는 곳으로, 모지타바이는 마을의 돈독한 신앙과 핵무기 생산 공장 사이의 연결고리가 있으리라고 생각했다. 잡지에 수록할 기사를 쓰기 위한 그녀의 탐사 취재는 머지않아『축복받은 확신Blessed Assurance』이라는 제목의 두꺼운 단행본으로 발간됐다. 유대인이었던 그녀는 결국 아마릴로에 자리를 잡고 살게 됐다.

그녀는 세대주의적 신념이 마을에 너무도 깊이 스며들어 있어서 좋은 교육을 받은 민주당 당원이었던 어느 신문 발행인조차 그들의 신념에 전적으로 동조하는 모습을 봤다. 1980년대에 마을에 지어진 공장의 임무가 널리 알려지자 아마릴로 사람들은 그 지역이 적대국 미사일의 주요 목표이며 핵무기가 발사될 경우 지구상에서 가장 먼저 사라지리라는 사실을 즉시 인지하게 됐다. 마을에서 가장 큰 교단인 제일침례교회First Baptist Church는 세대주의의 종말론 교리에 동의하지 않았다. 하지만 그럼에도 그 위험을 담담히 받아들였으며, 많은 국민이 고통받는 것보다 자신들이 즉각적인 증발로 사라지는 편이 낫다는 일종의 자기 위안마저 느끼는 듯했다.

마을의 더 작은 교회인 주빌리 터버내클Jubilee Tabernacle 교회의 로이스 엘름스Royce Elms 목사는 또 다른 생각을 했다. 모지타바이가 설명한 대로 그는 교구 신도들에게 핵전쟁을 전혀 두려워할 필요가 없다고 주장했는데, 그 이유는 비극이 발생하여 사람들이 희생되기 전에 자신들이 휴거될 것이기 때문이라고 했다.

여러분도 아시겠지만 정부는 지금 우주 프로젝트에 막대한 돈을 쏟아 붓고 있습니다. 하지만 우리는 얼마나 행복한가요? 그들이 그 모든 장치의 전원을 내린다고 해도 우리는 그저 지켜보면서 잠시 기다리기만 하면 곧 트럼펫 소리가 울려 퍼질 것입니다. 그러면 여러분이 우주 프로젝트의 주인공이 되는 겁니다. 저는 그들이 지금도 진행하고 있는 저 하찮고 보잘것없는 사업을 위한 우주비행사가 되고자 생각한 적이 없습니다. 저는 전혀 다른 우주비행사 프로그램 명단에 주님의 은총과 보호하심에 힘입어 제 이름을 새겨 넣었습니다. […] 저들의 로켓이 불을 뿜으며 이륙할 때 […] 우리는 성령의 불꽃을 휘날리게 될 것입니다!

"그대들이여 안녕! 안녕히!" 목사는 폭탄이 발사되면 아마릴로는 물론 휴스턴과 댈러스와 로스앤젤레스를 향해서도 소리칠 거라고 했다. 엘름스의 교구 신도 한 사람은 같은 로켓 우주선을 타고 핵이 뒤덮일 아마겟돈을 탈출할 수 있다는 믿음에 위안을 얻지만, 자녀와 손주들을 남겨두고 갈지도 모른다는 생각에 괴로워했다고 한다 (모지타바이는 핵전쟁의 환란에서 벗어나 천국으로 향할 것이라는 신도들의 '축복받은 확신'을 그대로 책 제목으로 썼다).[14]

보이어와 마찬가지로 모지타바이도 종교적 광신에 이른 팬텍스 핵무기 공장의 노동자들이 핵을 손에 넣어 종말을 앞당길 가능성을 생각할 수밖에 없었다. 오히려 보이어와 마찬가지로 그녀는 자신과 친분을 쌓은 아마릴로 주민들과 같은 일반 시민들이 마니교의 세대주의적 세계관을 받아들이고 핵전쟁의 위험에 무감각해진 상황이 안타까웠다.

　만일 세상이 절대선과 절대악으로 또는 주님을 따르는 자와 사탄을 따르는 자로 나뉜다면, 적과의 타협이나 절충은 있어서는 안 되는 일이다. 그토록 분명하게 편이 갈린 사회에서는 평화보다는 전쟁이 필연적일 것이다.[15]

　신학자 고든 코프먼Gordon Kaufman은 1982년 미국종교아카데미American Academy of Religion에서의 대통령 연설에서 인류에 대한 세대주의의 위험이 나타난 부분을 명료하게 지적했다. 코프먼은 역사상 처음으로 인류는 지구상의 모든 종을 소멸시킬 힘을 갖게 됐으며, 따라서 세대주의 신앙에 담긴 종말론적 세계관은 "인간으로서 가져야 하는 책임의식을 회피하는 태도"라고 주장했다. 그리고 그 도피를 정당화하기 위해 신의 뜻을 거론하는 것은 악마가 하는 행동과 다르지 않다고 했다. 그는 휴거에 대해 "인간이 가진 책임이라는 신경을 절단하는 일"이라고 덧붙였다.[16] 즉 멸종으로부터 우리 자신을 구할 수 있는 힘의 일부가 하느님의 손에 있다는 믿음이 확산된다면, 재앙을 방지하려는 인간 자신의 의지를 약화시키고 재앙이 벌어질 위험을 증가시키게 될 것이다.

꿀꿀꿀

핵무기와 세대주의의 교차점에 아른거리는 위험성이 지금까지는 다행히 우려에 지나지 않을지 모르지만, 밀러의 영적 계승자 중 한 사람의 종말론은 그 자신은 물론 무고한 추종자 수십 명의 비극적인 종말을 초래했다. 역사에 기록이 가미된 이후, 타인과 구별되는 작은 차이에 대한 프로이트적 자기애는 꾸준히 종교적 돌연변이를 낳았는데, 제7일안식일예수재림교회는 개신교의 유서 깊은 전통에 작은 독소를 불어넣었다.

1920년대에 빅터 후테프Victor Houteff라는 재림교인이 자신의 독특한 성경 해석을 설교하기 시작했다. 초등 3학년이 받은 교육의 전부인 세일즈맨 후테프는 「요한계시록」의 무시무시한 이야기에 매료됐다. 특히 그는 이전의 많은 사람이 그랬던 것처럼, 계시록 7장의 신도 14만 4,000명, 즉 히브리 12지파에서 각각 1만 2,000명씩 '하느님으로부터 이마에 인을 받은' 사람들에 주목했다.

제7일안식일예수재림교도들은 자신을 14만 4,000명의 일부라고 생각했다. 후테프는 종교의 분파가 넘쳐나면서 신도의 수가 선택받을 수를 훨씬 넘어서 열의와 헌신을 잃어버렸다고 강조했다. 그도 여느 세대주의자들처럼 근대 이후의 타락한 문화에, 특히 해변 축제나 영화 상영 같은 대중문화에 탐닉하는 제7일안식일 형제들을 비난했다.[17] 그는 극렬 이단자들이 그러하듯 교회의 '가증스러운' 행태를 목록으로 작성했다. 그의 생각에 가장 시급한 사명은 제7일안식일예수재림교회의 진정한 교인 14만 4,000명을 선별해내는 일이었다.

후테프는 기성 교단의 분파를 만들기보다는 자신을 중심으로 한 교회를 개척하려 했다. 그런데 예상과 달리 카리스마 넘치는 세일즈맨이 지지자들을 끌어들이기 시작하자 교인들은 놀라움을 금치 못했으며, 1934년에는 그를 '제명'하고 말았다(1845년에 로 햄프턴의 침례교회가 밀러를 제명한 사건과 매우 유사하다).

처음에 그의 종파는 후테프의 선언문 제목인 '주의 지팡이Shepherd's Rod' 또는 그냥 '지팡이the Rod'로 알려졌다. 이후에 고대 성지인 다윗 왕국에 대한 열망을 담아서 종파 이름을 '다윗의 제7일안식일예수재림교회'로 바꿨고, 이를 줄여서 다윗교로 불렀다. 신도가 늘어나면서 1935년에 다윗교는 텍사스주 웨이코에 전국본부로 갈멜산센터Mount Carmel Center(갈멜산은 이스라엘에 있는 성스러운 산임-옮긴이)를 설립했다. 이곳 본부에는 37명의 추종자만이 상주하고 있었지만, 종말이 1년 내에 도래할 것으로 추정한 그는 짧은 기간에 14만 4,000명을 모아 팔레스타인으로 인도하려 했다. 그는 독실하고 신실한 재림교를 구성하고자 했기 때문에 기존 동료 신도인 제7일안식일예수재림교회 신도들만을 전도 대상으로 봤고 단기간에 구원에 이르도록 인도하기 힘든 일반 대중에게는 전도하지 않았다.[18] 후테프는 1955년 사망할 때까지 수천 명의 추종자를 양산했지만, 당시 팔레스타인 지역을 지배한 것은 이스라엘이었음에도 그곳으로 신도들을 인도한 일은 한 번도 없었다. 당시 신도들이 급증한 다윗교는 기존의 본거지를 벗어나 동쪽으로 14킬로미터 이동하여 텍사스 엘크에 '새로운' 갈멜산을 세웠다.

성경은 수 세기에 걸쳐 수십억 명이 읽은, 역사상 가장 많이 논의되고 분석된 책이다. 확률의 법칙에 따르면 최소한 수백만 명의 독자는 극도로 높은 지능을 가졌을 것이고, 적어도 수십만 명은 성서 해석에서 전문적인 훈련을 받았을 것이다. 하지만 초등학교 저학년 까지의 교육 경험이 전부인 후테프는 이전에 성경을 읽었던 인류가 발견하지 못한 비밀을 자신만이 발견했다고 주장하며, 말세에 14만 4,000명의 신도를 성지로 인도할 '동쪽에서 부상하는 천사'를 자기 자신으로 만들어버렸다. 다윗교는 후테프를 시작으로 그와 유사한 극도의 자기중심적 성향의 지도자들을 연이어 배출하며 집단을 파 국으로 몰고 갔다. 여기에는 여론에 눈과 귀를 닫은 연방 법 집행기 관의 방관도 한몫했다고 볼 수 있다.

1955년 11월 5일 후테프가 사망한 직후에 그의 미망인 플로렌스 Florence는 계시록의 마지막 때에 벌어질 일들에 관한 중요한 사실을 알게 됐다고 발표했다. 정확히 1,260일 후인 1959년 4월 22일에 예 수님이 이 땅에 오신다는 소식을 들었다고 했다.[19] 그녀의 예언은 종말을 믿는 신도 900명을 갈멜산으로 끌어모았고, 그곳에서 기대 에 부푼 신도들은 과거 밀러의 대실망 사건의 축소판을 경험하게 된다. 1844년의 대실망 사건과 마찬가지로 이 종파는 이후 서로 반 목하는 두 단체로 나뉘었는데, 가장 큰 단체는 갈멜산을 인수한 벤 로덴Ben Roden이라는 후테프의 수행사제였다.[20]

로덴은 후테프의 자만심을 물려받아, 하느님께서 자신을 '가지 branch'로 택하셨다고 주장했다. 가지(나뭇가지)라는 용어는 구약의 「스가랴서Zechariah」와 신약의 「요한복음John」에서 주님의 신실한 종들 을 표현한 단어로, 자신이 신도들을 재림의 영광으로 인도할 것이며 앞으로 종파의 이름을 가지다윗교^{Branch Davidians}로 칭한다고 공표했다. 그는 신도들에게 "죽은 지팡이^{Rod}를 버리고 살아 있는 가지^{Branch}를 취하라"라고 권고했다.[21]

1978년 로덴이 사망했을 때, 주님께서 성령이라고 계시한 그의 아내 로이스^{Lois}는 정서가 안정되지 않았던 아들 조지^{George}와 승계 다툼을 벌여야 했다. 결과적으로 아내 로이스가 버넌 하월^{Vernon Howell}이라는 젊은 신도의 도움을 받아 승계를 완수했다. 하월은 열네 살짜리 미혼모의 아들로 태어나 방황하는 삶을 살고 있었다. 소년 시절 그는 여러 가정을 오가며 생활했고 난독증과 외로운 생활로 고통받았으며 중학교 3학년 때 학교를 떠났다.

소심하지만 잘생긴 이 청년의 관심을 끈 것은 기타 연주와 성경 읽기 그리고 성뿐이었다. 1981년에 그는 열다섯 살짜리 소녀를 임신시킨 뒤, 하느님께서는 목사님의 딸인 다른 여성과 결혼하기를 원하신다고 제7일안식일 형제들에게 당당히 밝혔다. 그는 또한 끊임없이 질문하는 습관이 있었는데, 한번은 강단에 올라 설교와 예배를 방해하는 바람에 곧 제명됐다. 1983년에 그는 이전에 목공 일을 했던 인연으로 갈멜산으로 옮겨 그곳에 정착했다.[22]

하월은 로이스 로덴이 갈멜산에서 신처럼 추앙받으며 뛰어난 리더십을 발휘하는 모습을 보고 매료되어 그녀 곁에 머물기로 했다. 제7일안식일예수재림교회에서 자란 그는 강박적으로 성경을 읽었다. 로이스는 그가 진지하게 성경을 받아들이는 모습을 마음에 들어 했고 말끔한 외모에도 호감을 느꼈다. 하월은 곧 다윗교를 이끄는 예순일곱 살의 미망인 지도자와 침대를 공유하기 시작했다.

다윗교 내에서 여성들은 자신이 신성한 능력을 지녔다고 주장해도 일반 주류 개신교에서와 같은 불신 가득한 눈초리를 받지 않았다. 제7일안식일예수재림교의 창시자 중 한 사람인 엘런 G. 화이트 Ellen G. White 같은 여성도 예언자로 행세했으며, 하월이 그의 저술들에 찬사를 보내기도 했다. 성경은 하월의 인생 전부를 인도하는 것 같았다. 그는 「이사야서」 8장 3절("내가 내 아내를 가까이 하매 그가 임신하여 아들을 낳은지라")의 성경 예언이 성취되기를 희망하면서 로덴과 교제했다. 그는 나중에 "일흔 살이 가까운 여자를 임신시킨다면 그게 바로 신이 아니고 무엇이겠느냐"라며 반쯤 농담을 하기도 했다.[23]

신학자 R. H. 찰스 R. H. Charles는 「요한계시록」을 "성서 전체에서 가장 어려운 책"이어서 "피상적으로 읽기 쉬운 동시에 진지하게 해석하기도 쉽다"라고 이야기한 바 있다.[24] 1983년경까지 하월은 이 의견에 동의했을 것이다. 그러나 그해에 고등학교를 중퇴하고 스물네 살이 됐을 때, 후테프와 마찬가지로 또는 수 세기 전부터 성경을 읽고 해석해온 수십억 명의 평범한 사람들과 달리, 그는 7개의 봉인을 풀었다고 믿었다. 그래서 성경의 나머지 부분을 해석하는 데 필요한 열쇠를 손에 쥐었다고 생각했다.

1984년 1월에 하월은 가지다윗교 동료 신도의 열네 살짜리 딸과 결혼하면서 로이스와 별거하게 됐다. 그해 말 어머니의 너그러움에 힘입어 교회로 복귀한 조지 로덴은 총으로 위협하여 하월과 그의 지지자들을 본부에서 쫓아내고 본부 이름을 로덴빌 Rodenville로 바꿨다. 하월과 몇몇 추종자는 동쪽으로 160킬로미터 떨어진 텍사스주 팔레스타인에 있는 오두막에 정착했다. 그러던 중 미래의 일을 구상할 겸 잠시 시간을 할애하여 이스라엘을 방문했다.

그곳에 머무는 동안 하월은 예루살렘 증후군Jerusalem Syndrome 증상을 보였다. 예루살렘 증후군은 성지를 방문한 신도들이 평생 읽고 들어왔던 성지와 회당을 직접 방문하고 큰 감동을 받아 종교적 열정에 휩싸이고 자기 자신을 성경 속 인물과 동일시하는 벅찬 감정 상태를 말한다.[25] 실제로 정신적인 이상 증세를 보인 어느 관광객은 통곡의 벽 위치가 잘못됐다고 생각하고 거대한 돌 하나의 위치를 바꾸려 했다. 이것을 '샘슨 증후군Sampson Syndrome'이라고 한다. 알아크사를 불사르려 했던 방화범 데니스 마이클 로한도 이런 증후군의 한 증상이 발현된 것이다.

템플마운트에서 불과 몇 킬로미터 떨어진 크파르 샤울 신경정신과 병원Kfar Shaul Psychiatric Hospital은 이런 증상을 전문적으로 다루고 있다. 1980년에서 1993년 사이에 이 병원의 의사들은 470명의 해당 환자를 치료했으며, 이들의 절대다수는 로한이나 샘슨 증후군 환자들처럼 기존에 신경정신과적인 이상 증세를 보인 적이 있었다. 하지만 연구 표본 가운데 9%인 42명의 환자는 이전에 정신과 병력이 전혀 없었다. 정신과 병력이 있는 환자의 91%가 유대인이거나 주류 기독교 종파 소속이었던 데 비해, 병력이 없는 42명 중 40%가 복음주의 종파 소속이었다. 그리고 이와 같은 통계적 결론은 10년도 채 되지 않아 텍사스 웨이코에서 비극적인 사건으로 현실화됐다.[26]

이스라엘에서 돌아온 버넌 하월은 눈에 띄게 다른 사람이 되어 있었다. 예루살렘에 머물 때 하느님이 그에게 당신의 종이라고 말씀하셨다고도 했다. 이후 그의 설교는 활기가 더해졌고 성경 구절을 연계하고 조합하는 데 더욱 능숙해졌다. 이제 하느님의 음성은 그가 성경 구절을 읽을 때마다 즉시 그에게 모든 의미를 알려줬다. 여행을 떠나기 전에 그는 머지않아 하느님으로부터 '완전한 메시지'를 받을 것이지만 아직은 아니라고 주장했었다. 그런데 예루살렘 신드롬에 흠뻑 젖어 텍사스로 돌아온 그는 마침내 하느님의 메시지가 도착했다고 공표했다.[27]

예언은 1840년대 후반에 탄생한 제7일안식일예수재림교회의 본질적인 부분이었고, 후테프와 로덴 시대의 다윗교에서도 그랬으며, 하월 시대에도 마찬가지였다. 다윗교 신도들은 정도의 차이는 있을지라도 대부분 하느님의 메시지를 받는 일을 미덕으로 여겼으며, 예언을 포기한 현대의 제7일안식일예수재림교회를 배교자로 여겼다.

하월은 특히 「요한계시록」 14장 6~9절에 묘사된 예언하는 세 천사에 매료됐고, 어떤 방식이든 실제로 7개의 예언이 있다고 생각했다. 처음 두 가지는 종말의 때와 바빌론이 무너진 사건으로 윌리엄 밀러가 천착했던 부분이다. 세 번째는 제7일안식일에 대한 엘런 화이트가 선택한 구절이었다. 네 번째는 빅터 후테프의 예언이었고,

다섯 번째는 벤 로덴의 것이었으며, 여섯 번째는 로이스 로덴의 선택지였다. 하월은 하느님을 통해 종말이 임박했으며 그 이전 마지막 천사가 일곱 번째 메시지를 보여줬다고 주장했다.

하월이 1987년에 이스라엘에서 돌아온 후 기이한 상황이 벌어졌다. 아직도 갈멜산을 지배하고 있던 조지 로덴이 25년 전에 여든다섯의 나이로 사망한 애나 휴스^{Anna Hughes}라는 신도의 무덤을 파헤치며 그녀의 몸을 부활시켜야 한다고 주장한 것이다. 이에 하월은 추종자 7명과 함께 조지를 시체 훼손 혐의로 고발하기 위해 본부를 급습하여 사진 촬영을 시도했다. 그 결과 45분 동안 총격전이 벌어졌다. 사상자가 발생하지는 않았으나, 하월과 7명의 조력자는 1988년에 살인미수 혐의로 오히려 재판에 넘겨졌다. 배심원단은 공범자들에게는 무죄를 평결했지만 하월에 대해서는 합의를 보지 못했다. 그러자 검찰이 더 이상의 죄를 묻지 않고 석방했다. 로덴은 처벌을 받지 않을 수 있었으나 하월에 대한 욕설과 위협으로 가득 찬 서류를 제출했다가 모욕죄로 수감됐다.

로덴이 투옥되자 하월은 종파가 체납한 세금들을 납부하고 본부로 복귀했다. 1989년 석방된 로덴은 동료 신도를 살해했는데, 피살자는 하월이 그를 죽이기 위해 보낸 것으로 의심받았다. 이후 로덴은 정신병원 보호시설에 수감됐고, 여러 차례 탈출을 시도했다. 1995년에도 그렇게 탈출을 시도하다가 병원 인근에서 심장마비로 숨진 채 발견됐다.

이후 여러 해 동안 하월은 주요 묵시록인 「에스겔서」와 「다니엘서」,「마태복음」,「요한계시록」의 구절들을 인용하여 종말론의 이론들을 설계했다. 정확한 날짜가 확정되진 않았지만 종말의 때가 다가오고 있다고 느낀 그는 신도들을 이스라엘로 인도하려 했다. 그곳에서 다윗교 신도들은 유대인들을 개종시켜야 하고, 북쪽에서는 미국 주도의 유엔군이 행동에 나설 것이었다. 그러면 기독교인이 된 이스라엘 사람들과 함께 다윗교 신도들은 최후를 맞이해야 할 터였다. 하월이 린지의 책을 읽었다는 명확한 증거는 없지만, 당시 린지의 책이 널리 읽히고 있었던 만큼 하월 혼자서 성경의 수많은 이야기를 그렇게 연결하여 서사를 만들었다고 보기는 어렵다. 그가 나중에 아마겟돈의 장소를 이스라엘에서 갈멜산으로 옮기기는 했다.

하월의 예루살렘 신드롬이 불러일으킨 탁월한 성경 해설은 청중을 현혹했고, 미국을 비롯한 해외 복음화 여행 도중에 그는 약 100명의 추종자를 갈멜산으로 데려갔다. 호주와 영국에서도 신도를 모았으나 대부분 반응이 회의적이었고, 이스라엘 사람들은 그런 일들에 익숙한지 전도의 효과가 없었다.

~ℓℓℓℓℓ~

이제 가지다윗교(이하 다윗교)는 24명의 영국인을 포함하는 다문화, 다인종 단체가 됐다. 1990년에 그는 캘리포니아 법원에 성명 변경 신청을 하여, 자신과 동일시한 성서 속 왕 다윗David과 페르시아 키루스Cyrus 왕의 히브리식 이름 코레시Koresh(성경의 고레스 왕-옮긴이)를 합하여 '데이비드 코레시David Koresh'로 개명했다. 거의 500년 전에 존 보켈슨이 그랬던 것처럼, 그도 자신의 성욕을 촉진하는 일부다처제와 다른 남성의 금욕을 촉구하는 독신주의를 도입하여 일거양득의 혜택을 봤다. 그는 열두 살에서 스무 살 사이의 여성 5명과 '결혼'했지만 중혼을 금하는 법률에 위배되지 않기 위해 남성 추종자들에게 자신의 부인과 위장 결혼을 하게 했다. 오스트레일리아를 여행하는 동안에 그는 어느 부부에게 깊은 감동을 주어 부인과 열아홉 살짜리 딸이 함께 그와 성관계를 가지며 '하느님의 자식'을 잉태할 수 있는 영광을 주기도 했다.[28]

마지막 때가 다가오자 그는 본부의 기혼자들에게 성적인 절제를 통해 육신을 정화해야 한다며 자기 부인의 위장 남편 5명을 포함하여 모든 갈멜산 신도의 결혼 관계를 무효화했다. 반면 코레시 자신의 성관계는 일종의 정화의식이라고 주장하며 '전남편들'의 동의하에 '전부인들'과 지속적인 관계를 가졌다.

그는 자신이 낳은 자녀가 적어도 12명은 되어야 예루살렘의 새 왕국에서 좋은 자리에 앉을 수 있다고 예언하여 추종자들을 안심시켰다. 전남편들 중 한 사람은 이렇게 말했다고 한다. "당신은 이해하지 못합니다. 가지다윗교도들은 성관계에 관심이 없습니다. 성은 너무 거칠고 폭력적인 것이지요. 코레시가 우리를 위해 혼자 고통을 짊어지고 있을 뿐입니다." 그가 보기에 코레시가 주관하는 세대 계승 작업은 엄숙하고 신성한 의무였다. 그도 때로는 자신의 욕망을 여성에게 고백하곤 했지만 신이 주신 욕망 탓이라며 불안해했다.

코레시는 육체적 향연이 주는 기쁨은 「요한계시록」 4장 4절의 구체적인 명령에서 비롯된 것이라고 설명했다. 이 구절에서는 금관을 쓴 장로 24명이 다음과 같이 외친다. "그들을 우리 하느님 앞에서 나라와 제사장들로 삼으셨으니 그들이 땅에서 왕 노릇 하리로다 하더라"(5장 10절). 코레시는 성경 해석에서 혁명적인 발전을 이뤘다. 「요한계시록」 해당 구절의 '제사장들로 삼다'라는 표현을 그는 그 자신이 천년왕국을 통치할 24장로의 아버지가 된다는 뜻이라고 주장했다. 따라서 코레시에게 선택된 24명의 여성은 신성한 그릇이었고, 이를 빌미로 식단을 비롯한 여성들의 생활 일체에 통제가 가해졌다. 당연한 일이지만, 어떤 저명한 성서학자도 「요한계시록」 4장의 의미를 그토록 편리하게 해석하지 못했다.[29]

코레시의 매력은 몇 시간 동안 쉬지 않고 성경 구절들을 정확하게 기억한 채 원하는 메시지를 명료하게 전달하는 데 있었다. 그는 중학교 3학년 때 중퇴했지만 그의 탁월한 성경 해석은 하버드대학교 법과대학원이나 명문 신학대학원 졸업생처럼 훌륭한 교육을 받은 이들조차 매료시키는 마성을 보여줬다.

코레시는 「요한계시록」 5장 1절의 일곱 봉인이 마지막 때의 정확한 사건을 보여주는 것은 물론 구원의 길에 이르는 열쇠라고 생각했다. "내가 보매 보좌에 앉으신 이의 오른손에 두루마기book가 있으니 안팎으로 썼고 일곱 인으로 봉했더라." 코레시는 이 구절에 언급된 '두루마기'를 '하느님의 마음 mind of God'으로 해석하여 그것이 '어린양'에게 맡겨진 인류를 위한 코레시의 은밀한 계획이라고 주장했다. 그때까지 자신을 어린양과 동일시했던 그는 신약과 구약의 여러 구절에서 일곱 인을 떼는 단서를 추론했으며, 결과적으로 신도들에게 하느님의 마음을 대중에게 계시하는 중차대한 임무를 자신이 맡게 됐다고 믿게 했다.[30] (다윗교 신도들은 '그리스도'를 복음을 전파하기 위해 다양한 형태로 지상에 내려오는 역동적인 현시로 봤다. 그래서 때로는 예수로, 때로는 어린양으로, 때로는 코레시로 나타난다는 것이다.[31])

⚛⚛⚛⚛⚛

1987년에 이미 다윗교는 거침없는 태도로 사람들의 호불호가 나뉘던 컬트 버스터cult buster(권위주의적인 종교에 심취한 사람의 개심과 탈출을 돕는 전문가. 디프로그래머deprogrammer라고도 함-옮긴이) 릭 로스Rick Ross의 관심을 끌었다. 그는 수십 년 동안 수백 명의 세뇌된 이들을 회복deprogramming시키고 법정에도 출석하여 증언해온 인물이다. 로스는 코레시 신도 가족들의 의뢰로 뉴욕에 있는 2명의 신도를 만나 일상으로 복귀시켰으며, 이후 다른 신도의 가족들로부터도 도움 요청을 받았다. 그는 의뢰받은 집단이 '위험한 이단'의 성향을 가졌는지 아닌지를 여섯 가지 기준으로 분별했다. 절대적인 권력을 행사하며 합리적인 설명이 어려운 행태를 보이는 권위적인 지도자, 지도자의 의사에 대한 순응의 정도, 외부 정보가 왜곡되어 내부로 유입되는지, '그들과 구별되는 우리'의 배타성, 외부에 대한 부정적 인식 정도, 마지막으로 성서적 지도자 또는 철학적 지도자의 재정적·성적 만족에 대한 정당화 등이다.[32] 그의 결론에 따르면 코레시는 외부 정보를 왜곡하지 않은 점을 제외하면 나머지 다섯 가지의 '위험한 이단' 기준에 들어맞았다.

1980년대 후반부터 코레시와 그의 신도들은 무기를 다량으로 사들였고, 신원조회가 필요 없는 총기 박람회 등지에서 무기를 거래하며 돈을 모았다. 그러던 1991년, 마크 브로우Marc Breault라는 오스트레일리아 출신 신도는 코레시가 성경을 과잉 해석하는 것은 물론 무기를 축적하고 어린 소녀들을 성적으로 착취하는 모습 등에 불만을 갖게 됐다. 그의 우려는 호주에서 처음 언론에 보도됐고, 이후에는 갈멜산에 머물던 한 어린이에게 보호시설로 이송 명령이 집행되면서 다시 한번 대중에 알려졌다. 브로우와 로스 두 사람도 같은 우려로 정부 당국에 다윗교를 고발했고, 1993년 2월 말 주류담배총기관리국BATF이 이들 본부를 조사하고자 했다. 당시 본부의 신도들은 60대의 M16 소총과 60대의 AK-47 소총 및 30대의 AR-15 돌격소총을 포함하여 최소 300개 이상의 무기로 무장하고 있었다.[33]

총기 애호가였던 코레시는 이런 말을 했다고 한다. "우리가 저들의 얼굴에 총구를 들이대지 않는 한, 누구도 아이들이 뛰노는 이곳에 들어와 함부로 총을 흔들어대지 못할 것입니다." 텍사스 법은 '부적절한 무력'을 행사하는 사람이라면 설령 경찰이라고 할지라도 시민들에게 발포 권한을 부여하고 있다.[34]

로스는 1993년 2월 27일에 「웨이코 트리뷴 헤럴드^{Waco Tribune-Herald}」와 접촉하여 『음탕한 메시아^{Sinful Messiah}』 연작의 첫 편을 출판하여 전국적으로 화제가 되면서 대중적인 관심을 모았다. 언론은 코레시가 어린이들을 신체적으로 학대하고, 미성년자 소녀들과 성관계를 가졌으며, 남성 신도의 부인 12명 이상을 신성한 권리라는 명목으로 빼앗았다고 보도했다.[35]

텍사스 아동복지 당국은 실제로 그 전해에 이 사건을 조사한 결과 이따금 엉덩이를 때리는 것 외에 학대의 증거는 없었고, 아이들은 대체로 행복하고 세심한 보살핌을 받고 있었으며, 텍사스 육아 법령 기준에 따라도 문제 될 것이 없다는 결론을 내린 바 있다. 이에 반해 「웨이코 트리뷴 헤럴드」는 코레시의 성적 문제 행위가 대부분 사실로 드러났다고 보도했다.[36]

다음 날인 2월 28일 오전 9시 45분에 BATF는 『음탕한 메시아』 연작에 나오는 우스꽝스러운 죄목이 아닌 불법 총기 소지를 이유로 다윗교 본부에 대한 수색영장 집행에 나섰다. 당시 텍사스에서는 자동 발사 무기라도 연방 당국에 적법하게 등록되어 있는 한 무기 소유 자체로는 위법이 되지 않았다. 이 등록 요건을 충족시키지 못할 경우에만 위법 행위가 됐다. *

BATF는 텔레비전 기자에게 정보를 누설하는 무능함을 보였다.

---

* 오늘날 자동 무기의 등록과 소지, 사용 등에 관한 미국의 연방 법규는 몹시 복잡하다. 다음 인터넷 사이트 참조. https://thefederalist.com/2017/10/02/actual-federal-laws-regulating-machine-guns-u-s/.

그 기자가 우편물 운송책이었던 신도에게 본부로 가는 길을 물었는데, 나중에 밝혀진 바에 따르면 그 운송책이 코레시의 처남이었다. BATF가 내부 정보원을 통해 입수한 정보에 따르면, 법률 집행관들이 진입하리라는 사실을 신도들이 알고 있었기 때문에 당국은 본부를 급습할 요인을 잃었고 이제는 무력 충돌만이 남은 상황이었다. 그럼에도 BATF는 기습 작전을 진행했다. 상황에 대비하고 있던 코레시는 먼저 기도를 올린 다음 무장한 신도들을 출입구 주변에 배치했다. 어느 쪽이 먼저 발포했는지는 정확히 밝혀지지 않았지만 코레시는 본부 주 출입문으로 향하면서 정부 요원들과 먼저 이야기를 나눌 것이라고 신도들에게 말했다. 재무성의 후속 조사에 따르면 코레시가 문을 열고 요원에게 "무슨 일입니까?"라고 물었다. 요원의 답변은 "움직이지 마!"였다. 코레시는 문을 쾅 닫았고 그와 동시에 문과 창문 부근에서 총성이 터져 나왔다. 외부에서 관찰한 다른 요원에 따르면 코레시가 총을 두 번 발사하는 것을 본 듯한데, 그렇다고 BATF 주장처럼 코레시가 문을 열고 먼저 발포하지는 않았다고 했다. 문을 먼저 연 행위가 기습공격을 가한 것이 아님을 의미할 가능성이 컸다.[37]

총격전은 본부의 복합 건물 전체로 번져 4명의 정부 요원과 6명의 다윗교 신도가 사망했다. 이 가운데 2명은 코레시의 16개월짜리 아이와 다른 신도의 젖먹이 아기였다. 부상자는 수십 명에 달했다. BATF는 세밀한 준비 없이 기습 작전을 펼쳤고, 다윗교 신도들은 충분한 화력과 물자를 동원하여 방어에 나섰다. BATF는 탄약이 부족

해지면 잠시 철수하기도 했다.[38]

　사태를 관찰한 전문가들은 만일 다윗교 신도들이 마음만 먹었다면 BATF 요원을 훨씬 더 많이 해칠 수도 있었다고 주장했다. 나중에 있었던 정부 조사에서도 본거지를 급습당한 다윗교의 대응이 "지배 문화에서 물러나고자 하는 대안 집단"들이 보이는 일종의 "방어적인 폭력"이었다고 규정했다.[39] 실제로 그날 가장 주목할 만한 사건은 하버드대학교에서 법률을 공부한 웨인 마틴Wayne Martin 이 웨이코 보안과 사무실로 다급하게 전화를 걸어 "여기에 여자와 아이들이 있다고 알리세요. 그리고 작전을 취소하라고 하세요!"라고 외친 일이었다. 이런 통화 내용으로 보아 신도들이 종말론에 도취해 폭력 사태를 벌인 것은 전혀 아니었다.[40] 훨씬 더 안타까운 사실은 사소한 무기 관련 혐의로도 쉽게 가택에 진입하여 폭력을 행사하는 것으로 유명했던 BATF인 만큼 코레시가 혼자 마을을 산책하는 동안 쉽게 그를 체포하거나 영장을 집행할 수 있었다는 것이다.[41]

꿇꿇꿇

작전이 실패로 돌아간 이후 FBI가 지원 작전에 나서면서 이후 50일 동안 코레시와 협상을 벌였다. 코레시는 2월 28일 사태 때 손목에 총상을 입은 상태였다. FBI는 처음부터 인질 구출 상황을 가정하여 포위 작전을 개시했지만, BATF는 어린이 20명이 성인 몇 명과 함께 있던 장소를 공격한 뒤 현장을 벗어났다. 다수의 증언에 따르면 현장에 있던 다윗교 신도 중 누구도 연방정부의 도움이나 구조를 원하지 않았고, 요원들은 종말론자들의 어법으로 진압 현장을 몰락의 도시 '바빌론'이라고 불렀다.

종교 시설에 대한 포위 공격 소식이 알려지자 온 나라가 들끓었다. BATF의 급습 직후 코레시는 지역 라디오 방송국과 CNN 방송을 통해 외부와 직접 소통했다. 방송에서 그는 다윗교 신도들이나 신학자들에게는 친숙할지 몰라도 일반인에게는 스와힐리어Swahili처럼 들렸을 『킹 제임스 성경』의 긴 인용문을 읊었다. 그러면서 당황한 라디오 진행자에게 이렇게 말했다. "우리는 지금 다섯 번째 봉인이 해제되는 상황에 있습니다."

이 인터뷰를 들은 사람 중에는 1993년 이전에 코레시를 전혀 알지 못했던 제임스 테이버James Tabor라는 신학자가 있었다. 2월 28일 저녁, 수백만의 다른 미국인처럼 그도 BATF 급습 소식을 CNN을 통해 시청하고 있었다. 다윗교의 젊은 지도자가 자신의 의견을 피력하며 7개의 봉인을 언급했을 때 그는 마음이 다급해졌다. 「요한계시록」의 주요 내용을 잘 알고 있었을 뿐 아니라 '코레시'가 히브리어 키루스(고레스)를 의미한다는 것도 알고 있었기 때문이다. 「이사야서」 45장을 펴고 살펴본 결과 키루스는 하느님으로부터 메시아로 기름부음을 받았다는 사실을 새삼 알게 됐다. 메시아의 히브리어 메시아흐Mashiach는 그리스어 크리스토스Christos에 해당한다. 즉 그리스도Christ다. 코레시는 자신을 '어린양'이라고 불렀는데, 테이버의 판단으로 코레시가 어린양이라면 그는 자신을 그리스도의 현현이며 또한 「요한계시록」의 확실한 증거로 믿고 있을 것이었다.

포위 공격이 진행되는 가운데 테이버는 FBI가 사건 현장이 코레시를 중심으로 한 종말론 서사의 현장이라는 사실을 전혀 모르고 있다는 점이 우려스러웠다. 테이버는 FBI와 연락이 닿는 또 다른 신학자 필립 아널드Phillip Arnold에게 전화를 걸어 확인한바, 그 역시 코레시가 성서를 인용하며 인터뷰를 할 때 매우 놀랐다고 고백했다.

일부 집행요원은 호텔 방에서 방송을 보면서 그곳에 비치되어 있던 기드온 성경의 「요한계시록」을 읽기 시작했는데 신학자들보다 더 진지해 보였다. 테이버가 그랬듯이, 정신없이 성경을 뒤지는 요원들의 상태는 '매우 우스꽝스러우면서도 마음 한곳이 불안한' 모습이었다. 테이버와 아널드는 다윗교 신도들이 자신을 7개의 봉인 이야기를 성취해가는 주인공으로 여기고 있으며, 코레시의 주장에 따라 다윗교 신도들이 머물고 있는 곳이 다섯 번째 봉인이라면 그것은 일곱 봉인 가운데 가장 폭력적이고 위험한 단계일 것이 분명하다고 생각했다.

두 사람은 지금의 사태가 평화롭게 끝나기 위해서는 「요한계시록」 주인공들의 수장인 코레시와 결판을 지어야 한다고 생각했다. 당국은 테이버와 아널드에게 리빙스턴 페이건Livingstone Fagan이라는 수감 중인 다윗교 신도와 접점을 마련하도록 허가했다. 코레시의 대외 창구 역할을 했던 페이건의 이야기는 두 신학자의 예상과 일치했다. 다윗교 신도들은 자신들이 다섯 번째 인을 때는 험난한 시기를 감내하고 있다고 생각하고 있으며, 하느님께서는 때를 더 기다리라고 말씀하셨다고 했다. 두 신학자는 4월 1일 라디오 토크쇼에 출연하여 「요한계시록」의 종말론에 대해 자세히 설명했고, 사태가 곧 평화로이 끝날 것 같다고 이야기했다. 그들은 코레시가 이 방송을 즐겨 청취한다는 사실을 알고 있었고, 그들에게 공감한다는 사실을 확실히 알리기 위해 방송 녹음 테이프를 현장으로 발송했다.

4월 14일, 당국의 정성 때문인지는 확인할 수 없었지만 하느님이 마침내 데이비드 코레시에게 다시 나타나 메시지를 내리셨다는 소식이 들렸다. 이제 모든 것이 명확해졌다. 그날 그는 '7개의 봉인에 대한 해독 메시지'를 세상에 알릴 서신을 작성했고 이를 변호사에게 전달했다. 이제 그는 같은 내용을 대중에 공개할 계획이었다. 그러고는 이렇게 말할 것이 예상됐다. "나는 이제 당신들에게 나아갈 것입니다. 이 짐승을 그대들의 처분에 맡기겠소." 아널드와 테이버는 몹시 기뻤다. 그리고 다가올 재앙을 피할 수 있을 것으로 생각했다. 하지만 그것은 바깥세상과 코레시의 마지막 소통이었다.[42]

코레시의 주장에 담긴 진지한 신앙을 이해하고 사태의 평화로운 해결을 기대했던 신학자가 테이버와 아널드만은 아니었다. 복음주의 계열의 교파와 신도들 다수가 공감했는데, 전미교회협의회National Council of Churches와 침례교연합위원회Baptist Joint Committee의 지도부가 클린턴 대통령에게 진심 어린 탄원서를 작성하여 발송했다. 내용은 이러했다. "텍사스 웨이코 사태의 폭력 진압을 막아주세요" 또는 "복수를 다짐하며 군대와 탱크를 집결시키는 것은 세상의 공권력이 그들을 적대시한다는 오해를 불러일으킬 뿐입니다"와 같은 호소였다. 또한 "정부가 이 승자 없는 게임에서 지나치게 많은 돈과 신뢰를 허비하며 하나의 종교 분파를 근절하는 것 외에 만족할 줄 모른다면 사태는 비극으로 치달을 수밖에 없을 것입니다"라고도 주장했다.[43]

하지만 결과적으로 7주 이상의 대치 끝에, FBI 진압군 강경파가 재닛 리노^Janet Reno 법무부 장관의 명령을 하달받아 직접 진압에 나섰다.

테이버와 아널드가 코레시를 긍정적인 방향으로 유도했을 수도 있고 그렇지 않았을 수도 있다. 하지만 FBI의 강경파는 코레시의 행동을 성경 문구나 읊으면서 시간만 지체하는 사기꾼으로 간주했다. 성경의 이론적 측면을 접해본 적이 없는 요원들에게는 몇 시간 동안 성경 해석으로 열변을 토하는 코레시의 말이 좋게 들리지 않았을 것이다.[44] FBI는 코레시가 작성한 4월 14일 자 편지가 중3 자퇴생이 쓴 허세로 가득한 글이었으며, 고도의 지연 작전이었다고 조롱했다. 그러면서 신도들이 항복 계약 문서를 준비 중이라고 밝힌 코레시 변호사의 발언도 무시했다.[45] 또한 집단의 수장인 코레시의 유일한 관심사인 성경 예언을 매개로 접근하는 대신 FBI는 만사 제쳐 놓고 무조건 송전을 차단하고 신도들의 자동차를 파손했으며 시끄러운 음악을 울리고 탐조등을 함부로 비췄다.

포위와 대치 상황은 4월 19일 FBI의 공격이 시작되면서 급박해졌다. 그날 오전 6시경부터 요원들은 장갑차로 건물을 들이받는 행위를 반복했고, CS최루탄(예루살렘의 알아크사 모스크를 포위했던 이스라엘군이 사용했던 것과 유사한 화학 약품)이 속속 도착했다. 정오 직후에 화재가 발생했다. 화염이 빠르게 번지며 복합 건물들을 집어삼켰고 마침내 지붕이 무너져 내렸다. 임산부 2명을 포함한 다윗교 신도 76명이 사망했고 겨우 9명만 탈출했다. 사망자 대부분은 화재 현장에서 대피한 지하실에서 한꺼번에 발견됐다. 코레시를 포함하여 최소 20명 이상이 총상을 입은 채 발견됐는데, 이는 불에 타 죽는 것보다 총상으로 사망하는 것을 원했기 때문인 것으로 추정됐다.

여러 차례 진행된 정부 진상 조사에서는 FBI가 급습하기 전에 신도들이 먼저 건물 내에서 불을 질렀다고 결론지었지만, 자살을 죄악시하는 생존 신도들은 이를 극구 부인했다. 또한 전기가 차단된 것도 장갑차가 넘어뜨린 기름 램프로 인한 화재 때문이었다고 주장했다. 게다가 4월 19일에는 바람이 최대 시속 48킬로미터 정도로 불었고, FBI 차량이 만든 구멍과 깨진 창문으로 공기가 유입되면서 화재가 빠르게 확산됐을 가능성이 컸다. 사건 발생 2주 후에 불도저가 사건 현장을 훼손하면서 당국에 대한 불신의 소리는 더욱 커졌다.[46]

생존자 중 한 사람은 코레시가 작성한 4월 14일 자 서신의 미완성 원고가 담긴 디스크를 소지하고 있었지만 FBI는 이를 신뢰하지 않았다. 편지는 타자기로 작성된 13쪽짜리였고, 첫 번째 봉인에 대한 해설과 토론 내용이 담겨 있었다. 아마도 서신을 끝마치는 데는 몇 주가 더 걸렸을 것이다.[47]

제임스 테이버는 이런 상황을 다음과 같이 논했다.

코레시는 성서를 해석하고 자신의 의견을 첨가하는 분야에서 굉장한 능력을 보였다. 그의 메시지를 받아들인 다윗교의 입장에서 해석한다면 그것은 매우 체계적이고 논리적이며 일관된 신학적 체계였다. 하지만 성서의 예언 관련 내용을 자세히 알지 못하는 일반 시청자들에게는 전형적인 만연체 화법으로『킹 제임스 성경』의 긴 인용문이 반복되는 코레시의 호소가 특별한 의미를 갖진 못했을 것이다.[48]

코레시가 4월 14일 자 서한에서 언급한 대로 평화적으로 항복했는지를 정확히 밝혀낼 수는 없지만, FBI가 그가 주장한 신학적인 신념을 진지하게 검토하지 않았다는 점은 분명해 보인다. 재난 발생 6개월 후, 법무부는 489쪽에 달하는 방대한 분량의 보고서를 법무차관 명의로 공개했다. 다윗교 신도들이 신념으로 지녔던 신학적인 논거들은 목차에서도 알 수 있듯 단 4쪽에 불과했으며, 그마저도 종교학자들과 상담한 이야기뿐으로 그들의 신념과 정체성을 이해할 단서가 되는 정보는 거의 찾아볼 수 없었다. 이 4쪽에 이어 28쪽에 달하는 심리 분석가의 논평도 이어졌지만 대부분 코레시를 사기꾼으로 매도하는 내용뿐이었다. 그 가운데 FBI 아카데미의 행동 전문가이자 강사인 피트 스메릭Pete Smerick은 진상 조사에 신학자들이 참여해서는 안 된다고 주장하기까지 했다.[49]

시간이 지날수록 대중은 데이비드 코레시를 지독히 이기적인 사기꾼으로 여겼다. 물론 FBI도 별반 다르지는 않았지만, 진실이 무엇인지 밝히는 일은 매우 민감한 문제다. 조지 허드슨, 새뮤얼 인셀, 윌리엄 밀러 등 대중을 미혹하고 망상을 퍼뜨렸던 이전 시대 사람들처럼 데이비드 코레시도 자신의 서사를 진심으로 믿었다. 하지만 그 자기기만은 추종자들을 절망의 나락으로 떨어뜨리는 데 필요한 능력을 최대치로 끌어올렸을 뿐이다.

지난 반세기 동안 설득력 있는 서사를 만들고 추구해온 인간의 성향은 가장 강력한 호기심을 불러일으키는 종말론 서사에 매우 큰 취약성을 보여왔다. 그 과정에서 발전한 신학 이론들은 신앙 공동체에 평화와 번영을 가져온 구심점이 됐다. 하지만 때때로 그것은 뮌처의 농민전쟁이나 보켈슨의 재세례파, 베너의 제5군주주의, 코레시의 다윗교 같은 예에서 보듯 용인되는 범위를 훌쩍 뛰어넘어 재앙으로 치닫기도 했다.

그리고 150년 전의 윌리엄 밀러와 신도들처럼 코레시도 성경을 왜곡하고 성에 집착했으며 의제강간 같은 비도덕적인 행위를 함으로써 언론과 대중의 손가락질을 한 몸에 받았다. 악마화의 대상이 된 피의자는 결국 최종적인 법 집행기관의 과잉 판결을 피할 수 없었다. 하지만 BATF의 초기 대응이 능숙했고 FBI가 종말론 신앙에 대한 이해도가 높았다면 웨이코의 대치 상태가 이와 같은 비극으로 끝나지는 않았을 것이다.

사태의 추이를 지켜본 많은 사람이 연방정부를 비난했고, 그 여파는 가지다윗교의 비극이 4월 19일 웨이코에서 끝나지 않게 했다. 학살을 불러온 진압 작전은 텔레비전에서 생방송으로 중계됐지만 사건을 현장에서 지켜본 젊은 육군 베테랑 티머시 맥베이Timothy McVeigh는 이미 1년 전에 루비능선Ruby Ridge 대치 사건을 겪으며 정부의 폭력 진압에 분개하고 있었다. 웨이코 진압 사태와 비슷한 논란을 일으켰던 루비능선 사건은 복음주의 신도인 미국 특수부대 출신 랜디 위버Randy Weaver의 가택을 정부가 무력으로 진압하여 아들 새미Sammy와 종말론 신념을 갖고 있던 아내 비키Vicki를 사살한 비극적인 사건이다. 맥베이는 웨이코 대치 사건 때 총기 권리 관련 안내문을 전달하기 위해 현장을 방문했다가 건물에 화염이 치솟고 무고한 남녀와 어린이들이 사망하는 참사를 목격했다. 그리고 희생자들의 복수를 하겠다고 다짐했다.

FBI의 작전 2주년 기념일에 맥베이와 공범 테리 니컬스Terry Nichols는 오클라호마 시티에 있는 앨프리드 P. 뮤러Alfred P. Murrah의 연방정부 청사 빌딩에 트럭을 사용한 폭탄 공격을 감행하여 168명이라는 또 다른 무고한 시민들을 죽음에 이르게 했다. 맥베이가 이 건물을 범행 대상으로 삼은 이유는 그곳이 FBI와 BATF 사무소 등 많은 연방정부 직원이 근무하던 곳이었기 때문이다.[50]

12.
휴거 소설

세상의 모든 불신자와 힌두교도, 이슬람교도, 유대교도는 물론 가톨
릭과 유니테리언 신도들마저 영원히 꺼지지 않는 불구덩이에 던져진
다니. 젠장, 이 얼마나 감동적인 소설이란 말인가!

- 니컬러스 크리스토프Nicholas Kristof

새천년이 시작될 무렵, 가지다윗교의 재앙과 린지의 잘못 짚은 예언을 계기로 지나치게 구체적인 예언이나 날짜 지정은 매우 위험하다는 인식이 자리 잡았다. 그러자 세대주의자들은 점차 구체적일 필요가 없는 장르로 눈을 돌렸다. 바로, 종말론 소설이다.

20세기 직후부터 기독교 계열 작가들은 의인에게 찾아오는 휴거 사건부터 적그리스도의 현현, 환난, 아마겟돈, 최후의 심판 등을 주제로 소설을 쓰기 시작했다. 1905년 오하이오주의 의사였던 조지프 버로스Joseph Burroughs는 가장 초기의 휴거 소설 중 하나인 『토성의 아들 타이탄Titan, Son of Saturn』을 출간했다. 제목에 나오는 타이탄은 지금은 쉽게 유추할 수 있는 적그리스도를 의미하며, "급진 사회주의자들을 규합하고 기독교 교회를 파괴하는 전 세계적 작전을 지휘하는 젊은 그리스인"이다. 이 책의 서문에서 버로스는 본문의 내용이 막연한 상상이 아니라 "앞으로 교회 안팎에서 분명히 벌어질 사건들"

을 미리 들여다볼 수 있는 자료가 될 것이라고 말했다.[1]

휴거 장면과 타이탄(적그리스도)이 부상하는 모습을 재현한 부분이 독자들의 관심을 끌긴 했지만, 등장인물들이 성경 해석을 구현하는 데에서는 공감을 얻지 못했다. 이 책은 초판이 10쇄까지 발행될 정도로 잘 팔렸고 이후 10년 동안 1만 부 이상이 판매됐다. 분명 놀랄 만한 성과이지만 베스트셀러는 아니었다.[2]

그럼에도 이 책은 휴거 소설과 미국 복음주의의 일반적인 특징들(외국인 혐오, 이슬람 혐오, 이념과 도덕적 측면에서 맹목적인 모습)을 잘 보여줬다. 버로스의 소설에서 국가들의 희망이 된 잉글랜드는 적그리스도가 이끄는 10개국 동맹에 외롭게 맞선다. 안타깝게도 미국은 '자국 내에 있는 2,500만의 유럽 태생 다국적 시민들' 때문에 오히려 영국을 돕기가 어려워진다. 미국의 색슨족(옛 게르만 연맹 부족으로 점차 잉글랜드인의 정체성을 확립함-옮긴이)은 영국을 돕기 위해 파병하지만, "알라Allah! 알라! 알라!"를 외치는 유럽/무슬림 세력이 미국을 침공하고 색슨족의 문화를 이방인들의 사회주의와 뒤섞어버린다.[3]

이후 수십 년 동안 휴거 소설의 작가들은 현재의 사건에 극적인 변화가 찾아오는 매혹적인 서사를 구성하여 예술적인 완성도를 높였다.[4] 1980년대까지 세대주의 소설을 가장 완성도 있게 집필한 사람은 노련한 작가였던 프랭크 프레티Frank Peretti다. 그의 가장 유명한 책『어둠의 권세들This Present Darkness』(1986)은 200만 부가 넘게 팔렸다.

초판이 출간될 당시에는 신을 부정하는 공산주의의 위협이 급속히 쇠퇴하고 있었기 때문에 세대주의자들에게는 새로운 적이 필요했다. 이들은 침체된 시장에서 돌파구를 모색해야 했고, 그것은 세상에 은밀하게 스며든 사탄의 흔적을 추적하는 데 중점을 둔 뉴에이지 운동New Age movements으로 나타났다.

목가적인 가상의 대학도시 애시튼을 배경으로 한 소설 『어둠의 권세들』은 헌신적인 목사 행크 부스케Hank Busche와 외골수의 신문기자 마셜 호건Marshall Hogan이 힘을 합하여 알 수 없는 이유로 도시를 지배하려는 타락한 부자 알렉산더 케이세프Alexander Kaseph와 대결한다. 케이세프의 동맹에는 비늘로 뒤덮인 피부에 날개가 달렸고 눈이 붉은, 유황을 내뿜는 악마의 부대가 포함되어 있다. 악마는 평범한 인간들의 의지를 흡수하여 빼앗아버리지만 독실한 신도들, 특히 부스케에게는 매우 취약하다. 그런데 이 악마도 지역 대학의 교수 줄린 롱스트래트Juleen Langstrat의 사탄적인 계략을 따라갈 수 없었다. 그녀는 학생들을 대상으로 '신과 여신의 정신세계 바로 알기' 등과 같은 강의를 통해 호건의 딸이 가진 종교적 신념을 무너뜨리려 한다. 같은 감옥에 수감된 부스케와 호건은 사태에 대해 서로의 의견을 교환하고 작전을 모의하여 비인간적인 악당이면서 인간적인 면이 있는 케이세프와 힘을 합하여 사탄을 무찌른다.[5]

도덕적 맹목성을 노골적으로 드러낸 작가가 프레티가 처음은 아니었다. 예를 들면 할 린지는 다윈과 칸트, 마르크스, 프로이트 등의 이론을 현대 사회를 파멸로 몰아넣은 '사유의 폭탄'으로 간주하는 문화적 지하드jihad(성전)를 수행했다.

『지구의 마지막 때』를 집필하기 1년 전에 린지는 『사탄은 지구에서 잘 살고 있다^{Satan Is Alive and Well on Planet Earth}』를 출판했다. 이 책에는 로스앤젤레스 경찰 지휘관의 인터뷰 발언이 포함되어 있는데, 그는 '키스인^{Kiss-In}(동성애자들의 항의성 키스-옮긴이)'을 '아프리카 야만인의 의식'으로 묘사했다.

> 400여 명이 빼곡히 들어차 있었습니다. 인파는 마치 하나의 거대한 덩어리인 양 북과 기이한 악기 소리에 맞춰 흔들리고 있었죠. [⋯] 그들 중 일부가 옷을 벗더니 주변 사람들을 의식하지 않은 채 공개적인 성행위를 시작하는 게 아니겠습니까. 우리는 그들 대부분이 목에 부적을 걸고 있는 것을 봤습니다. 그들은 영의 세계를 믿는 이들로, 악마가 더 인간적이라고 주장할 사람들이죠.⁶

역사적으로 종말론 운동은 민족의 암흑기에 발흥하곤 했다. 유대인들이 노예 생활을 한 바빌론 유수기는 물론 처절한 학살과 파괴를 경험한 두 번의 로마 항전기와 종교 전쟁으로 공포가 만연하던 중세 시대에 특히 그러했다. 이후 안전하고 평화로운 현대 선진국에 살고 있는 종말론 신도들은 자신들의 분노를 다소 추상적인 사회악들을 향해 발산할 수밖에 없었다. 이를테면 진화와 과학의 인지부조화 상태에서 교회일치운동을 비판하고 점성술이나 섹스, 마약, 로큰롤에서 사탄을 찾아내려 했다.

공포를 조장하는 이런 현상은 사회악을 양산하기도 했는데, 1970년대와 1980년대에 뉴에이지 심령주의와 점성술에 대한 세대주의자들의 혐오는 점차 집단 광기의 일종인 모럴 패닉moral panic(사회 질서를 위협한다고 판단하는 대상에 대한 공포감과 적대감-옮긴이)으로 발전하여 존재하지도 않는 대량 학살과 아동에 대한 사탄의 성적 학대를 두려워했다. 그들은 사탄을 숭배하는 자들이 젊은 여성을 납치하여 유아 희생제물을 공급할 생산자로 만든다고 믿었으며, 아기가 태어나면 출생증명서가 작성되기도 전에 병원에서 빼돌려 '차질 없이' 유통한다고 생각했다.[7]

이런 식의 주장을 일삼은 '전문가' 중 한 사람이 테드 건더슨Ted Gunderson이다. 그는 매릴린 먼로Marilyn Monroe의 자살과 존 F. 케네디John F. Kennedy의 암살 사건을 조사한 전직 FBI 관리였으며 로스앤젤레스와 멤피스, 댈러스 지부장을 역임했다. 그는 매년 4,000명의 미국 어린이가 의례에 따라 살해된다고 주장했다.

나는 사탄주의자들이 병원과 고아원은 물론 쇼핑센터와 길거리에서도 희생자(대체로 영유아)를 납치하는 것으로 알고 있습니다. 그들은 보이스카우트에 영향력을 행사하기 위해 작전을 펼치고 있으며, 최근 몇 년 동안에는 지도자 과정을 이수한 뒤 유소년 야구단 회원을 모집하며 미국 전역에서 미취학 어린이를 대상으로 포섭 활동에 나서고 있지요. […] 아이다호주 보이시 시티의 경찰은 매년 5만에서 6만 명의 미국인이 사라지는데 그들이 사탄 숭배의 인신 희생자가 되는 것으로 추정하고 있습니다. 희생자 대부분은 화장되어 시신은커녕 아무런 증거도 찾을 수 없습니다. 저는 캘리포니아 로스앤젤레스에서 휴대용 화장 장비를 판매하는 오컬트^{occult}(과학으로 설명할 수 없는 숨겨진 지식을 탐구하는 행위-옮긴이) 용품점을 알고 있습니다. FBI와 미국 법무부는 물론 의회 의원들에게도 이런 사실을 알렸고, 연방정부에서도 이 문제를 조사할 것을 제안했죠. 하지만 저의 제안은 거부됐어요.[8]

1988년 전국적으로 방영되는 〈허랄도 리베라 쇼$^{The\ Geraldo\ Rivera}$ ^{Show}〉에서 악마 숭배를 주제로 한 적이 있다. 리베라는 사탄의 비밀 작전에 따른 대량 학살로 추정되는 사건이 있었다고 폭로했는데, 이 사건에 대한 '조사'는 「20/20」(ABC의 뉴스 매거진-옮긴이)이나 NPR 의 「모닝 에디션$^{Morning\ Edition}$」 같은 주류 미디어에서도 언급됐다.[9]

이 시대의 가장 악명 높은 사건은 1985년 캘리포니아에서 벌어진 맥마틴유치원 사건일 것이다. 템플마운트 방화범 데니스 마이클 로한처럼 조현병을 앓던 젊은 엄마가 유치원에 다녀온 아이에게서 성적인 학대 흔적을 발견했다고 신고하면서 사건이 시작됐다. 그녀의 이야기는 다소 황당무계했는데, 아이들이 비행기나 터널 속으로 유인되어 말이 도살되는 걸 보거나 마녀 복장을 한 유치원 교사들이 하늘을 날아다니는 곳에서 성적 학대를 당하며 일련의 의식을 강제로 치렀으며 아동 포르노를 제작하는 데에도 동원됐다고 주장했다.

페기 맥마틴 버키$^{Peggy\ McMartin\ Buckey}$라는 매우 불운한 선생님이 운영하는 유치원에 사탄에 대응하는 '전문가'와 사회복지사들이 모여 아이들의 얘기를 들었다. 사건의 개요는 정확하게 진술하기엔 너무 어렸던 아이들의 입에서 흘러나왔다. 버키와 6명의 직원에 대한 재판은 7년 동안 이어졌고 피고인들은 1,500만 달러의 재판 비용을 쏟아부으면서 인생이 망가졌다. 정의는 구현되지 않았고 재판이 진행되는 동안 버키는 2년을, 그녀의 아들은 5년을 감옥에서 보냈다. 결과적으로 수사관들은 터널이나 아동 음란물 등의 증거를 전혀 발견하지 못했고 죽은 말을 본 사람도 없었다. 증거로 채택된 검은 가운한 벌은 버키의 졸업 가운으로 밝혀졌다.[10]

이 재판은 1980년대에 전국을 떠들썩하게 했지만 결국은 사기 기소로 밝혀진 12개의 주요 사탄주의(또는 육아 문제에서 모럴 패닉 현상) 사건의 하나였고, 피의자로 비난받았던 이들은 대부분 가혹한 형을 선고받았다. 조사 사건과 항소 재판들마다 피의자들의 무죄가 밝혀졌고, 피해자라고 주장하는 이들의 모럴 패닉은 물론 환각적인 망상도 속속 드러났다. 이에 기소율은 현저히 떨어졌고, 복음주의 편집증은 또 다른 먹잇감을 찾아 떠나갔다. 이에 대해 「뉴욕타임스」의 기자 마거릿 탤벗Margaret Talbot은 다음과 같이 언급했다. "양가감정ambivalence은 유지하기 어려운 마음 상태입니다. 그 불균형 상태를 마니교적인 신념으로 대체하고자 하는 유혹은 언제나 가까이에 있습니다." 특히 적그리스도와 종말론이 임박했다고 믿는다면 더더욱 그럴 것이다.[11]

✿✿✿✿

『어둠의 권세들』과 이후 발간된 연작은 앞으로 이어질 출판계 대호황의 시작에 불과했다. 특히 앞에서 언급한 팀 라헤이와 제리 젱킨스의『레프트 비하인드』연작이 중요한 전기가 됐다. 1926년에 태어난 라헤이는 사우스캐롤라이나주 그린빌에 있는 밥존스대학교에서 공부했는데 이곳의 학풍은 그의 종교적 신념에 부합했다. 주류 개신교 교회가 현대 과학, 특히 진화론을 수용할 움직임을 보이자 거세게 반발한 근본주의자들의 본거지가 이 대학의 교파였다. 라헤이의 이념은 윌리엄 제닝스 브라이언^{William Jennings Bryan}(미국의 근본주의 기독교 계열 정치인-옮긴이)이 밥 존스^{Bob Jones}에게 의지하던 1924년 성경 대회에 뿌리를 두고 있었다. 밥 존스는 복음주의 전도사로서 "학교가 진화론을 사실로 가르치는 일을 그만두지 않는다면 미국은 무신론자의 나라가 될 것"이라고 주장했다.[12]

국무부 장관을 역임했고 두 번이나 대통령 선거 후보자로 활약했던 유명한 웅변가 브라이언은 미국 전역을 들썩였던 스콥스 원숭이 사건^{Scopes trial}(진화론을 가르친 과학 교사 스콥스가 유죄 판결을 받은 사건-옮긴이)을 기소한 인물이기도 하다. 1927년에 자신의 이름을 딴 대학을 설립한 존스는 미국 고등교육기관에 확산되는 세속주의의 영향력을 매우 우려했다.

1950년대 초, 밥존스대학교의 졸업장을 손에 들고 전국을 돌며 여러 교회에서 봉직하던 라헤이는 캘리포니아에 정착했다. 그리고 그곳에서 예수와 가족의 가치를 수호한다는 신념으로 신앙생활을 했는데, 그의 열정은 아마도 아홉 살에 아버지를 잃은 것과 관련이 있을 것이다. 그는 아내와 함께 〈라헤이스 온 패밀리 라이프^{The}

LaHayes on Family Life〉쇼로 텔레비전 방송을 시작했으며, 동성애와 세속 주의와 페미니즘에 반대하는 백전노장의 전사로 변모해갔다. 수년에 걸쳐 그는 유엔을 비롯해 전미여성기구National Organization for Women와 미국시민자유연합American Civil Liberties Union 등의 위험성에 대해 명시적으로 경고하는 수많은 소설과 논픽션 책을 출간했다.[13]

1980년대 중반 어느 날, 라헤이는 예언 관련 심포지엄을 위해 비행기에 탑승했는데 기장이 승무원을 유혹하는 모습을 봤다. 기장은 결혼반지를 끼고 있었지만 그녀는 그렇지 않았다. 라헤이는 생각했다. 갑자기 휴거 사건이 벌어져 비행기 승객 가운데 100명이 사라진 것을 경험한 조종사가 집에 돌아가 신실한 신자였던 아내와 아들 역시 휴거되어 사라진 광경을 본다면 매우 흥미롭지 않을까?[14]

승객과 승무원이 사라지는 장면은 라헤이 이전에 적어도 두 권의 소설에서 묘사됐다. 살렘 커반Salem Kirban의 소설 『666』과 윌리엄 T. 제임스William T. James의 에세이집 『백만 명이 사라질 때When Millions Vanish』가 그것이다.[15] 하지만 라헤이의 책은 독창성을 제외한다면 종교가 미디어를 통해 대중에 영향을 미친 역사상 가장 성공적인 사례인 '레프트 비하인드 현상Left Behind phenomenon'을 만들어냈다. 그는 휴거 3부작을 계획했으나 소설적 서사를 구성하는 기술이 부족하다는 사실을 깨닫고 에이전트를 통해 경험 많은 작가 한 사람을 만났다. 그가 바로 대필 작가이자 세대주의자인 제리 젱킨스로, 전체 경력 동안 190권의 책을 집필하게 될 젊은이였다. 성격이 온화했던 라헤이는 아들뻘 되는 젱킨스와 즉시 교류하기 시작했다. 라헤이가 연작의 신학적 틀을 구성하는 동안 젠킨스는 책의 내용을 써 내려갔다.[16] 두 사람은 1995년 첫 작품인『레프트 비하인드』를 출간했다.

젠킨스의 이전 작품은 아동 소설에서 스포츠 글쓰기에 이르기까지 다양한 장르를 다뤘으며, 책의 도입부를 펼쳐보면 알 수 있듯이 문학 작품을 직조하는 그의 솜씨는 모든 페이지마다 빛을 발한다.

> 레이포드 스틸의 마음은 그가 손도 한번 잡아보지 못한 어느 여성에게 가 있었다. 승객을 가득 태운 747 항공은 자동항법으로 대서양 상공을 지나고 있으며 오전 6시에 히스로 공항에 도착할 것이다. 봄 휴가 동안 그는 아내와 열두 살짜리 아들과 함께 지낼 예정이다. 딸 역시 대학에서 짐을 꾸려 집으로 향하고 있을 것이다. 하지만 스틸은 가족에 대한 생각을 머릿속에서 밀어내려 애를 썼다. 부기장이 졸음과 싸우는 동안 그는 해티 듀럼의 아름다운 미소를 떠올리며 어서 그녀를 만나야겠다고 생각했다. 해티는 함께 탑승한 수석 스튜어디스로, 무슨 일인지 한 시간째 모습을 볼 수 없었다.[17]

지금까지 그는 휴거를 늘 염두에 두고 살 정도로 독실한 신앙인인 아내 아이린에게 충실했다. 하지만 지금은 조종간을 부조종사의 손에 맡긴 채 큰맘 먹고 해티를 조리실로 부를 참이다. 커피라도 한 잔할 생각이다. 그런데 실망스럽게도 그가 호출한 그녀는 거의 발작이라도 하듯 눈물을 흘리면서 달려와 승객 수십 명이 기내에서 사라졌다는 이야기를 전했다. 입고 있던 옷들만 좌석에 놓여 있다는 것이다. 잠에서 깨어나는 승객마다 사라진 동료나 가족들의 옷을 움켜쥐며 비명을 질렀다. 어떻게 된 일인지 묻는 해티 앞에서 스틸은 아무것도 모른다는 표정을 지었지만 "끔찍한 사실은 지금 무슨 일이 일어난 것인지 그가 너무 잘 알고 있다는 것이었다. 아이린의 말이 맞았다. 그 자신을 포함하여 눈앞에 남아 있는 승객들은 휴거에서 배제된 것이다."[18]

조종사가 사라진 비행기가 사냥터의 꿩처럼 지상으로 추락했고 운전자가 없는 차들이 고속도로 갓길을 들이받으면서 대혼란이 빚어졌다. 수백만 명이 사라졌고 수백만 명이 죽어갔다. 불신자의 세계 최고 집합지인 뉴욕 지하철은 기관사들이 실종되면서 운행이 중단됐다. 유럽은 항공 교통이 매우 혼잡했기 때문에 스틸은 관제 기능이 멈추지 않은 시카고 국제공항으로 비행기를 이동시킨다(영화에서는 고속도로 착륙 장면이 불가했다).

텔레비전 뉴스는 휴거로 인해 벌어지는 놀라운 사건들을 보도했다. 예를 들면, 분만 중인 여성의 아기가 사라지면서 산모의 배가 갑자기 수축했고, 동시에 아기를 받던 간호사가 사라지면서 그녀의 옷이 그대로 바닥으로 털썩 주저앉았다. 스틸이 집으로 돌아오니 아내와 어린 아들이 사라지고 없었지만, 세상에 대한 철학적인 의심이 가득했던 대학생 딸 클로이는 남아 있었다. 물론 아이린이 다니던 교회의 교인들도 대부분 사라졌다. 교회 목사는 친절하게도 남겨질 신도들이 시청할 영상을 준비해두었다. DVD 디스크에 담긴 영상에서 그는 이렇게 말했다. "제가 이렇게 될 거라고 말씀드렸

잖습니까." 자료는 매우 효과적이어서 레이포드 스틸은 즉각 신을 받아들이고 회개했다.

놀라운 우연의 일치지만, 스틸의 비행기에 탑승한 뛰어난 언론인 벅 윌리엄스^{Buck Williams}가 사건 조사에 나섰다. 1년 전에 그는 이스라엘에서 한 생물학자를 인터뷰한 일이 있었다 그는 모래를 비옥한 땅으로 만드는 화학 비료를 만들어냈을 뿐 아니라, 자국을 세계에서 가장 부유한 나라로 만들 엄청난 가치가 있는 신비로운 과학적 성취를 이뤘다고 했다. 윌리엄스가 이스라엘을 방문하는 동안 러시아가 이스라엘에 대규모 핵 공격을 감행했지만 기적적으로 모든 미사일과 폭격기가 공중에서 폭발했다.

소설의 세 번째 주요 인물은 루마니아인 니콜라에 카르파티아^{Nicolae Carpathia}로, 적그리스도인 그는 9개 국어에 능통하고 비현실적으로 매력적인 외모와 거부할 수 없는 매력을 지녔으며 탁월한 지성을 자랑하는 인물이었다. 윌리엄스는 그가 변방 지역의 정치인이었을 때 인터뷰를 한 적이 있는데, 카르파티아는 이내 성공 가도를 달리며 지위가 수직 상승했고 결국 유엔 사무총장의 자리에 오른다. 그가 지휘하는 안전보장이사회는 세대주의자들이 즐겨 예시하는 10개국 연맹으로 재편된다. 이제 세계에서 가장 강력한 권력자가 된 그는 세계의 경제와 화폐를 통합하고 대대적인 군축에 나선다. 이스라엘과는 7년 평화협정을 체결하고 최고 권력기관 유엔을 고대 바빌론 도시로 이전한다. 국제기구들은 대체로 업무처리가 느리지만 카르파티아의 모든 결정에는 몇 시간 이내에 동의한다. 그는 이제 세계 종교를 지정하여 발표한다.

벅 윌리엄스는 카르파티아의 정체를 알고 클로이와 힘을 모은다. 클로이는 어머니와 어머니 교회의 신도들이 모두 휴거된 상황에서 좌익 사상에 관심이 많은 스탠퍼드대학교 친구들과 다가오는 환난을 모두 견뎌야 한다. 클로이와 윌리엄스는 하느님을 믿고 거듭난 자가 되어 결혼을 하고, 아버지와도 힘을 합하여 환난의 군대Tribulation Force를 조직하고 카르파티아에 맞서기 위해 기술적인 마법을 사용한다.[19]

이윽고 국제 공산주의자들의 음모가 도처에서 드러난다. 수십 년 전에 조너선 스토나걸Jonathan Stonagal이라는 강력한 권력을 가진 생명공학 자본가가 한 여성에게 인공수정을 하여 카르파티아를 낳았는데, 이 아기는 스토나걸의 사악한 야망을 실현해주는 최면 상태의 대리인으로 철저히 그의 통제하에 움직이는 허수아비였다. 군 당국은 항공기 조종사들이 보고하는 UFO 출현 사건들을 의도적으로 무시한다. 스토나걸은 세계 지도부를 재정비하는데 그들의 상당수가 날마다 '자살' 상태로 발견된다. 그리고 마지막으로 그 자신도 카르파티아에게 암살된다. 카르파티아는 하느님이 보호하는 벅 윌리엄스 한 사람을 제외하고, 자신이 저지른 악행을 알고 있는 모든 사람을 세뇌한다. 스토나걸 역시 스스로 목숨을 끊었다고 믿게 했다.

라헤이의 마니교적인 문화 전사 코드는 그의 책에 한가득 심겨 있다. 낙태를 반대하고 공화당을 지지하는 사람은 휴거되는 반면, 사회적 이슈에 합리적인 목소리를 내거나 뉴에이지 책을 읽는 이들은 그러지 못한다.

벅 윌리엄스의 놀라운 활약상은 쉽게 받아들이기 어려운 세대주의 종말론 이론을 매우 쉬운 단편으로 나누어 누구라도 거부감 없이 받아들이게 한다. 또한 독실한 신앙인으로 거듭난 스틸이 세대주의적 종말에 대한 궁금증을 해소하는 과정에, 윌리엄스가 카르파티아의 정체성을 밝히는 흥미진진한 모험이 연속적으로 벌어지면서 매우 감동적인 서사의 흐름을 유지한다. 1995년에『레프트 비하인드』가 처음 쓰인 이후 12년 동안 라헤이와 젱킨스는 사악한 등장인물 카르파티아의 유전공학 연구부터 최후의 왕국이 도래하기까지 세대주의적 장면들을 가득 담은 15개의 후속편과 프리퀄prequel(본편보다 앞선 이야기-옮긴이)을 더 집필했다.

초기 연작들은 수십만 부씩 팔려나가는 정도였지만 네 번째 책은 더욱 소문이 퍼지면서「뉴욕타임스」베스트셀러 목록의 최상단에 이름을 올렸다.[20] 여덟 번째 작품의 초판 발행 부수는 무려 250만 부였다. 2001년 9·11 테러 이후 판매가 급증한 열 번째 책은 인기 소설가 존 그리샴John Grisham의『하얀 집』을 누르고 1년 내내 1위를 지켰다. 그리샴의 책이 1위를 놓친 것은 1995년 이후 처음이었다. 특히 베스트셀러 목록은 전체 종교 서적의 3분의 1가량이 판매되는 종교 전문 서점의 판매량을 제외한 것이어서 더욱 놀라운 결과였다. 미국인 10명 가운데 1명은 그의 책 한 권 이상을 읽었고, 미국인 4분의 1은 그의 책을 알고 있었다.[21]

레프트 비하인드 연작의 판매량은 총 6,500만 권에 달했다. 2002

년 라헤이와 젱킨스는 「타임」의 표지를 장식했으며 2004년에는 「뉴스위크」의 표지 모델이 됐다. 이후 두 사람은 각기 자신의 연작 소설을 집필했다. 라헤이는 종교 전문 출판사인 틴데일 출판사를 떠나 세계 최대 단행본 출판사인 랜덤하우스와 계약한 뒤 다른 연작 소설로 4,500만 달러를 더 벌어들였다.[22]

이런 엄청난 성공은 세대주의에 대한 비판적인 관점을 확산시킨 계기가 되기도 했다. 「뉴욕타임스」의 니컬러스 크리스토프는 다음과 같이 논했다.

미국에서 성인 대상 소설 가운데 가장 높은 판매량을 기록한 『레프트 비하인드』 연작은 기독교인이 되기를 거부한 모든 인간을 학살하기 위해 이 땅에 오시는 예수 그리스도의 재림 사건을 다룬다. 세상의 모든 불신자와 힌두교도, 이슬람교도, 유대교도는 물론 가톨릭과 유니테리언 신도들마저 영원히 꺼지지 않는 불구덩이에 던져진다니. […] 젠장, 이 얼마나 감동적인 소설이란 말인가!

크리스토프는 린지의 저조했던 예언 실적을 강조하며 "오류투성이인데도 이렇게 수익성이 좋은 사업은 지금껏 본 적이 없는 것 같다"라고 비판했다.[23] 또 다른 세속 비평가는 젱킨스의 이야기가 "제리 폴웰과 톰 클랜시Tom Clancy(정치 스릴러에 능했던 미국의 소설가-옮긴이)를 섞어놓은 것 같다"라고 비꼬았다.[24] 심지어 휴거 소설이 거의 외설적인 수준이라면서 자신의 소설에서 희생된 수억 명의 인간에 대한 공감 능력이 현저히 부족한 작가의 태도를 꼬집는 비평가도 있었다.

한편 제리 젱킨스는 이념에서 벗어나 쉽고 편안한 문체를 구사하는 자유인의 이미지를 굳혀갔다. 「뉴스위크」와의 대담에서 그는 이렇게 말했다.

관찰자적 글쓰기와 빈약한 등장인물 등의 비판을 나는 감수한다. 나는 관찰자에게 글을 쓴다. 나 자신이 관찰자다. 나는 최선을 다해 쓴다. 나는 내가 정통주의 작가가 되어 독자들의 존경을 받게 되리라는 기대를 하지 않는다. 나는 내가 C. S. 루이스$^{C. S. Lewis}$(신앙심 두터웠던 영국 작가로 케임브리지대학교 교수를 역임함-옮긴이)라고 주장하지 않는다. 나는 문단의 작가들을 존경한다. 나도 내가 읽기 어려운 책을 쓸 수 있을 만큼 똑똑했으면 좋겠다. 정말이다.[25]

젱킨스가 루이스를 언급한 것은 문학적인 수사가 아니었다. 신학자 마크 워드$^{Mark Ward}$에 따르면, "기독교 출판계의 불문율은 신앙 서적이라면 C. S. 루이스의 인용문으로 시작하는 단락 하나쯤은 갖추는 것"이었다. 하지만 젱킨스는 독자들에게 일말의 낭만도 허락하지 않았다. 언젠가 그는 샘스클럽(미국의 대형 할인매장-옮긴이)에서 한 여성이 자신의 책과 위스키 한 병을 들고 있는 모습을 봤다. 하지만 그의 상상은 단지 '그 여성이 오늘 밤에 위스키와 책 어느 쪽을 택하든 쉽게 잠들 수 있겠구나'라는 데까지였다고 한다.[26]

이와 대조적으로, 라헤이는 「뉴스위크」의 같은 기사에서 확고한 신학적 노선을 밝히면서 국가와 문화 및 종교 엘리트들에 대한 불타는 적개심을 적나라하게 표현했다. "제가 소통하는 수백만 명은 성경을 문자 그대로 받아들입니다. 성경 밖에 있는 어떤 신학적 이론을 찾아야 한다고 믿는 교만한 생각은 신학자들의 이름을 더럽힐 뿐입니다. 지식인들이 우리 평범한 사람들을 얕잡아보고 있다는 사실에 저는 몹시 불쾌합니다."[27]

라헤이가 말한 '평범한 사람들'은 주로 미국 남부와 중서부에 살고 있으며, 이들의 인구는 전체의 71%를 차지한다. 반면에 그를 비판하는 이들은 주로 북동부에 거주하는 6%뿐이다.[28] 라헤이의 지지자들이 많은 지역은 낙태와 동성애를 반대하는 보수주의의 거점들로, 미국 세대주의자들과 복음주의자들에게 전반적인 활력을 불어넣는 곳이었다. 제리 폴웰과 패트 로버트슨은 모두 버지니아 주민이었으며 할 린지는 텍사스, 지미 스와가트는 루이지애나, 짐 배커는 미주리 출신이다.

🌿

점점 더 많은 세대주의 신도가 지역을 중심으로 결집했고, 린지와 라헤이와 젱킨스를 지지하는 이들이 많아졌으며, 이스라엘 사람들, 특히 예루살렘 시민들은 천년왕국 신앙에 더욱 탐닉했다. 2017년 이스라엘 방문객 360만 명 가운데 복음주의자는 8분의 1 정도로 추산된다. 성지순례 형식의 여행객들은 대체로 세대주의자들이 원하는 장소 위주로 일정을 소화하며, 그 가운데 가장 눈에 띄는 곳은 성전 재건에 필요한 수로와 건축 도구들을 전시한 예루살렘성전연구소Jerusalem's Temple Institute의 방문자 센터다. 국제관계 연구가인 요시 메켈버그Yossi Mekelberg에 따르면 방문객 대다수는 "팔레스타인 쪽 입장을 전혀 알지 못한다. 이것은 종교에 관한 문제다. 그 두 친구 중에 적이 필요한 쪽은 어디겠는가."[29]

제3성전 건축의 분기점은 변색이나 흠이나 멍에가 없는 붉은 암송아지가 나타나는 것이다. 8장에서 봤듯이, 암송아지 멜로디의 신체 일부에 흰 털이 생기자 묵시론 암소의 결격사유가 됐다. 하지만 미시시피주의 세대주의 신도인 농부 클라이드 로트Clyde Lott는 일찍이 1989년 이스라엘을 방문했다가 「민수기」 19장에 등장하는 것처럼 완벽하게 붉은 송아지는 아니지만 이에 근접한 암소가 실제로 태어난다는 사실을 알게 됐고, 희생제물로 바칠 붉은 암소를 스스로 길러낼 방법을 모색하기 시작했다. 유럽과 아시아에서는 그런 소가 드물지만 미국 레드 앵거스Red Angus 종이라면 가능할 것 같기도 했다.

다음 해에 그는 미시시피 농상부의 국제무역 사무소를 방문하여 이런 계획을 국무부 주재관에게 제출했다.

제 이름은 클라이드 로트이고, 구약성서에 나오는 희생제물로 적합한 레드 앵거스를 제공할 준비가 되어 있습니다. 이 붉은 암소는 흠집이 없고 색과 털이 고르며 유전적으로 붉은 눈은 빨갛게 빛나며, 코의 색은 검습니다. 1년 된 암소이며 무게는 약 300킬로그램입니다. 이 소들은 중동 지역 기후에도 잘 적응할 것이며 우수한 쇠고기 품질도 갖추고 있습니다(원문 그대로임).[30]

실제로 이 메모는 성전연구소의 랍비들에게 전달됐다. 책임자였던 하임 리치먼Chaim Richman은 구약성서에 나오는 소돔Sodom성의 롯Lot도 소를 키웠다며(로트와 발음이 비슷함-옮긴이) 기뻐했다.[31] 로트와 리치먼은 이후 여러 해 동안 이스라엘에서 만났고 1996년 멜로디의 탄생을 둘러싼 소동이 벌어지자 이들은 큰 계획을 세웠다. 1997년 12월에 500마리의 임신한 소를 중동의 화약고인 서안으로 운송한다는 작전이었다. 실제 묵시론 암소를 생산할 수도 있었을 이 계획은 형식적인 절차와 재정적인 어려움 탓에 무산되고 말았다. 실의에 빠진 로트는 다음과 같이 심경을 고백하기도 했다.

제 마음 깊은 곳에서 하느님은 제가 이스라엘에 축복을 내리길 원하십니다. 하지만 일이 복잡해졌네요. 우리는 붉은 암소를 보낼 준비가 되지 않았습니다. 인간의 역사에 신이 함께하신다면 그 일은 결국 일어날 것이고, 그것은 매우 중대한 사건이 될 것입니다.[32]

세대주의자들 가운데 '중대한 사건'과 '대격변'을 구분하는 것은 소수의 용감한 자들이다. 멜로디와 로트와 리치먼은 각기 다른 연극의 주인공이지만 같은 무대에서 연기하며 거의 동일한 대본을 읽는 기괴한 신앙극장의 모습을 보여준다. 배우들은 서로의 운명이 첨예하게 엇갈리는 종국에 이르기까지 서로의 연기를 즐겁게 응원한다. 유대인의 대본에서 메시아는 인간 세상에 처음으로 오시어 예루살렘에 그들의 성전과 영원한 왕국을 세우는 반면, 기독교인의 대본에서 복수심에 불타는 하느님은 과거를 회개하고 자신을 영접한 유대인의 3분의 1을 제외한 나머지 3분의 2는 불구덩이 속으로 던지신다.

말할 필요도 없이 이 연극은 각자의 계산된 이익을 위해 두 눈을 질끈 감은 채 서로에게 손을 내미는 블랙 코미디다. 이스라엘 극단주의자들은 온 유대와 사마리아와 땅끝까지 이르는 영토를 자신들의 소유라고 주장할 수 없었고, 제3성전 건립을 위해 필요한 선거인단 과반수의 지지도 확보할 수 없었다. 이에 복음주의 기독교인들의 재정적이고 정치적인 도움을 기꺼이 받아들였지만, 그에 대한 대가는 자신들의 민족 신앙에 대한 배교와 지옥의 불구덩이었다. 저널리스트 거숌 고렌버그는 이 상황을 이렇게 해석한다.

아마도 문제 될 것은 없을 것이다. 성전을 지으려는 유대인들을 세상의 마지막 희망으로 여기며 흐뭇해하는 순진한 사람들만 없다면 말이다. 문제는 그 착한 사람들이 때때로 손을 내미는 극단주의자들이 신화의 세계가 아닌 진짜 세상에서 진짜로 승부를 보려 한다는 것이다. 우리의 진짜 삶을 희생해서 말이다.[33]

13.
빛의 속도로
부자 되기

10억이 최고의 복수다.

- 짐 클라크Jim Clark

클라이드 로트와 하임 리치먼이 서로 파국으로 치달을 수 있는 기독교와 유대교 종말론의 망상에 빠져 있던 10년 동안, 미국의 투자자들은 금융 투기의 탐욕 속을 헤매느라 집단 지성을 상실한 상태였다.

2000년 초 어느 저녁, 「머니 매거진Money magazine」의 맨해튼 미드타운 사무실에서 긴 일과를 마친 기자 제이슨 츠바이크Jason Zweig는 집으로 가기 위해 택시를 탔다. 신호 대기를 위해 차가 멈춘 순간 값비싼 양복을 입은 청년 4명이 차량을 가로막았고, 그중 하나가 운전석 창문을 두드리며 몇 블록 떨어진 곳까지 태워달라고 요구했다. 기사가 지금 탑승한 손님이 이미 요금까지 냈다고 하자 그가 지폐를 꺼내 기사 얼굴 앞에서 흔들며 말했다. "100달러 줄 테니까 저 사람 내리라고 해."

택시 기사는 잽싸게 창문을 닫고 내달렸다. 나중에 츠바이크는

"우리는 훈족 아틸라^{Attila}(훈족의 폭군 왕-옮긴이)의 천막을 탈출하는 두 처녀처럼 혼신의 힘으로 현장을 빠져나왔다"라고 기록했다. 뉴욕 생활을 오래 한 츠바이크를 당황스럽게 한 것은 그 망나니 청년들이 자기를 쫓아내기 위해 벤저민 프랭클린(100달러 지폐를 말함-옮긴이)을 모셔 왔다는 사실보다, 그들이 걸어갔다면 목적지에 더 빨리 도착했을 것이라는 점이었다. [1]

블런트나 허드슨, 인설처럼 이 뻔뻔한 청년들도 갑작스럽게 얻은 부의 오만함을 마음껏 들이키며 자신들의 평범한 영혼마저 삼켜버렸을 것이다. 우리가 사는 물질주의 세계의 논리에 따르면 그들은 부유했고 그렇기 때문에 똑똑했으며, 누군가가 일구는 부는 운과 노력 또는 둘 다에서 비롯된다는 사실 따위에는 전혀 신경 쓰지 않는 듯하다.

츠바이크를 습격했던 자들을 그토록 도취시킨 투자 열풍은 대략 1990년대 중반부에서 2000년 중반까지 지속됐으며 이후 2년 반 동안 서서히 무너져 내렸다. 디플레이션이 지속된 기간은 1929년의 검은 목요일 이후 있었던 디플레이션 기간과 거의 같았다. 당시의 재앙과도 같은 상황은 전방위적으로 일어났는데, 총 1억 명의 투자자가 5조 달러를 잃었다. 이는 주식시장 전체 자산의 약 3분의 1에 해당하는 거액이다. 많은 이들이 한때 닷컴 주식과 뮤추얼펀드에서 젊음을 불태울 금맥을 찾았다고 믿었고, 지금도 수백만 명의 미국인이 비슷한 생각을 하고 있을 것이다. 하지만 가장 공격적으로 투자했던 사람들은 1929년의 에드거 브라운^{Edgar Brown}처럼 평생 모은

돈 대부분을 잃었다.[2]

이전의 투자 열풍과 마찬가지로 이때도 하이먼 민스키가 버블 형성의 토대로 제시한 네 가지 병리생리학적 요인이 어김없이 등장했다. 기술과 금융의 발전, 신용 확장, 기억상실, 전통적인 평가 원칙 외면 풍조가 그것이다.

~eeee~

첫째로, 당시 세상을 온통 뒤흔든 버블에서 마법 같은 주문은 신기술 인터넷이었다. 우리 삶의 많은 부분을 실질적으로 바꿔놓은 인터넷[3]은 1969년 국방부 산하 고등연구국Advanced Projects Research Agency이 4개 대학과 통신 회선을 연결하면서 시작됐다(네 곳은 UCLA, 캘리포니아대학교 샌타바버라 캠퍼스UCSB, 유타대학교, 스탠퍼드연구소다). 이 새로운 '초고속 정보 고속도로'는 투자자들을 흥분시켰지만, 초창기의 충분치 않았던 속도와 개인용 컴퓨터의 미보급, 컴퓨터 사용의 어려움 같은 문제들이 해결되지 않으면서 처음 20년 동안은 일상생활에 크게 영향을 미치지 못했다. 아메리카 온라인America Online, AOL이나 컴퓨서브Compuserve 등 초창기에 대중화된 네트워크는 처음에 더 넓은 인터넷망에 연결되지도 않았고, 나중에 연결이 확장됐어도 도메인 외부에 있는 웹 페이지를 직접 탐색할 수 없어 벽으로 둘러싸인 정원 놀이의 양상을 보였다.

그러던 중 1990년 스위스와 프랑스 국경에 있는 유럽입자물리연구소^{European high-energy physics center}의 컴퓨터과학자 팀 버너스 리^{Tim Berners-Lee}가 놀랍게도 월드와이드웹^{World Wide Web}이라고 명명한 최초의 브라우저를 발명하면서 상황이 급변했다. 그는 단지 연구소 내에 있는 여러 컴퓨터를 연결하려고 했을 뿐이지만, 그 파급효과로 지구가 하나로 연결되고 금융시장이 요동을 치고 인간 삶의 방식에 일대 변화가 찾아왔다.[4]

버너스 리의 첫 브라우저는 전문적으로 사용하지 않는 경우에도 너무나 많은 기술적 지식이 필요했는데, 이후의 프로그래머들이 사용자 친화성을 계속 향상시켜나갔다. 1993년 일리노이대학교의 전미슈퍼컴퓨터응용연구소^{National Center for Supercomputing Applications, NCSA}는 설치와 배포가 한층 쉬운 마이크로소프트^{Microsoft} 윈도 기반의 응용 프로그램인 모자이크^{Mosaic}를 출시했다. 이 대학 학생이었던 마크 앤드리슨^{Marc Andreessen}이 NCSA의 연구를 주도했는데, 그는 졸업 이후 캘리포니아로 이주하여 짐 클라크라는 컴퓨터공학 박사와 협업했다.

10년 전 클라크는 고급 컴퓨터를 만드는 실리콘 그래픽스^{Silicon Graphics}를 설립했다. 이들이 만든 장치가 자체적인 운영체제나 소프트웨어를 실행하는 특정 작업을 지원하기 위해 설계된 기술 맞춤형 장치인 워크스테이션^{workstations}이다. 1980년대에 워크스테이션 제조업체는 수십억 달러를 벌어들이는 좋은 실적을 거뒀지만, 이후에는 영업 전망이 매우 불투명해졌다. 하루가 다르게 발전하는 개인용 컴퓨터가 기존의 업무용 컴퓨터를 대체하는 시기가 점점 앞당겨지고 있었기 때문이다.

이를 예견한 사람이 클라크였다. 이 문제를 회사와 상의했으나 경영진이 미온적인 반응을 보였고, 그는 좌절했다. 게다가 자신이 설립에 참여한 회사가 제대로 방향을 잡지 못하고 있을 뿐 아니라 보유하고 있던 지분의 가치가 2,000만 달러에 불과하다는 사실에 분노하여 실리콘 그래픽스를 떠났다. 그의 표현을 빌리자면, "12년 동안 각고의 노력을 기울였고, 창의력과 리더십을 발휘했으며, 갖은 위험을 감수하며 방대한 인적 네트워크를 만들어놓았지만 실질적으로 산출한 내용은 보잘것없었다."[5] 그는 다음번에는 더 큰 통제권을 쥐고 더 나은 보상을 만들어내겠다고 다짐했다.

1994년 클라크와 앤드리슨은 모자이크 커뮤니케이션스 코퍼레이션Mosaic Communications Corporation을 설립했다. 그런데 모자이크라는 이름에 대해 일리노이대학교에서 항의가 들어와 회사 이름을 새로 지으라고 요구했다(NCSA가 출시한 모자이크 프로그램이 이미 있었기 때문—옮긴이). 이에 사명을 넷스케이프 커뮤니케이션스Netscape Communications로 바꿨다. 모자이크와 마찬가지로 이 회사는 브라우저를 무료로 사용할 수 있게 했고, 사용자들의 반응은 뜨거웠다. 1995년 중반까지 수백만 명의 인터넷 사용자는 브라우저 우측 상단에 N자 모노그램이 얹힌 행성 위로 쏟아지는 유성우를 보면서, 인터넷을 통해 전 세계 어디에서나 웹 페이지에 접속할 수 있다는 사실을 새삼 깨달으며 열광적인 지지를 보냈다.

민스키의 병리생리학적 요인 가운데 두 번째 요소인 신용의 확장(완화) 역시 버블의 좋은 재료가 된다. 현대의 은행 지급준비제도하에서 한 국가의 중앙은행(미국에서는 연방준비은행)은 통화 공급의 경비견 역할을 한다. 연준은 적절한 통화 공급을 통해 시장에 유동성을 제공할 뿐 아니라, 윌리엄 맥체스니 마틴 전 연준 의장의 명언처럼 "파티가 무르익을 무렵 펀치 볼^{punch bowl}(음료의 일종인 펀치를 담는 그릇-옮긴이)을 치우는 일"도 해야만 한다.[6]

연준은 언제나 다음 두 가지 사항을 염두에 두는데, 하나는 GDP 성장률과 실업률로 측정되는 경제의 전반적인 상황이고, 다른 하나는 인플레이션 수준이다. 주가의 등락에는 대체로 민감한 반응을 보이지 않으며, 앞의 두 가지 우려에 대해 '나약한 방관자'로 오해받는 경우가 많다.

20세기 중반까지 연준이 시장에 개입하는 주요 수단은 연방기금 금리였다.* 연준이 결정하는 단기 국채의 금리는 상업은행들이 서로에게 대출해주는 하루 만기 준비금의 금리가 된다. 가장 단기이기 때문에 가장 안전한 단기 국채의 금리가 높으면 투자자들이 관심을 보이고, 위험자산에 투자했던 자금을 회수해서 채권시장으로

---

* 연방기금금리는 사실상 목표일 뿐이다. 실제 하루 만기 자금의 금리는 대출 은행과 차용 은행의 협상으로 이루어진다. 공개 시장에서 연준이 국채를 매수하면 금리가 낮아지고, 국채를 매도하면 금리가 높아진다(채권의 가격과 금리는 반비례하기 때문에 정부가 국채를 매수하면 희소성이 발생하여 가격이 높아지고 금리는 낮아짐-옮긴이).

옮긴다. 그러면 주식시장은 활력을 잃고 주가가 하락하게 된다. 반대로 연준이 연방기금금리를 낮추면, 투자자들이 수익성 높은 주식시장으로 자금을 옮기므로 주가는 상승하게 된다.

1990년대 초반에는 역사적으로 중간 규모의 경기 침체가 발생하여 두 가지 사건을 초래했다. 첫째는 불황으로 조지 H. W. 부시George H. W. Bush의 재선이 불발됐다. 상대 후보였던 빌 클린턴의 선거 슬로건 '바보야, 문제는 경제야!It's the economy, stupid!'가 큰 화두가 된 선거였다. 둘째는 경기 침체로 연준이 적극적인 신용 완화 정책을 펼쳤고 이로 인해 주식시장에 버블이 발생했다.

앨런 그린스펀Alan Greenspan을 의장으로 선출한 연준은 1990년대 초반의 경기 침체에 적극적으로 대응하고자 재무부 국채를 매수했다. 그러자 연방기금금리가 1990년 1월 8.3%에서 1992년 말에는 약 3.0%로 하락했다. 이에 따라 주식시장이 상승으로 돌아섰고 투자자들 사이에서는 그린스펀이 경기 부양을 위해 발버둥 친다는 의미가 담긴 '그린스펀 풋Greenspan Put'이라는 말이 유행했다. *

하지만 연준은 1997년 즈음에 물가 상승률이 3%까지 하락하면서 경제가 순조롭게 흘러가자 펀치 볼을 치워야 했다. 그린스펀이 그 일을 실행하려 했지만, 1920년대에 벤저민 스트롱 당시 뉴욕연방은행 의장이 영국 파운드화를 보호하기 위해 금리를 인하했던 사건과 섬뜩할 정도로 유사한 일련의 사건들이 벌어졌다.

---

* '풋'은 현재가보다 낮은 약정 가격에 주식을 매도하여 큰 손실을 방어하는 옵션이다.

1997년과 1998년에는 세계 각지에서 발생한 사건들로 파티장의 펀치 볼이 가득 채워지고 말았다. 그 여파로 태국 통화인 밧^{baht}이 붕괴했고, 일련의 통화 및 부채 위기가 세계 금융시장을 휩쓸면서 말레이시아와 인도네시아와 홍콩이 도미노처럼 연달아 쓰러졌다. 아시아 경제의 규모가 상대적으로 작았기 때문에 그린스펀은 위기가 확산 조짐을 보이는 것에 크게 긴장하지 않았다. 하지만 1997년 말에 수만 명의 미군을 주둔시키고 있던 더 부유한 한국에서도 같은 상황이 벌어지자 그도 대응에 나설 수밖에 없었다. 연준과 재무부는 미국 은행들이 한국에 대한 대출을 가능한 한 낮은 금리로 제공하게 하고자 했고, 다른 아시아 국가들에 대해서도 마찬가지였다. 낮은 금리로 유통되는 달러는 각국의 화폐 가치를 하락시켰으며, 이로 인해 달러의 강세 흐름이 만들어졌다. 1997년 초에 연준은 이미 경기 호황에 대응하며 금리를 인상하기 시작했지만, 달러의 지나친 강세를 방지하기 위해 금리를 안정적으로 유지했다. 1920년대와 마찬가지로 낮은 금리가 지속되고 경기가 살아나자 투자 열풍이 서서히 고개를 들었다.

세계적인 경제 붕괴는 계속해서 이어졌다. 1998년 말 러시아는 국가 경제가 심각하게 훼손된 채 디폴트^{default}(채무불이행) 선언을 했고 루블화 붕괴와 디플레이션이 이어졌다. 그러자 러시아 부채에 거액을 베팅했던 전통의 거대 헤지펀드 롱텀캐피털매니지먼트$^{Long-Term\ Capital\ Management,\ LTCM}$가 파산하며 미국에까지 위기를 몰고 왔다. 펀드의 막대한 보유 자산이 증발해버리면서 금융 시스템에 크나큰 파

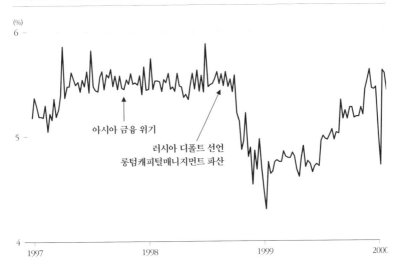

<그림 13-1> 연방기금금리 추이(1997~2000)

(%)

아시아 금융 위기

러시아 디폴트 선언
롱텀캐피털매니지먼트 파산

장을 안겼고 글로벌 주가가 폭락했다.

그 시점까지 시장 참여자들은 그린스펀을 1990년대 경제 호황의 숨은 설계자로 간주했으며, 밥 우드워드Bob Woodward는 훗날 저술한 책에서 그를 '마에스트로the maestro'라고 칭하기도 했다. 그처럼 거의 신화적인 명성을 얻었던 그이지만 LTCM이 추락한 이후에는 잠재적인 재앙 유발자로 비난받기 시작했다.

그린스펀은 민간은행에 대한 구제를 명시한 정책인 베일아웃bailout을 설계했을 뿐 아니라, 연방기금금리를 공격적으로 낮추어 신용을 완화하고 연간 낮은 수준을 유지했다. 이런 조치들은 주가를 하늘 높이 날아가게 했다.[7]

세 번째 병리생리학적 버블 요인은 20세기 말까지 수십 년에 걸쳐 발전을 거듭한 금융 기억상실증이었다. 1929~1932년의 약세장은 개인과 기관 투자자들의 부를 지나치리만큼 가혹하게 갉아먹었고 국가의 정체성마저 뒤흔들었다. 그래서 이후 수십 년 동안 주식은 신중한 사람들이라면 피해야 할 투자 대상으로 간주됐다. 예를 들면 1945년 말에 신뢰할 만한 통계가 시작된 첫 사례로, 자산 대부분을 저축으로 보유하고 있는 개인들의 평균 주식 투자 금액은 30센트에 불과했다. 그마저도 매우 드문 사례인 대형 운용사의 기업연금펀드였다.

미국인의 약 10%만이 주식을 소유하고 있었지만 1929~1932년의 약세장에 손실을 봤고 뒤를 이은 대공황으로 더욱 많은 사람이 피해를 봤다.[8] 일정 연령의 대부분 미국인은 가족 전체가 우울증을 앓는 경험을 하기도 했다(이 사례 제공자의 어머니는 식당에서 먹다 남은 음식이 생기면 아스파라거스 한 줄기라도 싸서 가져오는 증상이 생겼다고 한다). 수백만 명의 미국인에게 잔혹했던 1929~1932년의 생생한 기억은 한 세대가 넘도록 주식의 매력을 떨어뜨렸다.

1950년대 후반에서 1960년대 초반에도 주식 버블이 발생했는데, 이때의 버블은 수십 년 전 물리학자 윌리엄 쇼클리William Shockley가 이끄는 벨연구소Bell Labs 연구팀이 반도체 트랜지스터를 발명하면서 시작됐다. 장치들이 더욱 소형화되고 성능도 개선되면서 투자의 열풍도 피어나기 시작했다.

한 세대 후에 '닷컴dot-com'을 붙이는 경우에 그랬듯이, 1959년 당시에는 회사 이름에 '트로닉스tronics'만 붙이면 사람들의 주목을 받고 주가를 끌어올릴 수 있었다. 축음기와 LP를 제작하는 아메리칸 뮤지컬 길드American Musical Guild라는 회사는 상장하면서 사명을 스페이스톤Space-Tone으로 바꿨는데, 주가가 7배로 급등했다. 이 시대의 분위기를 잘 드러내는 회사 이름들을 살펴보면 '소닉스sonics'로 끝나는 여러 회사를 비롯해 아스트론Astron, 벌카트론Vulcatron 등이 있으며, 가장 인상적인 이름으로는 파워트론 울트라소닉스Powertron Ultrasonics가 있다.

투자은행들은 지분을 다량으로 보유한 내부자들을 선호했기에 더 많은 대중이 구매할 수 없도록 금액을 제한하는 규정을 두었다. 이런 과정에서 대중의 광적인 지지가 한풀 꺾였고, 1962년에 이르자 지지자들이 조금씩 사라지면서 이전의 모든 버블 형성기 때 그랬던 것처럼 시장은 무너지기 시작했다.[9]

트로닉스 열풍은 주식시장의 작은 부분에 불과했으며, 당시 주식을 보유한 미국인이 상대적으로 적었기 때문에 사람들의 기억에 강렬한 인상을 남기지는 못했다.[10] 1990년대에 평균적인 미국 시민은 사회 전반에 거대한 충격을 줬던 마지막 주식 버블이 발발하고 2세대가 지난 후의 사람들이었다. 그래서 마침내 또 다른 버블이 도래했을 때 이를 알아차릴 수 있었던 것은 다음과 같이 힘없는 세 그룹뿐이었다. 첫째는 과거의 버블을 직접 경험한 90세 이상의 투자자들, 둘째는 경제사학자들, 그리고 마지막 세 번째는 찰스 맥케이의

『대중의 미망과 광기』앞부분 세 장을 읽고 그 교훈을 마음속에 간직한 사람들이다.

⟜⟜⟜⟜

버블의 병리생리학적 네 번째 특징은 주식에 대한 전통적 평가 기준이 허물어졌다는 점이며, 1990년도에는 기술에 대한 맹신이 이를 부채질했다. 1920년대 후반 주가가 최고점에 머물던 회사들은 실질적으로도 매우 견고한 수익을 창출하고 있었으며, 일부 하이테크 회사(특히 RCA나 레밍턴 랜드Remington Rand)를 제외하고는 대부분이 적절한 배당금도 지급했다.[11] 하지만 1990년대에는 소수의 첨단 기술 기업만이 인력과 장비에 대한 지출을 겨우 감당할 만큼의 수익을 창출했다. 배당금과 관련하여 기술 기업 투자자들은 마차가 오가던 시대의 회사를 대하듯 기대하지 않았고, 심지어 배당이 10년 후에나 이뤄질 회사들도 즐비했다. 1986년에 상장한 마이크로소프트는 2003년까지 배당금을 지급하지 않는다고 선언했었고, 닷컴 경쟁의 최종 승자들인 구글Google과 아마존Amazon은 아직도 배당을 하지 않는다(2022년 초 기준-옮긴이).

1990년대가 진행되면서 투자자들은 기업의 수익과 배당금은 전혀 중요하지 않다는 확신을 갖게 됐다. 회사 주식의 진정한 가치는 수백만 회의 시청 기록과 수십억 번의 클릭 기록으로 측정되는, 사실상 매우 모호한 지표에 달려 있다고 믿었다.

6장에서 언급했듯이, 20세기의 위대한 투자자 존 템플턴은 '이번에는 다르다'야말로 영어에서 가장 비싼 문장이라고 했다. 하지만 1990년대에 떠오르던 디지털 세상은 정말 다르게 보였고, 시대를 앞섰던 놀라운 예언들이 속속 실현됐다. 사실상 보편화된 광대역 인터넷 서비스나 유비쿼터스^{ubiquitous}(시간과 공간에 구애받지 않고 네트워크에 접속할 수 있는 환경-옮긴이)에 가까운 무료 음성 및 화상 전화, 기존의 오프라인 매장을 통째로 삼켜버릴 효율화된 온라인 쇼핑 환경 등이 그것이다. 안타깝게도 이런 기술에 열광했던 일반 투자자들은 수혜자가 되지 못했다. 1990년대 후반에 상장된 수백 개의 회사 가운데 소수만이 살아남았다. 그중에서도 유일하게 아마존만이 지배적인 위치를 점하게 됐으나, 소매업에서 우월한 지위를 누리는 이 회사도 투자자들이 기대하는 수준의 이익은 창출하지 못하고 있다.[12]

영국의 철도 버블과 1920년대 버블에서와 마찬가지로 1990년대 테크 붐은 투자자들에게 절망을 안겼지만, 사회에 유용한 기반시설을 남겼다. 버블 기업은 앞의 예에서 보듯 자사의 수익성과 사회적 이익의 관계에 따라 구조화된 3단계 피라미드로 설명될 수 있다.

피라미드의 정점에는 사회에 이로움을 줄 뿐 아니라 투자자들에게도 부를 나누어준 동인도회사나 영국중앙은행, (그리고 이 글을 쓰는 시점에서는) 아마존과 구글 같은 회사들이 있다. 둘째는 가장 중요한 관계라고 할 수 있는데, 조지 허드슨의 철도 네트워크와 새뮤얼 인설의 산업 설비들처럼 사회에 이익이 되지만 투자자에게 돈을 잃게

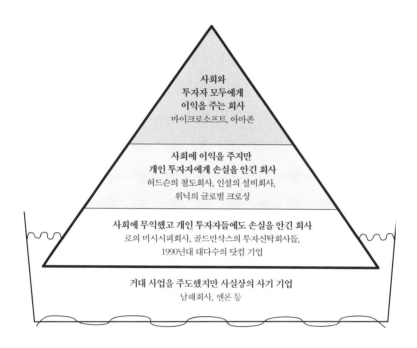

사회와
투자자 모두에게
이익을 주는 회사
마이크로소프트, 아마존

사회에 이익을 주지만
개인 투자자에게 손실을 안긴 회사
허드슨의 철도회사, 인설의 설비회사,
위닉의 글로벌 크로싱

사회에 무익했고 개인 투자자들에도 손실을 안긴 회사
로의 미시시피회사, 골드만삭스의 투자신탁회사들,
1990년대 대다수의 닷컴 기업

거대 사업을 주도했지만 사실상의 사기 기업
남해회사, 엔론 등

하는 회사들도 있다. 특히 게리 위닉Gary Winnick이 설립한 글로벌 크로싱Global Crossing Ltd.은 이름과 달리 기술 기업 버블의 표상이다. 1998년에서 2002년 사이, 닷컴 열풍이 불어왔다가 사그라져 무너지는 동안 통신회사들은 오늘날 전 세계가 보유하고 있는 약 80만 킬로미터의 해저 광섬유 케이블 대부분을 매설했다. 게리 위닉은 이 엄청난 사업의 3분의 1을 맡았던 인물이다.

위닉은 정크본드junk-bond(신용도 낮은 회사가 발행한 채권-옮긴이)의 황제로 칭송받았지만 증권거래법 위반 등으로 수감 생활을 했던 마이클 밀켄Michael Milken의 제자다. 블런트나 허드슨, 인설 못지않은 사업 수완을 갖추고 있어서 친분을 쌓은 투자자들에게 수십억 달러의 주식과 채권을 판매한 인재다. 하지만 안타깝게도 허드슨이나 인설이 가졌던 통찰력은 소유하지 못했던 것 같다. 1997년 글로벌 크로싱을 설립하기 전에 통신에 대한 그의 지식은 한 언론인이 밝힌 것처럼 "영업 전화에 필요한 수단" 이상으로 확대되지 못했고, 규모가 큰 사업을 운영해본 적도 없었다.[13] 그의 회사가 실패한 것이 그 자신의 무능이나 비리 때문이었는지 또는 단순한 불운 때문이었는지는 아직도 논쟁 중이다. 하지만 회사 경영에 참여하지 않는 경향이 있던 그도 회사가 파산하기 직전에 다른 최고 경영진과 함께 수억 달러의 주식을 매각할 의도가 있었다. 법률상의 규제와 민사 소송 등의 조치를 통해 그가 얻은 부당이득은 대부분 환수됐으며 검찰은 기소를 중지했다.

글로벌 크로싱이 투자자들에게 막대한 피해를 안겼음에도 결국 위닉은 법적인 책임을 지지 않게 됐고, 회사가 남긴 해저 케이블은 오늘날 세상을 하나로 엮은 일등 공신이 됐다. 인터넷 회사 열풍이 절정에 달했을 때 글로벌 크로싱의 기업 가치는 400억 달러가 넘었고, 그 가운데 위닉의 지분 가치는 60억 달러에 달했다(1999년 그는 「포브스」 표지를 장식했는데 타이틀은 '빛의 속도로 부자 되기'였다).[14]

전 세계를 통신으로 엮는다는 그의 계획은 시의적절했고 사기성도 없었으며, 비전도 충분했다. 다만 상업의 역사를 통틀어 수많은 사업가가 그러했듯, 그도 모든 곳에서 이익을 감소시키는 두 가지를 과소평가했다. 첫째는 죽음과 세금이 언제나 확실한 것처럼, 이익 역시 경쟁과 공급 과다를 불러오고 이로 인해 가격이 하락하고 최종적으로 이익도 감소하는 일련의 법칙으로 움직인다는 점이다. 실제로 위닉이 1997년에 2개의 대규모 대서양 횡단 작업을 수행한 이후 6년 동안 10개의 경쟁사가 생겨났다.

둘째는 기술이 향상되면 재화의 공급이 늘어나고 이것이 가격 하락으로 이어진다는 점이다. 해저 케이블의 경우에도 수십 년이 지나는 동안 케이블의 양쪽 끝에 있는 광 송수신기인 건식 플랜트 설비가 발전하면서 최초 매설된 케이블 대비 용량이 7배에서 10배까지 증가했다. 기업들이 2003년부터 2014년 사이에 대서양 횡단 케이블을 추가로 부설하지 않았음에도 글로벌 데이터의 용량은 2002년 대비 현재까지 1,000배가 증가했다. 현재 신호 전송에 이용되는 해저 케이블 용량은 전체 가용 용량 가운데 평균 4분의 1 미만에 불과하다.[15]

버블이 형성되는 동안에는 언제나 그러하듯, 글로벌 크로싱의 투자자들은 지나치게 열광한 대가로 값비싼 비용을 치러야만 했다. 2002년 1월 28일 회사는 파산 신청을 했고, 아시아 기업 두 곳이 위닉의 회사 지분을 2억 5,000만 달러에 인수했다. 말 그대로 회사가 페니 클럽penny club(주가가 1달러 미만, 즉 페니 수준에 거래되는 기업-옮긴이)으로 추락한 것이다. 이후 회사는 구조조정을 단행하여 생존한 뒤 여전히 광케이블 매설업을 하고 있지만, 원래의 주주들은 법적인 합의를 통해 극히 일부의 투자금만 회수했을 뿐 막대한 손해를 입었다.

피해는 막심했는데, 개인 투자자들은 물론이고 연금펀드나 뮤추얼펀드 운영사들도 수십억 달러씩 손해를 봤다. 이 회사에 투자했다가 12만 달러의 손해를 본 초등학교 교사 린다 로치Linda Lorch는 위닉 경영진이 고점에서 주식을 매도한 것에 대해 "소액 주주들에게 손해를 떠넘기고 경영진만 손실을 피했다"라고 비판했다.[16] 사정이 딱한 건 그들만이 아니다. 글로벌 크로싱의 직원 다수가 가입한 퇴직연금이 자사에 투자되고 있었기 때문에 실직한 이 회사 직원들은 직장도 잃고 저축한 연금도 잃는 최악의 상황을 맞이해야 했다.[17]

그럼에도 글로벌 크로싱의 경영진은 주식을 고점에서 매각하여 이익을 얻었다. 이익을 본 자들 중에는 뜻밖의 인물도 있다. 1993년 3월 조지 H. W. 부시 당시 대통령은 경영진을 대상으로 연설을 했는데 8만 달러의 연설비를 받는 대신에 회사 주식을 받았고 몇 달 후 약 450만 달러에 매각했다. 「월스트리트 저널」은 이 돈이 가족의 케네벙크포트Kennebunkport 휴양지 유지비로 사용됐을 것으로 추정했다.[18]

꿀꿀꿀꿀

글로벌 크로싱은 회사 직원들이나 로치와 같은 운 나쁜 이들의 자산을 갈취했지만 전 세계에 엄청난 길이의 통신 케이블 설비를 구축하면서 전 세계 사람들에게는 도움을 줬다. 하지만 피라미드 모형에서 세 번째 양상인 수백 개의 닷컴 기업은 그렇지 못했는데, 이들은 투자자들을 파산으로 내몰았을 뿐 아니라 사회적·경제적인 어떤 가치도 남기지 못했다. 고객의 관심을 끌고 마음을 사로잡는 데 중점을 둔 닷컴 기업들 가운데 1995년 이전에는 상상할 수도 없었던 규모로 파산한 회사도 있다. 웹밴Webvan의 사례가 대표적이다.

루이스 보더스Louis Borders는 자신의 이름으로 서점 체인을 설립했던 사업가로, 단지 기발한 아이디어만 가지고 승부하려 하는 20대 풋내기가 아니었다. 1997년 서점 사업에서 은퇴한 뒤 투자회사를 설립하고 5년이 지났을 무렵의 어느 날, 당시로서는 매우 신기한 일이었던 온라인 쇼핑을 통해 희귀한 향신료 하나를 주문했다. 이윽고 택배 상자가 그의 집 앞에 도착했는데, 그 순간 좋은 아이디어가 번득였다. 미국인들이 식료품을 이런 식으로 주문해 배달받는다면 어떨까?

보더스는 거대한 사업을 구상했다. 수백만 명의 소비자에게 부패하기 쉬운 식료품을 안정적으로 제공하려면 대규모의 신개념 물류 시스템을 구축해야 했다. 오클랜드에 개장한 첫 매장은 일반 슈퍼마켓의 20배 크기였고, 길이가 총 7킬로미터에 달하는 컨베이어벨트를 설치하여 고기와 생선 등 700종류가 넘는 다양한 식품을 판매했다.[19] 이후 그는 10억 달러가 넘는 사업비를 책정하여 유사한 복합단지 26개를 건설함으로써 전국적인 네트워크를 구축하기 위해 미국 최대 건설사인 벡텔Bechtel과 제휴했다.

MIT에서 수학을 공부한 보더스는 각 매장에서 날마다 8,025가지 품목의 주문이 들어오고, 매장은 연간 수익으로 10억 달러의 3분의 1을 거둘 것으로 예상했다. 식품들이 들어 있는 일종의 회전목

마 앞에 전략적으로 직원을 배치해 주문받은 품목을 모아 포장하게 하고, 이를 컨베이어 벨트에 올리면 냉장 트럭으로 옮겨져 배송 직원이 한 시간 이내에 가정으로 배달하게 하는 방식이다. 규모가 규모인 만큼 웹밴의 운영비는 매출의 1% 미만일 것으로 예측했고, 따라서 운영비가 6% 이상인 기존 슈퍼마켓은 곧 시장에서 퇴출될 것으로 봤다. 심지어 보더스는 소매 식품 분야의 승자가 된 이후에는 비디오와 전자제품, 드라이클리닝 등의 분야로 사업 영역을 확장할 계획이었다.[20]

웹밴은 골드만삭스와 오라클Oracle, 휴렛팩커드Hewlett-Packard, 나이트 라이더Knight Ridder 등의 최고 기업들로부터 투자를 받았고 대중의 열광적인 지지도 끌어냈다. 열광적인 반응을 이어가기 위해 회사는 상장을 하면서도 극히 일부 주식만 매각했다. 웹밴의 시가총액을 통해 시장에서의 평가 가치를 살펴보면 세이프웨이Safeway(대형 슈퍼마켓 체인-옮긴이)의 절반인 84억 달러였다. 당시는 건설을 끝마친 대형 슈퍼마켓 26개를 중심으로 영업이 이뤄지고 있었으니 주가가 그리 과한 것은 아니었다.[21]

두 가지 문제가 이 도전적인 회사를 망가뜨렸다. 첫째, 웹밴은 인터넷으로 식품을 판매하는 유일한 회사가 아니었다. 여러 경쟁자가 있었는데 그중에는 아마존의 제프 베조스Jeff Bezos가 후원하는, 더 규모가 크고 시장 점유율이 높은 홈그로서HomeGrocer.com가 있었다. 둘째는 사업 시스템이 원활히 작동하지 않았다. 전례가 없는 운영 시스템의 각 영역은 불협화음을 냈고, 운영이 원활했다고 해도 소비자들은 부패하기 쉬운 농산물을 타인이 골라 신속하게 배달해주는 서비스를 아직은 신뢰하지 않았다. 웹밴과 홈그로서 모두 매월 적자가 누적됐다.[22]

홈그로서는 그나마 매끄럽게 운영됐지만, 웹밴은 더 많은 초기 자금이 투여되어야 했고 직원들의 더 큰 열정도 필요했다. 1990년대 후반 닷컴 기업들이 난립하는 상황에서, 경험은 부족하지만 자금 지원이 비교적 풍부했던 웹밴은 홈그로서를 인수하는 악수를 두었다. 이후로는 합병된 회사에도 막대한 자금을 쏟아부어야 했지만 회수되는 자금은 턱없이 부족했다. 결국 웹밴은 2001년 7월 파산을 선언했고, 수십억 달러의 재산이 증발했을 뿐 아니라 3,500명의 직원이 일자리를 잃었다.[23]

⁂

1990년대의 3단계 거품 피라미드는 미국 역사상 가장 큰 기업 사기 사건 중 하나인 엔론Enron 사태와 떼어놓을 수 없다. 이 회사의 회계 부정과 기만으로 투자자들의 돈 700억 달러 이상이 그대로 공중 분해됐다.

이 사건은 빨리 부자가 되고 싶어 하는 사람들이 많았던 당대의 분위기를 그대로 보여준다. 박애주의적이고 선견지명이 있었던 호감형 인물 위닉과 달리, 엔론의 경영진은 금융 버블을 초래할 정도로 규모가 큰 범죄 행위를 고의로 일으켰다. 주인공들은 변명의 여지가 없는 악당의 조건을 모두 갖추고 있었다. 마치 영화감독의 악당 폴더를 열면 바로 튀어나올 것 같은 인물들인데, 신망 두터운 야심가로 보였던 케네스 리 레이Kenneth Lee Lay와 운동광이었던 제프리 스킬링Jeffrey Skilling과 음탕하고 도덕성이 부족했던 앤드루 패스토Andrew Fastow가 그들이다.

글로벌 크로싱이나 닷컴 기업들과 달리 엔론은 경제계에서 가장 화려하지 않은 상품 중 하나로 사업을 시작했다. 바로 천연가스인데, 천연가스는 20세기 중반까지 대부분 쓰레기로 여겨 태워버렸다. 하지만 이런 이미지와 대조적으로 천연가스를 활용하는 회사의 경영진은 기름을 바른 듯 안색이 좋았다고 하는데, 저널리스트 피터 엘킨드Peter Elkind와 베서니 매클레인Bethany McLean에 따르면 "그 바닥에서 가장 말쑥한 사람들"이었다. [24]

1942년 아칸소 시골의 극심한 빈곤 속에서 태어난 케네스 리 레이는 열한 살이 될 때까지 실내에 화장실이 있는 집에서 살지 못했다. 열한 살 때 그의 아버지가 주립대학이 있는 미주리주 컬럼비아로 이사했고 그 뒤로는 줄곧 행운이 그의 편이었다. 형제들과 함께 공립학교에 다녔고, 미주리대학교에 입학하여 운 좋게도 경제학 교수 핑크니 워커Pinkney Walker와 교류하게 됐다.

졸업 후 레이는 엑손Exxon의 전신인 험블 오일Humble Oil에서 일했으며 야간에 학업을 계속하여 경제학 박사 학위를 취득했다. 이후 해군에 입대했고, 1969년에는 스승 핑크니 워커의 추천으로 국방부 조달 업무를 맡게 됐다. 그리고 얼마 후 리처드 닉슨Richard Nixon 대통령이 워커 교수를 연방전력위원회Federal Power Commission에 임명하면서 레이를 보좌관으로 임명했다. 젊은 보좌관 레이에게 깊은 인상을 받은 닉슨은 이후 그를 내무부 에너지 차관으로 임명했다.

공공의 시설은 공공의 권리를 위해 운영되며, 특히 19세기 후반에 공공의 개념이 정착된 이후 주정부와 연방정부는 산업을 엄격하게 규제해왔다. 하지만 1970년대 초까지는 규제가 지속적으로 완화됐고 레이는 자신이 이런 흐름의 한가운데 있다는 사실을 알게 됐다. 워싱턴의 정계 인맥을 통해 그는 텍사스와 플로리다의 에너지 회사에서 근무했으며, 1984년에는 휴스턴 천연가스Houston Natural Gas의 CEO가 됐다. 그리고 그곳에서 오마하의 유서 깊은 수송관회사인 인터 노스Inter North와 합병을 추진했다. 레이는 컨설팅회사를 고용하여 합병된 법인의 이름을 엔터론Enteron으로 지었다. 하지만 「월스트리트 저널」도 언급했듯, 이 이름은 당황스럽게도 태아의 소화관을 지칭하는 단어와 같았다. 그래서 '엔론Enron'으로 줄였다.[25]

레이는 산업계의 규제를 완화하면 막대한 이익이 돌아온다는 사실을 잘 알고 있었다. 하지만 그의 생각은 불행히도 가까운 미래에 엔론이라는 이름을 기업 불법 행위의 대명사로 만드는 능력으로 발휘됐다. 그 능력은 사실상 사치와 명예욕이었으며, 그 꿈을 이루기 위해 고용한 유능하고 오만한 젊은이들을 단속할 수 없었던 무능이기도 했다. 그리고 자신의 이익을 회사 및 사회의 이익과 동일시한 도덕 불감증이었다.

그는 워싱턴D.C.와 맨해튼에서 취미 생활을 하는 데 많은 시간을 보내느라 휴스턴 본사에서 지내는 시간이 줄었고, 회사의 일상적인 업무와 점차 멀어졌다. 그리고 회사는 쇠락하기에 충분한 조짐들을 보이기 시작했다. 레이는 회사에서 엄청난 양의 보수를 받았지만(2001년을 보면, 스톡옵션과 사내 대출을 포함하여 1억 달러가 넘었다) 엔론이 파산하자 1억 달러 이상의 부채를 지게 됐다.[26]

회사의 업무용 항공기는 기업 활동에 매우 유용한 도구다. 이것을 구매한 것 자체를 두고 방만한 경영이라고 말할 순 없지만, 불법 행위나 용도에 맞지 않는 사용, 특히 개인적인 사용이 과다하다면 경영상의 문제로 거론되기에 충분하다.[27]

엔론은 여섯 대의 업무용 항공기를 보유하고 있었는데 그의 부인과 아이들은 이를 자가용처럼 생각했고, 회사 내에서도 '개인택시'로 간주했다.

갑부들 사이에서는 개인 항공기의 크기나 항속 거리, 최고 속도 등의 스펙이 일종의 서열을 가리는 지표가 됐으며, 2000년을 전후하여 민간 항공기의 정점에는 3개의 엔진을 장착한 팰컨 900Falcon 900이 있었다. 엔론이 보유한 이 기종 두 대는 레이의 가족 일정을 최우선으로 고려하여 운행됐다. 예를 들어 1999년에는 레이의 딸 로빈이 프랑스에서 돌아올 때 회사에서 팰컨을 파송하여 귀국시켰다. 2001년 회사가 붕괴하기 시작했을 때도 레이는 CEO 취임을 앞둔 제프리 스킬링에게 새로 주문한 항공기 실내장식에 대한 의견을 듣느라 여념이 없었다.[28]

레이의 가족이 부렸던 고급 '개인택시'가 세간에 알려지면서 사람들은 비로소 고급 승용차와 여러 채의 초호화 별장과 맨해튼 아파트 등을 소유한 경영진의 소비 성향을 알게 됐다. 엔론의 호화로운 상류층 문화를 거부한 예외적 인물도 있었는데, 차기 CEO로 물망에 오른 적이 있는 냉철하고 유능한 경영진 리처드 킨더Richard Kinder였다. 하지만 레이는 개인적인 문제로 그를 사임시켰고, 그가 1996년 회사의 문을 열고 나갔을 때 엔론은 마지막 운행에서 브레이크를 떼어버린 폭주 기관차가 됐다(킨더는 다른 에너지 기업인 킨더모건Kinder-Morgan을 설립했다. 이 회사는 개인 제트기를 소유하지 않았으며, 필요한 경우 억만장자 킨더가 사비로 임대했다).[29]

레이의 기업 비전은 국내 수송관 부문 사업에 만족하지 않았다. 해외 인프라 구축 사업에 뛰어들어 사업 영역을 확장하려 했고, 에너지 선물거래 등으로 사업부문을 다변화하고자 했다. 그것이 안정되면 인터넷 광대역 통신망 선물시장을 개척하려 했다. 이 사업도 자리를 잡으면 철강과 제지 등 중량감 있는 사업은 물론 화물 운송 등의 서비스업에도 도전할 계획이었다.[30] 이 모든 사업을 추진하려면 막대한 자금을 차입해야 했고, 이를 위해서는 조기에 수익을 낼 수 있다는 능력을 입증해야만 했다. 엔론 같은 설비회사가 신사업에 진출하는 경우 막대한 초기 자금이 불가피하기 때문에 해당 사업의 수익성이 충분히 입증돼야만 했다.

제프리 스킬링의 이력은 다음과 같다. 1970년대 초 뉴저지와 시카고 교외에서 자란 그는 서던메소디스트대학교에서 전기공학을 공부했다. 얼마 안 가 돈이 전기공학 회로도와는 다른 방식으로 움직인다는 사실을 깨달은 그는 매우 흥분했다. 한 강의에서 그는 박사 학위 논문 하나를 분석했는데, 훗날 모기지가 채권과 결합한 뒤 투자자들에게 판매됐다가 참혹한 결과를 불러온 것과 유사한 이론으로, 선물 계약을 시장성 있는 금융상품으로 증권화하는 방식을 설명한 내용이었다. 여기서 스킬링은 추상적인 수학 도식을 활용하여 돈을 추출하는 방법을 배웠고, 여기에 흥미를 느껴 대학을 졸업하고 하버드 경영대학원에 진학하여 1979년에 최고 영예 졸업생이 됐다.

일류 경영대학원 졸업생을 기다리고 있는 다음 절차는 매킨지 앤드 컴퍼니McKinsey & Company 입사였다. 최근 스캔들이 있기 전까지(2016년, 지난 30년간 50억 달러 규모의 비밀 펀드를 운용했다는 사실이 밝혀져 사회에 충격을 줬음-옮긴이) 지구상 가장 권위 있는 컨설팅회사였던 매킨지에서는 화려하고 추상적인 수학을 매우 중요시했다. 그곳에서 일한 지 10년 만에 휴스턴 지부의 지부장으로 임명되어 엔론 컨설팅을 맡았고 1990년에는 매킨지와 이별을 고한 뒤 엔론에 합류했다.

엔론은 다른 회사들과 별다른 경영상 차이가 없었던 가스 판매 관련 자료를 새 경영인에게 보고했다(스킬링은 엔론 파이낸스 CEO로 영입됐음-옮긴이). 단순히 판매 수익으로 이익을 내는 회사의 고전적인 영업 방식이 스킬링 같은 최상위 컨설팅 전문가에게는 답답하게 느껴졌다. 예를 들어 회사가 고객사와 맺는 장기 계약은 다른 증권과 마찬가지로 금융시장에서 사고팔 수 있다고 생각했다. 결정적으로, 수익이 입금되는 시점에 비로소 수익으로 보고하는 고전적인 방식은 엘리트 CEO의 고급 두뇌를 화나게 했다. 그는 고객이 향후 10년 동안 가스 구매 계약에 서명하면 이를 미리 수익으로 계산해야 한다고 생각했다. 채권시가평가mark-to-market(거래가 활발한 채권은 시장 가격으로, 거래가 부진해 시장 가격을 알기 어려울 때는 해당 채권을 매각할 때 받을 수 있을 것으로 추정되는 합리적인 가격으로 평가하는 것-옮긴이)로 알려진 이 기법은 위법의 소지가 있었기 때문에 시행하기 전에 증권거래위원회SEC에 법률적 자문을 요청했다. 그리고 놀랍게도 1992년에 이에 대한 승인이 이루어졌다.

이 사건은 향후 엔론 본사가 향락의 축배를 드는 데 가장 큰 요인이 됐다. 돈을 인쇄할 수 있는 허가권을 취득한 것과 다름이 없기 때문이다. 이제 회사는 장기 계약에 서명하기만 하면 모든 수익을 한 번에 장부에 기록하며 재무제표를 놀라울 만큼 화려하게 만들 수 있었다. 이 가상 수익을 기반으로 자본을 차입하여 천연가스 시추 가능 용량을 확대할 수 있고, 이 확대된 수치를 통해 더 많은 계약을 체결할 수 있으며, 이 계약은 즉시 미래의 수익이 된다. 그러면 또다시 더 많은 돈을 빌릴 수 있다.[31] 이것은 다음의 상황과 다를 것이 없다. 예를 들면 록히드 마틴Lockheed Martin이 향후 10년 동안 총 1조 달러 이상의 F-35 전투기를 미군에 판매하기로 서명한 후, 예상 수익을 즉시 장부에 올리고, 이 예상 수익을 근거로 대출을 받아 자동차 제조를 시작한다. 그리고 자동차 판매의 예상 수익을 근거로 다시 대출을 받아 병원 체인을 구축하는 식이다.

엔론은 기존 가스 공급업을 넘어 회사를 확장하기 위해 이미 막대한 자금을 대출받았다. 이후 10년 동안, 이미 추진 중인 사업들 외에도 뭄바이 남부 답홀에 거대한 가스 화력 발전소를 건설했고, 루마니아·페루·모로코와 같은 먼 지역에 상수도 관리 합작회사 아주릭스Azurix를 설립하기도 했다. 그리고 천연가스와 전기는 물론 믿을 만한 기술 투자자들을 위한 인터넷 설비 등에 대한 거래 플랫폼을 만들었다(위닉의 글로벌 크로싱과 협업했다).

위닉과 마찬가지로 엔론의 직원들도 회계 작성에 매우 능통했고, 이를 온전히 믿는 분석가나 소액 투자자들을 현혹했다. 위닉처럼 엔론 직원 가운데 자사의 실제 비즈니스를 제대로 아는 사람은 거의 없었다. 회사는 손을 댄 대부분 사업에서 손실을 봤는데, 가장 가관인 것은 답홀 발전소였다. 발전소의 전력 생산 비용이 지나치게 높아서 지역 전력위원회가 추가적인 자금 지원을 거부했고, 그 후 발전소는 5년 동안이나 그대로 방치됐다. 카리스마 넘치지만 상수도 건설에 대한 사전 경험은 전무한 CEO(엔론 인터내셔널의 CEO-옮긴이) 레베카 마크Rebecca Mark가 운영하던 상수도 합작회사의 사업은 더 쉽게 붕괴하고 말았다. 가장 믿을 수 없었던 것은 엔론이 전 세계 2만 8,000곳에 전력을 공급하기로 계약했다는 사실이다. 휴스턴 본사의 수뇌부는 이를 조소적으로 '엉덩이골 사업butt-crack businesses(엉덩이골만 보여주면 사업권을 준다는 은어적 표현-옮긴이)'이라고 불렀다. 회사 내에 전기 설비에 대해 아는 사람이 거의 없었기 때문에 기술자들은 물론 관리 직원들까지 모두 새로 고용해야 했다. 첨단 기술로 글로벌 광대역 거래 플랫폼을 만들겠다던 스킬링은 이제 비서에게 이

메일을 인쇄해 가져오게 하고, 컴퓨터 켜는 일마저 제 손으로 하지 않는 사람이 됐다.[32]

스킬링은 회사의 손실과 부채에 대해 주주들에게 솔직하게 밝히지 않고 스물여덟 살의 신입사원 앤드루 패스토에게 장부를 조작하라고 명령했다. 대출을 받기 위해서는 기업의 이익 창출 능력뿐 아니라 기존에 가지고 있는 부채가 경영에 부담을 주지 않는다는 점을 입증해야 했기 때문이다. 스킬링은 미래 수익에 대한 공격적인 평가 방법을 통해 수익 문제를 '해결'했다. 이제 기존 부채에 대한 관리 능력은 신입사원의 장부 조작으로 해결할 생각이었다.

패스토는 이전 직장인 콘티넨털 은행Continental Bank에서 채권 유동화에 대한 전문 지식을 쌓았는데, 이때의 유동화Securitization란 대출이나 부채의 묶음이 증권화되어 구매자나 거래자에게 판매된다는 뜻이었다. 이른바 특수목적기구Special Purpose Entity, SPE라고 하는 고도로 복잡하고 비밀스러운 자산관리 기구가 급증한 부채를 떠맡으면서 엔론의 회계장부에서 부채가 떨어져 나갔다. 소액 투자자는 물론이고 애널리스트와 기관 투자자, 심지어 엔론의 이사회조차 재무상태표에서 문제가 될 만한 부채를 찾아볼 수 없었고, 이런 기만책으로 인해 회사에 큰 부채는 없는 것처럼 포장됐다.

패스토는 SPE를 3,500개 이상 만들었는데 이들의 이름은 마를린Marlin, 로하이드Rawhide, 브레이브하트Braveheart, 랩터Raptor, 제다이JEDI, 추코Chewco(영화 〈스타워즈〉의 털로 뒤덮인 등장인물 추바카Chewbacca에서 따왔다) 등이었다. 심지어 LJM1, LJM2, LJM3 같은 법인명도 있었는데 패스토의 세 자녀 리^{Lea}, 제프리^{Jeffrey}, 매슈^{Matthew}의 앞 글자를 따서 만든 것이다. 이들 SPE 가운데 상당수는 주주나 대출기관, 심지어 하위 직원들로부터 패스토나 경영진의 개인 계좌로 자금을 이체하기 위해 특별히 만들어졌다.[33]

스킬링과 패스토는 쓰레기가 담긴 회계 통조림을 날마다 언덕 아래로 걸어차 버렸고, 그 모든 통조림 더미가 쌓인 곳은 더는 숨길 수 없는 거대한 쓰레기장이 됐다. 주목할 만한 점은 회계 전문가나 주주들이 회계장부를 정확히 읽는 데 왜 그토록 오랜 시간이 걸렸는가 하는 점이다.

이 일을 해낸 사람은 이른바 공매도를 전문으로 하는 헤지펀드 운영자 제임스 차노스^{James Chanos}였다. 일반적으로 주식 매수자는 낮은 가격에 매수하여 높은 가격에 매도한 뒤 이익을 가져간다. 잘 모르는 사람들도 많지만, 더 전문적인 주식 거래자는 이와 반대의 방법으로 매매하기도 한다. 이들은 주식을 높은 가격에 매도하고 이후 낮은 가격에 다시 매수하여 차액을 가져간다. 이를 공매도라고 하는데, 공매도를 하려면 먼저 다른 곳에서 주식을 빌려야 한다. 주식을 빌려주는 기관은 그에 대한 수수료를 받고, 주식을 빌리는 개인이나 기관은 공매도 작전에 대한 수익을 독차지한다. 물론 손해도 혼자 감수해야 한다. *

제임스 차노스가 엔론의 재무 보고서가 무의미하다는 사실을 깨

---

* 주식을 빌려주는 기관은 손해를 방지하기 위해 빌려주는 주식의 가치보다 큰 현금 담보를 공매도자에게 요구한다.

달은 첫 번째 인물은 아니었다. 하지만 그는 자신에게 찾아온 인지 부조화의 상황을 훌륭히 처리하여 명성을 얻었는데, 엔론의 수재들이 유포하여 사회에 팽배해진 행복감에 매몰되지 않고, 자신이 분석한 재무 데이터를 신뢰하고 그에 따라 행동했기 때문이다.[34] 기업에 대한 은행의 대출은 신용등급에 따라 결정된다. 엔론의 신용등급은 패스토가 엔론의 부채를 SPE에 얼마나 이전하는가에 따라 달라졌다. 이런 대출은 대출에 대한 담보로 제공된 엔론의 주가에도 좌우됐다. 엔론의 부정행위가 발각되어 소문이 퍼지자 주가가 폭락했고, 은행들은 대출금 회수를 요청했으며, 결국 모래 위에 세운 성은 무너져 내렸다.

2001년 10월 16일, 엔론은 마침내 손실을 완전히 정리했음을 선언했다. 케네스 레이는 6주 후 파산을 선언하는 순간까지 회사의 전망에 대해 낙관적이었다. 그와 경영진은 11개의 항목으로 만들어진 보고서를 제출하기 위해 뉴욕으로 이동하면서 자사의 제트기를 이용했으며, 일정 내내 5성급 포시즌스 호텔에 머물렀다.[35]

찰리 미첼의 내셔널 씨티 은행과 마찬가지로 엔론이 파산하자 자사 주식으로 퇴직연금 포트폴리오를 구성했던 직원들은 직격탄을 맞았다. 2005년에 2만 명의 전 엔론 직원은 수십억 달러로 추정되는 손실 금액에 대해 손해배상 집단소송을 제기하여 8,500만 달러 지급에 대한 승소 판결을 받았다(이 배상금은 파산한 엔론이 아닌 보험사와 은행에서 지급됐다).[36]

심신에 상처를 입은 직원들은 주가가 가장 가파르게 하락하는 와

중에도 회사의 계정 재분류 작업 탓에 한 달 동안 주식을 매도할 수 없었고, 크나큰 손실을 보는 바람에 생계가 곤란해질 지경에 이르렀다. 하지만 엔론의 최고 경영진은 주가 폭락 전에 대량으로 매도할 수 있었고 스킬링도 그렇게 해서 7,100만 달러를 회수해 갔다. 다른 전력회사인 다이너지Dynergy가 엔론을 인수하고자 했을 때, 엔론의 경영진은 총 1억 달러가 넘는 보너스와 급여를 요구했으며 이 돈 대부분은 레이의 차지가 될 것이었다. 다이너지는 이를 거부했다.[37]

블린트나 허드슨, 미첼 등의 경우와 달리 엔론 사태에서는 정의가 구현됐다. 스킬링과 패스토를 비롯하여 임직원 여러 명이 징역형(각각 11년과 6년 형 등)을 선고받았고, 케네스 레이는 선고 직전에 심장마비로 사망했다.

데니스 커즐라우스키Dennis Kozlowski의 타이코 인터내셔널Tyco International이나 버나드 에버스Bernard Ebbers의 월드컴WorldCom 파산의 경우처럼 시대를 어지럽힌 스캔들의 전형이라고 할 수 있는 엔론 사태는 모호한 규제와 법규를 비웃는 희대의 회계조작이었다.

미국 국세청IRS은 1993년에 회사 경영진에게 지급되는 과다한 보수를 억제하기 위해 급여에 대한 법인세 공제액을 100만 달러로 제한했다. 그러자 경영진에 대한 보상이 스톡옵션으로 이전됐는데, 회사의 주가가 상승하면 실질적인 지급액은 더욱 커졌다. 이론적으로 옵션 지급은 경영진과 주주 모두에게 부여되는 인센티브다. 하지만 의도치 않았음에도 언제나 나타나는 공교로운 결과는 회사가 일관되고 안정적인 수익을 보이는데도 경영진에게 지급하는 옵션은 큰 폭으로 조정된다는 점이다(옵션 조정을 통해 회사 수익을 일정하게 한다는 뜻-옮긴이). 다른 모든 조건이 동일한 경우 분기별 평균 수익이 미미하게 변동된다면 주식의 가치는 높아진다. 현실적으로 기업의 수익은 변동이 심하기 때문에 수익 보고서에 나타난 이와 같은 미심쩍은 '관리'의 흔적은 CEO가 장부에 '손을 대고 싶다는' 유혹을 이기지 못한 결과라는 것이 전문가들의 의견이다.

GE도 불법은 아니지만 이와 비슷한 수법을 실행했는데, 불가피하게 손실이 발생하는 경우 실적을 조정하여 분기별 수익이 매끄럽고 신뢰할 만한 성장곡선을 그리게 했다.[38] 이 회사의 전설적인 CEO 잭 웰치Jack Welch는 불법 행위를 저지르지는 않았지만 그렇다고 평범한 경영자였던 것도 아니다. 그런데도 금융계는 물론 대중과 언론은 그를 토머스 에디슨의 재림이라고 칭송하기까지 했다.

하지만 이 모든 사건에도 불구하고 기억해야 하는 것은 이전의 혁명적 기술(19세기의 철도와 20세기 초의 라디오와 자동차 등)에서 비롯된 주식 버블은 경제에 활력을 불어넣었고 사회적 인프라를 구축하는 효과를 가져왔다는 점이다. 1990년대 인터넷 버블도 마찬가지였다. 피라미드의 최하층에 있는 생산성 없는 회사 웹밴이나 그 아래에서 사기 행각을 지속했던 엔론 외에도, 셀 수 없이 많은 소프트웨어·엔터테인먼트·쇼핑·뱅킹 등의 사업체가 그 격렬한 모험의 시기에 투자자들의 자금으로 기술을 만들었다. 그러니 버블 투자자들을 자본주의의 발전에 기여한 자선가로 분류하는 것도 무리는 아니다.

그들은 비극적이게도 자신의 부를 희생하여 무의식중에 더 큰 공익에 봉사한 셈이다.

<center>~~~~</center>

20세기 후반까지 대형 투자은행, 즉 신규 및 기존 회사의 주식과 채권을 발행하는 이들은 주요 버블 상황에서 주도적인 역할을 했다. 그 시초를 따져보면 남북전쟁이 치러지는 동안 북군에 자금을 조달하는 데 국채를 발행할 수 있다고 주장한 금융가 제이 굴드Jay Gould까지 거슬러 올라간다. 1929년 대공황 이후 페코라위원회는 찰리 미첼이 주도한 내셔널 씨티 은행의 방만한 경영을 금지하고 1933년에 글래스-스티걸법을 만들었다. 이에 근거하여 시중은행의 주식과 채권 발행을 금지하고, 투자은행이 일반 시민을 대상으로 예금 대출을 실행하지 못하게 하면서 상업은행과 투자은행을 분리했다.

이후 수십 년 동안 투자은행의 로비로 글래스-스티걸법의 위력은 점차 약화됐다. 그러다가 결국 시장주의자 필 그램Phil Gramm과 같은 공화당 의원들과 빌 클린턴 민주당 대통령이 이익집단과의 삼각편대 위용을 드러내며 법안을 폐지했다. 그때가 버블이 절정에 달한 1999년이었다.

기술 기업 버블의 시기에 투자은행들은 새로운 회사들의 주식을 활발히 발행했다. 물론 오늘날의 광대역 인터넷보다 1,000배는 느린 넷스케이프 브라우저를 통해 인터넷으로 연결된 흥분한 대중에게는 투자를 설득할 필요조차 없었다. 넷스케이프 설립자 마크 앤드리슨과 짐 클라크는 강력한 경쟁자인 마이크로소프트가 자체 브라우저를 개발하고 있다는 사실을 알고 속히 기업공개[IPO]를 하기로 했다.

글래스-스티걸법은 1920년대에 비교적 점잖게 처신했던 모건의 회사를 투자은행 부문에서 분할하여 모건스탠리[Morgan Stanley, Inc.]가 되도록 강제했다. 그리고 1990년대에 미국 최대 신주 발행사가 된 모건스탠리는 닷컴 버블의 대표 격인 넷스케이프의 IPO를 떠맡게 됐다. 이때까지 설립된 부와 권력의 위대한 보루였던 모건스탠리는 변신을 꾀했다.

모건스탠리의 중역 프랭크 콰트론[Frank Quattrone]은 이탈리아 이민자 출신으로 억양이 강한 영어를 구사하던 인물인데, 인터넷 전송회선 생산 업체 시스코[Cisco]를 성공적으로 상장한 바 있었다. 1995년 8월 9일 넷스케이프를 주식시장에 상장시키며 그는 선샤인 찰리 미첼의 후계자가 될 자격을 뽐냈다(그리고 미첼과 마찬가지로 공무집행 방해와 위증 혐의로 재판에 넘겨져 유죄 판결을 받았으나, 나중에 항소에서 무죄 판결을 받아 가까스로 징역형을 피했다).

콰트론과 클라크, 앤드리슨, 그리고 넷스케이프의 새로운 CEO가 된 짐 박스데일[Jim Barksdale]은 가장 중요한 문제를 두고 초조해했다. 회사의 주식을 투자자에게 얼마에 팔아야 할까? IPO 가격을 적절하게 책정하는 것은 일종의 예술이다. 이상적인 것은 회사에 대한 기대치를 폭발시키기 위해 거래 첫날 주가가 급등하는 모습을 보여주는 것이다. 만일 공모가가 너무 높으면 첫 거래일에 주가가 하락하면서 투자자들을 낙담하게 할 수 있고, 너무 낮으면 회사와 설립자에 대한 부당한 대우가 된다. 그들은 약 10억 달러에 달하는 회사의 가치를 고려하여 주당 28달러로 시초가를 결정했다.

당일 아침에 시장이 열리자 그들은 숨을 죽이고 시황을 지켜봤다. 오전 9시 30분 뉴욕 증권거래소 개장 시간이 되자 매수세가 폭증했고 모건스탠리의 트레이더들은 합리적인 가격을 책정하기 힘들었다. 한 중개회사에 전화 주문을 하면 "넷스케이프 관련 안내는 ○번을 누르세요"라는 음성 안내가 나왔다. 매수 광풍의 상황을 전혀 모르는 클라크가 (동부 시간으로 개장 후 두 시간 반이 지난) 서부 시간으로 오전 9시 무렵에 자신의 모니터를 보니 주가 그래프가 28달러에서 아무런 변화가 없었다. 당황한 그가 사태를 파악하기 위해 모건스탠리에 전화했는데 중개인은 '거래 중지' 상황이라고만 답했다. 그것이 어떤 의미인지 완전히 이해하지 못한 클라크는 IPO가 취소된 줄로만 알았다.

'거래 중지'라는 답변은 뉴욕 모건스탠리 IPO 사무실의 귀청이 떨어져 나갈 듯 소란스러운 상황을 전혀 전달해주지 못했다. 사무실 한가운데의 워크스테이션에는 200명의 중개인이 자리를 잡고 있었는데, 그들은 모두 테이블마다 동시에 울려대는 전화기 여러 대를 붙들고 필사적으로 응대하면서 넷스케이프 주식 매수 수요를 타이핑하고 있었다.

얼마 후 모건스탠리 중개인이 클라크에게 전화를 걸어 시초가가

71달러에 이르렀다고 전했다. 이로써 그의 순자산이 갑자기 5억 달러를 넘어섰고 회사는 그보다 훨씬 많은 자금을 성공적으로 조달하게 됐다. 훗날 클라크는 회고록에서 한 챕터의 제목을 '10억이 최고의 복수다'로 정했다.[39]

우연히도, 록 밴드 그레이트풀 데드Grateful Dead(캘리포니아를 중심으로 활동한 미국의 전설적인 밴드로, 리더 제리 가르시아Jerry Garcia 사후에 인터넷 혁명에 힘입어 큰 상업적 성공을 거뒀음-옮긴이)의 제리 가르시아가 그날 밤 심장마비로 사망했는데 그의 마지막 말은 어쩌면 이러하지 않았을까. "넷스케이프 시초가가 얼마였다고?"[40]

14.

버블 해부학

우리가 매일 아침 실적이 안 좋다고 불평하며 잠에서 깨는 건 아니다.

-로저 에일스Roger Ailes1

사람들은 왜 버블의 징후가 명백할 때도 엔론의 거대한 쓰레기장을 무시할 수 있었을까?

이를 분석하다 보면 '투자은행가'라는 단어에서 해답의 실마리를 발견할 수 있다. 이른바 투자 광풍의 해부학적 구성 요건 첫 번째로, 사업가들에 대한 이야기다. 지난 수십 년 동안 투자은행가는 '간사하게 돈을 버는 사람'을 뜻하게 됐다. 투자은행은 IPO를 하면 수익금의 5~7%의 수수료를 받는다. 넷스케이프는 1억 3,000만 달러, 웹밴은 3억 7,500만 달러의 수수료를 지급했다. 이후에 있었던 IPO에서는 10억 달러 이상 지급된 사례도 나타났다. 물론 이 거대한 파이의 큰 조각을 가져가는 사람은 투자은행의 직원들이다. 프랭크 콰트론은 1998년에 모건스탠리에서 크레디트 스위스Credit Suisse로 이직했는데, 이듬해 그는 회사 지분 약 1억 달러를 보유했다.[2]

닷컴 시대의 유별난 특징 가운데 하나는 한때 사람들로부터 비난을 한 몸에 받던 증권사 애널리스트들이 선망의 대상이 됐다는 점이다. 1990년대 이전에는 투자회사 내부에서 격무에 시달리는 대신 괜찮은 연봉을 받는 직원 정도로 여겨졌다. 닷컴 버블이 한창 무르익었을 때는 닷컴 기업들에 대한 애널리스트들의 평가에 따라 투자금이 옮겨 다녔고, 애널리스트 중 일부는 스포츠 스타나 영화배우 못지않은 인지도를 자랑했다. 가장 유명한 두 사람을 꼽자면 모건스탠리의 메리 미커^{Mary Meeker}와 메릴린치^{Merrill Lynch}의 헨리 블로젯^{Henry Blodget}이다. 가장 큰 문제는 주식과 채권을 발행하는 회사가 주식과 채권을 분석하여 '투자 의견을 발표'하는 이들을 고용했다는 점이다.

미국에서 금융 산업은 마치 거대한 고릴라와도 같아서 국내총생산^{GDP}이나 주식 시가총액의 거의 5분의 1을 차지한다. 그리고 투자은행이야말로 이런 자금의 가장 큰 원천이다. 메릴린치에서 엔론 분석을 담당했던 존 올슨^{John Olson}은 기관들이 발표하는 '매수' 입장은 중개인들에게 큰 압박 요인이 된다고 고백하기도 했다.

엔론의 임원들은 자사 주식의 가격에 민감했는데, 패스토가 특히 그랬다. 글로벌 투자에 필요한 채권 발행량이 주가에 연동되어 있었기 때문에 엔론의 사업계획이 주가에 연동되어 있었다고 해도 과언이 아니었고, 주요 투자은행들도 이를 예의주시했다. 엔론이 사업을 전개할 때마다 투자은행이 막대한 수수료를 챙겼고, 엔론도 이런 사실을 은행에 상기시켰다. 한 애널리스트는 회사로부터 이런 이야기를 자주 듣는다고 했다. "우리가 연간 1억 달러 이상의 투자은행 업무를 대행해주는 셈이야. 매수 포지션을 유지해서 고객을 많이 유치하면 당신들한테도 떨어지는 게 많지."[3]

불행히도 올슨은 그 각본을 따르지 않았다. 제임스 차노스가 엔론의 회계 보고서를 보고 사기를 의심했지만, 올슨은 그보다는 온건한 입장이어서 그들의 회계 처리를 이해할 수 없었다고만 이야기했다. 한 언론 인터뷰에서 그는 다음과 같이 말했다. "그들이 수익을 처리하는 방법은 그다지 솔직하지 않은 것 같았습니다. 저는 엔론을 진지하게 분석해서 그 장부가 숨기고 있는 것을 제대로 짚어낸 애널리스트를 본 적이 없습니다."[4] 엔론 CEO 레이는 올슨을 강하게 비난한 뒤 그의 상사 도널드 샌더스Donald Sanders에게 다음처럼 편지를 썼다. "도널드, 존 올슨이라는 자네 직원은 10년 동안 엔론을 몰라봤고 지금도 일관되게 몰라보고 있다네." 샌더스에게서 이 문장을 직접 전해 들은 올슨은 자신이 늙고 무가치한 사람일 수는 있으나 적어도 '일관되게consistent'라는 단어는 이해할 수 있다고 말했다.[5] 결국 메릴린치의 은행가 두 사람이 CEO 허버트 앨리슨Herbert Allison에게 불만을 토로했고, 앨리슨이 엔론의 레이에게 사과하는 것으로 사태가 마무리됐다. 아이러니하게도, 메릴린치를 떠난 올슨은 엔론의 좋은 직위로 이직했다.[6]

1990년대 내내 메릴린치, 엔론, 올슨 주연의 드라마는 수많은 버전으로 변형되어 수천 명의 배우가 열연하며 수백 곳의 무대에서 절찬리에 상영됐다. 장면 구성은 다를지라도 결말은 대동소이한 각본에 따라 수천 명의 애널리스트가 각자의 본분을 내려놓고 투자은행 동업자들을 응원하는 치어리더가 되기를 마다하지 않았다. 어느 연구자는 1997년 단 1년 동안에만 1만 5,000개 이상의 주식 보고서를 수집할 수 있었다. 그중 매도 의견을 낸 보고서는 0.5% 미만이었다.[7]

~ℓℓℓℓ~

투자 광풍의 해부학적 구성 요건 두 번째는 일반 대중이다. 인터넷 버블이 발생하기 이전 몇 년 동안 점점 더 많은 미국인이 투자에 참여하여 소득과 자산을 증가시켰는데, 투자 광풍이 형성되는 데 간과할 수 없는 또 다른 요소도 무르익고 있었다. 사실 그들은 투자를 해야만 했다.

1929년 대공황 이후 수십 년 동안 미국의 경제와 사회구조는 중요한 변화를 겪었다. 그중 대표적인 것이 기대 수명의 점차적인 증가와 은퇴의 연장이다. 오토 폰 비스마르크Otto von Bismarck가 1889년 독일에서 노령연금이라는 개념을 만들었을 때 유럽 성인의 중위 기대수명은 45세였으며, 이는 연금 수령 가능 나이인 70세에 한참 못 미쳤다. 게다가 한 가정당 노인 두 사람을 돌봤다. 20세기 말까지 미국인들은 은퇴 후 30년 이상 지속될 노후를 걱정했으며, 자녀들 역시 지리적으로 멀리 떨어져 살기 때문에 가족 간 돌봄이 불가능했다. 이런 요인들이 겹치면서 개인은 왕성하게 사회생활을 하는 시기에 자산을 축적해놓아야 한다는 부담 속에서 살게 됐다.

가장 운이 좋은 미국 노동자들은 자사 직원과 배우자가 사망할 때까지 연금을 지급하는, 이른바 확정급여제도를 운용하는 대기업 직원들이었다(연금 수급권을 얻기 이전에 회사에서 해고되지 않는다면 이것은 매우 당연한 일이었다). 자동차 제조사 스튜드베이커Studebaker도 그런 자애로운 직장 중 하나였는데, 1963년에 마지막 미국 공장을 폐쇄하자 의회가 조사에 착수하기도 했다.

1974년에는 근로자퇴직소득보장법ERISA을 제정하여 지금까지 운영하고 있다. 이 법의 모호한 규정 중 하나는 개인형 퇴직계좌IRAs를 할당하여 근로자가 은퇴하더라도 인출하기 전이라면 소득세 없이 저축을 이어갈 수 있게 한 점이다. 1981년에 정부는 이런 제도의 가입 장벽을 낮춰 더 많은 고용주와 근로자가 사용할 수 있게 했다.

이런 일이 벌어지던 시기에 테드 베나Ted Benna라는 연금 컨설턴트는 고용주들이 다음과 같은 질문만을 하는 현실을 매우 안타까워했다. "어떻게 하면 세금 감면을 가장 많이 받으면서 직원들에게는 적은 비용을 들일 수 있을까요?"[8] 이런 상황은 회사가 직원들과 함께 올바른 길을 모색해야 한다는 생각을 가진 베나를 매우 곤혹스럽게 했다.

베나는 국세법 401조 k항에 규정된 기업연금제도가 1978년에 개정되면서 논란의 여지가 있는 항목이 추가됐다는 사실을 알게 됐다. 이 항목에 따라 고용주는 직원의 급여를 퇴직저축으로 돌려놓을 수 있게 됐는데, 베나는 고용주가 직원들의 기여금에 상응하는 금액을 함께 적립한다면 더 많은 직원을 가입시킬 수 있을 것으로 생각했다. 훗날 베나는 국세청과 협상 통로를 마련했고 당국은 그의 계획을 승인했다. 그의 계획은 수많은 기업이 추종하는 대세 연금으로 자리 잡았다. 그리고 오늘날 401(K)는 개인형 퇴직연금의 규모와 맞먹는 수준이 됐다.[9]

결과적으로 이런 개인 계정을 통한 연금 정책 덕에 기업들은 전통적인 확정급여제도를 포기할 수 있었다. 당시는 승용차의 보급으로 지리적 이동이 잦아지면서 세대 간의 결속력이 약화되고 있었다. 그 와중에 노동자와 소상공인들이 각자의 연금에 대한 관리자가 됐는데, 이는 평범한 시민은 말할 것도 없고 금융 전문가들조차 함양하기 힘든 정량적 기술과 경제사적 지식과 감정적 통제가 선행되어야 하는 매우 힘든 일이다.

예를 들어 현재 가장 일반적 퇴직저축 수단인 뮤추얼펀드의 성과 자료만 보더라도 일반 투자자가 뛰어난 성과를 내기란 매우 어렵다는 사실을 알 수 있다. 그래서 사실상 많은 사람이 기업연금과 같은 확정-기여형 퇴직연금을 선택한다. 펀드 투자자가 유능하다면 자신이 선택한 펀드의 '내부 수익률'은 펀드의 기본 수익률과 같아야 한다. 하지만 안타깝게도, 연구자들의 통계에 따르면 해당 회사의 직원들 각자는 펀드의 적절한 매수와 매도 시점을 잡지 못해 대부분 펀드 자체의 수익률보다 낮은 성과를 올렸다.[10] 다시 말해, 소액 투자자들은 흔히 고점에서 매수하고 저점에서 매도하여 주어진 펀드에서 얻을 수 있는 전체 수익률에서 소외됐다.

닷컴 시대에 나타난 버블의 세 번째 해부학적 요소인 언론의 문제점은 CNBC가 잘 보여줬다. FNN은 비즈니스와 투자 정보를 전문적으로 다루는 초창기 방송사로, 좋지 않은 시기인 1981년에 사업을 시작했다. 당시는 길고도 고통스러운 약세장이 계속되던 때여서 투자에 대한 대중의 관심이 바닥으로 치달았고, 결국 FNN은 10년 만에 문을 닫아야 했다. 1989년 NBC는 허약한 재정 상황을 개선하고 투자에 대한 대중의 관심을 유도하기 위해 커머셜 비즈니스 채널을 설립했다. NBC의 투자 시점은 이보다 더 좋을 수 없었다. 시장이 바닥을 다진 후 상승기류를 타기 시작했고, 시장에 대한 관심이 증폭되면서 투자 열기도 서서히 달아올랐기 때문이다. 처음 방영된 프로그램들은 대체로 따분한 편이었다. 앵커가 카드놀이용 탁자에 앉아서 카메라를 마주한 채 저녁 식사를 준비하는 방법이나 버릇없는 어린이 달래는 법 등을 알려주곤 했다.[11] 1991년에는 파산한 FNN이 합병되면서 이들이 쌓아온 노하우가 고스란히 이전되는 행운을 거머쥐었고 채널 이름도 CNBC로 변경했다.

1993년에는 로저 에일스(폭스뉴스 CEO를 역임한 보수 성향의 언론계 거부-옮긴이)가 CEO로 영입돼 엄청난 장악력을 보이며 텔레비전 특유의 원초적인 감정을 자극했다. 이로써 신생 네트워크 방송사 CNBC는 다시 한번 도약의 기회를 맞이했다. 에일스는 선천적으로 혈우병을 앓았을 뿐 아니라 그의 아버지는 수시로 매를 드는 강압적인 인물이었다. 이는 매우 불행한 조합이었다. 출혈 문제 때문에 대부분 시간을 집 안에서 보낸 그는 1950년대 텔레비전이 학교 교육을 사실상 대체하면서 방송 프로그램들에 한없이 빠져들었다. 당연히도 그는 미디어를 공부했으며, 대학 졸업 후 동부 텔레비전 방송국에서 제작 작업을 하면서 경력을 쌓았다.[12] 에일스는 전국으로 방영된 〈마이크 더글러스 쇼Mike Douglas Show〉의 소품 담당으로 고용됐다가 3년 만에 제작자가 됐다.

승진 직후인 1968년에 그는 방송국 스튜디오에서 대통령 선거 재선에 나선 리처드 닉슨을 만났다. 닉슨은 "당선이 되려면 [텔레비전과 같은] 사기성 농후한 매체를 이용해야 하지 않겠소?"라며 짓궂은 농담을 했다. 이에 대해 에일스는 "텔레비전은 사기를 치는 장치가 아닙니다"라고 정색을 했다. 이 에피소드가 있었던 직후 닉슨의 보좌관인 레너드 가먼트Leonard Garment가 그를 캠프에 영입했다.[13] 에일스는 이렇게 해서 공화당 대통령의 미디어 컨설턴트로 25년 경력을 시작했다. 1968년은 물론 1988년에 조지 H. W. 부시가 마이클 두카키스Michael Dukakis 민주당 후보를 누르고 당선되는 데 기여한 이후 닉슨은 그를 더 총애하게 됐다.

CNBC의 CEO가 된 에일스는 이전에 FNN이 즐겨 쓴 방식인, 화면 하단에 주식 시세 자막을 빠르게 이동시키는 '크롤crawl' 기법을 그대로 따랐다. 한편으로 이것은 앞으로 전개될 금융 버블 드라마의 배경에 깔리는 사운드트랙이 될 예정이었다. 그는 네트워크의 구조적인 부분과 콘텐츠 전반을 개혁했고, 이를 통해 훗날 정치인이나 비즈니스 거물들과 소통하기 쉬운 기술적 토대를 마련했다. 프로그램이 시작될 때 앵커가 시그널 음악을 배경으로 단순히 등장하는 전통에서 벗어나 앵커의 상반신 화면이 한껏 당겨지고 멘트가 바로 쏟아져 나왔으며, 지루한 저녁 식사 조리법이나 아이들의 떼쓰는 소리는 등장하지 않았다. 허랄도 리베라와 인기 많던 정치 평론가 메리 매털린Mary Matalin도 영입했다. 에일스는 카메라 기사들에게 회사 임원들을 더 생생한 모습으로 포착하는 기법을 개별적으로 전수하는가 하면, 작가들에게는 〈그 다이얼을 만지지 마Don't Touch That Dial〉(빠른 대사로 유명한 미국의 텔레비전 드라마–옮긴이)의 속도를 주문하기도 했다. 또한 증권거래소 객장에 앵커를 파견하여 현장의 분위기와 가격의 등락을 숨 가쁘게 전했는데, 객장이 고객으로 북적대면 금상첨화였다. 시사 주간지 「뉴요커」의 기자 존 캐시디John Cassidy는 이를 다음처럼 비꼬기도 했다.

그들이 이상적으로 생각했던 스튜디오 게스트는 기술주 전문가에 말이 짧고 명료하며, 도널드 트럼프 정도의 인사와 인터뷰를 한 미인대회 수상자였다. 이런 여성은 많지 않기 때문에 프로듀서들은 영어만이라도 잘 구사하길 바라며 앨런 그린스펀을 존경하는 대머리 중년 남성을 주로 모시곤 했다.[14]

에일스는 앵커와 제작진에게 스포츠 중계하듯 금융을 다루라고 가르쳤다. 시장 분위기가 좋지 않았던 한 주가 지난 뒤에는 막강한 경쟁 방송국들과 비교하며 자사를 홍보했다. 예를 들면 그들의 멘트는 이런 방식이었다. "거래량이 급증하며 다우지수가 하락하고 있네요. 하지만 오늘의 날씨를 먼저 알아보겠습니다. CNN이라면 오늘 당신의 셔츠가 비에 젖을지^{will get wet} 알려주겠지요. 하지만 CNBC는 당신이 그 주식을 여전히 가지고 있어야 할지^{still got one} 알려줍니다(will get wet과 still got one의 라임이 맞춰져 있음-옮긴이)." 그는 CNN의 앵커 마리아 바티로모^{Maria Bartiromo}를 앵커로 영입해 금융에 섹시함을 가미했다. 그녀는 소피아 로렌^{Sophia Loren}의 판박이 외모와 강한 브루클린 억양에 노골적인 섹스어필로 빠르게 CNBC의 머니 허니^{Money Honey}(슬롯머신의 이름이었으나 나중에는 바티로모의 별명이 됐음-옮긴이)로 자리 잡았다.[15]

1996년에 CNBC가 에일스를 해고해 그의 이후 경력에 흠을 남겼지만, 그때까지 그가 행한 미디어 기법들은 회사에 엄청난 수익을 가져다줬다. 1990년대 중반까지 CNBC는 유럽과 아시아에 네트워크 자매결연을 했으며, 실제든 조작된 것이든 세계 자본시장의 드라마들은 이들에 의해 실시간으로 생중계됐다.

에일스는 대중이 선호하는 것은 정보와 분석의 교과서가 아니라 엔터테인먼트라는 솔사탕임을 직관적으로 이해했다. 그리고 무엇보다 방송을 통해 부를 끊임없이 창출하는 방법을 알고 있었다. 에일스의 지휘 아래 CNBC는 업계를 장악하고 문화 연금술사의 선두주자가 되어 지루하고 삭막한 금융의 세계를 성공적인 엔터테인먼트로 탈바꿈시켰다. 그의 새로운 관심 영역은 인터넷으로 확장돼 소액 투자자들이 CNBC에서 본 정보를 가지고 이트레이드E-Trade나 데이텍Datek 등의 온라인 서비스로 즉시 주식 거래를 하도록 유도하는 데까지 이르렀다. 이는 단기 매매자들이 정확히 원하던 바였다.

방송사의 탐사보도는 자취를 감췄다. 그런 보도에는 자본이 많이 지출될 뿐만 아니라 프라임 타임의 최대 광고주인 투자은행 모회사들의 비위를 상하게 하기 쉬웠다. 그래서 그들은 자사를 열렬히 홍보하는 기업 경영인과 주가의 향방을 전망하는 권위 있는 '시장 전략가'가 함께 앉아 대담을 나누는 쪽을 택했다. 심지어 더욱 노골적으로 경영인과 시장 전략가가 무려 보수도 받지 않고 출연하여 임대 차량을 이용해 허드슨강 건너편에서 뉴저지 포트 리에 있는 CNBC 스튜디오까지 이동하며 친분을 과시하는 에피소드를 보여주기도 했다.

CNBC의 논조는 지나치게 낙관적이어서 기업의 경영진이나 증권 애널리스트 중 누가 출연해도 대체로 비판적인 검토가 부족한 편이었다. 2000년과 2001년에 앵커 마크 헤인스Mark Haines는 엔론의 경영진인 케네스 레이와 제프리 스킬링을 인터뷰한 일이 있다. 펜실베이니아대학교 로스쿨을 졸업한 헤인스는 자신을 예리한 심문관으로 생각했을지 모르지만, 역사상 가장 큰 기업 사기의 가해자와 마주 앉았을 때는 분에 넘치는 칭찬과 부끄러운 질문들만 쏟아냈다.[16]

IBM, 시어스Sears, AT&T 같은 주요 기업들이 수만 명의 직원을 해고했을 때 CNBC는 해고로 인한 여러 문제점은 무시하고 회사가 얼게 될 비용 절감 효과에 찬사를 보냈다. 기업들이 명백한 중범죄를 저질렀을 때도 CNBC는 보도에 미온적이었다. 예컨대 2012년 5월 J. P. 모건이 20억 달러의 거래 손실을 은폐했을 때, 관련 뉴스가 주요 신문들 헤드라인에 보도되지 않자 CNBC 역시 사건을 다루지 않았다.[17]

CNBC는 시청자들의 투자 수익에도 큰 도움이 되지 않았다. 권위 있는 기관의 연구자들은 이 방송사의 게스트 목록과 그들이 주장한 투자 방향을 면밀히 조사했다. 결과는 우려한 대로였다. 첫 번째는 CNBC에 기업의 CEO가 출연한 이후 해당 기업 주가의 방향을 조사했고, 두 번째는 CNBC에서 가장 인기 있는 프로그램 중 하나로 열정적이고 걸쭉한 입담을 자랑하는 제임스 크레이머James Cramer가 진행하는 〈매드 머니Mad Money〉에서 선택한 주식의 실적을 조사했다. 결과는 〈그림 14-1〉에 나타난 것처럼 성과가 없었다. 방송 당일에는 다른 주식들과 비교할 때 가격이 급등했으나 오후나 다음 날 정점에 도달한 이후 즉시 하락했다.

방송 이후 주가가 하락한 것은 이해할 만하지만 방송 전부터 특정 주식의 가격이 오른 예도 있는데, 이는 해당 CEO의 방송 일정을 미리 알고 있던 이들이 CNBC 시청자들을 상대로 사기를 쳤다는 얘기다. 크레이머는 비록 광대 같은 분위기를 풍기긴 하지만 바보가 아니었고 오히려 이런 역동성의 세계를 잘 이해하는 사람이었다. 반대로 생각하면 그도 바티로모의 방송에서 홍보된 회사의 주식을 한창 오를 때 팔았다가 며칠 후 가격이 하락한 이후 다시 매수한 경

〈그림 14-1〉 CNBC 방송에 따른 주가 변동

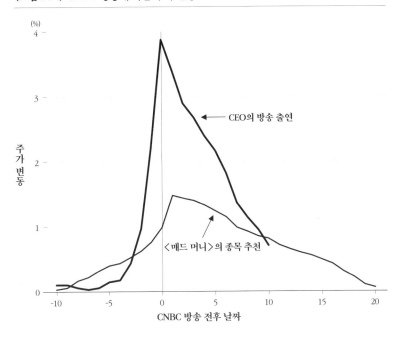

혐이 최소한 한 번은 있을 것이다.[18]

더욱 놀라운 것은 이 서커스에 참여하지 않은 CEO들이 있었다는 사실이다. 당시 가장 성공한 IPO 기업이었던 아마존의 회장이자 창립자인 제프 베조스는 언론인들과 정보를 교류하는 지적인 만남을 즐겼으며, 종종 소규모 출판물 인터뷰에도 응했다. 하지만 CNBC 출연은 고려하지 않았는데, 거대 방송사는 주가의 단기 전망에 초점을 맞췄지만 베조스에게 그들의 관심사는 의미 없는 일이었기 때문이다. 그는 고객을 배려하는 데 더 집중한다면 주가의 단기적인 방향이 어떻든 장기적으로 회사가 번영하게 되리라고 생각했다.[19]

버블 해부학의 네 번째 요인인 정치 지도자들에 대해서 생각해볼 차례다. 미시시피회사와 남해회사, 철도 버블이 발생하는 동안 프랑스와 영국의 군주들을 포함한 최고위급 지도자들은 쿠키 항아리에 손을 깊이 찔러 넣고 있었다. 그러다가 19세기 후반부터 시민들의 감시와 반부패 법안의 증가로 정치인들이 대형 투기 사건에 연루되는 사례가 줄어들었다. 1920년대에 버블이 만연하게 된 요인에서 정치권이 연루된 경우는 존 래스컵 민주당 전국위원회 위원장 정도였다.

1990년대가 되자 수천만 명의 기업연금 참가자와 개인연금 보유자가 버블 행렬에 합류하면서 일반 대중이 각자 작은 자본가로 발벗고 나섰는데, 이런 상황은 보수주의자들을 매료시켰다. 그리고 에인 랜드Ayn Rand, 밀턴 프리드먼Milton Friedman, 프리드리히 하이에크 Friedrich Hayek 등의 이론에 감동한 사람들은 새롭게 도래한 오너십 소사이어티Ownership Society(주택 구매를 장려한 미국의 부동산 정책-옮긴이)에 열광했다. 1990년대 기술 기업들의 버블과 붕괴에는 정치적 행위에서 작위적 행위(즉, 노골적인 부정부패)가 포함되지 않은 반면, 1930년대 페코라위원회가 시행한 것과 같은 규제 장치를 누락시킨 부작위적 행위가 문제를 불러왔다. 1933년에 제정된 글래스-스티걸법은 1980년대까지 상업은행과 투자은행의 분리를 강제했지만, 1999년에 최종적으로 폐지되기 훨씬 전부터 이미 날카로운 이빨을 잃은 상태였다. CNBC의 보도와 논조의 바탕에 놓인 이념적 토대는 거대한 강세장이다. 〈커들로 리포트Kudlow Report〉를 진행하는 로런스 커들로Lawrence Kudlow는 특유의 억양이 담긴 오프닝 멘트로 이렇게 말하곤 했다. "기억하십시오, 여러분. 자유시장경제가 있는 자본주의야말로 번영으로 가는 최선의 길임을 말입니다!"[20]

보수 저널리스트인 제임스 글래스먼James Glassman은 기술 기업의 버블과 자유시장 이데올로기 사이의 연관성에 대해 누구보다 명확한 입장을 밝혔다. 투자 분야의 유명한 저술가로 알려진 그는 「월스트리트 저널」과 같은 보수적인 언론이 가장 선호하는 인물이었다. 1990년대에 그는 시장의 급격한 상승이 왜 자유시장 자본주의가 선사한 풍요로움의 서막인지에 대해 열변을 토한 바 있다. 그래서 2000년 4월에 주식시장이 무너지기 시작했을 때 그는 엉클 샘Uncle Sam(미국의 의인화된 이름-옮긴이)이 시장을 억누르고 있다고 비난했다. 마이크로소프트에 대한 정부의 반독점 소송에서 정부의 손을 들어준 판결이 반기업적이라며 다음과 같이 주장하기도 했다.

특정 날짜에 주가가 왜 하락하는지 확실히 아는 사람은 아무도 없다. 하지만 나스닥Nasdaq(마이크로소프트 같은 기술 기업들이 상장된 주식시장-옮긴이)이 급격히 하락한 것에 대한 나의 해석은 마이크로소프트 사건의 판결에 당황한 투자자들이 정부 개입의 위험성을 심각하게 느끼기 시작했다는 것이다. 그 위험성을 몰랐으면 더 좋았을 것이다. [부통령 겸 대통령 후보] 앨 고어Al Gore도 그랬어야 했다. 클린턴 행정부는 지난

10년 동안 4배나 성장한 주식시장을 자신들 덕분이라고 자랑해왔다. 그렇다면 이제는 나스닥 붕괴의 책임을 져야만 한다. [21]

리처드 닉슨과 넬슨 록펠러Nelson Rockefeller(석유왕 존 록펠러의 손자-옮긴이)의 연설문 집필가 출신인 조지 길더George Gilder는 1990년대의 강세장과 자유시장경제의 우월성을 신조로 삼았으며, 1990년대 기술 추종자의 가장 극단적인 예를 보여줬다. 2000년 1월 1일 「월스트리트 저널」의 놀라운 사설에서 길더는 인터넷이 모든 것을 바꿨을 뿐만 아니라 '세계 경제의 시공간 개념'을 변화시켰다고 주장했다. 그는 원자 내부의 비어 있는 공간이 얼마나 광대한지를 설명하면서 '물질 내부 구조에 가해지는 힘'을 장대한 은유로 묘사했다. 그리고 편집자도 어찌할 바 몰랐을 양자역학과 구심력을 거론하며 믿음과 사랑과 종교적 헌신의 아낌없는 실행을 통해서만 인류는 디지털 시대에서 용감하게 승리할 것이라고 결론지었다. [22] 저 높은 곳, 천국의 문으로 직행하고 싶어 하는 기차의 승객들을 위한 신문인 「레일웨이 타임스」 편집자들이 환호성을 지르는 소리가 들리는 듯하다.

아이비리그의 빛나는 지성들인 길더, 커들로, 글래스만이 1990년대 후반에 이토록 망가진 이유가 무엇일까? 20세기 심리학자들은 사람들이 자신의 분석 능력을 대상을 분석하는 데 사용하는 것이 아니라 자신을 합리화하는 데 사용한다는 사실을 깨달았다. 즉 관찰된 사실을 자신이 가진 기존의 생각에 꿰맞춘다는 것이다(경제학자들은 "데이터를 충분히 오랫동안 고문하면 결국 자백할 것"이라고 주장해왔다). 인간이 그렇게 사고하는 이유를 다음의 두 가지 관점에서 생각해보고, 이를 통해 개인과 사회가 집단적인 망상에 빠지는 이유를 추론해보고자 한다.

명석한 사람이든 바보 같은 사람이든 평범한 사람이든 인간이라면 누구나 비합리성을 가지고 있는데, 그 이유는 진정한 합리성이란 불가능한 개념이고 그것을 구현할 수 있는 사람도 없기 때문이다. 심지어 지능지수와 합리성의 상관관계도 신뢰할 만한 수준이 아니다. 2000년대 초, 비교적 새로운 분야인 의사결정 분석 분야에서 박사 학위를 취득한 셰인 프레더릭Shane Frederick이라는 학자는 순수한 분석적 엄격함을 추구하는 일이 얼마나 어려운지에 대한 하나의 패러다임을 발견했다.

박사 학위를 취득한 지 얼마 되지 않아 프레더릭은 간단한 설문지를 활용한 고전적인 논문을 발표했다. 심리학자들 사이에서 '인지 자원 테스트Cognitive Resource Test, CRT'로 알려진 이 검사법은 IQ와 반대되는 합리성지수Quotient of Rational Ability(RQ라고 부르기도 한다)를 측정하고자 했다. 검사는 세 가지 퍼즐로 구성되어 있으며 그중 가장 유명한(적어도 경제계에서는) 것은 다음과 같다. 야구공과 야구방망이의 합산 가격이 1달러 10센트라고 가정하자. 야구방망이는 야구공보다 1달러 더 비싸다. 그렇다면 야구공의 가격은 얼마인가? 다수의 사람이, 심지어 매우 지능이 높은 사람들도 재빨리 10센트라고 답한다. 하지만 그럴 경우 야구방망이의 가격이 1달러 10센트가 되므로 합산 가격은 1달러 20센트가 된다. 야구공의 가격이 5센트여야만 야구방망이의 가격이 1달러 5센트가 되고 합산 가격이 1달러 10센트가 된다. *

야구공-야구방망이의 질문과 각주에 있는 나머지 두 질문이 쉽다고 느꼈다면 반세기 전에 회자됐던 또 다른 퍼즐 게임을 보자. 웨이슨Wason의 4장-카드 선별 테스트인데, 한 면에는 문자, 다른 면에는 숫자가 적힌 카드를 사용한다. 주어진 규칙은 다음과 같다. '알파벳 모음이 적힌 카드의 뒷면에는 짝수가 적혀 있다.' 네 장의 카드 앞면에는 각각 K, A, 8, 5가 쓰여 있다. 주어진 규칙의 참/거짓을 밝히기 위해 두 장만 뒤집을 수 있다면 어느 카드를 뒤집을 것인가? 압도적인 다수가 직관적으로 A와 8을 고르지만 정답은 A와 5다. 확증편향의 개념을 개척한 웨이슨은 학자답게 절제된 표현으로 이렇게 말했다. "그 과제를 어렵게 느낀 사람이 유난히 많았습니다." 정답을 고르기 위해 알아야 하는 것은 짝수 카드의 뒷면에는 자음과 모음이 모두 나타날 수 있다는 점이다. 그러므로 8카드를 뒤집는 것은 바람직하지 않다. 규칙을 반증하려면 5를 뒤집어야 하는데, 모음

---

* 나머지 두 퍼즐은 다음과 같다. ① 5대의 기계가 5개의 부품을 만드는 데 5분이 걸린다면, 100대의 기계가 100개의 부품을 만드는 데는 얼마의 시간이 걸리는가? 답은 '5분'이다. ② 어느 호수에 수련 꽃밭이 있는데, 꽃밭의 넓이가 하루에 2배씩 커진다. 꽃밭이 호수 전체를 덮는 데 48일이 걸린다면 호수의 절반을 덮는 데는 며칠이 걸릴까? 답은 '47일'이다. 지난 10년 동안 야구공-야구방망이에 대한 질문은 경제학이나 금융 분야에서 너무도 유명해져서 이제는 질문의 유용성이 덜하다.

이 나오면 규칙이 거짓임을 확인할 수 있다. A를 뒤집어 홀수인지 확인하는 더 쉬운 방법도 있다(8을 뒤집었을 때 모음이 나오면 규칙에 부합하지만 자음이 나오면 규칙에 배치된다고 할 수 없기 때문에 5를 마저 뒤집어야만 규칙의 정오를 알 수 있음-옮긴이). [23]

합리적인 사고를 하기 위해서는 일정한 노력이 필요하다. 대부분의 인간은 정신적으로 게으르고, 그렇지 않다고 해도 최소한 심리학에서 말하는 '인지적 구두쇠' 본능에 따라 카너먼과 트버스키가 설명한 휴리스틱과 같은 분석적 지름길을 직관적으로 찾아내려 한다. 엄격한 합리성이 요구되는 고된 인지적 추론은 전혀 유쾌하지 않기 때문에 사람들은 대체로 그것을 회피한다. 한 학자의 말에 따르면 우리는 "다른 모든 것이 실패한 경우에 비로소 두뇌를 사용한다. 물론 그런 경우에조차 사용하지 않는 이들이 많다." [24]

지능지수[IQ]와 합리성지수[RQ]는 서로 다른 것을 측정한다. IQ가 추상적인 언어와 질량과 형상, 알고리즘 등을 측정하는 데 비해 RQ는 이런 알고리즘이 적용되기 전에 발생하는 기저에 초점을 맞춘다. 사실을 분석하기 전에, 문제의 방향이 문제 해결을 위한 논리를 적절하게 제시하고 대안적인 분석 방법까지 고려하고 있는가? 그리고 결론에 도달한 후에도 그것이 오류일 가능성을 염두에 두고 그 확률을 고려하며 오류의 결과까지 계산해두는가? 높은 IQ는 이런 사항들에 대한 대안적인 기능을 거의 활성화하지 않는 것으로 나타났다. RQ 측정의 확장판인 '합리적 사고 종합 평가Comprehensive Assessment of Rational Thinking, CART'를 만든 키스 스타노비치는 "합리성과 지능이 괴리

되는 경우가 많다"라고 주장했다.[25]

우리가 비합리적으로 행동하는 두 번째 주된 이유는 우리의 지성을 합리성보다 합리화에 적용하는 경우가 많기 때문이다. 일반적으로 우리가 합리화하는 대상은 우리 자신의 도덕적이고 정서적인 사고의 틀이다. 이것은 앞에서 우리의 인지 과정이 두뇌 깊숙한 곳의 변연계(이른바 '파충류 두뇌')에 자리 잡은 시스템 1, 그리고 CRT와 CART가 요구하는 합리성을 관장하는 속도 느린 시스템 2가 맡은 상반된 역할을 설명하며 언급한 바 있다.

인간의 이중 통제 체제는 인류 역사의 대부분 기간에 별다른 부작용 없이 주인을 잘 섬겨왔다. 심리학자 R. B. 제이장크[R. B. Zajonc]에 따르면, "인간에게 장착된 것이 구이와 회전구이 기능을 두루 갖춘 오븐 토스트처럼 다목적이지만 어느 것 하나 신통치 않은 다기능 도구가 아니라 각각의 프로세스가 가능한 별도의 장치라는 점은 큰 축복이다."[26]

투자와 같이 미래를 설계하는 일이 향후 수십 년 동안 급변할 후기 자본주의 사회에서의 삶을 크게 좌우할 텐데, 현시점에서 우리가 직면하는 선택들은 아프리카 사바나에서 조상들이 생존을 위해 시스템 1이 활성화한 본능으로 내린 순간순간의 판단과는 거리가 있다. 오히려 CRT 및 CART가 요구하는, 머릿속을 복잡하게 하는 시스템 2와 더욱 가까워 보인다. 물론 감정적으로 판단하는 시스템 1이 이미 결정한 결론을 합리화하기 위해 시스템 2를 사용하는 경우가 많아서, 대니얼 카너먼의 표현처럼 칭찬을 좋

아하는 시스템 2는 시스템 1의 '언론 담당 보좌관' 역할에 만족하곤 한다.[27]

올바른 인지적 판단을 내리는 데는 적지 않은 노력이 필요하기 때문에 때로는 사회적으로 높은 지위에 있는 가장 명석한 이들조차 현실에서 실행하는 판단과 예측과 의사결정으로 매우 부적절한 결과를 초래하곤 한다. 1970년대까지 카너먼과 트버스키 같은 학자들은 그동안 인간이 얼마나 잘못된 예측을 해왔는지 밝혔다. 그런데 최근에 수행된 일련의 연구는 우리 인간이 문명화된 오늘날에도 예측에서 여전히 무능한 존재임을 보여준다.

심리학자 필립 테틀록은 1980년대 후반부터 사회 각 분야의 권위자로 인정받는 이들의 미래에 대한 전망을 정량화하여 측정하기 위해 정치, 경제, 국내, 전략 연구 등의 전문가 284명의 향후 전망 2만 8,000건을 조사했다. 결론부터 얘기하자면 전문가들의 미래 전망은 대체로 정확하지 않았다. 그들의 의견은 과거 사건들이 초래한 결과를 그저 통계로 수렴한 '기본 비율'보다 부정확했다.

예를 들어, 일반적인 투자 전문가에게 주가가 20% 이상 하락하는 이른바 주가 폭락 가능성에 대해 질문하면 그는 연준의 정책과 각종 산업 생산성 수치, 부채비율 등을 들며 다양한 의견을 개진할 것이다. 필립 테틀록이 발견한 것은 이와 같은 방식의 서사적인 추론을 무시하고 그와 유사한 주가 폭락이 언제 있었는지를 살피는 편이 낫다는 점이었다. 예를 들어, 1926년 이래 3%의 기간에 월간 주가가 20% 이상 하락했다고 한다면, 이 단순한 데이터는 수많은 사건과 그에 따른 서사를 기반으로 한 전문가들의 분석보다 주가 폭락 가능성을 예측하는 데 더 정확했다.

테틀록은 일부 전문가가 특히 부정확한 전망으로 일관하는 모습을 발견했다. 철학자이자 정치 이론가 이사야 벌린Isaiah Berlin의 「고슴도치와 여우」(고슴도치는 하나만 아는 동물로, 여우는 많은 것을 아는 동물로 묘사됨-옮긴이)라는 유명한 에세이에서처럼 테틀록은 전문가들을 두 부류로 나누었다.[28] 테틀록이 분류한 기준에 따르면 고슴도치는 자신이 보는 것으로 세상을 이해하고 해석하는 이념형이지만, 여우는 상충하는 여러 가지 이야기를 즐겨 듣는 풍류형이다. 고슴도치는 자신의 예측에 더 큰 자신감을 가지고 더욱 극단적인 예측을 내놓는다. 하지만 여우는 혼란스러운 이야기를 잘 견디며, 확실한 결론을 내리고자 하는 충동이 덜하다. 고슴도치는 자신의 예측에 반하는 예시가 발견되더라도 여우에 비해 의견을 수정하는 경우가 많지 않다.

합리적인 분석을 거부하는 고슴도치는 정치적 우파와 좌파를 가리지 않고 생겨난다. 예를 들어, 급진적인 환경주의자들은 전 세계가 기아에 허덕이고 지하자원 부족에 신음할 것이라는 파울 에를리히Paul Ehrlich(독일의 의학자-역자)의 완전히 빗나간 예측을 지지하면서도, 빌 클린턴의 예산과 사회 정책이 경제를 망칠 것이라고(규제가 심하여-옮긴이) 주장한 저명한 경제학자 마틴 펠드스타인Martin Feldstein의 소리 높인 경고에 박수를 보냈다.

우리의 선사 시대 조상들이 무당의 컨설팅을 받은 이래 사람들은 불확실함이 가득한 세계에서 전문가의 힘을 빌려 확실성을 추구해 왔다. 테틀록은 다음 세 집단의 예측 능력을 시험해봤다. 첫째는 대학생이고, 둘째는 분야의 권위자이고, 셋째는 분야의 지식은 가졌지만 직접적인 참여자는 아닌 '아마추어 평론가dilettantes'였다. 당연한 일이지만 대학생들이 최악의 성적을 거뒀는데, 놀랍게도 업계의 전문가들은 아마추어 평론가보다 나은 성과를 내지 못했다. 또한 테틀록이 이들의 성과를 여우와 고슴도치의 관점으로 분석했을 때, 분야의 전문지식은 여우의 예측에 도움이 됐지만 고슴도치의 예측은 방해만 됐다.

다시 말해 여우형 환경 과학자는 고슴도치형 군사 전문가보다 군사 분야의 전망에 뛰어날 수 있으며, 그 반대의 경우도 마찬가지다. 이런 결과가 나타나는 이유를 유추해보자면, 전문가와 아마추어 모두 자신의 전망을 지나치게 신뢰하는 경향이 있기 때문이다. 특히 전문가들은 그런 성향을 보이는 경우가 월등히 많아서 예측의 정확도가 더욱 부정확했다. 아마추어들은 적어도 자신의 전문 분야가 아닌 경우 여우형 행태를 보이는 판단을 했다. 결국 테틀록의 결론에 따른다면, 미래 전망을 가장 잘할 수 있는 사람은 「이코노미스트」와 「월스트리트 저널」, 「뉴욕타임스」 등의 고품격 정보 매체에 정통한 전문가의 주변을 맴돌며 업계의 소식을 자주 접하는 업계 외부의 아마추어 비평가다."[29]

이 우스꽝스러운 결론은 전문가들이 자신의 세계관과 관점을 정당화하기 위해 지식을 사용한다는 테틀록의 관찰이 반영된 결과다.

고슴도치형 인간은 기존 견해를 더욱 단단히 고수하기 때문에 자신의 오류를 더욱 적극적으로 합리화한다. 예를 들어, 테틀록은 자신의 입장을 뒷받침하기 위해 수많은 근거를 열거하는 능력인 '달변'이 좋은 예측 지표가 되지 못한다는 사실을 발견했다. 그는 분야의 전문가에 대해서 어느 유형에 속하는지를 판별하는 간단한 통계 결과를 제시했는데, 고슴도치형은 '그러나'보다 '특히'라는 단어를 많이 사용한 반면 여우형은 '특히'보다 '그러나'를 더 많이 사용했다.[30]

사람은 누구나 자기 자신에 대한 강한 편견을 가지고 있고 남들에게 좋게 평가받고 싶다고 생각하므로 오판에 이르게 된다. 심지어 자신의 예측이 실제보다 더 정확했다고 잘못 기억하기도 한다. 반면 상대방의 예측은 덜 정확했다고 생각하는 경향이 있다. 특히 고슴도치형 중에서 그런 경우가 많은데, 테틀록은 그들이 즐겨 사용하는 주요 변명들을 열거했다. "갑작스러운 사태로 내 예측이 빗나갔어", "내 말이 거의 맞았어", "내가 틀린 것은 아니야", "내 예측이 조금 일렀지", 그리고 마지막으로 다른 모든 예측이 실패로 돌아간 후에도 "내 말이 옳다는 것이 곧 증명될 테지만 아직은 때가 아니야" 등이다. 테틀록은 이런 수사를 다음과 같이 간결하게 요약했다. "누군가가 자신이 옳다고 생각할 때 왜 틀렸는지 묻는 것은 매우 어려운 일이다."[31]

테틀록은 마지막으로 대중을 파멸로 인도하는 장본인을 지목했는데, 바로 미디어에 대한 맹신이었다. 미디어는 늘 예언자와 풍류객을 대동하고 다닌다. 극단적인 예측을 좋아하는 고슴도치형 예언가들은 시청자들을 사로잡는 호소력 측면에서 여우형 풍류가를 압도한다. 더욱이 미디어의 관심을 받았다는 사실 자체가 맹신을 낳고, 그런 맹신은 예측 정확도를 훼손한다. 결국 예측에 확신이 가득하기 때문에 미디어 전문가의 실적은 좋을 수 없고, 실적이 좋을 수 없는 전문가가 미디어에 등장하여 잘못된 예측을 유포하는 이른바 미디어에서의 '멸망의 소용돌이death spiral' 현상이 일어난다. 요컨대 테틀록이 관찰한 것은 권위 있는 전문가, 평가에 민감한 언론, 순진한 대중이라는 공생의 삼각편대였다.[32]

돌이켜보면 기술 기업 버블의 이데올로기에 봉사했던 치어리더들인 커들로와 길더와 글래스만은 테틀록의 관점에서는 3연속 병살타를 친 타자들일지도 모른다. 미디어를 사랑한 이 고슴도치들은 극단적인 홈런만을 좋아했기 때문이다.

✲✲✲✲✲

닷컴 시대는 금융 버블의 모든 고전적인 징후와 증상들을 보여줬다. 첫째, 일상적인 대화에 주식 이야기만 등장한다. 둘째, 안정적인 직업을 버리고 전업 투자자로 나서는 사람이 많아진다. 셋째, 상승론자들이 하락론자들을 비난하고 조롱한다. 넷째, 극단적인 예측이 난무한다.

시장의 강세와 약세가 지금처럼 텔레비전과 인터넷으로 실시간 생중계되며 관찰되고 분석된 적은 일찍이 없었다. 이런 투자 열기가 실리콘 밸리는 물론 월스트리트, 포트 리의 CNBC 스튜디오 등 테크 산업의 신경 집합소를 강타하긴 했지만, 일상의 대화마저 집어삼킨 일반 대중의 투자 열기는 시장과 사교 모임과 투자 모임 등지에서 가장 명확하게 확인할 수 있었다.

매사추세츠주 케이프 코드에 있는 노동자들의 집합소인 어느 이발소에서도 이와 같은 불행한 사건이 여지없이 벌어졌다. 평상시 이런 장소에서는 주로 스포츠와 정치 관련 논박이 벌어지며, 그곳에 텔레비전이라도 있으면 야구나 축구, 농구 경기의 응원전이 벌어지곤 한다. 하지만 세기가 바뀌던 20여 년 전은 평범한 시기가 아니었고, 빌 플린Bill Flynn이 소유하고 운영하던 매사추세츠주 데니스시 빌의 이발소Bill's Barber Shop는 평범한 이발소가 아니게 됐다.

2000년까지 플린은 30년 이상 머리를 깎아왔고 고객들에게 주식 관련 정보를 수없이 들어왔다. 역시 이발사였던 그의 증조부는 그에게 수입의 10%를 모아 주식에 투자하라는 훌륭한 조언을 해줬다. 그 조언을 실천한 일은 결과적으로 현명하지 않은 일이 되어버렸다. 그가 남해회사의 존 블런트에게 충동질당한 이들처럼 일확천금을 꿈꾸는 사람이었기 때문이다. 1980년대 중반에 양배추 인형 열풍이 불었는데 수많은 어린이와 성인 투자자들이 여기에 큰 관심을 보였다. 열풍이 절정에 달했을 때 플린은 양배추 인형을 만든 회사인 콜레코Coleco, Inc.의 주식을 대출까지 받아 매수했다.

회사가 1988년에 파산하면서 그간 적립한 돈을 상당 부분 날렸지만, 그는 크게 개의치 않고 남은 돈을 주식시장에 지속적으로 투입했다. 10년 동안 그는 가장 유망한 첨단 기술을 가진 회사를 선정하여 10만 달러를 투자했다. 곧 엄청난 일이 벌어졌다. 야후Yahoo!와 아마존 등에 투자한 그의 돈은 60만 달러까지 늘어났다. 빌은 자신의 투자 포트폴리오 수익이 쉼표 2개(100만 달러-옮긴이)를 찍으면 은퇴할 것이라고 공언했다. 당시까지의 수익을 고려하면 그 목표는 머지않아 달성될 듯했다.[33]

광기가 전염병과 비슷하다고 가정한다면 '인터넷은 모든 것을 바꾸고 우리 모두를 부자로 만들 것'이라는 시대적 서사는 바이러스였고, 빌 플린은 케이프 코드의 최초 감염자Patient Zero였다. 2000년이 되자 이발소의 대화 소재는 보스턴 레드삭스(야구)와 보스턴 셀틱스(농구)와 뉴잉글랜드 패트리어츠(미식축구)에서 빌이 가장 좋아하는 두 종목인 EMC와 앱제닉스Abgenix로 바뀌었고, 텔레비전은 CNBC에 고정됐다.

24시간 유포되는 금융 엔터테인먼트 방송과 즉각적인 온라인 거래 시스템의 해로운 조합은 빌의 이발소에 비극을 불러왔다. 그는 고객들에게 흥미진진한 기업 이야기를 신명 나게 들려주곤 했는데, 어느 사업체 사장 고객에게는 자신이 선택한 기업의 주식을 매수하도록 설득했다.[34] 시장이 정점에 달한 2000년 겨울, 「월스트리트 저널」 기자 수전 풀리엄Susan Pulliam이 처음으로 이 가게를 방문했는데, 빌이 다른 고객에게 생명공학 회사인 앱제닉스 주식을 추천하고 있었다. 그러자 가게에 있던 또 다른 고객이 코요테 테크놀로지스Coyote Technologies와 네트워크 어플라이언스Network Appliance를 샀다고 했고, 그 옆의 소심한 고객은 기술주 전문 포트폴리오를 제공하는 야누스Janus 투자사의 뮤추얼펀드를 살 생각이라고 했다.

빌이 가장 좋아하는 회사는 데이터 저장장치 회사인 EMC였는데 그의 말로는 자신이 "100명 이상을 설득해 이 회사에 투자하게 했다." 이들 중 누구도 빌이 권위 있는 애널리스트의 자문이 아니라 다른 이발사들이 던져준 정보를 전달해준다는 사실에는 큰 관심이 없는 것 같았다. 시간이 흘러 2000년 중반이 됐을 무렵 투자금은 심각한 손실 상태였지만 빌과 그의 고객들은 머지않아 회복되리라고 확신했다. 화가이자 도배사인 한 고객은 "30% 하락 구간이지만 금방 치고 올라갈 것"이라고 말했다. 손실을 걱정하는 사람들은 마음이 약하다며 놀림을 받기도 했다. 플린은 한 고객에게 주차장에 있는 다른 고객을 가리키며 이렇게 말했다. "저 사람 보이세요? 2년 전에 5,000달러 여유 자금이 있다고 해서 제가 EMC를 사라고 했죠. 그 말을 들었다면 지금 1만 8,000달러로 불렸을 겁니다."[35]

3개월 후 풀리엄이 다시 이발소에 들렀을 때 기술주는 심각한 하락에서 다소 회복했지만 여전히 고점 대비 40% 하락한 상태였다. 빌이 그에게 말했다. "제가 생명공학이나 하이테크 주식이라고 해서 아무거나 사는 것은 아닙니다." 하지만 그는 여전히 EMC를 고수했다. 또한 주가가 크게 반등한 앱제닉스를 추가로 매수했고 그의 포트폴리오 수익은 신고점에 도달했다.[36]

2001년 2월, 그가 그토록 아껴 주식담보대출까지 받아 매수했던 EMC 주가는 중개인이 강제매매를 해야 하는 수준까지 하락했다.

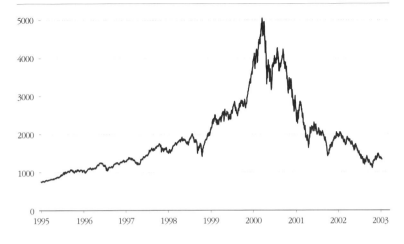

폴리엄이 처음 이발소를 방문했을 때 145달러까지 치솟았던 주가는 2002년 말에 무려 4달러 아래로 떨어졌다. 한때 마을의 사교장이었던 빌의 가게는 조용하고 텅 빈 곳이 됐다. 한 고객은 이렇게 말했다. "빌이 거액을 잃었다는 것은 모두가 알고 있죠. 아무도 그 얘기를 하고 싶어 하지 않아요."[37]

빌의 고객들이 모두 손실을 본 것은 아니었지만, 예컨대 한 고객은 새집을 구입하기 위해 EMC 주식을 매도했는데 당시 대부분이 그랬듯 손에 쥔 돈이 거의 없었다. 2000~2002년 약세장은 빌의 사기를 크게 꺾어놓았다. 그는 이후 여러 해 동안 주식을 사지 않았다. 그러다가 2007년, 중개인의 조언을 듣고 숙고 끝에 이스트먼 코닥Eastman Kodak 주식을 매수했다. 하지만 이 회사는 5년 후 파산했으며, 2013년에 일흔세 살이 된 빌은 여전히 고객들의 머리를 손질해

주며 생계를 이어가야 했다. 이 소문을 들은 EMC 경영진이 폭락 이후 어려움에 빠진 플린을 연민한 나머지 여름휴가 동안 한 번씩 이발소를 다녀갔다고 한다.[38]

빌과 그의 고객들은 대부분 개별 회사의 주식을 대출까지 더해서 매수했다가 업계의 관례처럼 양털 깎기를 당했다. 하지만 1990년대 내내 점점 더 많은 미국인이 여러 경로를 통해 주식에 속속 입문했다. 1920년대 투자신탁의 직계 후손인 뮤추얼펀드는 포트폴리오에 여러 회사를 편입하여 위험을 분산할 수 있을 뿐 아니라 검증된 전문가가 주식을 관리한다. 이런 장점이 부각되면서 1990년부터 2000년 사이에 미국 주식시장에서 뮤추얼펀드 자산은 2,000억 달러에서 3조 5,000억 달러로 거의 20배가 증가했다. 전체 주식시장 평가액으로 따지면 7%에서 23%로 급성장한 것이다.[39]

케이프 코드 이발소 고객들 같은 평범한 뮤추얼펀드 투자자들은 점점 더 성능 좋은 쾌속선을 선호하게 됐다. 가장 인기 있었던 제이컵 인터넷 펀드Jacob Internet Fund는 1998년에 196%의 수익률을 올렸고, 반 왜거너 이머징 성장주 펀드Van Wagoner Emerging Growth Fund는 1999년 한 해에만 291%의 수익률을 보였다. 야누스 캐피털Janus Capital은 국내외 기술주 펀드 시리즈를 운용했으며 그중 상당수가 그해 황금기에 세 자릿수 수익률을 기록했다. 이 놀라운 성과는 특히 급성장하던 기업연금 계정에서 두드러졌다. 계정 담당자는 참가자들에게 당대의 수익률 최상단 기업들을 선택할 수 있도록 성과지수를 상세하게 공개했다.

이처럼 여러 가지 원인이 한데 엉키며 기술 펀드 열풍을 주도했다. 분명한 것은 실적이 가장 좋은 펀드가 가장 많은 자산을 끌어모았고, 이로 인해 주가가 더욱 치솟았고, 아울러 펀드의 성과가 더욱 좋아졌다는 것이다. 운용하는 자산에 비례해 급여를 지급받는 뮤추얼펀드 회사들은 신기술 펀드를 속속 출시하는 방식으로 수익을 올렸다. 마지막에 가서는 투자자들이 종목 보유 기간을 점점 축소하며 갈아타기를 했고, 펀드 매니저들은 더 열광적으로 거래를 대행했다.

1997년에 PBS의 프로그램 〈프런트라인Frontline〉에서는 이머징 성장주 펀드를 운용하던 중개인 개릿 반 왜거너Garrett Van Wagoner가 전화기를 들고 실제로 자신의 이름을 딴 펀드를 운용하는 모습을 방송한 적이 있다.[40] 이 프로그램은 당시의 투자 분위기에 언론이 어떻게 휩쓸렸는지를 여실히 보여줬다. 방송에는 저명한 금융 저널리스트인 조지프 노세라Joseph Nocera가 반 왜거너 펀드를 다음과 같이 극찬한 내용이 포함됐다.

> 치열한 경쟁에도 불구하고 최고의 뮤추얼펀드 매니저들은 언제나 놀라운 이익을 창출해냅니다. 현대의 연금술사들이라고 할 수 있죠. 특히 오늘날 샌프란시스코에서 독보적인 투자자 개릿 반 왜거너보다 더 놀라운 황금 손을 가진 사람은 없습니다.[41]

1997년 1월 1일 그의 펀드에 투자된 1만 달러는 2000년 3월까지

4만 5,000달러(수익률 350%)로 불었다가 2002년 9월 시장이 바닥에 머물 무렵에는 3,300달러로 줄었다(투자금 1만 달러에서 67%의 손실을 봤으며, 최고점과 비교하면 93%의 하락률이다). 심지어 이 암울한 숫자조차 피해를 전부 반영하지 못한다. 〈프런트라인〉이 방송되고 왜거너 펀드가 비상하던 1997년에는 펀드에 대해 아는 투자자가 상대적으로 적었으며, 펀드 규모가 1억 8,900만 달러에서 15억 달러로 증가한 것은 1999년 이후였다. 이 사실이 의미하는 것은 훨씬 많은 수의 투자자가 350% 상승의 수혜자가 되지 못하고 그 이후에 합류하여 93% 하락의 피해자가 됐다는 사실이다. 결국 조지프 노세라가 옳았다. 반 왜거너는 진정한 연금술사였는데, 문제가 있다면 금을 납으로 바꿨다는 것뿐이다. 2008년 그는 마침내 자신의 이름을 딴 포트폴리오 매니저 자리에서 물러났다. 그의 포트폴리오는 10년 이내 운용된 뮤추얼펀드 가운데 최악의 성과를 거둔 것으로 판명됐다. 그 기간에 전체 주식시장이 72% 성장한 데 비해 그 펀드는 66%의 손실을 기록했다.[42]

철도 버블부터 1920년대 대공황을 거쳐 인터넷 버블에 이르기까지는 일정한 논리의 흐름이 있었다. 투자 열풍을 추동하는 동력을 제공한 것이 당대 최고의 신기술이었다는 점이다. 허드슨은 철도를 이용해 사무실과 건설 현장, 주주회의, 의회 등을 빠르게 오갈 수 있었다. 1920년대 버블 형성기의 투자자들은 원거리 운항선에서조차 무선 선상 거래 신호로 발행되는 티커테이프ticker tape(실시간 거래가를 알려주던 종이 테이프-옮긴이)를 활용해 주식을 거래했다. 그리고 1990

년대 인터넷 대화방과 온라인 거래는 인터넷을 통해 거래되는 인터넷 기업들의 주식에 더욱 열광하게 했다.

편안하고 존경받는 직업을 그만두고 전업 투자자로 나서는 사람이 급증하는 버블 형성기의 특징은 인터넷 버블 기간에도 여지없이 나타났다. 1990년대의 경우, 이들은 대부분 남성이었다. 수백만 명에 달하는 전업 투자자는 직장을 쉬거나 아예 사직하고 컴퓨터 모니터 앞에 앉아 하루에 수십 건에서 수백 건의 단타 거래를 했다. 데이트레이딩은 급매를 자주 실행하여 적은 수익을 반복적으로 취하는 것을 목표로 한다. 가상의 예를 들어 주식 1,000주를 31½ 가격에 매수한 뒤 같은 날, 때로는 몇 분 이내에 31⅝ 가격으로 매도하여 총이익 125달러를 취하는 식이다. 하지만 현실을 들여다보면 데이트레이더의 총수익률은 평균 0에 가깝고, 거래를 할 때마다 내야 하는 수수료 때문에 손실을 보는 일도 적지 않다. 수백 건이든 수천 건이든 거래 버튼을 누르는 순간마다 수수료가 빠져나가기 때문에 어느 정도 성공했다고 하는 운 좋은 거래자들의 수익도 예상을 크게 밑도는 경우가 많다.

　온라인 트레이딩처럼 중독성이 강한 일도 많지 않은데, 바로 그 때문에 주식 거래자들은 종종 주식 터미널에서 하염없이 대기하는 신세가 된다. 이런 현상을 다음과 같이 설명한 사람도 있었다.

독자 여러분 가운데 라스베이거스 등지에서 비디오 포커를 해본 분이 있는지 모르겠습니다. 경험이 있는 저의 입장에서 말씀드리면 그것은 매우 큰 중독성이 있습니다. 잠시 들렀다가 돈을 잃었다고 해도 중독성을 떨쳐낼 수 없습니다(한두 시간 이상 그곳에 앉아 있으면 십중팔구 당신은 더 가난해져서 문을 나서게 됩니다). 이제 승률이 유리한 비디오 포커가 있다고 상상해봅시다. 작은 종과 버튼과 버저buzzer를 통해 즉각적인 반응과 재미를 얻고 그와 동시에 당신은 점점 부자가 되어갑니다. 만일 라스베이거스가 이런 장비들로 영업을 했다면 그곳의 사람들을 집으로 보내기 위해서는 유압 구조 장비라도 동원해 그들을 의자에서 빼내야 했을 것입니다. 사람들은 자리를 빼앗기지 않으려고 휴대용 변기라도 가져갔을 겁니다. 이런 비디오 포커가 있다면 코카인의 중독성을 비웃을 정도겠지요. 제 생각에는 이것이 바로 온라인 주식 거래입니다.[43]

1997년 이전에는 소규모 투자자가 증권거래소 객장에서 거래한다고 해도 정확한 거래 가격을 알기 어렵기 때문에 신속한 단타 매매는 대규모 기관들만 할 수 있었다. 1997년에 비로소 컴퓨터 화면에 호가와 잔량이 표시되는 시세판이 게임의 재미를 즐기려는 개인 투자자들에게 제공됐다.

빌의 이발소에 모였던 주민들과 달리, 대부분 데이트레이더는 컴퓨터 등의 첨단 기기에 능하고 이를 활용할 재능이 있으며 교육 수준도 높은 편이다. 그런데 누군가가 주식을 살 때는 누군가가 그것을 파는 것이며 그 반대의 경우도 마찬가지다. 다시 말해, 주식 거래는 보이지 않는 파트너와 테니스를 치는 것과 비슷하다. 대부분 데이트레이더가 깨닫지 못하는 것은 인터넷 회선 반대편에 있는 테니스 선수는 압도적인 확률로 윌리엄스 자매(세계적인 테니스 선수 자매-옮긴이) 수준의 전문가들이라는 사실이다. 이들 기관 투자자들은 단순히 기관에 소속된 투자자가 아니고 컴퓨터 알고리즘도 아니다. 그들은 평범한 개인 투자자를 압살하는 데 정통한 자들이다.

1990년대 후반까지 100여 개의 회사가 이처럼 어려운 작업의 승률을 높여주는 교육 프로그램을 만들었다. 수천 달러의 비용을 지급한 연수생은 대체로 3일짜리 오리엔테이션과 훈련 과정을 이수하고 일주일 동안 가상 거래를 실행했다. 강사들은 컨테이너로 공수되는 듯한 엄청난 양의 낙관론을 연수생들에게 부여했으며, 규칙만 잘 지키면 누구나 성공할 수 있다고 했다. 그들의 말에 따르면 "투자는 골프와 비슷합니다. 발의 위치와 클럽을 쥐는 방법과 스윙할 때 팔의 자세를 잘 익혀두면 공을 잘 칠 확률이 높아집니다. 데이트레이딩도 마찬가지예요."[44]

1990년대 후반까지 약 500만 명의 미국인이 온라인 거래를 한다는 조사 결과도 있는데, 실제로는 훨씬 적은 것으로 추산됐다.[45] 시장이 상승하는 한 데이트레이더들은 절반의 확률로 기회를 이어갈 수 있었지만, 1920년대의 대공황이나 철도 버블의 시기처럼 바다가 거칠어졌을 때는 대부분 살아남지 못했다.

세상을 놀라게 했던 미국 비어즈타운의 부인들은 빌의 이발소 손님들이나 테이블 앞의 데이트레이더들과 특별히 다른 보습을 보이지 않았다. 하지만 이 여성들이 거둔 놀라운 성과에 관한 소문은 별다른 전문지식이 없는 사람들에게 투자의 성공 가능성에 대한 확신을 갖게 했다. 이른바 골드러시 시대의 찬란하고도 놀라운 희망의 메시지 같았다고나 할까.

만약 다른 시대였다면, 특별할 것 없는 이 투자 모임에 주목하는 이는 많지 않았을 것이다. 지난 수십 년 동안 보수적 관습이 지배해 온 일리노이주 비어즈타운의 작은 시골 마을인 데다 중년과 노년의 주부들로 구성된 모임이기 때문이다. 회원들은 커피와 다과를 들며 안정적이면서도 수익을 잘 내는 기업들을 조사하고 주식을 매수하여 장기적으로 보유했다.

그들이 거금을 투자한 것도 아니었다. 회원 자격을 유지하는 데에는 최초 100달러, 이후 매월 25달러가 필요했을 뿐이다. 문제는 그들이 국가 기구인 전미투자협회에 수익금을 인증하면서 시작됐는데, 높은 수익률을 인정받아 6년 연속으로 올스타 투자 클럽 상을 받으면서 일이 크게 불거졌다. 1984년부터 1993년까지 10년 동안 이들은 연간 23.4%라는 놀라운 수익률을 보고했다. 주식시장 평균보다 4% 이상 높은 실적이었다.

'시골의 부인들이 어떻게 월스트리트를 이겼는가'라는 의문은 자신의 방식으로 자신이 잘 아는 곳에 투자하면 성공한다는 1990년대식 성공 스토리에 밀려 뒷전이 됐다. 클럽 회원들은 작은 마을의 주부라는 자신들의 정체성을 탈피하여 전업 투자계의 실력자로 공인받았다. 그들은 전 세계를 돌았고 때로는 비를 맞고 입장권을 구매한, 자신들의 고향 인구(5,766명)보다 많은 청중과 이야기를 나누었다. 투자회사로부터 막대한 컨설팅 보수를 받았으며, 자신들의 투자 비법을 설명한 책인『비어즈타운 부인들의 평범한 상식 투자 가이드The Beardstown Ladies' Common-Sense Investment Guide』를 출간하여 80만 부를 판매했다. 이 주인공 가운데 한 여성은 이런 소회를 털어놓기도 했다. "휴스턴에 도착해 비행기에서 내렸을 때였어요. 리무진 기사께서 특대형 차를 가져왔어야 하는데 차가 작아서 죄송하다며 사과했지요. 저는 항상 리무진이 지나가는 걸 보면 '저 안에는 누가 타고 있나' 궁금했답니다. 그런데 글쎄, 지금은 제가 거기 타고 있는 게 아니겠어요?"[46]

그녀들이 말하지 않은 사실은 단 하나였다. 23.4%라는 수익률에는 매월 적립한 회비가 포함됐다는 점이다. 만일 누군가가 100달러로 시작하여 아무런 수익을 내지 못했다고 하더라도 자기 돈을 25달러 추가하면 수익률은 25%가 된다. 책이 나온 지 2년이 훨씬 넘은 1998년 무렵에 출판사는 실수를 인지하고 '이 수익률의 산출법은 뮤추얼펀드나 은행에서 사용하는 수익률 계산법과 다를 수 있음을 알립니다'라는 면책조항을 삽입했다.

강세장에서는 저널리즘 기능이 위축되기 마련이다. 1998년 판본이 출판된 이후 「시카고 매거진」의 기자 셰인 트리치Shane Tritsch가 이 책의 면책조항을 발견한 뒤 내용을 자세히 살펴본 후에야 진실의 실마리가 풀렸다. 트리치의 취재에 부인들은 분개했고, 출판사 히페리온Hyperion의 한 임원도 "악의적이다"라며 "당신이 늘 만나고 싶어 했을 가장 정직한 집단"인 출판계를 들쑤시는 기자의 나쁜 의도를 비난했다.[47]

정말 실수였든 고의였든, 부인들은 10년 동안 23.4%의 수익률을 올리지 못했다. 실제로는 9%에 불과했다. 결국 히페리온은 책을 회수했을 뿐 아니라 판매된 책을 자사의 다른 책과 교환해주는 조치를 취하고서야 사태를 마무리할 수 있었다. 부인들의 이후 행적은 알려진 바 없다.

모든 것이 밝혀지고 사건이 일단락된 후에 알려진 사실은 1983년에서 1997년 사이의 15년 구간을 놓고 따져봤을 때 그녀들의 수익률이 나쁘지 않았다는 것이다. 회계 전문가들이 그녀들의 계정을 분석한 결과 15년의 연평균 수익률은 15.3%였고 인덱스펀드(주가지수에 연동된 펀드-옮긴이)의 수익률보다 2%가량만 낮았다. 종합적으로 고려했을 때 이들이 그토록 비난받을 행적을 남긴 것은 아니었으며, 빌의 이발소나 데이트레이더들보다 훨씬 나은 성과를 보인 것은 사실이었다. 1990년대 구간에서 회계상의 오류를 범한 결과 평범한 수익을 올린 평범한 여성 모임이 문화의 아이콘으로 세상을 잠시 놀라게 했을 뿐이다.

비어즈타운의 부인들이나 데이트레이더 또는 빌의 이발소 손님들처럼, 1990년대 후반에는 수백만 명이 자신을 주식시장의 능력자라고 생각했다. 모건스탠리의 바턴 비그스^{Barton Biggs}의 발랄하고 통찰력 있는 다음 글이 당대의 분위기를 잘 전해준다.

> 사회적인 징후가 좋지 않다. […] 모든 사람의 자식들이 모건스탠리에서 일하고 싶어 한다. 무능한 처남들이 헤지펀드를 시작하려 한다. 금융 분야 경험이 전혀 없는 쉰 살의 아저씨를 알고 있는데, 그도 헤지펀드를 시작한단다. 그가 사람들에게 홍보 책자를 뿌리고 있다. 나도 하나 받아서 저기 어디쯤 두었다.[48]

~~~~~

버블의 세 번째 증상은 경기 비관론자들에 대해 보이는 원초적 분노에 가까운 비난이며, 1990년대 중반에도 이런 경향은 예외 없이 나타났다. 로저 에일스가 CNBC를 미디어제국으로 만들기 수십 년 전, 금요일 밤이 되면 3,000만 명의 시청자가 〈루이스 루카이저와 함께하는 월스트리트 위크^{Wall $treet Week with Louis Rukeyser}〉를 보기 위해 채널을 고정했다. PBS가 전국으로 송출한 이 프로그램은 존경받는 금융 전문 언론인의 아들이자 그 자신도 세련된 도시 유머를 구사하는 금융 언론인이었던 루이스 루카이저가 진행하는 패널 쇼였다.

루카이저는 쇼의 제작 전반을 엄격하게 지휘했다. 방송에서 가장 주목받은 것은 주식 전문가와 애널리스트, 작가들로 구성된 패널이었다. 패널은 매주 새로운 인물로 교체되며, 방송이 시작되면 루카이저와 농담을 주고받다가 특별 게스트가 등장하면 그에게 화제를 옮겨 다양한 주제로 대화를 이어갔다. '엘프ell'라고 불리는 이 패널은 회원을 모아 시장을 분석하고 방향을 예측해줬다. 루카이저는 두 가지를 알고 있었다. 첫째는 강세장이 지속되면 지금 진행하는 방송은 물론 자신이 발행하는 두 종의 뉴스레터와 자신의 이름을 딴 펀드, 즉 루이스 루카이저 인베스트먼트 크루즈 앳 시Louis Rukeyser Investment Cruise at Sea에 큰 도움이 된다는 것이었다. 둘째는 패널의 역할이라는 것이 주식 중개인이나 애널리스트들을 위한 일종의 대리인일 뿐이라는 것이었다. 기술 기업 버블이 꺼지고 주가가 폭락하자 그는 패널들의 언행을 단속했다.

1990년대 후반에 이르자, UBS 워버그UBS Warburg 증권사의 분석가이자 루카이저의 단골 패널이던 게일 두댁Gail Dudack은 걱정이 되기 시작했다. 그녀는 찰스 킨들버거의 책을 읽었고, 당시의 시장 상황이 자신이 세운 버블 기준 중 '이직'과 신용 완화가 적정 범위를 벗어났다고 생각했다. 70년 전에 회사 설립자인 폴 워버그가 모욕을 당했던 것처럼(1929년 대공황을 경고했다가 비난을 받았음-옮긴이), 그녀 또한 자신의 경기 전망을 밝힌 뒤 비난에 직면했다. 그녀는 회의론자들에 대한 비난 역시 경기 위축의 징후라는 사실을 알고 있었기에 자신을 비난하는 고객에게 이렇게 경고했다. "버블이 붕괴하기 시작하면 우리 같은 사람은 멸시와 조롱의 대상이 됩니다. 사람들은 매우 화가 나겠죠. 그래서 우리가 희생양이 되는 겁니다."

버블이 붕괴하기 5개월 전인 1999년 11월에 루카이저는 가장 굴욕적인 방법으로 그녀를 쇼에서 쫓아냈는데, 그녀의 사진에 바보 같은 모자를 그려 넣은 것이다. 그는 두댁 대신 다트머스 농구선수 출신이자 재계의 실력자 앨런 본드Alan Bond를 패널에 합류시켰다. 본드는 4년 후 고용연금 갈취 등의 혐의로 12년 형을 선고받았다.[49]

인터넷 버블은 가치투자자들에게는 매우 어려운 투자 환경이었다. 시대에 뒤처진다는 이유로 저렴한 가격에 거래되는 견실한 제조업과 굴뚝산업 주식을 주로 사들이기 때문이다. 저명한 가치투자자이자 헤지펀드 매니저인 줄리언 로버트슨Julian Robertson은 1990년대 중반까지 주목할 만한 수익을 내던 자신의 회사 타이거 매니지먼트Tiger Management를 접어야 했다. 그는 이렇게 말했다. "내 분석이 더는 효과가 없는데 그 이유를 모르겠습니다. 내 나이도 예순이 됐고 더 이상 누가 나를 필요로 하겠어요?" 로버트슨은 2000년 3월 30일에 회사 폐쇄를 발표했다. 당시에는 아무도 몰랐지만, 기술주 중심의 나스닥 지수는 3주 전에 5060으로 정점을 찍었는데 이는 향후 10년 반 동안 볼 수 없는 고점이었다.[50]

※

버블을 식별하는 마지막 특징은 극단적인 예측이 횡행하는 현실이다. 평상시 전문가들은 특정 연도의 시장 상승 또는 하락을 20% 내에서 예측한다. 이 좁은 범위를 벗어나는 예측은 예측자를 정상 범위를 벗어나는 사람으로 만들 수 있으며, 대부분은 한 자릿수 범위 내에서 전망치를 내놓는다. 하지만 버블이 고조된 시점에서는 그렇지 않다. 제임스 글래스만은 함께 책을 쓰기도 했던 경제학자 케빈 해싯Kevin Hassett과 함께 1999년 당시 다우지수가 몇 년 내에 1만 1000포인트에서 3만 6000포인트로 3배 이상 상승하리라고 예측한 책을 출간했다. 그러자 이에 질세라 어떤 이는 추정치를 10만 포인트까지 올리기도 했다.[51]

글래스만과 해싯은 어떻게 당시 지표의 3배가 넘는 수치를 도출했을까? 그들은 주식과 채권 모두에 적용되는 이른바 할인율Discount Rate을 조작하여 이런 작업을 수행했다. 할인율이란 간단히 말해서 투자자가 주식을 매수하는 데 미래의 위험 요소를 가격에 반영한 비율을 말한다. 위험이 클수록 매수 시 요구하는 수익률(할인율)이 높아진다. 예를 들어 2019년 중반에 매우 안전한 장기 국채의 수익률은 2.5%인 반면 훨씬 더 위험한 주식의 수익률은 그 3배인 약 7.5%였으며, 1990년 이전에는 약 10%에 달했다. 30년 만기 국채나 주식 같은 장기 자산의 가격은 할인율과 대략 반비례한다. 할인율이 절반이 되면(6%에서 3%로) 가격은 2배가 된다(주식에는 만기가 없기 때문에 적어도 이론적으로는 30년 만기 채권보다 장기 자산이다). 반대로 경제와 글로벌 지정학적 상황이 악화되면 투자자들은 주식을 소유하는 데 훨씬 더 높은 수익률(할인율)을 요구하므로 주가가 하락한다.

글래스만과 해싯의 다우 3만 6000포인트 선언은 투자자들이 새로운 유형의 호모에코노미쿠스homo economicus(경제인)로 진화했다고 선언한 것과 같았다. 주식은 장기적으로 우상향하기 때문에 거시적으로 보면 절대로 위험자산이 아니라는 것을 알고 있는 이 새로운 변종 인간은 역사적으로 대략 10%였던 주식의 할인율을 국채 할인율인 3%와 동일시하기로 마음먹었다. 그래서 이론적으로 주식의 가격이 3배 올라야(주식 할인율 10%÷국채 할인율 3%) 적정 가격이라고 주장한 것이다.[52]

글래스만과 해싯은 '이번에는 다르다'가 매우 비싼 문장이라는, 망각하면 혹독한 대가를 치르게 된다는 명언을 무시했다. 다우지수 3만 6000을 선언한 책이 출간된 2000년과 거의 동일한 시점에 인터넷 버블이 갑작스럽게 위험 구간으로 진입하면서 힘없이 무너져 내렸고, 역사상 가장 거대했던 투자 열풍은 종지부를 찍었다. 이후 2년도 안 되는 기간에 미국 주식은 6조 달러의 시장 가치가 허공으로 사라졌다. 그것은 실제로 미국 경제 생산 총액의 7개월분이 사라진 것과 같았다. 1929년에는 가계의 10%만이 주식을 보유했지만, 2000년에는 개인 투자는 물론 뮤추얼펀드·개인연금·기업연금 등이 투자시장으로 몰리면서 직간접적으로 주식을 보유한 가계가 전체의 60%로 증가했다. 든든한 재정적 안전망을 두었다고 생각했던 수천만 명이 전혀 다른 현실을 마주해야 했고, 은퇴를 위해 자산을 증식하고자 했던 수백만 명은 은퇴를 무기한 연기해야 했다.

금융의 역사만큼이나 진부한 서사인 2000~2002년 인터넷 버블에서 투자자들은 또다시 예상치 못한 손실을 봤고 형언할 수 없이 비참한 상황으로 내몰렸다. 유머 작가 프레드 슈웨드는 그 시대의 아픔을 다음과 같이 표현했다.

처녀에게 말이나 그림으로 도저히 설명할 수 없는 것이 있습니다. 마
찬가지로, 제가 어떤 수사를 동원한다고 해도 당신이 돈을 잃은 경험은
대략적으로라도 묘사할 수가 없죠.[53]

15.
꺼지지 않는 불꽃

종말의 극장은 3면 입체 상영관으로, 종말을 고대했던 신도들 눈앞에
장대한 드라마가 펼쳐진다. 사운드 시스템은 희망과 공포를 증폭시
키며 객석을 사로잡는다. 배우들이 대사를 시작하면 거친 음성이 울
려 퍼진다.

- 거솜 고렌버그

20세기 시민극장의 화려한 불꽃은 인터넷 버블이 붕괴하면서 대단
원의 막을 내렸다. 21세기가 시작되자 세계의 주요 종교 가운데 가
장 역사가 짧은 아브라함계 종교는 또다시 종말론의 연기를 피워
올리기 시작했다. 이들은 특유의 감화력으로 전 세계에서 신도들을
불러 모았는데, 그 감화력의 수단은 놀랍게도 폭력이었다.

　2014년 11월 16일, IS^{Islamic State}＊ 반군이 18명의 시리아 포로와 함
께 피터 캐식^{Peter Kassig}이라는 미국인을 참수했다. 전직 미 육군 특수
부대원이었던 그는 인도주의 활동을 하다가 변을 당했다. 가해자들
이 유포한 영상에는 잔혹함 이상의 내용이 담겨 있었다. 캐식의 잘

＊ 2014년 6월 29일 아부 바크르 알바그다디(Abu Bakr al-Baghdadi)가 칼리프 국가를 선언했을 때 이
　들은 자국의 이름을 이슬람 국가(Islamic State)로 칭하고 줄여서 'IS'로 불렀다[아랍어 약자로는 다에
　시(Daesh)]. 그 이전에는 이라크 이슬람 국가(Islamic State of Iraq, ISI), 이라크·레반트 이슬람 국가
　(Islamic State of Iraq and the Levant, ISIL), 이라크·시리아 이슬람 국가[Islamic State of Iraq and al
　Sham(Syria), ISIS]로 불렸다.

린 머리는 모하메드 엠와지^{Mohammed Emwazi}라는 영국 시민으로 추정되는 지하디 존^{Jihadi John}의 발치에 놓여 있었다. 존은 영국 억양을 드러내며 이렇게 외쳤다. "우리는 이곳에 있다. 첫 번째 미국 십자군을 다비크에 묻었고, 이제 당신네 나머지 군대가 도착하기를 간절히 기다리고 있다."[1]

이전 해에 IS는 세련되고 매혹적인 소셜 미디어 캠페인을 벌였고, 그 결과 부유하고 평화로운 서구 여러 나라에서 수천 명의 사람이 IS의 전사가 되거나 자원봉사자로 활동하기 위해 세계 최악의 장소 중 하나로 모여들었다. 지하드 존이 언급한 도시 다비크와 같은 이름의 IS 홍보 잡지를 보면 이들의 모병 캠페인이 크게 성공한 이유를 이해할 수 있다.

잡지 「다비크^{Dabiq}」는 1516년 오스만튀르크가 이집트 맘루크를 물리친 시리아 북서부의 마을 이름을 따 만들어졌다. 이 전쟁에서 승리한 뒤 튀르크인들은 레반트^{Levant}(동부 지중해 연안을 가리킴-옮긴이)에 대한 통제권을 얻었고, 이후 마호메트의 후계자들이 칼리파국을 세워 4세기 동안 이슬람인들을 이끌었다. 오늘날 지하드 전사들에게 다비크는 큰 의미가 있다. 이 도시는 지형적으로나 전략적으로나 그다지 중요해 보이지 않지만, 오스만제국과의 연관성을 따진다면 이슬람 종말론의 핵심이자 전면에 자리할 수밖에 없다.

유대교와 기독교, 이슬람교의 종말론 양상은 매우 닮았다. 기원이 같다는 점에 비춰보면 그다지 놀라운 일은 아니다. 중세 초기만 해도 비잔틴과 이슬람은 같은 「다니엘서」 구절을 보며 서로에 대한 공격 계획을 세웠다.[2] 전쟁의 역사를 거치면서 다비크는 이슬람의 아마겟돈이 됐다. 이슬람에서 일반적으로 다잘^{Dajjal}(이슬람 종말론에서 가상의 악당 캐릭터-옮긴이)이라고 부르는 이곳은 훗날 적그리스도의 세력이 의인의 군대와 전투를 벌이는 장소다.

차이점도 있는데, 기독교 종말론이 주로 「에스겔서」·「다니엘서」·「요한계시록」과 같이 소수의 한정된 경전을 위주로 논의되는 반면, 이슬람 종말론은 더욱 광범위한 자료들을 주요 텍스트로 삼으며 이를 통해 도출되는 메시지들은 의미가 모호한 경우가 많다는 것이다. 후자의 자료들을 「하디스」라고 하는데 예언자 마호메트의 구전 전승 기록이다(하디스는 아랍어로 '뉴스' 또는 '보고'를 의미한다). 기독교 종말론과 대조적으로 이슬람의 성서인 「코란^{Koran}」은 예언을 거의 담고 있지 않으며, 성 아우구스티누스나 이후의 가톨릭 신학 전통처럼 종말의 때를 구체화하는 행위도 금지하고 있다.

하지만 기독교인들과 마찬가지로 종말의 시기를 구체화하고 싶다는 유혹은 이슬람교 신도들에게도 나타났으니, 마치 사막 한가운데에서 야생화를 찾듯 이들은 「하디스」에서 종말의 징후들을 찾아내곤 했다.[3] 텍스트의 수가 매우 많은 이슬람 종말론은 기독교와 비교하면 매우 다채롭다. 예를 들어 수니파 전통에서는 대략 1,000가지 「하디스」가 전승되며, 연구자에 따라 더 많은 자료를 제시하기도 한다. 한 중세 연구자는 3만 개 이상의 자료를 수집하기도 했다. 632년에 마호메트가 사망한 후 학자들은 수 세기 동안 그의 말을 '진실한 자료'부터 '조작된 자료'에 이르기까지 진위에 따라 등급을 매기고 목록을 작성했다.

마호메트는 유언을 남기지 않았기 때문에 문제가 다소 복잡해졌다. 그의 첫 번째 후계자이자 칼리프^{Caliph}(마호메트를 계승하여 무슬림 공동체를 다스리는 수장-옮긴이)였던 아부 바크르와 오마르^{Omar}, 오스만^{Othman}, 알리^{Ali}는 이슬람의 영토가 아라비아 서부 경계를 훨씬 넘어 비잔티움과 페르시아 국경까지 급속히 확장되는 모습을 지켜봤다. 그다음 세기에 아랍제국은 이웃의 두 막강한 이교도 세력과 전쟁을 벌였다. 게다가 예언자의 사촌이자 사위인 4대 칼리프 알리가 암살되고, 뒤이어 오늘날 이라크의 카르발라에서 알리의 막내아들 후사인^{Husayn}과 그의 추종자들이 사망하면서 유혈 종파 분쟁이 시작되어 오늘날에 이르렀다. 이 거대한 이슬람 분쟁의 다른 편에는 예언자의 혈통에 대한 계승이 단절됐음을 선언한 시아파 후사인^{Husayn}의 추종자들이 있다. 카르발라에서 승리한 세력은 수니파로 발전했고 시아파의 권위를 인정하지 않는다.

정치학자 새뮤얼 헌팅턴$^{Samuel\ Huntington}$은 논란이 된 저서『문명의 충돌』에서 무슬림 국가들 사이의 수많은 무력 분쟁과 비이슬람 국가들과의 갈등을 표로 정리한 뒤 다음과 같이 결론지었다. "이슬람의 국경들에서는 피비린내가 난다. 국경 안쪽도 마찬가지다."[4] 비평가들은 그를 오리엔탈리즘^{orientalism}(서구 중심주의적 세계관-옮긴이) 학자라고 비난하며 현대의 이슬람 전쟁은 사실상 서구의 지배로 인해 생겨났다고 지적했다. 실제로 서구의 식민 지배가 현대 중동의 혼돈에 지대한 공헌을 했다는 사실을 부인하기는 어렵다. 헌팅턴의 악명 높은 인용문을 중세 이슬람 세계에 적용한다면, 당대 가장 지적이고 부유하고 강력한 문명을 소유했던 중세 이슬람은 서로마 이후의 후진적이고 무력해진 주변국들의 간섭을 받지 않자 아무런 분쟁도 벌어지지 않았다.

그리고 이 지점에서 이슬람이 종말론에 의지하려 했던 이유가 나타난다. 미국과 유럽의 기독교인들은 상대적으로 부유하고 안전하며 지정학적으로도 안정된 사회에 살고 있다. 게다가 그들의 종교는 사실상 유사한 종류들로 구성되어 있다. 따라서 서구 기독교의 종말론자들은 특정 성행위나 사회주의, 사탄주의(적어도 점성술) 등 여러 사회적 현상을 종말의 징후라고 지목하며 공포의 대상으로 삼는다.

이와 달리 이슬람은 바스쿠 다가마^{Vasco da Gama}가 1497년 처음 희망봉을 돌아 이슬람교가 지배하는 인도양 무역 시장을 해체하기 시작한 이래 상대적으로 정치적·경제적인 쇠퇴기를 맞이해야 했다. 독실한 이슬람교도들에게는 현실이 아니라 묵시론적 정의에 매달려야만 했던 오랜 굴욕과 패배의 시간이 너무도 고통스럽게 느껴졌을 것이다. 20세기만 보더라도 1916년에 비밀리에 체결된 사이크스-피코 협정^{Sykes-Picot Agreement}(튀르크의 영토였던 시리아, 이라크, 레바논, 팔레스타인 지역을 프랑스와 영국이 분할한 협정-옮긴이)을 통해 무슬림 중심지를 프랑스와 영국이 난도질하지 않았던가. 1948년에는 그곳에 이스라엘이 세워졌고, 1967년에는 요르단강 서안과 성스러운 템플마운트가 있는 예루살렘 구시가지가 압류됐다. 1979년 이스라엘과 이집트 간의 평화조약이 체결됐고, 1990년에는 제1차 걸프전쟁이 발발해 여러 중동 지역 중에서도 특히 종교적으로 가장 신성한 사원들을 가지고 있는 사우디아라비아에 서방 군대가 주둔하게 되는 떳떳지 못한 상황을 맞이하게 됐다. 이슬람교도들은 기독교인들이나 유대인들에 비해 기존의 세계 질서가 뒤집히는 묵시록을 갈망할 훨씬 큰 이유를 갖게 된 오랜 세월을 보냈다. 이슬람 묵시론자들과 주변의 대중이 이교도들에게 느끼는 비통함과 분노는 이루 말할 수 없는 것이었다. 다음과 같은 기록도 전해온다.

> 따라서 유대인들이 기독교인들의 뺨을 내리치는 행위를 반복하지만 기독교인들은 이런 굴욕을 허용하며 즐기는 모양새다. 서구의 십자군 세력은 마치 엉망으로 취한 창녀처럼 계속해서 난동을 부리고도 만족할 줄 모르다가 기어이 그녀의 포주(기독교 유럽 세계의 유대인들)에게 두들겨 맞는 굴욕을 당하고 만다. 머지않아 그들은 유대인의 음모에 따라 철저히 망가질 것이다.[5]

종말을 갈구하는 모든 이들처럼 이슬람 종말론자들은 헤시오도스의 '황금 종족' 시대를 그리워한다. 그들에게는 살라프salaf 시대가 그때였다. 살라프는 이슬람의 첫 3대 선조를 말하는데, 이들은 마호메트의 동료이자 후손이었으며 종교의 창시자이기도 했다. 따라서 오늘날 이슬람 지도자들과 묵시록을 연구하는 학자들이 세계를 움직이는 원리로서 「하디스」를 연구하고 당대 이슬람에 주목하는 것은 이상한 일이 아니다. 당대 「하디스」의 상당 부분은 이 구전이 처음 기록될 당시 사건인 마호메트 사망 후 수 세기 동안 이어진 비잔틴전쟁과 콘스탄티노플과의 전쟁에 대해 기술하고 있다. 이것은 IS가 시리아 북부의 먼지 날리는 작은 마을인 다비크에 집착하는 이유를 말해준다. 이 마을 이름은 종말론의 분위기를 띠는 「하디스」 중에서도 가장 유명하고 추앙받는 「하디스」에 다음과 같이 언급되어 있기 때문이다. "최후의 시간은 비잔틴이 아마크나 다비크를 공격할 때까지 오지 않을 것이다."[6]

「하디스」를 연구하는 학자들은 수 세기 동안 예언자의 생애까지 거슬러 올라가 구전의 출처를 밝혀야 했다. 마호메트 사후 200년 동안 이 작업을 했던 두 페르시아 학자인 아부 알후사인 무슬림Abu al-Husayn Muslim과 이스마일 알부하리Isma'il al-Bukhari는 가장 권위를 인정받는 텍스트를 제작했다. 부하리는 마호메트 주위에서 떼로 몰려다니는 파리를 잡아먹는 꿈을 꿨고, 이를 계기로 가짜 「하디스」를 추방하는 데 일생을 바치겠다고 다짐했다. 그의 엄격한 기준에서 살아남을 사람은 1%에 불과했다.[7] 무슬림과 부하리 두 사람의 「하디스」는 최고의 권위를 인정받았기 때문에 이슬람 성직자나 정치 지도자, 군사 지도자 또는 주석가의 권위 또한 두 사람이 쓴 「하디스」의 해석에 좌우됐다.

말할 필요도 없이 「하디스」의 가장 '정통적인' 해석조차 여러 세대 동안 구두로 전달됐다. 아랍 연구가 윌리엄 매캔츠William McCants의 설명을 참고하자.

마지막 때에 대한 예언은 기록을 날조하고자 하는 이들에게 떨쳐내기 힘든 유혹적인 자료가 된다. 초기 이슬람 공동체를 분열시킨 내부 권력 다툼에서 양측은 자신들의 운명적인 승리와 상대방의 예정된 패배를 예언하여 권력을 정당화하려 했다. 날조한 예언을 예언자의 입에 넣었다가 빼는 것보다 더 나은 방법은 없었을 것이다. [⋯] 수 세기 동안 새로 등장한 권력은 쟁취한 대상에 새로운 의미를 부여했는데, 이는 기독교의 「요한계시록」 독자들에게 매우 친숙한 일일 것이다.[8]

이슬람 종말론의 상당수는 카발라 전투에서 승리를 거둔 후 무슬림의 첫 번째 제국을 세우고 다마스쿠스에서 이들을 통치했던 우마이야조에 대해 불만을 가졌던 이들에게서 비롯됐다. 수도였던 다마스쿠스의 권력자들이 점점 부패한 독재자가 되어가자, 이슬람의 메시아인 마흐디Mahdi, 즉 '정의의 지도자'가 이들에게서 독실한 신도들을 구해줄 인물로 부상했다.

우마이야조의 칼리프를 반대했던 아랍과 페르시아의 세력들은 호라산Khorasan(대략 지금의 이란 동부와 아프가니스탄 일부에 해당한다)에서 나타난 검은 깃발을 휘두르는 군인에 대한 예언을 퍼뜨렸는데, 그들이 우마이야를 쓸어버릴 것이라고 했다. "호라산에서 나타난 검은 깃발을 보면 얼음 위를 기어가던 중이라도 즉시 그들에게 합류하십시오. 그들 중에 실제 칼리프인 알마흐디가 있기 때문입니다."[9] 서기 750년에 실제로 검은 깃발을 휘날리던 반군이 우마이야 왕조를 무너뜨렸다. 반군 지도자는 예언자 마호메트의 삼촌인 아바스

Abbas의 후손이었고, 그가 세운 바그다드 중심 제국인 아바스 왕조 Abbasid Dynasty의 이름은 500년 동안 지속됐다.

승리한 아바스 반군이 즐겨 사용한 「하디스」 구절은 단편적이고 짧은 경향이 있어서 대개 한 문장이나 한 단락으로 되어 있고, 드물게 한두 페이지를 넘기기도 했다. 미국의 저명한 무슬림 종말 문학 연구가 데이비드 쿡David Cook은 이를 다음과 같이 설명했다.

> 여러 자료를 알기 쉽도록 연대순으로 배열하던 학자들의 오랜 관습을 제외하면 무슬림 전통은 명료한 통일성을 추구하지 않았다. 따라서 세상의 종말이 명료하게 진행되고 그 전에 벌어질 사건들이 시간순으로 배열되는 문서나 구전이 없는 것은 매우 당연한 일이었다. [10]

다시 말해 「하디스」는 매우 함축적일 뿐 아니라 다양하게 해석될 가능성을 가지고 있기 때문에 필연적으로 서사의 다양화와 변이를 초래했다. 오늘 찾은 문구 몇 개에 반죽을 붓고 확증편향 한 스푼을 첨가하면 이웃사촌인 기독교 세대주의 서사 뺨치는 종말론 서사를 구워낼 수 있었다.

물론 그럼에도 「하디스」에서 파생된 이슬람 묵시록은 기독교 종말론과 공통되는 몇 가지 특징을 보여준다. 세상은 일정한 시점이 되면 종말을 맞이한다. 그리고 하느님이 아닌 예언자 예수께서 지상에 다시 오시는데 흔히 다마스쿠스 우마이야 모스크의 동쪽 첨탑을 통해 두 백인 천사의 보필을 받으며 내려오신다. 그는 대체로 유대인이거나 유대인 메시아인 다잘과 전투를 벌이신다. 매혹적인 적 그리스도와 달리 다잘은 못된 성격이며, 크게 휘어진 코와 하나가 기형인 불룩한 눈과 크기가 다른 손을 가졌는데, 이는 그가 가진 아름다움에 대한 인식은 물론 외모에 걸맞은 불공정함을 실행하리라는 점이 은유적으로 표현된 것이다.[11]

반유대주의는 이슬람 종말론의 확고한 이론이기 때문에 이들은 가장 저열한 인종차별조차 긍정한다. 사우디 왕 파이살은 외국의 고위 인사들을 만나면 공산주의 및 유대인 세계가 꾸미는 음모론에 대해 열변을 토했으며, 회의가 끝나면 의전 책임자에게 가서 "그들이 그 책을 가지고 있었나?"라고 묻곤 했다. 그 책은 「시온 장로 의정서」를 말한다. 한번은 미국 대사가 그에게 세계 지배를 위한 유대인들의 음모가 담겼다는 그 의정서는 러시아의 비밀경찰이 위조한 것이라고 말했다. 그러자 파이살은 말도 안 되는 소리라고 응수했다. 그 뒤, 의정서를 여러 나라의 언어로 번역하여 널리 알리라고 지시했다.[12]

무슬림 종말론자들도 기독교 세대주의자들과 마찬가지로 종말을 암시하는 징조를 찾기 위해 오늘날 벌어지는 모든 사건과 현상을 예의주시한다. 이들은 두 가지 유형으로 나누어볼 수 있는데, 첫째는 '작은 징조'들을 찾는 이들로, 린지나 라헤이 같은 세대주의자들이 무척이나 반길 취향이다. 이를테면 동성애나 수간, 공개적인 성교 등과 같은 성적인 문란함을 그 징조라고 생각한다. 춤과 노래와 돈도 마찬가지이며, 남성용 비단옷도 문제가 됐는데 여성들이 운전면허를 받는 것처럼 남성들도 비단옷을 입기 위해서는 승인을 받아야 한다는 것이었다. 그 밖의 작은 징조들은 지진이나 홍수, 가뭄, 재정 낭비 등이며 특이한 것은 여성이 남성을 고용하거나 남성에게 이자를 부과하는 행위도 세기말의 징조라고 주장한다(이 마지막 징조는 마호메트가 그의 첫 번째 제자이자 훗날 아내가 된 과부 상인 카디자 Khadija에게 고용됐던 실제 사실과 배치된다).

특히 잘 알려진 「하디스」에는 '마지막 때'에 대해 두 사람이 같은 가르침을 주장하면서도 "그 두 사람이 서로 싸울 때"라고 기록되어 있다. 그 밖에도 30명의 거짓 메시아가 나타날 때, 모든 종교적 지식이 사라질 때, 살인이 빈번해질 때, 모든 사람이 너무 부유하여 아무도 자선을 받을 필요가 없을 때, 무덤이 너무 웅장하여 살아 있는 사람들이 그 안에 있기를 원할 때 등이 있다.

이슬람 종말론자들은 또한 '큰 징조'를 찾는데 그것은 예언에 더욱 구체적으로 나타나 있다. 예를 들면, 특히 초기 이슬람 시대에는 아직 달성되지 않은 목표였던 기독교의 본거지 콘스탄티노플을 점령하는 일이 목록의 첫 줄에 있었다. 이슬람의 통치자들은 이 도시를 정복하려 했지만 성공하지 못한 현실을 변명하기 위해 「하디스」를 끌어들였다. 1453년 오스만제국이 마침내 콘스탄티노플 함락에 성공했지만 세상의 종말이 오지 않자 신학자들은 대안을 마련하며 다른 유력한 지역을 거론하기 시작했고, 최근에는 다비크에서 대규모 전투가 일어날 것이라는 예언을 내놓았다.

또 다른 큰 징조는 기독교 시온주의자들과 마찬가지로, 유대인들이 성지로 돌아왔다는 사실이다. 기독교의 종말론이 유대인의 관점에서 암담하다면(그들을 기독교로 개종시키거나 멸망시키므로) 이슬람 종말론은 훨씬 더 노골적이다. 한 묵시록 연구자의 말에 따르면 유대인 국가가 탄생한 것은 "그들을 [팔레스타인으로] 모아 그들에 대한 하느님의 복수가 가까워졌음을 알린 것"이다. 요컨대 유대인들을 멸하기 위해 팔레스타인으로 돌려보낸 것이니, 이슬람식 최후의 심판이 임박한 것이다.[13]

다른 큰 징조는 다잘(어떤 「하디스」에는 예수가 나쁜 호흡을 불어넣어 그를 파견했다고 기록되어 있다)이 출현하는 것과 태양이 서쪽에서 떠오르는 현상이다. 일부 「하디스」에는 곡과 마곡도 등장하며, 시리아 전역에서 난동을 부리는 강력한 수니파 폭군 수피야니^{Sufyani}(이슬람 종말론의 가상 캐릭터-옮긴이)도 등장한다. 수니파인 그는 시아파에게 혐오의 대상이지만 과거에도 그랬던 것은 아니어서, 우마이야조에 반대했던 바그다드 아바스 칼리프^{Abbasid caliphate in Baghdad}는 그를 숭배하기도 했다.[14]

수피야니의 궁극적인 목표는 종말의 때에 나타날 중심 인물인 마흐디를 살해하는 것이지만, 군대가 연합을 이루면 그는 쉽게 제압된다. 대부분의 이야기에서, 예수가 다잘을 파견하기 전까지 마흐디가 이슬람 군대를 이끌고 승리를 거두면서 세상을 지배한다. 시아파는 10세기에 사라진(또는 '숨겨진') 열두 번째 이맘^{Imam}(이슬람 교단의 지도자를 지칭하는 말-옮긴이) 무함마드 알마흐디^{Muhammad al-Mahdi}가 종말의 때에 다시 나타날 것으로 믿고 있다.[15]

1978년 안와르 사다트와 메나헴 베긴은 캠프 데이비드 협정에 서명했고 이는 이슬람주의자들이 혐오스럽게 여기는 1979년 이집트-이스라엘 평화조약으로 직접 이어졌다. 특히 1987년에 이집트의 무명 언론인 사이이드 아이유브Sayyid Ayyub는 『적그리스도The Antichrist(아랍어로 알마시히 앗다잘Al-Masih ad-Dajjal)』라는 책을 썼는데, 여기에는 단순한 메시지가 담겨 있었다. 인류의 역사는 유대인의 배신으로 망가졌고, 그 유대인들은 최후의 전투에서 이슬람 세력에게 패배할 것이라는 내용이다.

1980년대 이전의 이슬람 묵시 문학은 따분한 장르였다. 주로 마흐디와 황금시대를 주제로 했고, 곡과 마곡 지역에는 관심이 적었으며, 간혹 예수가 다잘에 맞서 외로이 전투를 벌이기도 했다. 『적그리스도』가 출간된 것은 이슬람 묵시 문학의 할 린지가 탄생한 격이었다. 『지구의 마지막 때』와 같은 기독교 묵시 문학과 유사하게 아이유브의 책은 결론 부분의 명확한 선악 구조 대신 유대인들에 대한 소름 끼치고 피비린내 나는 최종 승리를 묘사하면서 장르에 역동성을 가져왔다.[16]

아이유브에 따르면 다잘의 최초 지상 대리인은 성 바울이었고, 다음 대리인은 콘스탄틴이었다. 그리고 프리메이슨Freemasons, 미국 유대인, 아타튀르크Atatürk(터키 공화국 초대 대통령-옮긴이), 미국, 나토NATO, 마지막으로 이스라엘로 이어졌다. 그러고는 최후의 대격전이 벌어지는데 그 거대한 환각은 「요한계시록」과 할 린지의 상상력 그대로다. 결국 이스라엘은 멸망하고 세계를 다스릴 수도는 다마스쿠스에서 예루살렘으로 이전된다. 최근 아이유브는 유대인 교회당을 방문한 교황을 비난했고 홀로코스트를 부인하기도 했다.

기독교 세대주의 소설과 마찬가지로 템플마운트가 다시 등장하여 주도적인 역할을 한다. 아이유브는 데니스 마이클 로한과 랍비 고렌의 사례를 접하고 영감을 얻었다. "다잘의 거주지는 예루살렘 성전이 될 것입니다. 그들은 때때로 알아크사를 불태우려고 하고 고고학 발굴도 시도했는데, 심지어 프리메이슨을 통해 해당 부지를 사들일 계획도 가지고 있습니다."[17] 세 가지 아브라함계 종교의 종말 서사들 간의 유사성은 매우 놀라운데, 이스라엘의 저널리스트 거숌 고렌버그는 이를 다음과 같이 설명한다.

> 종말의 극장은 3면 입체 상영관으로, 종말을 고대했던 신도들 눈앞에 장대한 드라마가 펼쳐진다. 사운드 시스템은 희망과 공포를 증폭시키며 객석을 사로잡는다. 배우들이 대사를 시작하면 거친 음성이 울려 퍼진다. 3면에서 3개의 서사가 동시에 진행되는데, 유대인 메시아주의자 역할은 기독교 측에서 맡았다. 유대인들과 기독교인들의 사연이 이슬람 드라마에도 등장한다. 이쪽 면에서 격한 말을 쏟아내면 다른 면에서 전쟁을 준비한다.[18]

책 『적그리스도』는 아랍 세계에서 엄청난 판매량을 기록했고 린지의 경우와 마찬가지로 비슷한 제목에 비슷한 줄거리를 가진 서적들이 쏟아져 나왔다. 이 책들의 변형된 내용도 제각각이어서 어떤 작가는 마르틴 루터를 포함하여 대부분 중요 인물을 유대인으로 설정했다. 다른 모방 작가인 파흐드 살림Fahad Salim은 사담 후세인Saddam Hussein이 유대인은 아니지만 그의 친한 동료의 아버지가 유대인이기 때문에 그가 악행을 저질렀다고 썼다. 가장 유명한 모방 작가는 이집트 언론인 무함마드 이사 다우드Muhammad Isa Dawud로, 사우디 언론사에서 일했고 한때 지니genie(아랍 신화의 초자연적인 정령-옮긴이)와 진지하게 인터뷰한 내용을 발표하기도 했다.

다우드는 분명히 아이유브의 글이 유대인에 대해 너무 냉정하고 때로는 너무 관대하다고 생각했던 듯하다. 그는 1991년에 『경계하라: 적그리스도가 버뮤다 삼각지대에서 세계를 침공했다Beware: The Antichrist Has Invaded the World from the Bermuda Triangle』를 출간했다. 버뮤다 삼각지대는 8세기 기준으로 다잘이 북아메리카로 진입하는 데 중간 기점인 동시에 반격에 나서는 이슬람 공군의 비행접시 기지다.[19]

인기 있는 묵시 문학은 카이로·리야드·베이루트·바그다드·동예루살렘의 시장 등에서 인기리에 판매되고 있으며, 모로코에서 인도네시아에 이르는 주요 도시 서점들에서도 찾아볼 수 있다. 더 중요한 것은 소셜 미디어의 출현과 함께 이런 책들이 인터넷 사용자들에게 무료로 제공되면서 더욱 영향력을 키워가고 있으며, 이로써 21세기 지하드 극단주의jihadism가 확산되는 데 배경음악 역할을 한다는 점이다.[20] 이슬람학자 장 피에르 필리유Jean-Pierre Filiu는 이 장르가 점점 더 반유대주의적이고 반서구적인 어조로 변하고 있다면서 다음과 같이 주장했다.

> 격한 분개와 복수심으로 가득 찬 흥분 상태는 어떤 경우든 해로울 수밖에 없다. 세 번째 천년기의 메시아주의자들은 세상의 종말과 심판을 굳건히 믿음으로써 이방인들에게 발산할 독소를 생성한다. 그들은 이슬람에 항구적으로 적대적이었고, 근본적으로 마키아벨리즘적인 미국은 저주를 받고 끔찍한 멸망의 길을 걷게 되리라고 생각한다. 이슬람은 진리이자 불패의 힘이자 영원한 승리이기 때문이다. [21]

지난 수 세기 동안 이슬람교도들은 구세주인 마흐디에게 희망을 걸며 지금의 굴욕과 억압에서 벗어나기를 바랐다. 이 서사에서는 기독교 천년주의 서사만큼 숫자에 지대한 관심을 기울였으며, 마흐디 추종자들의 발흥은 새로운 이슬람 세기의 여명을 알리는 신호였다.

이슬람의 달력은 마호메트가 메카에서 메디나로 옮겨 간 622년 히즈라^{hijra} 사건이 원년이기 때문에 헤지라 기원^{Anno Hegirae, AH}(헤지라는 히즈라의 라틴어-옮긴이)*으로 14세기는 1882년 11월 12일에 시작

---

* 이슬람의 연도는 354일 또는 355일이 음력 주기로 실행되므로 서기(AD)가 헤지라 기원(AH)으로 바뀐다. 헤지라 기원은 단순한 숫자 계산으로 이루어지지 않으며, 두 달력의 차이는 100년이 지날 때마다 2년씩 감소한다(이런 계산은 논리적이지 않은 측면이 있다. 히즈라의 해에 두 달력의 차이는 분명히 621년이었다. 이 계산에 따르면, 이 책이 출간된 2021년은 대략 헤지라 기원 1442년이 된다. 따라서 두 달력의 차이를 계산하면 다음과 같다. 2021-1442=579년).

된다. 서기 1870년대 후반에 해당하는 헤지라 기원 13세기 후반에 무함마드 아마드Muhammad Ahmad라는 수단의 수피교Sufi(이슬람 신비주의적 분파-옮긴이) 성직자는 오스만튀르크에 형식상의 조공을 바쳤지만, 실제로는 영국과 더 밀접한 관계를 가진 이집트 수단 통치자들의 이단 행위에 분노했다. 아마드는 1882년 11월 12일이 종말의 전조라고 생각했으며, 이를 준비하는 과정에서 1881년에는 자신이 마흐디라고 선언했다. 새로운 세기가 오기 전에 수단의 수도 하르툼에서 자신의 통치 기반을 확립하기 위해서였다.[22]

그의 반란은 초기에는 매우 성공적이어서, 나중에 아마드가 하르툼을 포위하는 동안 영국 장군 찰스 "중국" 고든Charles "Chinese" Gordon(중국에서 세운 공로로 '중국 고든'이라는 별명이 붙었음-옮긴이)이 죽지 않았다면 소기의 목적을 달성할 수 있었을 것이다. 고든은 고향에서는 최고의 영웅이었지만, 최초 보고와 달리 이집트 군대와 행정부를 철수시키고 도시 전체를 방어하려고 함으로써 영국 왕실과 고위 사령부의 심기를 건드렸다.

고든이 전사하고 영국인들의 분노가 하늘을 찌르자, 야전 사령관 허레이쇼 허버트 키치너Horatio Herbert Kitchener가 지휘하는 징에 원정대가 파견됐다. 그사이에 아마드는 발진티푸스(곤충 매개의 유행성 질환-옮긴이)로 사망했다. 키치너는 옴두르만 전투에서 아마드의 후계자인 압둘라 알타아시Abdullah al-Taashi를 물리쳤다. 이 전투에서 영국군은 첨단 무기로 1만 2,000명의 무슬림 병사를 학살하고 경미한 손실만 입었다.[23] (이 전투에는 윈스턴 처칠이라는 젊은 장교도 참여했다. 이때는 물론이고 다른 여러 식민지 전투에서 나타난 현격한 전력 차이는 훗날 시인 힐레어 벨록Hilaire Belloc에게 영감을 주어 다음과 같은 시구를 남기게 했다. "무엇을 하든 승리는 우리 편 / 승리의 증표는 맥심 기관총, 그들은 가지지 않았지."24)

14세기 새벽을 깨운 반란의 본부였던 하르툼은 이슬람 지정학의 주변부에 불과했다. 헤지라 기원 15세기 초에 전개된 격동의 사건은 이슬람의 본거지인 메카의 그랜드 모스크Grand Mosque에서 일어났다. 이 사원의 역사는 이슬람이 탄생하기 훨씬 전인 610년으로 거슬러 올라간다. 사업가로 성공한 마호메트 앞에 대천사 가브리엘이 나타난 것은 그의 고향 메카 외곽에 있는 히라산이었다. 떨고 있는 마호메트에게 천사는 「코란」의 첫 구절을 계시했다.

메카라는 도시가 유명해진 것은 아브라함이 지었다고 추정되는 화강암 건물인 카바Kaaba와 그 안에 박혀 있는 운석으로 추정되는 블랙스톤Black Stone 때문이다. 마호메트 이전의 순례자들은 카바와 블랙스톤을 관람하는 성지순례 행사인 하즈hajj를 만들었다. 그간 연구된 바에 따르면, 카바와 블랙스톤은 이슬람 이전에 다신교를 믿는 아랍인들의 신이었던 알라al-Llah의 신전이었을 것으로 추정된다.

장차 아내가 될 카디자의 조력자로 일하며 성공한 사업가가 된 가난한 집안 출신의 마호메트는 작은 지파이기는 하지만 메카를 다스렸던 쿠라이시Qurayshi 부족 출신이다. 그는 종교적 열정이 투철해서, 카바에 모셔진 360개의 이교도 신들을 모조리 파기하여 메카의 하즈 상권을 위협했고 쿠라이시 엘리트들을 분노하게 했다. 급기야 622년, 알려진 대로 그는 야트리브Yathrib(메디나)로 추방당했다. 630

년에 이슬람 군대를 지휘하여 승리한 뒤 메카로 귀환했을 때 그는 양쪽 도시에 불신자들이 들어오는 것을 거부했으며, 이는 오늘날까지 전통으로 이어져 오고 있다.*

부유하고 사치를 사랑하는 상인 엘리트들과 독실하고 금욕적인 신도들 사이의 긴장은 이후로도 간헐적으로 반도를 뒤흔들었다. 1700년대 초, 무함마드 이븐 압드 알와하브Muhammad Ibn Abd al-Wahhab라는 법학자는 두 가지 원칙을 중심으로 급진적인 이슬람 이념을 설파하기 시작했다. 하나는 마호메트 원래의 가르침으로 회귀하는 것이며, 다른 하나는 바그다드·다마스쿠스·이스탄불·카이로의 귀족들이 누리던 사치와 재물을 단호히 거부하는 것이었다. 춤과 귀금속은 물론이고 담배도 하람haram(금지)의 대상이었다. 개종과 죽음 사이의 선택을 강요한 시아파도 마찬가지였다.

이븐 압드 알와하브는 무함마드 빈사우드Muhammad bin Saud라는 무시무시한 전사와 동맹을 맺었다. 법학자의 이론적인 능력과 빈사우드의 군사적 용맹함은 커다란 시너지를 만들었고, 아라비아 깊은 내륙의 햇볕 따가운 황무지였던 와하브파 이슬람Wahhabi Islam을 구심점으로 세력을 급속히 팽창시켰다. 이윽고 이들은 반도 전체는 물론 일부는 그 너머까지 지배하게 됐다(이슬람 복고주의 이념인 와하비즘Wahhabism의 확산을 말함-옮긴이).

19세기에 오스만제국이 무너지자, 빈사우드의 후손인 압둘아지

---

* 이런 금지령은 대도시 메카 전체에 적용되며, 메디나에서는 예언자의 모스크(Prophet's Mosque) 인근에만 적용된다.

즈^{Abdulaziz}가 1902년에 리야드에 있는 오스만 요새를 점령하고 왕조를 세웠으며, 그 왕조가 오늘날까지 이어지고 있다(1932년에 사우디아라비아가 됨-옮긴이). 새 왕조는 수백 년 동안 사막 전투에서 전선의 피를 나누었던 베두인족 전사들을 규합하여 강력하고도 독실한 군대를 만들고 '형제들'을 뜻하는 이크완^{Ikhwan}이라는 이름을 붙였다. 1924년에 이크완은 메카를 포위한 뒤 근처 마을 타이프의 주민 400여 명을 학살하고 임신부의 배를 갈라 메카 사람들을 겁줬다. 그리고 큰 충돌 없이 항복을 받아내 메카를 점령했다.

　제1차 세계대전이 발발하며 중동의 정치 지형이 바뀐 것이 이크완에게는 매우 불행한 일이 됐다. 압둘아지즈는 이제 북쪽 국경을 얼씬거리는 승전국인 기독교 국가 영국을 진정시켜야 했다. 게다가 그가 이슬람의 성지를 수호하는 정당성을 얻는 것은 변절한 시아파뿐 아니라 수피파와 관심이 덜했던 수니파 등 무슬림 세계의 포괄적인 승인에 달려 있었다. 이에 압둘아지즈는 와하브파 이크완과의 관계에 다소 거리를 두기 시작했다.

　압둘아지즈는 현대 문명의 혜택인 자동차와 전화기 등을 열광적으로 수용하여 와하브파와의 관계를 악화시켰다. 또한 동부 아라비아의 시아파를 점령하려는 와하비족을 제압하는 일도 벌어졌다. 왕의 이런 처분에 와하브파 가운데 가장 보수적인 이크완이 분노하여 반란을 일으켰다. 1927년에 그들은 쿠웨이트를 공격했지만, 현대 문명의 본진인 영국에서 날아온 군용기에 무릎을 꿇었다. 2년 후, 그때까지 충분히 인내했던 압둘아지즈는 기관총이 장착된 차를 타

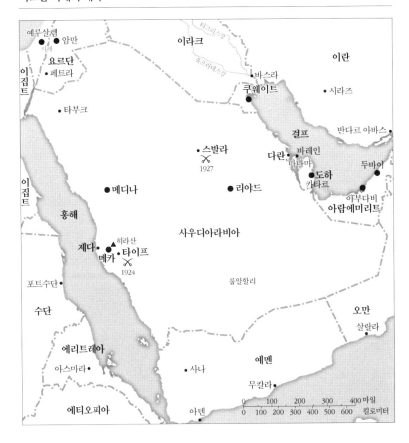

고 리야드에서 북쪽 오아시스 도시 스발라로 이동하여 이크완에게 명예로운 항복을 제안했다. 말과 낙타로 구시대적인 전투를 고집하던 이크완은 제안을 거부한 대가로 살육을 당했다. [25]

이크완의 불꽃은 잦아들었지만 완전히 꺼진 것은 아니었다. 스발라 대학살의 생존자 중에 모하메드 빈세이프 알우테이비^{Mohammed bin Seif al-Uteybi}라는 전사가 있었다. 전투가 있고 나서 몇 년 후인 1936년에 그는 선천적으로 얼굴이 일그러진 아들을 낳았다. 사우디아라비아 사람들은 대범하고 준비된 이름을 좋아하기 때문에 아기에게 주하이만^{Juhayman}이라는 이름을 붙여줬다. 그리고 그는 훗날 이름에 걸맞은 인생을 살게 됐다.[26]

주하이만이 태어난 지 불과 2년 후, 미국의 석유 생산업자들은 이들의 영토에 석유 시추구를 뚫었다. 이 사업은 지금까지는 가난하지만 신앙심 돈독한 국가였던 사우디아라비아가 향후 압둘아지즈의 상속인이나 후계자들이 상상도 하지 못한 부를 가져올, 대자연을 매개로 한 경제적 대변혁의 출발점이었다. 압둘아지즈의 여섯 아들은 서로 다른 아내에게서 태어난 이복형제로, 1953년 그가 사망한 이후 왕국을 다스렸다. 형제들 가운데 둘째인 파이살은 1962년에 노예제도를 폐지했고, 1963년에 소녀들을 교육에 참여시켰으며, 1965년에는 텔레비전을 도입하여 와하브파 신도들을 화나게 했다. 10년 후 그는 왕실 직원에게 암살됐는데, 암살자는 왕국에 텔레비전을 들여와 혼란이 발생함으로써 친척이 죽음에 이른 일을 당한 사람이었다.

사우디의 엘리트 아들들이 육군과 공군에 입대하는 동안 독실한 신도들인 이크완의 아들들은 육군이나 공군보다 권위가 덜한 방위군으로 배치받았다. 주하이만도 성인이 된 이후 18년 동안 변방에서 복무했고, 1973년에 하사 계급장을 달았다. 변변치 못한 방위군에서 근무한 그는 사회적·물질적 지위를 향상시킬 기회는 얻지 못했지만, 강렬한 종교 지향적 성격은 그를 더욱 초월적인 문제에 집착하게 했고 결국에는 이슬람 종말론에 빠져들게 했다. 방위군에서 제대한 후 그는 메디나에 정착했다. 그리고 와하브파 조직이자 의를 명하고 불의를 금하는 살라피 단체인 알자마 알살라피이야 알무스타시바^{al-Jama'a al-Salafiyya al-Muhtasiba, JSM}에 합류했다. 이들은 카리스마 넘치고 야심 찬 이슬람 연구의 대가 압둘아지즈 빈바즈^{Abdulaziz bin Baz}의 영향을 받았다. 이 사람은 여덟 살 때부터 맹인으로 살았는데, 왕국이 영국 문물로 훼손된 채 근대화로 치닫는 상황을 막고자 했다.

빈바즈는 프랑스와 스페인 인근 지중해의 식재료에 탐닉하는 왕실의 취향에 염증을 느꼈다. 자기 집 근처에서 담배를 피우는 사람을 싫어했고, 이발소의 소음을 증오했으며, 공개 행사에서 손뼉 치는 것을 비판했다.[27] JSM은 빈바즈와 그 밖에 본받을 만한 이슬람교도들을 영적 스승으로 삼아, 그리고 프로이트의 '작은 차이에 의한 자아도취'를 동력으로 삼아 자신들의 신학을 만들었다. 이들은 라마단^{Ramadan}(이슬람력의 아홉 번째 달로, 금식 등으로 심신을 정화하는 기간-옮긴이) 금식이 끝나는 시점을 일몰이 아닌 빛이 사라지는 때로 정했다(하지만 방의 커튼을 닫아 빛을 차단한 채 서둘러 식사하는 것은 허용됐다). 기도할 때 샌들을 신을 수 있었는데 이는 다른 무슬림들을 화나게 하는 관습이었으며, 그들의 모스크에는 메카 방향 벽면의 전통적인 벽 장식인 미흐라브^{mihrab}도 없었다. JSM은 사우디아라비아의 주요 도시 대부분에 지부를 설립했고 상당수의 지부가 전용 건물을 소유하고 있었다. 빠르게 국제적인 인지도를 갖게 됐고, 이슬람 세계 중에서도 이집트와 파키스탄 지지자들을 대거 끌어모았다.

JSM에는 안타까운 일이었지만 사우디 왕실이 점차 빈바즈와 친분을 강화했고, 이는 현실정치에 적극적으로 개입한 이크완의 분노를 부채질했다. 맹인 성직자는 왕족의 근대화와 자유주의 정책을 질책했지만 그럼에도 정권의 정당성을 문제 삼는 데까지 나아가지는 않았다. 결국 정부는 빈바즈를 권위 있고 영향력 있는 수석학술위원회^{Council of Senior Scholars} 의장으로 임명했으며, 그는 의장 신분으로 매주 왕과 함께 텔레비전에 출연했다(이 때문에 왕의 이복형제가 암살당하는 일도 생겼다).

이후 1993년부터 1999년 사망할 때까지 빈바즈는 국가의 가장 높은 종교 직책인 사우디 대무프티^{Saudi Grand Mufti}를 역임했다. 더 중요한 것은 JSM의 신학적 정체성이 모호해졌다는 것이다. 한때 왕실의 수도인 리야드로 떠난 빈바즈와의 우호적인 관계가 왕실에 대한 반감 때문에 악화됐다. 1977년 여름, 메디나에 있던 빈바즈의 보좌관이 JSM에 수뇌부 회담을 요청해 반정부 운동을 포기하라고 촉구했다. 20대였던 대다수의 JSM 회원은 거부했고 좀더 나이가 많고 카리스마 넘치는 주하이만의 지도 아래 조직을 재편했다. 그리고 와하브파 선배인 이크완의 이름을 따랐다.[28]

1977년 12월의 어느 날, 수뇌부 회담이 있고 나서 몇 달 후 정부는 단체를 탈출하여 빈바즈에게 도움을 요청한 주하이만의 추종자 24명을 체포했다. 맹인 성직자는 억류자들을 인터뷰한 뒤 그들을 석방하라고 정부에 요청했다.[29]

주하이만은 기존의 노선을 고집하기로 했다. 수천 년 동안 그의 조상들은 물조차 마시기 힘든 황량한 들판에서 살아가는 낙타를 타고 사막을 누비며 비잔틴과 오스만, 페르시아 및 아비시니아 대군주를 겪어냈다. 1977년 이후 2년 동안 주하이만은 베두인족 사이로 숨어들었고 반도의 황량한 지역에서 체포되는 일은 피할 수 있었다. 그 과정에서 그는 3~5명의 추종자와 함께 이동하고 필요한 인원과 은밀히 접선하는 전설적인 지도자가 됐다. 물론 비밀회의에 참석하지 못하고 메시지만 전달하는 경우가 더 많았다. 한번은 어머니 집을 방문하려던 마지막 순간에 경찰이 그곳을 감시하고 있다는 첩보를 듣고 일정을 취소해야 했다. 심지어 그를 당국에 신고하지 않을 치과 의사를 찾기 위해 고통스러운 치통을 오랫동안 참아내기도 했다.[30]

빈바즈의 현실 타협에 불만을 품은 주하이만은 그와 완전히 결별했다. 일종의 항전을 이어가는 내내 주하이만은 마흐디나 종말의 때와 관련된 「하디스」에 완전히 몰입했다. 그는 아마도 다음과 같은 가장 유명한 예언자의 묵시록에서 영감을 얻었을 것이다.

마지막 때는 비잔틴이 아마크나 다비크를 공격할 때까지 오지 않을 것이다. 그때가 되면 지상 최고의 전사들로 만들어진 이슬람 군대가 메디나에서 그들을 저지하기 위해 파견될 것이다. […] 그러면 전투가 시작된다. [무슬림] 군대의 3분의 1은 패배하게 되겠지만, 알라께서는 그들을 잊지 않으실 것이다. 3분의 1이 죽음을 맞이하겠지만, 그들은 알라의 눈에 드는 훌륭한 순교자가 될 것이다. 그리고 세 번째 전투에서 정복에 성공할 것이다. 그들은 결코 시험당하지 않을 것이며 콘스탄티노플을 정복하기 위해 [계속] 정진할 것이다.[31]

다비크와 아마크는 각각 시리아의 마을, 터키의 계곡이다. IS는 전자에서 잡지 이름을 따왔고, 후자에서 통신사 이름을 따왔다. 주하이만의 종말론에서 메카와 메디나가 자리를 잡은 셈이다.

주하이만에게는 종말을 촉발하기 위한 격발장치가 필요했는데 그것이 마흐디라고 생각했다. 그는 사우디 추종자 중 한 사람을 선택했다. 그는 모하메드 압둘라 알카흐타니Mohammed Abdullah al-Qahtani라는 이름의 눈처럼 환한 피부에 밝은 갈색 눈을 가진 시인이었다. 그가 주하이만 일파에 합류한 후 그의 누이는 동생이 그랜드 모스크 안뜰의 카바 옆에서 바야baya(충성의 서약)를 받는 꿈을 꿨다. 이슬람의 표준 서사에서 꿈은 큰 의미를 가진다. 카흐타니는 마호메트와 마흐디처럼 피부가 밝은 쿠라이시 부족 출신이었다. 게다가 그의 왼쪽 뺨에는 반점이 있었는데, 널리 알려진 한 「하디스」에 따르면 마흐디에게도 점이 있었다. 주하이만 자신은 물론 주변의 여러 인물이 같은 꿈을 꿨다.

이슬람 문화에서는 같은 꿈이 집단적으로 나타날 때 더욱 특별한 의미를 가진다. 알라 또한 꿈을 통해 예언자들에게 많은 계시를 전달했기 때문이다(주하이만의 추종자 중 한 사람은 이렇게 말했다. "우리가 꿈을 꾸는 것은 우리의 신앙이 더 우월함을 의미합니다").[32] 카흐타니는 아내와 이혼했고 주하이만은 그의 누이와 결혼함으로써 둘은 더욱 가까운 사이가 됐다.[33]

할 린지가 말했듯이 신의 위대한 퍼즐들이 이제 제자리를 찾고 있었다. 주하이만은 이제 마흐디를 갖게 됐을 뿐 아니라 「하디스」를 읽고 마흐디가 바야를 받을 정확한 지점을 확인했다. 장소는 아브라함의 첫 번째 아내 하갈Hagar과 아들 이스마엘Ishmael의 무덤에 인접한 곳으로 카바 바로 바깥쪽이었다. 주하이만은 연구를 통해 날짜도 확정했다. 수니파 전통에서는 '세기를 깨우는 사람renewer of the century'으로 불리는 어느 학자가 헤지라 기원 각 세기의 첫날에 나타날 것이라는 예언이 있었다. 헤지라 기원 1400년은 1979년 11월 20일이었다. 이에 따라 주하이만과 그의 추종자들은 마흐디가 정확한 날짜에 카바 옆의 지정된 장소에서 바야를 받을 수 있도록 그랜드 모스크를 점거해야 했다.

주하이만은 사막을 떠도는 중에도 오디오 카세트를 준비하여 '주하이만의 편지'를 녹음한 뒤 자신의 신학과 종말론 이야기를 낭독했다(그는 교육을 받은 기간이 4년에 불과했고, 문맹은 아니었지만 작문 실력이 부족했기 때문에 '편지'를 받아 적게 했을 가능성이 크다).[34] 어떤 출판 관계자도 여기에 관심이 없었지만, 쿠웨이트의 좌파 단체에서 '일곱 장의 편지'와 '네 장의 편지'로 알려진 2개의 개별적인 편지 개요를 인쇄하여 반도 전역에 알렸다.

결과적으로 볼 때, 빈바즈가 주하이만의 공범자들을 석방하라고 정부에 요청한 것은 중대한 실수였다. 헤지라 기원 1400년의 첫날 주하이만은 그랜드 모스크에서 300명의 추종자와 함께 화려하게 등장했다.* 이전 며칠 동안 이들은 마흐디에게 최후의 축복을 내릴 준비를 끝마쳤는데, 시신에게 입히는 전통 수의를 준비하여 그 안에 무기와 식량을 넣은 뒤 쓰레기 더미로 덮어 밀수해두었다. 그랜드 모스크를 점거하는 일은 대규모 인명 피해 없이 끝났으며, 비무장 경찰관 2명과 성직자 이맘의 보조가 사망했을 따름이다. 부하들이 먼저 축하의 뜻으로 소총을 난사하며 소리친 뒤, 주하이만이 이맘에게서 마이크를 건네받아 이렇게 외쳤다. "마흐디를 보라! 저 의로운 자를 보라!"[35]

주하이만은 그런 다음 저격수를 건물 상층과 첨탑에 배치하고 유창한 고전 아랍어를 구사하는 카흐타니의 친형 사이이드^{Sayyid}를 통해 군중에게 마흐디의 존재를 알렸다. 카흐타니에게 바야를 바치는 사이이드의 예식이 너무도 인상적이었는지, 잡혀 있던 일부 인질도 점령자들과 같은 감동을 받아서 모스크의 경비원 중 한 사람에게 저 창백한 피부의 젊은이가 정말로 마흐디인 것 같다고 말했다.

주하이만은 외국인 상당수를 석방했고, 특히 아랍어를 모르는 이

---

* 엄격한 학자들은 서양 그레고리력과 마찬가지로 헤지라 기원의 새 세기도 실제로 1401년까지 시작되지 않았다고 주장한다.

들을 풀어줬다. 하지만 이런 평화적인 분위기는 순식간에 바뀌었다. 점령자들은 사우디아라비아와 여러 아랍 국가의 순례자 수만 명을 인질로 잡은 뒤, 무기를 들고 점령군을 도와 싸우라고 명령했다. 잠시 후 모스크에서 500미터 이내에 대기 중이던 정부군과 경찰은 갑작스러운 총격을 당했다.

정부의 초기 진압이 실패한 것에 대해 두 가지 요인이 거론됐다. 중무장한 반군이 눈에 띄는 모든 제복을 향해 사격을 가하는 중에도 마호메트가 메카에서 무기 사용을 금지했다는 이유로 당국은 대응 사격을 자제했다. 게다가 다수의 인질과 정부 당국자들이 카흐타니가 진짜 마흐디일 수도 있다고 생각하여 적절한 대응을 하지 못했다.

오직 하나의 정부기구만이 이 대치 상황을 해결할 수 있었는데 그것은 빈바즈가 이끄는 고등종교평의회 울레마^{Ulema}였다. 왕실의 불경함과 부도덕, 방탕함에 마찬가지로 분노했던 평의회는 다음과 같은 과감한 거래를 시도했다. 점령 5일째가 됐을 때 평의회는 카흐타니가 사기꾼임을 선언하고 정부군의 반격을 허락하며, 그에 대한 반대급부로 사우디 왕 칼리드^{Khalid}는 공중도덕을 엄격히 시행하며, 특히 음주를 단속하고 텔레비전에 나오는 여성을 규제해야 한다고 주장했다. 이것은 주하이만이 주장하던 바와 일치했다.

신학적인 검토가 끝난 직후 끔찍한 공격이 시작됐다. 정부군이 대전차 미사일로 첨탑의 저격수를 제거했지만 모스크에서 발포하던 반군은 그대로 남아 있었고, 보병은 저격수의 공격을 무릅쓰지 않고는 모스크 내부로 진입할 수 없었다. 게다가 이크완을 동경하던 일부 방위군이 자신들의 부족이자 신학적 형제들에 대한 사격을 거부하면서 상황이 더욱 악화됐으며, 심지어 그들에게 무기를 제공한 군인도 있었다.

육군 정규 부대가 방위군을 대체하여 배치됐지만 이들은 도시 게릴라전에는 오히려 취약했다. 대치 상황은 육군이 모스크 내부로 장갑차를 돌진시키면서 종결됐고 이제는 본격적인 격전이 시작됐다. 양측의 교전이 이어지며 무장 인원은 물론이고 수백, 아마도 수천 명의 인질이 십자포화로 사망했다. 사람들에게서 마흐디로 떠받들어진 카흐타니는 자신을 무적이라고 여겼고 실제로 빗발치는 총탄을 잘 피했다. 능력을 맹신한 그는 자기 앞으로 날아든 수류탄을 주워 되던지기도 했지만, 마침내 운이 다했는지 그중 하나가 폭발하면서 그대로 산화했다. 반군이 모스크 지하로 숨어들자 장갑차가 이들을 뒤쫓았다. 하지만 좁은 통로에서는 작전을 제대로 펼칠 수가 없었고 전투는 교착상태에 빠졌다. 정확한 사상자 수는 공개되지 않았지만 방위군 2만 명과 육군 정규군 3만 명 가운데 적지 않은 피해가 발생한 것으로 파악됐다. 칼리드 왕은 외국의 도움을 받는 방안을 고려하기 시작했다. 때마침, 사우디와 우호적인 관계에 있어 신뢰할 수 있고 특별공급 부대도 운영하고 있는 요르단이 먼저 제안했다.

하지만 칼리드 왕으로서는 요르단의 제안이 달갑지 않았다. 이크완의 부대는 1924년 타이프에서 있었던 잔인한 학살의 가해자였고 1924~1925년 당시에도 칼리드의 아버지 압둘아지즈와 동맹을 맺고 있었으며, 메카와 메디나가 포함된 헤자즈Hejaz(사우디아라비아의 서부 지역-옮긴이) 왕국에서 현 요르단 군주 후세인의 하심가Hashemite(마호메트 후손의 가문-옮긴이)가 증조부를 쫓아낸 전력도 있었다. 멸시하는 하심가의 도움을 받아들이는 것은 용납할 수 없는 체면 상실을 의미했다.[36]

결국 왕국은 상상도 할 수 없었던 상황을 받아들여야 했다. 이슬람의 가장 신성한 장소에 '북쪽의 이방인 군대'를 끌어들이는 것으로 오인받을 상황임에도 기독교 프랑스군에 도움을 요청했다. 당시 진행 중이던 테헤란 대사관 인질 사건(대학생 수백 명이 미국 대사관을 점거하여 1년 넘게 대치한 사건-옮긴이) 이후 지미 카터 미국 대통령과 CIA를 모두 신뢰할 수 없었기에 프랑스 정보국에 도움을 요청한 것이다. 도착한 군대는 보잘것없어 보이는 소규모 부대였다. 기독교 군대는 말할 것도 없고 불신자들을 메카로 들여보내는 것 자체가 극도로 민감한 문제였기 때문에 프랑스 당국은 수백 킬로그램의 고급 자극성 마취 가스가 포함된 대량의 첨단 무기와 함께 정예 요원 3명만 파견했다.

공격 작전의 실마리는 1960년대 모스크의 대대적인 보수, 확장 공사에서 사용했던 설계도가 동원되면서 풀리기 시작했다. 당시의 방대한 공사는 저명한 사업가 무함마드 빈라덴Muhammad bin Laden의 주도하에 이루어진 일이었다. 1967년 무함마드 빈라덴이 사망한 후 회사를 물려받은 그의 아들 살렘Salem이 설계도를 가지고 모스크 내부로 진입했다. 그리고 직원들과 함께 모스크 바닥에 구멍을 뚫어 지하실에 있는 반군에게 프랑스군이 가져온 가스통을 던져 넣었다. 이 전술은 잠시 효과가 있을 뿐이어서, 사우디는 결국 반군의 지하기지에 상상할 수 없을 정도의 잔혹한 최종 공격을 가하기로 했다.[37]

사건 발생 14일 후인 12월 4일, 포위가 해제되고 상황이 종료됐을 때 파악된 사망자는 전투원과 인질을 모두 합해서 수천 명에 달했다. 반군 100명 이상이 포로로 잡혔고 그중에는 낙담한 주하이만도 있었다. 의사들은 수감자들의 신체를 검사하여, 소총을 적극적으로 발사한 흔적인 어깨 통증과 타박상 증상자 69명을 골라냈다. 이들은 공개 참수형의 대상으로 통보됐다. 명단 첫 줄에는 주하이만의 이름이 적혀 있었다. 다른 반군들은 비밀리에 처형했고 혐의가 경미했던 이들은 장기 징역형을 선고받았다. 반군과 군인과 인질의 공식 사망자 수는 270명으로 발표됐지만 이를 그대로 믿는 이들은 많지 않았다.[38]

주하이만의 이 거사는 주로 그의 종말론적인 망상에서 시작됐지만, 살아남은 동료 전사들의 인터뷰에 따르면 대부분 그의 말세 신학을 믿어서가 아니라 그에 대한 존경심 때문에 그를 지지하고 따랐던 것으로 알려졌다. 일부 사람들은 그 작전이 자신들의 정치적 성향과 일치했기 때문이라고 답했다. 주하이만의 종말 시나리오에 묵묵히 따랐던 사람들조차 무적의 마흐디인 줄 알았던 카흐타니가 대치 3일째에 수류탄에 희생되자 절망했다고 밝혔다.[39] 하지만 중요한 사실은 종말론의 망상이 없었다면 그랜드 모스크를 두고 대치하여 참극이 빚어지는 일은 없었으리라는 점이다.

❦❦❦❦❦

사우디는 1927~1930년 이크완을 진압했던 것처럼 1979년의 사태도 강경한 태도로 진압을 완료했다. 하지만 두 경우 모두 불꽃이 완전히 꺼진 것은 아니었다. 이후 수십 년 동안 당시의 그랜드 모스크 인질 사건이 만들어낸 분쟁의 불씨는 국경을 넘어 확산됐다. 이윽고 주하이만의 후손이 새로운 기술까지 동원하면서 비극을 만들어냈고, 그 화염은 1979년보다 훨씬 더 뜨겁게 타올랐다.

그 불씨는 그랜드 모스크에서 피와 잔해들이 치워지기도 전부터 타오르고 있었다. 사우디군이 주하이만의 마지막 반군을 진압한 지 3주 뒤 소련군이 아프가니스탄을 침공했는데, 이는 우연이 아니었다. 소련은 1979년 이란의 테헤란 미국 대사관 점거 사건이 발생했던 당시 미국과 사우디 왕실의 무능을 목격했다. 그랜드 모스크 점거 사건은 물론 동부 반도에서 있었던 시아파 반란 사건 때도 마찬가지였다.

소련의 아프가니스탄 침공은 치명적인 실수로 판명됐다. 이제 아프가니스탄은 새로운 유형의 지하드 전사들을 길러내는 양성소가 됐으며, 그들 중 상당수는 아프간 무자헤딘mujahideen(아프가니스탄의 무장 게릴라 조직-옮긴이) 캠프에서도 전설이 된 주하이만의 지지자

이자 계승자였다. 미국은 단순한 중동 지원 정책에서 벗어나 이슬람 세계 전역에서 아프가니스탄으로 모여드는 전사들을 적극적으로 지원했다. 무장 대원 가운데 한 사람은 그랜드 모스크의 확장과 재건을 책임졌던 부유한 사업가의 아들로, 바로 오사마 빈라덴이었다. 앞서 언급한, 설계도를 가져가 모스크를 탈환하는 데 결정적인 역할을 했던 살렘이 그의 형제다.

모스크 사태 이후 쿠웨이트에 거주하던 팔레스타인 이삼 알바르카위Isam al-Barqawi는 주하이만의 편지를 접한 이후 어느 시점에 이름을 무함마드 알마크디시Muhammad al-Maqdisi로 바꿨다. 그리고 자국의 JSM 지부를 방문했는데 이곳에서는 종파의 도망자들에게 피난처를 제공했다. 이후 마크디시는 종교를 더 공부하기 위해 메디나로 갔고, 다시 몇 년 동안 사우디아라비아와 요르단을 여행한 뒤, 소련이 점령한 아프가니스탄의 주요 관문인 파키스탄 페샤와르에 도착했다. 그는 어디에 가든 주하이만의 추종자들을 찾았다. 마크디시는 주하이만의 전설에 매료된 나머지 그를 따라 머리와 수염을 길렀고, 이 이크완의 영웅과는 존재하지도 않는 혈연관계를 주장하며 그의 이념을 추종했다.[40]

마크디시는 최종적으로 요르단에 정착했는데, 1995년에서 2014년 사이에 교도소를 들락거리며 살았다. 하지만 그는 다른 어떤 이슬람 사상가보다 굳건한 지하디즘의 이념적 토대를 마련했다. 지하드 학자들을 대상으로 한 연구에 따르면, 이슬람 종말론 문헌에 가장 많이 인용되는 급진 이슬람주의자는 「코란」과 「하디스」에 몰두해

인생을 보낸 마크디시라는 사실이 밝혀졌다.[41]

1995~1999년에 처음 수감되어 요르단 교도소에 있는 동안 마크디시는 아부 무사브 알자르카위Abu Musab al-Zarqawi라는 요르단 출신 경범죄 수감자의 멘토가 됐다. 두 사람은 1999년에 출소해 각자의 길을 갔고 사상적인 교류도 이어갈 수 없었다. 마크디시는 요르단에 남았는데, 간혹 극단적인 동료들을 비판하기도 했지만 한 가지는 확신했다. 독실한 이슬람교도라면 다잘에 대항하는 임박한 종말 투쟁에 참여하기 위해 시리아로 떠나야 했으며, 아니면 예멘으로라도 가야 했다.

제자 자르카위는 아프가니스탄으로 가서 죽음을 각오한 자세로 편협하고 폭력적인 이데올로기를 구현하고자 했다. 그런데 자르카위가 아프가니스탄에 도착하고 얼마 안 돼 미국이 군사 작전에 돌입했고, 그는 그곳을 탈출하여 이라크로 빠져나가는 민첩함을 보여줬다. 그곳에서 인터넷으로 전사를 모집했고, 자살 테러와 납치, 서양인 참수 등에 관한 폭력적인 지하드 전략 저서들을 거의 혼자서 집필했다.

2004년에 자르카위는 팔루자에서의 두 전투(2003년 3월에 시작된 이라크전쟁을 가리킴-옮긴이)에 모두 참여했고 오사마 빈라덴에 대한 충성을 맹세했다. 당시 마크디시는 주하이만의 종말론을 거부했지만 자르카위는 그러지 않았다. 오히려 사담 후세인의 군대가 빠르게 몰락하자 자르카위의 활동은 점점 더 종말론적인 경향으로 변해갔다. 일찍이 그는 종말론 서사가 새로운 전사들을 모집하는 데 매우 도움이 된다는 사실을 알았고, 이는 이슬람 국가들이 점차 수용하게 되는 하나의 전범이 되고 악순환이 됐다. 전장의 상황이 악화될수록 그의 어조는 더욱 종말론적으로 변해갔으며, 아울러 자원하여 입대하는 전사들이 더 많아졌다. 물론 전쟁의 사상자도 늘어났다.

자르카위는 1994년 이스라엘과 평화조약을 맺은 요르단을 전복한다는 주요 목표를 고수했다. 그는 요르단 사람들을 '시온주의자들의 노예'라고 불렀고 요르단 왕 압둘라 2세^{Abdullah II}를 '부패한 통치자'라는 예언적인 용어로 지칭했다. 또한 시아파와 이란 권력자들도 멸시했으며, 시아파를 폄훼하는 고대 예언을 자주 언급했다. 특히 서기 636년 알카디시야에서 사산 왕조 페르시아제국이 초기 아랍 군대에 멸망당한 이야기를 즐겨 했다. 후기 페르시아의 이슬람 왕조들이나 자신이 증오하는 몽골의 침략과 관련된 예언들도 빼놓지 않았다. 그가 보기에 유대인이 아닌 시아파는 미국 침략자들과 마찬가지로 다잘이었다. 그들을 제거하는 것은 노선적인 측면에서 필요했을 뿐 아니라, 종말을 앞당길 종파 간 전쟁을 촉발하는 하나의 방법이었다.

자르카위는 비잔틴제국에 대항했던 초기 무슬림 투쟁과 관련된 풍부한 묵시 문학을 활용하여, 미국을 언급할 때마다 비잔틴제국과 서로마 모두에 대한 고대 약칭인 럼^{Rum}으로 지칭했다(반대로 알카에다^{Al-Qaeda}는 미국이 이끄는 군대에 같은 식으로 '십자군'이라는 저주스러운 꼬리표를 붙였다). 그리고 언제나 과거 선지자들의 전투를 자신의 전투와 동일시했다. 그는 특히 토반 지역에 널리 퍼진 「하디스」를 좋아했다. 내용 가운데 예언자는 추종자들에게 이렇게 말했다. "배고픈 자들이 솥 주변으로 몰리듯 열방의 모든 지평에서 당신을 대적하려 몰려들 것이다." 그는 이라크의 2005년 민주주의 헌법을 재앙으로 봤고 페르시아의 엄격한 학자 부하리가 승인한 「하디스」의 문구를 인용해, 정의가 짓밟히는 듯 보이는 현실에 대해 "전사들이 이런 식으로 시험에 빠진다고 하더라도 결국에는 승리한다"라고 주장했다.[42]

자르카위의 무차별적인 자살 폭탄 테러, 참수 등 생명의 가치를 경시하는 행태는 자기 조직 구성원들의 마음조차 떠나게 했다. 결국 조직원 중 누군가가 자신의 영적 지도자였던 이가 체류하는 위치를 노출했고, 2006년 6월 7일 폭탄을 실은 미국의 F-16 전투기가 자르카위를 찾아 폭격을 가했다.[43]

❧❧❧❧❧

1924년에 자르카위는 터키가 폐위한 나약했던 마지막 칼리프를 다시 옹립해야 한다고 주장했지만, 합법적인 칼리프에게는 정복된 영토와 국민이 있어야 했기 때문에 결과적으로는 추진되지 못했다. 칼리프를 세우기에는 다소 시간이 필요했으며, 그와 빈라덴은 각각 이라크와 아프가니스탄에서 토후국 emirate(중앙국가에서 벗어나 자치권을 행사하는 국가—옮긴이)이라는 약간 격이 떨어지는 왕국을 선포했다.

토후국과 칼리프국의 차이는 매우 중요하다. 토후국은 제한된 일부 영토를 다스리는 반면 칼리프는 모든 이슬람교도를 다스리며, 이는 종말의 시작을 의미하기도 했다. 자르카위는 종말의 시간이 다가오고 있다고 생각했지만 아직은 때가 아니라고 판단했다. 그럼에도 칼리프가 도래하고 종말이 찾아온다는 주장은 아프가니스탄 알카에다Al-Qaeda Central의 빈라덴과 이라크의 자르카위를 분리했다. 자르카위는 2006년 공습으로 숨지기 직전에 추종자들에게 이라크 이슬람 국가ISI를 선포하라고 명령했다. 그의 조직은 4개월 후인 2006년 10월 15일에 합법적인 영토 없이 새로운 국가를 선포하는 것은 어리석은 일이라고 주장한 알카에다를 거세게 비난했다.

알카에다와 ISI의 분열은 어떤 면에서 주류 개신교와 복음주의 개신교 사이의 다툼과 유사하다. 도시적이고 세련된 성공회와 장로교인들이 세대주의자들의 종말론적 계시를 못 배운 자들이 횡설수설하는 것으로 여겼듯, 특권의식을 가진 빈라덴 역시 자르카위의 투박한 종말론을 문맹인 자들이 퍼뜨리는 얼치기 이론이라며 경멸했다. 빈라덴은 테러리스트로 알려져 있지만 사실은 부유한 귀족 출신이다. 그의 아버지 무함마드 빈라덴은 지역 세계의 권위 있는 족장이었다. 원래 예멘 출신으로 메카 인근의 항구도시 제다에서 짐꾼으로 생활했지만 결국에는 사우디 왕가와 친분을 과시하는 초대형 종합 건설업자가 됐다. 오늘날에도 사우디 빈라덴 그룹Saudi Binladen Group은 세계에서 가장 큰 건설 그룹으로 통한다. 그는 적어도 22명의 여성과 결혼하여 54명의 자녀를 두었으며, 그중 열일곱 번째가 오사마였다. 그의 어머니가 열다섯 때 그를 낳았다.

무함마드 빈라덴은 오사마가 태어난 직후 아이 엄마와 이혼하고,

그녀를 회사 간부와 결혼시켰다. 그 간부가 오사마의 계부가 됐음에도 무함마드와 오사마의 느슨한 관계는 지속적으로 유지됐다. 중요한 것은 아들이 아버지의 혜택을 거부하지 않았다는 점이다. 오사마가 받은 혜택 중에는 여러 사립학교 교육도 포함됐고, 당시 아랍 민족주의와 이슬람 이데올로기의 온상이었던 제다의 알타그르 학교Al-Thagr School에서 엘리트 교육을 받는 것도 정해진 과정의 하나였다. 오사마는 이슬람 이데올로기에 관심이 많았다. 1967년 오사마가 겨우 열 살이었을 때 무함마드 빈라덴이 비행기 사고로 사망했다. 오사마는 이후 1979에는 킹압둘아지즈대학교를 졸업하고 가족의 건설 사업에 합류했다. 같은 해 소련이 아프가니스탄을 침공했을 때 사우디아라비아의 젊은이들은 인도주의적인 구호 활동을 하거나 무자헤딘에 합류하여 전선으로 떠나는 시대적 분위기를 외면하지 못했다. 처음에는 건설 사업을 목적으로 전선에 투입됐던 오사마도 점차 지하드 사업 조력자로 변신해갔다.[44]

고상하면서도 엔지니어로서의 성품을 가졌던 빈라덴에게 지하드는 메시아적인 열정이 아니라 노선과 신념의 문제였고 조직 관리 업무의 연장이었다. 예를 들면 그는 나중에 소말리아 알샤바브al-Shabab의 종말론 추종자들에게, 건조한 기후가 외국 군대 못지않게 이슬람을 위협한다고 경고하면서 내열 특성이 있는 나무를 심어야 한다고 주장했다. 현명한 아랍주의자로 불리던 군사 전문가 윌리엄 매캔츠는 "만약 당신이 그가 세계에서 가장 악명 높은 테러리스트 조직을 이끌고 있다는 이야기를 듣지 못했다면 미국 국제개발처

United States Agency for International Development, USAID에서 일하는 공무원이라고 생각했을 것"이라고 말했다. [45]

빈라덴이 자르카위의 종말론을 불신한 데는 또 다른 이유가 있었다. 그가 대학을 졸업하던 1979년에는 그의 형제 살렘이 그랜드 모스크 개조 설계도를 가지고 진압 작전에 참여하여 모스크 탈환에 크게 기여했다. [46] 따라서 빈라덴은 성숙하지 못한 종말론 전략이 현실 세계의 권력과 충돌할 때, 특히 종말론을 선포한 단체가 실질적인 정치적·군사적 통제권을 갖지 못한 상태에서 일을 벌일 때 어떤 결말을 맞이하는지 생생히 목격했다.

알카에다의 첫 번째 임무는 '멀리 있는 적' 미국을 공격하고 사우디아라비아와 중동에서 그들의 군대를 몰아내는 것이었다. 하지만 9·11 테러 공격은 정확히 그 반대의 효과를 가져왔다. 중동의 '가까이 있는 적'에 대한 전략은 부패한 지도부를 타도하고, 이라크 급진파들이 선호하는 자살폭탄 테러나 참수를 지양하고, 이라크 일부 열성분자들이 자행하는 시아파에 대한 대량 학살을 피하며, 가능하면 '마음을 감화하는' 접근법을 더 실행하는 일이었다.

가까운 적을 대하는 법과 멀리 있는 적을 대하는 원리는 모하메드 압드 알살람 파라즈Mohammed Abd al-Salam Faraj라는 이집트 이슬람주의자가 만들었다. 그는 전자를 자신의 정부에 적용하고 후자를 이스라엘에 적용했다. 빈라덴의 부관이 된 이집트 외과 의사 아이만 알자와히리Ayman al-Zawahiri도 이 개념을 채용하여 실행에 옮겼다. 결과적으로 1982년에 친이스라엘 성향의 사다트 이집트 대통령이 암살당하자 이론의 주창자 파라즈도 공모 혐의로 처형당했고, 이론을 실행했던 빈라덴도 2011년 미 특수부대에 의해 제거되면서 카리스마 없는 성마른 인물 자와히리가 조직을 승계했다. 그는 이슬람 종말론을 비난하는 입장은 유지했다.

✦✦✦✦

ISI는 칼리프를 세우는 데 실패했지만, 2006년에는 명목상의 통치 기구인 무자헤딘슈라위원회Mujahideen Shura Council를 통해 거의 알려지지 않았던 인물인 아부 오마르 알바그다디Abu Umar al-Baghdadi를 '신실한 자들의 사령관'으로 지명했다. 바그다디가 마호메트의 후손이라고 주장했기 때문에 형식상 칼리프의 자격을 갖추긴 했지만, 예언자의 혈통이라는 얘기는 사실이 아닐 가능성이 크다. 그의 본명은 하미드 알자위Hamid al-Zawi이며, 경찰관 전력이 있는 전자제품 수리공이었다. 학식이나 평판도 훌륭한 편이 아니었던 이맘으로, 실제로 ISI를 운영한 사람은 아부 아이유브 알마스리Abu Ayyub al-Masri였던 것으로 알려졌다.

같은 해 초에 ISI는 검은 깃발을 자신들의 상징으로 선택했는데, 이 검은 깃발에는 예언자의 인장과 '알라 외에 다른 신은 없다. 마호메트가 알라의 사자다'라는 문구가 새겨져 있었다. "호라산(즉, 아프가니스탄)에서 나타나는 검은 깃발"을 언급한 묵시적인 「하디스」의 예언을 고려할 때 ISI 깃발이 종말론 메시지를 드러낸다는 점은 분

명해 보인다.[47]

　ISI는 투쟁과 빈곤으로 찢긴 이슬람 세계에서 마르지 않는 샘물을 긷고 있는 셈이다. 한 설문조사에 따르면 전 세계 이슬람교도 가운데 종말론을 믿는 신도들은 종말론을 믿는 기독교인들보다 더 많았다. 퓨 리서치 센터의 한 연구에 따르면 중동의 이슬람교도 가운데 51%가 마흐디의 귀환이 임박했다고 믿었고, 이라크전쟁 후 이런 열기가 더 높아진 것으로 나타났다.[48] (종교와 관련된 다른 사회학적 데이터에서도 드러나지만, 가난한 국가일수록 종말에 대한 믿음이 강렬하다. 마흐디의 귀환에 대한 믿음이 남아시아 무슬림 국가에서 60%인 반면 발칸반도 국가의 무슬림들 중에서는 18%에 불과했다.[49]) 의도적이든 아니든, ISI는 빈라덴이나 그보다 더 카리스마가 부족한 후계자 자와히리의 진부한 이론 신학보다 훨씬 더 강력한 종말론 서사를 채택했다.

　ISI의 실질적 지도자인 마스리는 마흐디의 등장이 임박했다고 믿었다. 그는 역사를 앞당기기 위해 군대를 동원하여 메디나, 예루살렘, 다마스쿠스의 거대한 세 모스크를 통합하는 마흐디의 제단을 건설하게 했다. 또한 마흐디의 출현을 재촉하기 위해 필요한 영토를 정복하고 유지해야 했다. 이를 의심하는 사람에게는 "마흐디는 곧 올 것입니다"라고 간단하게 대답했다.[50]

　마스리의 뜨거운 열정과 바위 같은 종교적 확신은 자르카위보다 훨씬 더 잔혹한 악행을 정당화했다. ISI는 시아파뿐 아니라 충성을 거부한 모든 수니파 사람들도 학살했다. 여성과 아픈 어린이들을 인간 방패로 삼았고 집과 병원을 폭파했다. 후두드hudud라는 형벌도 널리 시행했는데 간음한 자는 돌로 치고, 절도한 자는 신체 일부를 절단하고, 음주한 자는 채찍질을 가하는 처벌법이다. 심지어 여덟 살짜리 여자아이를 참수하기도 했다.

ISI가 저지르는 잔혹한 행위에 대한 소문이 아프가니스탄과 알카에다에까지 들려오자 빈라덴과 자와히리가 이라크 지부 등을 통해 관여하고자 했다. 하지만 사태를 파악했을 때는 이미 일이 벌어진 뒤일 때가 많았다.[51] 미국의 관리들은 마스리가 보여주는 전략적·전술적 오류를 경이롭게 바라보며 그의 머리에 내건 현상금을 500만 달러에서 10만 달러로 낮췄다. 일부 분석가는 그가 무대에서 역할을 하는 연극배우일 뿐이라고 주장하기도 했다. 마스리의 아내는 우둔하고 무능하고 잔인한 남편에 대해 이렇게 일갈했다고 전해진다. "당신이 말하는 이라크 이슬람 국가[ISI]는 어디에 있나요? 우리가 사는 이곳이 사막이라도 된단 말인가요?"

2010년 4월 18일, 이라크와 미군의 합동 작전으로 사담 후세인의 고향 티크리트 근처에서 마스리와 바그다디 모두 쫓기는 신세가 됐다. 항복이 불가피한 상황을 맞이한 이들은 자폭을 선택했다(2019년 미국 트럼프 대통령이 사망 사실을 발표한 아부 바크르 알바그다디는 이날 사망한 아부 오마르 알바그다디의 제자임-옮긴이).[52]

⁕⁕⁕⁕⁕

실패를 거듭하는 상황에서도 ISI는 린지와 라헤이, 젱킨스 등이 잘

인지하고 있었던 하나의 진실을 깨달았다. 종말론은 언제나 유효하며, 피는 흘릴수록 이득이라는 사실이다. 21세기에 접어든 이후 ISI는 웹사이트와 소셜 미디어를 통해 전 세계에 자신들의 종말론을 광고하기 시작했다. 가장 일반적인 미디어 활용법은 간단한 보도 자료를 내는 것이었다.

> 용감하고 멋진 형제이자 이라크 이슬람 국가[SI]의 영웅인 남자. 순교로 구도하는 부대의 일원인 그가 폭발물을 실은 차를 몰고 디얄라주 알마프리크의 예루살렘 교차로 인근 미국 십자군 지휘소로 돌진했다. 우리의 위대한 형제는 이렇게 외쳤다. "신은 위대하시다." 그리고 차와 함께 산화했다. 이교도들의 부대원 11명 이상이 죽고 브래들리 장갑차 2대가 완파됐다.[53]

인터넷 덕에 광범위한 홍보 문서뿐 아니라 훨씬 더 효과가 큰 동영상도 만들어 유포할 수 있게 됐다. 중동과 서방의 ISI 동조자들은 종종 서방 국가의 십자군 부대를 공격하면서 여러 대의 카메라로 촬영하여 열광적으로 공유했다. 지뢰를 매설하여 미군 트럭을 폭파하는 어느 짧은 동영상의 제목은 '그들의 마지막 순간'이었다. 좀더 긴 인기 영상들로는 공격 장면, 순교자 약력, 실행 계획 다큐멘터리, 동기 부여 시리즈 등이 있다. 미군과 이라크 군인들만 목표물로 삼은 건 아니었다. 시아파 수감자들의 처형에 관한 영화도 만들어 인기리에 상영했다.[54]

예멘의 빈라덴 형제단인 아라비아반도 알카에다^{Al-Qaeda in the Arabian} Peninsula, AQAP는 이미 2008년에 2개의 잡지 「전투의 메아리^{The Echo of} Battle」와 「인스파이어^{Inspire}」를 통해 이슬람 종말론을 멋지게 포장한 바 있다. 특히 「인스파이어」는 노스캐롤라이나에서 자란 파키스탄인 사미르 칸^{Samir Khan}이 운영한 영어 잡지다. 그는 참신한 기사 제목으로 독자의 눈길을 사로잡는 재주가 있었는데 이를테면 '엄마의 주방에서 폭탄을 만들라' 같은 제목이 그랬다. 2010년경부터 그는 「인스파이어」에 싣기 위해 종말론을 지지하는 글을 쓰기 시작했다.

칸의 스승은 미국에서 자란 예멘계 미국인으로 카리스마 있고 사회적 영향력이 지대했던 안와르 알아울라끼^{Anwar al-Awlaki}라는 이맘이다. 그는 이런 분위기의 글을 썼다.

> 이븐 아바스^{Ibn Abbas}의 전언에 따르면 무잠 알카비르^{Mu'jam al-Kabir}와 그 외 여러 사람이 말했다. 예언자께서 말씀하시기를 "아덴[아비안[예멘]에서 1만 2,000명의 군대가 나타날 것이며, 알라와 그의 사자에게 승리를 바칠 것이다."
> 그 「하디스」에 대해 우리의 고귀하신 샤이크 술레이만 이븐 나시르 알울완^{Shaykh Sulayman ibn Nasir al-Ulwan}(부디 알라께서 석방을 서둘러주시기를)께서는 그 「하디스」의 이야기가 훌륭하며 그들이 한 이야기를 받아들여야 한다고 하셨다. ⁵⁵

아울라끼는 위 구절의 첫 단락을 직접 분석하기보다는 두 번째 단락의 더 높은 권위를 인용했다. 이 경우 「하디스」의 온전함을 보증한 인물은 투옥된 사우디의 이슬람 신학자로서 예언자 마호메트에게 영광을 돌린 술레이만 이븐 나시르 알울완이다.[56]

종말론을 유포하는 아울라끼의 언론 보도와 강의, 동영상 등은 수많은 테러 공격의 신앙적 원천이 됐다. 그들 중 일부는 '속옷 폭탄 테러범' 오마르 파루크 압둘무탈랍Umar Farouk Abdulmutallab처럼 그가 직접 접촉했거나 지시했을 제자들이었다. 다른 이들 중에는 저격수 니달 말리크 하산Nidal Malik Hasan처럼 멀리서 이메일 교환을 통해 감화를 받은 미 육군 정신과 의사도 있었다. 특히 맨해튼의 타임스스퀘어 테러범 파이살 샤자드Faisal Shahzad는 자신이 아울라끼의 팬이자 추종자라고 고백했다.[57]

결국 AQAP는 ISI처럼 무분별한 폭력을 행사하는 테러단체의 길을 걸었다. 이 때문에 2011년에 빈라덴이 사망한 후 조직의 지휘권이 존재감 부족한 자와히리에게 넘어간 아프가니스탄 지휘부에 대한 불만이 매우 컸다. 하지만 AQAP도 자신들의 작은 관할구역에서 주민들에게 적절한 보상을 제공하지 못했고, 결국은 모든 면에서 우월한 외국 군대에 굴복할 수밖에 없었다. 2011년 9월 30일, 논란의 여지가 있는 미국의 무인 드론 공격으로 미국 시민권자들이었던 칸과 아울라끼가 예멘에서 사망했다. 또 다른 드론 공격이 있었는데, 안타깝게도 아울라끼의 열여섯 살짜리 아들 압둘라흐만Abdulrahman이 사망했다. 이는 의도치 않았던 사고로 추정된다. 그리고 2017년 1월 29일에 또다시 이뤄진 특별공급대의 성급한 급습으

로 미 해군 특수부대 네이비실 대원 1명과 아울라끼의 여덟 살짜리 딸이 사망했다.[58]

⁘⁘⁘

2010년까지 ISI는 위기를 맞았지만 미국 오바마 행정부가 집권 초기에 훈련 담당 병력과 일부 관리자를 제외한 전투 병력을 이라크에서 철수하면서 상황이 바뀌기 시작했다. 게다가 오바마 정부는 억압적인 정책으로 온건한 수니파마저도 ISI의 편으로 돌아서게 한 분파적 정치인인 시아파 누리 알말리키^{Nouri al-Maliki} 이라크 총리를 지지하는 악수까지 두었다.

2010년 4월 마스리와 아부 오마르 알바그다디가 사망한 지 한 달 후, 기회주의자이자 소수파 이슬람학자인 아부 바크르 알바그다디가 새 지도자로 취임했다.* 마호메트의 후손이라고 알려졌지만 직계가족이 없기 때문에 정확한 사실을 확인할 수는 없다. 그는 시력이 좋지 않아 사담의 군대에 들어갈 수 없었는데, 일찍부터 '참 신도'라는 별명을 얻을 만큼 독서를 좋아하는 청년이었던 것 같다. 그는 후세인이 종교와 정치를 통합할 목적으로 설립한 바그다드의 사담 대학교에서 이슬람학을 전공하면서 「코란」과 「하디스」에 몰두했다.

---

* 이름이 유사한 경우는 상당히 많다. '알바그다디'라는 이름은 그 사람이 바그다드 출신이라는 사실을 나타내며, 아울러 이전 아바스 왕조의 수도 출신이라는 전통적인 명성을 후광으로 제공하기도 한다. 아부 바크르와 오마르는 마호메트 이후 첫 번째와 두 번째 칼리프였기 때문에 아랍어의 일반적인 명칭이다. 따라서 아부 바크르 알바그다디는 '뉴욕에서 온 데이비드'와 비슷한 이름인 셈이다.

박사 학위를 받았다고 알려졌는데, 사실이 아닐 수도 있다.

'젊은 바그다디'는 이슬람 경전 외에 두 가지에 지대한 관심이 있었다. 하나는 스스로 재능을 보였던 축구이고, 다른 하나는 공중도덕을 쇄신하는 일이었다. 축구선수가 골을 넣는 데 실패하거나 결혼식에서 남녀가 뒤엉켜 춤을 추는 일을 특히나 싫어했다.

2003년 미국이 이라크를 침공한 직후 바그다디는 무명의 저항군을 조직했다가 2004년 2월에 팔루자에서 포로로 잡혔다. 그는 2만 4,000명이 수감된 캠프 부카에서 최고로 인기 있는 사람이었다. 함께 수감됐던 사람의 말에 따르면, 실내복 고무줄에 정보를 적어 교환하고 연락처를 확인하는 등 일종의 옥중 네트워크를 만들었다. 그의 네트워크는 '사이버 테러리스트 대학'이라고 불렸다. 석방된 직후에는 옷을 벗고 속옷에 적힌 정보를 잘라내 서로 맞추면서 조직을 다시 정비했다.

자신을 생포한 미국인들에게 좋은 인상을 준 덕분에 그는 몇 개월 만에 조기 석방됐고, 그 직후 자르카위 일파에 합류했다. 종교학자였던 그는 간통자들을 돌로 치고, 절도범들의 신체를 절단하고, 시아파와 배교자들을 학살하는 ISI의 잔혹한 활동에 신학적 근거를 제공하는 귀중한 존재가 됐다. 2007년에 그는 고된 일정에서 잠시 벗어나 휴식을 취하고 박사 학위 논문도 마무리 짓기 위해 바그다드로 여행을 떠났다.

2010년 4월 마스리와 아부 오마르 알바그다디가 사망하면서 ISI는 지도자의 자리를 그에게 공식적으로 승계했다. 그가 가진 카리스마와 학문적 성취, 수용소에서 조직한 네트워크, 그리고 스스로 주장한 쿠라이시 가문 혈통 등의 요인들이 종합적으로 고려된 결과였다.[59]

이후 몇 년 동안 이라크 주둔 미군 수가 줄면서 아부 바크르 알바그다디의 영향력은 전국으로 확장됐고 이웃 시리아까지 퍼졌다. 2013년 4월에는 시리아 알카에다 조직을 장악했다. 그리고 놀랍게도 ISI를 조직에서 몰아낸 자와히리 치하의 알카에다 본부까지 영향력 아래 두었다. 그러던 중 시리아 내전이 본격화되자 바샤르 알아사드Bashar al-Assad 대통령은 ISI 편에 서서 이들의 활동을 지원하면서 다른 조직들에만 폭격을 가했다.

6월 중순까지 ISI는 이라크에서 세 번째로 큰 도시인 모술을 정복했다. 바그다디는 이제 혐오스러운 사이크스-피코 협정에 따라 1916년에 그어진 시리아와 이라크 사이의 국경 지역도 관리하는 입장이 됐다.[60] ISI의 기사회생한 모습은 서방 세계를 놀라게 했다. 불과 6개월 전에 오바마 대통령은 기자 데이비드 렘닉David Remnick에게 "후보선수가 레이커스Lakers 유니폼을 입는다고 코비 브라이언트Kobe Bryant가 되는 것은 아니죠"라고 말했다. 오바마의 이 발언은 알카에다가 미국 영토를 공격할 가능성을 비꼰 말이지만, 타이밍이 매우 좋지 않았다.[61]

주하이만의 그랜드 모스크 작전이나 할 린지의 종말론처럼 ISI도 '위대한 퍼즐'을 준비하여 실행 단계에 이르렀다. 도덕적 타락과 정치적 혼란이 만연한 세상에서 마호메트의 계승자가 다스리는 국경

없는 왕국 ISI가 나날이 흥하자 이들은 칼리프 왕조가 나타날 조건들이 완성됐다고 생각했다. 이제 필요한 것은 칼리프의 기름부음을 위한 신학적 토대뿐이었다.

그 임무는 마크디시의 후계자로 여겨질 만큼 권위를 인정받았던 바레인의 신학자 투르키 알비날리Turki al-Binali에게 맡겨졌다. 스승 마크디시처럼 그도 감옥을 들락거리다가, ISI가 2014년 초에 시리아에서 세력을 규합하자 칼리프의 탄생을 기대하며 조직에 합류했다. 그는 "장대한 전투와 투쟁의 땅 샴[시리아]에 도착한 우리가 이제 와서 기수를 돌려 돌아가는 것이 합당합니까? [⋯] 이슬람이 지배하는 땅이 나의 고향입니다. 거기에 내 처소가 있고 나의 모든 것이 있습니다"[62]라고 기록하기도 했다.

칼리프의 등장이 임박했다는 사실에 동의하지 않았던 멘토 마크디시를 안타까워한 비날리는 '손을 뻗어 바그다디에게 바야를 주라'라는 제목의 에세이를 쓰기도 했다.[63]

2014년 6월 29일 라마단의 첫날 바그다디는 칼리프 이브라힘Caliph Ibrahim을 자칭하며 칼리프제국의 재건을 선언했다. 닷새 후, 공개 집회에는 한 번도 등장한 적이 없던 칼리프가 새로 정복한 모술의 알누리 그레이트 모스크Great Mosque 강단에 검은 터번을 두르고 예복을 입고 등장하여 최고 지도자의 자리를 수락했다. 그리고 전 세계 이슬람교도를 향해 자신의 권위를 따르라고 선언했다. 그는 전통적인 성직자 복장 외에도 지하드 고위직들이 선호하는 화려하고 값비싼 시계를 찬 채 다섯 번의 일일기도를 올렸다.[64]

이렇게 되자 ISI 지도부는 조직의 이름에서 '이라크'를 빼고 이슬람 국가^{IS}로 변경했다. 몇 주 후 IS 선전가들은 '칼리프의 귀환'이라는 제목으로 「다비크」 창간호를 발행했다. 칼리파국이 부활했다는 일종의 홍보 활동이었다. 처음에는 다크웹^{dark web}(특수 경로로만 접근할 수 있는 웹사이트로, 주로 불법적인 자료와 정보가 공유됨–옮긴이)에만 게시됐던 「다비크」는 2014년에서 2016년 사이에 15개 호를 발행했으며 현재는 공개된 사이트에서 무료로 볼 수 있다.[65]

2015년 말까지 최소 86개국에서 온 약 3만 명의 외국인이 IS 전사가 되기 위해 지원했으며 그중 6분의 1은 서방 국가들에서 왔다.[66] 전에는 빈라덴이 길고 유창한 아랍어로 메시지를 전달했지만, 이제는 전혀 다른 모습을 보였다. IS는 「다비크」 창간호를 영어·프랑스어·독일어로 간행했고, 잠재적인 서구 지원병들, 그중에서도 이슬람 종말론에 대해 잘 알지 못하는 이들을 정면으로 겨냥했다. 게재된 내용 가운데는 종말론을 자극하는 가장 유명한 「하디스」 구절도 있었다. 서방 세계가 부상하면서 아마겟돈이 도래할 것이지만 "로마인들이 아마크나 다비크에 상륙하기 전에는 때가 이른 것이 아니다"라고 하면서, 예수의 재림도 예언처럼 이루어질 것이며 그 앞에서 원수들은 '소금이 물에 녹듯 사라져버릴 것'이라는 부분이 그것이다. 그리고 이런 예언을 이해하지 못하는 사람들을 위해 간결한 설명도 덧붙였다.

「하디스」에 따르면 [다비크 주변 지역은] 콘스탄티노플 함락과 로마의 정

이슬람 종말론에 등장하는 지역들

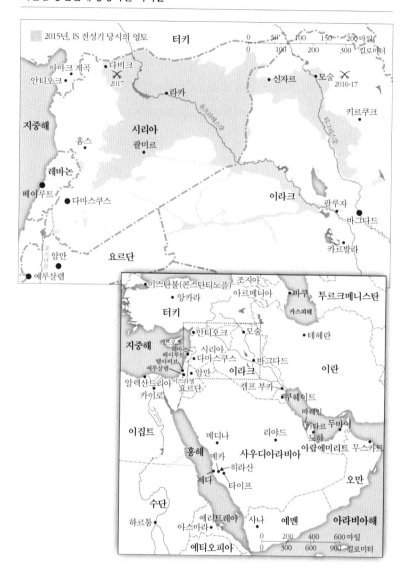

복전쟁에서 역사적으로 중요한 역할을 했다. 현재 다비크는 십자군이 지원하는 사흐와트^{Sahwat}[수니파의 꼭두각시]의 통제하에 있으며, 칼리프와의 대치선도 매우 가까이에 있다.[67]

IS는 얼마 지나지 않아 상징성은 있지만 전략적으로 중요하지 않은 다비크를 점령하며 예언 성취에 한 걸음 다가간 듯 행동했다. 전 세계에서 전사들이 모이며 분위기가 한껏 달아오른 IS 군대는 예언에 따라 칼리프를 굳건히 세우고 이슬람 세계의 선도적 지위에 오르려 했다. "곧 알라의 허락에 따라 이슬람교도가 존경을 받고 높임을 받을 것이며, 머리를 높이 들고 존엄의 영광을 품은 주인으로서 세상을 소요할 날이 올 것이니."[68]

영웅과 악당의 성격이 다를 뿐 이 잡지가 드러내는 마니교적 세계관은 린지와 라헤이의 그것과 다를 바 없었다.

실제로 오늘날의 세계는 2개의 진영과 2개의 참호로 나뉘어 있으며 세 번째 진영이란 없습니다. 하나는 이슬람과 신앙의 진영이며, 다른 하나는 위선과 불신앙의 진영입니다. 한쪽에는 무슬림과 무자헤딘 형제들이 있으며, 반대편에는 유대인과 그들의 동맹 십자군이 있습니다. 그리고 나머지 세계에 우리를 돕는 나라와 형제의 교파가 있는가 하면, 반대편에는 불신앙의 세력인 미국과 러시아가 있으며 이들은 모두 유대인들의 꼭두각시들입니다.[69]

이 설명 뒤에는 수니파에 대한 잔혹한 가해 행위와 시아파 하수인들을 처형하는 영상이 게시됐다. 전자는 지지자들 사이에 공감을 불러일으키고 후자는 반대자들 사이에 두려움을 심으려는 목적이었다. 그런데 기이하게도 칼리프 이브라힘에 대한 소개와 IS의 무시무시한 능력에 대한 설명 이후에는 미국의 국가안보회의National Security Council 고위 관리인 더글러스 올리번트Douglas Ollivant가 카토연구소Cato Institute(보수·자유주의 싱크탱크로 워싱턴D.C.에 본부가 있음—옮긴이) 연단 뒤에서 찍은 사진도 올려져 있었다.[70] 또한 잡지에는 헤지라hegira(IS 영토로 이주하는 일)에서 칼리프까지 이어지는 IS의 승리를 위한 5단계 로드맵이 제시되어 있었다.

한 가지 이상한 것은 그랜드 모스크 사태에서 그토록 용감히 싸운 마흐디가 거의 언급되지 않는다는 사실이다. 정확한 이유는 불확실하다. 그에 대한 지나친 기대가 오히려 거대한 실망으로 되돌아온 듯하며, 어쩌면 그가 수행하다가 실패한 역할극이 마흐디 자체의 존재감마저 사그라지게 한 것인지도 모르겠다. 그 대신 IS는 다잘을 물리치는 예언자 예수의 승리에 대해 많은 부분을 할애하여 설명했다.[71]

IS가 헤지라를 하는 데 일조한 서구 출신 전사들은 대체로 아랍어를 구사하지 못했고 군사 훈련을 받은 경험도 없었기 때문에 한 가지를 제외하고는 거의 쓸모가 없었다. 그 한 가지는 미디어를 통한 홍보 역할이다. IS의 제작물 중에서 13분짜리 동영상에는 칼리프를 칭송하는 유럽과 호주 출신 전사들이 여러 명 등장한다. 그들은 이렇게 말했다. "우리는 국경이 없다는 말을 이해합니다. 우리는 샴 [시리아] 전투에 참가했고, 이제 며칠이 지나면 이라크로 가서 다시 전투를 한 뒤 복귀합니다. 요르단과 레바논에도 문제없이 다녀올 예정이죠." 또 다른 영상에서는 IS 전사가 이스라엘을 공격한 사실을 자랑하는가 하면 '팔루자에 있는 우리 자매들'이 기형아를 출산한 것에 대해 한탄하기도 했다. 또 다른 영상에서는 다음과 같은 한 방을 날리기도 했다. "당신의 '배부른 직업'은 서방 세계에 두고 오십시오. 자신에게 물어보십시오. 무엇이 당신을 가로막고 있는지, 무엇이 당신을 붙들고 있는지를. 당신이 가진 물질일 것입니다."[72]

※

지하드의 미디어 전문가들은 변연계의 왕도인 음악을 적절히 활용했다. 레니 리펜슈탈의 〈의지의 승리〉 영상이나 가장 반응이 좋았던 미국 선거 광고 영상처럼, 호소력 있는 음악을 영상의 배경으로 삽입했다. 독실한 이슬람교도들은 악기를 활용하지 않기 때문에 이슬람교의 음악은 최면을 부르는 음악과도 같은 무반주 노래인 아나시드anashid(단수는 나시드nashid)가 대표적이다. 이 노래들은 다가올 칼리프에게 찬사를 보내고 신도들에게 순교를 권고하는 내용으로 구성되어 있다.

아나시드는 이슬람 테러 공격에서 중요한 역할을 했다. 예를 들면, 차르나예프Tsarnaev 형제는 2013년 보스턴 마라톤 폭탄 테러를 자행한 후 훔친 차를 타고 도주하려 했다. 하지만 차량에 CD 플레이어가 없어 아나시드 음악을 들을 수 없자, 위험을 무릅쓰고 자신들이 타고 온 차량으로 되돌아갔다. 안와르 알아울라끼는 지하드의 음악에 깊이 빠져 이렇게 말한 적이 있다. "좋은 나시드는 강의나 책이 미치지 않는 청중에게까지 널리 도달합니다."[73]

14세기 종말론 서사를 기반으로 한 IS의 장대한 모험은 서구에서 평균적인 삶의 내용과 형식에 만족할 수 없었던 소외된 젊은이들을 일정 부분 매료시킨 것으로 보인다. 실제로 한동안 유럽 출신 지하드 지원자들이 놀랄 만큼 증가한 것으로 밝혀지기도 했다.[74] 한 시리아 수니파 반군은 로이터 통신과의 인터뷰에서 이렇게 말했다. "이 무자헤딘들이 단지 아사드(현 시리아 대통령-옮긴이)와 싸우기 위해 전 세계에서 왔다고 생각한다면 큰 오산입니다. 그들은 선지자의 예언으로 이곳에 있는 것입니다. 그가 예언한 전투가 벌어지고 있으니까요. 이것은 거대한 전쟁입니다."*[75]

심리학자 멜라니 그린과 티머시 브록이 지적한 것처럼 서사가 강렬할수록 비판적 사고는 위축된다. 서구적 권력이 지배하는 녹록잖은 현실에 싫증을 느낀 소외된 청년들에게 IS의 서사는 인종 기반의 대량 살상과 강간, 노예화 등의 폭압이 신학적 이념으로 정당화된 매력적인 세계관이었다.

2014년 8월 IS가 북부 이라크 상당 부분을 정복한 이후 신자르 지

---

* '거대한 전쟁(Grand Battle)'은 아랍어로 '살육(slaughter)'으로 번역된다.

방에 있는 대집단인 야지디^{Yazidi} 종파 사람들은 자신들이 어느 순간 부터 IS의 지배를 받고 있다는 사실을 알게 됐다. 2014년 10월 11일 에 발행된 「다비크」 제4호는 특정 종파에 대한 박해를 합리화하는 데 그치지 않고 신도들 모두에게 인종적으로 행해지는 대량 노예화 와 강간, 살인 등에 가담하라고 부추기고 미화하는 내용을 담고 있 었다.

야지디족은 알라께서 일곱 천사에게 세상을 맡겼다고 믿었으며, 그중 가장 중요한 인물은 그들이 특별히 존경하는 말리크 투스^{Malik Tous}였다. 그런데 「다비크」는 그런 이단 신앙이 야지디족을 다신교이 자 이교도인 무시리킨^{mushrikin}으로 만들었다고 주장했다. "그들의 신 앙은 진리에서 너무도 벗어났기 때문에 오랜 세월 십자가를 숭배해 온 기독교인들도 그들을 악마 숭배자이자 사탄주의자로 여겼습니 다." 무시리킨과 관련하여 「코란」에는 다음과 같이 언급되어 있다.

그 성스러운 달이 끝나면 매복하고 기다렸다가 무시리킨을 발견하는 즉시 모두 사로잡아 죽이십시오. 하지만 그들이 회개하고 기도를 드리 고 세금을 납부한다면 풀어주십시오. 진실로 알라는 자애로우시고 자 비로우십니다.

IS는 기독교인들이나 유대인들과 달리 이방인이라도 지즈야 ^{jizyah}(이슬람이 정복지 부족에게 부과한 인두세-옮긴이)를 낸다면 함께할 수 있다고 봤다. 이들에게 야지디족은 '장부 속 명단'에 불과한 것이다.

IS 신학자들은 야지디족이 원래 이교도였는지 아니면 처음에는 이슬람교도였다가 나중에 배교한 것인지를 두고 논쟁을 벌였다. 이런 구별은 매우 중요했는데, 이교도 종족의 여성들은 노예가 되어 살아남을 수 있었던 반면 배교한 여성들은 남성들과 동일하게 개종이나 죽음 중에서 선택해야 했다.

「다비크」가 독자들에게 알린 IS의 결정 내용은 야지디족이 원래부터 이교도였기 때문에 그 부족의 여성들은 노예로 부려야 한다는 것이었다. 하지만 알라께서는 자비로우셔서 성노예sex slaves의 자녀들이 어미와 떨어지는 것은 허락하지 않으셨다고 했다. 그런데 한 「하디스」에 나오는 '여종이 주인의 아이를 낳았을 때'라는 구절은 다른 해석도 가능하기 때문에 혼란을 불러왔다. 그 낳은 아이가 주인의 아이가 되기 때문에 주인의 대를 이어야 한다는 뜻일 수도 있고, 노예 어미가 낳았기 때문에 단지 노예가 늘어나는 것일 수도 있다. 또는 남자가 결혼하지 않은 상태에서 첩을 들여 관계를 맺는 경우도 생각해볼 수 있다. 어느 경우든, 불신자의 여성을 취하는 것은 "샤리아Sharia(이슬람교의 율법-옮긴이)에 규범이 명시되어 있으므로, 누군가가 이를 부정하거나 조롱한다면 그 사람이 부정되고 조롱받을 것이며, 이는 이슬람에서 배교하는 행위와 같았다."[76]

예상대로 IS는 야지디족 남성들에게 개종을 제안했다. 그리고 이를 거부한 이들을 참수했으며 심지어 가족이 보는 앞에서 그러기도 했다. 여성과 어린이의 5분의 4는 전사들에게 분배됐고 나머지는 조직에 남겨졌다. 어느 쪽이든 여성들은 반복되는 집단 성폭행을 견뎌야 했다. 부족을 이탈하여 도망친 야지디족은 대부분 객사했다. 유엔은 2017년 기준으로 야지디족 3,000명이 살해되고 7,000명이 납치된 것으로 추산했다.[77]

2014년 중반부터 IS는 전 세계를 돌며 테러 공격을 본격화하면서 동조자들의 활동을 촉구했다. 특히 2015년 11월 13일에는 바타클랑 콘서트홀을 비롯한 프랑스 파리의 여러 장소에서 발생한 테러로 130명이 사망하고 530명이 부상당하는 참극이 벌어졌다. 2016년 7월 14일 니스에서는 국경절 트럭 공격으로 84명이 사망하고 458명이 부상당했다. 2019년 8월까지 시리아와 이라크 이외의 지역에서 IS가 실행하거나 촉발한 공격으로 사망한 사람이 3,800명을 넘은 것으로 드러났다.[78]

2014년 중반에 바그다디가 칼리프 이브라힘으로 등극하면서 IS의 세력은 정점에 달했다. 당시 기준으로 800만 명의 주민을 휘하의 전사로 거느렸고 거대한 무기고들을 보유했으며 원유와 정제 시설 등을 장악하여 수입을 올렸다. 이라크와 시리아에서의 전투에서 충격적인 연승을 거뒀고, 전 세계에서 테러 공격을 자행하여 서방 세계의 군사적 대응을 끌어냈다.

IS는 잔악하고 강경한 노선을 이어갔다. 이라크 총리로 이들에게 우호적인 하이더 알아바디Hiader al-Abadi가 말리키의 후임으로 취임하자 수니파를 장악한 IS에 대한 경계가 느슨해진 듯 보였다. 하지만 2016년 10월부터 미국의 공습을 등에 업고 정복 활동에 나서기 시작한 이라크의 군대는 서서히 모술 지역의 영토를 회복했고, 2017

년 1월 말에는 대격전 끝에 시가지 동부를 탈환했다. 이 전투에서 민간인 1만 명과 연합군 1,000명 이상이 사망한 것으로 추정됐다. IS 전사들 중에서는 이 한 번의 작전으로 1만 6,000명에 달하는 사망자가 발생했다. 그러자 이전까지 강성하고 기운찼던 전사의 함성이 더는 들리지 않게 됐다. 2019년 10월 26일, 미군 특수부대는 시리아 북서부에 공습을 가해 바그다디를 포위했다. 그는 폭탄 조끼를 격발하여 두 자녀와 함께 스스로 목숨을 끊었다.[79]

미국이 주도한 서방 군대가 ISI 및 IS와 벌인 전체 격전에서 최대 6만 명 이상의 IS 전사가 사망한 것으로 추산된다. IS가 상당 부분 와해되면서 서방 국가들에서 테러 공격을 계획하고 충동질하던 완고한 실행력은 약화됐지만, 중동과 아시아 등지에서는 일정한 세를 유지하고 있다. 「다비크」는 2016년에 간행을 중단했으며, 2018년 초까지 선전 활동도 기존의 3분의 2 이하로 줄었다.

이슬람 종말론을 예의주시하던 사람들이 예측했던 것처럼, IS가 추가적인 정복 활동을 멈춘 것은 2014년 중반까지였다. IS는 이미 이라크와 시리아의 수니파 주요 지역들을 장악하고 있었는데 터키나 쿠르드족 영토, 시아파 지역 등을 더 이상 정복할 수는 없었다. 정복 활동이 없었기 때문에 칼리프는 존재감도 없었고 새로운 전사를 모집할 명분도 없었다.[80]

또한 IS가 초기 전투에서 승리를 거두자 이라크 시아파 민병대와 이들로부터 존경받는 이맘 무끄타다 알사드르Muqtada al-Sadr가 강하게 반발했다. 급기야 2014년 말에 이라크의 시아파 최고 성직자 알리

알시스타니^{Ali al-Sistani}가 전사들에게 "국가와 국민을 보호하고 시민과 성지의 명예를 수호하라"라고 호소했고, 이로 인해 새로운 전사들이 대거 합류했다. 이 시아파 민병대는 전설적인 사령관 카셈 솔레이마니^{Qassem Soleimani}(2020년에 미국 무인 항공기 공격으로 사망)가 이끄는 이란의 쿠드스군^{Quds Force}으로부터 막대한 물자와 인력과 자금을 지원받아 이내 잔인한 보복 작전에 나섰다. 그리고 수천 명의 수니파 적을 살해했다.[81]

IS는 이제 획득할 영토도 없고 군사적 상황도 여의치 않으며, 전사들에게 금전적인 보상은커녕 이방인 성노예 여성을 제공할 기회마저 잡지 못하고 있다. 그리고 2016년까지 훈련 캠프들은 폭격에 파괴되거나 지원 인력 부족으로 폐쇄됐다. 2017년 10월 17일, 시리아 라카에 있는 본부가 미군 특수부대의 지원을 받은 시리아 반군에 함락됐고, 2019년 3월 말에 IS가 장악했던 마지막 영토마저 정복당했다.[82]

IS는 중동 지역에서 여전히 활동하고 있고 그들의 타국 후계자들이 외로운 늑대^{lone-wolf attacks}(조직과 별도인 독립적인 테러 활동-옮긴이) 행각을 벌일 가능성도 배제할 수는 없지만, 화려한 승리를 향해 진군하던 칼리프의 종말론 서사는 기세가 꺾였고 호기심 가득한 눈으로 IS를 찾던 젊은이들의 행렬도 더는 찾아볼 수 없다.

그럼에도 그 사회가 구성원들에게 실망과 좌절만을 안겨준다면 그곳에는 언제든 묵시론이 번성할 수 있고, 또한 번성하고 말 것이다. 이것이 오늘날 많은 이슬람 국가에서 벌어지고 있는 일이며, 실제든 상상이든 서구 세력으로부터 패배를 겪은 곳에서는 더욱 그러하다.

20세기 후반 기독교 종말론의 예에서 보듯, 종말론 서사는 부유하고 번영하는 사회에서도 언제든 생겨날 수 있다. 그리고 아브라함계의 세 종교가 오랜 세월에 걸쳐 종말론 서사에 비옥한 토양을 제공해왔다는 점도 부인할 수 없는 사실이다. 종말론 서사를 가장 매혹적으로 느끼는 인간의 한 가지 특성은 내집단과 외집단을 구분하고자 하는 인간 행동의 또 다른 특성을 더욱 강화한다. 그리고 상당수의 소외 계층 사람들은 자신이 선택받은 소수의 내집단에 포함되어 있다고 믿으며, 지옥불에 떨어질 불경한 외집단 이웃들을 밟고 일어나 새 질서를 구현하고자 한다. 이런 서사는 수 세기 동안 뮌스터의 존 보켈슨과 추종자들에서부터 미국의 윌리엄 밀러와 제리 폴웰에 이르기까지, 그리고 IS의 가학에 매료된 수만 명에 이르기까지 대중의 종교적 광기를 불러왔다.

에필로그

인간은 생존 기계다. 이기적인 유전자를 맹목적으로 보존하도록 코딩된 로봇 장치가 인간이기 때문이다.

-리처드 도킨스Richard Dawkins1

만일 찰스 맥케이가 1844년 대실망의 날과 1920년대 및 1990년대 주식 버블과 아브라함 계통의 세 종교에서 비롯된 종말론 흥망사를 모두 목격했다고 하더라도 크게 놀라진 않을 것이다. 하지만 그는 자신의 책『대중의 미망과 광기』가 출간된 이후 한 세대 동안 논의된 다윈의 인간 진화론에 매료될 것이며, 그 논의가 자신이 제기한 문제들과 어떻게 융합되는지도 매우 신기하게 관찰할 것이다. 그리고 같은 이유로 20세기 심리학과 사회심리학 연구에도 매료될 것 같다.

무엇보다 맥케이는 현대인이 협력하고 소통하고 흉내 내는 존재이며, 부족한 식량이나 독 있는 열매나 독사와 같은 강력한 포식자가 즐비한 환경에서 살아남기 위해 본능에 의지했던 석기 시대 선배들과 전혀 다를 바 없는 고착된 본능의 노예라는 사실을 깨닫고 조금 놀랄지도 모른다.

우리는 석기 시대가 끝난 후 약 300세대밖에 거치지 않았으며 여전히 고대의 생존 본능에 따라 움직이고 있다. 그 300세대는 분석적 인지 능력을 더 발전시킬 만큼 충분히 길지 않았을 뿐 아니라, 설사 개선된 인지 능력을 갖춘다고 해도 앞으로 도래할 더욱 인간적인 후기 산업사회에서 그것이 현실 생활에 도움이 될지 심히 의심스럽다. 다시 말해서 우리는 석기 시대의 정신을 장착한 채 우주 항공 시대를 살아가는, 시대의 부적응자가 될 가능성이 크다.

실제로 우리가 하는 행동 대부분은 매우 오래된 뿌리에서 비롯되는데, 식욕을 조절하는 유전자와 같이 본능을 관장하는 수억 년 된 유전자들은 상당수가 지렁이류와 공유된다.[2] 진화적 필요에 따라 선호됐던 에너지 가득한 설탕과 지방은 모든 척추동물에게 필요한 요소들이지만, 값싼 설탕과 지방질이 넘쳐나는 현대 세계에서는 전적으로 부적응을 대표하는 요소가 됐다.

『대중의 미망과 광기』의 관점에서 모방은 아마도 인간의 고착된 진화적 특성 가운데 가장 중요한 능력일 것이다. 인간은 섬세한 인지 능력과 언어 능력 외에도 북극에서 카약을 만들고, 대평원에서 들소를 사냥하고, 아마존 분지에서 바람총과 같은 새로운 기술을 만들고, 타인의 기술을 빠르게 학습하는 능력을 갖추고 있다. 그리고 이런 능력 덕분에 행성 대부분의 지역에서 큰 무리 없이 번성할 수 있었다. 하지만 안타깝게도 모방에 대한 인간의 본능은 부적응 행위나 종종 혐오스러운 행동에 대해서도 작동하는 경향이 있다.

이 불행한 경향을 보여주는 가장 유명한 실험은 아마도 스탠리 밀그램Stanley Milgram의 '복종 실험'과 필립 짐바르도Philip Zimbardo의 '스탠퍼드 감옥 실험'일 것이다. 밀그램의 실험에서 피험자(선생님)들은 학생들이 오답을 말할 경우 실험자들의 권위에 설득되어 종종 치명적 충격이 될 수 있는 전기충격을 가했다.[3] 이와 비슷하게 스탠퍼드 감옥 실험에서는 피험자들에게 죄수와 간수의 역할을 부여했다. 그러자 불과 며칠 만에 두 집단은 서로에게 폭력을 행사할 정도로 자신의 역할을 모방하고 내면화했다.[4]

두 실험은 모두 극심한 비판을 받아야 했지만, 도덕적 양심과 판단력이 권위에 의해 무력화되는 현상은 이론적이고 실험적인 범주 내에서만 논의될 문제가 아니다. 실제로 현실 세계에서는 일정한 통제 상황에서 정상적으로 행동하던 이들의 일탈 행동이 더욱 큰 의미를 가지기 때문이다.[5]

예를 들어, 1990년대의 엔론 스캔들은 비합리성과 도덕적 부패가 얼마나 강력하게 전염될 수 있는지를 보여줬다. 케네스 레이, 제프리 스킬링, 앤드루 패스토 중에서 누구도 자신을 비윤리적이거나 부도덕하다고 생각하지 않았다. 주변의 모든 사람은 그들이 미국 경제에 혁명을 일으키는 훌륭하고 지적인 선각자들이라고 말했다. 그리고 심리학자 솔로몬 애시의 실험에서 고의로 선 길이를 잘못 측정하는 이들 사이에 배치된 피험자처럼, 엔론 직원들도 거의 한목소리로 잘못된 주장을 하는 동료와 언론인들 사이에서 바른 판단을 하지 못했다.

도덕성이 가장 비정상적으로 전염된 가장 끔찍한 예는 아마도 폴 포트Pol Pot의 캄보디아, 문화혁명의 중국 그리고 당연히 히틀러의 독일과 같은 전체주의 사회의 사례들일 것이다. 역사가 로런스 리스Laurence Rees는 임종 직전에 이른 전직 나치 수용소 경비원과 행정 요원들을 인터뷰했다. 놀랍게도 그들은 수십 년 전보다 자신들의 과거 행적에 대해 더 허용적인 생각을 갖고 있었다. 심지어 그들은 자신들이 맹목적으로 명령을 따른 성능 나쁜 로봇이 아니라, 잘 교육받은 평범한 독일 남녀로서 이 세계에서 벌레 같은 유대인을 제거하는 윤리적 심판의 참여자였다고 생각하고 있었다. 마치 엘리트 기업의 신임 임원들처럼 그들은 극대화된 효율성으로 그 끔찍한 작업을 완수하기 위해 경쟁하고 혁신했다.[6]

동료들을 중심으로 똘똘 뭉쳤던 독일인의 비인간성에도 물론 한계는 있었다. 특히 한 번에 수천 명의 유대인에게 기관총을 발사한 경우에는 훈련받은 나치 친위대 요원들도 심리적 고통을 받았다. 결국 소비보르, 벨제크, 트레블링카, 비르케나우(아우슈비츠) 등지의 가장 효율적인 수용소들은 가장 역겨운 작업을 독일인이 아닌 수감자들의 노동에 의지함으로써 독일인 직원을 많이 두지 않았다. 벨제크만 하더라도 60만 명이 학살된 수용소에 독일인 직원은 20명

남짓이었다. *

정말로 두려운 것은 지금 옆에 있는 동료들 상당수가 대량 학살이 바람직하다고 생각한다면 우리 역시 그와 같은 학살에 참여할 수 있다는 피할 수 없는 결론이다. 독일이 자행한 홀로코스트의 가장 큰 요인이 예외주의exceptionalism(특정 사건이 일반적 규칙을 적용할 수 없는 예외적인 현상이었다는 인식-옮긴이)로 정당화될 수 있다고 생각하는 사람들은 독일이 점령한 저지섬과 건지섬에서 유대인 거주자들을 수용소로 보내는 데 기꺼이 협력했던 영국 관리들의 행동을 되새겨볼 필요가 있다. 한 전직 나치 관리는 이렇게 말한 적이 있다. "요즘 세상의 문제는 한 번도 성공해본 적이 없는 것들이 성공해본 사람들을 판단한다는 거야."[7] 요컨대 인간은 자신의 모방 본능을 과소평가해서는 안 되며, 특히 기업과 사회가 원활하게 기능하는 데 협력하는 일상적인 신념이 대량 학살과 망상으로 빠르게 변이될 수 있다는 사실을 잊어서는 안 된다는 얘기다.

맥케이는 또한 우리 인간이 서사를 좋아하는 유인원이라는 사실에 동의할 것이다. 그도 자신이 쓴 서사의 화자이자 주인공이었다. 우리 조상들은 생존을 위해 소통할 때 삼단 논법이나 숫자 자료 또는 수학 공식을 활용하지 않았다. 의사소통의 주요 수단은 이야기 또는 서사였고 그것은 지금도 마찬가지다. 이를테면 이런 식이다.

---

* 나치는 부모와 자녀를 분리하면 소란이 일어 일처리가 늦어진다는 사실을 일찌감치 발견했다. 아마도 로런스 리스는 제2차 세계대전 당시 전체주의 국가였던 독일·일본·소련의 수용소 경비대원을 인터뷰한 유일한 연구원일 텐데, 독일 수용소 직원들과 달리 소련과 일본의 경비병들은 이념적 헌신이 아닌 두려움 때문에 동조했다고 밝혔다.

"너는 오른쪽, 나는 왼쪽이야. 양쪽에서 저 매머드를 찌르는 거야!" 인간은 서사의 동물이며 그 서사가 아무리 잘못됐더라도 충분한 설득력이 있다면, 최소한 그 사실이 큰 고통을 야기할 때까지는 거의 언제나 사실보다 우선시된다. 중동의 IS와 뮌스터의 재세례파가 그랬듯이, 잘못 인식한 사실이 실제로 신도 자신을 죽음에 이르게 한다.

더 나아가 우리는 이야기 자체를 즐기기 위해서만이 아니라 그 결말을 알고 싶기 때문에 이야기를 듣는다. 세상의 궁극적인 운명보다 더 중요한 것은 없지만, 동시에 그보다 더 많은 희생을 요구하는 것도 없다. 누군가에게 더 많은 서사를 전할수록 그 사람의 분석력은 감쇠한다. 교묘하게 짜인 종말 이야기는 사람들이 자신의 모든 재물을 포기하게 하고, 아내와 딸을 그 이야기꾼의 침대로 기꺼이 보내도록 추동한다.

맥케이는 세상에 명확한 사실이 있어서 우리가 그것을 인식하는 것이 아니라, 우리가 가진 기성의 관념을 위해 눈앞의 사실을 변형한다는 주장에도 기꺼이 동의할 것이다. 우리는 언제 어디서나 확증편향에 빠지고, 자신의 믿음과 가장 일치하는 사실에 집착하고, 동시에 그것을 부정하는 사실을 의도적으로 무시한다.

수학적으로 생각해볼 때 인간이 정말로 합리적이라면 '베이지안 추론Bayesian Inference'에 따라 현상에 대한 의견을 정립할 것이다. 이 추론법은 18세기 영국의 철학자 토머스 베이즈Thomas Bayes가 만든 분석법으로, 주어진 사실들을 대입하여 예측을 정교히 하고자 마련됐다. 자신이 싫어하는 정치인이 범죄를 저지를 확률이 50%라고 가정할 때, 베이지안 추론에 따르면 새롭고 강력한 무죄의 증거가 나타나는 경우 유죄의 확률은 50% 미만이어야 한다. 하지만 사람들은 그렇게 행동하지 않는다. 어떤 문제에 대해 지나치게 확신하면서 그와 반대되는 정보를 의도적으로 회피하고, 더는 자신의 오류를 부인할 수 없는 때가 되어도, 도로시 마틴의 UFO 망상처럼, 오히려 믿음의 강도를 한층 더 끌어올리는 악수를 두곤 한다. 인간은 합리적인 베이지안과는 거리가 멀 뿐 아니라, 오히려 어리석은 신념을 서로에게 유포하는 '반-베이지안'이 되기도 한다.

맥케이는 또한 의심하기 힘들 정도의 정교한 서사는 마치 기하급수적으로 확산되어 접촉자를 무차별적으로 감염시키는 전염성 병원체인 코로나19 바이러스의 슈퍼 전파자처럼 작용할 수 있다는 사실도 이해했을 것이다. 특히 선 길이를 구분하는 애시의 실험이 보여주듯 잘못된 믿음이 주위에 충만하면 임계 질량을 얻게 된다.

우리는 주위 사람들이 같은 신념을 가졌을 때 그것을 공유할 가능성이 크며, 또 다른 주변 사람들에게도 그것을 유포하곤 한다. 이로 인해 분석적 비상 제동장치가 없는 악순환의 질주가 시작된다. 효과적인 방어 수단이 존재하지 않는 망상의 전염이 계속되는 상황에서 폭주하는 광신도들은 결국 현실의 벽에 부딪히기 전까지 추진력을 잃지 않는다.

마지막으로, 맥케이는 인간의 삶이 마니교적으로 선과 악이 첨예하게 대립하는 흑백 투쟁이라고 여러 차례 주장했다. 다윈의 『종의 기원』이 한 세대 일찍 출간됐다면 그도 종의 투쟁을 석기 시대부터 이어져 온 진화론 꾸러미에 포함시켰을 것이다. 심지어 우리의 믿음 역시 대상을 재빨리 모방하는 방향으로 진화하여 투쟁하는 가운데서도 생존의 가능성을 높였으며, 이를 통해 살아남은 이들은 스스로가 도덕적으로 옳다고 믿게 된다는 사실을 깨달았을 것이다. 맥케이의 책은 물론 이 책에서도 자신과 같은 세계관을 공유하지 않는 이들은 지옥행을 예약한 것이며 심지어 그들은 죽어 마땅하다고 믿는 이들이 수없이 등장한다.

IS는 이 마니교적 망상의 퍼레이드에서 가장 최근에 등장했을 뿐이다. 한동안 이슬람주의 단체들은 빈곤과 전쟁과 억압으로 고통받는 사람들에게 가장 설득력 있고 기분 좋은 이야기를 설파했다. 고통받는 사람들은 언제나 정의의 편이 되어 흑백 투쟁에 참여해왔으며, 알라께서는 곧 악의 본질을 구현하는 폭압자들에 대한 최종적이고 영원한 승리를 그들에게 가져다주신다는 이야기가 그것이다. 따라서 이와 같은 21세기 이슬람 종말론은 16세기 존 보켈슨과 20세기 할 린지의 이야기와 크게 다르지 않다(린지의 후기 공산주의 대적자들, 예컨대 사회주의자, 사탄주의자, 점성가들은 합스부르크제국이나 이스라엘과 서방 군대의 힘에 비하면 정말로 약한 이들이다).

투자 열풍의 어리석음을 다룬 이 책과 맥케이의 책은 각기 종말론도 다루고 있으며, 그것을 설명하는 맥락도 대략 유사하다. 종말론이 기적적인 영적 수단을 통해 인생의 어려움을 면하고 선택받는 사람이 될 수 있다고 주장한다면, 투자 열풍은 기적적인 재정적 수단을 마련하여 인생의 어려움을 면하고 선택받는 자가 되리라는 미망이다. 그리고 두 경우 모두 확증편향과 인간의 모방 본능이 주요 역할을 한다.

둘 사이의 가장 큰 차이점은 투자 광풍에는 종교적 망상의 전면에 있는 마니교적 요소가 크지 않다는 점이다. 물론 투자의 세계에도 버블기의 특징 중 하나인 회의론자들에 대한 격렬한 비난이 마니교적 투쟁 양상과 유사한 면이 있다. 이 글을 쓰는 지금 비트코인으로 대표되는 암호화폐를 둘러싼 흥분은 초기 투자 광풍의 징후와 증상을 모두 보여주는 듯하다. 비트코인에 절대적인 신뢰를 보낸 최근 인물은 아마도 백신 기업가인 존 맥아피John McAfee일 것이다. 그는 3년 이내에 비트코인 가격이 50만 달러에 도달하지 않으면 "전국 방송에서 내 성기를 먹어버리겠다"라고 주장했다. 이는 비트코인의 가치를 의심하는 사람은 누구나 악마 아니면 적어도 바보라는 말과 같다(비트코인은 2017년 말 2만 달러에 거래된 이후 2020년 중반까지 1만 1,800달러 선에 머물고 있다).[8]

맥케이가 집단적 광기에 대한 현대 심리학과 진화론적 통찰력에 매료됐다면, 투자 열풍의 이면을 분석한 하이먼 민스키와 찰스 킨들버거의 최신 경제학 이론에서도 많은 것을 배웠을 것이다. 물론 이 광풍은 새롭게 등장한 기술, 신용의 완화, 기억상실, 검증된 재무 분석을 외면하는 풍조 등의 증상들과 함께 나타난다. 강조하건대 비트코인과 같은 암호화폐 기술은 매우 유익한 것이다. 여기에 투자해서 부를 손에 넣는 사람은 많지 않을지도 모르지만, 이 화폐가 기반으로 하는 이른바 블록체인 기술은 은행과 정부 재정 모두에 혁명적인 변화를 가져올 수 있다고 생각한다.

맥케이는 유능한 이야기꾼이었지만 시대의 한계 탓에 인간의 행동과 유전학과 자연선택의 법칙과 망상에 빠져드는 대중에 대한 과학적 분석을 위한 과학적 지식을 얻을 수 없었고, 결과적으로 시대가 가진 지식의 범위를 벗어나지 못했다. 하지만 지금 우리가 아는 많은 사실을 알지 못했다고 하더라도, 인류가 돈과 종교를 두고 벌이는 헛발질을 영원히 반복하리라는 점만큼은 분명히 알고 있었을 것이다.

감사의 글

이 책은 신경심리학과 사회심리학, 진화심리학, 금융경제학, 금융 역사학, 거시경제학, 아브라함계 세 종교의 종말론 등 고대부터 현대에 이르는 광범위한 분석 요소들을 활용했다. 이런 수많은 주제에 모두 정통한 사람은 많지 않을 것이다. 나 또한 각 분야의 수많은 전문가에게 이론들을 빌려왔다. 열거하면 다음과 같다.

마이클 바쿤Michael Barkun에게서 천년주의와 폭력의 관계를 참고했고, 데이비드 블리처David Blitzer와 킴벌리 보일Kimberly Boyle에게서 다우지수 수익률 데이터를 얻었으며, 스콧 번즈Scott Burns와 로라 야코부스Laura Jacobus에게서 기록 보관용 신문 자료를 얻었다. 고인이 된 존 C. 보글John C. Bogle과 버턴 말키엘Burton Malkiel, 리처드 실라Richard Sylla에게서는 1960년대 기술 투자 열풍과 관련한 의견을 들을 수 있었다. D. 캠벨 미클존D. Campbell-Meiklejohn은 확증편향에 관한 기능적 자기공명영상 데이터를 제공해줬고, 에드워드 챈슬러는 주식 버블에 대한 정보를 전해주었으며, 헨리 클레멘츠Henry Clements에게서는 아랍어 정보를 얻었다. 크리스 데니스툰Chris Dennistoun 덕에 리처드 대븐포트라는 맥케이 연구자를 발견할 수 있었다. 제이컵 J. 골드스타인Jacob J. Goldstein의 도움으로 NPR 기록보관소를, 그리고 엔히크 고메스Henrique Gomes의 도움으로 재림파의 놀라운 디지털 도서관을 이용할 수 있었다.

거숍 고렌버그에게서 암소 멜로디와 관련된 정보를 얻었고, 조엘 그린블라트에게서 골턴의 실험과 관련된 정보를 풍부하게 얻었다. 토머스 헤가머Thomas Hegghammer에게서 메카 포위 사건에 나타난 종말론 정보를 얻었고, 론 잉글하트Ron Inglehart는 종교성에 나타나는 정량적 데이터를 제공해주었으며, 필립 젱킨스Philip Jenkins는 1980년대 사탄주의에 대한 모럴 패닉 관련 조언을 해주었다. 필립 존슨 레어드 Philip Johnson-Laird와 배리 포픽Barry Popik은 확증편향의 현대적 개념과 그 기원에 대해 알려줬고, 토비 C. 존스Toby C. Jones는 동부 사우디의 시아파 반란에 대한 의견을 들려주었다. 브렌던 카치Brendan Karch에게서 히틀러의 설득 전략에 대해 배웠고, 오피르 케다르Ofir Kedar와 하임 케다르Haim Kedar에게서 시온주의의 역사에 대해 배웠으며, 대니얼 레비틴Daniel Levitin에게서 광기가 전염되는 과정에 음악이 하는 역할에 대해 배웠다.

피터 로건Peter Logan에게서 맥케이의 저서들에 관한 정보를 얻었다. 마이크 파이퍼Mike Piper에게서는 은퇴 및 연금 정책의 역사에 대해, 수전 풀리엄과 페니 왕Penny Wang에게서는 1990년대 인터넷 버블과 그것의 기본적인 역사에 대해, 그리고 피터 리처슨에게서는 집단적인 진화에 대해 배웠다. 장 폴 로드리게Jean-Paul Rodrigue는 인터넷 트래픽의 폭발적인 성장에 대한 정보를 제공해주었다. 테리 앤 로저스Terry Ann Rogers에게 전반적인 의견과 논평을 구했고, 그레그 슈람Greg Schramm에게서 인터넷의 역사와 관련된 정보를 얻었다. 로버트 실러에게서는 전염병 방정식과 재정의 관련성에 대해, 매슈 에이버리 서턴Matthew Avery Sutton에게서는 현대의 세대주의에 대해, 그리고 로버트 트리버스Robert Trivers에게서는 진화심리학의 주요 논점들을 배웠다. 브렛 웨일런Brett Whalen은 요아킴과 뮌스터 재세례파의 관련성을 알려줬으며, 배리 위그모어Barrie Wigmore 덕에 프랭클린 루스벨트의 대통령 취임 전후 금본위제에 대한 견해를 알게 됐다. 또한 제이슨 츠바이크에게서 초창기 금융 버블과 그에 대한 귀한 의견을 들을 수 있었다.

특히 이슬람 종말론의 사상과 문학에 대한 구체적인 정보를 준 데이비드 쿡과 장 피에르 필리유에게 깊이 감사드린다. 크로퍼드 그리번Crawford Gribben은 세대주의의 역사적 기원과 관련된 복잡한 내용을 자세히 설명해주었고, 리처드 게릭은 설득력 있는 서사가 분석 능력을 저하시키는 힘을 가졌음을 자세히 보여줬다. 로널드 넘버스Ronald Numbers와 앤드루 오들리츠코Andrew Odlyzko는 각각 밀러주의와 초창기 금융 버블에 대한 폭넓은 지식을 나눠주었다. 그리고 마지막으로, 크리스토퍼 맥케이는 재세례파의 광기와 관련한 지식과 정보를 아낌없이 나눠주었다. 이처럼 도움을 주신 모든 분 덕분에 내가 가진 부족한 지식을 훌륭하게 보완할 수 있었다. 모든 분께 무한한 감사와 존경의 마음을 전한다.

조지 깁슨^{George Gibson}은 책을 구상할 때부터 제작 전반에 걸쳐 조언을 해줬다. 그 덕에 부족하고 매끄럽게 연결되지 못했던 내용이 일관된 체계를 갖게 됐다. 에밀리 번스^{Emily Burns}는 각종 이미지 자료를 책임졌고, 그레천 머건탈러^{Gretchen Mergenthaler}는 표지를, 줄리아 베르너 토빈^{Julia Berner-Tobin}은 교열을, 존 마크 볼링^{John Mark Boling}은 홍보를, 마틴 루비코프스키^{Martin Lubikowski}는 지도를, 루이스 오브라이언^{Lewis O'Brien}은 감수와 총괄, 지원을 각각 담당해주었다. 모두가 출판 분야에서 축적한 지혜를 아낌없이 발휘하여 이 책을 멋지게 완성해주었다.

그리고 나의 아내이자 첫 번째 독자인 제인 지글러^{Jane Gigler}는 언제나처럼 초기 구상에서부터 편집과 정보 수집 과정 전반에 걸쳐 큰 도움을 줬다. 제인이 없었다면 이 모든 일이 어려웠을 것이다.

주

프롤로그

1. Charles Mackay, *Memoirs of Extraordinary Popular Delusions* (London: Richard Bentley, 1841), Volumes I-III. 별도 언급이 없으면 이후 인용은 같은 판본을 가리킴.
2. 맥케이는 '튤리포마니아(tulipomania)'라는 단어를 사용했는데, 후세 작가들은 'o'를 빼고 '튤립마니아(tulipmania)'로 표기했다.
3. Herodotus, *The Histories* (Baltimore: Penguin Books, (1954), 190-191.
4. Hans C. Breiter and Bruce R. Rosen, "Functional Magnetic Resonance Imaging of the Brain Reward Circuitry in the Human", *Annals of the New York Academy of Sciences* Vol. 877, No. 1 (February 6, 2006): 523-547; John P. O'Dohertyet al., "Neural Responses during Anticipation of Primary Taste Reward", *Neuron* Vol. 33, No. 5 (February 28, 2002): 815-826; Gregory S. Bernset al., "Predictability Modulates Human Brain Response to Reward", *The Journal of Neuroscience* Vol. 21, No. 8 (April 15, 2001): 2793-2798; and Wolfram Schultzet al., "A Neural Substrate of Prediction and Reward", Science Vol. 275, No. 5307 (March 14, 1997): 1593-1599.
5. Charles P. Kindleberger, *Manias, Panics, and Crashes* (New York: John Wiley & Sons, 2000), 15.
6. David Halberstam, *The Best and the Brightest* (New York: Random House, 1972).
7. Craig R. Whitney, "Cult Horror Maims Prominent French Family", *The New York Times*, December 27, 1995. See also Alan Riding, "Chalets Burn-2 Others Dead in Canada: 48 in Sect Are Killed in Grisly Rituals", *The New York Times*, and Gustav Niebuhr, "Victims in Mass Deaths Linked to Magical Sects", *The New York Times*, both October 6, 1994; Swiss Examine Conflicting Signs in Cult Deaths", *The New York Times*, October 7, 1994; "18 Sought in 3 Nations; Linked

to Doomsday Sect", *The New York Times*, December 22, 1995; 16 Burned Bodies Found in France; Cult Tie Suspected", *The New York Times*, December 24, 1995; 그리고 "French Say 2 Cult Members Shot Others", *The New York Times*, December 28, 1995.

8. David Gelertner, "A Religion of Special Effects", *The New York Times*, March 30, 1997.

9. Todd Bersaglieriet al., "Genetic Signatures of Strong Recent Positive Selection at the Lactase Gene", *American Journal of Human Genetics* Vol. 74, No. 6 (April 2004): 1111-1120; Tatum S. Simonsonet al., "Genetic Evidence for High-Altitude Adaptation in Tibet", *Science* Vol. 329, No. 5987 (July 2, 2010): 72-75; and XinYi et al., "Sequencing of 50 Human Exomes Reveals Adaptation to High Altitude", Ibid., 75-78.

10. Robert Boyd and Peter J. Richerson, "Culture and the evolution of human cooperation", *Philosophical Transactions of the Royal Society* Vol. 364, No. 1533 (November 12, 2009): 3281-3288.

11. Melanie C. Green and Timothy C. Brock, "The Role of Transportation in the Persuasiveness of Public Narratives", *Journal of Personality and Social Psychology* Vol. 79, No. 5 (2000): 701-721.

12. Robert Trivers, *The Folly of Fools* (New York: Basic Books, 2011), 9-11.

13. Matthew Haag, "Robert Jeffress, Pastor Who Said Jews Are Going to Hell, Led Prayer at Jerusalem Embassy", *The New York Times*, May 14, 2018.

14. Pew Research Center, "Jesus Christ's Return to Earth", July 14, 2010, https://www.pewresearch.org/fact-tank/2010/07/14/jesus-christs-return-to-earth/, accessed August 29, 2019.

15. Jeff Sharlet, "Jesus Killed Mohammed: The Crusade for a Christian Military", Harpers, May 2009, 31-43. See also Laurie Goodstein, "Air Force Chaplain Tells of Academy Proselytizing", *The New York Times*, May 12, 2005, Neela Banerjee, "Religion and Its Role Are in Dispute at the Service Academies", *The NewYork Times*, June 25, 2008.

16. Daniel Ellsberg, *The Doomsday Machine* (New York: Bloomsbury, 2017), 64-89.

17. Francis Galton, "Vox Populi" *Nature* Vol. 75, No. 1949 (March 7, 1907): 450-451; Letters to the Editor, *Nature* Vol. 75, No. 1952 (March 28, 1907): 509-510.

18. 전형적인 집단 지성을 보여준 보다 최근의 예로는 1966년 지중해에서 있었던 열핵탄두 분실 사건과 1968년 대서양에서 침몰한 스콜피온호 사건을 들 수 있다. 두 사건 모두 대상물의 위치를 파악하기 위해 도출한 평균적 추정치가 실제 발견 지

점으로부터 200미터 이내의 오차를 보였는데, 이것은 개인이 추정한 최상의 추정치보다 정확했다. 자세한 내용은 세리 손태그(Sherry Sontag)와 크리스토퍼 드루(Christopher Drew)의 『눈먼 남자의 허풍(Blind Man's Bluff)』 참조. (New York: HarperPaperbacks, 1999), 63-65, 96-117.

19. Galton, op. cit., and Galton, "The Ballot-Box", *Nature* Vol. 75, No. 1952 (March 28, 1907): 509; Friedrich von Hayek, "The Use of Knowledge in Society", *American Economic Review* Vol. 35, No. 4 (September 1945): 519-530; and James Surowiecki, The Wisdom of Crowds (New York: Anchor, 2005).

20. Joel Greenblatt and Barry Ritholtz, *Masters in Business*, April 20, 2018, https://assets.bwbx.io/av/users/iqjWHBFdfxIU/vcNFFMk_gBGg/v2.mp3.

21. Frederich Nietzsche, *Beyond Good and Evil* (Cambridge, UK: Cambridge University Press, 2001), 70.

22. Charles Mackay, *Memoirs of Extraordinary Popular Delusions*, I:3.

23. F. Scott Fitzgerald, "The Crack-Up", Esquire (February 1936), http://www.pbs.org/wnet/americanmasters/f-scott-fitzgerald-essay-the-crack-up/1028/, accessed March 5, 2016.

24. Philip Tetlock, *Expert Political Judgment* (Princeton, NJ: Princeton University Press, 2005).

25. Richard Alfred Davenport, *Sketches of Imposture, Deception, and Credulity* (London: Thomas Tegg and Son, 1837).

26. Ann Goldgar, *Tulipmania* (Chicago: University of Chicago Press, 2007), 5-6.

27. 예를 들면, 다음 글을 참고하라. Peter Melville Logan, "The Popularity of Popular Delusions: Charles Mackay and Victorian Popular Culture", *Cultural Critique* Vol. 54 (Spring 2003): 213-241.

1. 요아킴과 그의 후예들

1. Kurt Vonnegut, *Cat's Cradle*, (New York: Dial Press Trade Paperback, 2010), 182.

2. Marjorie Reeves, *Joachim of Fiore & the Prophetic Future* (Stroud, UK: Sutton Publishing, 1999), 8-23.

3. Hesiod, "Works and Days", 640, http://www.theoi.com/Text/HesiodWorksDays.html, accessed March 16, 2016.

4. Ibid., 109-121.

5. Ibid., 170-202.

6. I.E.S. Edwards, Ed., *The Cambridge Ancient History* 3rd Ed. (Cambridge, UK: University Press, 1975), Vol. II, Part 2, 558-605. and Paul Johnson, A History of the Jews (New York: HarperPerennial, 1987).

7. A.T. Olmstead, "The Text of Sargon's Annals", *The American Journal of Semitic Languages* Vol. 47, No. 4 (July 1931): 263.

8. II Kings 24:12-14.

9. Ibid. 25:7

10. Zedekiah, 1-48, and Paul Boyer, *When Time Shall Be No More* (Cambridge: Harvard/Belknap Press, 1992), 24-26.

11. Daniel 1:20.

12. Daniel 2:1-35.

13. Mircea Eliade, *Cosmos and History*, trans. Willard R. Trask (New York: Harper Torchbooks, 1959), 124-125.

14. Daniel 2:44.

15. Daniel 2:12. 종교적 관습의 개혁과 관련하여 메넬라오스와 안티오코스의 역할에 대해서는 논란이 있다. 특히 안티오코스가 강압적으로 추진한 것인지, 아니면 계몽된 유대인들이 절실한 필요를 느끼고 개혁을 단행한 것인지에 대해 의견이 나뉜다. see Johnson 104-107; Norman Cohn, *Cosmos, Chaos, and the World to Come* (New Haven, CT: Yale University Press, 1995), 166-175; and John J. Collins, *The Apocalyptic Imagination* (Grand Rapids, MI: William B. Erdmans Publishing Company, 1988), 85-144.

16. R.H. Charles, *Lectures on the Apocalypse* (London: Humphrey Milford, Oxford University Press, 1922), 1, 63. 다른 설명에 따르면 오늘날의 독자에게 「요한게시록」이 난해한 것은 1~2세기경 유대인 독자에게 읽힐 「에스겔서」와 「다니엘서」에 대한 보완 작업이 이어지면서 전달자 개인의 체험들이 첨가됐기 때문이라고 한다 (Christopher S. Mackay).

17. 「요한게시록」의 난해한 서사 구조에 관해서는 다음의 책 참조. Robert H. Mounce, *The Book of Revelation* (Cambridge, UK: William B. Eerdmans Publishing Company, 1984), 31-32; and also Charles, 39-51.

18. Cohn, *Cosmos, Chaos, and the World to Come*, 215; 「요한게시록」 1:22. 「요한게시록」에 대한 학술적 해석에 대한 요약을 찾는다면 다음 참조. Charles, *Lectures on the Apocalypse*; and John M. Court, *Myth and History in the Book of Revelation* (Atlanta, GA: John Knox Press, 1979), 16-19, 43-159.

19. Eliade, 123-124.

20. Robert Wright, *The Evolution of God* (New York: Little, Brown and Company, 2009), 193.

21. Spirit and Power: A 10 Country Survey of Pentecostals (Washington, DC: The Pew Forum on Religion & Public Life, 2006), 6, 155; 기타 참고 퓨 리서치 센터, "예수 그리스도가 이 땅에 오신다", July 14, 2010, 2019년 8월 29일 시행한 연구. 이상하게도 이 연구는 미국을 제외한 선진국들을 대상에서 제외했다. 주로 개발도상국을 대상으로 했는데, 나이지리아는 국민 88%가 성경은 문자 그대로 하느님의 말씀이라고 믿었다.

22. 천년설과 재림에 관한 아우구스티누스(Augustine)의 자세한 입장을 알고자 한다면 다음 웹페이지 참조. http://persweb.wabash.edu/facstaff/royaltyr/augustine.htm.

23. Saint Augustine, The City Against the Pagans XVII:53, http://www.loebclassics.com/view/augustine-city_god_pagans/1957/pb_LCL416.79.xml, accessed March 12, 2016, and City of God XVIII:30; and Alison McQueen, Political Realism in Apocalyptic Times (Cambridge, UK: Cambridge University Press, 2018), 50.

24. Keith E. Stanovich and Richard F. West, "Individual differences in reasoning: Implications for the rationality debate?" Behavioral and Brain Sciences Vol. 23 (2000): 645-726.

25. Richard J. Gerrig, Experiencing Narrative Worlds (New Haven, CT: Yale University Press, 1993), 10-11. 게릭의 정확한 표현은 다음과 같다. "그('그 여행자')가 무언가에 홀려 있다. / 그것은 일종의 도취 상태다. / 어떤 행위로 인해 그는 자신의 본연으로부터 멀리 나아간다. / 따라서 그는 과거 자신의 어떤 모습으로 돌아갈 수 없다. / 그는 자신이 떠난 곳으로 돌아오지만, 여행 이후에는 예전의 그일 수 없다."

26. Emily Dickinson (Mabel Loomis Todd and T.W. Higginson, 편집), The Poems of Emily Dickinson (Raleigh, NC: Hayes Barton Press, 2007), 1390.

27. Paul Rozinet al., "Operation of the Laws of Sympathetic Magic in Disgust and Other Domains", Journal of Personality and Social Psychology Vol. 50, No. 4 (1986): 703-711.

28. "A Nation Jawed", Time Vol. 106, Issue 4 (July 28, 1975): 51.

29. Ibid.

30. Clayton H. Lewis and John R. Anderson, "Interference with Real World Knowledge", Cognitive Psychology Vol. 8 (1976): 311-335.

31. Gerrig, 223-224.

32. Gerrig, 17.

33. Green and Brock, 701-721.

34. Ibid. 711.

35. Ibid. 719.

36. 토론 공방을 보고자 한다면 다음 인터넷 사이트 참조. https://www.youtube.com/watch?v=H1JFGWBAC5c. and Julie Beck, "Vaccine Skepticism and 'Big Government'", *The Atlantic*, September 17, 2015.

37. J.E. LeDoux, "The lateral amygdaloid nucleus: sensory interface of the amygdala in fear conditioning", *The Journal of Neuroscience* Vol. 10, No. 4 (April 1990): 1062-1069.

38. George Orwell, Animal Farm, 5-6, https://archive.org/details/AnimalFarm-English-GeorgeOrwell, accessed July 20, 2019.

39. Paul Christiansen, *Orchestrating Public Opinion* (Amsterdam: Amsterdam University Press, 2018), 10-30, quote 11. 시스템 1과 시스템 2 관련 및 청각 정보의 경로에 관해 더 알고자 한다면 다음 책 참조. Jenefer Robinson, *Deeper Than Reason* (Oxford: Clarendon Press, 2005), 47-52.

40. Leo Tolstoy, *Anna Karenina*, trans. Constance Garnett (Project Gutenberg, 1998), ii.

41. Thomas Gilovich, "Biased Evaluation and Persistence in Gambling", *Journal of Personality and Social Psychology* Vol. 44, No. 6 (June, 1983): 1110-1126.

42. 이 견해에 대한 가장 좋은 설명은 다음 글 참조. Roy F. Baumeisteret al., "Bad Is Stronger Than Good", *Review of General Psychology* Vol. 5, No. 4 (2001): 323-370. 긍정적인 이야기보다 부정적인 이야기를 선호하는 인간의 본성에 대한 실험 및 결론에 대해 알고자 한다면 다음 참조. Marc Trussler and Stuart Soroka, "Consumer Demand for Cynical and Negative News Frames", *The International Journal of Press/Politics* Vol. 19, No. 3 (July 2014): 360-379.

43. Soroush Vosoughiet al., "The spread of true and false news online", *Science* Vol. 359, No. 6380 (March 9, 2018): 1146-1151; and Zeynep Tufekci, "How social media took us from Tahrir Square to Donald Trump", *MIT Technology Review* August 14, 2018, https://www.technologyreview.com/s/611806/how-social-media-took-us-from-tahrir-square-to-donald-trump/, accessed May 22, 2019.

44. Bernard McGinn, *Apocalyptic Spirituality* (New York: Paulist Press, 1977), 97-98.

45. McGinn, 104-110.

46. Eric Temple Bell, *The Magic of Numbers* (New York: Dover Publications, Inc., 1991), 11, 77.

47. Francis Bacon, *The New Organon* (New York: The Bobbs-Merrill Company, Inc., 1960), 50.

48. Michael Shermer, "Patternicity", *Scientific American* Vol. 209, No. 6 (December 2008): 48.

49. 이런 현상의 정량적 연구를 참고하고자 한다면 다음 참조. Kevin R. Foster and

Hanna Kokko, "The Evolution of Superstitions and Superstition-like Behaviour", *Proceedings of the Biological Sciences* Vol. 276, No. 1654 (January 7, 2009): 31-37.

50. McGinn, 1979.

51. Ruth Kestenberg-Gladstein "The 'Third Reich': A fifteenthcentury polemic against Joachim, and its background", *Journal of the Warburg and Courtauld Institutes* Vol. 18, No. 3-4 (July-December, 1955): 246.

52. Ibid., 118-122.

53. 1 Peter 2:13.

54. Elizabeth Eisenstein, *The Printing Press as an Agent of Change* (Cambridge, UK: Cambridge University Press, 1979), 373.

55. George Hunston Williams, *The Radical Reformation* (Philadelphia: The Westminster Press, 1962), 64.

56. 독일 농민전쟁에 대한 자세한 내용은 다음 참조. Peter Blickle, *The Revolution of 1525*, Thomas A. Brady. trans. Thomas A. Brady, Jr. and H.C. Erik Midelfort (Baltimore: The Johns Hopkins University Press, 1981).

57. Hans Jürgen-Goertz, *Thomas Müntzer*, trans. Jocelyn Jaquiery (Edinburgh: T&T Clark, 1993), 31-61, quotes 59.

58. Abraham Friesen, *Thomas Muentzer, a Destroyer of the Godless* (Berkeley: University of California Press, 1990), 217-261, quote 261.

59. Jürgen-Goertz, 186.

60. Thomas Müntzer, *The Collected Works of Thomas Müntzer* (Edinburgh: T&T Clark, 1988), 71-72, and Jürgen-Goertz, 61-191.

2. 속는 자와 속이는 자

1. Hermann von Kerssenbrock, *Narrative of the Anabaptist Madness*, trans. Christopher S. Mackay (Leiden: Brill, Hotei Publishing, 2007), I:182.

2. Ibid., II:493.

3. Von Kerssenbrock, I:87-91, 104-138; and Anthony Arthur, *The Tailor-King* (New York: Thomas Dunne Books, 1999), 12.

4. Allan Chibi, *The Wheat and the Tares* (Eugene, OR: Pickwick Publications, 2015).

5. 이런 계산법은 베르나르트 로트만(Bernard Rothmann)의 영향이 크다, Ralf Klötzer, "The Melchoirites and Münster", John D. Roth and James M. Stayer,

Ed., *A Companion to Anabaptism and Spiritualism*, 1521-1700 (Leiden: Brill, 2007), 211-212, and Von Kerssenbrock, I:12-18. 호프만이 종말로 설정한 날짜는 1534년의 어느 시점으로 기술되어 있다; Anthony Arthur, *The Tailor-King* (New York: Thomas Dunne Books, 1999), 12.

6. Klötzer, 219-220.
7. Ibid., 220-221; Christopher S. Mackay, *False Prophets and Preachers* (Kirksville, MO: Truman State University Press, 2016), 11. 이 최고의 책에는 하인리히 그레스벡(Heinrich Gresbeck)의 해석에 대해 번역자의 자세한 설명이 부가되어 있다. 이후 Mackay/Gresbeck 참조.
8. Arthur, 12.
9. Arthur, 60-63.
10. Klötzer, 222-224.
11. 광기 이전 도시의 사회적·정치적 구조를 자세히 알고자 한다면 Mackay/Gresbeck, 22-25 참조.
12. Von Kerssenbrock, I:213-214.
13. 폰 케르센브로크와 그레스벡의 저서에 관해 한층 자세한 분석을 보고자 한다면 Mackay/Gresbeck, 1-63의 역자 해설 참조.
14. Von Kerssenbrock, I:214.
15. Ibid., I:217.
16. Ibid., I:361.
17. Ibid., I:121, 215, quote 215; Arthur, 15.
18. Christopher S. Mackay, 사적으로 취득한 정보임.
19. Arthur, 16.
20. Klötzer, 225-226; Mackay/Gresbeck, 23.
21. Arthur, 23-24.
22. Cohn, *The Pursuit of the Millennium* (New York: Oxford University Press, 1970), 267-268.
23. Von Kerssenbrock, II:477n23.
24. Klötzer, 226-230, quote 230.
25. Von Kerssenbrock, II:479.
26. Von Kerssenbrock, II:480.
27. Klötzer, 234.
28. Mackay/Gresbeck, 51, 67-68, 77.
29. Christopher S. Mackay, 사적으로 취득한 정보임.
30. Mckay/Gresbeck, 73-77.
31. Mckay/Gresbeck, 208-215.

32. Arthur, 54-58.

33. Mackay/Gresbeck, 89-90.

34. 날짜의 정확성에 대해서는 논란이 있다. Ibid., 90,138 참조.

35. Arthur, 69-72.

36. Ibid., 50-51, 107-108; and Mackay/Gresbeck, 102-110.

37. Mackay/Gresbeck, 114-119, 인용 115.

38. Ibid., 120-130. 결혼 지침이나 반란 사건의 정확한 날짜를 알고자 한다면 124, 242.

39. 5월과 8월의 주교 측 공격을 물리친 사건의 정치적 영향에 관해서는 크리스토퍼 맥케이와의 개인적인 소통을 바탕으로 기술함.

40. Mackay/Gresbeck, 140.

41. Ibid., 139.

42. Ibid., 163.

43. Klötzer, 230-246; Arthur, 118-124; and Mackay/Gresbeck, 166-167.

44. Mackay/Gresbeck, 168-169, 205, 527.

45. Arthur, 138-142; Mackay/Gresbeck, 285.

46. Klötzer, 246-247.

47. Arthur, 144-146.

48. Mackay/Gresbeck, 237.

49. Ibid., 256.

50. Arthur, 147-149.

51. Ibid., 151-153.

52. Ibid., 156-178; Mackay/Gresbeck, 33-34, 259-265.

53. Mackay/Gresbeck, 281. 왕비의 죽음에 대해서는 확실하지 않은 부분이 있다. 282, 895 참조.

54. Von Kerssenbrock, 715.

55. Klötzer, 246-250; Arthur, 177-178, 184; Von Kerssenbrock, 715, 716, 719.

56. B.S. Capp, *The Fifth Monarchy Men* (London: Faber and Faber, 1972), 14.

57. Robert Vaughn Ed., *The Protectorate of Oliver Cromwell and the State of Europe During the Early Part of the Reign of Louis XIV* (London: Henry Colburn, Publisher, 1838), I:156-157.

58. Isaac Newton, *Observations upon the Prophecies of Daniel and the Apocalypse of St. John* (London: J. Darby and P. Browne, 1733).

59. P. G. Rogers, *The Fifth Monarchy Men* (London: Oxford University Press, 1966), 11-13, 136-137; B.S. Capp, 23-24; Henry Archer, *The Personall Reign of Christ Vpon Earth*, Early English Books Online, http://eebo.chadwyck.com, accessed

June 16, 2017.

60. 제5왕정파의 신학적·정치적 영역에 관한 자세한 내용은 Capp, 131-157.

61. Capp, 105-106.

62. Rogers, 69.

63. C.H. Simpkinson, *Thomas Harrison, Regicide and Major-General* (London: J.M. Dent & Co., 1905), 223-251, quote 251.

64. Samuel Pepys, *The Diary of Samuel Pepys* (London: Macmillan and Co., Ltd., 1905), 51.

65. Ibid. "교수형당하고, 찢기고, 잘리는" 것의 의미를 자세히 알고자 한다면 다음 참조. Brian p. Block and John Hostettler, *Hanging in the Balance* (Sherfield Gables, UK: Waterside Press, 1997), 19-20; and Ian Mortimer, "*Why do we say 'hanged, drawn, and quartered'?*", http://www.ianmortimer.com/essays/drawing.pdf, accessed June 19, 2017.

66. Pepys, 64.

67. Rogers, 84-87, 112-122; Capp, 117-118, 199-200.

3. 쉽게 부자가 된 사람들

1. William Harrison Ainsworth, *The South Sea Bubble* (Leipzig: Bernhard Tauchnitz, 1868), 48-49.

2. 중세 시대에는 환어음도 통화를 확장했다. 근대 통화 시스템에 대해 명료하게 알고자 한다면 다음 참조. Frederick Lewis Allen, *The Lords of Creation* (Chicago: Quadrangle Paperbacks, 1966) 305-306; and Antoin Murphy, *John Law* (Oxford: Clarendon Press, 1997), 14-16.

3. Montgomery Hyde, *John Law* (London, W. H. Allen: 1969), 9.

4. Hyde, 10-14; and Malcolm Balen, *The Secret History of the South Sea Bubble* (New York: HarperCollins, 2003), 14. 월슨과의 다툼이나 탈출을 둘러싼 음모에 대해 자세히 알고자 한다면 다음 참조. Antoin Murphy, *John Law* (Oxford: Clarendon Press, 1997), 24-34.

5. Murphy, 38.

6. Quoted in Murphy, 38.

7. Murphy, 37-40.

8. Ibid., 37.

9. Walter Bagehot, *Lombard Street* (New York: Scribner, Armstrong & Co., 1873), 2-5.

10. Joan Sweeney and Richard James Sweeney, "Monetary Theory and the Great Capitol Hill Baby Sitting Co-op Crisis", *Journal of Money, Credit, and Banking* Vol. 9, No. 1 (February 1977): 86-89. Also see Paul Krugman, "Baby Sitting the Economy", http://www.pkarchive.org/theory/baby.html, accessed April 28, 2017.

11. William Potter, *The Key of Wealth* (London: "Printed by R.A.," 1650), 56. For "barbarous relic," see John Maynard Keynes, *A Tract on Monetary Reform* (London: Macmillan and Co., Limited, 1924), 172.

12. John Law, *Money and Trade Considered* (London: R. & A. Foulis, 1750), 8-14.

13. John Law, *Essay on a Land Bank*, Antoin E. Murphy, Ed. (Dublin: Aeon Publishing, 1994), 67-69.

14. John Law, *Money and Trade Considered*, 188.

15. Murphy, 93 인용. 물물교환과 호의를 얻기 위한 교환을 비교하여 이해하고자 한다면 다음 참조. David Graeber, *Debt* (New York: Melville House, 2012).

16. Murphy, 93. 이탤릭체가 머피의 인용구다.

17. Quoted in Murphy, 92.

18. Law, 182-190, quote 190.

19. Hyde, 52-63, Murphy 45-75.

20. Quoted in Murphy, 125.

21. Hyde, 89-90.

22. Murphy, 157-162.

23. 1717년에는 법적 절차를 거쳐 서방회사(Company of the West)로 개명 허가를 받았고, 1719년에는 중국회사(China Company)와 합병하여 인도회사(Company of the Indies)로 다시 개명했으나, 이후 다시 원래 이름이자 역사에 남겨진 이름인 미시시피회사로 확정했다.

24. Ibid., 162-183.

25. Hyde, 115; and Murphy, 189-191. 이 회사의 지배구조는 매우 복잡하게 얽혀 있다. 1720년까지 여러 차례 공모를 했고 주식의 종류도 세 가지로 분리하여 소유권이 서로 맞물리게 했다. Murphy 165-166.

26. Mackay, *Memoirs of Extraordinary Popular Delusions*, I:25-26.

27. Ibid., I:30.

28. *Letters of Madame Charlotte Elizabeth de Baviére, Duchess of Orleans*, ii:274, https://archive.org/stream/lettersofmadamec02orluoft/lettersofmadamec02orluoft_djvu.txt, accessed October 31, 2015.

29. Murphy, 205.

30. 1700년대 파리의 인구는 60만 명가량이었다. http://www.demographia.com/

dm-par90.htm 참조. 오를레앙 공작부인의 추정에 따르면 그중 절반은 이 호황기에 도시로 이주한 사람들이었다. Mackay, *Memoirs of Extraordinary Popular Delusions*, I:40; and Murphy, 213.

31. Murphy, 207.

32. 이 상황이 해결되는 정확한 과정과 배후의 비잔틴 정치에 대해 알고자 한다면 Murphy, 244-311 참조. 시스템의 인플레이션 조정 가치 추이는 표 19.2, 306 참조.

33. Larry Neal, *I Am Not Master of Events* (New Haven, CT: Yale University Press, 2012), 55-93.

34. Mackay, *Memoirs of Extraordinary Popular Delusions*, I:40; Hyde, 139-210; Murphy, 219-223, 312-333.

35. John Cuevas, *Cat Island* (Jefferson, NC: McFarland & Company, Inc., 2011), 11.

36. Ibid., 10-12.

37. William Lee, *Daniel Defoe: His Life, and Recently Discovered Writings* (London: John Camden Hotten, Piccadilly, 1869), II:189.

38. Barry Eichengreen, *Golden Fetters* (Oxford: Oxford University Press, 1995).

39. Stefano Condorelli, "The 1719 stock euphoria: a pan-European perspective", 2016년 게재 논문, https://mpra.ub.uni-muenchen.de/68652/, 2016년 4월 27일 접속.

40. John Carswell, *The South Sea Bubble* (Gloucestershire, UK: Sutton Publishing, Ltd., 2001), 19.

41. Balen, 23-32. 블런트는 그해 봄에 회사를 의회에 공개했고, 가을에 운영을 승인받았으며, 이후 앤 여왕이 운영권 증서를 수여했다. 앤드루 오들리츠코(Andrew Odlyzko)와의 개인적인 대화에서 얻은 정보.

42. Lee/Defoe, II:180.

43. 이 계산에 대해 자세히 알고자 한다면 다음 참조. Antti Ilmanen, "Do Financial Markets Reward Buying or Selling Insurance and Lottery Tickets?", *Financial Analysts Journal* Vol. 68, No. 5 (September/October 2012): 26-36. 캔자스주의 복권은 긍정적 경도/보상의 부족 현상을 보여주는 좋은 예다. 다음 인터넷 사이트의 도표 참조. http://www.kslottery.com/games/PWBLOddsDescription.aspx. 만일 미국 복권 파워볼(Powerball)의 수익이 1억 달러라고 가정한다면 2달러짜리 티켓 한 장에 대해 예상되는 적정 지급액은 66센트 또는 1달러당 33센트다. 즉 67%의 손실이 발생한다.

44. Mackay, *Memoirs of Extraordinary Popular Delusions*, I:82.

45. 존 로와 블런트의 사업 방식을 자세히 알고자 한다면 다음 참조. Carswell, 82-143; and Edward Chancellor, *Devil Take the Hindmost* (New York: Plume, 2000). 주식 구매 날짜에 대한 정보는 앤드루 오들리츠코와의 개인적인 소통으로 취득.

46. Mackay, Memoirs of *Extraordinary Popular Delusions*, I:92-100. 앤드루 오들리츠코의 견해에 따르면 '어떤 일인지 정해지지 않았지만 매우 큰 수익을 보장'하는 사업을 취재한 다큐멘터리도 존재한다(오들리츠코와의 개인적 소통을 통해 정보를 얻음).

47. Mackay, *Memoirs of Extraordinary Popular Delusions*, I:112; A. Andréadès, *History of the Bank of England* (London: p. S. King & Son, 1909), n250.

48. Dale, 111-112; Carswell, 128; Balen, 94; Kindleberger 인용, 122.

49. Carswell, 131.

50. Ibid., 116.

51. Anonymous, *The South Sea Bubble* (London, Thomas Boys, 1825), 113.

52. Carswell, 131-132, 189, 222.

53. Anonymous, "The Secret History of the South Sea Scheme", *A Collection of Several Pieces of Mr. John Toland* (London: J. Peele, 1726), 431.

54. Ibid., 442-443.

55. Chancellor, 74.

56. Mackay, *Memoirs of Extraordinary Popular Delusions*, I:112-113.

57. Ibid., I:112.

58. Larry Neal, *The Rise of Financial Capitalism* (Cambridge, UK: Cambridge University Press, 1990), 234. 주가가 바닥으로 추락했을 때 실제 가격은 100파운드였지만, 여기에는 33.3%의 주식 배당금이 포함되어야 하므로 150파운드가 더 현실적이다(앤드루 오들리츠코와의 개인적인 대화에서 얻은 정보).

59. Carswell, 120; Kindleberger, 208-209.

60. Helen Paul, *The South Sea Bubble* (Abingdon, UK: Routledge, 2011), 1, 39-42, 59-65. 헬렌 폴은 시장이 과열되는 것에도 합리적인 행동을 가정하는 수정주의 현대 경제사가 진영에 속하며 '합리적인 버블'을 이야기한다. 공급된 노예의 수와 거기에서 도출되는 수치들과 회사에 등록된 경험 많은 노예상들의 상황은 충분히 설명했지만, 1720년 중반 남해회사의 주가 상승을 정당화할 만큼 충분한 현금흐름의 원천이 되는 아시엔토의 재무 수치는 제시하지 못했다; Carswell, 55-57, 240 참조. 오늘날 남해회사의 본질적 가치를 치밀하게 평가할 때, 막대한 이익의 가능성을 고려한다면, 당시에 합리적인 예측을 하는 것은 불가능했으리라고 볼 수 있다; Paul Harrison, "남해회사 버블 당시의 합리적인 자기자본 가치(Rational Equity Valuation at the Time of the South Sea Bubble)", *History of Political Economy* Vol. 33, No. 2 (Summer 2001): 269-281.

61. 남해회사의 부채 전환 및 유동화 메커니즘은 매우 복잡하여 이 책에서 다룰 수 있는 범위를 훨씬 넘어선다. 이에 대한 권위 있는 해설을 참고하고자 한다면 다음 참조. Richard Dale, *The First Crash* (Princeton: Princeton University Press,

2014), 102-122, 허치슨의 계산 방법을 자세히 알고자 한다면 113-117 참고, 114 인용.

62. Ian Cowie, "Oriental risks and rewards for optimistic occidentals", *The Daily Telegraph*, August 7, 2004.

63. Carswell, 221-259. 짧은 투옥에 관한 정보는 앤드루 오들리츠코와의 개인적인 교류를 통해 얻은 것이다.

4. 조지 허드슨, 자본주의의 영웅

1. Solomon E. Asch, "Studies of Independence and Conformity: A Minority of One Against a Unanimous Majority", *Psychological Monographs* Vol. 70, No. 9 (1956): 1-70. and Asch, *Social Psychology* (New York: Prentice-Hall, 1952), 450-501 참조.

2. Asch (1956), 28.

3. See, for example, Ronald Friendet al., "A puzzling misinterpretation of the Asch 'conformity' study", *European Journal of Social Psychology* Vol. 20 (1990): 29-44.

4. Robert R. Provine, "Yawning", *American Scientist* Vol. 93, No. 6 (November/December 2005): 532-539.

5. Boyd and Richerson, 3282.

6. Robert Boyd and Peter J. Richerson, The Origin and Evolution of Cultures (Oxford: Oxford University Press, 2005), 8-9.

7. Fritz Heider, "Attitudes and Cognitive Organization", *The Journal of Psychology* Vol. 21 (1946): 107-112. 이와 유사하지만 보다 정형화된 모델은 찰스 오스굿(Charles E. Osgood)과 퍼시 테넌바움(Percy H. Tannenbaum), "일치와 태도 변화 예측의 원리(The Principle of Congruity and the Prediction of Attitude Change)", *Psychological Review* Vol. 62, No. 1 (1955), 42-55 참조.

8. Keise Izuma and Ralph Adolphs, "인간 두뇌의 선호에 대한 사회적 조작(Social Manipulation of Preference in the Human Brain)", *Neuron Interpersonal Dynamics* Vol. 78 (May 8, 2013): 563-573.

9. Daniel K. Campbell-Meiklejohnet al., "타인의 의견이 어떻게 우리의 가치 평가에 영향을 미치는가(How the Opinion of Others Affects Our Valuation of Objects)", *Current Biology* Vol. 20, No. 13 (July 13, 2010): 1165-1170.

10. Mackay, I:137.

11. Stephen E. Ambrose, *Undaunted Courage* (New York: Simon and Shuster,

1996), 52. 이 말은 엄밀히 말해 진실이 아니다. 비둘기나 수기 신호 시스템은 제한된 양이지만 말보다 더 빨리 정보를 전달할 수 있었다.

12. John Francis, *A History of the English Railway* (London: Longman, Brown, Green, & Longmans, 1851), I:4-5.

13. William Walker, Jr., *Memoirs of the Distinguished Men of Science* (London: W. Walker & Son, 1862), 20.

14. Paul Johnson, *The Birth of the Modern* (New York: HarperCollins, 1991), 581.

15. Ibid.

16. Christian Wolmar, *The Iron Road* (New York: DK, 2014), 22-29; and Francis, I:140-141.

17. Francis, I:94-102.

18. Francis, I:292.

19. Ibid.

20. Ibid., 288.

21. Sidney Homer and Richard Sylla, *A History of Interest Rates*, 4th Ed. (Hoboken, NJ: John Wiley & Sons, 2005), 188-193.

22. Bagehot, 138-139. 또 다른 요인으로 1830년대 노예 해방의 결과 부유한 노예 소유주들이 지급해야 했던 보상금을 드는 경우도 있다(오들리츠코와의 개인적인 대화에서 나온 이야기).

23. Francis, I:290.

24. Ibid., I:293.

25. Ibid., I:289, 293-294.

26. John Herapath, *The Railway Magazine* (London: Wyld and Son, 1836), 33.

27. John Lloyd and John Mitchinson, *If Ignorance Is Bliss, Why Aren't There More Happy People?* (New York: Crown Publishing, 2008), 207.

28. 프랜시스, I:300.

29. Andrew Odlyzko, "This Time Is Different: An Example of a Giant, Wildly Speculative, and Successful Investment Manias", *The B.E. Journal of Economic Analysis & Policy* Vol. 10, No. 1 (2010), 1-26.

30. J.H. Clapham, *An Economic History of Modern Britain: The Early Railway Age 1820-1850* (Cambridge, UK: Cambridge University Press, 1939), 387, 389-390, 391.

31. Richard S. Lambert, *The Railway King* (London: George Allen & Unwin Ltd., 1964), 30-31.

32. Andrew Odlyzko, 사적인 대화를 통해 얻은 정보.

33. Lambert, 99-107.

34. Ibid., 150-154.

35. Ibid., 156-157.

36. Ibid., 188-189.

37. Frazar Kirkland, *Cyclopedia of Commercial and Business Anecdotes* (New York: D. Appleton and Company, 1868), 379.

38. Lambert, 173-174; Francis, II:237.

39. Lambert, 237. See also Clapham, 391.

40. Francis, II:175.

41. Lambert, 165.

42. Francis, II:168-169.

43. Anonymous quote in Ibid., 144-145.

44. Quoted in Francis, II:174.

45. Lambert, 168-169.

46. Francis, II:183.

47. Alfred Crowquill, "Railway Mania", *The Illustrated London News*, November 1, 1845.

48. Lambert, 207.

49. Lambert, 200-207, 221-240; 철도 주가 지표 자료의 출처는 로스토(W. W. Rostow) 와 애나 제이컵슨 슈바르츠(Anna Jacobsen Schwartz), 『1790~1850년 영국 경제 의 성장과 변동(The Growth and Fluctuation of the British Economy 1790-1850)』 (Oxford: Clarendon Press, 1953), I:437.

50. Francis, II:195-196.

51. Ibid., 275-295; 또한 앤드루 오들리츠코와의 사적인 대화에서 인용함.

52. John Forster, *The Life of Charles Dickens* (London: Clapman and Hall, 1890), II:176.

53. William Bernstein, *The Birth of Plenty* (New York: McGraw-Hill Inc., 2004), 40-41.

54. Charles Mackay, *Memoirs of Extraordinary Popular Delusions* (London: Office of the National Illustrated Library, 1852), I:84.

55. Andrew Odlyzko, "Charles Mackay's own extraordinary popular delusions and the Railway Mania", http://www.dtc.umn.edu/~odlyzko/doc/mania04.pdf, accessed March 30, 2016.

56. Quotes from the *Glasgow Argus*, October 2, 1845, from Odlyzko, Ibid.

57. Andrew Odlyzko, "Newton's financial misadventures during the South Sea Bubble", working paper November 7, 2017. 이 유명한 말은 전언이며 기록으로 전해지는 것은 아니다.

5. 밀러의 폭주

1. Stanley Schacter, "Leon Festinger", *Biographical Memoirs* Vol. 94 (1994): 98-111, and "Doctor Claims World Will Upheave, Not End", *Pittsburgh Post-Gazette*, December 17, 1954.

2. Leon Festingeret al., *When Prophecy Fails* (New York: Harper Torchbooks, 1956), 234.

3. Ibid., 33.

4. Ibid., 33-51.

5. "Doctor Claims World Will Upheave, Not End."

6. Festinger, Ibid.; and Whet Moser, "Apocalypse Oak Park: Dorothy Martin, the Chicagoan Who Predicted the End of the World and Inspired the Theory of Cognitive Dissonance", *Chicago Magazine*, May 20, 2011.

7. Festingeret al., 28.

8. https://www.mtholyoke.edu/acad/intrel/winthrop.htm, accessed August 14, 2017.

9. Frederick Marryat, *A Diary in America* (New York: D. Appleton & Co., 1839), 16.

10. Walter Mann, *The Follies and Frauds of Spiritualism* (London: Watts & Co., 1919), 9-24.

11. Sylvester Bliss, *Memoirs of William Miller* (Boston: Joshua V. Himes, 1853), 8; and David L. Rowe, *Thunder and Trumpets* (Chico, CA: Scholars Press, 1985), 9.

12. Joshua V. Himes Ed., *Miller's Works* I:8, http://centrowhite.org.br/files/ebooks/apl/all/Miller/Miller%27s%20Works.%20Volume%201.%20Views%20of%20the%20Prophecies%20and%20Prophetic%20Chronology.pdf, accessed August 15, 2017.

13. Joshua V. Himes, *Views of the Prophecies and Prophetic Chronologies, Selected from Manuscripts of William Miller* (Boston: Josuhua V. Himes, 1842), 10.

14. Rowe, *Thunder and Trumpets*, 3-6.

15. Bliss, 47-48, 50.

16. Ibid., 52-53. 이에 대한 오늘날의 해석을 참고하고자 한다면 다음 참조. Ronald L. Numbers and Jonathan M. Butler Ed., *The Disappointed* (Bloomington and Indianapolis: Indiana University Press, 1987), 7-19에 있는 Wayne R. Judd, "William Miller: Disappointed Prophet" 참조.

17. Martin Gardner, *Fads and Fallacies in the Name of Science* (New York; Dover Publications, 1957), 173-185.

18. Erich von Daniken, *Chariots of the Gods*, trans. Michael Heron (New York: Berkley Books, 1999).

19. T. Rees Shapiro, "Harold Camping, radio evangelist who predicted 2011 doomsday, dies at 92", *The Washington Post*, December 18, 2013.

20. Gardner, 176.

21. Ronald L. Numbers, 개인적인 교류를 통한 정보.

22. Christopher Hitchens, *God Is Not Great* (New York: Hachette Group, 2007), 60.

23. Leroy Edwin Froom, *The Prophetic Faith of Our Fathers* (Washington, DC: Review and Herald, 1946); 1843년을 종말의 때로 지목한 계산법에 대해서는 III:401-413 참조. 종말의 때를 계산하는 방법을 정확히 알고자 한다면 네 권 전체를 통독해야 한다. 다음의 인터넷 사이트에서도 열람할 수 있다. http://documents.adventistarchives.org.

24. 웨이슨의 실험 기록이 남아 있지 않기 때문에 이 실험이 정확히 1950년 말에 행해졌는지는 확실하지 않다. 하지만 그의 주요 연구가 1960년에 발표됐으니 대략적인 시기는 맞는 듯하다. 이하 참조. p. C. Wason, "On the Failure to Eliminate Hypotheses in a Conceptual Task", *The Quarterly Journal of Experimental Psychology* Vol. 12, Part 3 (1960): 129-140.

25. Wason, Ibid. 웨이슨이 이 연구에서 '확증편향'이라는 말을 처음 사용했다는 것은 각종 심리학 저서들에 정설로 명시되고 있다. 하지만 이 용어는 이 책에 등장하지 않는다. 훗날 그의 공동 저자 한 사람도 "웨이슨이 '확증편향'이라는 용어를 사용한 것 같지는 않다"라고 말했다. 그가 사용한 용어는 '입증 전략(verifying strategy)'이었다. 필립 존슨 레어드(Philip Johnson-Laird)와의 개인적인 소통으로 얻은 정보. 그는 1977년 이전에 이 용어를 사용한 사례를 찾을 수 없다고 말했다.

26. 확증편향에 대한 심리학과 역사적 측면, 인간의 의미 등에서 탁월한 연구를 참고하고자 한다면 다음 참조. Raymond S. Nickerson, "Confirmation Bias: A Ubiquitous Phenomenon in Many Guises", *Review of General Psychology* Vol. 2, No. 2 (1998): 175-220.

27. Charles G. Lordet al., "Biased Assimilation and Attitude Polarization: The Effects of Prior Theories on Subsequently Considered Evidence", *Journal of Personality and Social Psychology* Vol. 37, No. 11 (June 1, 1979): 2098-2109. 반대 논리에 의해 오히려 신념을 강화하는 이른바 '역효과'에 대해서는 논란의 여지가 많다. 좀 더 자세한 설명을 원한다면 다음 참조. Thomas Wood and Ethan Porter, "The Elusive Backfire Effect: Mass Attitudes' Steadfast Factual Adherence", Political Behavior Vol. 41, No. 1 (March 2019): 135-163.

28. 로위(Rowe), 『천둥과 트럼펫(Thunder and Trumpets)』, 11-12; 에버렛 N. 딕 (Everett N. Dick), 『윌리엄 밀러와 1831-1844년 재림의 위기(William Miller and

the Advent Crisis 1831-1844)』 (Berrien Springs, MI: Andrews University Press, 1994), 7-9. 로위에 따르면 밀러는 페르시아제국이 멸망한 해인 기원전 457년에 집착했다. 이후 100년이 넘도록 큰 사건들은 발생하지 않았다.

29. Rowe, *Thunder and Trumpets*, 12-15.

30. Ibid., 14.

31. David L. Rowe, *God's Strange Work* (Grand Rapids, MI: William B. Eerdmans Publishing Company, 2008), 1-2.

32. Thomas Armitage, *A History of Baptists* (New York: Bryan, Taylor & Co., 1887), 769.

33. G. Frederick Wright, *Charles Grandison Finney* (Boston: Houghton, Mifflin and Company, 1893), 61.

34. Rowe, *Thunder and Trumpets*, 17-18, 24.

35. Rowe, *Thunder and Trumpets*, 17, 24, 91-92, quote 92.

36. Bliss, 143.

37. Dick, *William Miller and the Advent Crisis 1831-1844*, 19-20.

38. Rowe, *Thunder and Trumpets*, 17.

39. Ibid., 59-82.

40. Everett N. Dick, "Advent Camp Meetings of the 1840s", *Adventist Heritage* Vol. 4, No. 2 (Winter 1977): 5.

41. Ibid., 3-10.

42. Ibid., 10.

43. Ibid.

44. Whitney R. Cross, *The Burned-over District* (New York: Harper Torchbooks, 1950), 296.

45. Rowe, *Thunder and Trumpets*, 31-40.

46. Dick, *William Miller and the Advent Crisis 1831-1844*, 44-45. On Starkweather, see George R. Knight, Millennial Fever (Boise, ID: Pacific Press Publishing Association, 1993), 174-175.

47. William Miller, "A New Year's Address", *The Signs of the Times* Vol. IV, No. 19 (January 25, 1843): 150 (courtesy of Adventist Digital Library).

48. Dick, Miller and the Advent Crisis 1831-1844, 121.

49. Ibid., 83-99. For a precise 19세기 중반 랍비 달력의 구성을 정확히 알고자 한다면 다음의 책 참조. Isaac Landman, Ed., *The Universal Jewish Encyclopedia* (New York: Universal Jewish Encyclopedia, Inc., 1940), II:636.

50. William Miller, *letter, The Advent Herald* Vol. 7, No. 5 (March 6, 1844): 39.

51. Joshua V. Himes, *The Midnight Cry!* Vol. 6, No. 13 (April 11, 1844), 305

(courtesy of Adventist Digital Library).

52. *The Signs of the Times* Vol. V, No. 16 (June 23, 1843): 123 (courtesy of Adventist Digital Library).

53. Knight, 159-165, quote 163.

54. *The Midnight Cry!* Vol. 7, No. 17 (October 19): 132 (courtesy of Adventist Digital Library).

55. Joseph Bates, *The Biography of Elder Joseph Bates* (Battle Creek, MI: The Steam Press, 1868), 298.

56. Ibid., 167-205. 엑서터 모임을 자세히 알고자 한다면 다음 참조. *The Advent Herald* Vol. 8, No. 3 (August 21, 1844): 20; 또한 스노의 종말론을 정확히 알고자 한다면 다음 참조. S.S. Snow, *The True Midnight Cry* Vol. 1, No. 1 (August 22, 1844): 3-4 (courtesy of Adventist Digital Library).

57. William Miller, letter to Joshua Himes, *The Midnight Cry!* Vol. 7, No. 16 (October 12): 121 (courtesy of Adventist Digital Library). 1844년 10월 22일이 어떻게 재림교 지도부로부터 공인을 받았는지 간략한 내용을 알고자 한다면 다음 참조. David L. Rowe, *God's Strange Work*, 186-190.

58. Josiah Litch, letter to Nathaniel Southard, *The Midnight Cry!* Vol. 7, No. 16 (October 12): 125 (courtesy of Adventist Digital Library).

59. William Nicholas, *The Midnight Cry!* Vol. 7, No. 17 (October 19): 133 (courtesy of Adventist Digital Library).

60. Froom, IV:686.

61. Knight, 204-210.

62. Dick, *William Miller and the Advent* Crisis 1831-1844, 149-152.

63. J. Thomas Scharf and Thompson Westcott, *History of Philadelphia* (Philadelphia: L. H. Everts & Co., 1884), II:1448.

64. Rowe, *Thunder and Trumpets*, 137.

65. Ibid., 138.

66. Clara Endicott Sears, *Days of Delusion* (Boston: Houghton Mifflin Company, 1924), 181, 190-191, 195, 203.

67. Francis D. Nichol, *The Midnight Cry!* (Takoma Park, Washington, DC: Review and Herald Publishing Association), 337-426; and Ruth Alden Doan, *The Miller Heresy, Millerism, and American Culture* (Philadelphia: Temple University Press, 1987), 60-61, 158-174; and Dick, *William Miller and the Advent Crisis 1831-1844*, 123-130. 밀러주의의 양상, 특히 승천 가운에 대한 가장 간결하고 설득력 있는 근대적 고찰은 Cross, 305-306.

68. *The Signs of the Times* Vol. VI, No. 17 (December 13, 1843): 144 (courtesy of

Adventist Digital Library); and Dick, *William Miller and the Advent Crisis 1831-1844*, 121.

69. Knight, 218-219.

70. Louis Boutelle, *Sketch of the Life and Religious Experience of Eld. Louis Boutelle* (Boston: Advent Christian Publication Society, 1891), 67-68.

71. William Lloyd Garrison, *The Letters of William Lloyd Garrison*, Walter M. Merrill, Ed. (Cambridge: Belknap Press of Harvard University Press, 1973), III:137; and Ira V. Brown, "The Millerites and the Boston Press", *The New England Quarterly* Vol. 16, No. 4 (December 1943): 599.

72. Dick, *William Miller and the Advent Crisis 1831-1844*, 161.

73. Rowe, *Thunder and Trumpets*, 141-147.

74. Knight, 219-241.

75. Jonathan M. Butler and Ronald L. Numbers, Introduction, in Ronald L. Numbers and Jonathan M. Butler, Ed., *The Disappointed* (Bloomington and Indianapolis: Indiana University Press, 1987), xv; and Doan, 203-204.

76. 페스팅거가 논한 밀러주의 에피소드들을 더 참고하고자 한다면 다음 참조. Festinger et al., *When Prophecy Fails*, 11-23.

77. Ernest Sandeen, *The Roots of Fundamentalism* (Grand Rapids, MI: Baker Book House, 1970), 54-55.

6. 처칠이 일으킨 나비효과

1. Bagehot, 158.

2. Martin Gilbert, *Winston S. Churchill* (Boston: Houghton Mifflin Company, 1977), V:333-351, quote 350.

3. Liaquat Ahamed, *Lords of Finance* (New York: Penguin, 2009), 231.

4. H. Clark Johnson, *Gold, France, and the Great Depression, 1919-1932* (New Haven, CT: Yale University Press, 1997), 141; converted at $4.86/pound sterling, 또한 다음 참조. Federal Reserve Bulletin, April 1926, 270-271.

5. Benjamin M. Blau et al., "Gambling Preferences, Options Markets, and Volatility", *Journal of Quantitative and Financial Analysis* Vol. 51, No. 2 (April 2016): 515-540.

6. Hyman Minksy, "The financial-instability hypothesis: capitalist processes and the behavior of the economy", in Charles P. Kindleberger and Jean-Pierre Laffargue, Ed., *Financial crises* (Cambridge, UK: Cambridge University Press, 1982), 13-39.

7. William J. Bernstein, *The Birth of Plenty*, 101-106.

8. For a marvelously lucid description of this system, see Frederick Lewis Allen, *The Lords of Creation* (Chicago: Quadrangle Paperbacks, 1966), 305-306.

9. https://fraser.stlouisfed.org/theme/?_escaped_fragment_=32#!32, accessed March 30, 2016.

10. Minsky, 13-39.

11. Floris Heukelom, "Measurement and Decision Making at the University of Michigan in the 1950s and 1960s", Nijmegen Center for Economics, Institute for Management Research, Radboud University, Nijmegen, 2009, http://www.ru.nl/publish/pages/516298/nice_09102.pdf, accessed July 18, 2016.

12. Malcolm Gladwell, *David and Goliath* (New York: Little, Brown and Company, 2013), 103.

13. Daniel Kahneman, *Thinking, Fast and Slow* (New York: Farrar, Straus and Giroux, 2013), 4-7.

14. Amos Tversky and Daniel Kahneman, "Judgment under Uncertainty: Heuristics and Biases", *Science* Vol. 185, No. 4157 (September 27, 1974), 1124.

15. Ibid., 1130.

16. "Judgment under Uncertainty"(vide supra)는 카너먼과 트버스키 공저에서 가장 많이 인용되는 글이다. 또한 같은 저자들의 다음 글 참조. "Availability: A Heuristic for Judging Frequency and Probability", *Cognitive Psychology* Vol. 5 (1973): 207-232; "Belief in the Law of Small Numbers", *Psychological Bulletin* Vol. 76, No. 2 (1971): 105-110; "Subjective Probability: A Judgment of Representativeness", *Cognitive Psychology* Vol. 3 (1972): 430-454; "On the Psychology of Prediction", *Psychological Review* Vol. 80, No. 4 (July 1973): 237-251; "On the study of statistical intuitions", *Cognition* Vol. 11 (1982): 123-141; and "Intuitive Prediction: Biases and Corrective Procedures", *Advances in Decision Technology*, Defense Advanced Research Projects Agency, 1977.

17. 총기 사고 사망자 관련 자료는 다음 참조. https://www.cdc.gov/nchs/fastats/injury.htm; 자동차 사고 사망자 관련 자료는 다음 참조. https://www.cdc.gov/vitalsigns/motor-vehicle-safety/; 또한 마약류를 원인으로 한 사망자 관련 자료는 다음 참조. https://www.cdc.gov/drugoverdose/.

18. 2005년에서 2019년 사이에 테러 공격으로 사망한 이스라엘 국민은 250명으로 연간 평균이 15명가량인 데 비해 2018년 한 해에 교통사고로 숨진 사람은 315명에 달했다. 해당 자료는 다음 웹사이트 참조. https://www.jewishvirtuallibrary.org/comprehensive-listing-of-terrorism-victims-in-israel. 그리고 다음 참조. https://www.timesofisrael.com/cautious-optimism-as-annual-road-deaths-drop-for-

the-first-time-in-5-years/.

19. 1925년 당시 미국의 인구는 1억 1,600만 명이었고 자동차는 2,000만 대가 등록되어 있었다. 다음 웹사이트 참조. http://www.allcountries.org/uscensus/1027_motor_vehicle_registrations.html, accessed July 18, 2016.

20. Allen, The Lords of Creation, 235-236.

21. John Kenneth Galbraith, *A Short History of Financial Euphoria* (Knoxville, TN: Whittle Direct Books, 1990), 16.

22. Galbraith, *The Great Crash 1929* (Boston: Houghton Mifflin Company, 1988), 22.

23. K. Geert Rouwenhorst, "The Origins of Mutual Funds", in *The Origins of Value*, William N. Goetzmann and K. Geert Rouwenhorst, Ed. (Oxford: Oxford University Press, 2005), 249.

24. Galbraith, *The Great Crash 1929*, 47.

25. 다음의 여러 문헌에서 발췌. Galbraith, *The Great Crash* 1929, 60-63; and J. Bradford De Long and Andrei Schleifer, "The Stock Market Bubble of 1929: Evidence from Closed-end Mutual Funds", *The Journal of Economic History* Vol. 51, No. 3 (September 1991): 678.

26. Galbraith, *The Great Crash* 1929, 58-62; and Barrie Wigmore, The Crash and *Its Aftermath* (Westport, CT: Greenwood Press, 1985), 40, 45, 248-250.

27. 로버트 실러의 자료 참조. http://www.econ.yale.edu/~shiller/data/ie_data.xls, accessed July 17, 2016.

28. Robert Shiller database, Ibid.

29. Neal, *The Rise of Financial Capitalism*, 232-257. 1709년은 스페인 왕위 계승 전쟁이 거의 끝날 무렵이었고, 따라서 추가적인 주가 상승이 기대되는 바닥권이었기 때문에 이 수치조차 상승의 정도를 과대평가한 것일 수 있다.

30. "Radio Declares Dividend", *Ellensburg Daily Record*, November 5, 1937.

31. 이런 기법의 표준 형식은 다음 책 참조. John Burr Williams, *The Theory of Investment Value* (Cambridge: Harvard University Press, 1938). 또한 다음 참조. Irving Fisher, *The Theory of Interest* (New York: The Macmillan Company, 1930); 또한 다음 참조. Benjamin Graham and David Dodd, *Security Analysis* (New York: Whittlesey House, 1934).

32. Graham and Dodd, 310.

33. 다음 책에 나온 내용을 조금 바꿨다. Frederick Lewis Allen, *Only Yesterday* (New York: Perennial Classics, 2000), 265. 최초의 출처는 찾지 못했다.

7. 선샤인 찰리, 그늘을 드리우다

1. Bernstein, *The Birth of Plenty*, 127-128.
2. *The Bend [OR] Bulletin*, July 16, 1938, 1, 5.
3. Allen, *The Lords of Creation*, 267-269.
4. Quoted in Allen, *The Lords of Creation*, 281-282.
5. Ibid., 266-286.
6. Virginia State Corporation Commission, "Staff Investigation on the Restructuring of the Electric Industry", https://www.scc.virginia.gov/comm/reports/restrct3.pdf, accessed April 17, 2019.
7. Allen, *The Lords of Creation*, 279.
8. Ibid.
9. Adolph A. Berle, Jr., and Gardiner C. Means, *The Modern Corporation and Private Property* (New York: The Macmillan Company, 1948), 205n18.
10. Allen, *The Lords of Creation*, 281.
11. Ibid., 286.
12. Arthur R. Taylor, "Losses to the Public in the Insull Collapse: 1932-1946", The Business History Review Vol. 36, No. 2 (Summer 1962): 188.
13. "Former Ruler of Utilities Dies in France", *Berkeley Daily Gazette*, July 16, 1938.
14. "Insull Drops Dead in a Paris Station", *The Montreal Gazette* Vol. 167, No. 170 (July 18, 1938): 9.
15. Allen, *The Lords of Creation*, 353-354.
16. Evans Clark, Ed., *The Internal Debts of the United States* (New York: The Macmillan Company, 1933), 14.
17. See, for example, "Reveal Stock Pool Clears 5 Million in Week", *Chicago Tribune* Vol. 91, No. 121 (May 20, 1932): 1.
18. Samuel Crowther, "Everybody Ought to Be Rich: An Interview with John J. Raskob", *Ladies' Home Journal*, August 19, 1929. 다음의 책으로 출간됐다. David M. P. Freund, *The Modern American Metropolis* (New York: Wiley-Blackwell, 2015), 157-159. Circulation estimate from Douglas B. Ward, "The Geography of the Ladies' Home Journal: An Analysis of a Magazine's Audience, 1911-55", *Journalism History* Vol. 34, No. 1 (Spring, 2008): 2.
19. Yanek Mieczkowski, *The Routledge Historical Atlas of Presidential Elections* (New York: Routledge, 2001), 94.
20. Galbraith, *The Great Crash 1929*, 139.
21. David Kestenbaum, "What's a Bubble?", http://www.npr.org/sections/

money/2013/11/15/245251539/whats-a-bubble, accessed August 1, 2016. 자금 관리자의 비지속적인 성과와 관련한 학술 문헌은 다음 참조. Michael C. Jensen, "The Performance of Mutual Funds in the Period 1945-64", *Journal of Finance* Vol. 23, No. 2 (May 1968): 389-416; John R. Graham and Campbell R. Harvey, "Grading the Performance of Market Timing Newsletters", *Financial Analysts Journal* Vol. 53, No. 6 (November/December 1997): 54-66; and Mark M. Carhart, "On Persistence in Mutual Fund Performance", *Journal of Finance* Vol. 52, No. 1 (March 1997): 57-82.

22. Robert Shiller, *Market Volatility* (Cambridge: MIT Press, 1992), 56.

23. Anonymous, "Jacobellis v. Ohio", https://www.law.cornell.edu/supremecourt/text/378/184#ZC1-378_US_184fn2/2, accessed August 1, 2016.

24. Allen, *Only Yesterday*, 288.

25. Ibid., 273-274.

26. Chancellor, 210.

27. Alexander Dana Noyes, *The Market Place* (Boston: Little, Brown and Company, 1938), 323-324.

28. Galbraith, *The Great Crash 1929*, 84-85; and *The Wall Street Journal* September 6, 1929.

29. "피셔, 주가가 항구적인 고점을 향한다고 보다(Fisher Sees Stocks Permanently High)", *New York Times*, October 16, 1929, 8.

30. Michael Perino, *The Hellhound of Wall Street* (New York: The Penguin Press, 2010), 197.

31. Bruce Barton, "Is There Anything Here that Other Men Couldn't Do?" *American Magazine* 95 (February 1923): 128, 다음에서 인용. Susan Estabrook Kennedy, *The Banking Crisis of 1933* (Lexington: The University Press of Kentucky, 1973), 113-114.

32. Quote in Allen, *The Lords of Creation*, 313; also see Edmund Wilson, *The American Earthquake* (Garden City, NY: Anchor Doubleday Books, 1958), 485.

33. Allen, *The Lords of Creation*, 313-319.

34. Edmund Wilson, 485.

35. As measured by the Dow Jones Industrial Average.

36. 미국 주식 소유 현황에 대한 시기적 변화를 참고하고자 한다면 다음 인터넷 사이트 참조. https://www.fdic.gov/about/history/timeline/1920s.html.

37. Benjamin Roth, *The Great Depression: A Diary* (New York: Public Affairs, 2009), 44.

38. Fred Schwed, *Where Are the Customers' Yachts?* (Hoboken, NJ: John Wiley &

Sons Inc., 2006), 155.

39. Thomas F. Huertas and Joan L. Silverman, "Charles E. Mitchell: Scapegoat of the Crash?" The Business History Review Vol. 60, No. 1 (Spring 1986): 86.

40. Perino, 40-59.

41. Ibid., 135-155.

42. Ibid., 202.

43. "제72차 미국 상원의 금융통화위원회, on S. Res. 84 and S. Res. 239", 2170, http://www.senate.gov/artandhistory/history/common/investigations/pdf/Pecora_EBrown_testimony.pdf, accessed August 17, 2016.

44. Ibid., 2176.

45. Ibid., 2168-2182.

46. Wigmore, The Crash and Its Aftermath, 446-447; Barrie A. Wigmore, "Was the Bank Holiday of 1933 Caused by a Run on the Dollar?", Journal of Economic History Vol. 47, No. 3 (September 1987): 739-755.

47. William J. Bernstein, The Four Pillars of Investing (New York: McGrawHill Inc., 2002), 147. 48. Schwed, 54. 49. Allen, The Lords of Creation, 225.

48. Schwed, 54.

49. Allen, The Lords of Creation, 225.

8. 붉은 암송아지

1. Gershom Gorenberg, The End of Days (New York: The Free Press, 2000), 7-8; and "Apocalypse Cow", The New York Times (March 30, 1997).

2. Mendy Kaminker, "Meet the Red Heifer", http://www.chabad.org/parshah/article_cdo/aid/2620682/jewish/Meet-the-Red-Heifer.htm, accessed March 11, 2016.

3. Mishneh Torah, Laws of Mikvaot, 11:12.

4. Mishneh Torah, Laws of Parah Adumah 3:4.

5. Gorenberg, 9-10.

6. David Gates, "The Pop Prophets", Newsweek, May 24, 2004, 48; and https://news.gallup.com/poll/193271/americans-believe-god.aspx; https://news.gallup.com/poll/210704/record-few-americans-believe-bible-literal-word-god.aspx; and https://www.pewresearch.org/fact-tank/2010/07/14/jesus-christs-return-to-earth/, accessed April 19, 2019.

7. Crawford Gribben, 사적으로 취득한 정보임.

8. 1 Thessalonians 4:16-17.

9. Donald Harman Akenson, *Discovering the End of Time* (Montreal: McGillQueen's University Press, 2016), 88-90; and J. Gordon Melton, *Encyclopedia of American Religions* (Detroit: Gale Press, 1999), 107-108.

10. David S. Yoon, *The Restored Jewish State and the Revived Roman Empire* (Ann Arbor MI: Proquest/UMI Dissertation Publishing, 2011), 107-113; and Richard Hastings Graves, *The Whole Works of Richard Graves, D.D.* (Dublin: William Curry, Jun. and Company, 1840), II:416-438.

11. Crawford Gribben, 사적으로 취득한 정보임.

12. Isaac Newton, Ibid.

13. Joseph Priestly, *Letters to a Philosophical Unbeliever, Part I, Second Ed.*, (Birmingham: Pearson and Rollason, 1787), 192.

14. Yoon, 150, 274; Melton, 109.

15. Stephen Larsen, *The Fundamentalist Mind* (Wheaton IL: Quest Books, 2014), 145-146.

16. David W. Bebbington, *Evangelicalism in Modern Britain* (London: Routledge, 1989), 2-5.

17. C.I. Scofield, *The Holy Bible* (New York: Oxford University Press, American Branch, 1909); and *The New Scofield Reference Bible* (New York: Oxford University Press, 1967); sales estimates, Boyer, 97-98; and Crawford Gribben, 사적으로 취득한 정보임.

18. Sandeen, 273-277, quote 276-277; on adoption year of 1890, see Julie Scott Jones, *Being the Chosen: Exploring a Christian Fundamentalist Worldview* (London: Routledge, 2010), 38.

19. Arthur Posonby Moore-Anderson, *Sir Robert Anderson and Lady Agnes Anderson*, http://www.casebook.org/ripper_media/rps.apmoore.html, accessed December 19, 2017; and Alexander Reese, *The Approaching Advent of Christ*, https://theologue.wordpress.com/2014/10/23/updated-the-approaching-advent-of-christ-byalexander-reese/, 237 accessed December 19, 2017.

20. B. W. Newton, *Prospects of the Ten Kingdoms Considered* (London: Houlston & Wright, 1863), 42.

21. Ibid.

22. William Kelly, Ed., *The Collected Writings of John Nelson Darby* Vol. 11 (London: G. Morrish, 1867-1900), 595-596.

23. Crawford Gribben, 사적으로 취득한 정보임.

24. Daniel 8:14.

25. Robert Anderson, *The Coming Prince* (London: Hodder and Stoughton, 1881), 46-50; and Anderson, *Unfulfilled Prophecy and "The Hope of the Church* (London: Pickering & Inglis, 1923), 7-9, quote 9.

26. Anderson, *The Coming Prince*, 186-187.

27. Ibid., 150.

28. For "king of the east", see Ibid., Vol. 2, 359, and Revelation 16:12; and for "king of the south", see Ibid., Vol. 2, 519.

29. Ibid., Vol. 2, 517.

30. Ibid., Vol. 2, 518; see also Yoon, 202.

31. Paul Charles Merkley, *The Politics of Christian Zionism 1891-1948* (London: Frank Cass, 1998), 59, 63.

32. D.H. Willmington, *Willmington's Guide to the Bible* (Wheaton, IL: Tyndale House Publishers, Inc., 1984), 563; William E. Blackstone, *Jesus Is Coming* (Chicago: The Moody Bible Institute, 1916); and Matthew Avery Sutton, *American Apocalypse* (Cambridge: Belknap Press, 2014), 210.

33. Merkley, *The Politics of Christian Zionism 1891-1948*, 69.

34. Ibid., 73.

35. Melvin I. Urofsky and David W. Levy, Ed., *Letters of Louis D. Brandeis* (Albany: State University of New York Press, 1975), IV:278; see also Sutton, 73.

36. E.T. Raymond, *A Life of Arthur James Balfour* (Boston: Little, Brown, and Company, 1920), 1.

37. Ibid., 110, 184-197.

38. Jonathan Schneer, *The Balfour Declaration* (London: Bloomsbury, 2010), 134-135.

39. 이 서신의 사진은 다음의 인터넷 사이트에서 열람할 수 있다. http://i-cias.com/e.o/slides/balfour_declaration01.jpg.

9. 성지 템플마운트

1. Tom Segev, *One Palestine, Complete*, trans. Hiam Watzman (New York: Holt Paperbacks, 1999), 430.

2. Moshe Dayan, *Story of My Life* (New York: William Morrow and Company, Inc., 1976), 45.

3. Yoon, 233.

4. André Gerolymatos, *Castles Made of Sand* (New York: Thomas Dunne Books, 2010), 71-77.

5. Ralph Sanders, "Orde Wingate: Famed Teacher of the Israeli Military", *Israel: Yishuv History* (Midstream-Summer 2010): 12-14.

6. Anonymous, "Recent Views of the Palestine Conflict", *Journal of Palestine Studies* Vol. 10, No. 3 (Spring, 1981): 175.

7. Lester Velie, *Countdown in the Holy Land* (New York: Funk & Wagnalls, 1969), 105.

8. Simon Anglim, *Orde Wingate and the British Army*, 1922-1944 (London: Routledge, 2010), 58.

9. Yoel Cohen, "The Political Role of the Israeli Chief Rabbinate in the Temple Mount Question", *Jewish Political Studies Review* Vol. 11, No. 1 (Spring 1999): 101-105.

10. 이 문제에 대한 자세한 논의를 참고하고자 한다면, 찬성하는 견해는 Jerry M. Hullinger, "The Problem of Animal Sacrifices in Ezekiel 40-48", *Bibliotheca Sacra* Vol. 152 (July-September, 1995): 279-289; 반대하는 견해는 Philip A.F. Church, "Dispensational Christian Zionism: A Strange but Acceptable Aberration of Deviant Heresy?", *Westminster Theological Journal* Vol. 71 (2009): 375-398.

11. Chaim Herzog, *The Arab-Israeli Wars* (New York: Random House, 1982), 54-55.

12. Paul Charles Merkley, *Christian Attitudes Towards the State of Israel* (Montreal: McGill-Queen's University Press, 2001), 140.

13. Hertzel Fishman, *American Protestantism and a Jewish State* (Detroit: Wayne State University Press, 1973), 23-24, 83. 석유회사들이 이스라엘 건국을 반대하던 상황을 자세히 알고자 한다면 다음 참조. Zohar Segev, "Struggle for Cooperation and Integration: American Zionists and Arab Oil, 1940s", *Middle Eastern Studies* Vol. 42, No. 5 (September 2006): 819-830.

14. Quoted in Ibid., 29.

15. Quoted in Ibid., 34.

16. Ibid., 53-54.

17. Reinhold Niebuhr, *Love and Justice* (Louisville, KY: Westminster John Knox Press, 1992), 139-141. (참고: 인용 부분은 다음의 재간본을 참조했음. "Jews After the War", published in 1942.)

18. Ibid., 141.

19. Yoon, 354-365, quote 362.

20. Samuel W. Rushay, Jr., "Harry Truman's History Lessons", *Prologue Magazine* Vol. 41, No. 1 (Spring 2009): https://www.archives.gov/publications/

prologue/2009/spring/truman-history.html, accessed January 8, 2018.

21. Merkley, *The Politics of Christian Zionism* (London: Frank Cass, 1998), 187-189, quotes 188.

22. Paul Charles Merkley, *American Presidents, Religion, and Israel* (Westport, CT: Praeger, 2004), 4-5.

23. Merkley, *The Politics of Christian Zionism*, 191.

24. Yoon, 391, 395; and Thomas W. Ennis, "E. Schuyler English, Biblical Scholar, 81", *The New York Times*, March 18, 1981.

25. Shabtai Teveth, *Moshe Dayan, The Soldier, the Man, and the Legend*, trans. Leah and David Zinder (Boston: Houghton Mifflin Company, 1973), 335-336.

26. Dayan, 31, 128-131.

27. Herzog, 156-206; Dayan, 366; and Ron E. Hassner, *War on Sacred Grounds* (Ithaca, NY: Cornell University Press, 2009), 117.

28. Cohen, 120 n3.

29. Dayan, 386.

30. Ibid., 387.

31. Ibid., 388.

32. Gorenberg, 98.

33. Ibid., 387-390; and Rivka Gonen, *Contested Holiness* (Jersey City, KTAV Publishing House, 2003), 153.

34. Gonen, 157; Gorenberg, 107-110; and Abraham Rabinovich, "The Man Who Torched al-Aqsa Mosque", *Jerusalem Post*, September 4, 2014.

35. See, for example, Ronald Siddle et al., "Religious delusions in patients admitted to hospital with schizophrenia", *Social Psychiatry and Psychiatric Epidemiology* Vol. 37, No. 3 (2002): 130-138.

36. Gershom Scholem, *Sabbatai Sevi* (Princeton, NJ: Princeton University Press, 1973), 125-142, 461-602, 672-820.

37. 독립 전후 이스라엘인과 유대인이 펼쳤던 정책의 하나로 암살을 활용한 예에 관하여 자세히 알고자 한다면 다음 참조. Ronen Bergman, *Rise and Kill First* (New York: Random House, 2018), 18-30. 특히 이르군과 라이히 및 18개 조항에 대해 알고자 한다면 다음 참조. http://www.saveisrael.com/stern/saveisraelstern.htm.

38. Lawrence Wright, "Forcing the End", *The New Yorker*, July 20, 1998, 52.

39. Gonen, 158-159.

40. Jerold S. Auerbach, *Hebron Jews* (Plymouth, UK: Rowman & Littlefield Publishers, Inc., 2009), 114-116; and Nur Mashala, *Imperial Israel* (London: Pluto Press, 2000), 123-126.

41. Gonen, 161-162.

42. Charles Warren, *The Land of Promise* (London: George Bell & Sons, 1875), 4-6.

43. Nadav Shragai, "Raiders of the Lost Ark", *Haaretz*, April 25, 2003.

44. Serge Schmemann, "50 Are Killed as Clashes Widen from West Bank to Gaza Strip", *The New York Times*, September 17, 1996.

10. 종말론 사업

1. Bruce Lincoln, *Holy Terrors*, 2nd Ed. (Chicago: University of Chicago Press, 2006), 28-31, quote 30.

2. Ted Olson, "Bush's Code Cracked", *Christianity Today*, September 1, 2004, https://www.christianitytoday.com/ct/2004/septemberweb-only/9-20-42.0.html, accessed June 30, 2019.

3. See, for example, Doug Wead, "The Spirituality of George W. Bush", https://www.pbs.org/wgbh/pages/frontline/shows/jesus/president/spirituality.html, accessed June 30, 2019.

4. "Bible Prophecy and the Mid-East Crisis", *Moody Monthly* Vol. 68, No. 1 (July-August 1967): 22.

5. John F. Walvoord, "The Amazing Rise of Israel!", *Moody Monthly* Vol. 68, No. 2 (October 1967): 24-25.

6. See Yoon, 407.

7. Hal Lindsey, "The Pieces Fall Together", *Moody Monthly* Vol. 68, No. 2 (October 1967): 27. For "yellow peril", see Hal Lindsey and C.C. Carlson, *The Late Great Planet Earth* (Grand Rapids, MI: Zondervan Publishing House, 1977), 70.

8. Hal Lindsey, "The Pieces Fall Together", 26-28, quote 27.

9. Ibid., 27.

10. Jonathan Kirsch, "Hal Lindsey", *Publishers Weekly*, March 14, 1977, 30.

11. Stephen R. Graham, "Hal Lindsey", in Charles H. Lippy, Ed., TwentiethCentury *Shapers of American Popular Religion* (New York: Greenwood Press, 1989), 248.

12. Yoon, 411; and Ibid., 247-255.

13. Yoon, 31.

14. Paul Boyer, "America's Doom Industry", https://www.pbs.org/wgbh/pages/frontline/shows/apocalypse/explanation/doomindustry.html, accessed September 3, 2019.

15. 폴웰과 배커, 로버트슨, 그레이엄, 린지의 인용문들은 저자가 NPR 방송의 90분짜리 음성 녹음 자료를 인용한 것이다. *Joe Cuomo, Joe Cuomo and the Prophecy of Armageddon*, 1984 WBAI-FM. On Reagan and *Late Great*, see Crawford Gribben, *Evangelical Millennialism in the Trans-Atlantic World, 1500-2000* (New York: Palgrave Macmillan, 2011), 115.

16. John McCollister, *So Help Me God* (Louisville: Winchester/John Knox Press, 1991), 199.

17. Daniel Schorr, "Reagan Recants: His Path from Armageddon to Détente", *Los Angeles Times*, January 3, 1988.

18. John Herbers, "Religious Leaders Tell of Worry on Armageddon View Ascribed to Reagan", *The New York Times*, October 21, 1984, 32; and Schorr, Ibid.

19. Author's transcription of *Joe Cuomo and the Prophecy of Armageddon*.

20. Nancy Gibbs, "Apocalypse Now", Time Vol. 160, No. 1 (July 1, 2002): 47.

21. Gribben, *Evangelical Millennialism in the Trans-Atlantic World, 1500-2000*, 115.

22. Loveland, 223, 228.

23. Lou Cannon, *President Reagan: The Role of a Lifetime* (New York: Simon & Schuster, 1991), 156.

24. Ronald Reagan, *An American Life* (New York: Simon and Schuster, 1990), 585.

25. Ibid. For Falwell's threatened boycott, see Carla Hall et al., "The Night of 'The Day After'", *The Washington Post*, November 21, 1983; and Philip H. Dougherty, "Advertising: Who Bought Time on 'The Day After'", *The New York Times*, November 22, 1983.

26. R. P. Turco et al., "Nuclear Winter: Global Consequences of Multiple Nuclear Explosions", *Science* Vol. 222, No. 4630 (December 23, 1983): 1283-1292.

27. 1984년 10월 21일의 원문은 다음 인터넷 사이트 참조. http://www.debates.org/index.php?page=october-21-1984-debate-transcript. 낸시 레이건 여사의 반응과 관련해서는 다음 참조. Boyer, *When Time Shall Be No More*, 142. 레이건의 심경의 변화에 관해서는 다음 참조. Richard V. Pierard, "Religion and the 1984 Election Campaign", *Review of Religious Research* Vol. 27, No. 2 (December 1985): 98-114.

28. Paul Lettow, *Ronald Reagan and His Quest to Abolish Nuclear Weapons* (New York: Random House, 2005), 133.

29. or a comprehensive survey of Lindsey's literary output, see Stephen R. Graham, 254.

30. Lindsey and Carlson, *The Late Great Planet Earth*, 72.

31. Ibid., 145.

32. Ibid., x, 75, 89, 115, 163.

33. Ibid., 23-23, 78.

34. Ibid., 53.

35. Ibid., 43.

36. Ibid., 104.

37. Ibid., 140-157.

38. Daniel Wojcik, *The End of the World as We Know It* (New York: New York University Press, 1997), 43.

39. Mark A. Kellner, "John F. Walvoord, 92, longtime Dallas President, dies", *Christianity Today* Vol. 47, No. 2 (February 2003): 27.

40. John F. Walvoord, *Armageddon, Oil, and the Middle East Crisis* (Grand Rapids, MI: Zondervan Publishing House, 1990), 182. 본문과 관련된 주요 내용은 다음 페이지 참조. 53-56, 61-62, 109-146, 177-184. 201~202페이지에서는 오늘날의 사건들에 대한 세대주의적 해석의 기초가 되는 성경 구절들을 확인할 수 있다.

41. 1970년대와 1980년대에 발간된 린지의 작품에 대해 자세히 알고자 한다면 다음 참조. Stephen R. Graham.

42. Hal Lindsey, *The 1980's: Countdown to Armageddon* (New York: Bantam Books, 1981).

43. Ibid., 29.

44. Peter M. Shearer and Philip B. Stark, "Global risk of big earthquakes has not recently increased", *Proceedings of the National Academy of Sciences of the United States* Vol. 109, No. 3 (January 2012): 717-721.

45. Lindsey, *The 1980's: Countdown to Armageddon*, 44.

46. Hal Lindsey, *Planet Earth-2000 A.D.* (Palos Verdes, CA: Western Front, Ltd., 1996), 41, 107-124, 175-192, subheading title 114.

47. 질식으로 인한 사망자 관련 자료는 다음 인터넷 사이트 참조: https://www.statista.com/statistics/527321/deaths-due-to-choking-in-the-us/; 번개 관련 사망자는 다음 인터넷 사이트 참조: https://www.cdc.gov/disasters/lightning/victimdata.html; 테러로 인한 사망자는 다음 인터넷 사이트 참조: https://www.cato.org/blog/terrorism-deaths-ideology-charlottesville-anomaly.

48. See, for example, http://www.who.int/hiv/data/mortality_targets_2016.png?ua=1, accessed February 25, 2018.

49. https://www.hallindsey.com/, accessed February 25, 2018.

50. Peter Applebome, "Jerry Falwell, Moral Majority Founder, Dies at 73", *The New York Times*, May 16, 2007, A1.

51. Susan Friend Harding, *The Book of Falwell* (Princeton, NJ: Princeton University

Press, 2000), 195.

52. https://www.upi.com/Archives/1984/08/23/Moral-Majority-founder-Jerry-Falwell-calling-President-Reagan-the/6961462081600/, accessed April 19, 2018.

53. Applebome, Ibid.

54. Miles A. Pomper, "Church, Not State, Guides Some Lawmakers on Middle East", *Congressional Quarterly* Vol. 58 (March 23, 2002): 829. 논쟁의 여지가 있지만 미국-이스라엘의 로비에 대한 비판은 다음 참조. John Mearsheimer and Stephen M. Walt, *The Israel Lobby and U.S. Foreign Policy* (New York: Farrar, Straus and Giroux, 2007).

55. Pomper, Ibid.

56. Ibid., 830.

57. Ibid., 831.

58. Michael Lind, *Up from Conservatism* (New York: Free Press Paperbacks, 1999), 99.

59. Myra MacPherson, "The Pulpit and the Power", *The Washington Post*, October 18, 1985, Friday Style D1.

60. Gregory Palast, "I don't have to be nice to the spirit of the Antichrist", *The Guardian* (May 23, 1999), available at https://www.theguardian.com/business/1999/may/23/columnists.observerbusiness1.

61. David Edwin Harrell Jr., *Pat Robertson* (Grand Rapids, MI: William B. Eerdmans Publishing Company, 2010), 86-124; and Wayne King, "Robertson, Displaying Mail, Says He Will Join '88 Race", *The New York Times*, September 16, 1987, D30.

62. Harrell, 108.

63. Yoon, 551-552.

64. Yoon, 514-515.

65. Harrell, 324.

66. 각각 참조. https://www.youtube.com/watch?v=uDT3krve9iE; Richard Kyle, *Apocalyptic Fever* (Eugene, OR: Cascade Books, 2012); https://www.youtube.com/watch?v=W0hWAxJ3_Js; and https://www.youtube.com/watch?v=P6xBo9EijIQ.

67. Bruce Evensen, "Robertson's Credibility Problem", *Chicago Tribune*, February 23, 1988; and Michael Oreskes, "Robertson Comes Under Fire for Asserting That Cuba Holds Soviet Missiles." *The New York Times*, February 16, 1988, 28.

68. Harrell, 326-328; and Gorenberg, 139, 157, 169.

69. Harrell, 103.

70. Tom W. Smith, "시대별, 국가별 신에 대한 믿음을 조사하다", NORC/University of Chicago working paper (2012). 예를 들어 한 작가는 미국과 문화적 유사성이 큰 오스트레일리아는 종말론 신앙이 거의 존재하지 않는다고 지적했다; 다음 참조. Keith Gordon, "The End of (the Other Side of) the World: Apocalyptic Belief in the Australian Political Structure", *Intersections* Vol. 10, No. 1 (2009): 609-645; 로이터(Reuters)는 2012년, 21개국을 대상으로 여론조사를 의뢰하여 '마야 달력'과 관련된 종말론 믿음을 조사했다; 다음 참조 Ipsos Global Advisor, "Mayan Prophecy: The End of the World?", https://www.ipsos.com/sites/default/files/news_and_polls/2012-05/5610-ppt.pdf, accessed February 17, 2018.

71. https://news.gallup.com/poll/1690/religion.aspx, accessed September 3, 2019.

72. Pippa Norris and Ronald Inglehart, *Sacred and Secular* (Cambridge, UK: Cambridge University Press, 2004), see especially 3-32.

73. Ibid.

74. Pew Research Center, "In America, Does More Education Equal Less Religion?", April 26, 2017, http://www.pewforum.org/2017/04/26/in-america-does-moreeducation-equal-less-religion/, accessed December 3, 2018.

75. Edward J. Larson and Larry Witham, "Leading scientists still reject God", *Nature* Vol. 344, No. 6691 (July 23, 1998): 313.

76. James H. Leuba, *The Belief in God and Immortality* (Chicago: The Open Court Publishing Company, 1921), 255; and Michael Stirrat and R. Elisabeth Cornwell, "Eminent Scientists Reject the Supernatural: A Survey of Fellows of the Royal Society", *Evolution Education and Outreach* Vol. 6, No. 33 (December 2013): 1-5.

77. 이에 대한 자세한 설명은 다음 책 참조. Marie Cornwall, "The Determinants of Religious Behavior: A Theoretical Model and Empirical Test", *Social Forces* Vol. 66, No. 2 (December 1989): 572-592.

78. 학업성취도 국제비교연구 자료는 다음 인터넷 사이트 참조. http://www.oecd.org/pisa/; 2015년 연구 결과는 다음 인터넷 사이트 참조. http://www.keepeek.com/Digital-Asset-Management/oecd/education/pisa-2015-results-volume-i_9789264266490-en#page323; 총평은 다음 인터넷 사이트 참조. https://en.wikipedia.org/wiki/Programme_for_International_Student_Assessment.

79. Michael A. Dimock and Samuel L. Popkin, "Political Knowledge in Comparative Perspective", in Shanto Iyengar and Richard Reeves, Ed., D*o The Media Govern?* (Thousand Oaks, CA: Sage Publications, 1997), 217-224. 5개의 질문에 관한 자세한 정보를 원한다면 다음 책 참조. Andrew Kohut et al., *Eight Nation, People & The Press Survey* (Washington, DC: Times Mirror Center for People &

The Press, 1994), 17, 23.

80. Dimock and Popkin, quote 218.

81. James Curran et al., "Media System, Public Knowledge and Democracy: A Comparative Study", *European Journal of Communications* Vol. 14, No. 1 (2009): 5-26.

82. Ibid.

83. Hal Lindsey and Cliff Ford, *Facing Millennial Midnight* (Beverly Hills, CA: Western Front, Ltd., 1998).

84. Gorenberg, 222.

85. J. Eric Oliver and Thomas J. Wood, "Conspiracy Theories and the Paranoid Style(s) of Mass Opinion", *American Journal of Political Science* Vol. 58, No. 4 (October 2014): 952-966.

86. Hermann Rauschning, *Hitler Speaks* (London: Eyer & Spottiswoode, 1939), 134.

87. 이런 연구 분석의 간단한 예들을 살펴보고자 한다면 다음 참조. Robert L. Trivers, "The Evolution of Reciprocal Altruism", *The Quarterly Review of Biology* Vol. 46, No. 1 (March 1971): 35-57, quote 49; W. D. Hamilton, "The Genetical Evolution of Social Behaviour I", *Journal of Theoretical Biology* Vol. 7, No. 1 (July 1964): 1-16, and Part II, 17-52; Leda Cosmides and John Tooby, "Cognitive Adaptations for Social Exchange", in Jerome H. Barkow et al., *The Adapted Mind* (New York: Oxford University Press, 1992), 180-206; and Luciano Arcuri and Gün Semin, "Language Use in Intergroup Contexts: The Linguistic Intergroup Bias", *Journal of Personality and Social Psychology* Vol. 57, No. 6 (1989): 981-993. 인간의 도덕성과 마니교적인 기원에 대한 전반적인 설명을 알고 싶다면 다음 참조. Robert Wright, *The Moral Animal* (New York: Vintage Books, 1994).

88. 이에 대한 예는 다음 참조. Rebecca S. Bigler et al., "When Groups Are Not Created Equal: Effects of Group Status on the Formation of Intergroup Attitudes in Children", *Child Development* Vol. 72, No. 4 (July/August 2001): 1151-1162.

89. 실험과 이론적인 전개는 다음의 책에 수록되어 있다. Muzafir Sherif et al., *Intergroup Conflict and Cooperation: The Robbers Cave Experiment* (Norman, OK: Institute of Group Relations, 1961), see especially 59-84 and 97-113. 확실하지는 않지만 이 책은 1954년의 실험을 설명한 것으로 보인다. 1949년의 실험은 상세하지 않았고 1953년의 실험은 지속되지 않았다.

90. Ibid., 118, 153-183, 187.

91. Paul Boyer, *When Time Shall Be No More*, 265.

92. Lindsey, *The Late Great Planet Earth*, 51-52, 63-64, 71-75, 101-102, 232.

93. Susan Solomon et al., "Emergence of healing in the Antarctic ozone layer", *Science* Vol. 253, No. 6296 (July 16, 2016): 269-274.

94. Lindsey, *The 1980's: Countdown to Armageddon*, 5-6.

95. Ibid., 4-7.

96. Sharlet, "Jesus Killed Mohammed", 38.

97. Anne C. Loveland, *American Evangelicals and the U.S. Military 1942-1993* (Baton Rouge, LA: Lousiana State University Press, 1996), 1-66, 118-164, quote 164.

98. Ibid., 7.

99. Sharlet, 38.

100. Loveland, xi-xii.

101. Goodstein; also, Banerjee.

11. 웨이코의 비극

1. Ellsberg, 64-65 and 67-89; and Eric Schlosser, *Command and Control* (New York: Penguin Press, 2013), 300. 우발적인 핵전쟁의 가능성에 대한 정보는 다음 참조. Bruce Blair, *The Logic of Accidental Nuclear War* (Washington, DC: The Brookings Institution, 1993); 공격 권한에서 '선승인(predelegation)'의 개념에 관한 정보는 특히 46-51 참조.

2. Schlosser, 245-247.

3. William Burr and Thomas S. Blanton, "The Submarines of October", National Security Archive, October 31, 2002, http://www.gwu.edu/%7Ensarchiv/ NSAEBB/NSAEBB75/, accessed May 8, 2018; and Marion Lloyd, "Soviets Close to Using A-Bomb in 1962 Crisis, Forum is Told", *The Boston Globe*, October 13, 2002.

4. Bruce Blair, Frontline interview, https://www.pbs.org/wgbh/pages/frontline/ shows/russia/interviews/blair.html, accessed May 9, 2018. See also Blair, 59-167.

5. Peter Schweizer, *Victory* (New York: Atlantic Monthly Press, 1994), 8-9.

6. Robert M. Gates, *From the Shadows* (New York: Simon & Schuster Paperbacks, 1996), 114.

7. Schlosser, 367-368, 371.

8. Charles Perrow, *Normal Accidents* (Princeton, NJ: Princeton University Press), 11.

9. https://jimbakkershow.com/watch/?guid=3465, accessed June 17, 2018, Dr.

Strangelove (movie).

10. Lindsey, *The 1980's: Countdown to Armageddon*, 77, 85, 107, 122, 134, 138, 153, 212.

11. Ibid., 154.

12. Lindsey, *Planet Earth-2000 A.D.*, 61.

13. Boyer, 146.

14. A.G. Mojtabai, *Blessed Assurance* (Syracuse, NY: Syracuse University Press, 1997), 180-183; and Robert Reinhold, "Author of 'At Home with the Bomb' Settles in City Where Bomb Is Made", *The New York Times*, September 15, 1986, A12.

15. Mojtabai, 164.

16. Gordon D. Kaufman, "Nuclear Eschatology and the Study of Religion", *Journal of the American Academy of Religion* Vol. 51, No. 1 (March 1983): 8.

17. Stuart A. Wright, "Davidians and Branch Davidians", in Stuart A. Wright, *Armageddon at Waco* (Chicago: University of Chicago Press, 1995), 24.

18. James D. Tabor and Eugene V. Gallagher, *Why Waco?* (Berkeley: University of California Press, 1995), 33-35.

19. 1955년 11월 5일부터 1959년 4월 22일까지의 날짜를 계산하면 1,260일이 아닌 1,264일이다. 하지만 본문의 사건 직후인 11월 9일에 외부로 발송된 서신들에는 위와 같이 기재되어 있었다. 다음 인터넷 사이트 참조. https://www.gadsda.com/1959-executive-council-minutes/.

20. Stuart A. Wright, "Davidians and Branch Davidians", 30-32.

21. Edward D. Bromley and Edward G. Silver, "The Davidian Tradition", in Stuart A. Wright, *Armageddon at Waco*, 50.

22. Ibid., 52-53.

23. Tabor and Gallagher, 35-41, quote 41.

24. Charles, 1, 63. 오늘날의 대중에게 「요한계시록」이 매우 어렵게 느껴지는 이유는 저자 또는 저자들이 AD 1~2세기 당대 유대인 독자들을 위해 「에스겔서」와 「다니엘서」를 모범으로 삼은 새로운 판본을 만들려고 했기 때문이라는 해설도 있다. 크리스토퍼 맥케이와의 개인적인 소통에서 나온 이야기.

25. Yair Bar-El et al., "Jerusalem syndrome", *British Journal of Psychiatry* Vol. 176 (2000): 86-90.

26. Ibid.

27. Tabor and Gallagher, 29-30, 61; Jeffrey Goldberg, "Israel's Y2K Problem", *The New York Times*, October 3, 1999; "A date with death", *The Guardian*, October 26, 1999; and Nettanel Slyomovics, "Waco Started With a Divine Revelation in

Jerusalem. It Ended With 76 Dying in a Fire on Live TV", *Haaretz*, February 24, 2018.

28. Bromley and Silver, 60.

29. Tabor and Gallagher, 41-43, 52-76, 79, direct quotes 72 and 73, 여성에게 자신의 욕망을 고백하는 장면은 다음 참조. 74; also, Bromley and Silver, 43-72.

30. Bromley and Silver, 52-58, and James Trimm, "David Koresh's Seven Seals Teaching", *Watchman Expositor* Vol. 11 (1994): 7-8, available at https://www.watchman.org/articles/cults-alternative-religions/david-koreshs-seven-seals-teaching/.

31. James D. Tabor, "The Waco Tragedy: An Autobiographical Account of One Attempt to Avert Disaster", in James R. Lewis, Ed., *From the Ashes* (Lanham, MD: Rowman & Littlefield Publishers, Inc., 1994), 14.

32. Tony Ortega, "Hush, Hush, Sweet Charlatans", *Phoenix New Times*, November 30, 1995. 이 문구에서 신학자 대다수가 기피하는 단어인 '컬트'를 의도적으로 사용하지 않았다.

33. Associated Press, "Davidian Compound Had Huge Weapon Cache, Ranger Says", *Los Angeles Times*, July 7, 2000; for gun show loophole, see "Gun Show Background Checks State Laws", https://www.governing.com/gov-data/safety-justice/gun-show-firearms-bankground-checks-state-laws-map.html.

34. Tabor and Gallagher, 64-65, 95. 이 법 규정은 아직도 명문화되어 있다; see https://codes.findlaw.com/tx/penal-code/penal-sect-9-31.html.

35. Mark England and Darlene McCormick, "The Sinful Messiah: Part One", *Waco Tribune-Herald*, February 27, 1993. 기사 전문은 다음 인터넷 사이트에서 참조. http://www.wacotrib.com/news/branch_davidians/sinful-messiah/the-sinful-messiah-part-one/article_eb1b96e9-413c-5bab-ba9f-425b373c5667.html.

36. 아동 학대와 일부 성적 문제 행동에 대해서는 다음 책 참조. Christopher G. Ellison and John p. Bartkowski, "Babies Were Being Beaten", in Stuart A. Wright, *Armageddon in Waco* (Chicago: University of Chicago Press, 1995); 111-149; and Lawrence Lilliston, "Who Committed Child Abuse at Waco", in James R. Lewis, Ed., *From the Ashes* (Lanham, MD: Rowman & Littlefield Publishers, Inc., 1994), 169-173.

37. Moorman Oliver, Jr., "Killed by Semantics: Or Was It a Keystone Kop Kaleidoscope Kaper?" in James R. Lewis, Ed., *From the Ashes*, 75-77.

38. Department of the Treasury, "Report of the Department of the Treasury on the Bureau of Tobacco, Alcohol, and Firearms investigation of Vernon Wayne Howell, also known as David Koresh", September 1993, 95-100, available at

https://archive.org/stream/reportofdepartme00unit/reportofdepartme00unit_djvu.txt, accessed June 23, 2018.

39. Federal Bureau of Investigation, "The Megiddo Project", October 20, 1999, 28-29, available at http://www.cesnur.org/testi/FBI_004.htm.

40. Mark England, "9-1-1 records panic, horror", *Waco Tribune-Herald*, June 10, 1993.

41. James R. Lewis, "Showdown at the Waco Corral: ATF Cowboys Shoot Themselves in the Foot"; and Stuart A. Wright, "Misguided Tactics Contributed to Apocalypse in Waco", in *Armageddon in Waco*, 87-98.

42. Tabor, "The Waco Tragedy: An Autobiographical Account of One Attempt to Avert Disaster", 12-21, quote 16. For the CNN transcript, see http://edition.cnn.com/TRANSCRIPTS/1308/25/cotc.01.html.

43. Dean M. Kelly, "The Implosion of Mt. Carmel and Its Aftermath", in Stuart A. Wright, *Armageddon in Waco*, 360-361.

44. BATF의 습격과 대치 상황을 코레시가 어떻게 받아들였는지 자세히 알고자 한다면 다음 참조. Phillip Arnold, "The Davidian Dilemma-To Obey God or Man?", in James R. Lewis, Ed., *From the Ashes*, 23-31. 45. Ibid., 5-17, 100-103, quote 15-16.

45. Ibid., 5-17, 100-103, quote 15-16.

46. R.W. Bradford, "Who Started the Fires? Mass Murder, American Style", and "Fanning the Flames of Suspicion: The Case Against Mass Suicide at Waco", in *Armageddon in Waco*, 111-120.

47. 미완성으로 남아 있는 원고는 다음 인터넷 사이트 참조. https://digital.library.txstate.edu/bitstream/handle/10877/1839/375.pdf.

48. James D. Tabor, "Religious Discourse and Failed Negotiations", in Stuart A. Wright, Armageddon in Waco, 265.

49. United States Department of Justice, *Report to the Deputy Attorney General on the Events at Waco, Texas February 28 to April 19, 1993* (October 8, 1993), 158-190, 다음의 인터넷 사이트 참조. https://www.justice.gov/archives/publications/waco/report-deputy-attorney-general-events-waco-texas.

50. Opinion, "History and Timothy McVeigh", *The New York Times*, June 11, 2011; and Lou Michel and Dan Herbeck, *American Terrorist* (New York: ReganBooks, 2001), 166-168.

12. 휴거 소설

1. Joseph Birkbeck Burroughs, *Titan, Son of Saturn* (Oberlin, OH: The Emeth Publishers, 1905), 4, 5. 크로퍼드 그리번(Crawford Gribben)은 휴거 소설에서 최초라고 할 수 있는 작품을 찾아냈다. 1879년 전후 'H.R.K'라는 필명으로 쓰인 작은 소책자인 「앞으로의 삶(Life in the Future)」이 그것이다. Crawford Gribben, "Rethinking the Rise of Prophecy Fiction", 출판되거나 배포된 적이 없는 원고인데 저자가 제공해줬다.

2. Crawford Gribben, *Writing the Rapture* (Oxford: Oxford University Press, 2009), 33.

3. Burroughs, 211, 223, 244-252, 289-324, see especially 304, 319.

4. 이 장르에 대한 권위 있는 해설은 그리번의 앞의 책 참조.

5. Frank Peretti, *This Present Darkness* (Wheaton, IL: Crossway, 2003).

6. Hal Lindsey and C. C. Carlson, *Satan Is Alive and Well on Planet Earth* (Grand Rapids, MI: Zondervan Publishing House, 1972), 18-19.

7. Philip Jenkins and Daniel Maier-Katkin, "Satanism: Myth and reality in a contemporary moral panic", *Crime, Law and Social Change* Vol. 17 (1992): 53-75. 세대주의의 근본적인 역할을 논한 부분은 63-64. Quote, Dr. Alan H. Peterson, The American Focus on Satanic Crime, Volume I (Milburn, NJ: The American Focus Publishing Company, 1988), foreword, and also see i-iii.

8. Ted L. Gunderson, in *American Focus on Satanic Crime*, Volume 1, 2-4.

9. Jenkins and Maier-Katkin, 57. For the May 16, 1985, 20/20 segment, "The Devil Worshippers", see https://www.youtube.com/watch?v=vG_w-uElGbM, https://www.youtube.com/watch?v=gG0ncaf-jhI, and https://www.youtube.com/watch?v=HwSP3j7RJlU. *NPR Weekend Edition Saturday*, March 12, 1988, courtesy of Jacob J. Goldstein. 1980년대의 '사탄 의식'에 대한 모럴 패닉의 전반적인 설명은 다음 참조. Philip Jenkins, *Moral Panic* (New Haven, CT: Yale University Press, 1998), 145-188 and 275-277n1-10. 10. Margaret Talbot, "The devil in the nursery", *The New York Times Magazine*, January 7, 2001.

10. Margaret Talbot, "The devil in the nursery", *The New York Times Magazine*, January 7, 2001.

11. Ibid.

12. Daniel L. Turner, *Standing Without Apology* (Greenville, SC: Bob Jones University Press, 1997), 19.

13. Randall Balmer, *Encyclopedia of Evangelism* (Waco, TX: Baylor University Press, 2004), 391-392.

14. Tim LaHaye, Jerry B. Jenkins, and Sandi L. Swanson, *The Authorized Left Behind Handbook* (Wheaton, IL: Tyndale House Publishers, 2005), 7.

15. Gribben, 136 and 210n55. See Salem Kirban, 666 (Wheaton, IL: Tyndale House Publishers, 1970); the James essay is available at http://www.raptureready1.com/terry/james22.html.

16. Gribben, 8. From Amy Johnson Fryckholm, *Rapture Culture* (Oxford: Oxford University Press, 2004), 175: "라헤이가 연작의 저자로 적시되어 있지만 그는 단어 하나도 직접 집필하지 않았다." See also Bruce David Forbes "How Popular Are the Left Behind Books … and Why?", in Jeanne Halgren Kilde and Bruce David Forbes, Ed., *Rapture, Revelation, and the End Times* (New York: Palgrave Macmillan, 2004), 6.

17. Tim LaHaye and Jerry B. Jenkins, *Left Behind* (Wheaton, IL: Tyndale House Publishers, 1995), 1.

18. Ibid., 19.

19. Ibid., book summation.

20. Gribben, 129.

21. Forbes, 6-10.

22. David D. Kirkpatrick, "A Best-Selling Formula in Religious Thrillers", *The New York Times*, February 11, 2002, C2.

23. Nicholas D. Kristof, "Apocalypse (Almost) Now", *The New York Times*, November 24, 2004, A23.

24. Mike Madden, "Mike Huckabee hearts Israel", https://www.salon.com/2008/01/18/huckabee2_4/, accessed March 25, 2018.

25. David Gates.

26. Mark Ward, *Authorized* (Bellingham, WA: Lexham Press, 2018), 61.

27. David Gates. 28. Ibid.

28. Ibid.

29. Stuart A. Wright, 42-43; and Anonymous, "Christian evangelicals from the US flock to Holy Land in Israeli tourism boom", *Independent*, April 6, 2018.

30. Lawrence Wright, Forcing the End, https://www.pbs.org/wgbh/pages/frontline/shows/apocalypse/readings/forcing.html, accessed September 4, 2019.

31. Ibid.

32. Louis Sahagun, "The End of the world is near to their hearts", *Seattle Times*, June 27, 2006.

33. Gorenberg, 173.

13. 빛의 속도로 부자 되기

1. Jason Zweig, Introduction to Schwed, xiii; and Zweig, 사적으로 취득한 정보임.
2. Maggie Mahar, *Bull!* (New York: HarperBusiness, 2003), 333-334. 투자자문사 뱅가드 그룹의 보고서에 따르면 이들이 보유했던 기업연금의 70%가 최소 20% 이상의 손실을 봤다. 뱅가드 투자자들은 일반적으로 타 자문사들보다 보수적인 투자 성향을 가졌으며 인터넷 가입 제도는 운영되지 않았다. 닷컴 버블이 일반 투자자들에게 끼친 손실에 대해 자세히 알고자 한다면 다음 참조. "Bill's Barber Shop" section of Chapter 14.
3. 엄밀히 말해서 이것은 사실이 아니다. '인터넷'이라는 단어는 고성능 컴퓨터와 서버를 연결하는 광섬유 전송회선이다. 현대를 지배하는 유비쿼터스인 'www'는 사용자들이 크롬이나 사파리, 인터넷 익스플로러와 같은 브라우저를 통해 디지털 주소 시스템(URL)에 접속하게 하고, 이를 전송회선으로 상호 연결하여 문서나 웹사이트 정보를 교환하도록 돕는다. 기술적으로 'http'나 'https'는 웹페이지에 접속하는 방법 또는 통신 규약이며, URL은 웹으로 연결된 컴퓨터의 주소인 'IP'로 정보를 제공하는 통로다.
4. William J. Bernstein, *Masters of the Word* (New York: Grove/Atlantic, 2013), 309-310; and Tim Berners-Lee, *Weaving the Web* (San Francisco: Harper SanFrancisco, 1999), 7-51.
5. Jim Clark, *Netscape Time* (New York: St. Martin's Press, 1999), 20-32, quote 32.
6. *The Economist*, "William Martin", August 6, 1998.
7. Robert L. Hetzel, *The Monetary Policy of the Federal Reserve* (New York: Cambridge University Press, 2008), 208-224, see especially Chairman Greenspan's remarks, 221; and Sebastian Mallaby, *The Man Who Knew* (New York: Penguin Press, 2016), 514-521, 536-542.
8. https://www.fdic.gov/about/history/timeline/1920s.html, accessed June 24, 2017.
9. Burton G. Malkiel, *A Random Walk down Wall Street* (New York: W. W. Norton & Company, Inc., 1999), 57-61.
10. Burton Malkiel, Richard Sylla, and John Bogle, 사적으로 취득한 정보임.
11. For 1929 PE ratios and dividend yields, see Wigmore, 35-85.
12. John Cassidy, *dot-con* (New York: Penguin Press, 2002), 348-363; and Roger Lowenstein, *Origins of the Crash* (New York: The Penguin Press, 2004), 101.
13. Thomas Easton and Scott Wooley, "The $20 Billion Crumb", *Forbes*, April 19, 1999.
14. Ibid.

15. Alan Mauldin, TeleGeography, Inc., 사적으로 취득한 정보임.

16. Simon Romero, "In Another Big Bankruptcy, a Fiber Optic Venture Fails", *The New York Times*, January 29, 2002.

17. Timothy L. O'Brien, "A New Legal Chapter for a 90's Flameout", *The New York Times*, August 15, 2004.

18. Steven Lipin et al., "Deals & Deal Makers: Bids & Offers", *The Wall Street Journal*, December 10, 1999.

19. Randall E. Stross, *eBoys* (New York: Crown Business, 2000), 30, 36.

20. Linda Himmelstein, "Can You Sell Groceries Like Books?", *Bloomberg News*, July 25, 1999, http://www.bloomberg.com/news/articles/1999-07-25/can-yousell-groceries-like-books, accessed October 26, 2016.

21. Mary Dejevsky, "Totally Bananas", *The Independent*, November 9, 1999.

22. William Aspray et al., *Food in the Internet Age* (New York: Springer Science & Business Media, 2013), 25-35; and Mylene Mangalindan, "Webvan Shuts Down Operations, Will Seek Chapter 11 Protection", *The Wall Street Journal*, July 10, 2001.

23. Mangalindan, Ibid.; and John Cook and Marni Leff, "Webvan is gone, but HomeGrocer.com may return", *Seattle Post-Intelligencer*, July 9, 2001.

24. Bethany McLean and Peter Eklind, *The Smartest Guys in the Room* (New York: Penguin Group, 2003).

25. Ibid., 4-13.

26. Alexi Barrionuevo, "Did Ken Lay Demonstrate Credibility?" *The New York Times*, May 3, 2006. For Ken Lay's salary, see Thomas S. Mulligan and Nancy Rivera Brooks, "Enron Paid Senior Execs Millions", *Los Angeles Times*, June 28, 2002.

27. David Yermack, "Flights of fancy: Corporate jets, CEO perquisites, and inferior shareholder returns", *Journal of Financial Economics* Vol. 80, No. 1 (April 2006): 211-242.

28. McLean and Elkind, 89-90, 97-98, 338; and Robert Bryce, "Flying High", *Boston Globe Magazine*, September 29, 2002.

29. Ibid., 89-90, 97-98; and Bryce.

30. Elkind and McLean, 225.

31. Ibid., 28-33.

32. Ibid., 183, 184-185, 254.

33. John R. Emshwiller and Rebecca Smith, "Murky Waters: A Primer On the Enron Partnerships", *The Wall Street Journal*, January 21, 2001.

34. Cassel Bryan-Low and Suzanne McGee, "Enron Short Seller Detected Red Flags in Regulatory Filings", *The Wall Street Journal*, November 5, 2001.

35. Elkind and McLean, 405.

36. Chris Axtman, "How Enron awards do, or don't, trickle down", *Christian Science Monitor*, June 20, 2005.

37. Rebecca Smith, "New SEC Filing Aids Case Against Enron", *The Wall Street Journal*, May 15, 2003; Ellen E. Schultz, "Enron Employees' Massive Losses Suddenly Highlight 'Lockdowns'", *The Wall Street Journal*, January 16, 2002; and Elkind and McLean, 297-398.

38. Lowenstein, 58-60.

39. Clark, 12-15, 19; Joshua Quittner and Michelle Slatalla, *Speeding the Net* (New York: Atlantic Monthly Press, 1998), 242-248.

40. Richard Karlgaard, "The Ghost of Netscape", *The Wall Street Journal*, August 9, 2005, A10.

14. 버블 해부학

1. Edward Wyatt, "Fox to Begin a 'More Business Friendly' News Channel", *The New York Times*, February 9, 2007.

2. Peter Elkind et al., "The Trouble With Frank Quattrone was the top investment banker in Silicon Valley. Now his firm is exhibit A in a probe of shady IPO deals", *Fortune*, September 3, 2001, http://archive.fortune.com/magazines/fortune/fortune_archive/2001/09/03/309270/index.htm, accessed November 17, 2016.

3. McLean and Elkind, 234.

4. John Schwartz, "Enron's Collapse: The Analyst: Man Who Doubted Enron Enjoys New Recognition", *The New York Times*, January 21, 2002.

5. Ibid.

6. Richard A. Oppel, Jr., "Merrill Replaced Research Analyst Who Upset Enron", The New York Times, July 30, 2002.

7. Howard Kurtz, The Fortune Tellers (New York: The Free Press, 2000), 32.

8. Scott Tong, "Father of modern 401(k) says it fails many Americans", http://www.marketplace.org/2013/06/13/sustainability/consumed/father-modern-401k-says-it-fails-many-americans, accessed November 1, 2016.

9. Jeremy Olsham, "The inventor of the 401(k) says he created a 'monster'", http://

www.marketwatch.com/story/the-inventor-of-the-401k-says-he-created-a-monster-2016-05-16; and Nick Thornton, "Total retirement assets near $25 trillion mark", http://www.benefitspro.com/2015/06/30/total-retirement-assets-near-25-trillion-mark, accessed November 11, 2016.

10. 개인의 내부 수익률과 펀드 수익률 간의 격차에 대한 가장 접근하기 쉬운 보고서는 모닝스타의 연례 '마인드 더 갭(Mind the Gap)' 보고서다. 다음 인터넷 사이트에서 확인할 수 있다. https://www.morningstar.com/lp/mind-the-gap?cid=CON_RES0022; 평균적으로 투자자들은 좋지 않은 시기에 연평균 1%의 손실을 본다. 여기에 펀드 수수료 1%를 추가로 지출해야 한다.

11. Aaron Heresco, *Shaping the Market: CNBC and the Discourses of Financialization* (Ph.D. thesis, Pennsylvania State University, 2014), 81.

12. Gabriel Sherman, *The Loudest Voice in the Room* (New York: Random House, 2014), 5-9.

13. Joe McGinnis, *The Selling of the President*, 1968 (New York: Trident Press, 1969), 64-65.

14. Cassidy, 166.

15. Sherman, 146-147.

16. Heresco, 88-115; and Mahar, 156-157.

17. Heresco, 151-152.

18. Ekaterina V. Karniouchina et al., "Impact of *Mad Money* Stock Recommendations: Merging Financial and Marketing Perspectives", *Journal of Marketing* Vol. 73 (November 2009): 244-266; and J. Felix Meshcke, "CEO Appearances on CNBC", working paper, http://citeseerx.ist.psu.edu/viewdoc/download?doi=10.1.1.203.566&rep=rep1&type=pdf, accessed November 12, 2016; and for Cramer/Bartiromo, see Kurtz, 207.

19. Kurtz, 117-118.

20. Heresco, 232.

21. James K. Glassman, "Is Government Strangling the New Economy?", *The Wall Street Journal*, April 6, 2000(당시 상황을 정확히 이해시키기 위해 「월스트리트 저널」은 글래스만의 다음과 같은 사설에 대한 답변으로 저자가 편집자에게 보낸 분노 어린 편지를 그대로 실었다. "The Market Villain: It's Not Your Uncle", April 19, 2000).

22. George Gilder, "The Faith of a Futurist", *The Wall Street Journal*, January 1, 2000.

23. Shane Frederick, "Cognitive Reflection and Decision Making", *Journal of Economic Perspectives* Vol. 19, No. 4 (Fall 2005): 25-42. For the Four Card Task, see P. C. Wason, "Reasoning", in B.M. Foss, Ed., *New Horizons in Psychology*

(New York: Penguin, 1966), 145-146.

24. David L. Hull, *Science and Selection* (Cambridge, UK: Cambridge University Press, 2001), 37.

25. Keith E. Stanovich et al., *The Rationality Quotient* (Cambridge: MIT Press, 2016), 25-27. For an extensive sample of CART questions and scoring, see Ibid., 331-368. Quote from Keith E. Stanovich, "The Comprehensive Assessment of Rational Thinking", *Educational Psychologist* Vol. 51, No. 1 (February 2016): 30-31.

26. R.B. Zajonc, "Feeling and Thinking", *American Psychologist* Vol. 35, No. 2 (February 1980): 155, 169-170.

27. Daniel Kahneman, slide show for *Thinking Fast and Slow*, thinking-fastand-slow-oscar-trial.ppt.

28. Isaiah Berlin, *The Proper Study of Mankind* (New York: Farrar, Straus and Giroux, 1998), 436-498, quote 436.

29. Tetlock, 15, quote 56.

30. Dan Gardner and Philip Tetlock, "What's Wrong with Expert Predictions", https://www.cato-unbound.org/2011/07/11/dan-gardner-philip-tetlock/overcoming-our-aversion-acknowledging-our-ignorance.

31. Tetlock, 138.

32. Tetlock, 42-88, 98, 125-141, quote 63.

33. Susan Pulliam, "At Bill's Barber Shop, 'In Like Flynn' Is A Cut Above the Rest-Owner's Tech-Stock Chit-Chat Enriches Cape Cod Locals; The Maytag Dealer Is Wary", *The Wall Street Journal*, March 13, 2000, A1.

34. Susan Pulliam, 사적으로 취득한 정보임.

35. Pulliam, "At Bill's Barber Shop, 'In Like Flynn' Is A Cut Above the Rest-Owner's Tech-Stock Chit-Chat Enriches Cape Cod Locals; The Maytag Dealer Is Wary."

36. Susan Pulliam and Ruth Simon, "Nasdaq Believers Keep the Faith To Recoup Losses in Rebound", *The Wall Street Journal*, June 21, 2000, C1.

37. Susan Pulliam, "Hair Today, Gone Tomorrow: Tech Ills Shave Barber", *The Wall Street Journal*, March 7, 2001, C1.

38. Jonathan Cheng, "A Barber Misses Market's New Buzz", *The Wall Street Journal*, March 8, 2013, and Pulliam, "Hair Today, Gone Tomorrow: Tech Ills Shave Barber."

39. Source: Investment Company Institute 2016 Fact Book from ici.org for U.S. equity fund holdings, and total market cap from http://data.worldbank.org/indicator/CM.MKT.LCAP.CD?end=2000&start=1990, both accessed December

17, 2017.

40. Van Wagoner clip: https://www.youtube.com/watch?v=i9uR6WQNDn4.

41. From transcript of "Betting on the Market", aired January 27, 1997, http://www.pbs.org/wgbh/pages/frontline/shows/betting/etal/script.html, accessed December 17, 2016.

42. Diya Gullapalli, "Van Wagoner to Step Down As Manager of Growth Fund", *The Wall Street Journal*, August 4, 2008; total returns calculated from annualized returns. See also Jonathan Burton, "From Fame, Fortune to Flamed-Out Star", *The Wall Street Journal*, March 10, 2010.

43. Clifford Asness, "Bubble Logic: Or, How to Learn to Stop Worrying and Love the Bull", working paper, 45-46, https://ssrn.com/abstract=240371, accessed on November 12, 2016.

44. Mike Snow, "Day-Trade Believers Teach High-Risk Investing", *The Washington Post*, July 6, 1998.

45. Arthur Levitt, testimony before Senate Permanent Subcommittee on Investigations, Committee on Governmental Affairs, September 16, 1999, https://www.sec.gov/news/testimony/testarchive/1999/tsty2199.htm, accessed December 29, 2019.

46. Mark Gongloff, "Where Are They Now: The Beardstown Ladies", *The Wall Street Journal*, May 1, 2006.

47. Calmetta Y. Coleman, "Beardstown Ladies Add Disclaimer That Makes Returns Look 'Hooey'", *The Wall Street Journal*, February 27, 1998.

48. Cassidy, 119.

49. Mahar, 262-263, 306-309, quote 307; for Bond sentencing, see "Ex-Money Manager Gets 12 Years in Scheme", *Los Angeles Times*, February 12, 2003.

50. Gregory Zuckerman and Paul Beckett, "Tiger Makes It Official: Funds Will Shut Down", *The Wall Street Journal*, March 31, 2000. 1990년대 후반에 저자는 개인적으로 소액을 투자하면서 이런 종류의 비난을 경험했고 기술주에 대한 의견은 공유하지 않는 것이 좋다는 사실을 알았다고 한다. 『대중의 미망과 광기』에서 경고했을 뿐 아니라 맥케이도 책을 출간한 직후에 발생한 철도 열풍을 제대로 인식하지 못했다는 점을 고려할 때, 1990년대 후반에 펼쳐진 기술주 버블의 상황을 그가 정확히 예측할 수 있었을지 회의적으로 생각하는 독자도 많을 것이다. 하지만 우연히도 그는 버블이 절정에 달했던 2000년에『현명한 자산배분 투자자(The Intelligent Asset Allocator)』(뉴욕, McGraw-Hill, Inc., 2000)라는 개인 금융 지침서를 출판했다. 버블이 붕괴하기 전의 상황은 124~132페이지에 기술되어 있다. 특히『대중의 미망과 광기』의 간략한 내용은 178페이지에 나타나 있다. 출판사의 배려 덕에 다

음 주소에 책 내용을 요약할 수 있었다. http://www.efficientfrontier.com/files/TIAA-extract.pdf.

51. Charles W. Kadlec, *Dow 100,000* (Upper Saddle River, NJ: Prentice Hall Press, 1999).

52. James K. Glassman and Kevin A. Hassett, *Dow 36,000* (New York: Times Business, 1999); and Charles W. Kadlec, *Dow 100,000 Fact or Fiction* (New York: Prentice Hall Press, 1999).

53. Schwed, 54.

15. 꺼지지 않는 불꽃

1. "Dabiq: Why is Syrian town so important for IS?" *BBC News* (October 4, 2016), http://www.bbc.com/news/world-middle-east-30083303, accessed May 30, 2018.

2. David Cook, *Studies in Muslim Apocalyptic* (Princeton, NJ: The Darwin Press, Inc., 2002), 8.

3. David Cook, *Contemporary Muslim Apocalyptic Literature* (Syracuse, NY: Syracuse University Press, 2005), 84.

4. Samuel P. Huntington, *The Clash of Civilizations and the Remaking of the World Order* (New York: Simon & Shuster, 1996), 257-258.

5. 'Arif, Muhammad 'Izzat, Hal al-Dajjal yahkum al-'alam al-an? (Cairo: Dar al-I'tisam, 1997), 85, quoted in Cook, *Contemporary Muslim Apocalyptic Literature*, 220.

6. Jean-Pierre Filiu, *Apocalypse in Islam*, trans. M.B. Devoise (Berkeley: University of California Press, 2011), 14; and Cook, *Contemporary Muslim Apocalyptic Literature*, 16.

7. Cook, *Studies in Muslim Apocalyptic*, 6-13.

8. William McCants, *The ISIS Apocalypse* (New York: St Martin's Press, 2015), 23.

9. Ibid., 26.

10. Cook, *Contemporary Muslim Apocalyptic Literature*, 7.

11. Cook, *Studies in Muslim Apocalyptic*, 95-97.

12. Thomas Lippman, *Inside the Mirage* (Boulder, CO: Westview Press, 2004), 220; Bruce Riedel, *Kings and Presidents* (Washington, DC: Brookings Institution Press, 2018), 50; and Cook, *Contemporary Muslim Apocalyptic Literature*, 23, 33.

13. Cook, *Contemporary Muslim Apocalyptic Literature*, 117. 14. Filiu,

14. Cook, *Contemporary Muslim Apocalyptic Literature*, 8, 50-52.

15. Cook, *Contemporary Muslim Apocalyptic Literature*, 8-11; Filiu, xi, 11-18.

16. Cook, *Contemporary Muslim Apocalyptic Literature*, 232-233.

17. Quoted in Gorenberg, 188.

18. Ibid., 191.

19. Filiu, 83-94, quote 86; and Cook, *Contemporary Muslim Apocalyptic Literature*, 64, 68.

20. Jean-Pierre Filiu, 사적으로 취득한 정보임.

21. Filiu, 140.

22. Filiu, 62-63.

23. Edward Mortimer, *Faith and Power* (New York: Vintage Books, 1982), 76-79.

24. Hilaire Belloc, *The Modern Traveler* (London: Edward Arnold, 1898), 41.

25. Robert Lacey, *Inside the Kingdom* (New York: Viking Press, 2009), 15-16.

26. Ibid., 3.

27. Thomas Hegghammer and Stéphane Lacroix, "Rejectionist Islamism in Saudi Arabia: The Story of Juyahman al-'Utaybi Revisited", *International Journal of Middle East Studies* Vol. 39 (2007): 104-106; and Yaroslav Trofimov, *The Siege of Mecca* (New York: Doubleday, 2007), 11-28.

28. Hegghammer and Lacroix, 106-109.

29. Trofimov, 20-49.

30. Hegghammer and Lacroix, 108-110.

31. Filiu, 16.

32. Lacey, 21.

33. Trofimov, 51.

34. 이 편지의 자세한 내용을 알고자 한다면 다음 자료를 참조. Joseph A. Kechichian, "Islamic Revivalism and Change in Saudi Arabia: Juhaymān Al'Utaybī's 'Letters' to the Saudi People", *The Muslim World* Vol. 80, No. 1 (January 1990): 9-15. 이 글의 저자는 편지에 담긴 종말론적 이념의 중요성을 축소하고, 사우디 정권과 울레마(Ulema, 고등종교평의회), 특히 빈바즈의 부패를 고발하는 편지의 내용을 강조한다. 그는 또한 대부분 연구자와 달리 카흐타니가 마흐디로 선언되지 않았다고 주장했다.

35. Lacey, 22-23.

36. Trofimov, 170-172.

37. Trofimov, 68-255; and Kechichian, 1-8.

38. Hegghammer and Lacroix, 109-112.

39. Ibid., 114.

40. Ibid., 29, 248-249.

41. McCants, *The ISIS Apocalypse*, 50-51, 196n12.

42. David Cook, "Abu Musa'b al-Suri and Abu Musa'b al-Zarqawi: The Apocalyptic Theorist and the Apocalyptic Practitioner", 개인 연구일지. 저자의 허락으로 게재함. Quote from hadith of Thawban from Cook, "Fighting to Create a Just State: Apocalypticism in Radical Muslim Discourse", in Sohail H. Hashimi, Ed., *Just Wars, Holy Wars, and Jihads* (Oxford: Oxford University Press, 2012), 374.

43. Dexter Filkins et al., "How Surveillance and Betrayal Led to a Hunt's End", *The New York Times*, June 9, 2006.

44. Steve Coll, *The Bin Ladens* (New York: The Penguin Press, 2008), 12-15, 137-152, 252-256.

45. McCants, *The ISIS Apocalypse*, 66.

46. Trofimov, 161.

47. McCants, *The ISIS Apocalypse*, 10-22.

48. Pew Research Center, "The World's Muslims: Unity and Diversity", 57, http://assets.pewresearch.org/wp-content/uploads/sites/11/2012/08/the-worlds-muslims-full-report.pdf.

49. Ibid.

50. McCants, *The ISIS Apocalypse*, 32.

51. Ibid., 32-42.

52. Cole Bunzel, *From Paper State to Caliphate: The Ideology of the Islamic State* (Washington, DC: Center for Middle East Policy at Brookings, 2015), 22-23.

53. Daniel Kimmage and Kathleen Ridolfo, *Iraqi Insurgent Media* (Washington, DC: Radio Free Europe/Radio Liberty, 2007), 4-5.

54. Ibid., 27-29, 70-71.

55. Anwar al-Awlaki, Full text of "Anwar Nasser Aulaqi" from FBI files, available at https://archive.org/stream/AnwarNasserAulaqi/Anwar%20Nasser%20Aulaqi%2010_djvu.txt, accessed June 6, 2018.

56. FBI가 표기한 신학자의 이름 알완(Alwan)은 그가 자주 사용한 이름이 아니다.

57. Hugh Macleod, "YouTube Islamist: how Anwar al-Awlaki became alQaeda's link to local terror", *The Guardian*, May 7, 2010.

58. Eric Schmitt, "U.S. Commando Killed in Yemen in Trump's First Counterterrorism Operation", *The New York Times*, January 29, 2017; Charlie Savage, "Court Releases Large Parts of Memo Approving Killing of American in Yemen", *The New York Times*, June 23, 2014; Mark Mazetti et al., "Two-Year Manhunt Led

to Killing of Awlaki in Yemen, *The New York Times*, September 30, 2011; and McCants, *The ISIS Apocalypse*, 60.

59. Martin Chulov, "ISIS: the inside story", *The Guardian*, December 11, 2014; Janine di Giovanni, "Who Is ISIS Leader Abu Bakr Baghdadi?", *Newsweek*, December 8, 2014; and William McCants, "The Believer", Brookings Essay (September 1, 2015), http://csweb.brookings.edu/content/research/essays/2015/thebeliever. html, accessed June 8, 2018.

60. McCants, *The ISIS Apocalypse*, 85-98.

61. David Remnick, "Going the Distance: On and off the road with Barack Obama", *The New Yorker*, January 27, 2014.

62. http://www.jihadica.com/the-caliphate%E2%80%99s-scholar-in-arms/, accessed September 6, 2019.

63. Cole Bunzel, "The Caliphate's Scholar-in-Arms", http://www.jihadica.com/the-caliphate%E2%80%99s-scholar-in-arms/, accessed June 10, 2018.

64. Amar Benaziz and Nick Thompson, "Is ISIS leader Abu Bakr Baghdadi's bling timepiece a Rolex or an 'Islamic watch'?", *CNN*, July 10, 2014, http://www.cnn. com/2014/07/10/world/meast/iraq-baghdadi-watch/index.html, accessed June 12, 2018.

65. 「다비크」의 영어 판본은 여러 경로를 통해 열람이 가능하다. 이슬람교 관련은 물론 이슬람 혐오증, 공공 정책 등 다양한 내용을 확인할 수 있다. 다음 참조. "The Return of the Khilafah", https://jihadology.net/2016/07/31/newissue-of-the-islamic-states-magazine-dabiq-15/, 이전 호 역시 열람할 수 있다. 이 간행물은 아라비아와 프랑스, 독일에서도 발간됐다.

66. The Soufan Group, "Foreign Fighters: An Updated Assessment of the Flow of Foreign Fighters into Syria and Iraq", December 2015.

67. *Dabiq*, "The Return of the Khilafah", 4-5, 26.

68. Ibid., 8.

69. Ibid., 10.

70. Ibid., 32-33.

71. McCants, *The ISIS Apocalypse*, 142-143.

72. Robert Mackey, "The Case for ISIS, Made in a British Accent", *The New York Times*, June 20, 2014.

73. Nelly Lahoud and Jonathan Pieslak, "Music of the Islamic State", *Survival* Vol. 61, No. 1 (2018): 153-168, quote 155.

74. Richard Barrett, "Foreign Fighters in Syria", The Soufan Group, June 2014.

75. Mariam Karouny, "Apocalyptic prophecies drive both sides to Syrian battle

for end of time", Reuters, April 1, 2014, https://www.reuters.com/article/us-syriacrisis-prophecy-insight/apocalyptic-prophecies-drive-both-sides-to-syrian-battle-for-end-of-time-idUSBREA3013420140401, accessed June 12, 2018.

76. Anonymous, "The Revival of Slavery before the Hour", *Dabiq* No. 4 (September 2014), 17.

77. Nick Cumming-Bruce, "ISIS Committed Genocide Against Yazidis in Syria and Iraq, U.N. Panel Says", *The New York Times*, June 16, 2018; and Valeria Cetorelli, "Mortality and kidnapping estimates for the Yazidi population in the area of Mount Sinjar, Iraq, in August 2014: A retrospective household survey", *PLOS Medicine*, May 9, 2017, https://doi.org/10.1371/journal.pmed.1002297, accessed June 12, 2018.

78. 2018년 기준으로 IS가 기획했거나 IS가 촉발한 사건들은 다음 참조. Tim Lister et al., "ISIS goes global: 143 attacks in 29 countries have killed 2,043", *CNN*, February 12, 2018, https://www.cnn.com/2015/12/17/world/mapping-isis-attacks-around-the-world/index.html, accessed June 12, 2018. 2019년 8월 기준으로 3,800명의 사망자가 있었을 것으로 추정한 부분은 다음을 참고했다. Karen Yourish et al., "How Many People Have Been Killed in ISIS Attacks Around the World", *The New York Times*, July 16, 2016; and https://en.wikipedia.org/wiki/List_of_terrorist_incidents_linked_to_ISIL, accessed September 6, 2019.

79. Ben Watson, "What the Largest Battle of the Decade Says about the Future of War", *Defense One* (2017), https://www.defenseone.com/feature/mosul-largest-battle-decade-future-of-war/, accessed July 19, 2019; and Rukmini Callimachi and Eric Schmitt, "ISIS Names New Leader and Confirms al-Baghdadi's Death", *The New York Times*, October 31, 2019.

80. See, for example, Graeme Wood, "What ISIS Really Wants", *The Atlantic*, March 2015.

81. Janine di Giovanni, "The Militias of Baghdad", *Newsweek*, November 26, 2014.

82. Jason Burke, "Rise and fall of Isis: its dream of a caliphate is over, so what now?", The Guardian, October 21, 2018, https://www.theguardian.com/world/2017/oct/21/isis-caliphate-islamic-state-raqqa-iraq-islamist, accessed June 12, 2018; and Aaron Y. Zelin, "Interpreting the Fall of Islamic State Governance", *Washington Institute*, October 16, 2017, http://www.washingtoninstitute.org/policy-analysis/view/interpreting-the-fall-of-islamic-state-governance, accessed June 12, 2018; and Sune Engel Rasmussen, "U.S.-Led Coalition Captures Last ISIS Bastion in Syria, Ending Caliphate", *The Wall Street Journal*, March 23, 2019.

1. Richard Dawkins, *The Selfish Gene* (New York: Oxford University Press, 2009), vii.

2. David Sloan Wilson, *Evolution for Everyone* (New York: Delta Trade Paperbacks, 2007), 70.

3. Stanley Milgram, "Behavioral Study of Obedience", *Journal of Abnormal and Social Psychology* Vol. 67, No. 4 (1963): 371-378; and Milgram, "Some Conditions of Obedience and Disobedience to Authority", Human Relations Vol. 18, No. 1 (February, 1965): 57-76.

4. C. Haney et al., "Interpersonal Dynamics in a Simulated Prison", *International Journal of Criminology and Penology* Vol. 1 (1973): 69-97.

5. 스탠퍼드 감옥 실험의 자세한 설명은 다음 참조. Ben Blum, "The Lifespan of a Lie", https://medium.com/s/trustissues/the-lifespan-of-a-lie-d869212b1f62.

6. Laurence Rees, Auschwitz: *A New History* (New York: Public Affairs, 2005).

7. Ibid. On channel island deportations, see 135-139; killing at Belżec, 149-150, quote 203. 8. Lionel Laurent, "What Bitcoin Is Really Worth May No Longer Be Such a Mystery", https://www.bloomberg.com/news/features/2018-04-19/what-bitcoin-is-really-worth-may-no-longer-be-such-a-mystery, accessed July 25, 2018.

8. Lionel Laurent, "What Bitcoin Is Really Worth May No Longer Be Such a Mystery", https://www.bloomberg.com/news/features/2018-04-19/what-bitcoin-is-really-worth-may-no-longer-be-such-a-mystery, accessed July 25, 2018.

참고문헌

- 20/20, "The Devil Worshippers," see https://www.youtube.com/watch?v=vG_w-uElGbM, https://www.youtube.com/watch?v=gG0ncaf-jhI, and https://www.youtube.com/watch?v=HwSP3j7RJlU.
- Ahamed, Liaquat, *Lords of Finance* (New York: Penguin, 2009).
- Ainsworth, William Harrison, *The South Sea Bubble* (Leipzig: Bernhard Tauchnitz, 1868).
- Akenson, Donald Harman, *Discovering the End of Time* (Montreal: McGill-Queen's University Press, 2016).
- Allen, Frederick Lewis, *The Lords of Creation* (Chicago: Quadrangle Paperbacks, 1966).
- Allen, Frederick Lewis, *Only Yesterday* (New York: Perennial Classics, 2000).
- Al-Awlaki, Anwar, full text of "Anwar Nasser Aulaqi" from FBI files, https://archive.org/stream/AnwarNasserAulaqi/Anwar%20Nasser%20Aulaqi%2010_djvu.txt.
- Ambrose, Stephen E., *Undaunted Courage* (New York: Simon and Shuster, 1996).
- Anderson, Robert, *The Coming Prince* (London: Hodder and Stoughton, 1881).
- Anderson, Robert, *Unfulfilled Prophecy and "The Hope of the Church"* (London: Pickering & Inglis, 1923).
- Anglim, Simon, *Orde Wingate and the British Army, 1922-1944* (London: Routledge, 2010).
- Anonymous, *Advent Herald*, Vol. 8, No. 3 (August 21, 1844): 20.
- Anonymous, "Apocalypse Cow," *The New York Times*, March 30, 1997.
- Anonymous, *Bend Bulletin* (Oregon), July 16, 1938, 1, 5.
- Anonymous, "Bible Prophecy and the Mid-East Crisis," *Moody Monthly* Vol. 68, No. 1 (July/August 1967): 22-24.
- Anonymous, "The Book of Tribulations and Portents of the Last Hour," https://

sunnah.com/muslim/54/44, accessed September 6, 2019.

- Anonymous, "Christian evangelicals from the US flock to Holy Land in Israeli tourism boom," *Independent*, April 6, 2018.
- Anonymous, "Doctor Claims World Will Upheave, Not End," *Pittsburgh Post-Gazette*, December 17, 1954.
- Anonymous, "Fisher Sees Stocks Permanently High," *The New York Times*, October 16, 1929, 8.
- Anonymous, "Former Ruler of Utilities Dies in France," *Berkeley Daily Gazette*, July 16, 1938.
- Anonymous, "Hearings before a Subcommittee of the Committee on Banking and Currency of the United States Senate, Seventy-Second Congress on S. Res. 84 and S. Res. 239," 2170, http://www.senate.gov/artandhistory/history/common/investigations/pdf/Pecora_EBrown_testimony.pdf.
- Anonymous, "History and Timothy McVeigh," *The New York Times*, June 11, 2011.
- Anonymous, "Insull Drops Dead in a Paris Station," *The Montreal Gazette* Vol. 167, No. 170 (July 18, 1938): 9.
- Anonymous, "Jacobellis v. Ohio," https://www.law.cornell.edu/supremecourt/text/378/184#ZC1-378_US_184fn2/2.
- Anonymous, The Midnight Cry! Vol. 7, No. 17 (October 19, 1844): 132 (courtesy of Adventist Digital Library).
- Anonymous, "The Partisan Brain," *The Economist* (December 7, 2018).
- Anonymous, "Recent Views of the Palestine Conflict," *Journal of Palestine Studies* Vol. 10, No. 3 (Spring 1981): 175.
- Anonymous, "Reveal Stock Pool Clears 5 Million in Week," *Chicago Tribune* Vol. 91, No. 121 (May 20, 1932): 1.
- Anonymous, "The Revival of Slavery before the Hour," *Dabiq* Vol. 4 (September 2014): 17.
- Anonymous, "The Secret History of the South Sea Scheme," in *A Collection of Several Pieces of Mr. John Toland* (London: J. Peele, 1726).
- Anonymous, *The Signs of the Times* Vol. 6, No. 16 (June 23, 1843): 123 (courtesy of Adventist Digital Library).
- Anonymous, *The Signs of the Times* Vol. 6, No. 17 (December 13, 1843): 144.
- Anonymous, *The South Sea Bubble* (London: Thomas Boys, 1825).
- Anonymous, "William Martin," *The Economist*, August 6, 1998.
- Applebome, Peter, "Jerry Falwell, Moral Majority Founder, Dies at 73," *The New*

York Times, May 16, 2007, A1.

- Archer, Henry, *The Personall Reign of Christ Vpon Earth*, Early English Books Online, http://eebo.chadwyck.com.
- Arcuri, Luciano, and Gun Semin, "Language Use in Intergroup Contexts: The Linguistic Intergroup Bias," *Journal of Personality and Social Psychology* Vol. 57, No. 6 (1989): 981-993.
- Armitage, Thomas, *A History of Baptists* (New York: Bryan, Taylor & Co.), 1887.
- Arnold, Phillip "The Davidian Dilemma—To Obey God or Man?," in James R. Lewis, Ed., *From the Ashes* (Lanham, MD: Rowman & Littlefield Publishers, Inc., 1994).
- Arthur, Anthony, *The Tailor-King* (New York: Thomas Dunne Books, 1999).
- Asch, Solomon E., "Studies of Independence and Conformity: A Minority of One Against a Unanimous Majority," *Psychological Monographs* Vol. 70, No. 9 (1956): 1-70. See also Asch, *Social Psychology* (New York: Prentice-Hall, 1952), 450-501.
- Asness, Clifford, "Bubble Logic: Or, How to Learn to Stop Worrying and Love the Bull," working paper, https://ssrn.com/abstract=240371.
- Aspray, William, et al., *Food in the Internet Age* (New York: Springer Science & Business Media, 2013).
- Associated Press, "Davidian Compound Had Huge Weapon Cache, Ranger Says," *Los Angeles Times*, July 7, 2000.
- Auerbach, Jerold S., *Hebron Jews* (Plymouth, UK: Rowman & Littlefield Publishers, Inc., 2009).
- Axtman, Chris, "How Enron awards do, or don't, trickle down," *Christian Science Monitor*, June 20, 2005.
- Bacon, Francis, *The New Organon* (New York: The Bobbs-Merrill Company, Inc., 1960).
- Bagehot, Walter, *Lombard Street* (New York: Scribner, Armstrong & Co., 1873).
- Balen, Malcolm, *The Secret History of the South Sea Bubble* (New York: HarperCollins, 2003).
- Balmer, Randall, *Encyclopedia of Evangelism* (Waco, TX: Baylor University Press, 2004).
- Banerjee, Neela, "Religion and Its Role Are in Dispute at the Service Academies," *The New York Times*, June 25, 2008.
- Bar-El, Yair, et al., "Jerusalem syndrome," *British Journal of Psychiatry* 176 (2000): 86-90.
- Barrett, Richard, "Foreign Fighters in Syria," The Soufan Group, June 2014.

- Barrionuevo, Alexi, "Did Ken Lay Demonstrate Credibility?" *The New York Times*, May 3, 2006.
- Barton, Bruce, "Is There Anything Here that Other Men Couldn't Do?" *American Magazine* 95 (February 1923): 128.
- Bates, Joseph, *The Biography of Elder Joseph Bates* (Battle Creek, MI: The Steam Press, 1868).
- Baumeister, Roy F., et al., "Bad Is Stronger Than Good," *Review of General Psychology* Vol. 5, No. 4 (2001): 323-370.
- BBC News, "Dabiq: Why is Syrian town so important for IS?" October 4, 2016, http://www.bbc.com/news/world-middle-east-30083303.
- Bebbington, David W., *Evangelicalism in Modern Britain* (London: Routledge, 1989).
- Beck, Julie, "Vaccine Skepticism and 'Big Government,'" *The Atlantic*, September 17, 2015.
- Bell, Eric Temple, *The Magic of Numbers* (New York: Dover Publications, Inc., 1991).
- Belloc, Hilaire, *The Modern Traveler* (London: Edward Arnold, 1898).
- Benaziz, Amar, and Nick Thompson, "Is ISIS leader Abu Bakr Baghdadi's bling timepiece a Rolex or an 'Islamic watch'?" CNN, July 10, 2014, http://www.cnn.com/2014/07/10/world/meast/iraq-baghdadi-watch/index.html.
- Bergman, Ronen, *Rise and Kill First* (New York: Random House, 2018).
- Berle, Adolph A. Jr., and Gardiner C. Means, *The Modern Corporation and Private Property* (New York: The Macmillan Company, 1948).
- Berlin, Isaiah, *The Proper Study of Mankind* (New York: Farrar, Straus and Giroux, 1998).
- Berners-Lee, Tim, *Weaving the Web* (San Francisco: HarperSanFrancisco, 1999).
- Berns, Gregory S., et al., "Predictability Modulates Human Brain Response to Reward," *The Journal of Neuroscience* Vol. 21, No. 8 (April 15, 2001): 2793-2798.
- Bernstein, William J., "The Market Villain: It's Not Your Uncle," *The Wall Street Journal*, April 19, 2000.
- Bernstein, William J., *The Birth of Plenty* (New York: McGraw-Hill Inc., 2004).
- Bernstein, William J., *The Four Pillars of Investing* (New York: McGraw-Hill, Inc., 2002).
- Bernstein, William J., *The Intelligent Asset Allocator* (New York: McGraw-Hill, Inc., 2000).
- Bernstein, William J., *Masters of the Word* (New York: Grove/Atlantic, 2013).

- Bersaglieri, Todd, et al., "Genetic Signatures of Strong Recent Positive Selection at the Lactase Gene," *American Journal of Human Genetics* Vol. 74, No. 6 (April 2004): 1111-1120.
- Bigler, Rebecca S., et al., "When Groups Are Not Created Equal: Effects of Group Status on the Formation of Intergroup Attitudes in Children," *Child Development* Vol. 72, No. 4 (July/August 2001): 1151-1162.
- Blackstone, William E., *Jesus Is Coming* (Chicago: The Moody Bible Institute, 1916).
- Blair, Bruce, *Frontline* interview, https://www.pbs.org/wgbh/pages/frontline/shows/russia/interviews/blair.html.
- Blair, Bruce, *The Logic of Accidental Nuclear War* (Washington, DC: The Brookings Institution, 1993).
- Blau, Benjamin M., et al., "Gambling Preferences, Options Markets, and Volatility," *Journal of Quantitative and Financial Analysis* Vol. 51, No. 2 (April 2016): 515-540.
- Blickle, Peter, *The Revolution of 1525*, trans. Thomas A. Brady, Jr. and H.C. Erik Midelfort (Baltimore: The Johns Hopkins University Press, 1981).
- Bliss, Sylvester, *Memoirs of William Miller* (Boston: Joshua V. Himes, 1853).
- Block, Brian P., and John Hostettler, *Hanging in the Balance* (Sherfield Gables, UK: Waterside Press, 1997).
- Blum, Ben, "The Lifespan of a Lie," https://medium.com/s/trustissues/the-lifespan-of-a-lie-d869212b1f62.
- Boutelle, Louis, *Sketch of the Life and Religious Experience of Eld. Louis Boutelle* (Boston: Advent Christian Publication Society, 1891).
- Boyd, Robert, and Peter J. Richerson, "Culture and the evolution of human cooperation," *Philosophical Transactions of the Royal Society* Vol. 364, No. 1533 (November 12, 2009): 3281-3288.
- Boyer, Paul, "America's Doom Industry," https://www.pbs.org/wgbh/pages/frontline/shows/apocalypse/explanation/doomindustry.html.
- Boyer, Paul, *When Time Shall Be No More* (Cambridge: The Harvard/Belknap Press, 1992).
- Bradford, R.W., "Who Started the Fires? Mass Murder, American Style," and "Fanning the Flames of Suspicion: The Case Against Mass Suicide at Waco," in *Armageddon in Waco* (Chicago: University of Chicago Press, 1995).
- Breiter, Hans C., and Bruce R. Rosen, "Functional Magnetic Resonance Imaging of the Brain Reward Circuitry in the Human," *Annals of the New York Academy of*

Sciences Vol. 877, No. 1 (February 6, 2006): 523-547.

- Bromley, Edward D., and Edward G. Silver, "The Davidian Tradition," in Stuart A. Wright, *Armageddon at Waco* (Chicago: University of Chicago Press, 1995).
- Brown, Ira V., "The Millerites and the Boston Press," *The New England Quarterly* Vol. 16, No. 4 (December 1943): 599.
- Bryan-Low, Cassel, and Suzanne McGee, "Enron Short Seller Detected Red Flags in Regulatory Filings," *The Wall Street Journal*, November 5, 2001.
- Bryce, Robert, "Flying High," *Boston Globe Magazine*, September 29, 2002.
- Bunzel, Cole, *From Paper State to Caliphate: The Ideology of the Islamic State* (Washington, DC: Center for Middle East Policy at Brookings, 2015).
- Bunzel, Cole, "The Caliphate's Scholar-in-Arms," http://www.jihadica.com/the-caliphate%E2%80%99s-scholar-in-arms/, accessed June 10, 2018.
- Burke, Jason, "Rise and fall of Isis: its dream of a caliphate is over, so what now?" *The Guardian*, October 21, 2018, https://www.theguardian.com/world/2017/oct/21/isis-caliphate-islamic-state-raqqa-iraq-islamist.
- Burr, William, and Thomas S. Blanton, "The Submarines of October," National Security Archive (October 31, 2002), https://www.webcitation.org/67Zh0rqhC?url=http://www.gwu.edu/%7Ensarchiv/NSAEBB/NSAEBB75/.
- Burroughs, Joseph Birkbeck, *Titan, Son of Saturn* (Oberlin, OH: The Emeth Publishers, 1905).
- Burton, Jonathan, "From Fame, Fortune to Flamed-Out Star," *The Wall Street Journal*, March 10, 2010.
- Butler, Jonathan M., and Ronald L. Numbers, Introduction, in Ronald L. Numbers and Jonathan M. Butler, Eds., *The Disappointed* (Bloomington and Indianapolis: Indiana University Press, 1987).
- Callimachi, Rukmimi, and Eric Schmitt, "ISIS Names New Leader and Confirms al-Baghdadi's Death," *The New York Times*, October 31, 2019.
- Campbell-Meiklejohn, Daniel K., et al., "How the Opinion of Others Affects Our Valuation of Objects," *Current Biology* Vol. 20, No. 13 (July 13, 2010): 1165-1170.
- Cannon, Lou, *President Reagan: The Role of a Lifetime* (New York: Simon & Schuster, 1991).
- Capp, B. S., The Fifth Monarchy Men (London: Faber and Faber, 1972).
- Carhart, Mark M., "On Persistence in Mutual Fund Performance," *Journal of Finance* Vol. 52, No. 1 (March 1997): 57-82.
- Carswell, John, *The South Sea Bubble* (Gloucestershire, UK: Sutton Publishing, Ltd., 2001).

- Cassidy, John, *dot-con* (New York: Penguin Press, 2002).
- Cetorelli, Valeria, "Mortality and kidnapping estimates for the Yazidi population in the area of Mount Sinjar, Iraq, in August 2014: A retrospective household survey," *PLOS Medicine*, May 9, 2017, https://doi.org/10.1371/journal.pmed.1002297.
- Chancellor, Edward, *Devil Take the Hindmost* (New York: Plume, 2000).
- Charles, R.H., *Lectures on the Apocalypse* (London: Humphrey Milford, Oxford University Press, 1922).
- Cheng, Jonathan, "A Barber Misses Market's New Buzz," *The Wall Street Journal*, March 8, 2013.
- Chibi, Allan, *The Wheat and the Tares* (Eugene, OR: Pickwick Publications, 2015).
- Christiansen, Paul, *Orchestrating Public Opinion* (Amsterdam: Amsterdam University Press, 2018).
- Chulov, Martin, "ISIS: the inside story," *The Guardian*, December 11, 2014,
- Church, Philip A.F., "Dispensational Christian Zionism: A Strange but Acceptable Aberration of Deviant Heresy?," *Westminster Theological Journal* Vol. 71 (2009): 375-398.
- Clapham, J. H., *An Economic History of Modern Britain: The Early Railway Age 1820-1850* (Cambridge, UK: Cambridge University Press, 1939).
- Clark, Jim, *Netscape Time* (New York: St. Martin's Press, 1999).
- Cohen, Yoel, "The Political Role of the Israeli Chief Rabbinate in the Temple Mount Question," *Jewish Political Studies Review* Vol. 11, No. 1 (Spring 1999): 101-105.
- Cohn, Norman, *Cosmos, Chaos, and the World to Come* (New Haven, CT: Yale University Press, 1995).
- Cohn, Norman, *The Pursuit of the Millennium* (New York: Oxford University Press, 1970).
- Coleman, Calmetta Y., "Beardstown Ladies Add Disclaimer That Makes Returns Look 'Hooey,'" *The Wall Street Journal*, February 27, 1998.
- Coll, Steve, *The Bin Ladens* (New York: The Penguin Press, 2008).
- Collins, John J., *The Apocalyptic Imagination* (Grand Rapids, MI: William B. Erdmans Publishing Company, 1988).
- Condorelli, Stefano, "The 1719 stock euphoria: a pan-European perspective," working paper, 2016, https://mpra.ub.uni-muenchen.de/68652/, accessed April 27, 2016.
- Cook, David, "Abu Musa'b al-Suri and Abu Musa'b al-Zarqawi: The Apocalyptic Theorist and the Apocalyptic Practitioner," private working paper, cited with

permission from the author.

- Cook, David, "Fighting to Create a Just State: Apocalypticism in Radical Muslim Discourse," in David Cook, Ed., *Contemporary Muslim Apocalyptic Literature* (Syracuse, NY: Syracuse University Press, 2008).
- Cook, David, *Studies in Muslim Apocalyptic* (Princeton, NJ: The Darwin Press, Inc., 2002).
- Cook, John, and Marni Leff, "Webvan is gone, but HomeGrocer.com may return," *Seattle Post-Intelligencer*, July 9, 2001.
- Cornwall, Marie, "The Determinants of Religious Behavior: A Theoretical Model and Empirical Test," *Social Forces* Vol. 66, No. 2 (December 1989): 572-592.
- Cosmides, Leda, and John Tooby, "Cognitive Adaptations for Social Exchange," in Jerome H. Barkow et al., *The Adapted Mind* (New York: Oxford University Press, 1992), 180-206.
- Court, John M., *Myth and History in the Book of Revelation* (Atlanta, GA: John Knox Press, 1979).
- Cowie, Ian, "Oriental risks and rewards for optimistic occidentals," *The Daily Telegraph*, August 7, 2004.
- Cross, Whitney R., *The Burned-over District* (New York: Harper Torchbooks, 1950).
- Crowquill, Alfred, "Railway Mania," *The Illustrated London News*, November 1, 1845.
- Crowther, Samuel, "Everybody Ought to Be Rich: An Interview with John J. Raskob," *Ladies' Home Journal*, August 19, 1929, reprinted in David M.P. Freund, *The Modern American Metropolis* (New York: Wiley-Blackwell, 2015), 157-159.
- Cuevas, John, *Cat Island* (Jefferson, NC: McFarland & Company, Inc., 2011).
- Cumming-Bruce, Nick, "ISIS Committed Genocide Against Yazidis in Syria and Iraq, U.N. Panel Says," *The New York Times*, June 16, 2018.
- Cuomo, Joe, "Joe Cuomo and the Prophecy of Armageddon," 1984 WBAI-FM audiocassette recording.
- Curran, James, et al., "Media System, Public Knowledge and Democracy: A Comparative Study," *European Journal of Communications* Vol. 14, No. 1 (2009): 5-26.
- *Dabiq*, "The Return of the Khilafah," https://jihadology.net/2016/07/31/new-issue-of-the-islamic-states-magazine-dabiq-15/.
- Dale, Richard, *The First Crash* (Princeton: Princeton University Press, 2014).
- Davenport, Richard Alfred, *Sketches of Imposture, Deception, and Credulity*

(London: Thomas Tegg and Son, 1837).

- Dawkins, Richard, *The Selfish Gene* (New York: Oxford University Press, 2009).
- Dayan, Moshe, *Story of My Life* (New York: William Morrow and Company, Inc., 1976).
- De Baviere, *Letters of Madame Charlotte Elizabeth de Baviere, Duchess of Orleans*, ii274, https://archive.org/stream/lettersofmadamec02orluoft/lettersofmadamec02orluoft_djvu.txt.
- Dejevsky, Mary, "Totally Bananas," *The Independent*, November 9, 1999.
- De Long, J. Bradford, and Andrei Schleifer, "The Stock Market Bubble of 1929: Evidence from Closed-end Mutual Funds," *The Journal of Economic History* Vol. 51, No. 3 (September 1991): 675-700.
- Department of the Treasury, "Report of the Department of the Treasury on the Bureau of Tobacco, Alcohol, and Firearms investigation of Vernon Wayne Howell, also known as David Koresh," September 1993, 95-100, available at https://archive.org/stream/reportofdepartme00unit/reportofdepartme00unit_djvu.txt.
- Dick, Everett N., "Advent Camp Meetings of the 1840s," *Adventist Heritage* Vol. 4, No. 2 (Winter 1977): 5.
- Dick, Everett N., *William Miller and the Advent Crisis 1831-1844* (Berrien Springs MI: Andrews University Press, 1994).
- Dickinson, Emily (Mabel Loomis Todd and T. W. Higginson, Eds.), *The Poems of Emily Dickinson* (Raleigh, NC: Hayes Barton Press, 2007).
- Di Giovanni, Janine, "The Militias of Baghdad," *Newsweek*, November 26, 2014.
- Di Giovanni, Janine, "Who Is ISIS Leader Abu Bakr Baghdadi?," *Newsweek*, December 8, 2014.
- Dimock, Michael, and Samuel L. Popkin, "Political Knowledge in Comparative Perspective," in Shanto Iyengar and Richard Reeves, Eds., *Do the Media Govern?* (Thousand Oaks, CA: Sage Publications, 1997).
- Doan, Ruth Alden, *The Miller Heresy, Millerism, and American Culture* (Philadelphia: Temple University Press, 1987).
- Dougherty, Philip H., "Advertising; Who Bought Time on 'The Day After,'" *The New York Times*, November 22, 1983.
- Easton, Thomas, and Scott Wooley, "The $20 Billion Crumb," *Forbes*, April 19, 1999.
- Edwards, I. E. S, Ed., *The Cambridge Ancient History*, 3rd Ed. (Cambridge, UK: University Press, 1975).
- Eichengreen, Barry, *Golden Fetters* (Oxford: Oxford University Press, 1995).

- Eisenstein, Elizabeth, *The Printing Press as an Agent of Change* (Cambridge, UK: Cambridge University Press, 1979).
- Eliade, Mircea, *Cosmos and History*, trans. Willard R. Trask (New York: Harper Torchbooks, 1959).
- Elkind, Peter, et al., "The Trouble With Frank Quattrone was the top investment banker in Silicon Valley. Now his firm is exhibit A in a probe of shady IPO deals," *Fortune*, September 3, 2001.
- Ellison, Christopher G., and John P. Bartkowski, "Babies Were Being Beaten," in Stuart A. Wright, *Armageddon in Waco* (Chicago: University of Chicago Press, 1995).
- Ellsberg, Daniel, *The Doomsday Machine* (New York: Bloomsbury, 2017).
- Emshwiller, John R., and Rebecca Smith, "Murky Waters: A Primer On the Enron Partnerships," *The Wall Street Journal*, January 21, 2001.
- England, Mark, "9-1-1 records panic, horror," *Waco Tribune-Herald*, June 10, 1993.
- England, Mark, and Darlene McCormick, "The Sinful Messiah: Part One," *Waco Tribune-Herald*, February 27, 1993.
- Ennis, Thomas W., "E. Schuyler English, Biblical Scholar, 81," *The New York Times*, March 18, 1981.
- Evensen, Bruce, "Robertson's Credibility Problem," *Chicago Tribune*, February 23, 1988.
- Evans, Clark, Ed., *The Internal Debts of the United States* (New York: The Macmillan Company, 1933).
- Federal Bureau of Investigation, "The Megiddo Project," October 20, 1999, 28-29, available at http://www.cesnur.org/testi/FBI_004.htm.
- Festinger, Leon, et al., *When Prophecy Fails* (New York: Harper Torchbooks, 1956).
- Filiu, Jean-Pierre, *Apocalypse in Islam*, trans. M.B. Devoise (Berkeley: University of California Press, 2011).
- Filkins, Dexter, et al., "How Surveillance and Betrayal Led to a Hunt's End," *The New York Times*, June 9, 2006.
- Fisher, Irving, *The Theory of Interest* (New York: The Macmillan Company, 1930).
- Fishman, Hertzel, *American Protestantism and a Jewish State* (Detroit: Wayne State University Press, 1973).
- Fitzgerald, F. Scott, "The Crack-Up," *Esquire* (February 1936), http://www.pbs.org/wnet/americanmasters/f-scott-fitzgerald-essay-the-crack-up/1028/, accessed March 5, 2016.

- Forbes, Bruce David, "How Popular are the Left Behind Books . . . and Why?," in Jeanne Halgren Kilde and Bruce David Forbes, Eds., *Rapture, Revelation, and the End Times* (New York: Palgrave Macmillan, 2004).
- Forster, John, *The Life of Charles Dickens* (London: Clapman and Hall, 1890).
- Foster, Kevin R., and Hanna Kokko, "The Evolution of Superstitions and Superstitionlike Behaviour," *Proceedings of the Biological Sciences* Vol. 276, No. 1654 (January 7, 2009): 31-37.
- Francis, John, *A History of the English Railway* (London: Longman, Brown, Green, & Longmans, 1851).
- Frederick, Shane, "Cognitive Reflection and Decision Making," *Journal of Economic Perspectives* Vol. 19, No. 4 (Fall 2005): 25-42.
- Friend, Ronald, et al., "A puzzling misinterpretation of the Asch 'conformity' study," *European Journal of Social Psychology* Vol. 20 (1990): 29-44.
- Friesen, Abraham, *Thomas Muentzer, a Destroyer of the Godless* (Berkeley: University of California Press, 1990).
- Froom, Leroy Edwin, *The Prophetic Faith of Our Fathers* (Washington, DC: Review and Herald, 1946).
- Fryckholm, Amy Johnson, *Rapture Culture* (Oxford: Oxford University Press, 2004).
- Galbraith, John Kenneth, *The Great Crash 1929* (Boston: Houghton Mifflin Company, 1988).
- Galbraith, John Kenneth, *A Short History of Financial Euphoria* (Knoxville, TN: Whittle Direct Books, 1990).
- Galton, Francis, "The Ballot-Box," *Nature* Vol. 75, No. 1952 (March 28, 1907): 509.
- Galton, Francis, "Vox Populi" *Nature* Vol. 75, No. 1949 (March 7, 1907): 450-451.
- Galton, Francis, Letters to the Editor, *Nature* Vol. 75, No. 1952 (March 28, 1907): 509-510.
- Gardner, Dan, and Philip Tetlock, "What's Wrong with Expert Predictions," https://www.cato-unbound.org/2011/07/11/dan-gardner-philip-tetlock/overcoming-our-aversion-acknowledging-our-ignorance.
- Gardner, Martin, *Fads and Fallacies in the Name of Science* (New York: Dover Publications, 1957).
- Garrison, William Lloyd, *The Letters of William Lloyd Garrison*, ed. Walter M. Merrill (Cambridge: Belknap Press of Harvard University Press, 1973).
- Gates, David, "The Pop Prophets," *Newsweek*, May 24, 2004, 48.
- Gates, Robert M., *From the Shadows* (New York: Simon & Schuster Paperbacks,

1996).

- Gelertner, David, "A Religion of Special Effects," *The New York Times*, March 30, 1997.
- Gerolymatos, Andre, *Castles Made of Sand* (New York: Thomas Dunne Press, 2010).
- Gerrig, Richard J., *Experiencing Narrative Worlds* (New Haven, CT: Yale University Press, 1993).
- Gibbs, Nancy, "Apocalypse Now," *Time* Vol. 160, No. 1, (July 1, 2002): 47.
- Gilbert, Martin, *Winston S. Churchill* (Boston: Houghton Mifflin Company, 1977).
- Gilder, George, "The Faith of a Futurist," *The Wall Street Journal*, January 1, 2000.
- Gilovich, Thomas, "Biased Evaluation and Persistence in Gambling," *Journal of Personality and Social Psychology* Vol. 44, No. 6 (June 1983): 1110-1126.
- Gladwell, Malcolm, *David and Goliath* (New York: Little, Brown and Company, 2013).
- Glassman, James K., "Is Government Strangling the New Economy?," *The Wall Street Journal*, April 6, 2000.
- Glassman, James K., and Kevin A. Hassett, *Dow 36,000* (New York: Times Business, 1999).
- Goldgar, Ann, *Tulipmania* (Chicago: University of Chicago Press, 2007).
- Gonen, Rivka, *Contested Holiness* (Jersey City: KTAV Publishing House, 2003).
- Gongloff, Mark, "Where Are They Now: The Beardstown Ladies," *The Wall Street Journal*, May 1, 2006.
- Goodstein, Laurie, "Air Force Chaplain Tells of Academy Proselytizing," *The New York Times*, May 12, 2005.
- Gordon, Keith, "The End of (the Other Side of) the World: Apocalyptic Belief in the Australian Political Structure," *Intersections* Vol. 10, No. 1 (2009): 609-645.
- Gorenberg, Gershom, *The End of Days* (New York: The Free Press, 2000).
- Graeber, David, *Debt* (New York: Melville House, 2012).
- Graham, Benjamin, and David Dodd, *Security Analysis* (New York: Whittlesey House, 1934).
- Graham, John R., and Campbell R. Harvey, "Grading the Performance of Market Timing Newsletters," *Financial Analysts Journal* Vol. 53, No. 6 (November/December 1997): 54-66.
- Graham, Stephen R., "Hal Lindsey," in Charles H. Lippy, Ed., *Twentieth-Century Shapers of American Popular Religion* (New York: Greenwood Press, 1989).
- Graves, Richard Hastings, *The Whole Works of Richard Graves, D.D.* (Dublin:

William Curry, Jun. and Company, 1840).

- Green, Melanie C., and Timothy C. Brock, "The Role of Transportation in the Persuasiveness of Public Narratives," *Journal of Personality and Social Psychology* Vol. 79, No. 5 (2000): 701-721.
- Greenblatt, Joel, and Barry Ritholtz, *Masters in Business*, April 20, 2018, https://assets.bwbx.io/av/users/iqjWHBFdfxIU/vcNFFMk_gBGg/v2.mp3.
- Gribben, Crawford, *Evangelical Millennialism in the Trans-Atlantic World, 1500-2000* (New York: Palgrave Macmillan, 2011).
- Gribben, Crawford, *Writing the Rapture* (Oxford: Oxford University Press, 2009).
- Gullapalli, Diya, "Van Wagoner to Step Down As Manager of Growth Fund," *The Wall Street Journal*, August 4, 2008.
- Haag, Matthew, "Robert Jeffress, Pastor Who Said Jews Are Going to Hell, Led Prayer at Jerusalem Embassy," *The New York Times*, May 14, 2018.
- Halberstam, David, *The Best and the Brightest* (New York: Random House, 1972).
- Hall, Carla, et al., "The Night of 'The Day After,'" *The Washington Post*, November 21, 1983.
- Hamilton, W.D., "The Genetical Evolution of Social Behaviour I," *Journal of Theoretical Biology* Vol. 7, No. 1 (July 1964): 1-16; and Part II, 17-52.
- Haney, C., et al., "Interpersonal Dynamics in a Simulated Prison," *International Journal of Criminology and Penology* Vol. 1 (1973): 69-97.
- Harding, Susan Friend, *The Book of Falwell* (Princeton, NJ: Princeton University Press, 2000).
- Harrell, David Edwin, Jr., *Pat Robertson* (Grand Rapids, MI: William B. Eerdmans Publishing Company, 2010).
- Harrison, Paul, "Rational Equity Valuation at the Time of the South Sea Bubble," *History of Political Economy* Vol. 33, No. 2 (Summer 2001): 269-281.
- Hashimi, Sohail H., Ed., *Just Wars, Holy Wars, and Jihads* (Oxford: Oxford University Press, 2012).
- Heider, Fritz, "Attitudes and Cognitive Organization," *The Journal of Psychology* Vol. 21 (1946): 107-112.
- Herapath, John, *The Railway Magazine* (London: Wyld and Son, 1836).
- Herbers, John, "Religious Leaders Tell of Worry on Armageddon View Ascribed to Reagan," *The New York Times*, October 21, 1984, 32.
- Heresco, Aaron, *Shaping the Market: CNBC and the Discourses of Financialization* (Ph.D. thesis, Pennsylvania State University, 2014).
- Herodotus, *The Histories* (Baltimore: Penguin Books, 1954).

- Herzog, Chaim, *The Arab-Israeli Wars* (New York: Random House, 1982).
- Hesiod, *Works and Days*, http://www.theoi.com/Text/HesiodWorksDays.html.
- Hetzel, Robert L., *The Monetary Policy of the Federal Reserve* (New York: Cambridge University Press, 2008).
- Heukelom, Floris, "Measurement and Decision Making at the University of Michigan in the 1950s and 1960s," Nijmegen Center for Economics, Institute for Management Research, Radboud University, Nijmegen, 2009, http://www.ru.nl/publish/pages/516298/nice_09102.pdf.
- Himes, Joshua V., *The Midnight Cry!* Vol. 6, No. 13 (April 11, 1844), 305 (courtesy of Adventist Digital Library).
- Himes, Joshua V., Ed., *Miller's Works*, http://centrowhite.org.br/files/ebooks/apl/all/Miller/Miller%27s%20Works,%20Volume%201,%20Views%20of%20the%20Prophecies%20and%20Prophetic%20Chronology.pdf.
- Himes, Joshua V., *Views of the Prophecies and Prophetic Chronologies, Selected from Manuscripts of William Miller* (Boston: Josuhua V. Himes, 1842).
- Himmelstein, Linda, "Can You Sell Groceries Like Books?," Bloomberg News, July 25, 1999, http://www.bloomberg.com/news/articles/1999-07-25/can-you-sell-groceries-like-books.
- Hitchens, Christopher, *God Is Not Great* (New York: Hachette Group, 2007).
- Homer, Sidney, and Richard Sylla, *A History of Interest Rates*, 4th Ed. (Hoboken, NJ: John Wiley & Sons, 2005).
- "H.R.K.," *Life in the Future*, unpublished manuscript, courtesy of Crawford Gribben.
- Huertas, Thomas F., and Joan L. Silverman, "Charles E. Mitchell: Scapegoat of the Crash?," *The Business History Review* Vol. 60, No. 1 (Spring 1986): 81-103.
- Hull, David L., *Science and Selection* (Cambridge, UK: Cambridge University Press, 2001).
- Hullinger, Jerry M., "The Problem of Animal Sacrifices in Ezekiel 40-48," *Bibliotheca Sacra* Vol. 152 (July-September 1995): 279-289.
- Huntington, Samuel P., *The Clash of Civilizations and the Remaking of the World Order* (New York: Simon & Shuster, 1996).
- Hyde, Montgomery, *John Law* (London: W. H. Allen, 1969).
- Ilmanen, Antti, "Do Financial Markets Reward Buying or Selling Insurance and Lottery Tickets?," *Financial Analysts Journal* Vol. 68, No. 5 (September/October 2012): 26-36
- Ipsos Global Advisor, "Mayan Prophecy: The End of the World?," https://www.

ipsos.com/sites/default/files/news_and_polls/2012-05/5610-ppt.pdf.

- Izuma, Keise, and Ralph Adolphs, "Social Manipulation of Preference in the Human Brain," *Neuron* Vol. 78 (May 8, 2013): 563-573.

- Jenkins, Philip, *Moral Panic* (New Haven, CT: Yale University Press, 1998).

- Jenkins, Philip, and Daniel Maier-Katkin, "Satanism: Myth and reality in a contemporary moral panic," *Crime, Law and Social Change* Vol. 17 (1992): 53-75.

- Jensen, Michael C., "The Performance of Mutual Funds in the Period 1945-64," *Journal of Finance* Vol. 23, No. 2 (May 1968): 389-416.

- Johnson, H. Clark, *Gold, France, and the Great Depression, 1919-1932* (New Haven, CT: Yale University Press, 1997).

- Johnson, Paul, *The Birth of the Modern* (New York: HarperCollins, 1991).

- Johnson, Paul, *A History of the Jews* (New York: HarperPerennial, 1987).

- Jones, Julie Scott, *Being the Chosen: Exploring a Christian Fundamentalist Worldview* (London: Routledge, 2010).

- Jürgen-Goertz, Hans, *Thomas Müntzer*, trans. Jocelyn Jaquiery (Edinburgh: T&T Clark, 1993).

- Kadlec, Charles W., *Dow 100,000* (Upper Saddle River, NJ: Prentice Hall Press, 1999).

- Kahneman, Daniel, *Thinking, Fast and Slow* (New York: Farrar, Straus and Giroux, 2013).

- Kahneman, Daniel, and Amos Tversky, "Intuitive Prediction: Biases and Corrective Procedures," *Advances in Decision Technology* (Defense Advanced Research Projects Agency, 1977).

- Kahneman, Daniel, and Amos Tversky, "On the Psychology of Prediction," *Psychological Review* Vol. 80, No. 4 (July 1973): 237-251.

- Kahneman, Daniel, and Amos Tversky, "On the study of statistical intuitions," *Cognition* Vol. 11 (1982): 123-141.

- Kahneman, Daniel, and Amos Tversky, "Subjective Probability: A Judgment of Representativeness," *Cognitive Psychology* Vol. 3 (1972): 430-454.

- Kaminker, Mendy, "Meet the Red Heifer," http://www.chabad.org/parshah/article_cdo/aid/2620682/jewish/Meet-the-Red-Heifer.htm.

- Karlgaard, Richard, "The Ghost of Netscape," *The Wall Street Journal*, August 9, 2005, A10.

- Karniouchina, Ekaterina V., et al., "Impact of *Mad Money* Stock Recommendations: Merging Financial and Marketing Perspectives," *Journal of Marketing* Vol. 73 (November 2009): 244-266.

- Karouny, Miriam, "Apocalyptic prophecies drive both sides to Syrian battle for end of time," Reuters, April 1, 2014, https://www.reuters.com/article/us-syria-crisis-prophecy-insight/apocalyptic-prophecies-drive-both-sides-to-syrian-battle-for-end-of-time-idUSBREA3013420140401.
- Kaufman, Gordon D., "Nuclear Eschatology and the Study of Religion," *Journal of the American Academy of Religion* Vol. 51, No. 1 (March 1983): 3-14.
- Kechichian, Joseph A., "Islamic Revivalism and Change in Saudi Arabia: Juhaymān Al'Utaybī's 'Letters' to the Saudi People," *The Muslim World* Vol. 80, No. 1 (January 1990): 9-15.
- Kellner, Mark A., "John F. Walvoord, 92, longtime Dallas President, dies," *Christianity Today* Vol. 47, No. 2 (February 2003): 27.
- Kelly, Dean M., "The Implosion of Mt. Carmel and Its Aftermath," in Stuart A. Wright, Ed., *Armageddon in Waco*, 360-361.
- Kelly, William, Ed., *The Collected Writings of John Nelson Darby* (London: G. Morrish, 1867-1900).
- Kennedy, Susan Estabrook, *The Banking Crisis of 1933* (Lexington KY: The University Press of Kentucky, 1973).
- Kestenbaum, David, "What's a Bubble?," http://www.npr.org/sections/money/2013/11/15/245251539/whats-a-bubble.
- Kestenberg-Gladstein, Ruth, "The 'Third Reich': A fifteenth-century polemic against Joachim, and its background," *Journal of the Warburg and Courtauld Institutes* Vol. 18, No. 3-4 (July-December 1955): 245-295.
- Keynes, John Maynard, *A Tract on Monetary Reform* (London: Macmillan and Co., Limited, 1924).
- Kimmage, David, and Kathleen Ridolfo, *Iraqi Insurgent Media* (Washington, DC: Radio Free Europe/Radio Liberty, 2007).
- Kindleberger, Charles P., *Manias, Panics, and Crashes* (New York: John Wiley & Sons, 2000).
- King, Wayne, "Robertson, Displaying Mail, Says He Will Join '88 Race," *The New York Times*, September 16, 1987, D30.
- Kirban, Salem, *666* (Wheaton, IL: Tyndale House Publishers, 1970).
- Kirkland, Frazar, *Cyclopedia of Commercial and Business Anecdotes* (New York: D. Appleton and Company, 1868).
- Kirkpatrick, David D., "A best-selling formula in religious thrillers," *The New York Times*, February 11, 2002, C2.
- Kirsch, Jonathan, "Hal Lindsey," *Publishers Weekly*, March 14, 1977, 30-32.

- Klötzer, Ralf, "The Melchoirites and Münster," in John D. Roth and James M. Stayer, Eds., *A Companion to Anabaptism and Spiritualism*, 1521-1700 (Leiden: Brill, 2007).
- Knight, George R., *Millennial Fever* (Boise, ID: Pacific Press Publishing Association, 1993).
- Kohut, Andrew, et al., *Eight Nation*, People & The Press Survey (Washington, DC: Times Mirror Center for People & The Press, 1994).
- Koresh, David, uncompleted manuscript, https://digital.library.txstate.edu/bitstream/handle/10877/1839/375.pdf?sequence=1&isAllowed=y.
- Kristof, Nicholas D., "Apocalypse (Almost) Now," *The New York Times*, November 24, 2004), A23.
- Krugman, Paul, "Baby Sitting the Economy," http://www.pkarchive.org/theory/baby.html.
- Kurtz, Howard, *The Fortune Tellers* (New York: The Free Press, 2000).
- Kyle, Richard, *Apocalyptic Fever* (Eugene, OR: Cascade Books, 2012), https://www.youtube.com/watch?v=W0hWAxJ3_Js.
- Lacey, Robert, *Inside the Kingdom* (New York: Viking Press, 2009).
- LaHaye, Tim, and Jerry B. Jenkins, *Left Behind* (Wheaton, IL: Tyndale House Publishers, 1995).
- LaHaye, Tim, Jerry B. Jenkins, and Sandi L. Swanson, *The Authorized Left Behind Handbook* (Wheaton, IL: Tyndale House Publishers, 2005).
- Lahoud, Nelly, and Jonathan Pieslak, "Music of the Islamic State," *Survival* Vol. 61, No. 1 (2018): 153-168.
- Lambert, Richard S., *The Railway King* (London: George Allen & Unwin Ltd., 1964).
- Landman, Isaac, Ed., *The Universal Jewish Encyclopedia* (New York: Universal Jewish Encyclopedia, Inc., 1940).
- Larsen, Stephen, *The Fundamentalist Mind* (Wheaton IL: Quest Books, 2014).
- Larson, Edward J., and Larry Witham, "Leading scientists still reject God," *Nature* Vol. 344, No. 6691 (July 23, 1998): 313.
- Laurent, Lionel, "What Bitcoin Is Really Worth May No Longer Be Such a Mystery," https://www.bloomberg.com/news/features/2018-04-19/what-bitcoin-is-really-worth-may-no-longer-be-such-a-mystery.
- Law, John, *Essay on a Land Bank, ed. Antoin E. Murphy* (Dublin: Aeon Publishing, 1994).
- Law, John, Money and Trade Considered (London: R. & A. Foulis, 1750).

- LeDoux, J.E., "The lateral amygdaloid nucleus: sensory interface of the amygdala in fear conditioning," *The Journal of Neuroscience* Vol. 10, No. 4 (April 1990): 1062-1069.
- Lee, William, *Daniel Defoe: His Life, and Recently Discovered Writings* (London: John Camden Hotten, Piccadilly, 1869).
- Lettow, Paul, *Ronald Reagan and His Quest to Abolish Nuclear Weapons* (New York: Random House, 2005).
- Leuba, James H., *The Belief in God and Immortality* (Chicago: The Open Court Publishing Company, 1921).
- Lewis, Clayton H., and John R. Anderson, "Interference with Real World Knowledge," *Cognitive Psychology* Vol. 8 (1976): 311-335.
- Lewis, James, R., *From the Ashes* (Lanham, MD: Rowman & Littlefield Publishers, Inc., 1994).
- Lilliston, Lawrence, "Who Committed Child Abuse at Waco," in James R. Lewis, Ed., *From the Ashes* (Lanham, MD: Rowman & Littlefield Publishers, Inc., 1994).
- Lincoln, Bruce, *Holy Terrors*, 2nd Ed. (Chicago: University of Chicago Press, 2006).
- Lind, Michael, *Up from Conservatism* (New York: Free Press Paperbacks, 1999).
- Lindsey, Hal, *Planet Earth—2000 A.D.* (Palos Verdes, CA: Western Front, Ltd., 1996).
- Lindsey, Hal, *The 1980's: Countdown to Armageddon* (New York: Bantam Books, 1981).
- Lindsey, Hal, "The Pieces Fall Together," *Moody Monthly* Vol. 68, No. 2 (October 1967): 26-28.
- Lindsey, Hal, and C.C. Carlson, *The Late Great Planet Earth* (Grand Rapids MI: Zondervan Publishing House, 1977).
- Lindsey, Hal, and C. C. Carlson, *Satan Is Alive and Well on Planet Earth* (Grand Rapids MI: Zondervan Publishing House, 1972).
- Lindsey, Hal, and Cliff Ford, *Facing Millennial Midnight* (Beverly Hills, CA: Western Front, Ltd., 1998).
- Lipin, Steven, et al., "Deals & Deal Makers: Bids & Offers," *The Wall Street Journal*, December 10, 1999.
- Lippman, Thomas, *Inside the Mirage* (Boulder, CO: Westview Press, 2004).
- Lister, Tim, et al., "ISIS goes global: 143 attacks in 29 countries have killed 2,043," CNN, February 12, 2018, https://www.cnn.com/2015/12/17/world/mappingisis-attacks-around-the-world/index.html.

- Litch, Josiah, letter to Nathaniel Southard, *The Midnight Cry!* Vol. 7, No. 16 (October 12): 125 (courtesy of Adventist Digital Library).
- Lloyd, John, and John Mitchinson, *If Ignorance Is Bliss, Why Aren't There More Happy People?* (New York: Crown Publishing, 2008).
- Lloyd, Marion, "Soviets Close to Using A-Bomb in 1962 Crisis, Forum is Told," *The Boston Globe*, October 13, 2002.
- Logan, Peter Melville, "The Popularity of Popular Delusions: Charles Mackay and Victorian Popular Culture," *Cultural Critique* Vol. 54 (Spring 2003): 213-241.
- Lord, Charles G., et al., "Biased Assimilation and Attitude Polarization: The Effects of Prior Theories on Subsequently Considered Evidence," *Journal of Personality and Social Psychology* Vol. 37, No. 11 (June 1, 1979): 2098-2109.
- Loveland, Anne C., *American Evangelicals and the U.S. Military 1942-1993* (Baton Rouge, LA: Lousiana State University Press, 1996).
- Lowenstein, Roger, *Origins of the Crash* (New York: The Penguin Press, 2004).
- Mackay, Charles, *Memoirs of Extraordinary Popular Delusions* (London: Richard Bentley, 1841).
- Mackay, Charles, *Memoirs of Extraordinary Popular Delusions and the Madness of Crowds* (London: Office of the National Illustrated Library, 1852).
- Mackay, Christopher, *False Prophets and Preachers* (Kirksville, MO: Truman State University Press, 2016).
- Mackey, Robert, "The Case for ISIS, Made in a British Accent," *The New York Times*, June 20, 2014.
- Macleod, Hugh, "YouTube Islamist: how Anwar al-Awlaki became al-Qaida's link to local terror," *The Guardian*, May 7, 2010.
- MacPherson, Myra, "The Pulpit and the Power," *The Washington Post*, October 18, 1985, Friday Style D1.
- Madden, Mike, "Mike Huckabee Hearts Israel," https://www.salon.com/2008/01/18/huckabee2_4/.
- Mahar, Maggie, *Bull!* (New York: HarperBusiness, 2003).
- Malkiel, Burton G., *A Random Walk down Wall Street* (New York: W. W. Norton & Company, Inc., 1999).
- Mallaby, Sebastian, *The Man Who Knew* (New York: Penguin Press, 2016).
- Mangalindan, Mylene, "Webvan Shuts Down Operations, Will Seek Chapter 11 Protection," *The Wall Street Journal*, July 10, 2001.
- Mann, Walter, *The Follies and Frauds of Spiritualism* (London: Watts & Co., 1919).
- Marryat, Frederick, *A Diary in America* (New York: D. Appleton & Co., 1839).

- Mashala, Nur, *Imperial Israel* (London: Pluto Press, 2000).
- Mazetti, Mark, et al., "Two-Year Manhunt Led to Killing of Awlaki in Yemen," *The New York Times*, September 30, 2011.
- McCants, William, "The Believer," *Brookings Essay*, September 1, 2015, http://csweb.brookings.edu/content/research/essays/2015/thebeliever.html.
- McCants, William, *The ISIS Apocalypse* (New York: St Martin's Press, 2015).
- McCollister, John, *So Help Me God* (Louisville: Winchester/John Knox Press, 1991).
- McGinn, Bernard, *Apocalyptic Spirituality* (New York: Paulist Press, 1977).
- McGinnis, Joe, *The Selling of the President, 1968* (New York: Trident Press, 1969).
- McGonigle, Steve, "Former FBI superstar falls onto hard times," *Dallas Morning News*, January 2, 1983.
- McLean, Bethany, and Peter Eklind, *The Smartest Guys in the Room* (New York: Penguin Group, 2003).
- McQueen, Allison, *Political Realism in Apocalyptic Times* (Cambridge, UK: Cambridge University Press, 2018).
- Mearsheimer, John, and Stephen M. Walt, *The Israel Lobby and U.S. Foreign Policy* (New York: Farrar, Straus and Giroux, 2007).
- Melton, J. Gordon, *Encyclopedia of American Religions* (Detroit: Gale Press, 1999).
- Merkley, Paul Charles, *American Presidents, Religion, and Israel* (Westport, CT: Praeger, 2004).
- Merkley, Paul Charles, *Christian Attitudes Towards the State of Israel* (Montreal: McGill-Queen's University Press, 2001).
- Merkley, Paul Charles, *The Politics of Christian Zionism 1891-1948* (London: Frank Cass, 1998).
- Meshcke, J. Felix, "CEO Appearances on CNBC," working paper, http://citeseerx.ist.psu.edu/viewdoc/download?doi=10.1.1.203.566&rep=rep1&type=pdf.
- Michel, Lou, and Dan Herbeck, *American Terrorist* (New York: ReganBooks, 2001).
- Mieczkowski, Yanek, *The Routledge Historical Atlas of Presidential Elections* (New York: Routledge, 2001).
- Milgram, Stanley, "Behavioral Study of Obedience," *Journal of Abnormal and Social Psychology* Vol. 67, No. 4 (1963): 371-378.
- Milgram, Stanley "Some Conditions of Obedience and Disobedience to Authority," *Human Relations* Vol. 18, No. 1 (February 1965): 57-76.

- Miller, William, "A New Year's Address," *The Signs of the Times* Vol. 4, No. 19 (January 25, 1843): 150 (courtesy of Adventist Digital Library).
- Miller, William, letter, *The Advent Herald* Vol. 7, No. 5 (March 6, 1844): 39.
- Miller, William, letter to Joshua Himes, *The Midnight Cry!* Vol. 7, No. 16 (October 12, 1844): 121 (courtesy of Adventist Digital Library).
- Minksy, Hyman, "The financial-instability hypothesis: capitalist processes and the behavior of the economy," in Charles P. Kindleberger and Jean-Pierre Laffargue, Eds., *Financial crises* (Cambridge, UK: Cambridge University Press, 1982), 13-39.
- Mojtabai, A.G., *Blessed Assurance* (Syracuse, NY: Syracuse University Press, 1997).
- Moore-Anderson, Arthur Posonby, *Sir Robert Anderson and Lady Agnes Anderson*, http://www.casebook.org/ripper_media/rps.apmoore.html.
- Morningstar Inc, "Mind the Gap 2018," https://www.morningstar.com/lp/mind-the-gap?cid=CON_RES0022.
- Mortimer, Edward, *Faith and Power* (New York: Vintage Books, 1982).
- Mortimer, Ian, "Why do we say 'hanged, drawn, and quartered?," http://www.ianmortimer.com/essays/drawing.pdf.
- Moser, Whet, "Apocalypse Oak Park: Dorothy Martin, the Chicagoan Who Predicted the End of the World and Inspired the Theory of Cognitive Dissonance," *Chicago Magazine*, May 20, 2011.
- Mounce, Robert H., *The Book of Revelation* (Cambridge, UK: William B. Eerdmans Publishing Company, 1984).
- Mulligan, Thomas S., and Nancy Rivera Brooks, "Enron Paid Senior Execs Millions," *Los Angeles Times*, June 28, 2002.
- Muntzer, Thomas, The Collected Works of Thomas Muntzer, trans. Peter Mathesen (Edinburgh: T&T Clark, 1988).
- Murphy, Antoin E., *John Law* (Oxford: Clarendon Press, 1997).
- Neal, Larry, *I Am Not the Master of Events* (New Haven, CT: Yale University Press, 2012).
- Neal, Larry, *The Rise of Financial Capitalism* (Cambridge, UK: Cambridge University Press, 1990).
- Newton, B.W., *Prospects of the Ten Kingdoms Considered* (London: Houlston & Wright, 1863).
- Newton, Isaac, *Observations upon the Prophecies of Daniel and the Apocalypse of St. John* (London: J. Darby and P. Browne, 1733).
- Nichol, Francis D., *The Midnight Cry!* (Takoma Park, Washington DC: Review and

Herald Publishing Association), 337-426.

- Nicholas, William, *The Midnight Cry!* Vol. 7, No. 17 (October 19): 133 (courtesy of Adventist Digital Library).
- Nickerson, Raymond S., "Confirmation Bias: A Ubiquitous Phenomenon in Many Guises," *Review of General Psychology* Vol. 2, No. 2 (1998): 175-220.
- Niebuhr, Gustav, "Victims in Mass Deaths Linked to Magical Sects," *The New York Times*, October 6, 1994.
- Niebuhr, Reinhold, *Love and Justice* (Louisville, KY: Westminster John Knox Press, 1992).
- Nietzsche, Frederich, *Beyond Good and Evil* (Cambridge, UK: Cambridge University Press, 2001).
- Norris, Pippa, and Ronald Inglehart, *Sacred and Secular* (Cambridge, UK: Cambridge University Press, 2004).
- Noyes, Alexander Dana, *The Market Place* (Boston: Little, Brown and Company, 1938).
- *NPR Weekend Edition Saturday*, March 12, 1988, courtesy of Jacob J. Goldstein.
- Numbers, Ronald L., and Jonathan M. Butler, Eds., *The Disappointed* (Bloomington and Indianapolis: Indiana University Press, 1987).
- O'Brien, Timothy L., "A New Legal Chapter for a 90's Flameout," *The New York Times*, August 15, 2004.
- O'Doherty, John P., et al., "Neural Responses during Anticipation of Primary Taste Reward," *Neuron* Vol. 33, No. 5 (February 28, 2002): 815-826.
- Odlyzko, Andrew, "Charles Mackay's own extraordinary popular delusions and the Railway Mania," http://www.dtc.umn.edu/~odlyzko/doc/mania04.pdf.
- Odlyzko, Andrew, "Newton's financial misadventures during the South Sea Bubble," working paper November 7, 2017.
- Odlyzko, Andrew, "This Time Is Different: An Example of a Giant, Wildly Speculative, and Successful Investment Manias," *The B.E. Journal of Economic Analysis & Policy* Vol. 10, No. 1 (2010), 1-26.
- Oliver, J. Eric, and Thomas J. Wood, "Conspiracy Theories and the Paranoid Style(s) of Mass Opinion," *American Journal of Political Science* Vol. 58, No. 4 (October 2014): 952-966.
- Oliver, Moorman, Jr., "Killed by Semantics: Or Was It a Keystone Kop Kaleidoscope Kaper?" in James R. Lewis, Ed., *From the Ashes* (Lanham, MD: Rowman & Littlefield Publishers, Inc., 1994), 75-77.
- Olmstead, A.T., "The Text of Sargon's Annals," *The American Journal of Semitic*

Languages Vol. 47, No. 4 (July 1931): 263.

- Olsham, Jeremy, "The inventor of the 401(k) says he created a 'monster,'" http://www.marketwatch.com/story/the-inventor-of-the-401k-says-he-created-a-monster-2016-05-16.
- Olson, Ted, "Bush's Code Cracked," *Christianity Today*, September 1, 2004, https://www.christianitytoday.com/ct/2004/septemberweb-only/9-20-42.0.html.
- Oppel, Richard A., Jr., "Merrill Replaced Research Analyst Who Upset Enron," *The New York Times*, July 30, 2002.
- Oreskes, Michael, "Robertson Comes Under Fire for Asserting That Cuba Holds Soviet Missiles," *The New York Times*, February 16, 1988, 28.
- Ortega, Tony, "Hush, Hush, Sweet Charlatans," *Phoenix New Times*, November 30, 1995.
- Orwell, George, *Animal Farm*, https://archive.org/details/AnimalFarm-English-GeorgeOrwell.
- Osgood, Charles E., and Percy H. Tannenbaum, "The Principle of Congruity and the Prediction of Attitude Change," *Psychological Review* Vol. 62, No. 1 (1955): 42-55.
- Palast, Gregory, "I don't have to be nice to the spirit of the Antichrist," *The Guardian*, May 23, 1999, available at https://www.theguardian.com/business/1999/may/23/columnists.observerbusiness1.
- Paul, Helen, *The South Sea Bubble* (Abingdon, UK: Routledge, 2011).
- Pepys, Samuel, *The Diary of Samuel Pepys* (London: Macmillan and Co., Ltd, 1905).
- Peretti, Frank, *This Present Darkness* (Wheaton, IL: Crossway, 2003).
- Perino, Michael, *The Hellhound of Wall Street* (New York: The Penguin Press, 2010).
- Perrow, Charles, *Normal Accidents* (Princeton, NJ: Princeton University Press).
- Peterson, Alan H., *The American Focus on Satanic Crime*, Volume I (Milburn, NJ: The American Focus Publishing Company, 1988).
- Pew Foundation, *Spirit and Power: A 10 Country Survey of Pentecostals* (Washington, DC: The Pew Forum on Religion & Public Life, 2006).
- Pew Research Center, "In America, Does More Education Equal Less Religion?," April 26, 2017, http://www.pewforum.org/2017/04/26/in-america-does-more-education-equal-less-religion/.
- Pew Research Center, "Jesus Christ's Return to Earth," July 14, 2010, https://www.pewresearch.org/fact-tank/2010/07/14/jesus-christs-return-to-earth/, accessed

August 29, 2019.

- Pew Research Center, "The World's Muslims: Unity and Diversity," http://assets.pewresearch.org/wp-content/uploads/sites/11/2012/08/the-worlds-muslims-full-report.pdf.
- Pierard, Richard V., "Religion and the 1984 Election Campaign," *Review of Religious Research* Vol. 27, No. 2 (December 1985): 98-114.
- Pomper, Miles A., "Church, Not State, Guides Some Lawmakers on Middle East," *Congressional Quarterly* Vol. 58 (March 23, 2002): 829-831.
- Potter, William, *The Key of Wealth* (London: "Printed by R.A.," 1650).
- Priestly, Joseph, *Letters to a Philosophical Unbeliever*, Part I, Second Ed. (Birmingham: Pearson and Rollason, 1787), 192.
- Provine, Robert R., "Yawning," *American Scientist* Vol. 93, No. 6 (November/December 2005): 532-539.
- Pulliam, Susan, "At Bill's Barber Shop, 'In Like Flynn' Is A Cut Above the Rest—Owner's Tech-Stock Chit-Chat Enriches Cape Cod Locals; The Maytag Dealer Is Wary," *The Wall Street Journal*, March 13, 2000, A1.
- Pulliam, Susan, "Hair Today, Gone Tomorrow: Tech Ills Shave Barber," *The Wall Street Journal*, March 7, 2001, C1.
- Pulliam, Susan, and Ruth Simon, "Nasdaq Believers Keep the Faith To Recoup Losses in Rebound," *The Wall Street Journal*, June 21, 2000, C1.
- Quittner, Joshua, and Michelle Slatalla, *Speeding the Net* (New York: Atlantic Monthly Press, 1998).
- Rabinovich, Abraham, "The Man Who Torched al-Aqsa Mosque," *Jerusalem Post*, September 4, 2014.
- Rasmussen, Sune Engel, "U.S.-Led Coalition Captures Last ISIS Bastion in Syria, Ending Caliphate," *The Wall Street Journal*, March 23, 2019.
- Rauschning, Hermann, *Hitler Speaks* (London: Eyer & Spottiswoode, 1939).
- Raymond, E.T., *A Life of Arthur James Balfour* (Boston: Little, Brown, and Company, 1920).
- Reagan, Ronald, *An American Life* (New York: Simon and Schuster, 1990).
- Rees, Laurence, *Auschwitz: A New History* (New York: Public Affairs, 2005).
- Reese, Alexander, *The Approaching Advent of Christ*, https://theologue.wordpress.com/2014/10/23/updated-the-approaching-advent-of-christ-by-alexander-reese/.
- Reeves, Marjorie, *Joachim of Fiore & the Prophetic Future* (Stroud, UK: Sutton Publishing, 1999).

- Remnick, David, "Going the Distance: On and off the road with Barack Obama," *The New Yorker*, January 27, 2014.
- Reinhold, Robert, "Author of 'At Home with the Bomb' Settles in City Where Bomb Is Made," *The New York Times*, September 15, 1986, A12.
- Reuters, "Ex-Money Manager Gets 12 Years in Scheme," *Los Angeles Times*, February 12, 2003.
- Riding, Alan, "Chalets Burn—2 Others Dead in Canada: 48 in Sect Are Killed in Grisly Rituals," *The New York Times*, October 6, 1994.
- Riding, Alan, "Swiss Examine Conflicting Signs in Cult Deaths," *The New York Times*, October 7, 1994.
- Riedel, Bruce, *Kings and Presidents* (Washington, DC: Brookings Institution Press, 2018).
- Roberts, Andrew, *Churchill: Walking with Destiny* (New York: Viking Press, 2018).
- Robinson, Jennifer, *Deeper Than Reason* (Oxford: Clarendon Press, 2005).
- Rogers, P.G., *The Fifth Monarchy Men* (London: Oxford University Press, 1966).
- Romero, Simon, "In Another Big Bankruptcy, a Fiber Optic Venture Fails," *The New York Times*, January 29, 2002.
- Rostow, W.W., and Anna Jacobsen Schwartz, *The Growth and Fluctuation of the British Economy 1790-1850* (Oxford: Clarendon Press, 1953).
- Roth, Benjamin, *The Great Depression: A Diary* (New York: Public Affairs, 2009).
- Rouwenhorst, K. Geert, "The Origins of Mutual Funds," in *The Origins of Value*, William N. Goetzmann and K. Geert Rouwenhorst, Eds. (Oxford: Oxford University Press, 2005).
- Rowe, David L., *God's Strange Work* (Grand Rapids, MI: William B. Eerdmans Publishing Company, 2008).
- Rowe, David L., *Thunder and Trumpets* (Chico, CA: Scholars Press, 1985).
- Rozin, Paul, et al., "Operation of the Laws of Sympathetic Magic in Disgust and Other Domains," *Journal of Personality and Social Psychology* Vol. 50, No. 4 (1986): 703-711.
- Rushay, Samuel W., Jr., "Harry Truman's History Lessons," *Prologue Magazine* Vol. 41, No. 1 (Spring 2009), https://www.archives.gov/publications/prologue/2009/spring/truman-history.html.
- Sahagun, Louis, "The End of the world is near to their hearts," *Seattle Times*, June 27, 2006.
- Saint Augustine, *The City Against the Pagans*, http://www.loebclassics.com/view/

augustine-city_god_pagans/1957/pb_LCL416.79.xml.

- Sandeen, Ernest, *The Roots of Fundamentalism* (Grand Rapids, MI: Baker Book House, 1970).
- Sanders, Ralph, "Orde Wingate: Famed Teacher of the Israeli Military," *Israel: Yishuv History* (Midstream—Summer 2010): 12-14.
- Savage, Charlie, "Court Releases Large Parts of Memo Approving Killing of American in Yemen," *The New York Times*, June 23, 2014.
- Schacter, Stanley, "Leon Festinger," *Biographical Memoirs* Vol. 94 (1994): 98-111.
- Scharf, J. Thomas, and Thompson Westcott, *History of Philadelphia* (Philadelphia: L. H. Everts & Co., 1884).
- Schlosser, Eric, *Command and Control* (New York: Penguin Press, 2013).
- Schmemann, Serge, "50 Are Killed as Clashes Widen from West Bank to Gaza Strip," *The New York Times*, September 17, 1996.
- Schmitt, Eric, "U.S. Commando Killed in Yemen in Trump's First Counterterrorism Operation," *The New York Times*, January 29, 2017.
- Schneer, Jonathan, *The Balfour Declaration* (London: Bloomsbury, 2010).
- Scholem, Gershom, *Sabbatai Sevi* (Princeton, NJ: Princeton University Press, 1973).
- Schorr, Daniel, "Reagan Recants: His Path from Armageddon to Détente," *Los Angeles Times*, January 3, 1988.
- Schultz, Ellen, "Enron Employees' Massive Losses Suddenly Highlight 'Lockdowns,'" *The Wall Street Journal*, January 16, 2002.
- Schultz, Wolfram, et al., "A Neural Substrate of Prediction and Reward," *Science* Vol. 275, No. 5307 (March 14, 1997): 1593-1599.
- Schwartz, John, "Enron's Collapse: The Analyst; Man Who Doubted Enron Enjoys New Recognition," *The New York Times*, January 21, 2002.
- Schwed, Fred, *Where Are the Customers' Yachts?* (Hoboken, NJ: John Wiley & Sons Inc., 2006).
- Schweizer, Peter, *Victory* (New York: Atlantic Monthly Press, 1994).
- Scofield, C.I., *The Holy Bible* (New York: Oxford University Press, American Branch, 1909).
- Scofield, C.I., *The New Scofield Reference Bible* (New York: Oxford University Press, 1967).
- Sears, Clara Endicott, *Days of Delusion* (Boston: Houghton Mifflin Company, 1924).
- Segev, Tom, *One Palestine, Complete*, trans. Hiam Watzman (New York: Holt

Paperbacks, 1999).

- Segev, Zohar, "Struggle for Cooperation and Integration: American Zionists and Arab Oil, 1940s," *Middle Eastern Studies* Vol. 42, No. 5 (September 2006): 819-830.
- Sharlet, Jeff, "Jesus Killed Mohammed: The Crusade for a Christian Military," *Harpers* (May 2009), 31-43.
- Shearer, Peter M., and Philip B. Stark, "Global risk of big earthquakes has not recently increased," *Proceedings of the National Academy of Sciences of the United States* Vol. 109, No. 3 (January 2012): 717-721.
- Sherman, Gabriel, *The Loudest Voice in the Room* (New York: Random House, 2014).
- Shermer, Michael, "Patternicity," Scientific American Vol. 209, No. 6 (December 2008): 48-49.
- Shragai, Nadav, "Raiders of the Lost Ark," *Haaretz*, April 25, 2003.
- Siddle, Ronald, et al., "Religious delusions in patients admitted to hospital with schizophrenia," *Social Psychiatry and Psychiatric Epidemiology* Vol. 37, No. 3 (2002): 130-138.
- Simonson, Tatum S., et al., "Genetic Evidence for High-Altitude Adaptation in Tibet," *Science* Vol. 329, No. 5987 (July 2, 2010): 72-75.
- Simpkinson, C.H., *Thomas Harrison, Regicide and Major-General* (London: J.M. Dent & Co., 1905).
- Shapiro, T. Rees, "Harold Camping, radio evangelist who predicted 2011 doomsday, dies at 92," *The Washington Post*, December 18, 2013.
- Sherif, Muzfir, et al., Inter*group Conflict and Cooperation: The Robbers Cave Experiment* (Norman, OK: Institute of Group Relations, 1961).
- Shiller, Robert, *Market Volatility* (Cambridge: MIT Press, 1992). Smith, Rebecca, "New SEC Filing Aids Case Against Enron," *The Wall Street Journal*, May 15, 2003.
- Smith, Tom W., *Beliefs about God Across Time and Countries*, NORC/University of Chicago working paper (2012).
- Snow, Mike, "Day-Trade Believers Teach High-Risk Investing," *The Washington Post*, July 6, 1998.
- Snow, S.S., *The True Midnight Cry!* Vol. 1, No. 1 (August 22, 1844): 3-4 (courtesy of Adventist Digital Library).
- Solomon, Susan, et al., "Emergence of healing in the Antarctic ozone layer," *Science* Vol. 253, No. 6296 (July 16, 2016): 269-274.
- Sontag, Sherry, and Christopher Drew, *Blind Man's Bluff* (New York: HarperPaperbacks, 1999).

- Soufan Group, "Foreign Fighters: An Updated Assessment of the Flow of Foreign Fighters into Syria and Iraq," December 2015.
- Stanovich, Keith E., "The Comprehensive Assessment of Rational Thinking," *Educational Psychologist* Vol. 51, No. 1 (February 2016): 30-34.
- Stanovich, Keith E., and Richard F. West, "Individual differences in reasoning: Implications for the rationality debate?," *Behavioral and Brain Sciences* Vol. 23 (2000): 645-726.
- Stanovich, Keith E., et al., *The Rationality Quotient* (Cambridge: MIT Press, 2016).
- Stirrat, Michael, and R. Elisabeth Cornwell, "Eminent Scientists Reject the Supernatural: A Survey of Fellows of the Royal Society," *Evolution Education and Outreach* Vol. 6, No. 33 (December 2013): 1-5.
- Stross, Randall E., *eBoys* (New York: Crown Business, 2000).
- Sutton, Matthew Avery, *American Apocalypse* (Cambridge: Belknap Press, 2014).
- Surowiecki, James, *The Wisdom of Crowds* (New York: Anchor, 2005).
- Sweeney, Joan, and Richard James Sweeney, "Monetary Theory and the Great Capitol Hill Baby Sitting Co-op Crisis," *Journal of Money, Credit, and Banking* Vol. 9, No. 1 (February 1977): 86-89.
- Tabor, James D., "Religious Discourse and Failed Negotiations," in Stuart A. Wright, *Armageddon in Waco* (Chicago: University of Chicago Press, 1995).
- Tabor, James D., "The Waco Tragedy: An Autobiographical Account of One Attempt to Avert Disaster," in James R. Lewis, Ed., *From the Ashes* (Lanham, MD: Rowman & Littlefield Publishers, Inc., 1994).
- Tabor, James D., and Eugene V. Gallagher, *Why Waco?* (Berkeley: University of California Press, 1995).
- Talbot, Margaret, "The devil in the nursery," *The New York Times Magazine*, January 7, 2001.
- Taylor, Arthur R., "Losses to the Public in the Insull Collapse: 1932-1946," *The Business History Review* Vol. 36, No. 2 (Summer 1962): 188-204.
- Tetlock, Philip, *Expert Political Judgment* (Princeton, NJ: Princeton University Press, 2005).
- Teveth, Shabtai, *Moshe Dayan, The Soldier, the Man, and the Legend, trans. Leah and David Zinder* (Boston: Houghton Mifflin Company, 1973).
- Thornton, Nick, "Total retirement assets near $25 trillion mark," http://www.benefitspro.com/2015/06/30/total-retirement-assets-near-25-trillion-mark/?slreturn=20191020151329.
- *Time*, "A Nation Jawed," 106, No. 4 (July 28, 1975): 51.

- Tolstoy, Leo, *Anna Karenina*, trans. Constance Garnett (Project Gutenberg, 1998).
- Tong, Scott, "Father of modern 401(k) says it fails many Americans," http://www.marketplace.org/2013/06/13/sustainability/consumed/father-modern-401k-says-it-fails-many-americans.
- Trimm, James, "David Koresh's Seven Seals Teaching," *Watchman Expositor* Vol. 11 (1994), 7-8, https://www.watchman.org/articles/cults-alternative-religions/david-koreshs-seven-seals-teaching/.
- Trivers, Robert L., "The Evolution of Reciprocal Altruism," *The Quarterly Review of Biology* Vol. 46, No. 1 (March 1971): 35-57.
- Trivers, Robert, *The Folly of Fools* (New York: Basic Books, 2011).
- Trofimov, Yaroslav, *The Siege of Mecca* (New York: Doubleday, 2007).
- Trussler, Marc, and Stuart Soroka, "Consumer Demand for Cynical and Negative News Frames," *The International Journal of Press/Politics* Vol. 19, No. 3 (July 2014): 360-379.
- Tufekci, Zeynip, "How social media took us from Tahrir Square to Donald Trump," *MIT Technology Review* August 14, 2018, https://www.technologyreview.com/s/611806/how-social-media-took-us-from-tahrir-square-to-donald-trump/.
- Turco, R.P., et al., "Nuclear Winter: Global Consequences of Multiple Nuclear Explosions," *Science* Vol. 222, No. 4630 (December 23, 1983): 1283-1292.
- Turner, Daniel L., *Standing Without Apology* (Greenville, SC: Bob Jones University Press, 1997).
- Tversky, Amos, and Daniel Kahneman, "Availability: A Heuristic for Judging Frequency and Probability," *Cognitive Psychology* Vol. 5 (1973): 207-232.
- Tversky, Amos, and Daniel Kahneman, "Belief in the Law of Small Numbers," *Psychological Bulletin* Vol. 76, No. 2 (1971): 105-110.
- Tversky, Amos, and Daniel Kahneman, "Judgment under Uncertainty: Heuristics and Biases," *Science* Vol. 185, No. 4157 (September 27, 1974): 1124-1131.
- United States Department of Justice, *Report to the Deputy Attorney General on the Events at Waco, Texas February 28 to April 19, 1993* (October 8, 1993), 158-190, https://www.justice.gov/archives/publications/waco/report-deputy-attorneygeneral-events-waco-texas.
- Urofsky, Melvin I., and David W. Levy, Eds., *Letters of Louis D. Brandeis* (Albany: State University of New York Press, 1975).
- Vaughn, Robert, Ed., *The Protectorate of Oliver Cromwell and the State of Europe During the Early Part of the Reign of Louis XIV* (London: Henry Colburn, Publisher, 1838).

- Velie, Lester, *Countdown in the Holy Land* (New York: Funk & Wagnalls, 1969).
- Virginia State Corporation Commission, "Staff Investigation on the Restructuring of the Electric Industry," https://www.scc.virginia.gov/comm/reports/restrct3.pdf.
- Von Däniken, Erich, *Chariots of the Gods, trans. Michael Heron* (New York: Berkley Books, 1999).
- Von Hayek, Frederich, "The Use of Knowledge in Society," *American Economic Review* Vol. 35, No. 4 (September 1945): 519-530.
- Von Kerssenbrock, Hermann, *Narrative of the Anabaptist Madness*, trans. Christopher S. Mackay (Leiden: Brill, Hotei Publishing, 2007).
- Vonnegut, Kurt, *Cat's Cradle* (New York: Dial Press Trade Paperback, 2010).
- Vosoughi, Soroush, et al., "The spread of true and false news online," *Science* Vol. 359, No. 6380 (March 9, 2018): 1146-1151.
- Walker, William Junior, *Memoirs of the Distinguished Men of Science* (London: W. Walker & Son, 1862).
- Walvoord, John F., "The Amazing Rise of Israel!," *Moody Monthly* Vol. 68, No. 2 (October 1967): 24-25.
- Walvoord, John F., *Armageddon, Oil, and the Middle East Crisis* (Grand Rapids, MI: Zondervan Publishing House, 1990).
- Ward, Douglas B., "The Geography of the *Ladies' Home Journal*: An Analysis of a Magazine's Audience, 1911-55," *Journalism History* Vol. 34, No. 1 (Spring 2008): 2.
- Ward, Mark, *Authorized* (Bellingham, WA: Lexham Press, 2018).
- Warren, Charles, *The Land of Promise* (London: George Bell & Sons, 1875).
- Wason, P.C., "On the Failure to Eliminate Hypotheses in a Conceptual Task," *The Quarterly Journal of Experimental Psychology* Vol. 12, Part 3 (1960): 129-140.
- Wason, P.C., "Reasoning," in B.M. Foss, Ed., *New Horizons in Psychology* (New York: Penguin, 1966), 145-146.
- Watson, Ben, "What the Largest Battle of the Decade Says about the Future of War," *Defense One* (2017), https://www.defenseone.com/feature/mosul-largest-battle-decade-future-of-war/.
- Wead, Doug, "The Spirituality of George W. Bush," https://www.pbs.org/wgbh/pages/frontline/shows/jesus/president/spirituality.html.
- WGBH, "Betting on the Market," aired January 27, 1997, http://www.pbs.org/wgbh/pages/frontline/shows/betting/etal/script.html.
- Whitney, Craig R. "Cult Horror Maims Prominent French Family," *The New York Times*, December 27, 1995.
- Wigmore, Barrie, *The Crash and Its Aftermath* (Westport, CT: Greenwood Press,

1985).

- Wigmore, Barrie A., "Was the Bank Holiday of 1933 Caused by a Run on the Dollar?" *Journal of Economic History* Vol. 47, No. 3 (September 1987): 739-755.
- Williams, George Hunston, The Radical Reformation (Philadelphia: The Westminster Press, 1962).
- Williams, John Burr, *The Theory of Investment Value* (Cambridge: Harvard University Press, 1938).
- Willmington, D.H., *Willmington's Guide to the Bible* (Wheaton, IL: Tyndale House Publishers, Inc., 1984).
- Wilson, David Sloan, *Evolution for Everyone* (New York: Delta Trade Paperbacks, 2007).
- Wilson, Edmund, *The American Earthquake* (Garden City, NY: Anchor Doubleday Books, 1958).
- Wojcik, Daniel, *The End of the World as We Know It* (New York: New York University Press, 1997).
- Wolmar, Christian, *The Iron Road* (New York: DK, 2014).
- Wood, Graeme, "What ISIS Really Wants," *The Atlantic*, March 2015.
- Wood, Thomas, and Ethan Porter, "The Elusive Backfire Effect: Mass Attitudes' Steadfast Factual Adherence," *Political Behavior* Vol. 41, No. 1 (March 2019): 135-163.
- Wright, G. Frederick, *Charles Grandison Finney* (Boston: Houghton, Mifflin and Company, 1893).
- Wright, Lawrence, "Forcing the End," *The New Yorker*, July 20, 1998, 52.
- Wright, Lawrence, "Forcing the End," https://www.pbs.org/wgbh/pages/frontline/shows/apocalypse/readings/forcing.html.
- Wright, Robert, *The Evolution of God* (New York: Little, Brown and Company, 2009).
- Wright, Robert, *The Moral Animal* (New York: Vintage Books, 1994).
- Wright, Stuart A., "Davidians and Branch Davidians," in Stuart A. Wright, Ed., *Armageddon at Waco* (Chicago: University of Chicago Press, 1995).
- Wyatt, Edward, "Fox to Begin a 'More Business Friendly' News Channel," *The New York Times*, February 9, 2007.
- Xin Yi et al., "Sequencing of 50 Human Exomes Reveals Adaptation to High Altitude," *Science* Vol. 329, No. 5987 (July 2, 2010): 75-78.
- Yermack, David, "Flights of fancy: Corporate jets, CEO perquisites, and inferior shareholder returns," *Journal of Financial Economics* Vol. 80, No. 1 (April 2006):

211-242.

- Yoon, David S., *The Restored Jewish State and the Revived Roman Empire* (Ann Arbor, MI: Proquest/UMI Dissertation Publishing, 2011).
- Yourish, Karen, et al., "How Many People Have Been Killed in ISIS Attacks Around the World," *The New York Times*, July 16, 2016.
- Zajonc, R.B., "Feeling and Thinking," *American Psychologist* Vol. 35, No. 2 (February 1980).
- Zelin, Aaron, "Interpreting the Fall of Islamic State Governance," The Washington Institute, October 16, 2017, http://www.washingtoninstitute.org/policy-analysis/view/interpreting-the-fall-of-islamic-state-governance.
- Zimbardo, Philip, *The Lucifer Effect* (New York: Random House, 2007).
- Zuckerman, Gregory, and Paul Beckett, "Tiger Makes It Official: Funds Will Shut Down," *The Wall Street Journal*, March 31, 2000.
- Zweig, Jason, Introduction to Fred Schwed, *Where Are the Customers' Yachts?* (Hoboken, NJ: John Wiley & Sons Inc., 2006).

그림 출처

- 그림 1-1: drawing by Mason Wiest.
- 그림 3-1: Mississippi Company Share Price, 1719-1720. Source Data: Antoin E. Murphy, *John Law* (Oxford: Clarendon Press, 1997), 208.
- 그림 3-2: South Sea Share Prices, 1719-1721. Source Data: Larry Neal, *The Rise of Financial Capitalism* (Cambridge: Cambridge University Press, 1990), 233-234.
- 그림 4-1: British Railway Share Prices 1830-1850. Source Data: Arthur D. Gayer, W. W. Rostow, and Anna Jacobsen Schwartz, *The Growth and Fluctuation of the British Economy 1790-1850* (Oxford, UK: Clarendon Press, 1953), I:375.
- 그림 7-1: Dow Jones Industrial Average 1925-1935. Source Data: http://stooq.com/q/?s=^dji, accessed November 6, 2019.
- 그림 10-1: Evangelical Population of the United States. Source Data: Pew Foundation from https://www.theatlas.com/charts/JMn6Nk_nM, accessed March 11, 2020.
- 그림 10-2: Hard News Knowledge versus Educational Level. Source Data: Source: James Curran et al., "Media System, Public Knowledge and Democracy: A Comparative Study," *European Journal of Communications* Vol. 4, No. 1 (2009): 19 (Table 5).
- 그림 13-1: Federal Funds Rate 1997-2000. Source Data: Federal Reserve Board, https://fred.stlouisfed.org/series/FEDFUNDS, accessed February 20, 2019.
- 그림 14-1: CNBC and Stock Prices. Source Data, J. Felix Meshcke, "CEO Appearances on CNBC," working paper; and Ekaterina V. Karniouchina et al., "Impact of Mad Money Stock Recommendations: Merging Financial and Marketing Perspectives," *Journal of Marketing* Vol. 73 (November 2009): 252 (Table 1).
- 그림 14-2: NASDAQ Composite Index 1995-2003. Source Data: https://finance.yahoo.com/quote/%5EIXIC/history?p=%5EIXIC, accessed March 19, 2020.

옮긴이 **노윤기**

건국대학교 철학과를 졸업하고 공기업에서 국제관계와 기업홍보 업무를 보았으나 좋은 책을 읽고 소개하는 번역가의 업에 매료되어 바른번역글밥아카데미를 수료하고 번역가가 되었다. 옮긴 책으로는 『이 진리가 당신에게 닿기를』, 『지구가 평평하다고 믿는 사람과 즐겁고 생산적인 대화를 나누는 법』, 『옥스퍼드 튜토리얼』, 『구글은 어떻게 여성을 차별하는가』, 『남자의 미래』, 『단순한 삶의 철학』, 『커피의 모든 것』 등이 있다.

군중의 망상

초판 1쇄 발행 2023년 1월 25일
초판 3쇄 발행 2023년 3월 3일

지은이 윌리엄 번스타인
옮긴이 노윤기
펴낸이 김선준

책임편집 이희산 1본부2팀장 송병규 1본부2팀 정슬기
표지 디자인 엄재선 본문 디자인 김영남
책임마케팅 이진규 마케팅팀 권두리, 신동빈
책임홍보 유준상 홍보팀 한보라, 이은정, 유채원, 권희, 박지훈
경영관리팀 송현주, 권송이

펴낸곳 ㈜콘텐츠그룹 포레스트 출판등록 2021년 4월 16일 제2021-000079호
주소 서울시 영등포구 여의대로 108 파크원타워1 28층
전화 02) 332-5855 팩스 070) 4170-4865
홈페이지 www.forestbooks.co.kr
종이 월드페이퍼 출력·인쇄·후가공·제본 한영문화사

ISBN 979-11-92625-21-8 (03900)

㈜콘텐츠그룹 포레스트는 독자 여러분의 책에 관한 아이디어와 원고 투고를 기다리고 있습니다 책 출간을 원하시는 분은 이메일 writer@forestbooks.co.kr로 간단한 개요와 취지, 연락처 등을 보내주세요. '독자의 꿈이 이뤄지는 숲, 포레스트'에서 작가의 꿈을 이루세요.